Excel 2019
Stufe 1: Grundlagen

Inge Baumeister, Anja Schmid

Verlag:
BILDNER Verlag GmbH
Bahnhofstraße 8
94032 Passau

http://www.bildner-verlag.de
info@bildner-verlag.de

Tel.: +49 851-6700
Fax: +49 851-6624

ISBN: 978-3-8328-0341-4

Bestellnummer: RP-363

Autorinnen: Inge Baumeister, Anja Schmid
Covergestaltung: Christian Dadlhuber
Herausgeber: Christian Bildner

Druck: CPI Clausen & Bosse GmbH, Birkstr. 10, 25917 Leck

Bildquellen:
Cover: © ©stokkete - stock.adobe.com
Kapitelbild: © HAKKI ARSLAN - stock.adobe.com
Seite 304: Bild als Diagrammhintergrund: © nordroden - Fotolia.com
Seite 323: Schokolade: © yvdavid - Fotolia.com

Vorwort

Microsoft Excel ist der Rechenkünstler unter den Office-Anwendungen. Die Einsatzmöglichkeiten reichen aber noch weiter: angefangen von der Möglichkeit einfach Liste zu erstellen über die Organisation auch größerer Datenmengen in Tabellen bis hin zu Diagrammen. Für diese Aufgaben bringt Excel einen umfangreichen Katalog an Werkzeugen mit.

In diesem Buch gehen wir auf Programmfunktionen ein, die Sie im Alltag auch wirklich benötigen, egal ob Sie Excel privat, in Schule, Universität oder im Beruf einsetzen. Außerdem zeigen wir Ihnen, wie Sie Ihre Arbeit erleichtern, indem Sie Routineaufgaben und wiederkehrende Berechnungen mit Formeln und Funktionen lösen. Vielleicht können wir sogar etwas Begeisterung für Excel in Ihnen wecken.

Grundlegende Programmfunktionen

Praktische Problemlösungen

Das Buch setzt keinerlei Vorwissen voraus und führt Einsteiger mit detaillierten Anleitungen, zahlreichen Bildern und Beispielen in das Arbeiten mit Excel ein. Von Excel-Nutzern, die bereits erste Erfahrungen mitbringen oder von einer älteren Version auf Excel 2019 umsteigen möchten, kann es auch als Nachschlagewerk bei alltäglichen Aufgaben genutzt werden.

Einsteiger und fortgeschrittene Einsteiger

Jedes Kapitel beginnt mit einer Übersicht der behandelten Inhalte und Sie sehen auf einen Blick, welche Kenntnisse vorausgesetzt werden. Leicht nachvollziehbare Beispiele und detaillierte und bebilderte Schritt-für-Schritt Anleitungen bilden den Schwerpunkt jedes Kapitels. Darüber hinaus erleichtern zahlreiche Tipps und Tricks den Einstieg. Zur Vertiefung enthält jedes Kapitel am Ende Übungsaufgaben, die Sie auch kostenlos einschließlich der Lösungen von unserer Homepage herunterladen können.

Übersichtliche Darstellung

Erläuternde Grafiken

Da sich Fachbegriffe trotz aller Bemühungen nicht immer vermeiden lassen, finden Sie im Anhang ein Glossar, in dem Sie unbekannte Begriffe nachschlagen können. Ebenfalls im Anhang findet sich eine Zusammenstellung wichtiger und nützlicher Tastenkombinationen.

Und noch ein Hinweis

Excel 2019 existiert in zwei Versionen, die sich in manchen Punkten geringfügig voneinander unterscheiden: Die Kaufversion, mit der Sie Office 2019 im Paket erwerben und Office 365, das Sie oder Ihre Firma abonniert haben. Der Unterschied: Office 365 wird von Microsoft laufend aktualisiert und Excel durch neue Berechnungsfunktionen ergänzt, die in der Kaufversion nicht verfügbar sind. Dieses Buch basiert im wesentlichen auf der Kaufversion.

Schreibweise

Befehle, Bezeichnungen von Schaltflächen und Beschriftungen von Dialogfenstern sind zur besseren Unterscheidung farbig und kursiv hervorgehoben, zum Beispiel Register *Start*, Schaltfläche *Kopieren*.

Übungen zum Download

Download von Beispielen und Übungen

In diesem Buch finden Sie eine Vielzahl von Beispielen, die Ihnen den Einstieg in Excel erleichtern. Um Ihnen langwieriges Abtippen zu ersparen, stellen wir umfangreichere Beispiele als Datei zum Download zur Verfügung. Gleiches gilt für die Übungen und deren Lösungen. Auch diese können heruntergeladen werden. Geben Sie dazu folgende Adresse in Ihren Browser ein:

www.bildner-verlag.de/00363.

Sie gelangen zur Webseite des BILDNER Verlags auf die Seite des Excel 2019 Grundlagen-Buchs. Scrollen Sie hier nach unten zu *Verfügbare Downloads* und klicken Sie auf *Download Beispieldateien*. Eine gezippte Datei wird Ihnen zum Download angeboten. Bestätigen Sie die Speicherung. Nach dem Entpacken der Datei finden Sie für jedes Kapitel, für welches Dateien zur Verfüugng stehen einen extra Ordner. In diesem sind verschiedene Beispieldateien und eine Übungsdatei gespeichert. Falls mehrere Übungen vorhanden sind befinden sich Übungen und Lösungen auf verschiedenen Tabellenblättern.

Beispiele, die zum Download zur Verfügung stehen, sind im Buch mit folgendem Text in der Marginalspalte gekennzeichnet: Die Tabelle ist als Download verfügbar.

Viel Spaß und Erfolg mit dem Buch wünschen Ihnen
Inge Baumeister und Anja Schmid

Inhalt

1 Erste Schritte mit Excel

In diesem Kapitel erhalten Sie...

- einen schnellen Überblick zum Erstellen, Drucken und Speichern einer Datei

Das sollten Sie bereits wissen

- Grundsätzlicher Umgang mit dem PC
- Mausbedienung
- Text über die Tastatur eingeben und löschen

1.1 Excel starten

Zum Starten von Excel 2019 gibt es unter Windows 10 verschiedene Möglichkeiten:

- Falls sich die Kachel Excel 2019 im Startmenü von Windows befindet, so klicken Sie auf diese. Oder klicken Sie in der alphabetischen Liste auf *Excel*.
- Am einfachsten tippen Sie den Suchbegriff „excel" in das Suchfeld der Taskleiste ein und klicken in der Liste der Suchergebnisse auf Excel 2019.
- Wenn die Sprachassistentin Cortana aktiviert ist, können Sie auch Cortana damit beauftragen, etwa mit der Anweisung „Öffne Excel".

Falls Sie beim allerersten Start von Excel 2019 auch aufgefordert werden, das Standarddateiformat für Microsoft Office festzulegen, so klicken Sie auf Office Open XML-Formate.

Microsoft veröffentlicht nicht nur für Windows, sondern auch für Office 2019 laufend Updates, um Sicherheitslücken zu beseitigen oder Fehler zu korrigieren. Wenn Sie Excel zum ersten Mal starten, wird Ihre Zustimmung zur automatischen Installation von Updates angefordert. Klicken Sie auf *Nur Updates installieren* und dann auf die Schaltfläche *Zustimmen*.

Der Startbildschirm von Excel

Beim Starten von Excel erhalten Sie zunächst die unten abgebildete Übersicht, die auch als Startbildschirm bezeichnet wird. Hier haben Sie die Möglichkeit, eine *Leere Arbeitsmappe* ❶ durch Anklicken zu verwenden und anschließend zu bearbeiten oder eine andere Vorlage ❷ durch einen Doppelklick zu übernehmen.

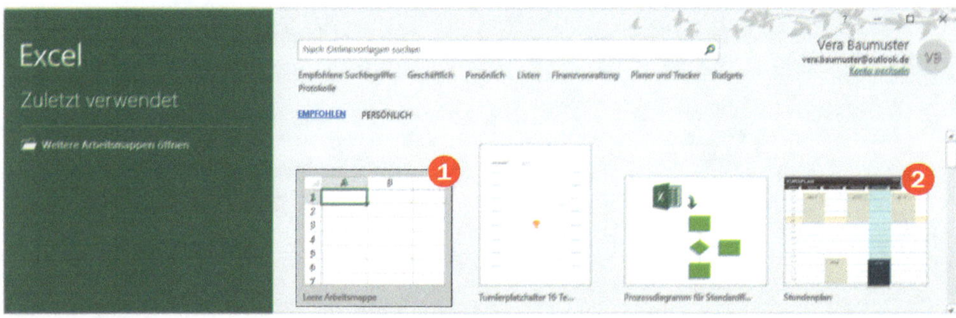

Falls der Startbildschirm nicht angezeigt werden sollte, so klicken Sie auf *Datei* und anschließend auf *Neu*. Hier sind alle Vorlagen ebenfalls verfügbar.

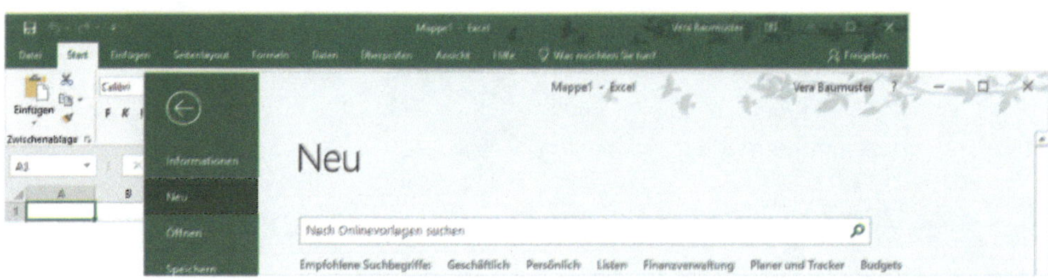

1.2 Beispiel: Eine Monatsplanung mittels Vorlage erstellen

Vorlagen lassen sich mit Vordrucken vergleichen, beispielsweise einem Rechnungsformular oder einem Reisekostenvordruck. Sie können Texte, Formatierungen, Grafiken oder Formeln enthalten. In der Vorlage sind alle Elemente eingetragen oder hinterlegt, die in der Regel benötigt werden. Es müssen nach Auswahl einer Vorlage nur noch die neuen Daten eingegeben und die Arbeitsmappe gespeichert werden.

Eine Vorlage selbst erstellen und bereitstellen: siehe Kapitel 12.

Der Vorteil einer Vorlage besteht darin, dass diese durch Ihre Eingabe nicht verändert wird. Die Informationen der Vorlage und Ihre eingegebenen Daten werden zusammen in einer neuen Datei abgespeichert.

Vorlage auswählen

- Klicken Sie auf eine Vorlage, um eine vergrößerte Vorschau zusammen mit einer Beschreibung zu erhalten.
- Entspricht die Vorlage nicht Ihren Vorstellungen, so navigieren Sie mittels der weißen Pfeile zur nächsten Vorlage und wieder zurück.
- Wenn Sie dagegen die ausgewählte Vorlage verwenden möchten, dann klicken Sie auf *Erstellen*.

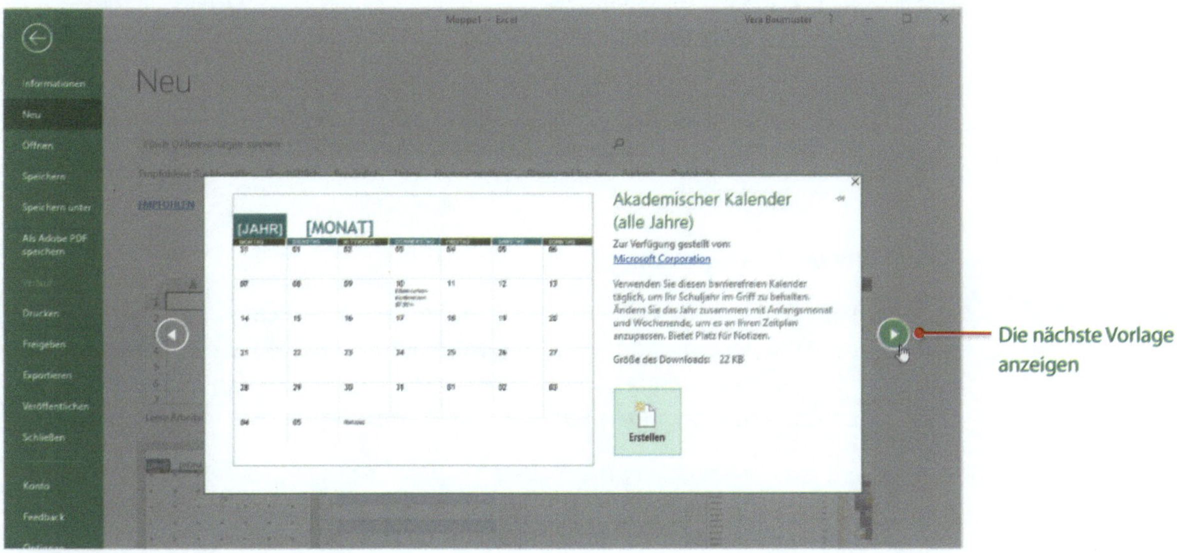

Weitere Vorlagen online suchen

Ist Ihr Computer mit dem Internet verbunden, stehen durch Eingabe eines Suchbegriffs im Feld *Nach Onlinevorlagen suchen* ❶ weitere Vorlagen zur Verfügung. Tippen Sie einen Begriff ein und drücken Sie dann die Enter-Taste.

Alternativ wählen Sie einen der angebotenen Suchbegriffe ❷ aus, z. B. *Persönlich*. Je nach Suchbegriff kann es etwas dauern, bis Ergebnisse erscheinen. Durch Anklicken einer Vorlage zeigen Sie wieder die Vorschau an. Falls nichts Passendes dabei ist, kehren Sie durch Anklicken von *Alle* ❸ wieder zur allgemeinen Übersicht zurück.

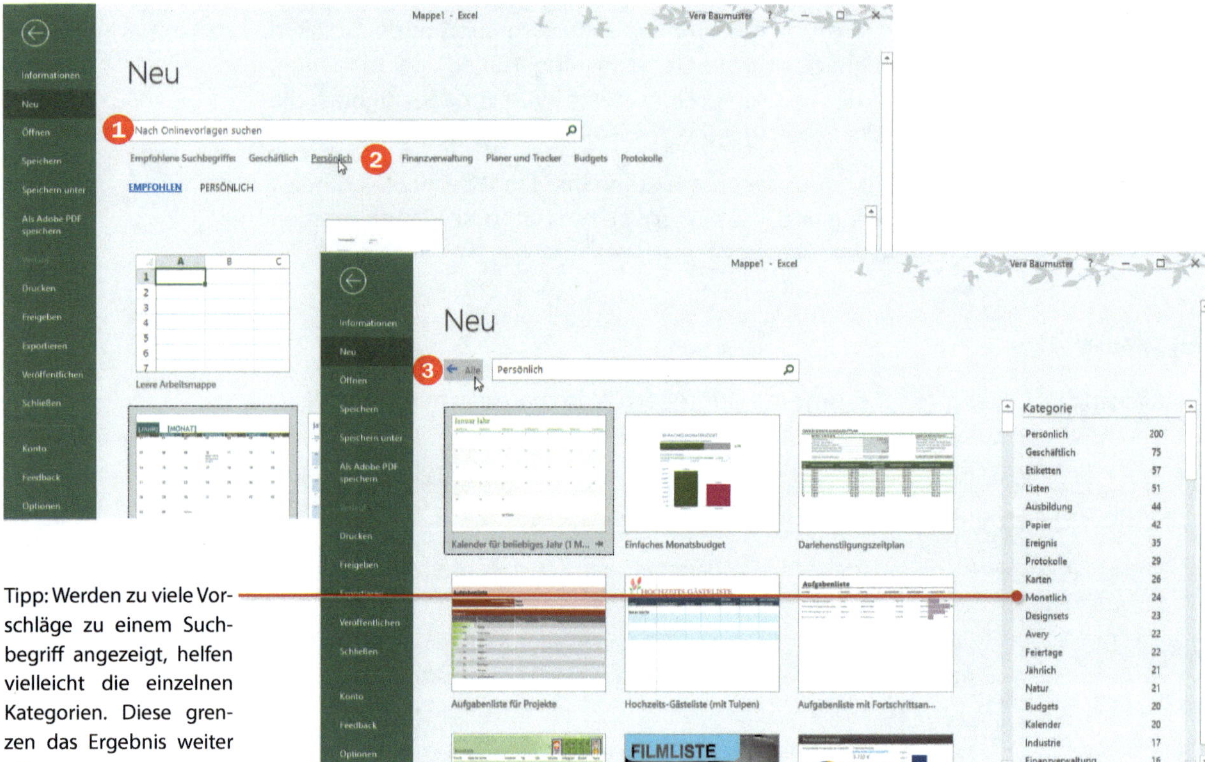

Tipp: Werden zu viele Vorschläge zu einem Suchbegriff angezeigt, helfen vielleicht die einzelnen Kategorien. Diese grenzen das Ergebnis weiter ein.

Vorlage am Bildschirm ausfüllen

Nachdem Sie eine Vorlage ausgewählt und auf *Erstellen* geklickt haben, erscheint diese zusammen mit der eigentlichen Arbeitsoberfläche von Excel. Wir verwenden für das folgende Beispiel die Vorlage *Jahreskalender für ein beliebiges Jahr (Ion-Design)*. Hier steht Ihnen für jeden Monat ein Kalender zur Verfügung den Sie mit Terminen füllen können.

- Zunächst muss der Kalender für das gewünschte Jahr angepasst werden. Klicken Sie dazu das Feld rechts oben an ❶ (Abbildung nächste Seite) und geben das Jahr als vierstellige Zahl ein. Standardmäßig ist das aktuelle Jahr ausgewählt. Falls das Ihren Wünschen entspricht, ist hier keine Eingabe notwendig. Im Feld darunter bestimmen Sie, ob die Woche mit einem Montag (europäische Konvention) oder Sonntag (Konvention für Kalender in den USA) beginnen soll. Diese Zelle ist mit einer Dropdown-Liste versehen. Wenn Sie das Feld anklicken, wird ein Pfeil angezeigt. Klicken Sie diesen an, um aus einer Liste *Mo* oder *So* auszuwählen. Änderungen in den Kalendereinstellungen haben automatische eine Anpassung des Kalenders zur Folge. Dies geschieht aufgrund von Formeln, die im Kalender für die einzelnen Zahlen hinterlegt sind. Dazu mehr in den Kapiteln 7 und 8.

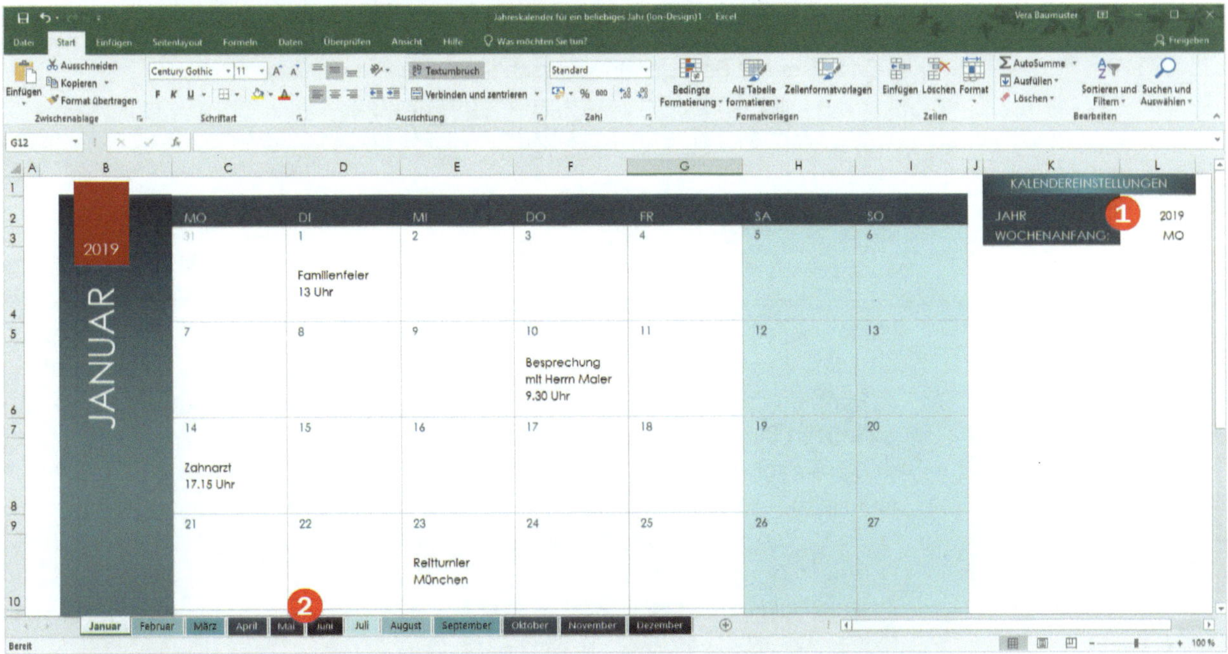

- Am unteren Rand des Fensters finden Sie das Blattregister, benannt mit den einzelnen Monaten. Durch Anklicken eines Monats wechseln Sie zwischen den einzelnen Tabellenblättern. Klicken Sie den aktuellen Monat ❷ an.

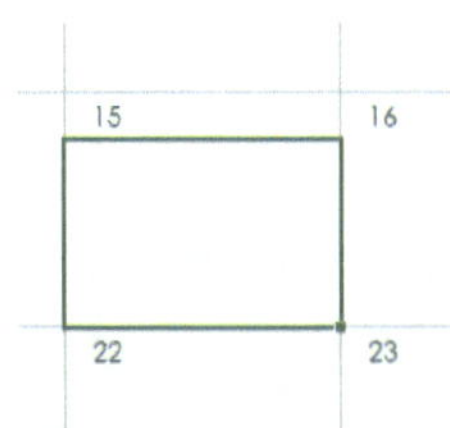

- Das Excel-Tabellenblatt besteht aus vielen einzelnen Feldern, deren Begrenzungen normalerweise sichtbar sind. Dieses Gitternetz ist in vielen Vorlagen aus optischen Gründen ausgeblendet. Jedes dieser Felder kann durch Anklicken ausgewählt werden. Klicken Sie einen Tag im Monatskalender an. Sie sehen einen grünen Rahmen - das Feld ist markiert. Geben Sie jetzt die Informationen ein und bestätigen Sie mit der Enter-Taste.

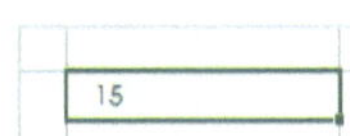

- Wenn das Feld bereits Inhalte enthält, werden diese durch eine erneute Eingabe überschrieben. Im Beispiel rechts sollten Sie auf eine Eingabe verzichten, da Sie in diesem Fall das Datum überschreiben würden.

- Der Zeilenumbruch innerhalb einer Zelle findet automatisch statt. Möchten Sie diesen steuern, verwenden Sie die Tastenkombination **Alt** + **Eingabe-Taste** (**Enter**). An dieser Stelle wird dann eine neue Zeile begonnen.
- Inhalte, die Sie nicht benötigen, können gelöscht werden. Klicken Sie auf das Feld und drücken Sie die Entf-Taste.

Schnelle Hilfe zu verschiedenen Aufgaben

Sie möchten den fertigen Wochenplan drucken, speichern oder haben versehentlich etwas gelöscht? Kein Problem, Excel unterstützt Sie bei den verschiedenen Aufgaben und der Suche nach Befehlen. Diese Funktion finden Sie unter der Aufforderung *Was möchten Sie tun?* im oberen Bereich des Excel-Fensters. Ein Klick unmittelbar darauf öffnet eine Liste mit Bearbeitungsvorschlägen (*Versuchen Sie das*).

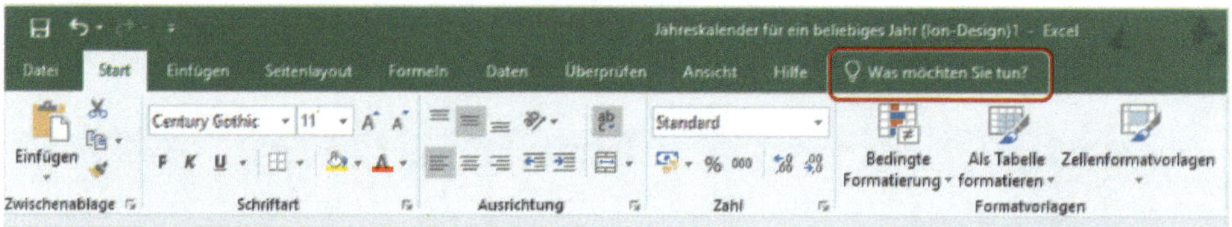

- Ist das Gesuchte hier nicht dabei, tippen Sie ein Stichwort ein, z. B. *Rückgängig*, um den versehentlich gelöschten Text wieder anzuzeigen. In diesem Fall erscheint eine entsprechend angepasste Liste und Sie brauchen nur auf den aufgeführten Befehl zu klicken und die letzte Aktion wird zurückgenommen. Über den Erweiterungspfeil am Ende des Befehls erhalten Sie Unterbefehle, weitere Bearbeitungsalternativen und vieles mehr. Im Fall von *Rückgängig* sind hier die letzten Aktionen aufgeführt, die Sie durch Anklicken auch gemeinsam zurücknehmen können.

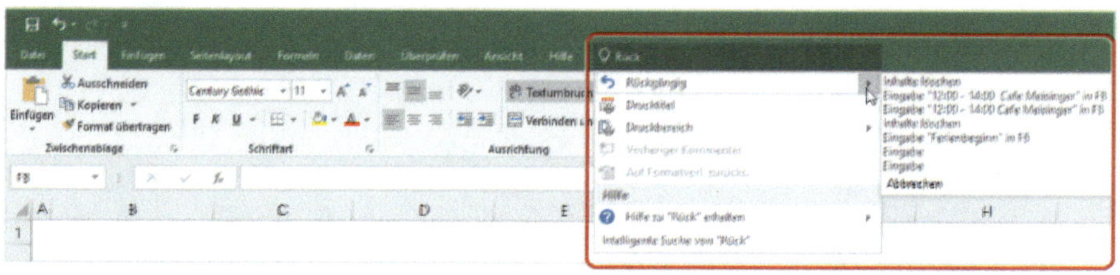

- Haben Sie auf diesem Weg schon Befehle aufgerufen, so werden diese unter der Überschrift *Zuletzt verwendet* aufgelistet und zur Wiederauswahl angeboten.

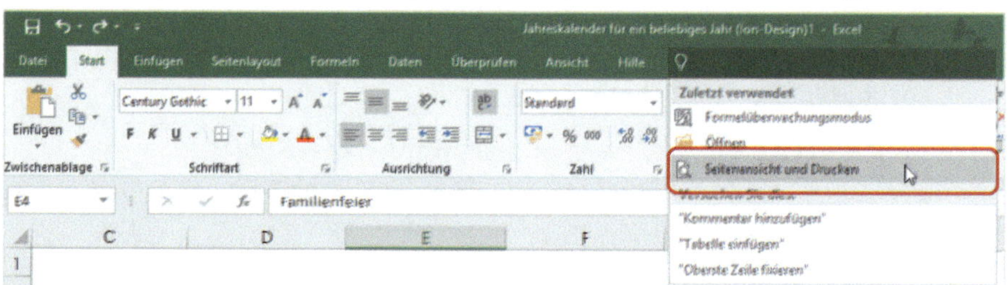

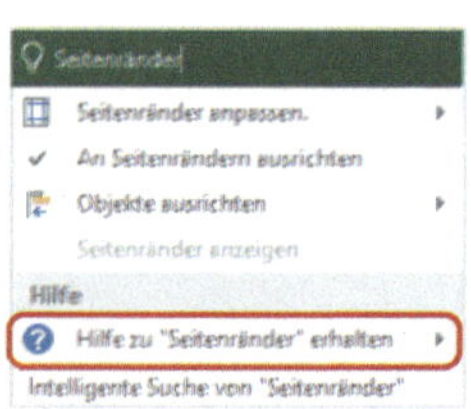

- Falls Sie umfassendere Hilfe zu einer Aufgabe benötigen, dann geben Sie ebenfalls zuerst das entsprechende Stichwort ein und klicken dann in der Liste der Vorschläge auf *Hilfe zu .... erhalten*. Die Excel-Hilfe wird in einem gesonderten Fenster geöffnet und schlägt verschiedene Themen vor.

Den Monatsplan ausdrucken

Um den Monatsplan auszudrucken, klicken Sie also auf *Was möchten Sie tun?* und geben den Begriff *Drucken* im Feld ein. Klicken Sie anschließend auf *Seitenansicht und drucken*.

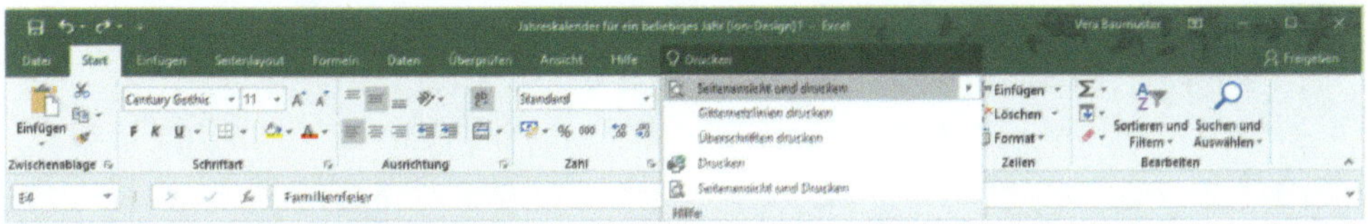

Rechts erscheint der Monatsplan als Druckvorschau. Klicken Sie auf die Schaltfläche *Drucken* ❶, um den Druckvorgang zu starten. Wenn Sie zur Bearbeitung der Arbeitsmappe ohne Drucken zurückkehren möchten, dann klicken Sie entweder links oben auf den Pfeil ❷ oder betätigen auf der Tastatur die Esc-Taste.

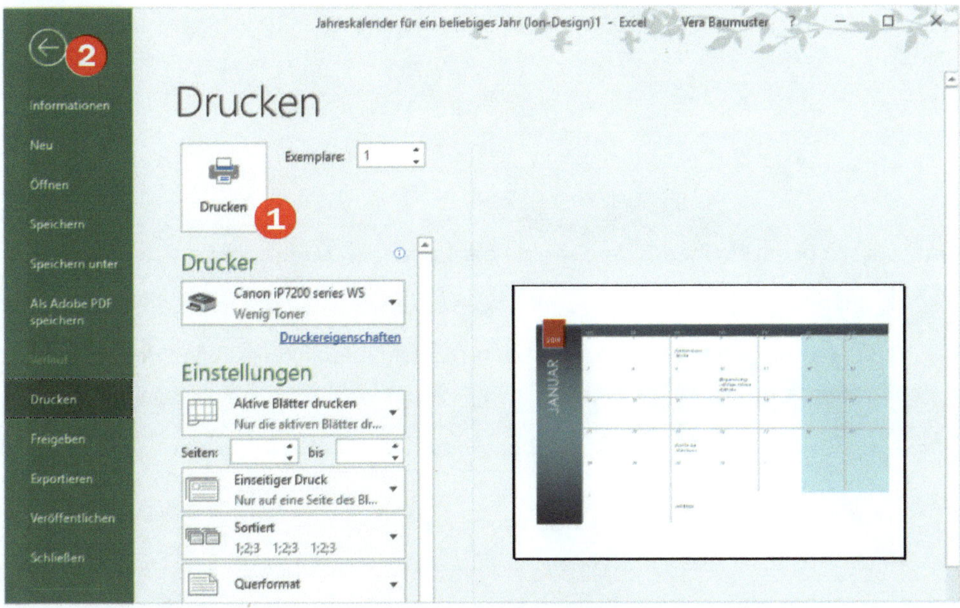

Den Monatsplan speichern

Was jetzt noch fehlt ist die Speicherung der Monatsübersicht: Selbstverständlich könnten Sie auch diesen Befehl über das Suchfeld aufrufen. Schneller geht's so:

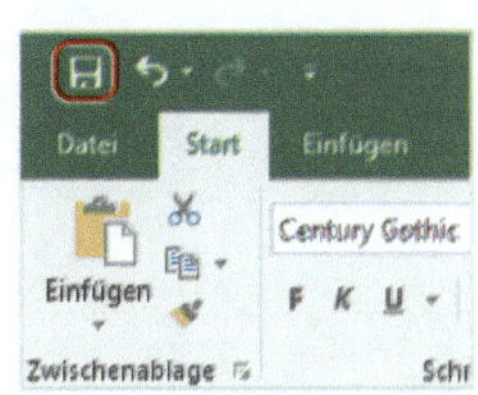

- Klicken Sie links oben in der Symbolleiste für den Schnellzugriff auf das Speichern-Symbol.
- Klicken Sie zunächst auf *Durchsuchen*. Das Fenster *Speichern unter* öffnet sich.
- Im Feld *Dateiname* wird bereits ein Dateiname vorgeschlagen. Meist ist dieser nicht aussagekräftig genug. Überschreiben Sie diesen mit einem besseren Dateinamen.

- Wählen Sie durch Anklicken einen Speicherort aus. Verwenden Sie für unser Beispiel den Ordner *Dokumente*.
- Klicken Sie zuletzt auf die Schaltfläche *Speichern*.

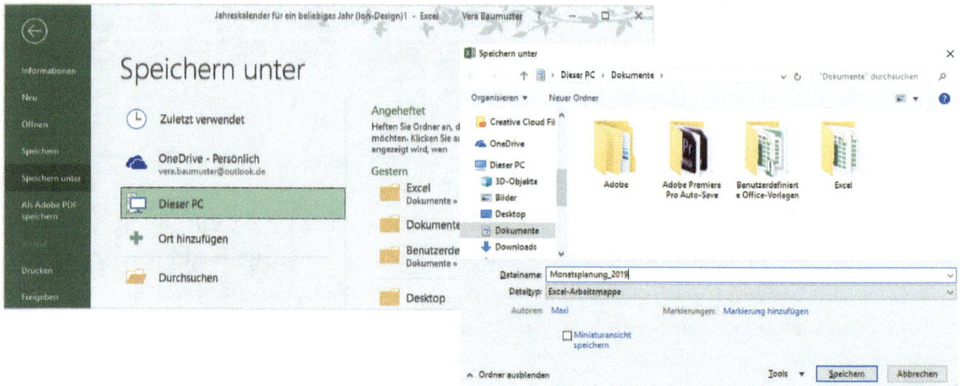

1.3 Excel beenden

Um Excel zu beenden, benutzen Sie eine der folgenden Methoden:

- Klicken Sie in der rechten oberen Ecke des Fensters auf das Symbol *Schließen* ❶.
- Oder klicken Sie auf *Datei* ❷ und dann in der linken Spalte auf *Schließen*.

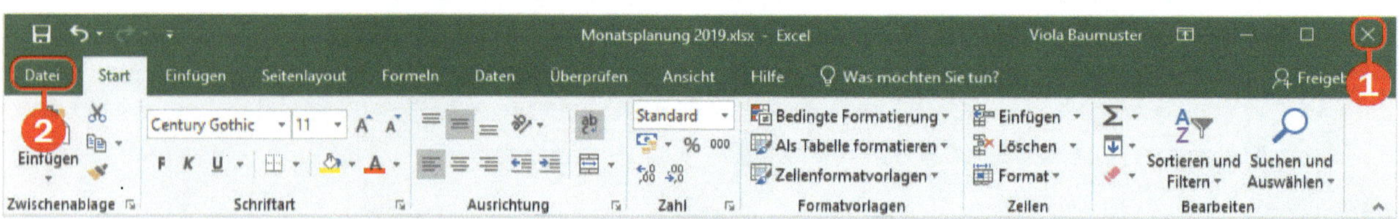

Wenn Sie vor dem letzten Speichern Änderungen am Inhalt vorgenommen haben, dann erscheint vor dem Beenden eine Rückfrage zur Speicherung der Änderungen:

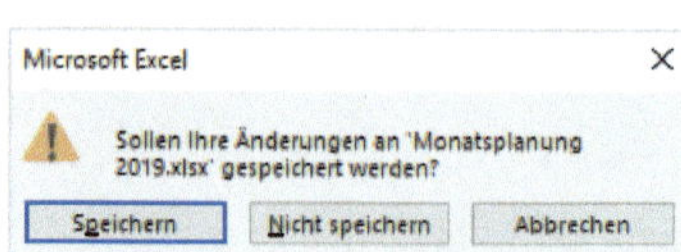

- Klicken Sie auf *Speichern*, wenn Sie Ihre letzten Änderungen speichern und Excel beenden möchten.
- *Nicht speichern* bedeutet, Änderungen werden nicht gespeichert, Excel wird aber trotzdem beendet.
- Klicken Sie dagegen auf *Abbrechen*, so passiert überhaupt nichts; Änderungen werden nicht gespeichert und Excel wird nicht beendet.

1.4 Eine persönliche Telefonliste eingeben

Mit einer leeren Tabelle beginnen

Als nächstes Beispiel erstellen wir eine kleine Telefonliste. Dazu verwenden wir keine Vorlage, sondern geben die Liste einfach in eine leere Tabelle ein.

1 Wenn Sie ohne Vorlage Daten in eine Tabelle eingeben möchten, dann klicken Sie nach dem Start von Excel auf *Leere Arbeitsmappe*.

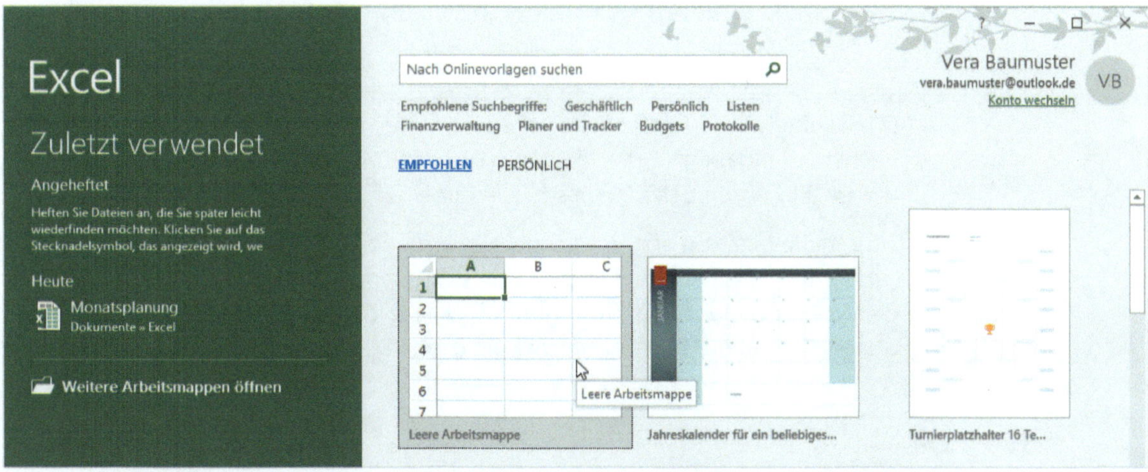

2 Excel öffnet daraufhin die Arbeitsmappe mit einer leeren Tabelle. Zur besseren Orientierung sind die Tabellenlinien am Bildschirm sichtbar, werden jedoch nicht gedruckt. Die erste Zelle der Tabelle links oben ist markiert, leicht am Rahmen zu erkennen.

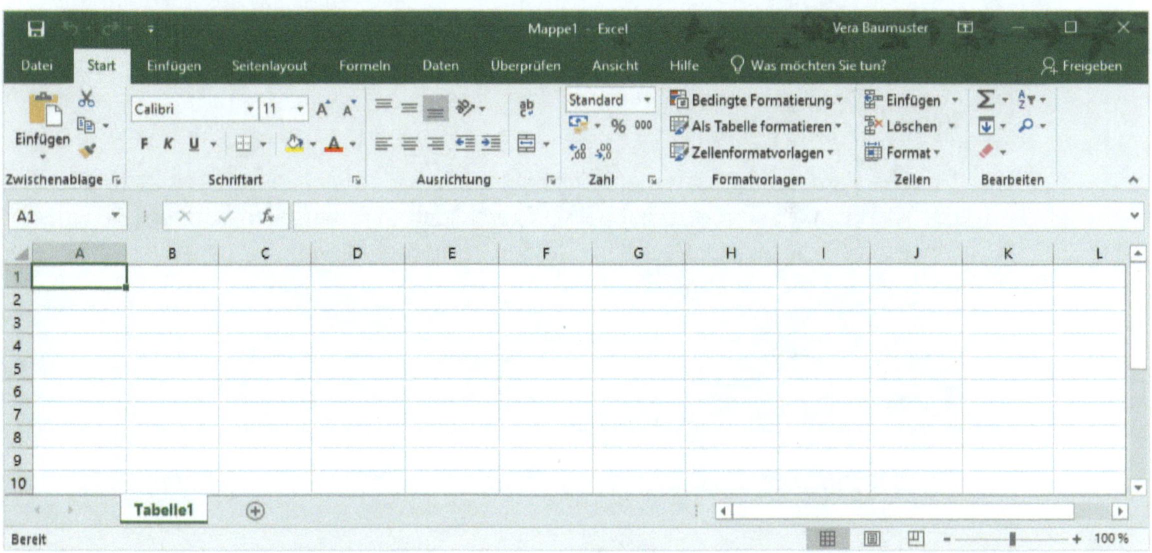

3 Tippen Sie nun über die Tastatur die Überschrift Telefonliste ein und betätigen Sie anschließend die **Eingabe-Taste** (**Enter**).

4 Excel markiert nun die darunterliegende Zelle (siehe rechtes Bild).

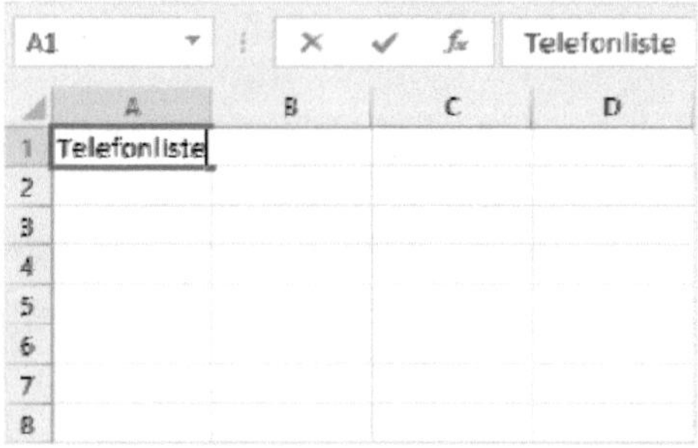

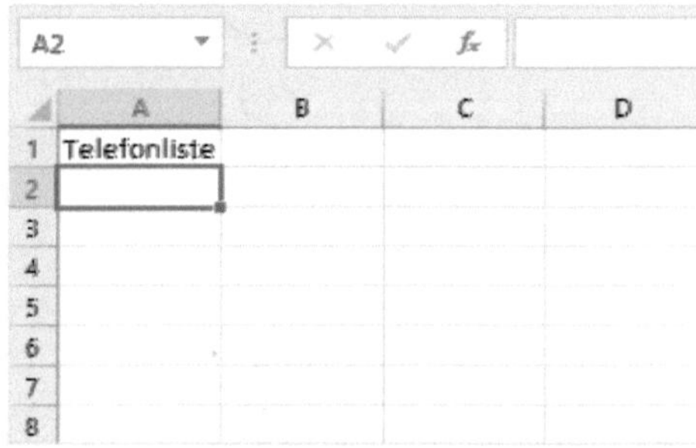

5 Da die eigentliche Telefonliste erst weiter unten beginnen soll, klicken Sie vor der nächsten Eingabe mit der Maus auf die gewünschte Zelle in der ersten Spalte, wie im Bild unten. Jetzt ist diese Zelle mit einem Markierungsrahmen versehen.

6 Tippen Sie hier den ersten Nachnamen ein und betätigen Sie dann die **Tab-Taste**. Jetzt erhält die Zelle rechts daneben den Markierungsrahmen. Geben Sie hier den Vornamen ein und betätigen Sie wieder die Tab-Taste. In die dritte Spalte geben Sie nun die Telefonnummer ein (siehe Bild rechts).

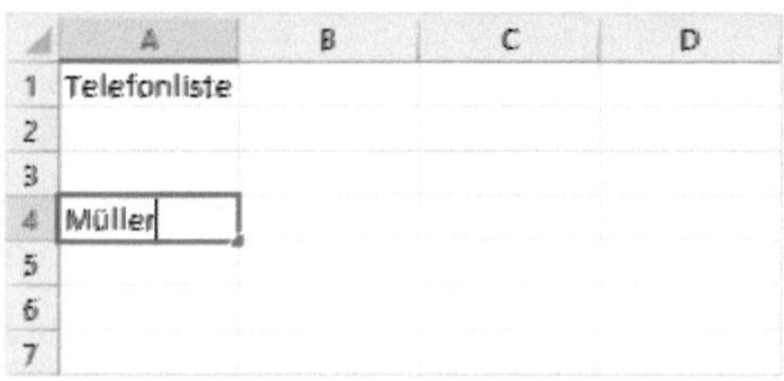

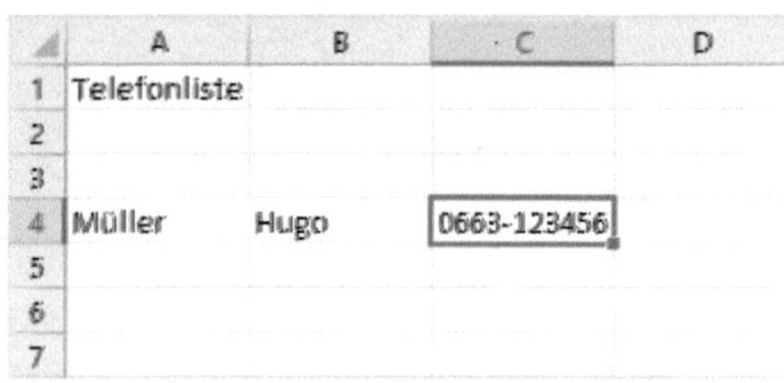

7 Klicken Sie dann in der ersten Spalte in die Zelle unterhalb des Nachnamens und wiederholen Sie Schritt 6 zur Eingabe der zweiten Telefonnummer.

Name zu lang für die Zelle?

Manche Namen umfassen mehr Zeichen, als auf der ersten Blick in der Zelle Platz finden. Dies ist kein Grund, den Inhalt auf zwei Spalten zu verteilen, sondern Sie verbreitern einfach die Spalte. Nachdem Sie den Vornamen eingetippt haben, erscheint der Nachname zunächst abgeschnitten.

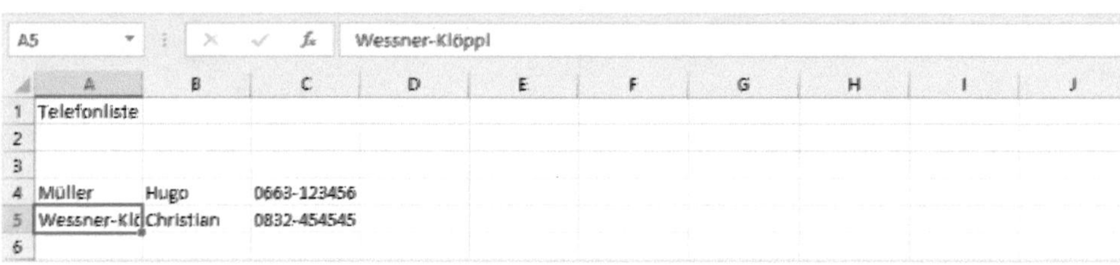

1 Zeigen Sie mit der Maus oberhalb der Tabelle auf die rechte Begrenzungslinie der Spalte A. Als Mauszeiger erscheint ein waagrechter Doppelpfeil.

2 Nun ziehen Sie mit gedrückter Maustaste die Linie nach rechts, bis der vollständige Name wieder sichtbar ist.

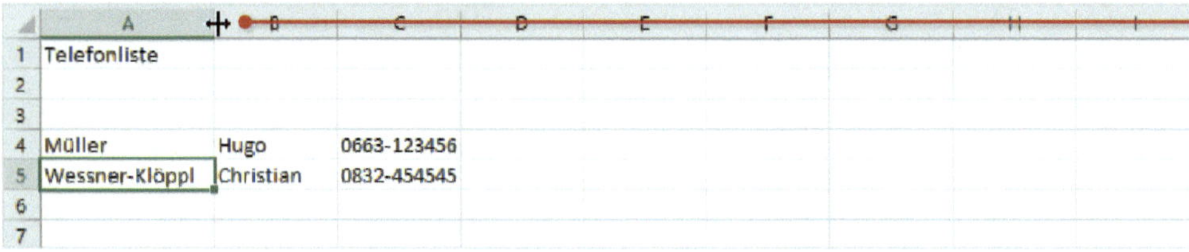

Spalte mit der Maus verbreitern

Die übrigen Spalten können Sie mit dieser Methode ebenfalls nach Belieben verbreitern. Zuletzt erhalten die Spalten noch je eine Überschrift. Tragen Sie als Überschrift für die einzelnen Spalten: *Nachname*, *Vorname* und *Telefon* ein.

Die Tabelle mit Farben und Linien verschönern

1 Jetzt kommt die optische Gestaltung der Tabelle an die Reihe. Klicken Sie innerhalb des beschrifteten Bereichs der Telefonliste auf eine beliebige Zelle ❶ und oben im Menüband auf Register *Start* ▶ *Als Tabelle formatieren* ❷. Hier wählen Sie eine Vorlage aus ❸.

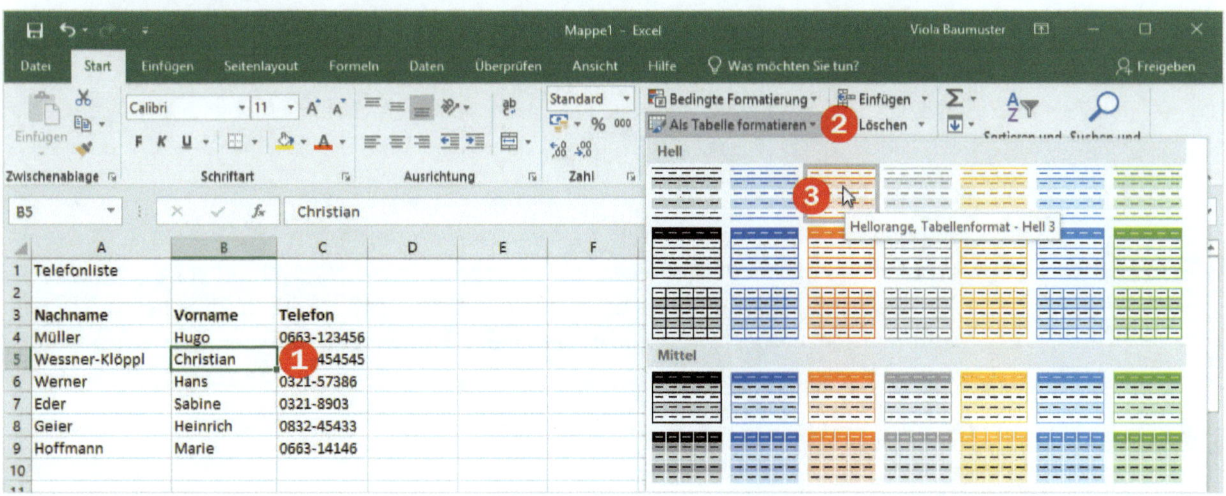

2 Anschließen öffnet sich ein kleines Fenster mit der Frage *Wo sind die Daten für Ihre Tabelle?*. Kontrollieren Sie Ihre Tabelle: Wenn diese von einem gestrichelten Rahmen umgeben ist, dann hat Excel die Tabelle richtig erkannt.

3 Kontrollieren Sie ebenfalls, ob bei *Tabelle hat Überschriften* das Kästchen mit einem Haken versehen ist. Bestätigen Sie dann mit *OK*.

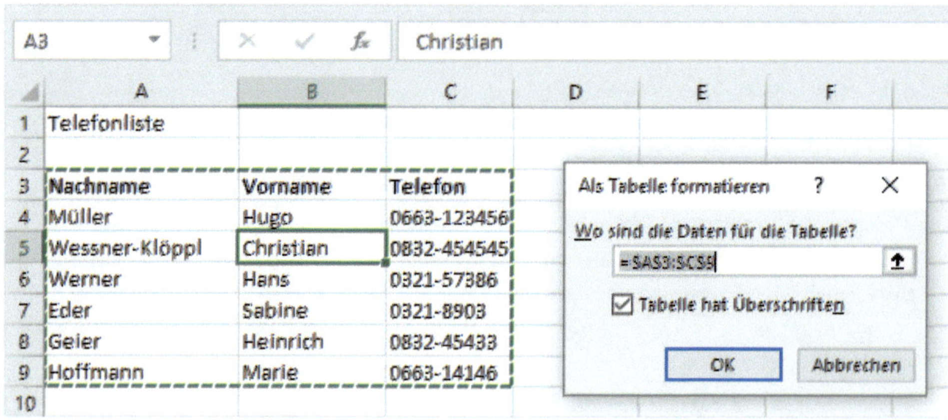

Telefonliste nach Namen sortieren

Die Telefonliste wird nun im ausgewählten Design dargestellt, zusätzlich befindet sich neben jeder Spaltenüberschrift ein kleiner Pfeil. Da Telefonnummern in einer alphabetisch sortierten Liste schneller aufzufinden sind, soll die Liste jetzt nach Nachnamen sortiert werden. Dazu klicken Sie mit der Maus auf den kleinen Pfeil der Spaltenüberschrift *Nachname*. Es öffnet sich ein Menü, klicken Sie auf *Von A bis Z sortieren*.

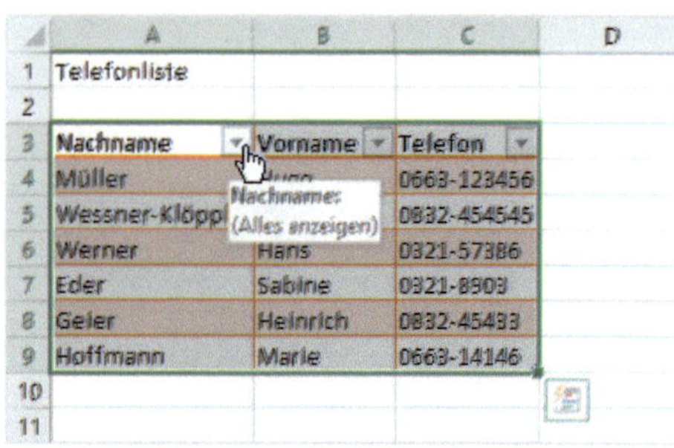

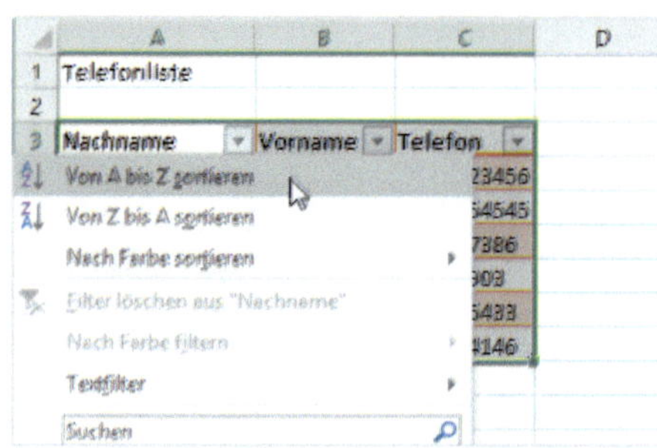

Sie können der Liste jederzeit weitere Telefonnummern hinzufügen. Das Aussehen wird automatisch auf die neuen Zeilen übernommen, dies gilt auch bei abwechselnden Zeilenfarben. Allerdings müssen Sie die Liste neu sortieren, dies geschieht nicht automatisch. Vergessen Sie nicht, die Telefonliste zu speichern.

2 Oberfläche des Programms kennenlernen

In diesem Kapitel erhalten Sie...

- eine Einführung in den Aufbau einer Arbeitsmappe
- eine Übersicht über die Programmoberfläche und die Möglichkeiten der Befehlseingabe

Das sollten Sie bereits wissen

- Grundsätzlicher Umgang mit dem PC
- Mausbedienung
- Text über die Tastatur eingeben und löschen

2.1 Elemente der Excel-Arbeitsumgebung

Im vorherigen Kapitel haben Sie eine Excel-Tabelle mittels einer Vorlage gestaltet und eine persönliche Telefonliste erstellt. Nun geht es darum, sich mit den einzelnen Bestandteilen des Programms vertraut zu machen, dazu wählen Sie am besten nach dem Start von Excel *Leere Arbeitsmappe*.

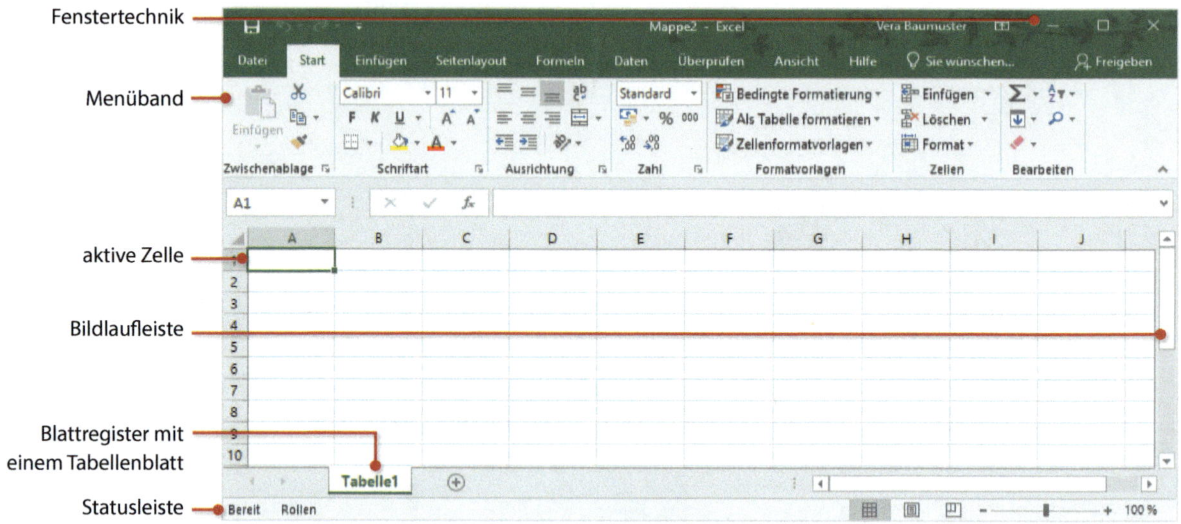

Arbeitsmappe

Excel-Dateien werden als Arbeitsmappen bezeichnet. Eine Arbeitsmappe enthält standardmäßig ein **Tabellenblatt** bezeichnet als *Tabelle 1*. Weitere Tabellenblätter können hinzugefügt werden, so dass in der Regel eine Arbeitsmappe eine Zusammenstellung mehrerer Tabellenblätter enthält, die in einer einzigen Datei unter einem gemeinsamen Dateinamen gespeichert werden. So sind zusammengehörige Daten schnell verfügbar.

Aufbau von Tabellenblätter

Alle Tabellenblätter verfügen über eine einheitliche Tabellenstruktur mit 1.048.576 Zeilen und 16.384 Spalten. Am linken Rand des Tabellenblattes befindet sich die fortlaufende **Zeilennummerierung** von 1 bis 1.048.576. Die **Spalten** sind von links nach rechts mit den Buchstaben A bis Z nummeriert, danach wird die Nummerierung fortgesetzt mit AA, AB, bis zur Spalte XFD.

Das aktuelle Tabellenblatt zeigt nur einen Ausschnitt der gesamten Tabelle an. Der sichtbare Bereich ist abhängig von der Größe und Auflösung Ihres Bildschirms, von der Breite und Höhe der Zellen, sowie vom eingestellten Zoomfaktor (Zoom, siehe Seite 44).

Zelle

Die grundlegende Einheit einer Tabelle ist die Zelle. Jede Zelle verfügt über eine eindeutige **Adresse**, zusammengesetzt aus Spalten- und Zeilennummer. Die Adresse der ersten Zelle eines Arbeitsblattes lautet also A1. Mindestens eine Zelle ist immer markiert, Sie erkennen dies an der Umrandung der Zelle oder des Zellbereichs. Zum Markieren einer Zelle klicken Sie entweder mit der Maus auf die Zelle oder verwenden die Pfeiltasten der Tastatur. Diese markierte Zelle wird als **aktive Zelle** ❶ bezeichnet.

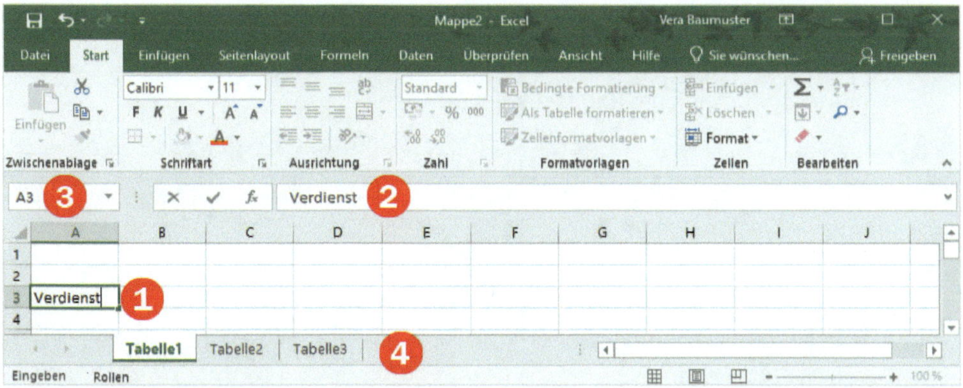

Bearbeitungsleiste

Über dem Arbeitsblatt befindet sich die **Bearbeitungsleiste** ❷ mit dem **Namenfeld** ❸. In der Bearbeitungsleiste sehen Sie den Inhalt der markierten Zelle; das Namenfeld enthält die Zelladresse der markierten Zelle. Sie verwenden die Bearbeitungsleiste zur Dateneingabe, insbesondere bei Formeln ist sie nützlich.

Blattregister

Das Blattregister ❹ am unteren Bildschirmrand dient der Auswahl der Tabellenblätter. Klicken Sie einfach auf den Namen der gewünschten Tabelle.

Bildlaufleisten

Die Bildlaufleisten am rechten und unteren Rand des Fensters verwenden Sie, um in der Tabelle den sichtbaren Bildschirmausschnitt zu verschieben. Alternativ können Sie dazu auch das Rad der Maus verwenden (Scrollen).

Statusleiste

Am unteren Rand des Fensters befindet sich die Statusleiste. Sie zeigt den aktuellen Arbeitsstatus an und erlaubt schnelles Zoomen der Bildschirmansicht, sowie Wechseln zwischen verschiedenen Ansichten.

Menüband mit Registern

Das Menüband (engl. ribbon) fasst grundlegende Aufgabenstellungen in Registerkarten zusammen. So finden Sie im Register *Start* die am häufigsten benötigten Befehle, unter anderem die Schaltflächen zur Formatierung von Text und Zahlen. Das Register *Einfügen* enthält Schaltflächen zum Einfügen von Bildern, Diagrammen, Symbolen, etc. und im Register *Ansicht* steuern Sie z. B. die Bildschirmanzeige.

- Zur Anzeige der Inhalte einer Registerkarte klicken Sie einfach auf den Namen, bzw. den Reiter des Registers.
- Wenn Sie mit dem Mauszeiger auf das Menüband zeigen, können Sie auch mit dem Mausrad durch die Register wechseln.

Die Befehle des Menübands sind nicht sichtbar? Dann lesen Sie auf Seite 36 mehr zum Ein- und Ausblenden des Menübands.

Das Register Datei

Unter den Registern des Menübands sticht das Register *Datei* durch seine alternative Anzeige hervor. Dieses enthält alle Befehle zum Erstellen, Speichern, Öffnen und Drucken von Arbeitsmappen. Hier erhalten Sie Informationen zur aktuellen Datei und legen Einstellungen fest, die für die gesamte Excel-Anwendung gelten. Das Register *Datei* wird auch als Backstage-Ansicht (deutsch: hinter der Bühne) bezeichnet.

- Mit einem Mausklick auf *Datei* zeigen Sie den Inhalt des Registers an. Dabei wird das gesamte Excel-Fenster ausgefüllt. Das Tabellenblatt ist nicht sichtbar.
- Das Register *Datei* ist in einzelne Bereiche unterteilt, z. B. *Neu*, *Öffnen*, *Speichern* oder *Konto* . Sie zeigen deren Inhalte an, indem Sie links auf den Namen des Bereichs klicken. Die Inhalte werden rechts angezeigt. Hier befinden sich weitere Schaltflächen, mit denen Sie zusätzliche Aktionen ausführen.
- Um das Register *Datei* zu verlassen, klicken Sie entweder auf das Pfeilsymbol oder drücken die Esc-Taste.

Excel-Optionen

Über das Register Datei erhalten Sie auch Zugriff auf die Excel-Optionen. Hier treffen Sie eine Reihe von Einstellungen, die das Programm als Gesamtes betreffen, z. B. Standardspeicherort, Bestandteile des Menübands, Spracheinstellungen, die Verwaltung von Add-Ins und vieles mehr. Auch hier finden Sie links die einzelnen Bereiche, z. B. *Allgemein*, *Speichern* oder *Erweitert*, deren Inhalte Sie durch Anklicken rechts anzeigen.

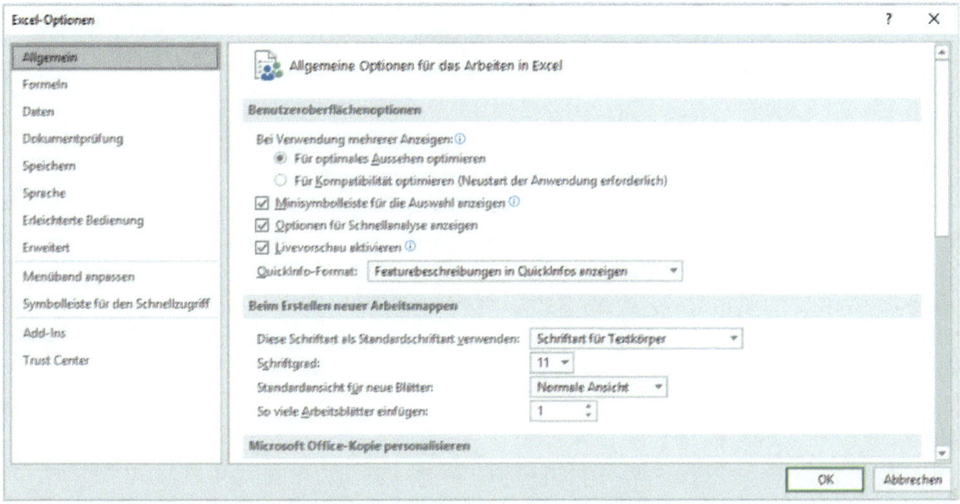

Microsoft-Konto

Ist Ihnen beim Betrachten des Excel-Fensters auch schon die Schaltfläche *Anmelden* ins Auge gefallen oder steht hier vielleicht ihr Name? Was es damit auf sich hat, erfahren Sie jetzt.

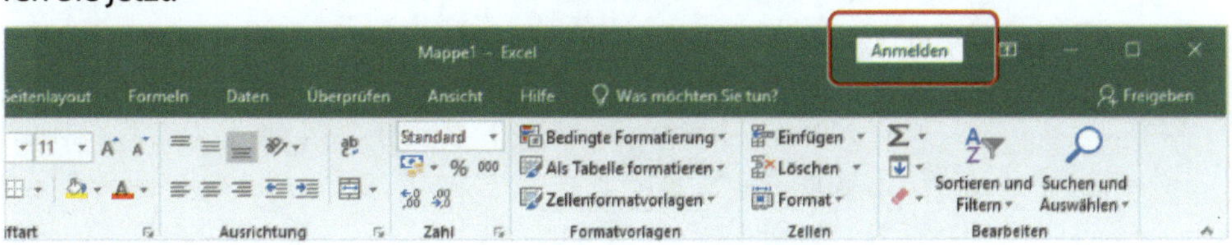

Wenn Sie das Betriebssystem Windows 10 verwenden, dann melden Sie sich wahrscheinlich mit einem Microsoft-Konto an Ihrem Rechner an. Das ist zwar nicht zwingend notwendig, bietet aber verschiedene Vorteile: Automatische Anmeldung bei und Verwendung von Skype (Programm für Videotelefonie) und OneDrive (Microsoft Cloud-Speicher), Nutzung von Cortana (Sprachassistentin) und den Microsoft-Store (Installation von Apps), sowie Datensynchronisation zwischen mehreren Rechnern, sofern Sie mit demselben Microsoft-Konto angemeldet sind.

Verwenden Sie eine E-Mail mit einer der folgenden Adressendungen: @outlook.de, @outlook.com, @hotmail.de, @hotmail.com oder @live.de dann verfügen Sie bereits über ein Microsoft-Konto. Anstelle eines Microsoft-Kontos können Sie auch ein Geschäfts-, Schul- oder Uni-Konto (Abonnementkonto) einsetzen, was im Zuge der Nutzung von Office 365 erstellt wurde. Diese Informationen werden Ihnen dann über die jeweilige Organisation, z. B. Ihren Arbeitgeber zur Verfügung gestellt.

Hinweis: Excel 2019 kann im Office-Paket als Abomodell (Office 365) oder als Kaufversion Office Home & Student 2019 bzw. Office Home & Business 2019 erworben werden. Sie erhalten beim Kauf kein Installationsmedium sondern nur einen Produktkey (Verifikationsschlüssel). Die Programme können dann von einer Microsoftseite heruntergeladen werden. Dazu benötigen Sie ein Microsoft-Konto, welches im Zuge dieses Prozesses auch erstellt werden kann.

Unabhängig von der Windows-Anmeldung können Sie sich auch nur für die Office-Anwendungen mit einem Microsoft-Konto anmelden. So können Sie die Vorteile von OneDrive trotzdem nutzen: Speicherung von Daten in der Cloud und Freigabe für andere Personen. Ist Windows 10 als Betriebssystem auf Ihrem PC installiert und sind Sie mit einem Microsoft-Konto angemeldet, dann sind Sie damit automatisch auch bei allen Office-Anwendungen angemeldet und Sie benötigen die folgende Beschreibung nicht.

Mit einem Microsoft-Konto bei Excel anmelden

- Öffnen Sie Excel und klicken Sie rechts oben auf *Anmelden*. Alternativ wählen Sie im Register *Datei* den Bereich *Konto* und klicken hier auf *Anmelden*.

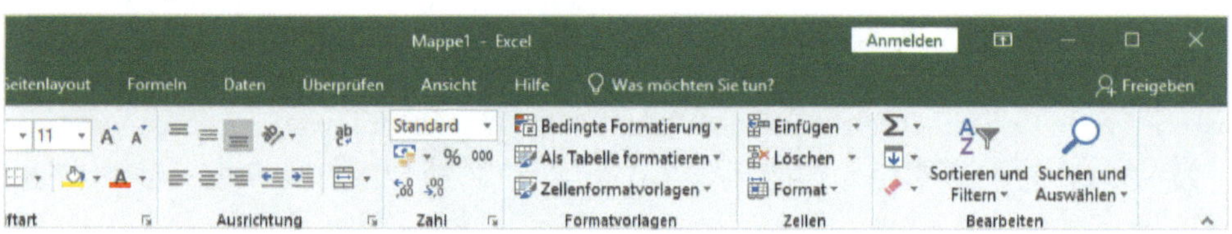

- Geben Sie Ihre E-Mail Adresse ein und klicken auf *Weiter*.

  Tipp: Falls Sie noch kein Microsoft-Konto besitzen, können Sie hier eines erstellen. Klicken Sie dazu auf *Eins erstellen!*.

- Im nächsten Fenster geben Sie das dazugehörige Kennwort ein und klicken auf *Anmelden*.

Nach erfolgreicher Installation wird der Name, den Sie für Ihr Microsoft-Konto hinterlegt haben, rechts oben im Excel-Fenster angezeigt.

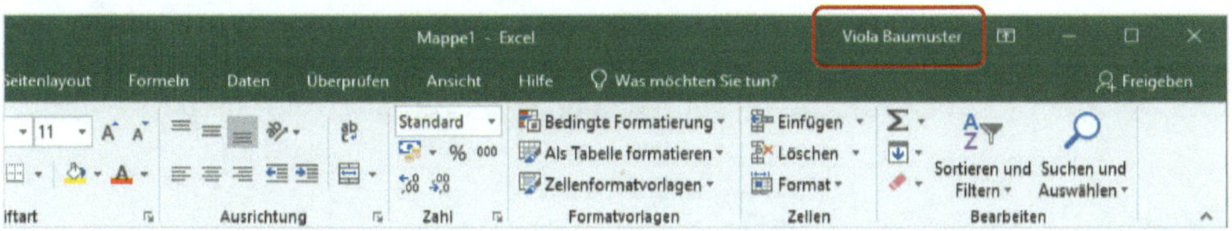

Tipp: Im Register *Datei*, Bereich *Konto* können Sie jetzt Design und Hintergrund für alle Office-Programme gleichzeitig ändern. Bei *Office-Hintergrund* legen Sie die grafischen Elemente rechts oben auf der Titelleiste fest. Mit *Office-Design* bestimmen Sie die Farbe des Hintergrunds, der Menüleiste und des Registers *Datei*.

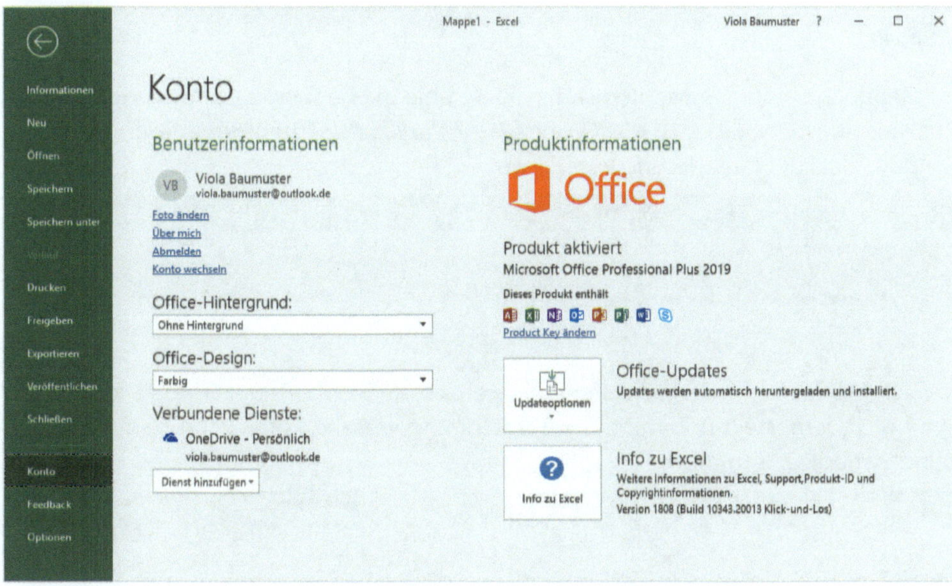

2.2 Die Möglichkeiten der Befehlseingabe

Excel bietet neben dem Menüband im oberen Bereich des Programmfensters eine Vielzahl weiterer Optionen zur Auswahl von Befehlen. Hier erhalten Sie einen Überblick:

Befehle im Menüband auswählen

Das Menüband besteht standardmäßig aus acht Registern und dem Register Datei. Die Anzeige weiterer Register ist möglich, wie das geht, erfahren Sie auf Seite 48. Falls außer den Registernamen keine weiteren Inhalte sichtbar sind, lesen Sie zunächst auf Seite 47, wie Sie dieses Problem beheben können.

Gruppen

Im Menüband sind auf den Registern die Befehle in Gruppen zusammengefasst. Das Register *Start* enthält z. B. die Gruppe *Schriftart* zur Zeichenformatierung und die Gruppe *Zahl* zur Formatierung von Zahlen.

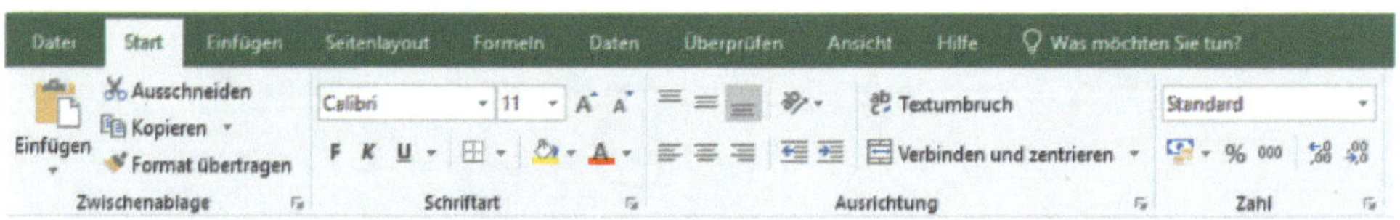

Je nach Größe des Anwendungsfensters werden die Befehle einer Gruppe mit großen Symbolen dargestellt und mit einer Bezeichnung versehen oder schrumpfen auf einzelne Symbole zusammen.

Bei stark verkleinertem Anwendungsfenster kann anstelle der Schaltflächen auch nur noch der Name der Gruppe angezeigt werden. Die dazugehörigen Befehle erscheinen dann erst, wenn Sie auf den Dropdown-Pfeil der Gruppe klicken.

Alle Befehle einer Gruppe anzeigen

Manche Gruppen stellen eine Zusammenfassung aller Befehle in einem Dialogfenster über ein Pfeilsymbol zur Verfügung. Hier finden Sie auch Befehle, die im Menüband nicht verfügbar sind. Im nachfolgenden Beispiel wird das Dialogfenster *Zellen formatieren* der Gruppe *Schriftart* durch Anklicken des Pfeilsymbols angezeigt.

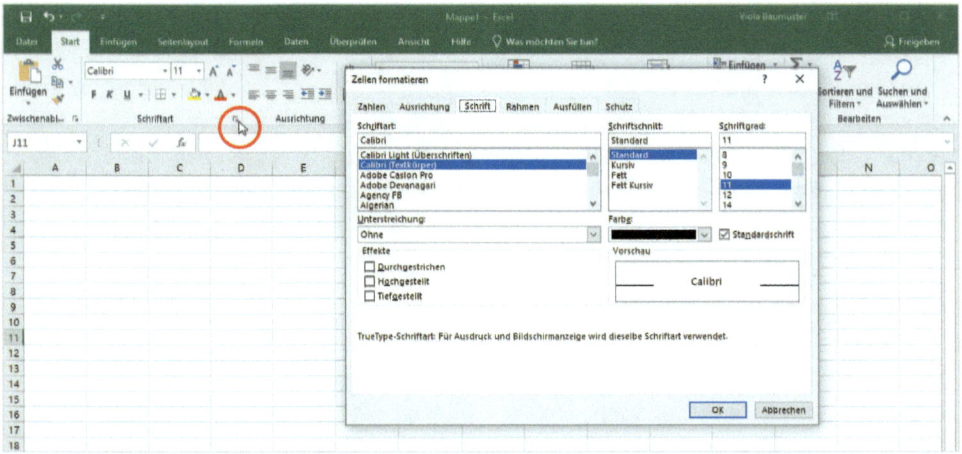

Schaltflächen

- Informationen zur Funktion der einzelnen Schaltflächen erhalten Sie, wenn Sie mit der Maus auf diese zeigen.

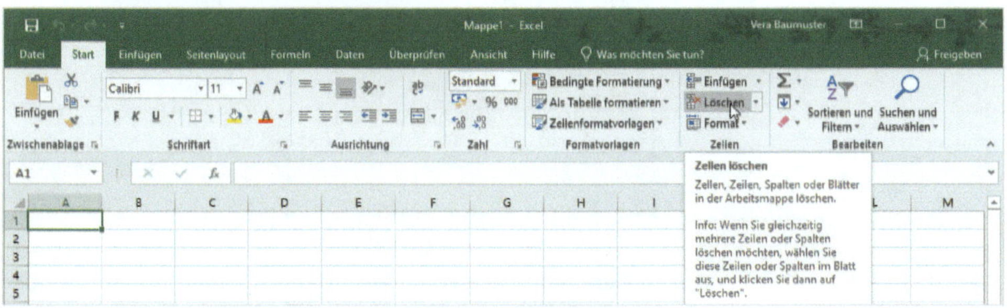

- Einige Schaltflächen sind mit einem Dropdown-Pfeil versehen, ein Mausklick darauf öffnet eine Liste mit Auswahlmöglichkeiten.

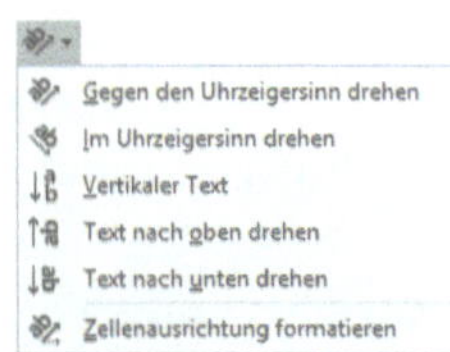

- Beachten Sie, dass manche Schaltflächen geteilt sind. Ein Mausklick auf das Symbol der Schaltfläche liefert die Standardeinstellung bzw. die zuletzt ausgewählte Option. Ein Mausklick auf den dazugehörigen Dropdown-Pfeil öffnet dagegen eine Auswahlliste. Das Anklicken der Schaltfläche *Füllfarbe* sorgt z. B. dafür, dass der markierte Zellbereich eine gelbe Hintergrundfarbe erhält. Im Dropdown-Menü wählen Sie eine andere Farbe aus.

Kontextbezogene Register

Kontextbezogene Register enthalten alle Befehle, die zur Bearbeitung des markierten Objekts zur Verfügung stehen.

Um die Anzahl an Registern überschaubar zu halten, werden nicht alle vorhandenen angezeigt, z. B. fehlen zunächst die Register zur Bearbeitung von Diagrammen, Grafiken oder Formen. Diese Register werden erst eingeblendet, wenn ein entsprechendes Element dem Tabellenblatt hinzugefügt wurde und markiert ist. Aus diesem Grund nennt man die Register auch kontextbezogene Register. Sie werden immer rechts hinter dem letzten Standardregister angezeigt und blenden automatisch ab, sobald das Element nicht mehr markiert ist.

Um das Beispiel nachzuvollziehen, zeigen Sie das Register *Einfügen* an, klicken auf die Schaltfläche *Piktogramme* und wählen Sie dann ein beliebiges Symbol durch einen Doppelklick aus. Dieses wird auf das Tabellenblatt eingefügt. Da es markiert ist, wird gleichzeitig das kontextbezogene Register *Grafiktools-Format* eingeblendet.

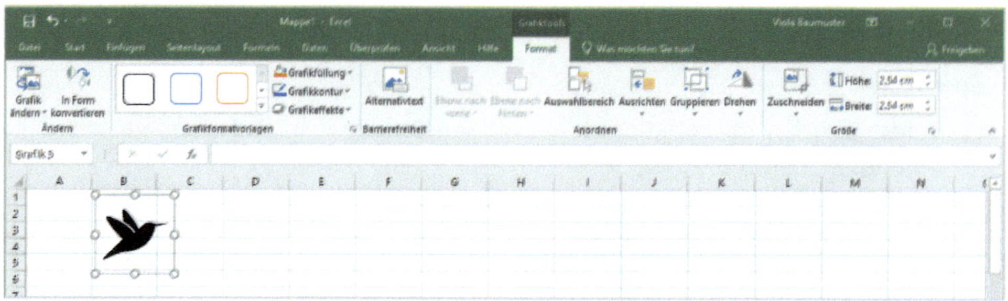

Schneller Befehlsaufruf in der Symbolleiste für den Schnellzugriff

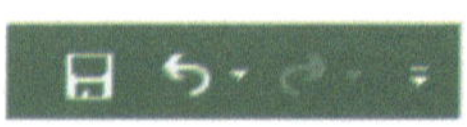

Zum schnellen Aufrufen häufig benötigter Befehle steht in der linken oberen Ecke des Anwendungsfensters die *Symbolleiste für den Schnellzugriff* zur Verfügung. Sie enthält standardmäßig die Symbole *Speichern*, sowie *Rückgängig* und *Wiederherstellen* und kann beliebig um weitere Befehle ergänzt werden. Alle Befehle, die im Schnellzugriff zur Verfügung stehen, finden Sie auch im Menüband oder im Register *Datei*.

Symbole hinzufügen

Zum Hinzufügen weiterer Schaltflächen klicken Sie am rechten Ende der Leiste auf die Schaltfläche *Symbolleiste für den Schnellzugriff anpassen*.

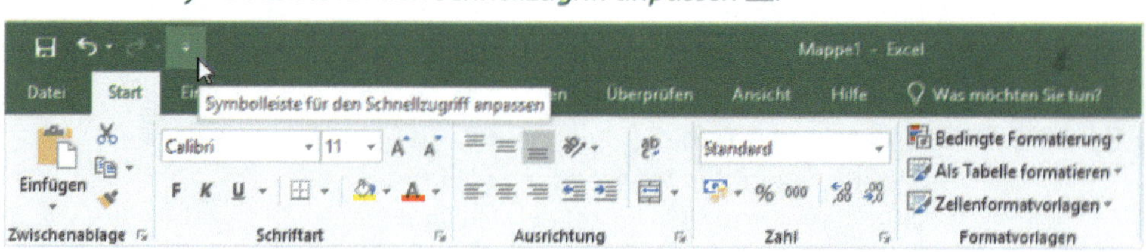

Eine Liste häufig benötigter Befehle erscheint. Mit einem Mausklick aktivieren oder deaktivieren Sie deren Anzeige auf der Symbolleiste. Alle Befehle, die mit einem Häkchen versehen sind, werden im Schnellzugriff angezeigt.

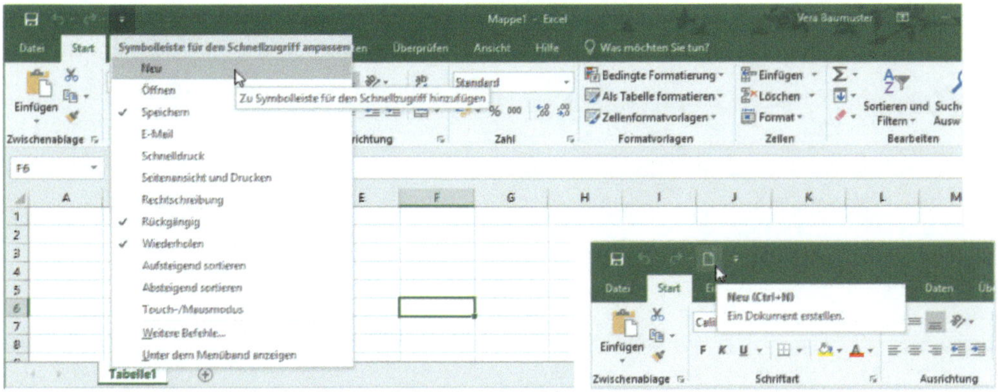

> Der Befehl *Neu* zur Erstellung einer neuen, leeren Arbeitsmappe sollte unbedingt auf die Symbolleiste für den Schnellzugriff.

Position der Symbolleiste

Bei Bedarf kann die Symbolleiste für den Schnellzugriff auch unterhalb des Menübandes positioniert werden: Klicken Sie auf die Schaltfläche *Symbolleiste für den Schnellzugriff anpassen* und wählen Sie *Unter dem Menüband anzeigen*.

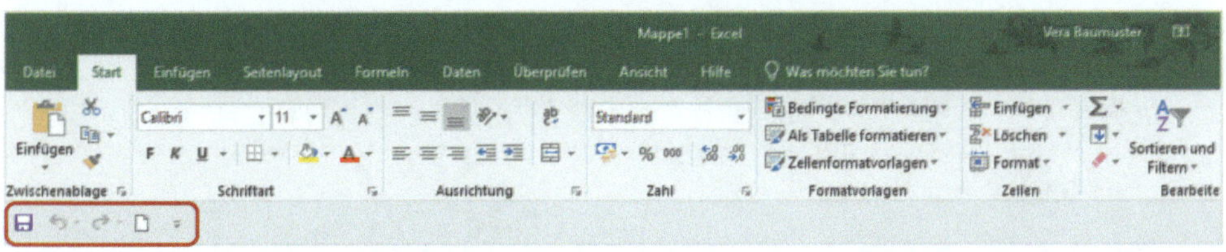

Kontextmenü und Minisymbolleiste

Das Kontextmenü stellt eine Auswahl häufig benötigter Befehle zur Verfügung. Es erscheint, wenn Sie mit der rechten Maustaste klicken. Die Befehle des Menüs beziehen sich ausschließlich auf den markierten Bereich bzw. auf die Inhalte die Sie mit der rechten Maustaste angeklickt haben. Aus diesem Grund wechselt der Inhalt des Kontextmenüs entsprechend. Häufig wird oberhalb des Kontextmenüs gleichzeitig die Minisymbolleiste eingeblendet. Diese enthält die wichtigsten Formatierungsbefehle, wie z. B. Schriftgrad, Fett, Formatierung als Eurobetrag etc.

Tipp: Das Kontextmenü kann helfen, wenn Sie einen Befehl nicht finden. Klicken Sie einfach mit der rechten Maustaste den Inhalt an, den Sie bearbeiten möchten. Meist ist der gesuchte Befehl dabei.

Tasten und Tastenkombinationen

Als Alternative zur Maus können Register und deren Befehle auch über die Tastatur aufgerufen werden.

- Durch Drücken der Alt-Taste werden die Tasten zur Auswahl der Register des Menübands angezeigt.

- Durch Auswahl eines Registers, z. B. des Registers *Start* mit der Taste R, werden die Tasten zur Auswahl der Registerinhalte angezeigt, z. B. *TS*, zum Einfärben einer Zelle.

  So blenden Sie beispielsweise mit der Tastenkombination *Alt* + *F* + *X* die Gitternetzlinien des Tabellenblatts ein bzw. aus.

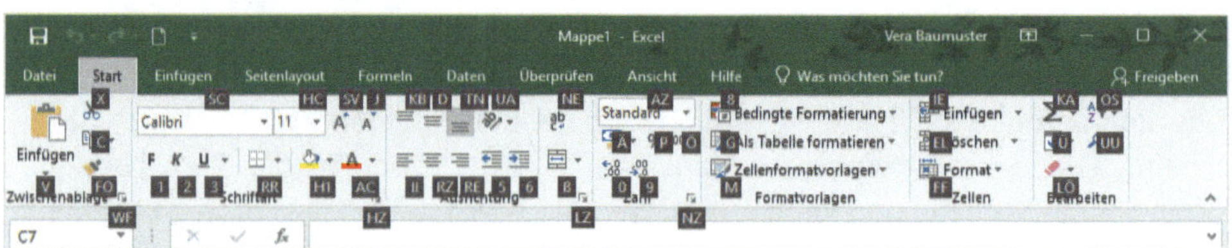

- Zum Ausblenden der angezeigten Buchstaben drücken Sie entweder erneut die Alt-Taste oder verwenden die Esc-Taste.

Weitere Tastenkombinationen (Short-Cuts)

Darüber hinaus gibt es weitere Tastenkombinationen, die zum Teil im Infotext der einzelnen Schaltfläche angezeigt werden und in der Regel die Strg-Taste verwenden. So kann mit **Strg + X** ein Zellinhalt ausgeschnitten werden. Eine Übersicht gängiger Tastenkombinationen finden Sie am Ende dieses Buchs.

Schaltflächen im Arbeitsblatt nutzen

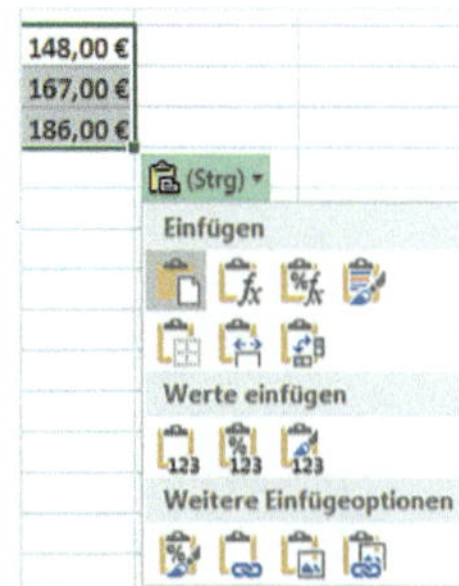

Schaltfläche Einfügeoptionen

Nach dem Einfügen kopierter oder ausgeschnittener Elemente, erscheint im Tabellenblatt die Schaltfläche *Einfügeoptionen*. Zur Anzeige der verfügbaren Optionen klicken Sie auf das Symbol. Die Schaltfläche verschwindet automatisch, wenn eine weitere Eingabe erfolgt oder ein Befehl ausgewählt wird. Wie Sie diese Schaltfläche sinnvoll nutzen, erfahren Sie im Verlauf des Buchs.

Schnellanalysetool

Das *Schnellanalysetool* bietet Abkürzungen zu Befehlen, die Sie auch im Menüband auswählen könnten. Die Schaltfläche wird am unteren Rand eines nicht leeren Zellbereichs automatisch angezeigt, wenn Sie diesen markieren. Mit einem Klick auf die Schaltfläche öffnen Sie eine Übersicht verschiedener Bearbeitungsangebote, durch die Sie über die Register *Formatierung*, *Diagramme*, *Ergebnisse* etc. wechseln.

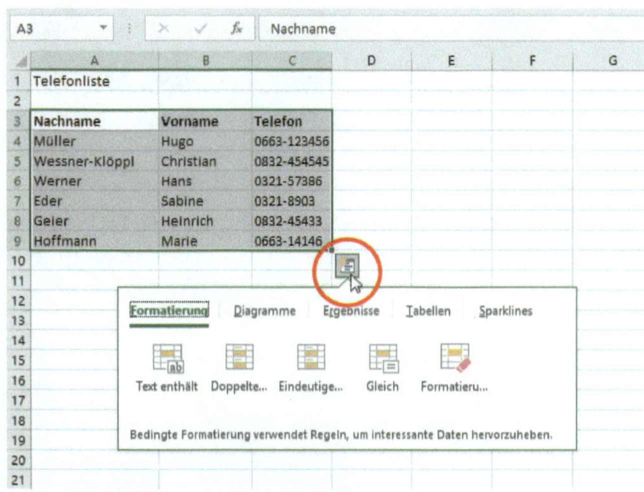

Lernen Sie zunächst in den folgenden Kapiteln die einzelnen Funktionen von Excel kennen und entscheiden Sie dann, ob Sie den Befehl lieber über das Menüband oder die Schnellanalysetools auswählen.

Register	enthält...	siehe Kapitel...
FORMATIERUNG	Auswahl bedingter Formatierungen	6.4
DIAGRAMME	Bietet die wichtigsten Diagrammtypen an	11
ERGEBNISSE	Häufig benötigte Funktionen werden hier zur Verfügung gestellt	9.1
TABELLEN	Bereich als Tabelle formatieren	10.4
SPARKLINES	Minidiagramme erstellen	11.6

Fingersteuerung per Touchscreen

Neben der klassischen Eingabe mit Maus und Tastatur kann Excel in Verbindung mit Windows 10 und einem touchfähigen Bildschirm auch mit den Fingern oder einem entsprechenden Stift bedient werden.

Vorbereitung

- Falls nicht schon automatisch geschehen, können Sie unter Windows 10 den Tabletmodus aktivieren. Damit wechseln Sie in eine für die Touchbedienung optimierte Darstellung. Tippen Sie entweder auf das Symbol *Info-Center* in der Taskleiste oder wischen Sie vom rechten Bildschirmrand nach innen und tippen Sie dann auf *Tabletmodus*.

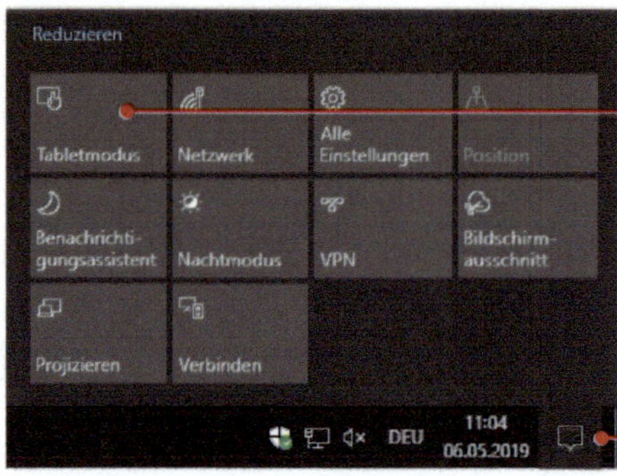

- In Excel kann zur leichteren Auswahl von Befehlen mit dem Finger der Platz zwischen den einzelnen Schaltflächen vergrößert werden. Fügen Sie dazu auf der Symbolleiste für den Schnellzugriff das Symbol *Touch-/Mausmodus* hinzu. Tippen Sie den Befehl an und wählen Sie *Fingereingabe* aus.

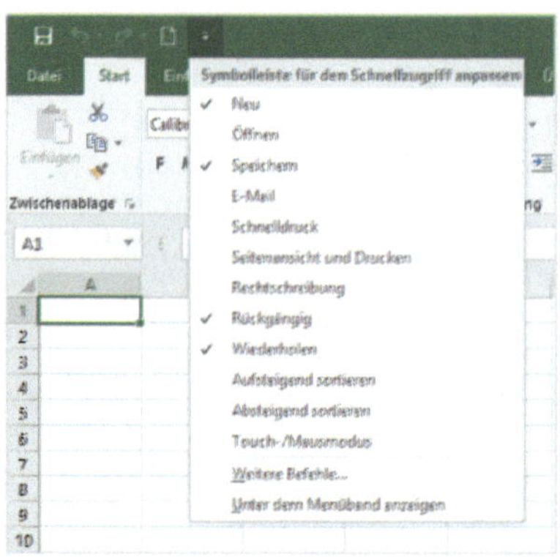

> Der Modus *Fingereingabe* bewirkt auch, dass Schaltflächen wie z. B. *Füllfarbe*, *Schriftfarbe* und *Summe* (Befehle des Registers *Start*) nicht mehr zweigeteilt sind. Beim Anklicken wird immer eine Dropdown-Liste geöffnet.

Zellen markieren

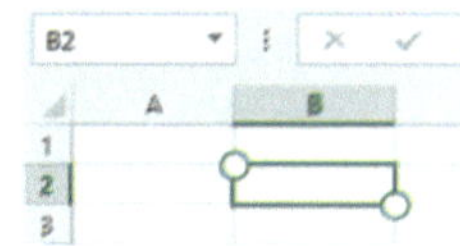

Eine Zelle markieren Sie, indem Sie diese mit dem Finger antippen. Eine Spalte bzw. Zeile markieren Sie, durch Antippen des Spalten- bzw. Zeilenkopf, also durch tippen auf den Buchstaben bzw. die Zahl am Rand des Tabellenblatts. Ist die Zelle markiert, zeigt Excel um die Zelle bzw. den Bereich zwei Kreise an. Um die Markierung zu erweitern, tippen Sie auf einen der Kreise, belassen den Finger auf dem Kreis und vergrößern die Markierung durch Ziehen mit dem Finger.

Daten über die Bildschirmtastatur eingeben

- Zur Eingabe von Daten markieren Sie eine Zelle und tippen dann im Infobereich das Symbol *Bildschirmtastatur* an. Die Bildschirmtastatur wird angezeigt. Zur Eingabe von Zahlen muss das Tastaturlayout geändert werden. Klicken Sie auf der Bildschirmtastatur auf die Taste *&123*. Mit derselben Taste gelangen Sie auch wieder zurück. Durch Drücken von *Eingabe* schließen Sie die Eingabe ab und verlassen die Zelle wieder.
- Die Bildschirmtastatur blenden Sie wieder ab über das *Schließen-Symbol* in der rechten oberen Ecke der Tastatur oder Sie klicken erneut auf das *Tastatursymbol* in der Taskleiste.

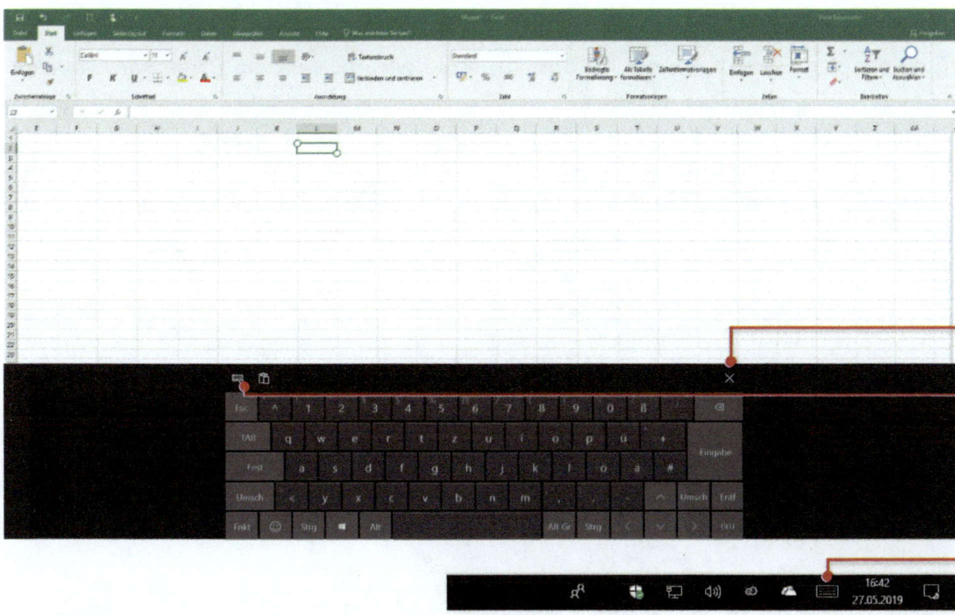

- **Tastaturlayout verändern:** Wenn Sie mehr Daten eingeben, lohnt es, das Tastaturlayout zu verändern. Tippen Sie dazu auf [Symbol] und wählen Sie [Symbol]. Jetzt werden Buchstaben und Zahlen zusammen angezeigt. Mit [Symbol] lösen Sie die Tastatur und positionieren sie frei.

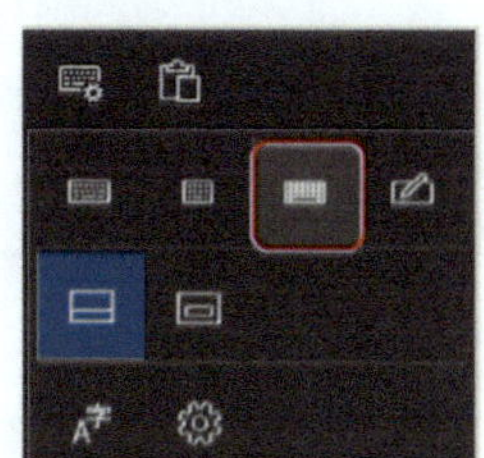

Tipp: Das Symbol *Bildschirmtastatur* wird automatisch im Info-Bereich der Taskleiste angezeigt, wenn Sie sich im Tabletmodus befinden. Sollte das nicht der Fall sein, tippen Sie etwas länger mit dem Finger auf die Taskleiste und wählen dann *Bildschirmtastatur anzeigen (Schaltfläche)* aus.

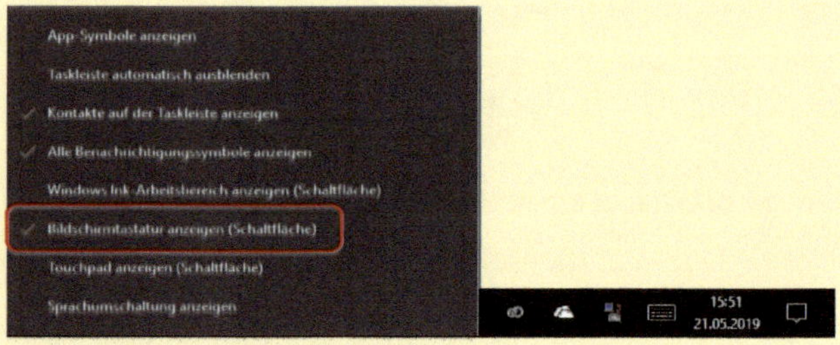

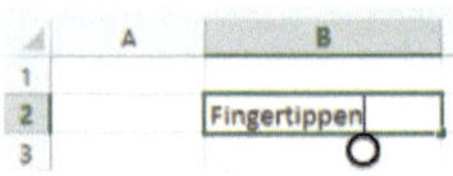

Zellinhalte bearbeiten

Soll ein Zellinhalt bearbeitet werden, tippen Sie doppelt auf die Zelle. Damit steht der Cursor im Text und Inhalte können gelöscht oder hinzugefügt werden.

Kontextmenü aufrufen und Inhalte löschen

Auch mit den Fingern kann ein Kontextmenü geöffnet werden. Diese wird horizontal angezeigt. Zeigen Sie auf die Zelle und bleiben Sie mit dem Finger darauf, bis das Kontextmenü erscheint. Im Kontextmenü wählen Sie beispielsweise zum Löschen des Zellinhalts *Markierung löschen*.

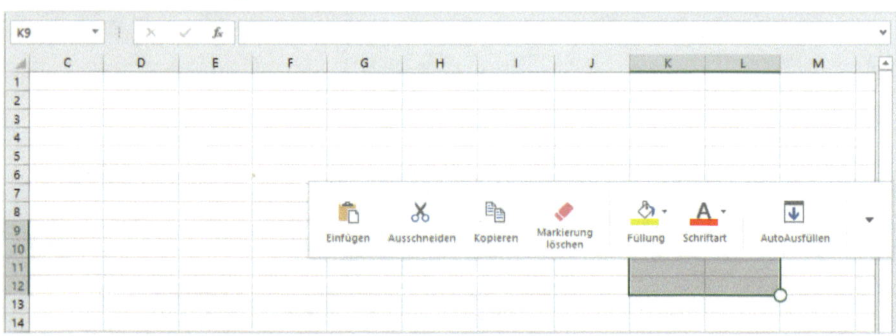

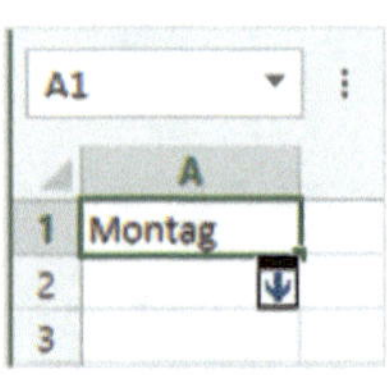

Mit dem Finger können sogar Reihen ausgefüllt werden. Geben Sie z. B. Montag in eine Zelle ein. Tippen Sie etwas länger auf die Zelle bis das Kontextmenü angezeigt wird. Wählen Sie *AutoAusfüllen* aus. Im der rechten unteren Ecke der Zelle erscheint das Symbol *Füllbereich*. Tippen Sie auf das Symbol und ziehen Sie nach unten oder nach rechts.

2.3 Bildschirmanzeige und Ansichten

Fenstergröße festlegen

Rechts oben im Excel-Fenster finden Sie die Schaltflächen zur Steuerung der Größe des Fensters und zum Schließen des Programms.

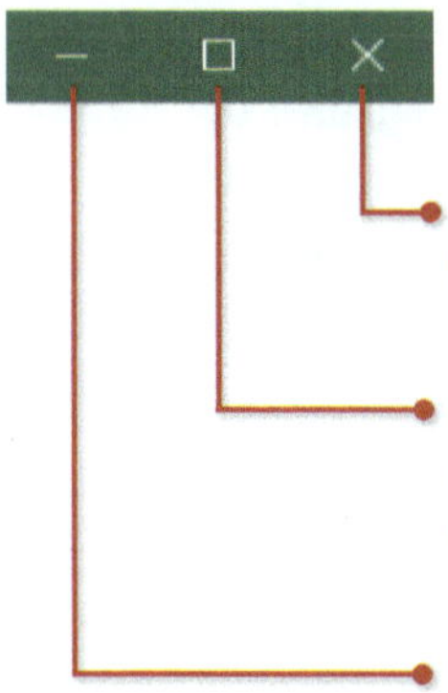

Mit *Schließen* beenden Sie Excel. Nicht gespeicherte Daten würden verloren gehen, speichern Sie daher Ihre Eingaben.

Wechseln Sie zwischen beliebiger Fenstergröße (*Verkleinern*) und Vollbildmodus (*Maximieren*). Maximieren bedeutet, die Fenstergröße wird automatisch an die Größe des Bildschirms angepasst.

Mit *Minimieren* reduzieren Sie das geöffnete Fenster auf die Größe einer Schaltfläche in der Taskleiste. Mit einem Mausklick auf die Schaltfläche stellen Sie das ursprüngliche Fenster wieder her. Die Anwendung wird nicht geschlossen, Ihre Daten gehen dabei also nicht verloren.

Tipp: In der verkleinerten Ansicht (Fenster füllt nicht den Bildschirm aus) können Sie das Fenster mit der Maus auf jede beliebige Größe ziehen. Zeigen Sie mit der Maus an den Rand oder in die Ecke des Excel-Fensters. Ein weißer Doppelpfeil erscheint. Jetzt können Sie mit gedrückter Maustaste das Fenster vergrößern oder verkleinern.

Inhalte zweier Fenster vergleichen

Wenn Sie Inhalte verschiedener Arbeitsmappen vergleichen oder Elemente von einer Mappe in die andere kopieren möchten, erleichtert Ihnen eine geschickte Anordnung der Fenster die Arbeit.

- Verwenden Sie die Andockfunktion von Windows 10 und platzieren Sie jeweils eine Mappe auf der Hälfte des Bildschirms. Dazu zeigen Sie mit der Maus auf den grünen oberen Rand des Excel-Fensters und ziehen es auf die rechte Seite des Bildschirms bis der Mauszeiger am Bildschirmrand „anstößt" und verfahren für die linke Seite mit der anderen Arbeitsmappe genauso.

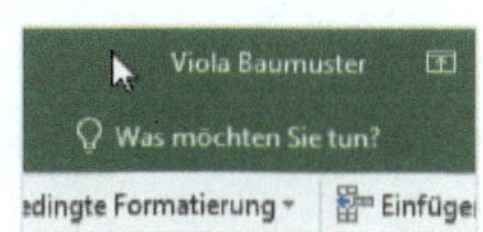

- Auch Excel stellt eine ähnliche Anordnungsoption zur Verfügung. Dabei werden die Fenster untereinander angeordnet. Klicken Sie im Register *Ansicht* ▶ Gruppe *Fenster* auf die Schaltfläche *Nebeneinander anzeigen*.

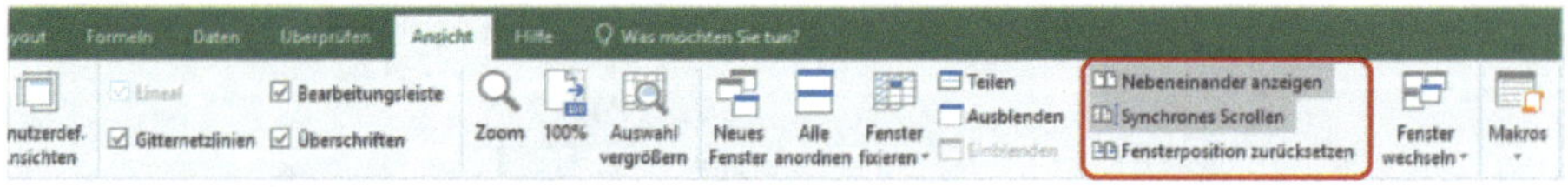

  - Die Schaltfläche *Synchrones Scrollen* ist automatisch aktiviert. Dadurch werden die Inhalte beider Arbeitsmappen gleichzeitig und gleichmäßig gescrollt, wenn Sie in einem Fenster die Bildlaufleiste oder das Mausrad verwenden Durch erneutes Anklicken der Option deaktivieren Sie das Scrollen.
  - Sollten Sie die Fensterposition oder -größe mit der Maus verändert haben, während der Modus *Nebeneinander anzeigen* aktiv war, dann können Sie durch anklicken von *Fensterposition zurücksetzen* die Darstellung der beiden Fenster im Vollbild untereinander wieder herstellen.

  Schließen Sie eine der beiden Mappen oder klicken Sie erneut auf *Nebeneinander anzeigen*, um den Modus zu verlassen.

Zoom: Anzeige vergrößern oder verkleinern

Wollen Sie die Inhalte des Excel-Tabellenblatts auf dem Bildschirm vergrößert, bzw. verkleinert darstellen (zoomen), so finden Sie dazu am rechten unteren Rand des Bildschirms in der Statusleiste einen kleinen Schieberegler. Standardmäßig wird ein Tabellenblatt mit 100% dargestellt, zum Vergrößern oder Verkleinern ziehen Sie den Regler mit gedrückter linker Maustaste in die gewünschte Richtung oder klicken mehrmals auf das Plus- bzw. Minussymbol.

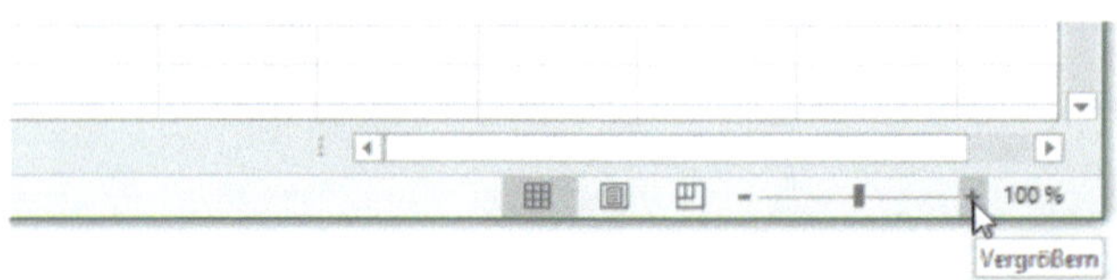

Einstellungen zum Zoom können Sie auch auf dem Menüband im Register *Ansicht*, Gruppe *Zoom* vornehmen.

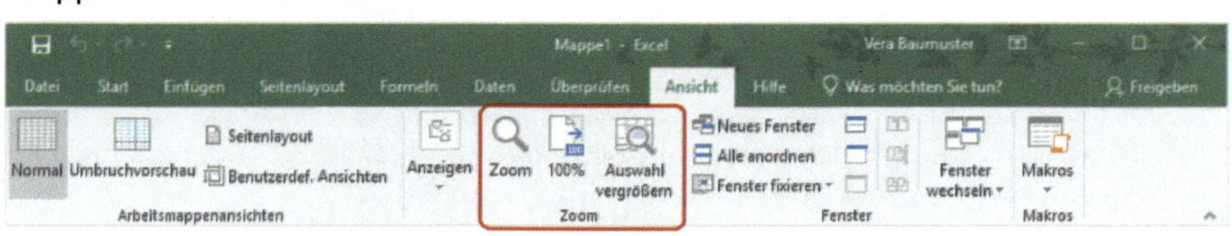

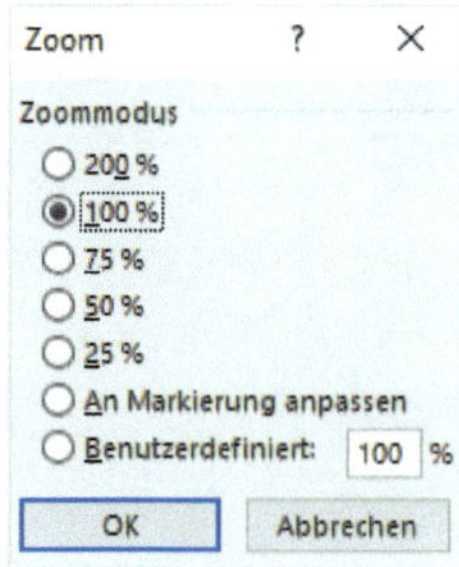

- Klicken Sie auf das Register *Ansicht* und auf die Schaltfläche *Zoom*. Wählen Sie einen Faktor aus oder geben Sie im Feld *Benutzerdefiniert* selbst einen Prozentwert ein.
- Mit Klick auf die Schaltfläche *100%* erhalten Sie wieder einen Zoom von 100%.
- Praktisch ist die Schaltfläche *Auswahl vergrößern*. Damit können Sie auf einen Bereich zoomen, den Sie zuvor markiert haben.

Tipp: Sie können auch mit der Maus zoomen. Drücken Sie dazu die **Strg-Taste** und halten Sie die Taste gedrückt, während Sie das Mausrad drehen.

Verfügbare Ansichten

Zusätzlich zur normalen Ansicht unterstützt Excel auch andere Darstellungen Ihres Tabellenblatts. Die zusätzlichen Ansichten benötigen Sie kurz gesagt nur, wenn Sie die Daten ausdrucken oder als PDF zur Verfügung stellen möchten. Grundsätzlich arbeiten Sie in der Ansicht *Normal*.

Wählen Sie zum Wechseln zwischen den Ansichten das Register *Ansicht*, Gruppe *Arbeitsmappenansichten* oder verwenden Sie die Symbole auf der Statusleiste zum Aufrufen einer anderen Ansicht.

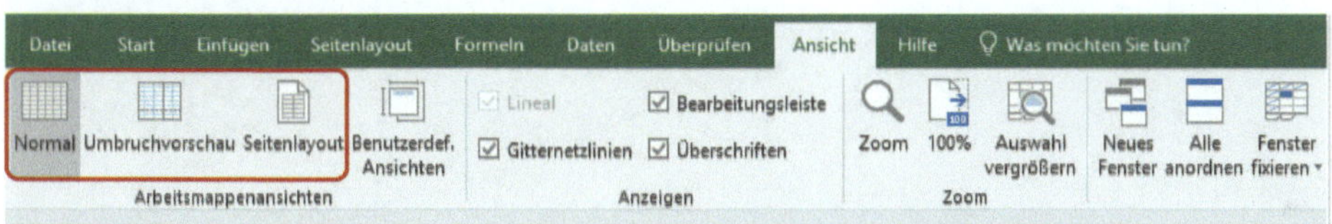

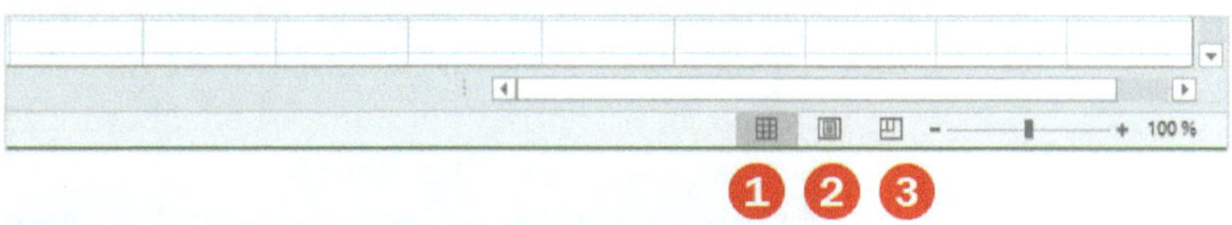

Ansicht	Darstellung
Normal ❶	Standardansicht von Excel; hier werden Tabellen erstellt und bearbeitet.
Seitenlayout ❷	Diese Ansicht zeigt Ihre Tabelle so an, wie sie später gedruckt wird. Hier können Sie wie in der Ansicht *Normal* Daten eingeben und bearbeiten. Darüber hinaus können Sie in dieser Ansicht auch die Inhalte von Kopf- und Fußzeilen hinzufügen und bearbeiten.
Umbruchvorschau ❸	Diese Ansicht benötigen Sie zum Drucken umfangreicher Tabellen. Hier können Sie leicht die Seitenumbrüche festlegen.

2.4 Programmoberfläche anpassen

Gitternetzlinien ausblenden

Das Tabellenblatt ist standardmäßig mit einem Raster versehen, welches die einzelnen Zellen visuell trennt. Das Gitternetz kann bei Bedarf ausgeblendet werden, um das Tabellenblatt beispielsweise mit wenigen Rahmenlinien und Hintergrundfarben auf weißem Hintergrund visuell ansprechend zu gestalten. Sie deaktivieren bzw. aktivieren die Anzeige der Gitternetzlinien über Register *Ansicht* ▶ Gruppe *Anzeige* ▶ *Gitternetzlinien*.

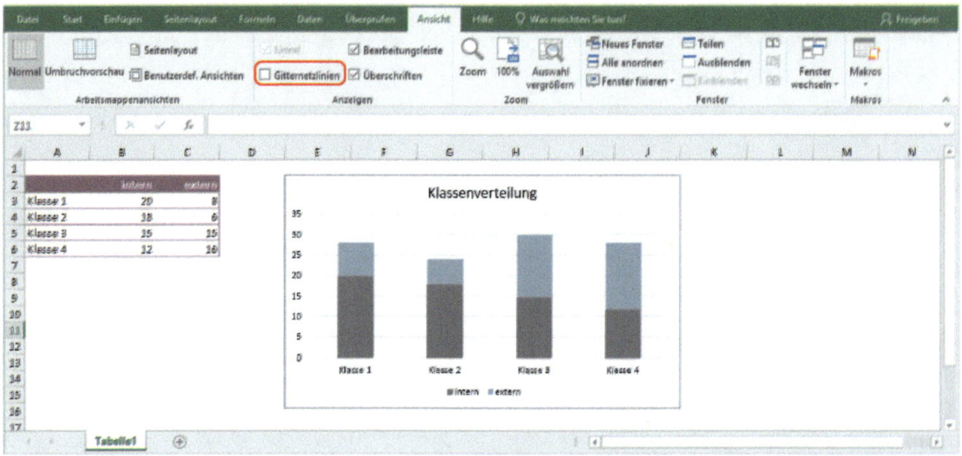

Überschriften

Mit Überschriften bezeichnet Excel im Register *Ansicht* ▶ Gruppe *Anzeige* ▶ *Überschriften* die Spaltenbuchstaben oben und Zeilennummern rechts. Diese benötigen Sie zur Orientierung auf dem Tabellenblatt und in Formeln. In der Regel ist es nicht sinnvoll, diese auszublenden.

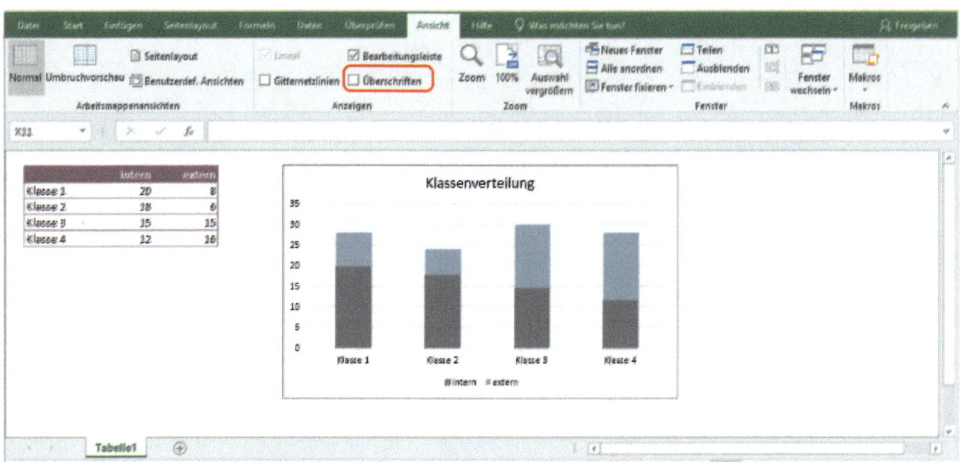

Bearbeitungsleiste

Die Bearbeitungsleiste benötigen Sie für die Eingabe von Formeln, aber auch bei der Dateneingabe ist die Leiste nützlich. Die Anzeige steuern Sie über *Ansicht* ▶ Gruppe *Anzeige* ▶ *Bearbeitungsleiste*.

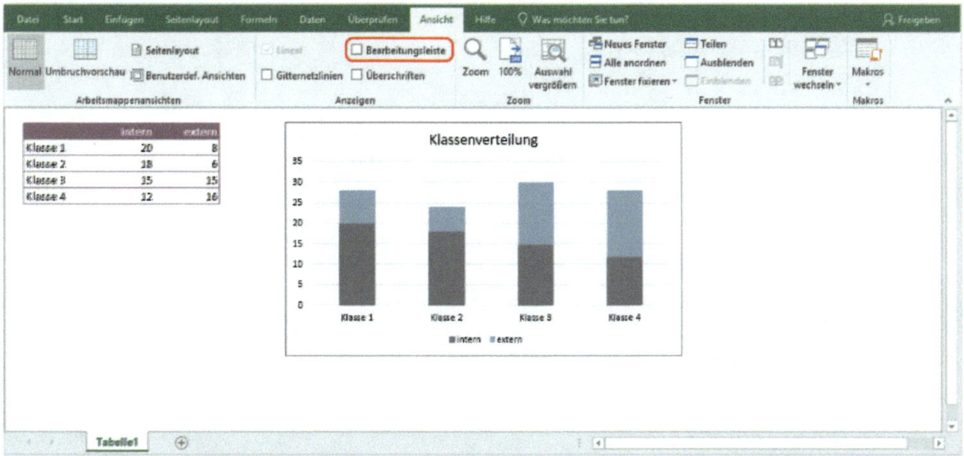

Menüband anpassen

Menüband minimieren und ausblenden

Bei Bedarf kann das Menüband verkleinert oder ganz ausgeblendet werden, um mehr Platz für den eigentlichen Arbeitsbereich zu schaffen. Dazu benutzen Sie die Schaltfläche *Menüband-Anzeigeoptionen* in der oberen rechten Ecke des Anwendungsfensters:

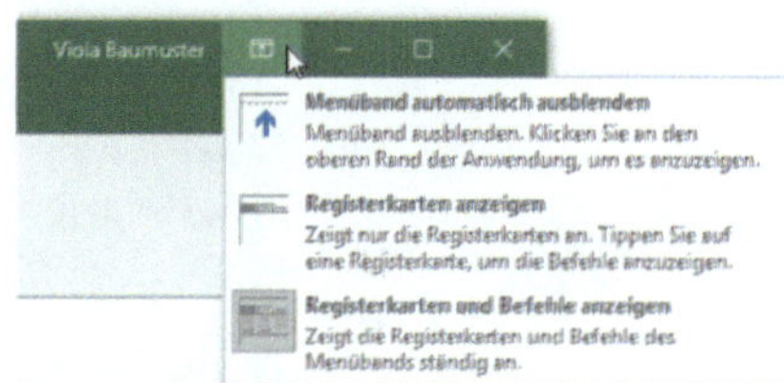

- In der Standardeinstellung *Registerkarten und Befehle anzeigen* ist das Menüband vollständig sichtbar.

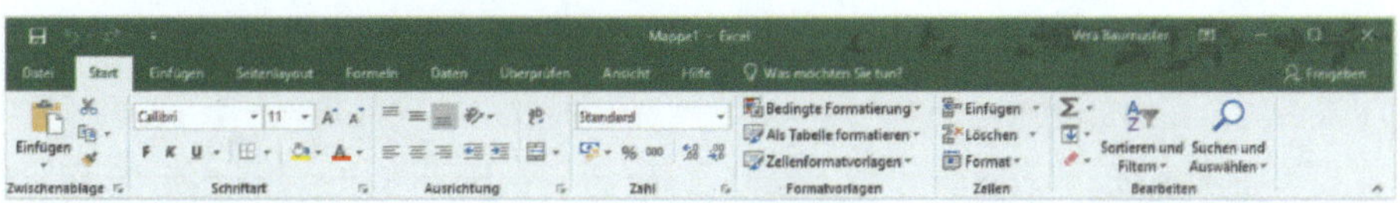

- *Registerkarten anzeigen*: Bei Auswahl dieser Option sind vom Menüband nur die Registernamen sichtbar. Die dazugehörigen Befehle erscheinen erst, wenn Sie auf ein Register klicken und blenden dann wieder ab.

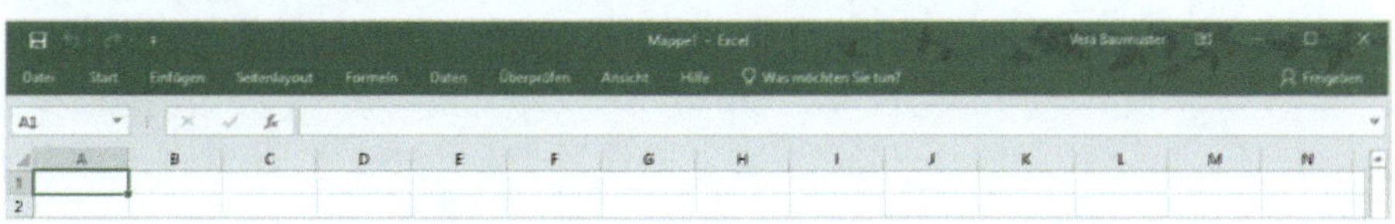

- *Menüband automatisch ausblenden*: Das Menüband und alle anderen Bedienelemente der Anwendung sind vollständig ausgeblendet. Das Fenster wird im Vollbildmodus angezeigt. Das Menüband erscheint erst, wenn Sie an den oberen Rand des Fensters oder auf das Dreipunkte-Sybmol ··· rechts oben klicken. Sie können dann einen Befehl auswählen, danach wird das Menüband wieder automatisch ausgeblendet.

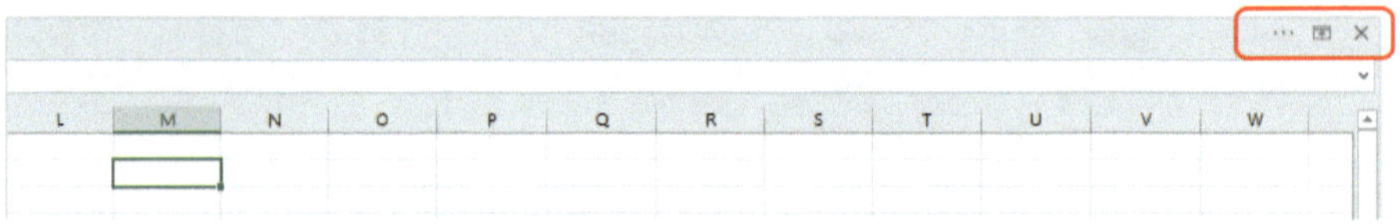

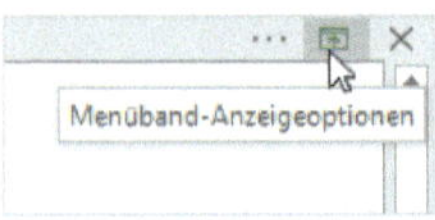

- Um das Menüband wieder dauerhaft einzublenden, klicken Sie auf die Schaltfläche *Menüband-Anzeigeoptionen* und auf *Registerkarten und Befehle anzeigen*.

> **Tipp:** Auch ein Doppelklick auf den Namen des aktuellen Registers reduziert das Menüband bis auf die Registernamen und ein weiterer Doppelklick auf ein beliebiges Register stellt wieder eine dauerhafte Anzeige her.

Register zum Menüband hinzufügen bzw. entfernen

Sie haben die Möglichkeit, das Menüband an Ihre Bedürfnisse anzupassen. Sie können Registerkarten in einer beliebigen Reihenfolge anordnen und nicht benötigte Register ausblenden oder neue einblenden. Darüber hinaus kann das Laden von Add-ins (Zusatzprogramme durch die Excel weitere Funktionen erhält) oder die Installation von Programmen, wie z. B. DATEV (Buchhaltungsprogramm) oder ACROBAT (Erstellung von PDFs) dem Menüband automatisch weitere Schaltflächen oder Register hinzufügen.

Wenn Sie selbst Änderungen vornehmen möchten, klicken Sie auf *Datei* ▶ *Optionen* ▶ *Menüband anpassen*.

- Achten Sie darauf, dass bei *Menüband anpassen* ❶ die *Hauptregisterkarten* ausgewählt sind.
- **Reihenfolge verändern:** Klicken Sie auf der rechten Seite, den Namen der Registerkarte ❷ an, die Sie verschieben möchten. Halten Sie die linke Maustaste gedrückt und verschieben Sie die Karte an die gewünschte Position.
- **Registerkarte einblenden/ ausblenden:** Alle Registerkarten, die mit einem Häkchen versehen sind, werden im Menüband angezeigt. Durch Aktivierung des Kontrollkästchens können beispielsweise die Register *Entwicklertools* ❸ (Erstellung von Makros und Formularfelder) und *Zeichnen* (Auswahl von Tools für Freihandzeichnungen bei Verwendung eines Touch-Bildschirms) angezeigt werden. Analog entfernen Sie Registerkarten vom Menüband durch Anklicken des Häkchens ❹.

Bestätigen Sie alle Änderungen mit *Ok* ❺.

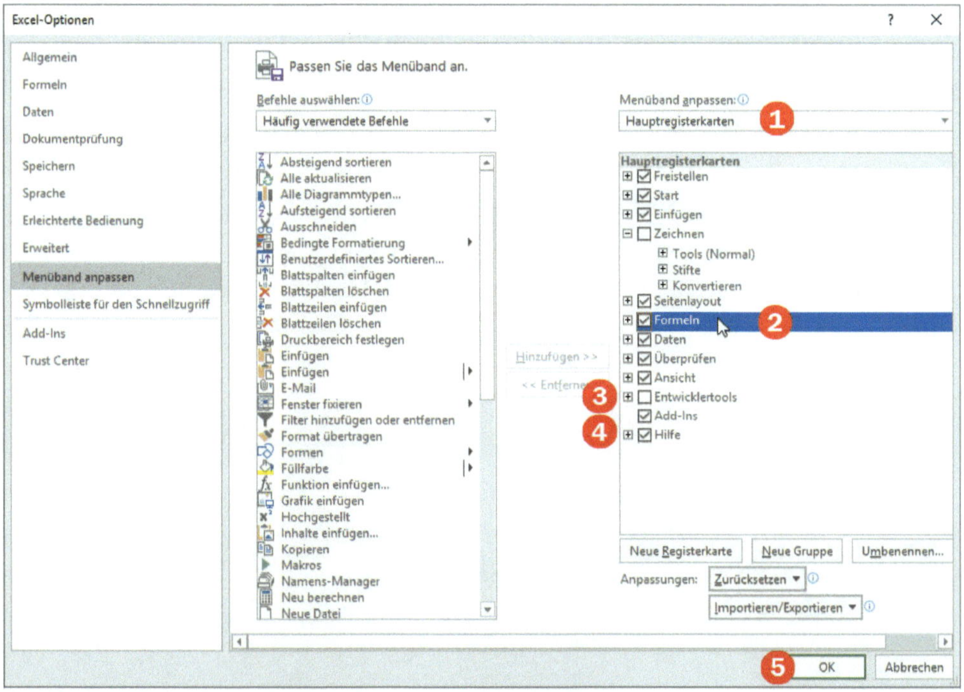

Minisymbolleiste und Schnellanalysetool ausblenden

Die **Minisymbolleiste** (siehe auch Seite 37) erscheint, wenn Sie auf dem Tabellenblatt eine Zelle mit der rechten Maustaste anklicken. Sie dient der schnellen Auswahl gebräuchlicher Formate. Wer die Minisymbolleiste als störend empfindet oder sie einfach nicht benötigt, wählt Register *Datei* ▶ *Optionen*. Im Bereich *Allgemein* entfernen Sie das Häkchen vor *Minisymbolleiste für die Auswahl anzeigen* durch Anklicken.

Die **Schnellanalyse** (siehe auch Seite 39) stellt eine Auswahl gängiger Bearbeitungsmöglichkeiten zur Verfügung. Wer das nicht verwenden möchte, entfernt über Register *Datei* ▶ *Optionen* im Bereich *Allgemein* das Häkchen vor *Optionen für Schnellanalyse anzeigen*.

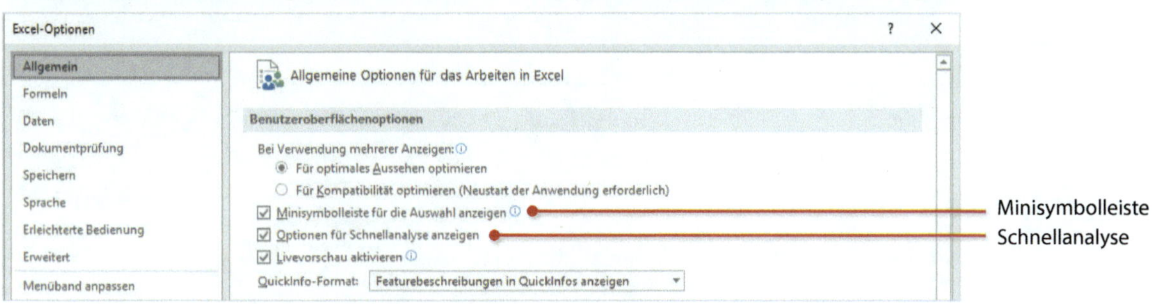

2.5 Die Excel-Hilfe

Schnelle aufgabenbezogene Hilfe

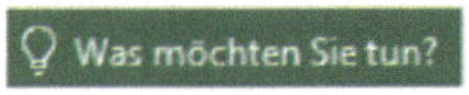

Suchen Sie einfach nur einen Befehl oder eine bestimmte Aufgabe, z. B. Drucken oder Einfügen einer Tabelle, dann benutzen Sie am einfachsten das Feld *Was möchten Sie tun?* und geben hier ein Stichwort bzw. einen Suchbegriff ein. Diese Möglichkeit haben Sie im ersten Kapitel bereits kennengelernt.

Sie finden das Feld rechts neben den Registern des Menübands; klicken Sie hier und tippen Sie einen Suchbegriff ein. Bereits während der Eingabe werden passende Befehle aufgelistet, die Sie an dieser Stelle auch gleich per Mausklick ausführen können.

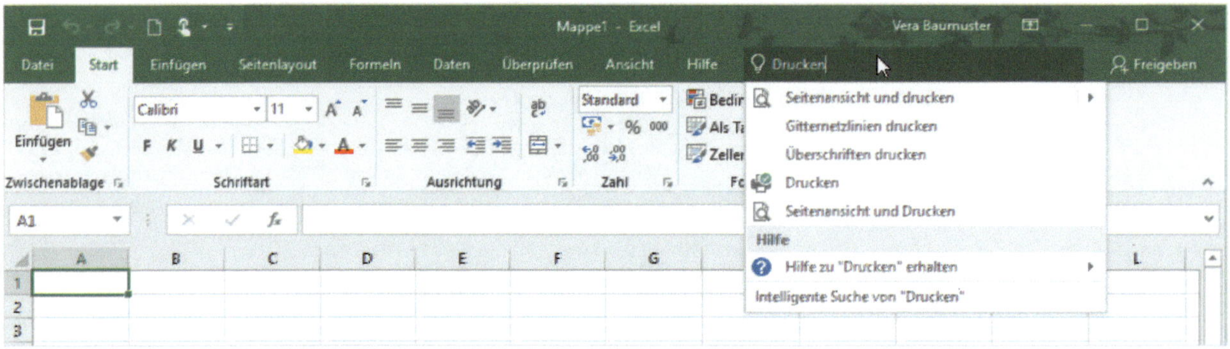

Das Register Hilfe

Benötigen Sie dagegen allgemeine Informationen zu einem Thema, dann klicken Sie auf das Register *Hilfe* ❶ und hier auf das Symbol *Hilfe* ❷. Der Bereich *Hilfe* öffnet sich am rechten Rand des Bildschirms. Klicken Sie entweder auf ein Hilfethema ❸, z. B. *Text einfügen* oder geben Sie einen Suchbegriff ❹ ein und klicken auf eines der vorgeschlagenen Themen oder auf das Symbol *Lupe*.

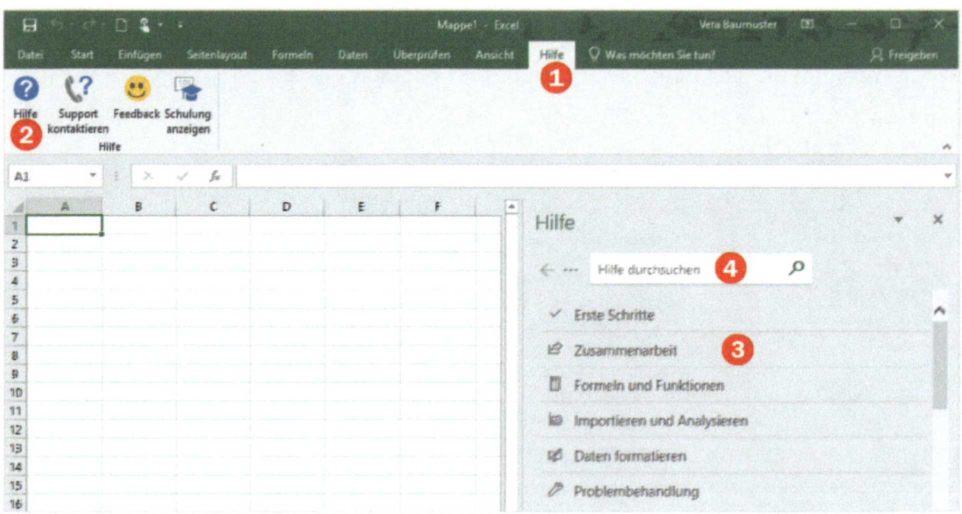

Als Beispiel im Bild unten das Thema Tabelle. Klicken Sie auf einen der weiterführenden Links ❺, zu den meisten sind auch Lernvideos verfügbar. Ein Klick auf den Pfeil ❻ bringt Sie zurück zur vorherigen Anzeige, zum Schließen des Hilfe-Bereichs klicken Sie auf Schließen *x* ❼.

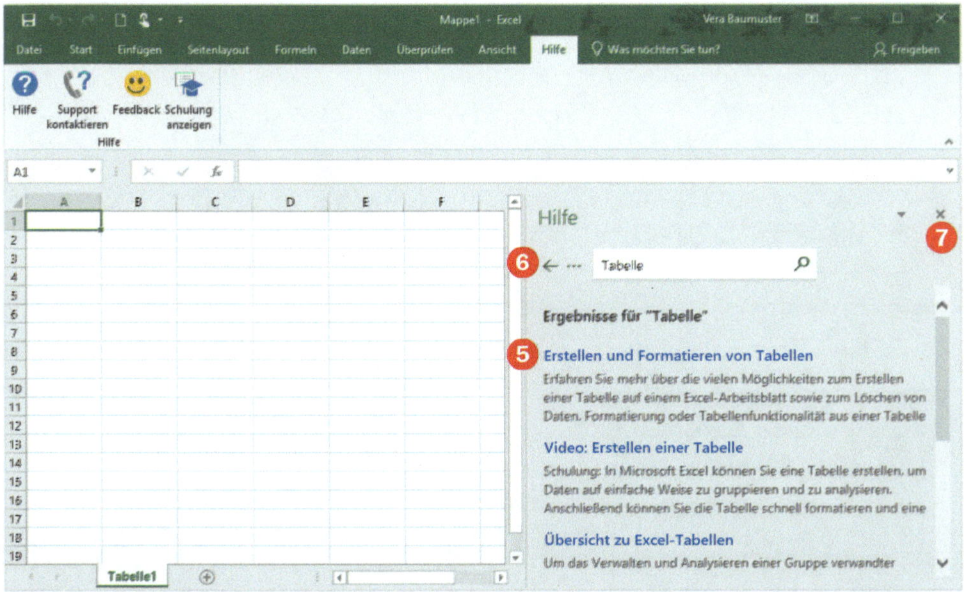

Hinweis: Der Aufgabenbereich *Hilfe* öffnet sich auch, wenn Sie nach Eingabe eines Stichworts im Suchfeld des Menübands auf *Hilfe zu ... erhalten* klicken.

Hilfe zu Schaltflächen und Symbolen

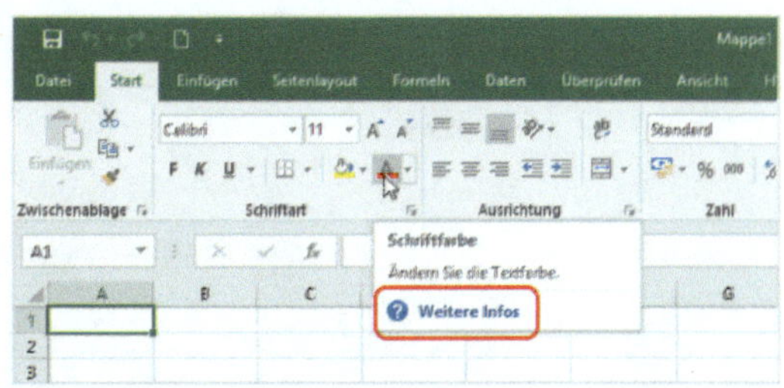

Benötigen Sie nähere Informationen zu einer Schaltfläche im Menüband, dann zeigen Sie einfach zunächst auf die betreffende Schaltfläche. Sie erhalten eine kurze Beschreibung, für detailliertere Informationen klicken Sie hier auf *Weitere Infos*.

Hilfe in Dialogfenstern

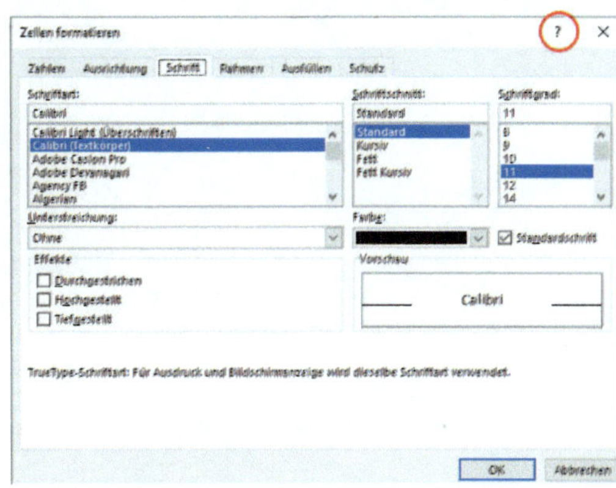

Wie bereits erwähnt, lassen sich für manche Gruppen des Menübands alle Befehle auch in einem Dialogfenster zusammengefasst anzeigen. Hier können Sie die dazugehörige Excel-Hilfe mit einem Klick auf das Fragezeichen in der rechten oberen Ecke des Fensters aufrufen.

3 Arbeitsmappen erstellen, speichern und öffnen

In diesem Kapitel lernen Sie...

- neue Arbeitsmappen zu erstellen
- Arbeitsmappen zu speichern und zu öffnen
- Dateiformate von Excel kennen
- was ein Microsoft-Konto ist
- wie Sie OneDrive nutzen

Das sollten Sie bereits wissen

- Grundlagen der Dateiverwaltung (Windows)
- Excel-Arbeitsumgebung

3.1 Eine neue Arbeitsmappe erstellen

Bei Programmstart neue Datei erstellen

Beim Starten von Excel wird zunächst der Startbildschirm angezeigt. Klicken Sie hier auf *Leere Arbeitsmappe*. Wie Sie eine Vorlage verwenden, haben Sie bereits in Kapitel 1 erfahren.

Eine weitere neue Arbeitsmappe erstellen

Sie arbeiten bereits an einer Excel-Arbeitsmappe und möchten eine weitere erstellen. Diese Möglichkeiten stehen Ihnen zur Verfügung:

- Wählen Sie *Datei* ▶ Bereich *Neu* ▶ *Leere Arbeitsmappe* durch einen einfachen Klick oder eine andere Vorlage durch Doppelklick aus.
- Alternativ kann auch die Symbolleiste für den Schnellzugriff zur Erstellung einer *Leeren Arbeitsmappe* verwendet werden. Fügen Sie dazu den Befehl *Neu* der Symbolleiste hinzu. Wie das geht, haben Sie bereits auf Seite 46 erfahren.
- Oder verwenden Sie die Tastenkombination **Strg + N** um eine neue Arbeitsmappe aufzurufen.

Ein Excel-Arbeitsmappe unter dem vorläufigen Namen Mappe1 wird geöffnet und Sie können mit der Eingabe beginnen. Wenn Sie nacheinander mehrere neue Mappen erstellen, so erhalten diese der Reihe nach die Namen Mappe1, Mappe2, usw.. Grundsätzlich ist das unerheblich, da Sie bei Speicherung der Arbeitsmappe einen endgültigen Namen festlegen, der dann aussagekräftiger sein sollte.

3.2 Arbeitsmappen speichern

Beim Speichern einer Arbeitsmappe vergeben Sie einen Namen für die Datei und bestimmen, wo die Arbeitsmappe abgelegt werden soll. Dabei entscheiden Sie, ob die Datei auf der lokalen Festplatte, auf einem angeschlossenen Gerät, z. B. USB-Stick oder auf OneDrive gespeichert wird.

Der Cloud-Speicher OneDrive

Je nach Office-Version steht Ihnen unter der Bezeichnung *OneDrive* oder *Office 365 SharePoint* zusätzlicher Speicherplatz in der Cloud, genauer gesagt auf einem Microsoft-Server, zur Verfügung. Diesen Speicher können Sie wie eine zusätzliche Festplatte nutzen. In der kostenlosen Standardversion erhalten Sie 5 GB Online-Speicherplatz, der kostenpflichtig erweitert werden kann.

- **Vorteil**: Sie haben von jedem PC Zugang auf Ihre auf *OneDrive* gespeicherten Daten. Die auf OneDrive abgelegten Dateien können auch im Webbrowser angezeigt werden. Außerdem können die Arbeitsmappen mit anderen Personen geteilt und gemeinsam bearbeitet werden. Lesen Sie dazu mehr in Kapitel 12.4.
- **Nachteil:** Auf einem Cloud-Speicherplatz liegen Ihre Daten außerhalb Ihres direkten Einflussbereichs auf einem Microsoft-Server.

> Um OneDrive verwenden zu können, benötigen Sie ein Microsoft-Konto. Zur Nutzung von Office 365 im Unternehmen und den zugehörigen Cloud-Speicher erhält jeder Mitarbeiter ein Organisationskonto.

Dateinamen und Speicherort festlegen

Bevor Sie Excel beenden, sollten Sie nicht vergessen Ihre Daten zu speichern. Beim **ersten** Speichern der Excel-Arbeitsmappe vergeben Sie einen Dateinamen und legen einen Speicherort fest. Hier stehen verschiedene Vorgehensweisen zur Verfügung:

- Klicken Sie in der Symbolleiste für den Schnellzugriff auf das Symbol *Speichern*
- Wählen Sie Register *Datei* ▶ *Speichern* oder *Speichern unter*. Welches von beiden Sie wählen, ist bei der ersten Speicherung nicht relevant.
- Verwenden Sie die Tastenkombination Strg + S.

Sie können Ihre Excel Arbeitsmappe nun entweder auf OneDrive (sofern Sie mit einem Microsoft-Konto angemeldet sind) oder in einem Ordner auf Ihrem Computer speichern.

Auf der Festplatte des Computers speichern

- Standardmäßig ist der Bereich *Zuletzt verwendet* ❶ ausgewählt. Dadurch sind rechts, sortiert nach Speicherdatum, einige Ordner aufgelistet, in die Sie in letzter Zeit gespeichert haben. Achtung, diese Ordner können sowohl auf die Festplatte und angeschlossenen Speichermedien oder auf OneDrive verweisen. Durch Anklicken von *Dieser PC* ❷ zeigen Sie rechts nur lokale Ordner bzw. Ordner auf angeschlossenen Speichermedien an, die Sie durch Anklicken auswählen. Ist der passende Ordner nicht dabei, klicken Sie auf *Durchsuchen* ❸. In beiden Fällen wird das Dialogfenster *Speichern unter* geöffnet.

OneDrive steht hier nur zur Auswahl,wenn Sie bei Office mit einem Microsoft-Konto angemeldet sind.

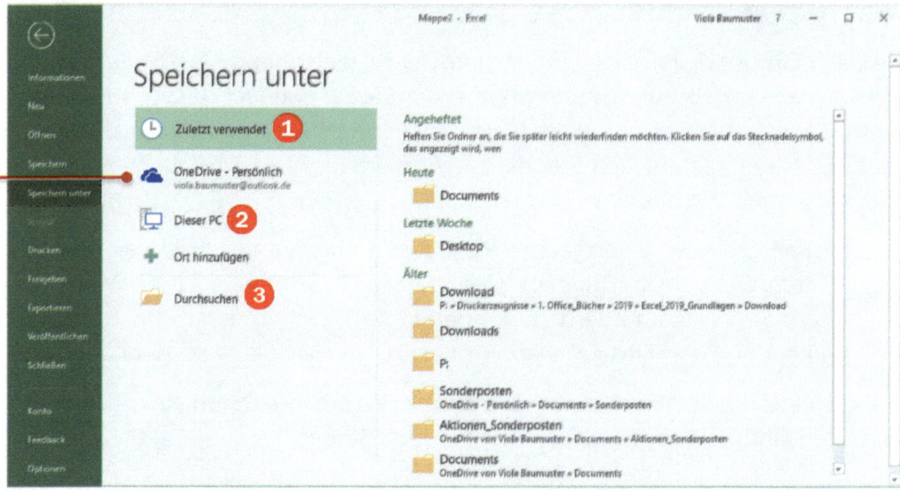

- **Dateinamen eintragen:** Geben Sie im Feld *Dateiname* einen aussagekräftigen Dateinamen ein. Achten Sie darauf den Platzhalternamen ❹ (z. B. Mappe1) zu überschreiben bzw. vorher zu löschen.

Navigationsbereich

Inhaltsbereich

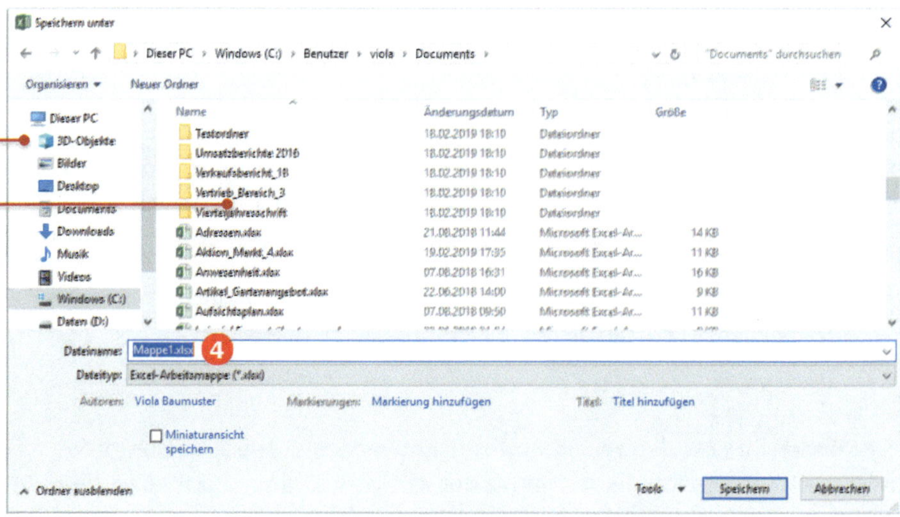

- **Ordner auswählen:** Kontrollieren Sie oben im Dialogfenster die Adresszeile, diese zeigt den aktuell ausgewählten Ordner zusammen mit dem kompletten Suchpfad einschließlich des Laufwerks an. Zur Auswahl eines anderen Ordners benutzen Sie eine der folgenden Möglichkeiten:
  - Sollte der gesuchte Ordner rechts im Inhaltsbereich angezeigt werden, so öffnen Sie diesen hier mit einem Doppelklick auf das Ordnersymbol.
  - Alternativ verwenden Sie den Navigationsbereich auf der linken Seite. Klicken Sie hier auf den gewünschten Ordner, zum Einblenden von Unterordnern verwenden Sie die kleinen Dreiecke links vom Ordnersymbol. Hier haben Sie unter *Netzwerk* auch Zugriff auf die Netzwerkumgebung.
  - In einen übergeordneten Ordner gelangen Sie am schnellsten, indem Sie in der Adresszeile auf den Namen des Ordners klicken.
  - Benötigen Sie zum Speichern einen neuen Ordner, dann klicken Sie auf die Schaltfläche *Neuer Ordner*, um diesen zu erstellen.
- **Dateityp festlegen:** Hier kann auch ein Dateityp festgelegt werden. In der Regel verwenden Sie *Excel-Arbeitsmappe*. Mehr zu Dateityp auf Seite 59.
- **Speichern:** Zuletzt klicken Sie auf die Schaltfläche *Speichern*. Erst jetzt wird die Arbeitsmappe gespeichert und gleichzeitig das Dialogfenster automatisch geschlossen.

Sofern Sie im ersten Schritt einen Ordner ausgewählt haben, wird dessen Inhalt angezeigt. Wenn Sie auf *Durchsuchen* geklickt haben, ist der Ordner *Dokumente* ausgewählt.

Achtung: Die Dreiecke sind nur sichtbar, wenn sich der Mauszeiger im Navigationsbereich befindet!

Sollte der Navigationsbereich im Dialogfenster *Speichern unter* nicht sichtbar sein, dann klicken Sie auf die Schaltfläche *Ordner durchsuchen*.

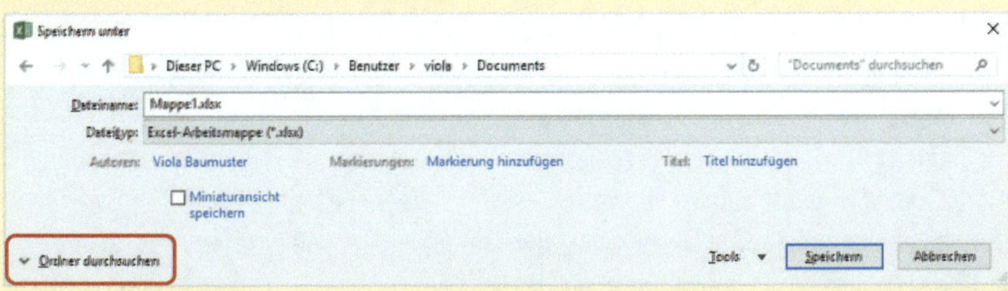

Auf OneDrive speichern

1. Wählen Sie *Datei* ▶ *Speichern unter* ▶ *OneDrive - Persönlich* und dann rechts einen speziellen Ordner auf OneDrive oder *OneDrive - Persönlich*.
2. Das Dialogfenster *Speichern unter* wird angezeigt. Vergeben Sie einen Dateinamen und wählen Sie ggf. einen Unterordner aus oder legen Sie einen neuen Ordner an.

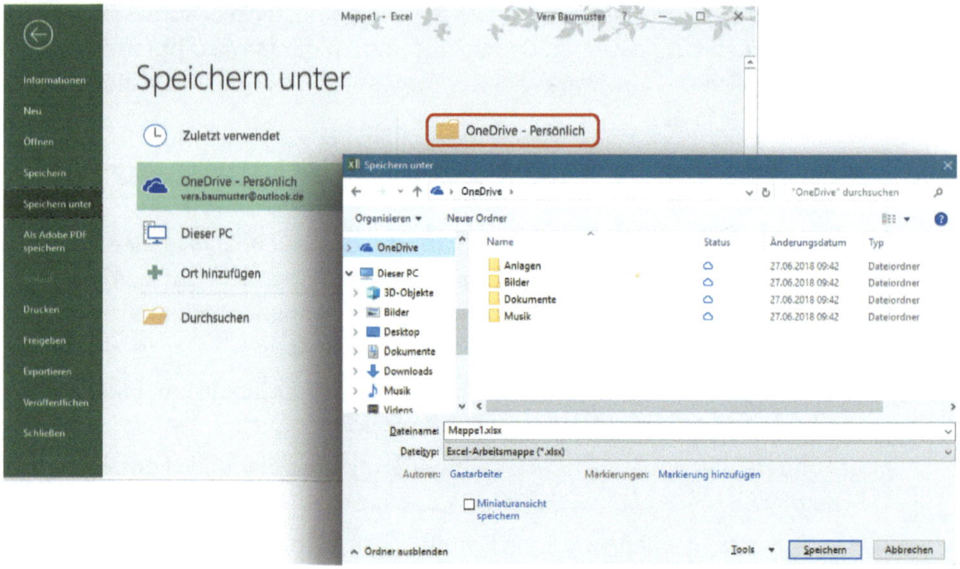

Der Vorgang des Speicherns in der Cloud kann bei umfangreichen Arbeitsmappen durchaus etwas Zeit in Anspruch nehmen. Sollten Sie an einer derartigen Arbeitsmappe arbeiten, ist es vorteilhaft, die Datei zunächst auf der lokalen Festplatte zu speichern und sie nach Fertigstellung mit *Speichern unter* auf OneDrive zu speichern.

3 Klicken Sie auf *Speichern*. Dadurch erfolgt automatisch der Upload der Datei auf OneDrive. In der Statusleiste der Excel-Arbeitsmappe wird angezeigt, ob der Upload noch andauert.

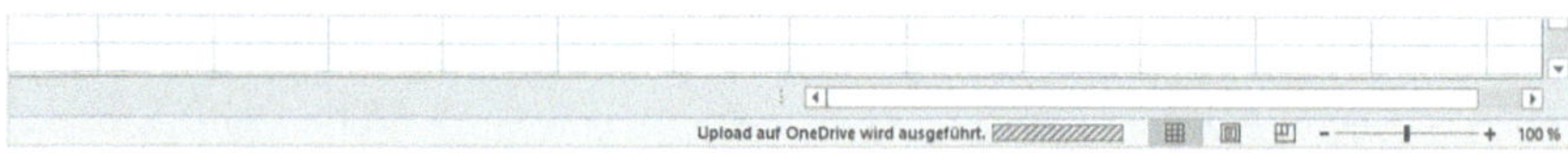

Tipp: Beim Speichern schnellen Zugriff auf wichtige Ordner erhalten

Die Liste der kürzlich verwendeten Ordner für die Speicherung ist ständig im Wandel. Wird heute ein Speicherort angezeigt, kann er morgen schon aus der Liste verschwunden sein. Aus diesem Grund können wichtige Speicherorte dauerhaft angeheftet werden: Zeigen Sie dazu auf den Ordner und klicken Sie rechts auf das Pinsymbol. Der Ordner erscheint jetzt fest am oberen Rand des Fensters. Nochmaliges Anklicken löst den Ordner wieder von der Liste.

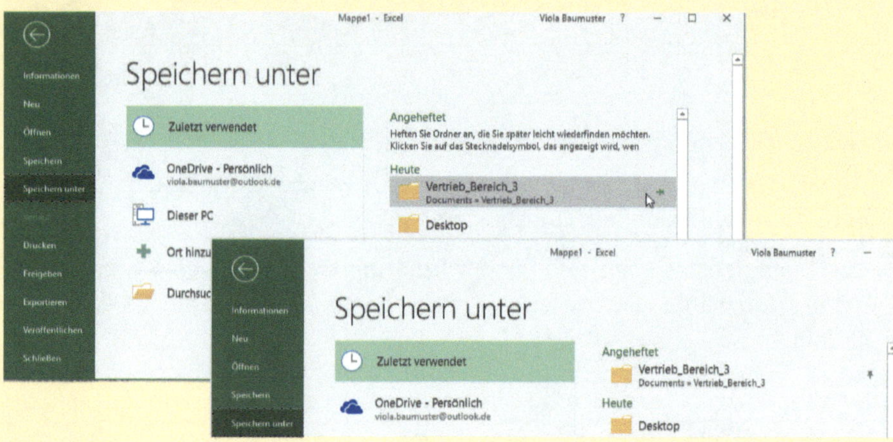

Zur Unterscheidung von Speichern und Speichern unter

Im Register *Datei* finden Sie sowohl den Bereich *Speichern* als auch den Bereich *Speichern unter*. Der Unterschied zwischen beiden ergibt sich aus der Frage, ob die Datei schon einmal gespeichert wurde:

- Wenn Sie eine neue Arbeitsmappe das erste Mal speichern, dann müssen Sie Dateiname und Speicherort festlegen. In diesem Fall können Sie *Speichern* oder *Speichern unter* wählen, Excel öffnet immer den Bereich *Speichern unter*.
- Ist eine Arbeitsmappe dagegen gespeichert, dann verfügt sie bereits über einen Dateinamen. Dann reicht es aus, Änderungen am Inhalt mit *Speichern* zu sichern.
- Möchten Sie die geöffnete und zuvor bereits gespeicherte Arbeitsmappe unter einem anderen Dateinamen oder an einem anderen Speicherort ein weiteres Mal speichern, dann klicken Sie im Register *Datei* auf *Speichern unter* und bestimmen hier einen anderen Dateinamen und/ oder einen anderen Speicherort.

Die wichtigsten Excel-Dateitypen

Das Standarddateiformat

Standardmäßig speichert Excel die Datei als *Excel-Arbeitsmappe* mit der Dateinamenerweiterung *.xlsx*. Dieses Dateiformat wird seit der Version Excel 2007 als Standardformat verwendet.

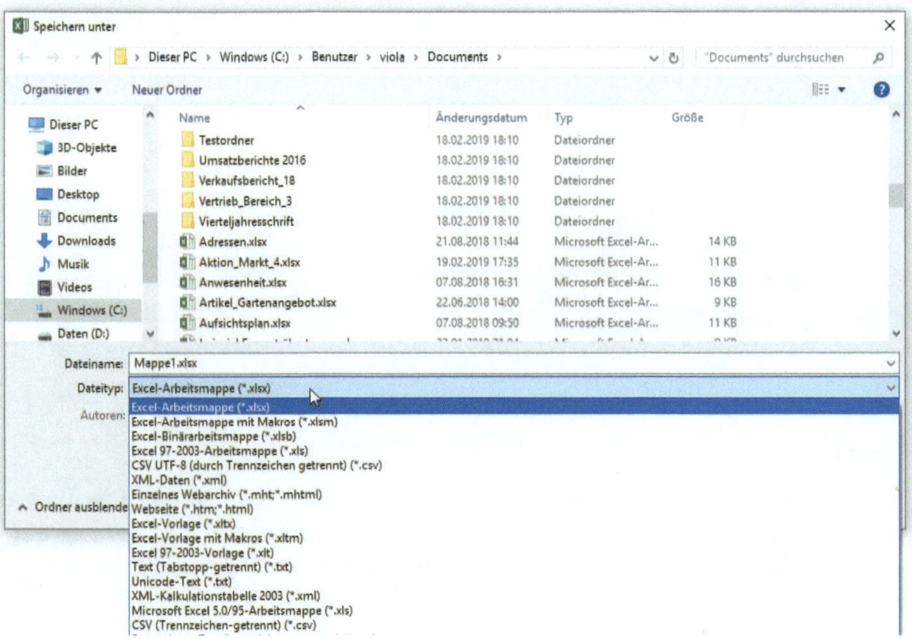

Im Dateiformat älterer Versionen speichern

Allerdings können Arbeitsmappen, die im xlsx-Format abgespeichert wurden nicht mit älteren Versionen vor Excel 2007 geöffnet werden. Um sicherzustellen, dass eine Mappe auch mit Excel 2003 geöffnet werden kann, müssen Sie beim Speichern den entsprechenden Dateityp auswählen:

Klicken Sie dazu im Dialogfenster *Speichern unter* unterhalb des Dateinamens auf den Dropdown-Pfeil im Feld *Dateityp* und wählen Sie *Excel 97-2003-Arbeitsmappe*. Die Speicherung der Datei in einem anderen Dateiformat visualisiert Excel im Datei-Explorer durch ein anderes Symbol.

> Beim Speichern in einem älteren Dateiformat können Informationen verloren gehen, beispielsweise die Designfarben. Während an Ihrem Bildschirm die Farben wie gewünscht angezeigt werden, ist die Darstellung in Excel 2003 oder einer noch niedrigeren Version anders.

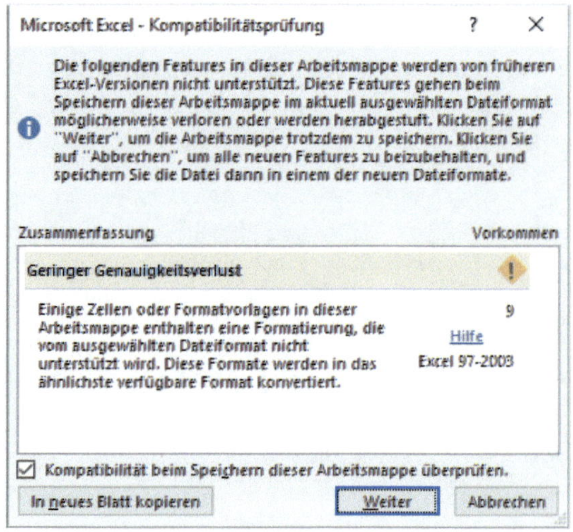

Falls ein Kompatibilitätsproblem vorliegt, erhalten Sie eine Meldung. Klicken Sie in diesem Fall auf *Weiter*, um mit der Speicherung fortzufahren.

Excel Arbeitsmappe mit Makros

In Makros werden häufig wiederkehrende Befehlsfolgen gespeichert und schnell ausgeführt. Die einzelnen Makros sind in der Programmiersprache VBA hinterlegt und können nur verwendet werden, wenn die Arbeitsmappe mit dem Dateityp *.xlsm* als *Excel-Arbeitsmappe mit Makros* gespeichert wird. In diesem Buch wird allerdings nicht näher auf Makros eingegangen. Was Sie beim Öffnen einer solchen Datei beachten müssen, erfahren Sie auf Seite 64.

Vorlagen für Excel

Benötigen Sie häufig Tabellen gleichen Aufbaus, z. B. eine Rechnung, kann für diese Zwecke eine Arbeitsmappe mit der Dateinamenerweiterung *.xltx* als Vorlage abgespeichert werden. Mehr zur Erstellung von Vorlagen erfahren Sie im Kapitel 12.1.

3.3 Gespeicherte Arbeitsmappe anzeigen

Möglichkeiten zum Öffnen von Arbeitsmappen

Datei-Explorer

Sicherlich bekannt ist das Arbeiten mit dem Datei-Explorer von Windows (Windows-Explorer) zur Anzeige und Öffnen von Dateien. Sie finden diesen als angeheftetes Programm auf der Taskleiste. Öffnen Sie den Explorer, navigieren Sie zum Speicherort Ihrer Datei und öffnen Sie diese mit einem Doppelklick.

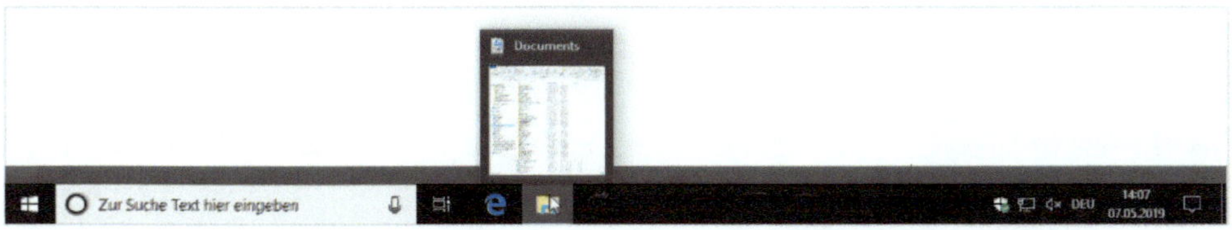

OneDrive

Ähnlich öffnen Sie Inhalte von OneDrive. Voraussetzung ist natürlich, dass Sie mit einem Microsoft-Konto angemeldet sind. OneDrive wird im Navigationsbereich des Explorers angezeigt. Hier können Sie einen der Ordner auswählen und die Datei mit einem Doppelklick öffnen.

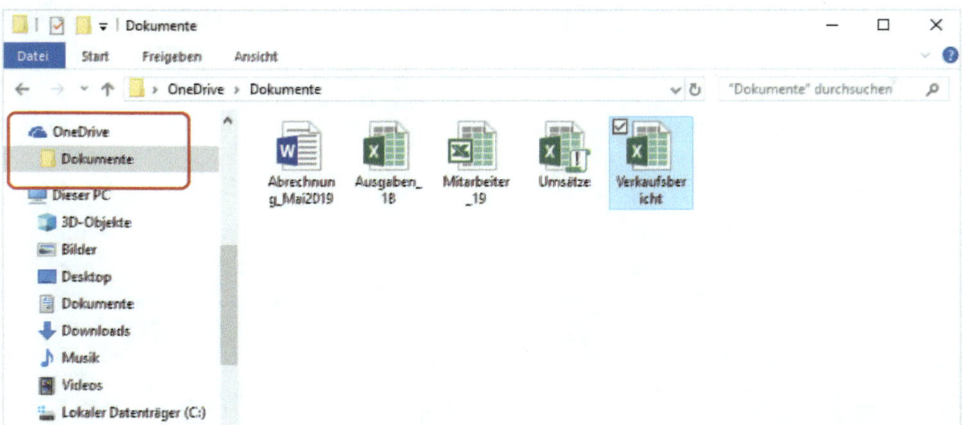

Inhalt des markierten OneDrive-Ordners *Dokumente*

Nach der Bearbeitung speichern Sie die Datei wie gewohnt. Die Daten werden automatisch mit OneDrive synchronisiert. Das erkennen Sie im Infobereich der Taskleiste. Sobald die blauen Pfeile nicht mehr angezeigt werden, ist OneDrive wieder aktuell.

Tipp: Ein Blick in den Bereich Zuletzt verwendet lohnt sich auch, wenn Sie eine gespeicherte Arbeitsmappe nicht finden. Vielleicht wurde diese versehentlich an einem falschen Speicherort abgelegt.

Zuletzt verwendete Arbeitsmappe öffnen beim Start von Excel

Wenn Sie eine Arbeitsmappe erst kürzlich gespeichert oder bearbeitet haben, dann rufen Sie die Datei einfach beim Start von Excel über den Startbildschirm auf. Das spart Klicks. Im Bereich *Zuletzt verwendet* werden die Arbeitsmappen angezeigt, die jüngst bearbeitet wurden. Hier sehen Sie sowohl Excel-Dateien, die lokal, als auch auf OneDrive gespeichert wurden. Durch Anklicken öffnen Sie die Datei. Ist die gesuchte Arbeitsmappe nicht dabei, klicken Sie auf *Weitere Arbeitsmappen öffnen*. Dadurch wird der Bereich *Öffnen* angezeigt. Wie Sie hier weiter verfahren, lesen Sie im nächsten Abschnitt.

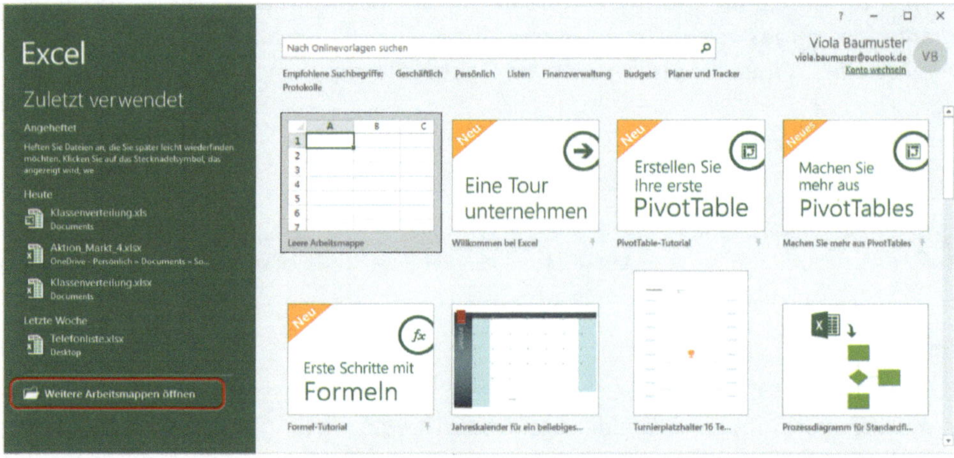

Der Bereich *Zuletzt verwendet* kann Arbeitsmappen enthalten, die zwischenzeitlich umbenannt, verschoben oder gelöscht wurden. In diesem Fall erhalten Sie beim Öffnen eine Fehlermeldung. Wenn Sie möchten, können Sie die Datei aus der Liste entfernen. Dazu klicken Sie mit der Maus auf den Eintrag und wählen *Aus Liste entfernen*.

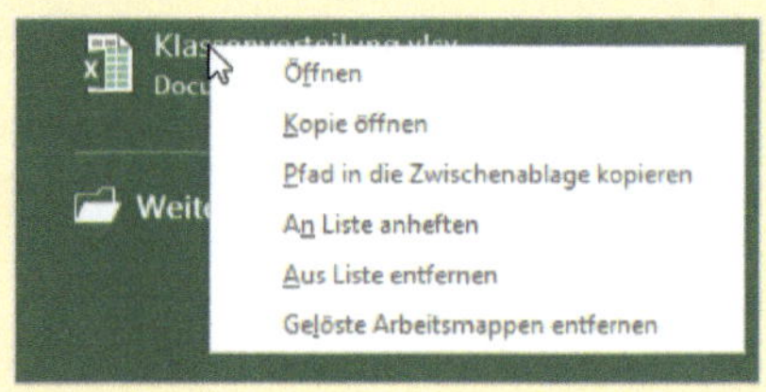

Arbeitsmappe über den Excel-Bereich Öffnen anzeigen

- Das Öffnen von Arbeitsmappen läuft ähnlich ab wie deren Speicherung. Ist Excel bereits geöffnet, wählen Sie *Datei* ▶ Bereich *Öffnen* ❶.
- Hier ist standardmäßig zunächst *Zuletzt verwendet* ❷ ausgewählt. Rechts sehen Sie eine Liste mit kürzlich bearbeiteten Arbeitsmappen ❸, die Sie durch Anklicken anzeigen. Alternativ erhalten Sie durch Anklicken von *Ordner* ❹ eine Liste von Ordnern, die in letzter Zeit für die Speicherung von Arbeitsmappen ausgewählt wurden. Durch einen Klick zeigen Sie den Ordnerinhalt in einem gesonderten Fenster an.

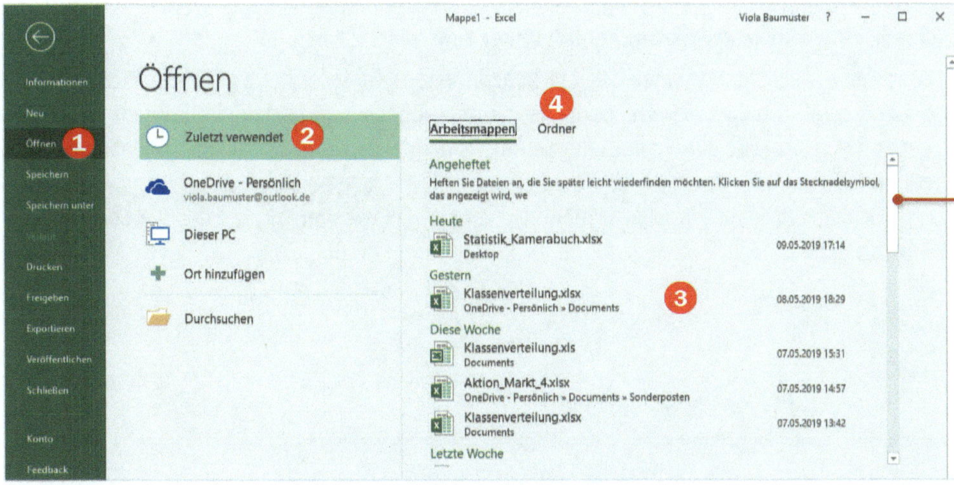

Verwenden Sie die Bildlaufleiste, um weitere Arbeitsmappen anzuzeigen.

- Befindet sich die gesuchte Datei nicht darunter, so wählen Sie zunächst einen Speicherort (*OneDrive* oder *Dieser PC*). Rechts erscheinen dann die zugehörigen Ordner.

  Wenn Sie *Dieser PC* ❺ ausgewählt haben, dann erhalten Sie hier den Inhalt des Ordners *Dokumente*. Im Gegensatz zum Speichern werden beim Öffnen sowohl Ordner als auch Dateien aufgelistet. Um die Arbeitsmappe oder den Inhalt eines Ordners anzuzeigen, genügt jeweils ein einfacher Mausklick. Wurde versehentlich der falsche Ordner ausgewählt, so gelangen Sie mit Klick auf den nach oben weisenden Pfeil ❻ zur nächsthöheren Ordnerebene.

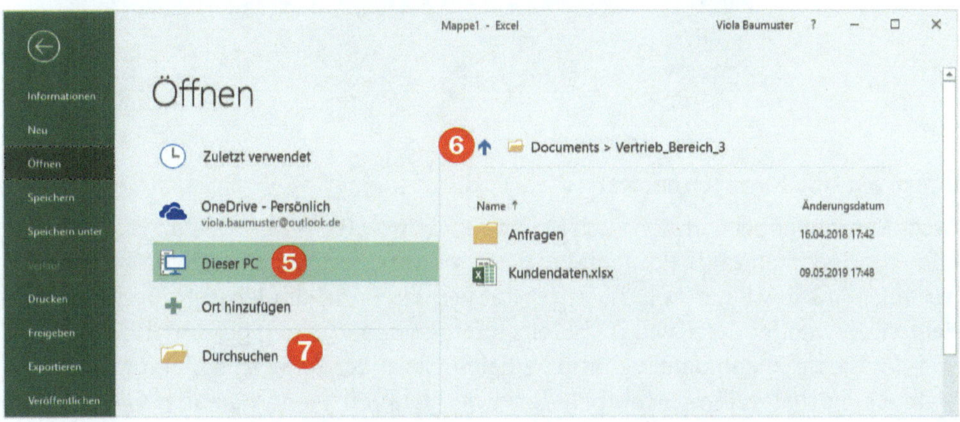

- Befindet sich die Arbeitsmappe an einem anderen Ort, dann klicken Sie auf Durchsuchen ❼ (Bild oben). Das Fenster *Öffnen* erscheint. Auf der linken Seite befindet sich der Navigationsbereich, der Zugriff auf alle verfügbaren Speicherorte, auch auf Ihre OneDrive-Ordner, gewährt. Zum Öffnen klicken oder tippen Sie rechts im Inhaltsbereich auf die Excel-Datei. Diese erscheint farbig hervorgehoben bzw. markiert und der Name wird im Feld *Dateiname* angezeigt. Klicken Sie dann auf die Schaltfläche *Öffnen*. Tipp: Mit Doppelklick auf das Dateisymbol wird die Arbeitsmappe sofort geöffnet.

Tipp: Wichtige Arbeitsmappen im Bereich Öffnen anheften

Wurde eine Arbeitsmappe längere Zeit nicht geöffnet, so wird sie nicht mehr bei Zuletzt verwendet angezeigt. Um dies zu verhindern, Sie wichtige Arbeitsmappen dauerhaft anheften. Dazu zeigen Sie in der Liste auf die betreffende Arbeitsmappe. Rechts wird ein Pin-Symbol sichtbar, auf das Sie zum Anheften klicken. Die Datei erscheint nun oberhalb im Bereich *Angeheftet* und ist außerdem am geänderten Pin-Symbol zu erkennen. Ein weiterer Klick auf das Symbol löst die Arbeitsmappe wieder.

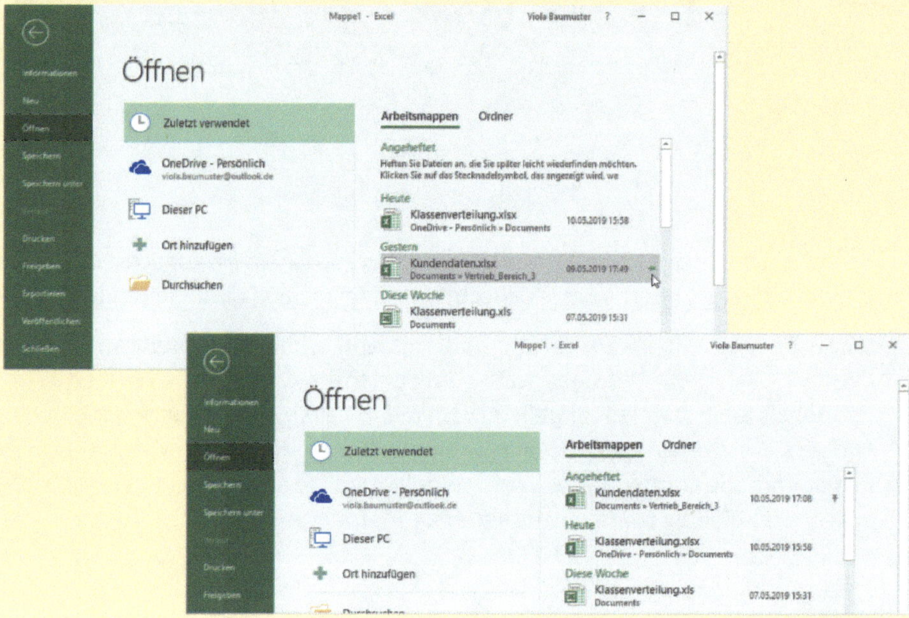

Öffnen von Arbeitsmappen mit Makros

Excel Arbeitsmappen können auch Makros enthalten. Mit diesen kleinen Programmen können wiederkehrende Routineaufgaben automatisiert werden. Da Makros manchmal auch in böswilliger Absicht verbreitet werden und Schaden auf Computern anrichten, verwendet Excel, wie Sie bereits erfahren haben, einen gesonderten Dateityp *xlsm*. Wird eine solche Datei geöffnet, erhalten Sie in der Regel eine Meldung, dass die Makros zunächst zu Ihrer Sicherheit deaktiviert wurden. Wenn Sie auf *Inhalt aktivieren* klicken, können die Makros verwendet werden. Dies sollten Sie nur machen, wenn Sie dem Urheber der Datei vertrauen.

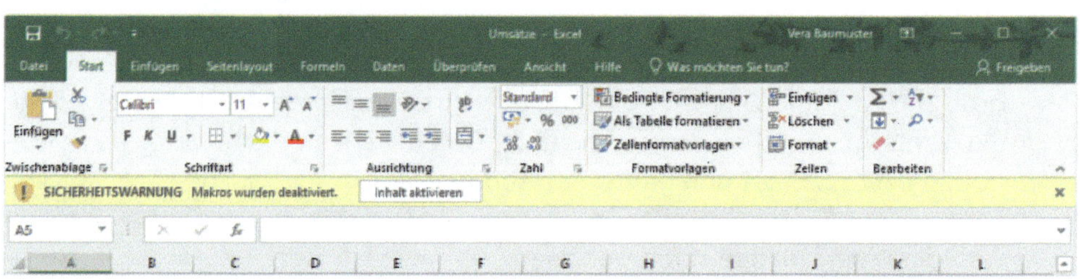

Ältere Arbeitsmappen im Kompatibilitätsmodus öffnen

Arbeitsmappen mit der Dateinamenerweiterung .xls, die beispielsweise mit Excel 2003 erstellt wurden, werden automatisch im Kompatibilitätsmodus geöffnet. Ein entsprechender Hinweis erscheint in der Titelleiste.

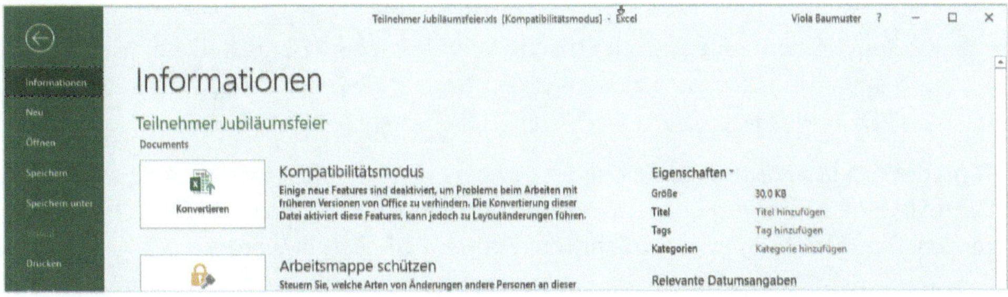

Im Kompatibilitätsmodus stehen nicht alle Funktionen von Excel 2019 zur Verfügung. Um den vollen Funktionsumfang für diese Datei zu nutzen, wählen Sie *Datei* ▶ Bereich *Informationen* ▶ *Konvertieren*. Dadurch wird die Datei in das neue Dateiformat mit der Dateinamenserweiterung .xlsx umgewandelt. Die Umwandlung kann aber zu Veränderungen des Layouts führen. Nach der Umwandlung müssen Sie die Datei zunächst Schließen. Die Datei kann jetzt nicht mehr mit der Excel Version 2003 oder älter angezeigt werden.

3.4 Excel-Arbeitsmappe als PDF-Datei ablegen

Excel bietet standardmäßig auch das Speichern im PDF-Dateiformat an. Damit werden alle Formate beibehalten und die Datei kann, unabhängig vom Betriebssystem auf allen Computern geöffnet und gelesen werden, vorausgesetzt ein Leseprogramm, wie z. B. der Adobe Reader, ist installiert.

- Wählen Sie *Datei* ▶ *Exportieren* ▶ Schaltfläche *PDF/XPS-Dokument erstellen*.

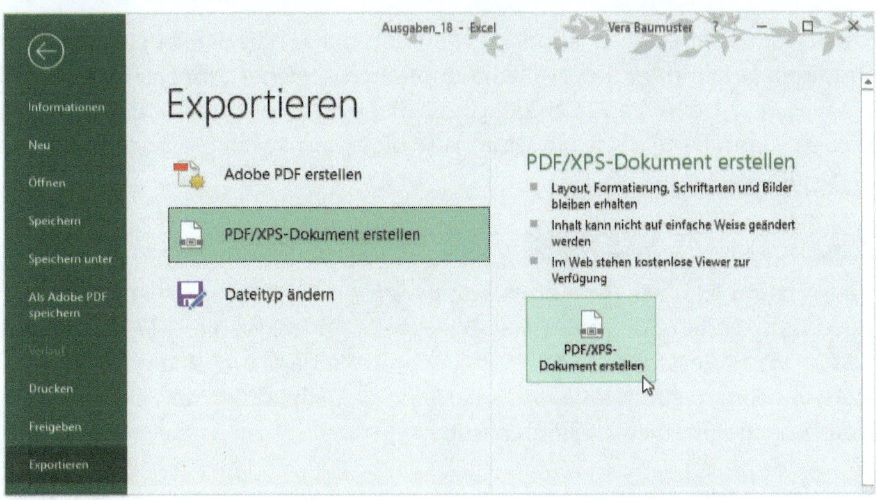

- Das Dialogfenster *Als PDF oder XPS veröffentlichen* öffnet sich. Geben Sie im Feld *Dateiname* eine Bezeichnung ein und wählen Sie einen Speicherort aus.
- Bei *Optimieren für* belassen Sie *Standard* ❶ oder wählen *Minimale Größe (Onlineveröffentlichung)* aus. Dadurch wird die Dateigröße reduziert. Das ist praktisch, falls Sie das PDF im Anschluss via E-Mail verschicken möchten.
- Klicken Sie dann auf die Schaltfläche *Veröffentlichen*. Die PDF-Datei wird erstellt und am angegebenen Ort gespeichert. Nach der Speicherung wird automatisch das PDF angezeigt, sofern hier ❷ ein Häkchen gesetzt ist.

Wenn die Arbeitsmappe noch nicht gespeichert wurde, sollten Sie auch diese sichern. Wenn Sie eine Änderung vornehmen möchten, muss dazu die Excel-Datei bearbeitet werden. Dann kann im zweiten Schritt ein neues PDF erstellt werden.

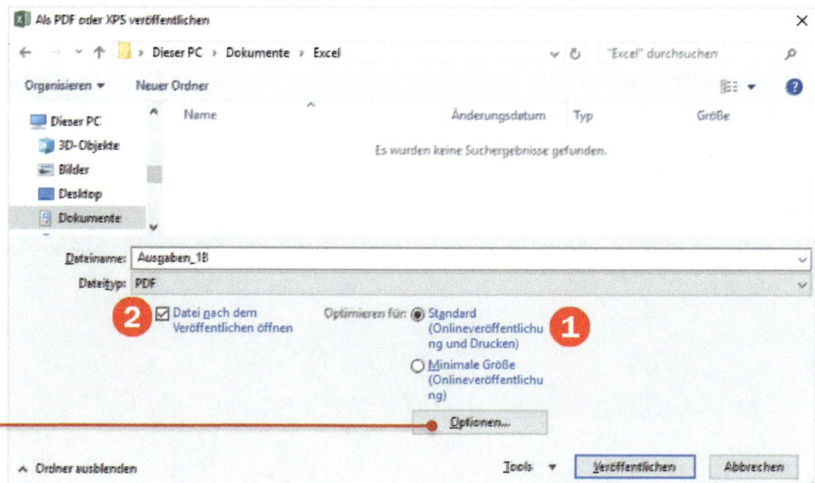

Zur Auswahl bestimmter Seiten, die in ein PDF umgewandelt werden sollen, klicken Sie auf *Optionen*.

3.5 Arbeitsmappe wiederherstellen

Excel verfügt über eine Funktion, die während der Arbeit die Arbeitsmappe im Hintergrund in bestimmten Intervallen automatisch speichert. Im Fall eines Programmabsturzes oder wenn Sie versehentlich die Mappe geschlossen haben, ohne zuvor zu speichern, kann beim nächsten Öffnen auf die automatisch gespeicherte Version zurückgegriffen werden.

Automatisches Speichern aktivieren

Voraussetzung ist, dass die AutoWiederherstellen-Funktion aktiviert ist. Die Einstellungen dazu finden Sie im Register *Datei* ▶ *Optionen*. Wählen Sie im Dialogfenster *Excel-Optionen* die Kategorie *Speichern*. Achten Sie darauf, dass das Kontrollkästchen *AutoWiederherstellen-Informationen speichern* ❶ aktiviert ist. Im Feld dahinter legen Sie das Speicherintervall in Minuten fest.

Die automatische Speicherung erfolgt in eine temporäre Datei, die beim Beenden von Excel wieder gelöscht wird, im Fall eines Programmabsturzes allerdings erhalten bleibt. Damit Sie auf die Datei auch zurückgreifen können, wenn Sie Excel aus Versehen schließen, muss auch das Kontrollkästchen *Beim Schließen ohne Speichern die letzte automatisch gespeicherte Version beibehalten* ❷ aktiviert sein.

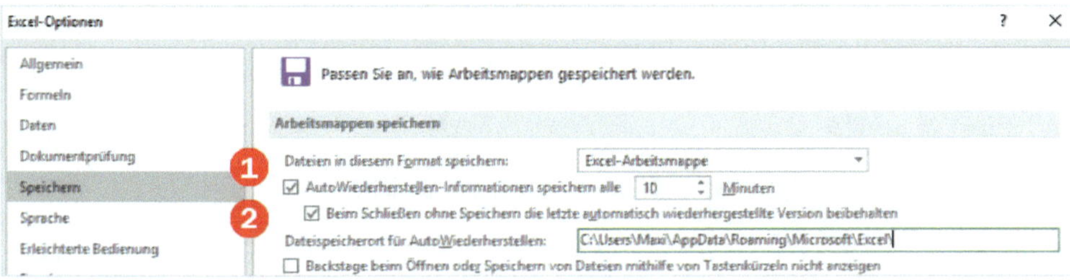

Mappe wiederherstellen

- Öffnen Sie das Register *Datei* und wählen Sie, falls nicht schon markiert, den Bereich *Öffnen* aus. Im rechten Bereich unten klicken Sie auf die Schaltfläche *Nicht gespeicherte Arbeitsmappen wiederherstellen*. Das Dialogfenster *Öffnen* wird geöffnet und der Inhalt des Ordners *UnsavedFiles* angezeigt.

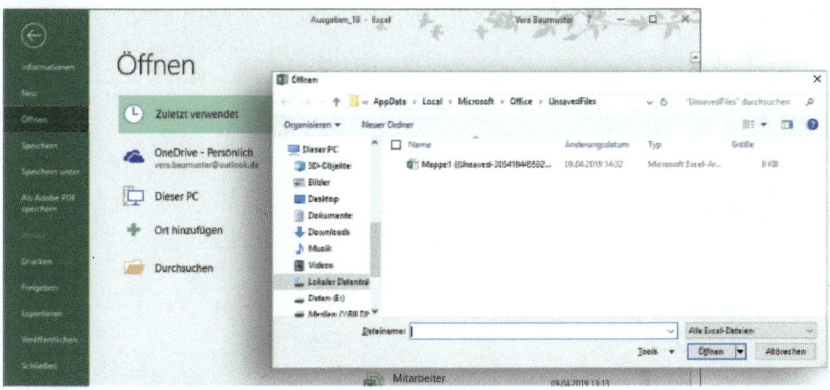

- Wählen Sie die Mappe aus, die Sie wiederherstellen möchten und klicken Sie auf *Öffnen*. Oberhalb der Bearbeitungsleiste erscheint eine Infozeile, die Sie daran erinnert, dass die wiederhergestellte Arbeitsmappe nur temporär gespeichert wurde. Sie sollten daher spätestens jetzt die Mappe dauerhaft speichern.

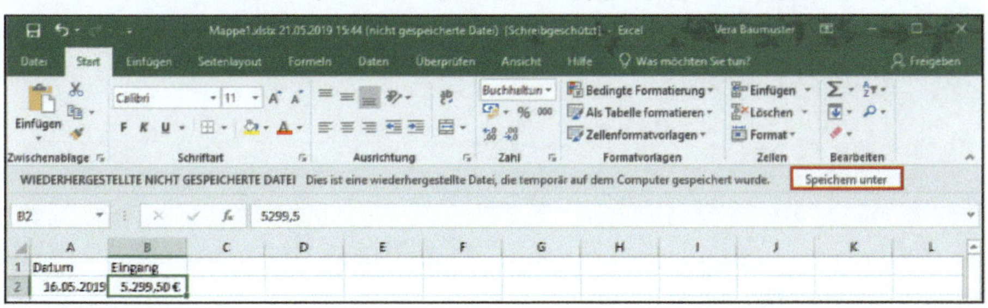

Achtung: Mit der AutoWiederherstellung können nur versehentlich geschlossene Arbeitsmappen wiederhergestellt werden, die noch nicht gespeichert wurden. Wenn Sie eine Arbeitsmappe speichern, dann weiteren Inhalt hinzufügen und beim Schließen der Arbeitsmappe versehentlich auf die Schaltfläche *Nicht speichern* klicken, ist der hinzugefügte Inhalt verloren und kann auch nicht über die AutoWiederherstellen-Funktion gerettet werden.

3.6 Excel-Datei mit einem Kennwort sichern

Kennwörter schützen Arbeitsmappen mit persönlichem oder vertraulichem Inhalt. Vergeben Sie beispielsweise ein Kennwort, wenn die Arbeitsmappe auf einem Netzlaufwerk liegt und Kollegen keinen Einblick in die Datei erhalten sollen.

Kennwort festlegen

Um die Mappe mit einem Kennwort zu schützen, wählen Sie *Datei* ▶ *Informationen* ▶ Schaltfläche *Arbeitsmappe schützen* ▶ Dropdown-Liste *Mit Kennwort verschlüsseln*. Geben Sie dann in das folgende Fenster ein Kennwort ein, klicken auf *OK* und wiederholen das Kennwort ein zweites Mal. Wie bei allen Kennwörtern wird nach Groß- und Kleinschreibung unterschieden. Wenn Sie das Kennwort vergessen, können natürlich auch Sie die Datei nicht mehr öffnen. Vergessen Sie nicht die Datei nach Vergabe des Kennworts zu speichern.

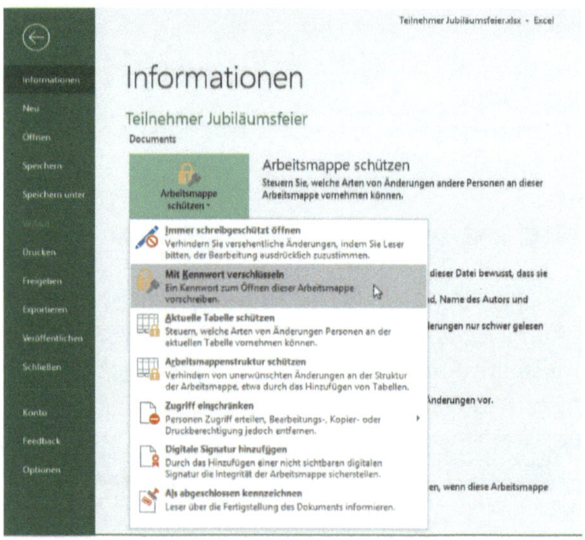

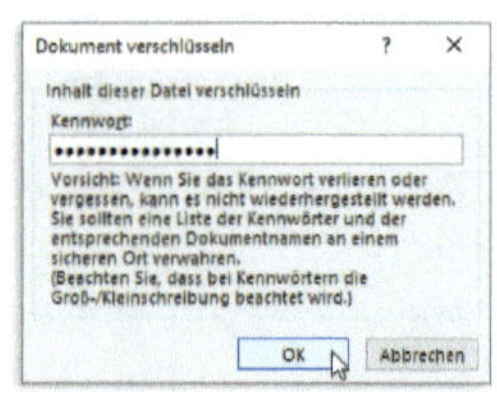

Kennwortgeschützte Datei öffnen

Beim Öffnen der Datei wird das Kennwort abgefragt. Dann erst wird der Inhalt der Arbeitsmappe angezeigt.

Kennwort entfernen

Wenn Sie eine kennwortgeschützte Arbeitsmappe wieder freigeben, d.h. das Kennwort entfernen möchten, dann müssen Sie zuerst die Mappe unter Angabe des Kennwortes öffnen. Wählen Sie dann *Datei* ▶ Bereich *Informationen* ▶ Schaltfläche *Arbeitsmappe schützen* ▶ *Mit Kennwort verschlüsseln*. Löschen Sie das Kennwort, bestätigen Sie mit *OK* und speichern Sie die Arbeitsmappe.

Sobald das Kennwort entfernt wurde, verschwindet auch der gelbe Hintergrund im Bereich *Datei* - *Informationen* - *Arbeitsmappe schützen*.

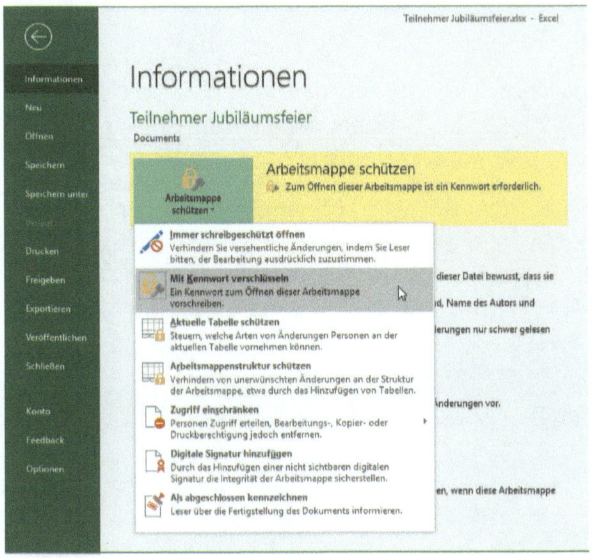

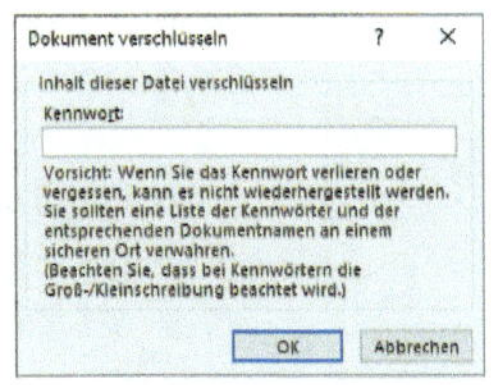

3.7 Öffnen und Speichern anpassen

Beim Start von Excel eine leere Arbeitsmappe anzeigen

Wenn Sie dauerhaft auf die Anzeige des Startbildschirms verzichten möchten, wählen Sie *Datei* ▶ *Optionen* ▶ *Allgemein* und entfernen Sie bei *Startoptionen* das Häkchen vor *Startbildschirm beim Start dieser Anwendung anzeigen* ❶ (Abbildung auf der nächsten Seite). Ab jetzt öffnet Excel beim Start automatisch eine leere Arbeitsmappe. Vorlagen erhalten Sie nur noch über das Register *Datei* - *Neu*.

Speichereinstellungen verändern

Beim Speichern einer neue Arbeitsmappe wird zunächst der Bereich *Speichern unter* angezeigt. Wer lieber sofort das Dialogfenster *Speichern unter* einblenden möchte, setzt dazu ein Häkchen bei *Datei* ▶ *Optionen* ▶ *Speichern* ▶ *Backstage beim Öffnen oder Speichern von Dateien mithilfe von Tastenkürzeln nicht anzeigen* ❷. Wenn Sie jetzt STRG + S oder das Diskettensymbol in der Symbolleiste für den Schnellzugriff anklicken, erscheint sofort das Dialogfenster.

Standardspeicherorte bestimmen

- Bei Aufrufen des Bereichs *Speichern unter* ist standardmäßig *Zuletzt verwendet* ausgewählt. Soll hier *Dieser PC* angeboten werden, dann setzen Sie ein Häkchen bei *Datei* ▶ *Optionen* ▶ *Speichern* ▶ *Standardmäßig auf Computer speichern* ❸.
- Im Feld *Lokaler Standardspeicherort für Datei* ❹ können Sie bei Bedarf den Pfad zu dem Ordner eingeben, in den Sie meistens speichern. Dieser erscheint dann beim Speichern automatisch anstelle des Ordners *Dokumente*.

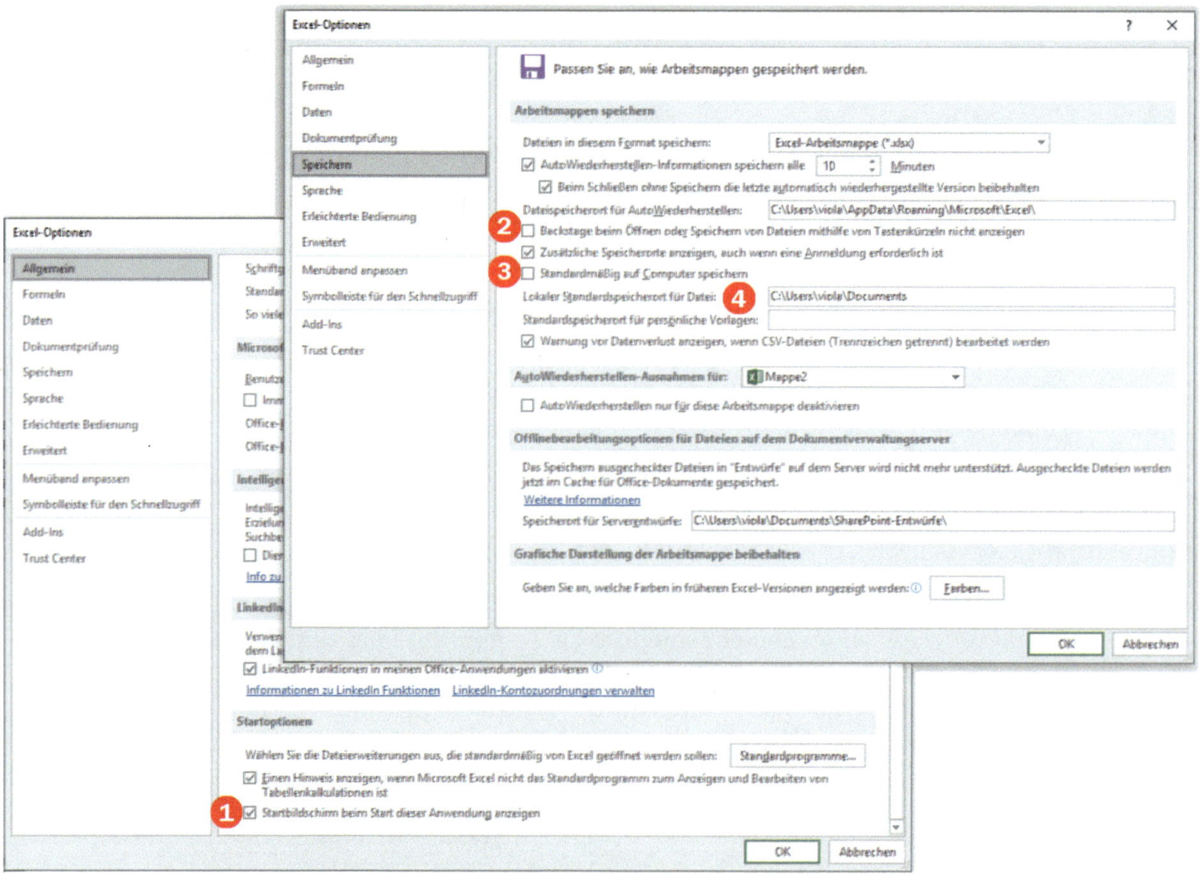

4 Daten eingeben

In diesem Kapitel lernen Sie...

- wie man Text, Zahlen und Datum eingibt
- Zellinhalte zu löschen oder zu überschreiben
- Nachträgliche Korrekturen vorzunehen
- das Aussehen von Zahlen und Datumswerten mit Formaten zu ändern
- den Umgang mit Prozentwerten
- wie man Reihen erzeugt
- Zellinhalte zu trennen und zusammenzufügen

Das sollten Sie bereits wissen

- Excel Arbeitsumgebung und Befehlseingabe

Vor der Eingabe bzw. dem Anlegen einer Tabelle sollten Sie überlegen, wie die Tabelle aufgebaut sein soll und welche Spalten Sie benötigen. Beachten Sie dabei nach Möglichkeit die folgenden Grundregeln:

- Eine Tabelle kann in jeder beliebigen Zeile und Spalte beginnen, die Ausrichtung auf einer Druckseite können Sie gesondert vornehmen.
- Innerhalb von zusammenhängenden Tabellenbereichen sollten Sie leere Zeilen und Spalten vermeiden. Die Funktionalität weiterführender Bearbeitungsmöglichkeiten (Diagramme, Sortierung, Filterung etc.) wird dadurch beeinträchtigt.
- Wenn Sie zur Visualisierung oder besseren Lesbarkeit Abstände benötigen, erhöhen Sie die Spaltenbreite oder die Zeilenhöhe. Dazu mehr in Kapitel 5.2.

4.1 Einzelne Zellen oder Bereiche markieren

Für die Eingabe von Daten muss mindestens eine Zelle markiert werden. Zur Steuerung der Eingabe über mehrere Zeilen bzw. Spalten ist es darüber hinaus meist praktisch den Bereich zunächst zu markieren. Auch beim Löschen von Informationen muss markiert werden. Deshalb beginnen wir das Kapitel Dateneingabe mit den verschiedenen Möglichkeiten Zellen im Tabellenblatt zu markieren.

Zelle markieren

Die Eingabe erfolgt immer in der markierten Zelle. Beim Öffnen einer neuen Arbeitsmappe ist standardmäßig die erste Zelle markiert. Sie erkennen diese am grünen Markierungsrahmen. Diese Zelle wird als **aktive Zelle** bezeichnet.

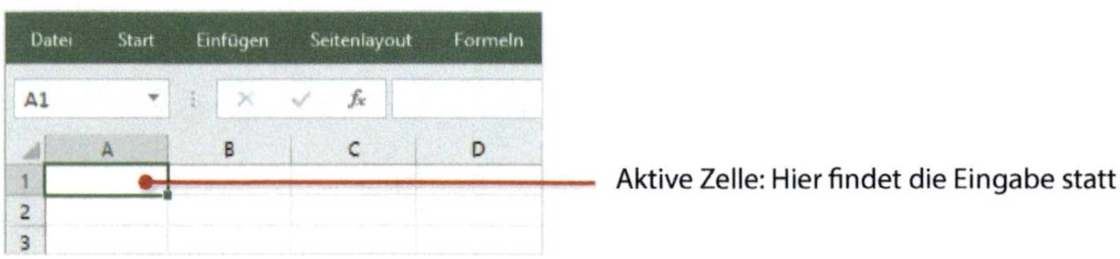

Zum Markieren einer anderen Zelle genügt ein einfacher Mausklick auf die Zelle. Wenn im Tabellenblatt der **Mauszeiger** als **weißes Kreuz** ✚ dargestellt wird, dann können Sie mit einem Mausklick eine Zelle oder einen Zellbereich markieren.

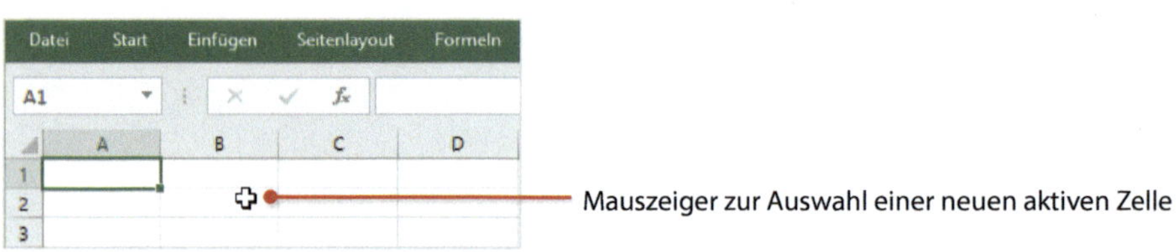

Zusammenhängenden Bereich markieren

- Zeigen Sie mit der Maus auf die erste zu markierende Zelle. Halten Sie die linke Maustaste gedrückt, während Sie die Maus über den gewünschten Zellbereich bewegen. Danach lassen Sie die Maustaste wieder los.

  Oder klicken Sie mit der Maus auf die erste Zelle des zu markierenden Bereichs und dann mit gleichzeitig gedrückter Umschalt-Taste auf die letzte Zelle.

- Auf der Tastatur verwenden Sie die Pfeiltasten zusammen mit der **Umschalt-** (Shift-) **Taste**, um einen Zellbereich zu markieren.

  Alternativ hilft auch der Erweiterungsmodus, den Sie mit der Funktionstaste **F8** aktivieren. In der Statusleiste erscheint der Hinweis *Auswahl erweitern*. Im Erweiterungsmodus können Sie den Bereich um die aktive Zelle mit den Pfeiltasten erweitern. Um den Erweiterungsmodus zu beenden, drücken Sie erneut F8.

- Ein grüner Rahmen grenzt den markierten Bereich ab. Wenn mehrere Zellen markiert wurden, ist der Bereich mit Ausnahme der ersten markierten Zelle grau hervorgehoben. In der weißen Zelle beginnt die Eingabe. Dazu gleich mehr.

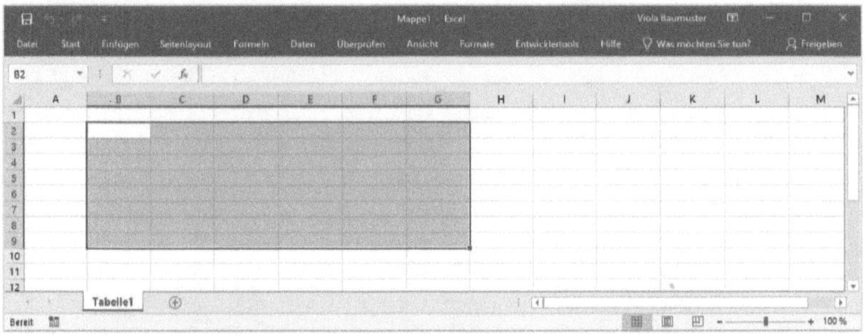

- Die Markierung wird aufgehoben, sobald Sie mit der Maus an eine andere beliebige Stelle des Tabellenblattes klicken oder die Pfeiltaste verwenden.

Nicht zusammenhängende Bereiche markieren

- Markieren Sie den ersten Zellbereich. Drücken Sie dann die **Strg-Taste** der Tastatur und halten Sie sie gedrückt, während Sie mit der Maus die restlichen Zellen nacheinander durch Anklicken markieren.

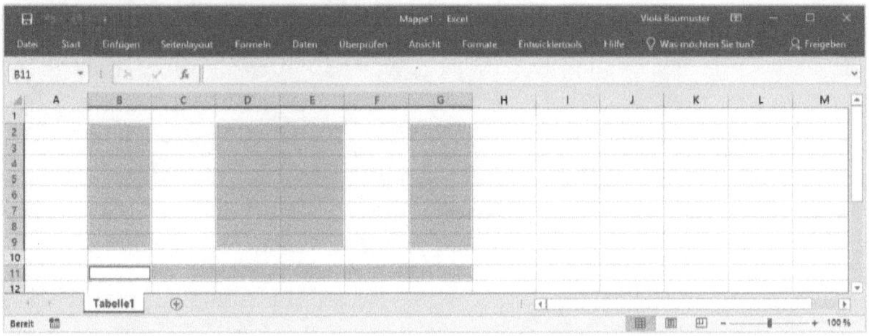

Gesamtes Tabellenblatt markieren

- Klicken Sie mit der Maus auf das Kästchen zwischen den Spalten- und Zeilenköpfen, um das gesamte Tabellenblatt zu markieren.

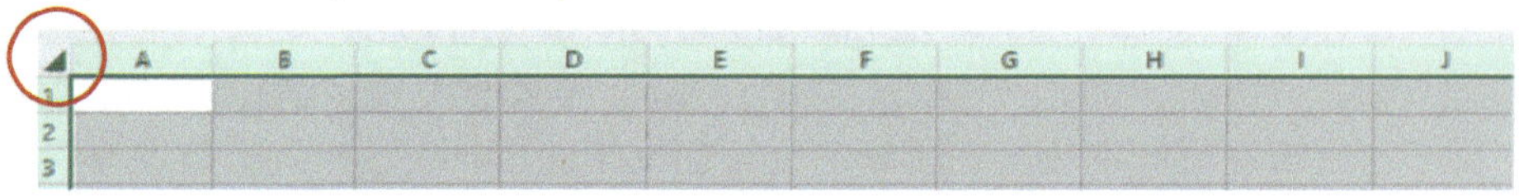

- Oder verwenden Sie die Tastenkombination **Strg + A**.

Besonderheiten bei der Markierung mit der Tastenkombination Strg + A

- Ist die markierte Zelle Teil eines zusammenhängenden Tabellenbereichs mit Inhalten, so wird durch Strg + A dieser Teil des Tabellenblatts markiert. Nochmaliges Drücken der Tastenkombination markiert dann das gesamte Tabellenblatt.

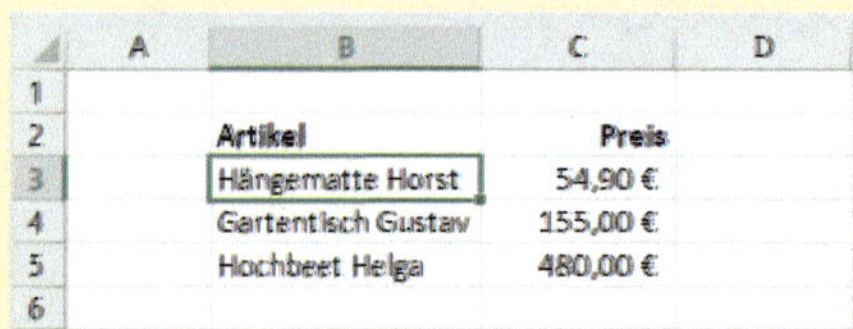

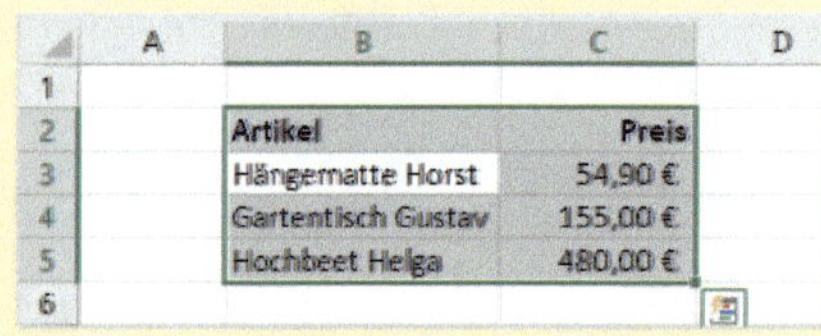

- Falls Sie eine Zelle markiert haben, die links bzw. oben an den Tabellenbereich angrenzt, wird mit Strg + A auch nur ein Teil des Tabellenbereichs markiert.

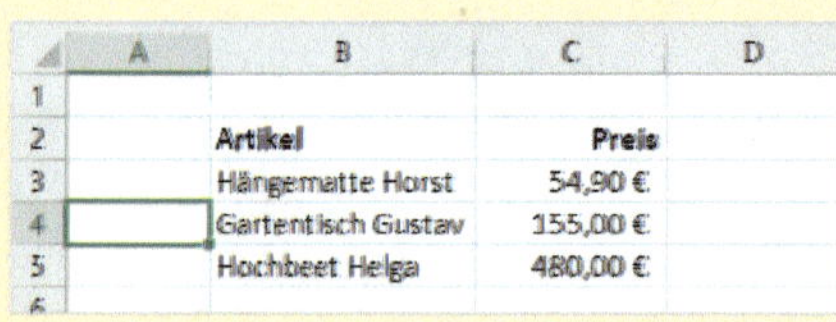

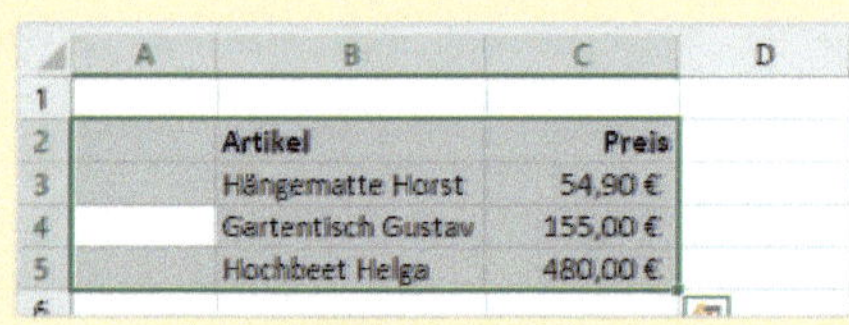

- Ist eine Zelle markiert, die von leeren Zellen umgeben ist bzw. sich die markierte Zelle unterhalb oder rechts von einem Tabellenbereich befindet, wird mit Strg + A gleich das gesamte Tabellenblatt markiert.

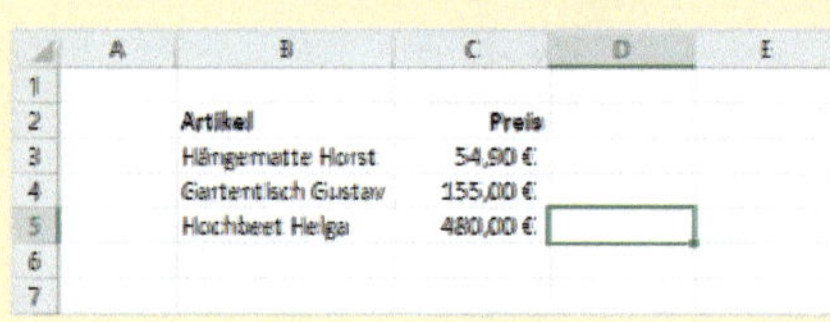

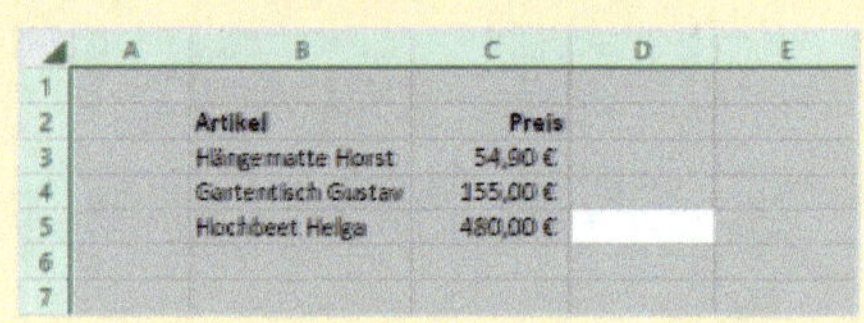

Ganze Spalten oder Zeilen markieren

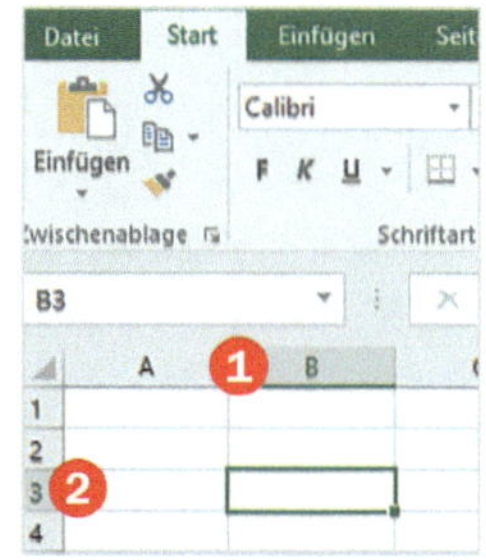

> **Hinweis Spalten- und Zeilenkopf:** In Excel werden die grauen Leisten links und oberhalb von der Tabelle als Spalten- bzw. Zeilenkopf oder Spalten- bzw. Zeilenüberschrift bezeichnet. Hier sind die Spalten fortlaufend mit Buchstaben, die Zeilen dagegen mit Zahlen nummeriert. Um Verwechslungen mit Überschriften im Tabellenblatt vorzubeugen, verwendet dieses Buch die Bezeichnung Spaltenkopf ❶ bzw. Zeilenkopf ❷.

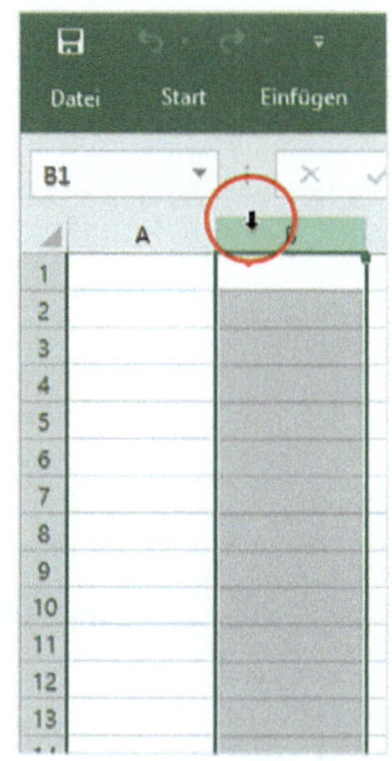

- Eine komplette Spalte markieren Sie durch Anklicken des Spaltenkopfs. Zeigen Sie mit der Maus auf den Spaltenkopf. Wenn der Mauszeiger als **schwarzer Pfeil** dargestellt wird, können Sie mit einem Klick markieren. Analog verfahren Sie für die Zeile.

  Achten Sie darauf auf den Buchstaben bzw. die Zahl und nicht auf den Übergang zur nächsten Spalte bzw. Zeile. Am Übergang erhält der Mauszeiger ein anderes Aussehen und damit eine andere Funktion.

- Die Zeile, die die aktive Zelle enthält, markieren Sie mit der Kombination Umschalt-Taste + Leertaste. Die Spalte, die die aktive Zelle enthält, markieren Sie mit Strg + Leertaste.

- Um gleich mehrere aufeinanderfolgende Spalten (Zeilen) zu markieren, zeigen Sie mit der Maus in den Spaltenkopf (Zeilenkopf) und ziehen bei gedrückter linker Maustaste über mehrere Spalten (Zeilen). Achten Sie darauf, dass der Mauszeiger als schwarzer Pfeil sichtbar ist.

4.2 So füllen Sie das Tabellenblatt mit Informationen

Mit der Eingabe beginnen

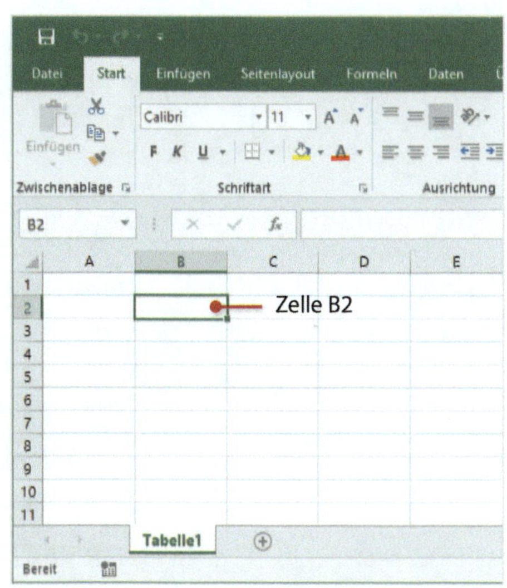

In einer neuen Arbeitsmappe steht Ihnen zur Eingabe zunächst ein Tabellenblatt zur Verfügung. Dieses ist aufgeteilt in Spalten (A, B, C...) und Zeilen (1, 2, 3...). Die kleinste abgeschlossene Einheit des Tabellenblatts ist die **Zelle**, die durch eine Buchstaben-Zahl-Kombination genau bezeichnet ist, z. B. A1oder E7. Wählen Sie eine Zelle durch Anklicken aus. Jetzt können Sie mit der Eingabe über die Tastatur beginnen.

Nach Eintippen des ersten Zeichens wird in der Zelle auch der Cursor (Einfügemarke) sichtbar, gleichzeitig erscheint der eingegebene Text in der **Bearbeitungsleiste** darüber (Abbildung nächste Seite). Sie müssen bei der Eingabe keine Rücksicht auf die Spaltenbreite nehmen, da diese jederzeit angepasst werden kann.

Die Bearbeitungsleiste zeigt immer den Inhalt der markierten Zelle an. Hier erscheint immer der vollständige Inhalt, für den Fall, dass er im Tabellenblatt abgeschnitten ist.

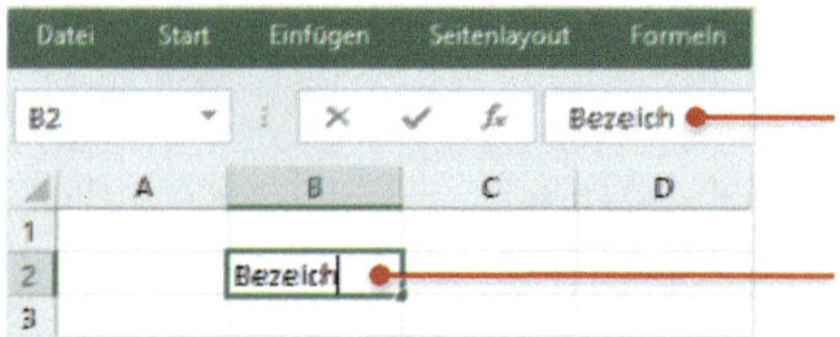

Bearbeitungsleiste zeigt den Inhalt der aktiven Zelle

Anzeige des Cursors bei der Eingabe

Eingabe bestätigen bzw. abbrechen

- Drücken Sie die Enter-Taste (Eingabe- oder Return-Taste), um den eingegebenen Inhalt zu bestätigen bzw. die Esc-Taste, um die Zelle ohne Änderung zu verlassen.
- Alternativ verwenden Sie in der Bearbeitungsleiste die Schaltflächen zum Abschließen der Eingabe ✓ oder zum Abbrechen ✕.

Enter-Taste	Schließt die Eingabe ab und markiert standardmäßig die Zelle unterhalb; diese Einstellung kann geändert werden.
Esc (Escape)	Abbrechen - die Eingabe wird nicht übernommen.

> Die Eingabe wird ebenfalls abgeschlossen, wenn Sie eine andere Zelle markieren. Bei der Eingabe von Formeln verändert diese Vorgehensweise allerdings die Formel nochmals und führt zu einem falschen Ergebnis. Während Sie Excel erlernen, sollten Sie besser auf diese Methode verzichten.

Tipps zur schnellen Eingabe

- **Mit der Tab-Taste**
  Häufig erfolgt die Eingabe in Tabellen zeilenweise. Dann können Sie die Eingabe vereinfachen, indem Sie innerhalb der Zeile die Eingabe jeweils mit der Tab-Taste abschließen. Dadurch wird automatisch die Zelle rechts von der aktuellen Zelle markiert. Drücken Sie dann am Ende der Zeile die Enter-Taste, so markiert Excel automatisch die Zelle in der ersten Spalte der darunterliegenden Zeile.
- **Durch Markierung**
  Markieren Sie mit gedrückter linker Maustaste zuerst den Tabellenbereich, indem die Eingabe erfolgen soll, z. B. Bereich von A3 bis C7. Dann beginnen Sie mit der Eingabe.
  - Verwenden Sie die Tab-Taste, um den markierten Bereich zeilenweise zu durchlaufen.
  - Wählen Sie die Enter-Taste, wenn Sie die Inhalte spaltenweise eingeben möchten.

In beiden Fällen gilt, am Ende der Markierung gelangen Sie automatisch in die nächste Zeile bzw. Spalte, abhängig von der gewählten Taste.

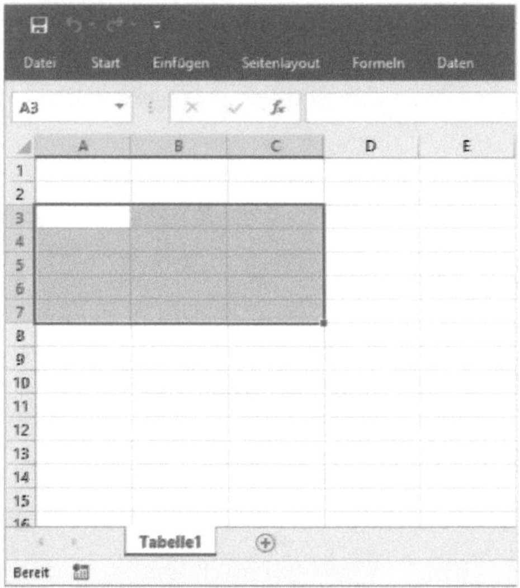

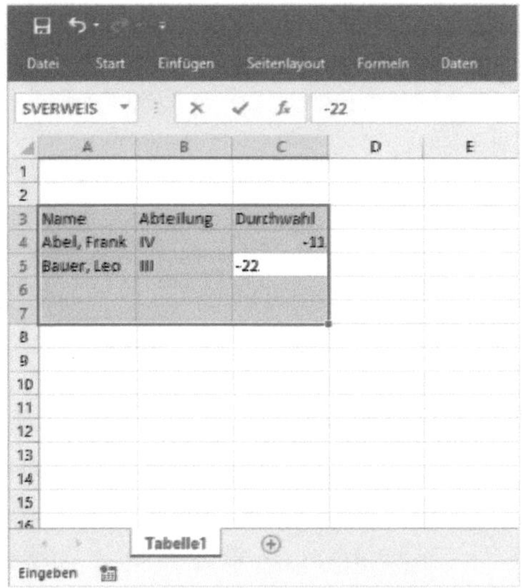

Text und Zahlen eingeben

Excel unterscheidet bei der Eingabe zwischen Text und Zahlen:

- Als **Text** wird von Excel jede beliebige Kombination aus Buchstaben, Zahlen oder Sonderzeichen interpretiert, z. B. Hauptstr. 4 oder § 823 etc. Text erscheint wie eingegeben und wird automatisch in der Zelle **linksbündig** ausgerichtet.
- **Zahlen** werden in Excel **rechtsbündig** angezeigt. Wird eine Zahl in der Zelle linksbündig dargestellt, dann handelt es sich eigentlich um Text und Sie können mit dieser Zahl keine Berechnungen vornehmen.
- Die unterschiedliche Ausrichtung von Text und Zahlen in der Zelle hilft, Fehler zu vermeiden.
- Geben Sie Text und Zahlen nicht zusammen in eine einzige Zelle ein, wenn Sie die Zahlen später in Formeln verwenden möchten, z. B. interpretiert Excel die Eingabe *20 kg* als Text.
- Da spätere Berechnungen nur mit gültigen Zahlen möglich sind, sollten Sie berücksichtigen, dass bei der Eingabe von Zahlen ausschließlich die folgenden Zeichen zulässig sind.

* Diese Zeichen können auch über ein Zahlenformat zugewiesen werden.

Ziffern von 0 bis 9	299	Punkt als Tausendertrennzeichen*	1.000.000
Vorzeichen + -	-100	Klammern	-(20)
Komma als Dezimalzeichen	45,99	Prozentzeichen*	15%

Der Benutzer kann selbst definierte Zusätze zu Zahlen in Excel hinterlegen. Dann kann mit der Zahl trotzdem gerechnet werden. Wie das geht, erfahren Sie ab Seite 92.

- Bei der Eingabe von Zahlen verwenden Sie nach deutschen Vorgaben als Dezimaltrennzeichen das Komma und als Tausendertrennzeichen den Punkt. In den USA gilt eine andere Schreibweise. Aus diesem Grund ist die Verwendung von Punkt und Komma bei der Eingabe von Zahlen standardmäßig abhängig von den Einstellungen Ihres Windows-Betriebssystems bei *Region und Sprache*.
- Eine Führungsnull, z. B. 0815, wird von Excel bei der Eingabe in 815 abgeändert. Zur Anzeige der Null muss die Zahl als Text eingegeben werden.
- Nachkommastellen mit Nullen, z. B. 12,50 verwandelt Excel in 12,5. Die Anzeige der Dezimalstellen steuern Sie ebenfalls über eine Formatierung.

Tipp: Geben Sie Zahlen so einfach wie möglich ein. So vermeiden Sie Fehler und sind schneller. Die Zahl 7.500,55 € wird in Excel als 7500,55 eingetippt. Das Tausendertrennzeichen und das Eurozeichen werden später als Format hinzugefügt.

Typische Eingabefehler

1. Die Eingabe wird nicht als Zahl erkannt, da anstelle eines Kommas ein Punkt eingegeben wurde. Aus diesem Grund wird in der Zelle B4 die eingegebenen Information (120.7) linksbündig und erst nach Korrektur in Zelle B5 rechtsbündig dargestellt.
2. In der ersten Variante stehen Zahlen und Text in einer Zeile und werden aus diesem Grund als Text erkannt und linksbündig dargestellt; erst durch die Trennung kann mit der Zahl gerechnet werden.
3. Auch bei ,-- handelt es sich um Text, der keine Berechnung zulässt.

Was Sie bei der Eingabe von Datum und Uhrzeit beachten müssen

Auch Datum und Uhrzeit werden von Excel wie Zahlen behandelt, d.h. sie werden automatisch rechtsbündig ausgerichtet und können später für Berechnungen herangezogen werden. Beachten Sie, dass Excel erst Datumswerte ab dem 01.01.1900 als Datum erkennt, ein früheres Datum wird als Text behandelt.

- Zur Anzeige von **Datumswerten** verwendet Excel standardmäßig den Punkt als Trennzeichen. Eine Eingabe, wie z. B. 3.5.19 wird von Excel automatisch als Datum erkannt und die Zelle mit dem Datumsformat versehen. Die Eingabe wird standardmäßig umgewandelt in 03.05.2019.
- Zur Anzeige eines Datums des aktuellen Jahres ist die Eingabe von Tag und Monat ausreichend, z. B. 3.5. Excel stellt die Eingabe als 03. Mai dar und ergänzt automatisch die Jahresangabe. Davon können Sie sich mit einem Blick in die Bearbeitungsleiste überzeugen.

Bei der Eingabe des Datums kann auf die vierstellige Eingabe der Jahreszahl verzichtet werden, die letzten beiden Ziffern genügen. Dabei ist zu beachten, dass zweistellige Jahresangaben zwischen 00 und 29 zu den Zweitausendern gerechnet werden, also 2000 bis 2029. Eingaben darüber werden dem vorherigen Jahrhundert zugeordnet, z. B. die Eingabe 1.3.40 ist für Excel 01.03.1940. Alle abweichenden Jahresangaben müssen vierstellig eingegeben werden, um eine falsche Zuordnung zu verhindern.

- Für die Eingabe von Datumswerten können alternativ auch der Schrägstrich / oder der Bindestrich - als Trennzeichen verwendet werden.
- Bei der Eingabe von **Uhrzeiten** verwenden Sie den Doppelpunkt.
- Unabhängig von der Schreibweise bei der Eingabe zeigt Excel Datum und Uhrzeit zunächst immer in der Standard-Schreibweise an. Diese kann später über eine entsprechende Formatierung geändert werden.

Datumsformate siehe Punkt 4.4.

> Nützliche Tastenkombinationen: **Strg + Punkt** (.) fügt das aktuelle Datum ein und **Strg + Umschalt + Punkt** (.) fügt die aktuelle Uhrzeit ein.

Geben Sie die folgenden Ziffern in ein Tabellenblatt ein:

Eingabe	Ergebnis
1.1.8	01.01.2008
5.6	05. Jun des aktuellen Jahres; dieses wird zunächst nur in der Bearbeitungsleiste angezeigt, kann aber im Tabellenblatt umformatiert werden.
22-2-18	22.02.2018
1/1/80	01.01.1980
1.8.28	01.08.2028
22.7.1928	22.07.1928
4.5.40	04.05.1940
14:3	14:03
17:	17:00

Datenanzeige in zu kleinen Spalten

Nicht immer werden die eingegebenen Daten vollständig angezeigt. Während die Höhe einer Zeile, sich automatisch an die Zellinhalte anpasst, tut das die Spaltenbreite nicht. Hier müssen Sie tätig werden.

- **Anzeige von Text**
  Reicht die Spaltenbreite zur vollständigen Anzeige nicht aus, so wird Text nur dann ganz angezeigt, wenn die rechts angrenzende Zelle leer ist. Andernfalls erscheint der Text zunächst abgeschnitten und wird erst wieder vollständig angezeigt, wenn Sie die Spaltenbreite entsprechend anpassen. In der Bearbeitungsleiste sehen Sie immer den kompletten Text.

- **Anzeige von Zahlen**
  Zahlen und Datumswerte werden im Gegensatz zu Text nicht abgeschnitten. Wenn die Zelle zu klein für die vollständige Anzeige ist, werden sehr große Zahlen in Exponentialschreibweise (im Bild auf der nächsten Seite z. B. 8E+10) angezeigt und Dezimalzahlen automatisch gerundet. In einigen Fällen erscheinen anstelle der Zahl auch Platzhalterzeichen (####). Die ursprünglich eingegebene Zahl bleibt in jedem Fall erhalten. Markieren Sie die Zellen und werfen Sie einen Blick in die Bearbeitungsleiste. Die Platzhalterzeichen verschwinden, sobald Sie die Spaltenbreite erhöhen, die Exponentialschreibweise bleibt auch in großen Spalten erhalten, da diese Art der Darstellung, dabei helfen soll, die Zahl zu erfassen.

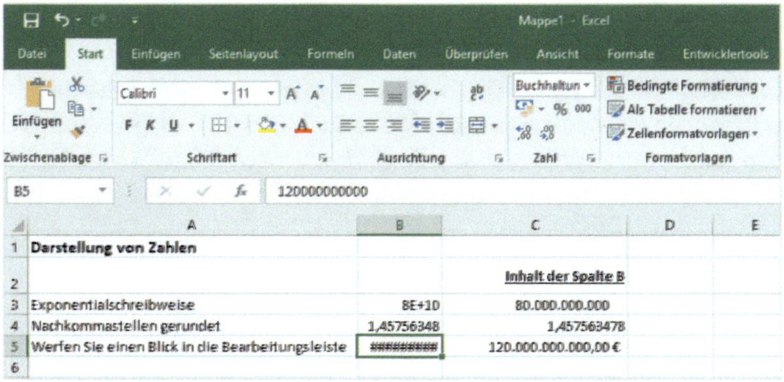

Spaltenbreite schnell anpassen

Das folgende Beispiel zeigt Ihnen, wie es dazu kommt, dass Text in Excel nicht angezeigt wird und wie Sie das schnell beheben können.

Mehr zu Spaltenbreite und Zeilenhöhe erfahren Sie ab Seite 108.

1 Geben Sie in die Zellen A1 *Teilnehmer Dorflauf* und in Zelle A2 *Walter Neuhauser* ein.

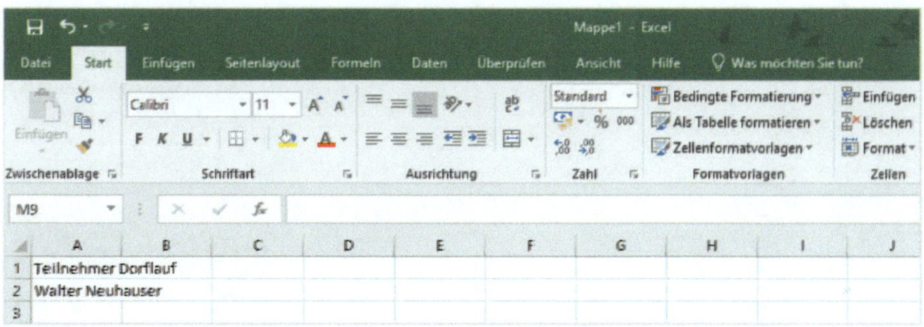

2 Geben Sie jetzt in Zelle B2 das Geburtsdatum des Teilnehmers ein. War der Name vorher noch vollständig sichtbar, da er über die Spalte hinaus angezeigt werden konnte, ist er jetzt abgeschnitten, da Sie in die darauffolgende Zelle Daten eingeben haben.

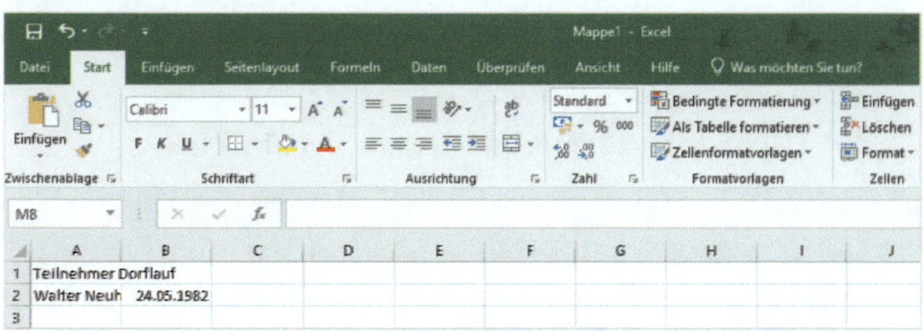

3 Die Breite einer Spalte ändern Sie am schnellsten mit der Maus. Dabei spielt es keine Rolle, welche Zelle gerade markiert ist:

- Zeigen Sie im Bereich der Spaltenköpfe mit der Maus auf die rechte Trennlinie derjenigen Spalte, deren Breite Sie ändern möchten.
- Sobald der Mauszeiger als Doppelpfeil sichtbar wird, ziehen Sie die Linie mit gedrückter linker Maustaste nach rechts oder links. Im Beispiel unten wird die Spalte A erweitert durch Ziehen mit der Maus nach rechts. So werden im Bild unten die Namen der Teilnehmer lesbar.

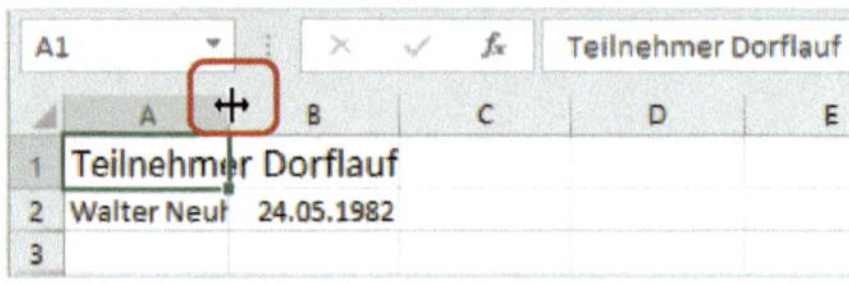

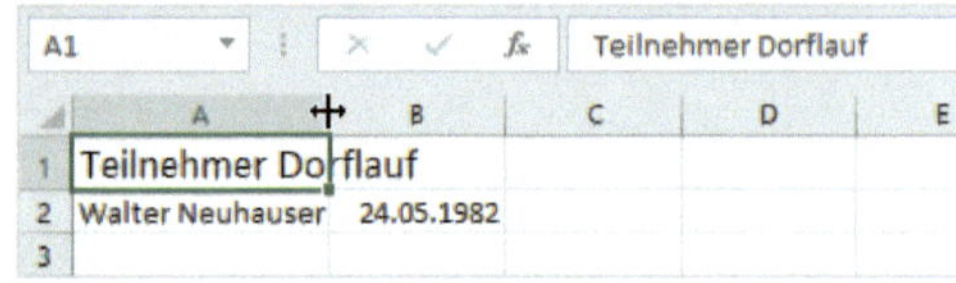

Automatisch Anpassung der Zeilenhöhe

Im nächsten Schritt vergrößern wir den Text. Dazu markieren Sie die Zelle A1 und klicken mehrmals im Register *Start*, Gruppe *Schriftart* auf die Schaltfläche *Schriftgrad vergrößern*. Die Zeilenhöhe wird automatisch angepasst. Der Text ist nach Vergrößerung immer noch vollständig lesbar.

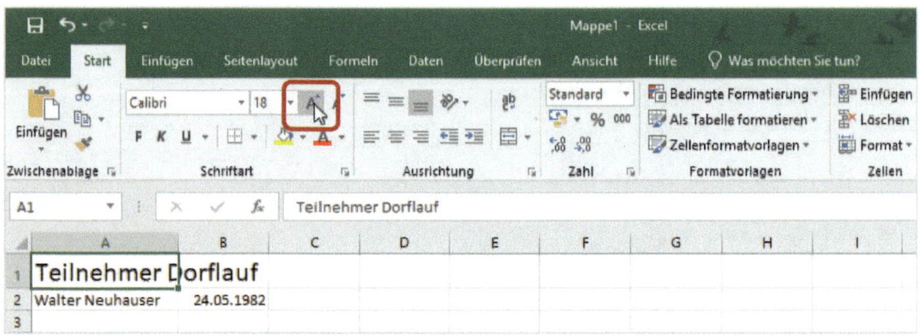

> **Hinweis:** Der Text *Teilnehmer Dorflauf* befindet sich in Zelle A1. Auch wenn es auf dem Tabellenblatt anders erscheint, sind die Zellen B1 und C1 leer. Sie können das überprüfen, in dem Sie auf Zelle B1 klicken und die Bearbeitungsleiste betrachten.

4.3 Inhalte nachträglich verändern und löschen

Zellinhalte ersetzen oder korrigieren

- **Überschreiben**
  Um den Inhalt einer Zelle zu überschreiben, markieren Sie die Zelle (nicht den Inhalt), geben den neuen Wert ein und übernehmen die Eingabe mit der Enter- oder der Tab-Taste. Damit wird der Inhalt der Zelle ersetzt.

- **Ändern und Austauschen**
  Sollen einzelne Zeichen des Inhalts korrigiert und nicht ersetzt werden, dann wählen Sie eine der folgenden drei Methoden aus:
  - Markieren Sie zunächst die Zelle, damit der Inhalt in der Bearbeitungsleiste angezeigt wird. Klicken Sie in die Bearbeitungsleiste und nehmen Sie hier Ihre Änderungen vor.
  - Markieren Sie die Zelle und drücken Sie die Funktionstaste F2. Der Cursor wird in der Zelle am Ende des Inhalts angezeigt.
  - Klicken Sie doppelt auf die Zelle. Der Cursor wird im Zellinhalt angezeigt.

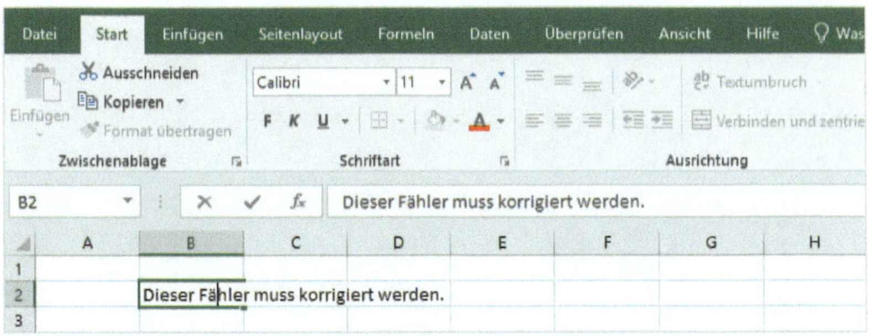

Mit jeder der drei Methoden wechseln Sie in den Bearbeiten-Modus. Verwenden Sie die Maus oder die Pfeiltasten, um den Cursor innerhalb der Bearbeitungsleiste bzw. Zelle zu bewegen. Sie fügen Zeichen an der Cursorposition ein oder entfernen diese mit der Löschen- bzw. Entf-Taste, auch das Markieren einzelner Zeichen mit gedrückter Maustaste ist möglich.

Diese Tasten können Sie zur nachträglichen Korrektur verwenden:

Taste	Beschreibung
Pos1	Setzt den Cursor an den Anfang des Zellinhalts.
Ende	Setzt den Cursor an das Ende des Zellinhalts.
Pfeiltasten rechts / links	Bewegt den Cursor um ein Zeichen nach rechts / links.
Löschen-Taste	Löscht Zeichen links vom Cursor.
Entf- (Del-) Taste	Löscht Zeichen rechts vom Cursor.

Pos1, Ende und die Pfeiltasten können auch außerhalb des Bearbeiten-Modus zur Navigation im Tabellenblatts verwendet werden.

Hinweis: Ob Sie sich gerade im Bearbeiten-Modus befinden, sehen Sie auch an der Information *Bearbeiten* in der Statusleiste. In diesem Modus sind auch die meisten Befehle im Menüband deaktiviert. Sie müssen daher den Modus zuerst beenden, bevor Sie weiterarbeiten können. Sie verlassen den Bearbeiten-Modus so, wie Sie auch die Eingabe abschließen, mit der Enter-Taste.

Inhalte und Formate löschen

Nur Inhalte löschen

Um den gesamten Inhalt einer Zelle zu löschen, markieren Sie die Zelle und verwenden die **Entf-Taste** auf der Tastatur. Dazu ein Beispiel: In der folgenden Tabelle wurden die Überschriftszellen markiert und über Register *Start* ▶ Gruppe *Schriftart* ▶ Schaltfläche *Füllfarbe* mit einer Hintergrundfarbe versehen. Nun sollen die Inhalte der Spalte C entfernt werden. Diese werden markiert und mit der Entf-Taste gelöscht.

Die Datei ist als Download verfügbar:

Beispiel_Inhalt_löschen.xlsx

Die Überschriftszellen wurden markiert und durch Anklicken von Register *Start* ▶ Gruppe *Schriftart* ▶ Schaltfläche *Füllfarbe* mit einer Hintergrundfarbe versehen. Mehr dazu erfahren Sie auf Seite 139.

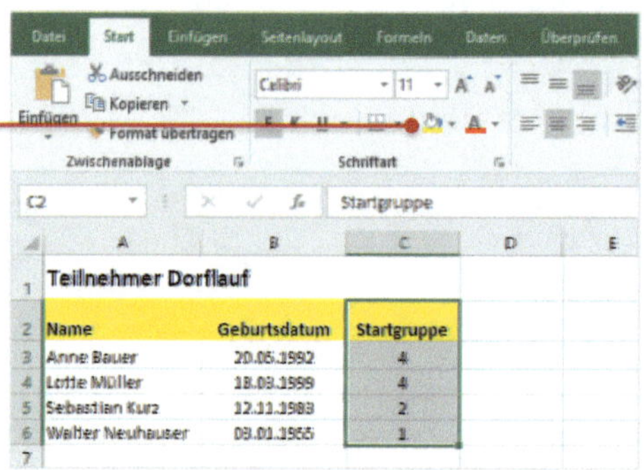

> **Die Entf-Taste löscht ausschließlich den Inhalt der markierten Zellen, die Formatierung, in unserem Beispiel die gelbe Hintergrundfarbe, bleibt erhalten!**

Formate löschen

Soll neben dem Inhalt auch das Format, in diesem Beispiel die gelbe Hintergrundfarbe gelöscht werden, dann gehen Sie so vor:

1. Markieren Sie die Zelle durch Anklicken. Klicken Sie im Register *Start* ▶ Gruppe *Bearbeiten* auf die Schaltfläche *Löschen*.
2. Wählen Sie anschließend *Formate löschen*.

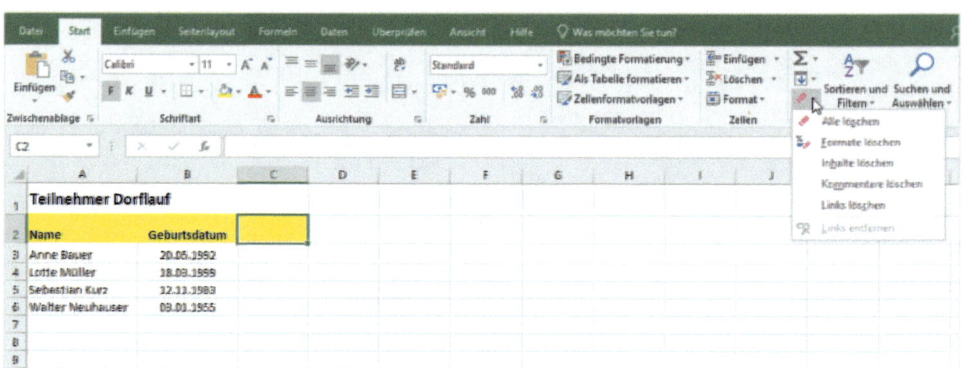

Verwenden Sie den Befehl *Formate löschen*, wenn die eingetippten Werte erhalten bleiben sollen und nur die Formatierung gelöscht werden soll. Durch Auswahl dieser Option bleiben die Inhalte der Zellen erhalten und werden mit dem Format *Standard* versehen. Im Beispiel unten wurden die Preise durch Anklicken von [Symbol] mit dem Eurozeichen und zwei Nachkommastellen versehen. Außerdem wurde ein gelber Hintergrund vereinbart. Nun sollen beide Formate entfernt werden, die eingegeben Zahlen aber erhalten bleiben. Dazu markieren Sie den Bereich und klicken auf *Löschen* ▶ *Formate löschen*.

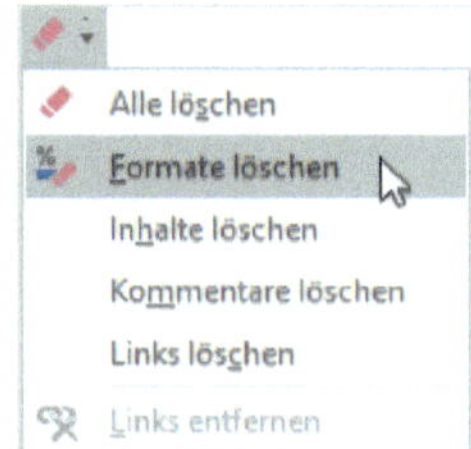

Die Datei ist als Download verfügbar:

Beispiel_Format_löschen.xlsx

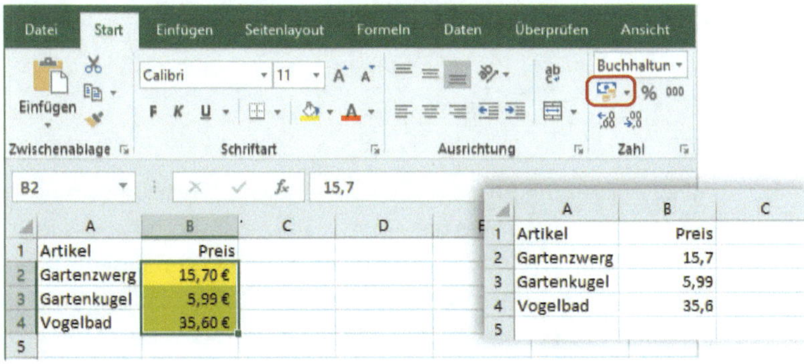

Alles entfernen

Wenn Sie sowohl Inhalt als auch Formate mit einem Klick entfernen möchten, wählen Sie Register *Start* ▶ Gruppe *Bearbeiten* ▶ Schaltfläche *Löschen* ▶ *Alle löschen* aus. Damit werden sowohl alle Daten als auch alle Formate des markierten Bereichs gelöscht.

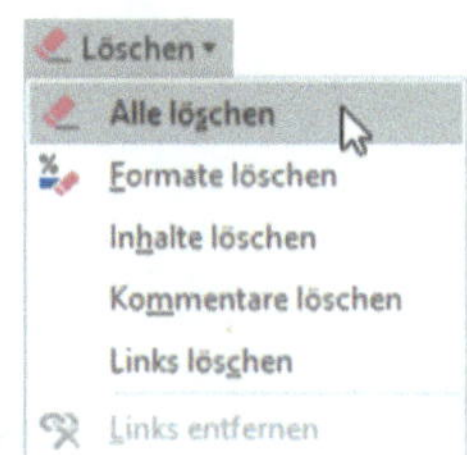

Probleme aus der Praxis: Versehentliche Eingabe eines Datums

Hin und wieder kommt es vor, dass bei Eingabe einer Dezimalzahl anstelle des Kommas ein Punkt eingeben wird, z. B. anstelle von 15,7 wird 15.7 getippt ❶. In diesem Fall ist es nicht hilfreich, den Inhalt mit der korrekten Zahl zu überschreiben, da die Zelle durch die falsche Eingabe ein benutzerdefiniertes Datumsformat ❷ erhalten hat und nun auch die korrekte Eingabe als Datum ❸ angezeigt wird. Jetzt können Sie für die Zelle entweder das korrekte Format auswählen, z. B. *Standard* (wie das geht erfahren Sie im nächsten Kapitel) oder mit *Start* ▶ Gruppe *Bearbeiten* ▶ Schaltfläche *Löschen* ▶ *Formate löschen* das Datumsformat entfernen.

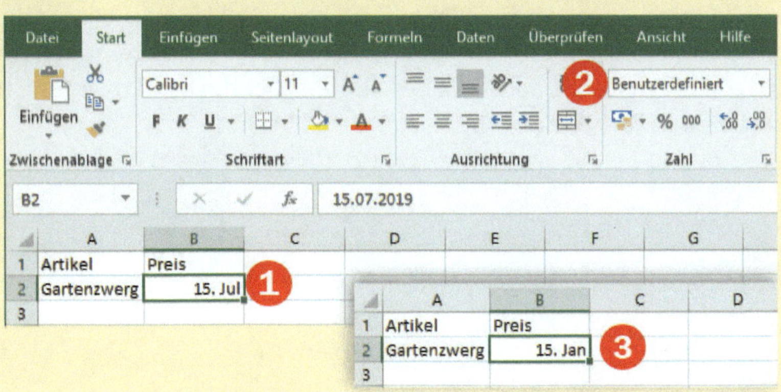

Befehle rückgängig machen

Aktionen wie die Eingabe oder das Löschen von Daten, die Vereinbarung von Formaten oder das Löschen von Spalten können direkt im Anschluss Schritt für Schritt zurückgenommen werden. Das Symbol dazu finden Sie in der Symbolleiste für den Schnellzugriff.

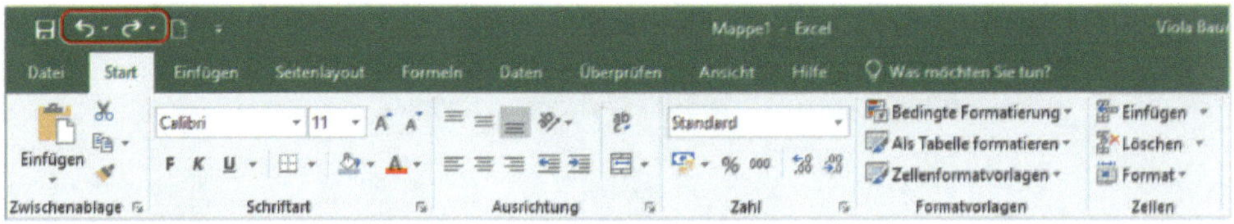

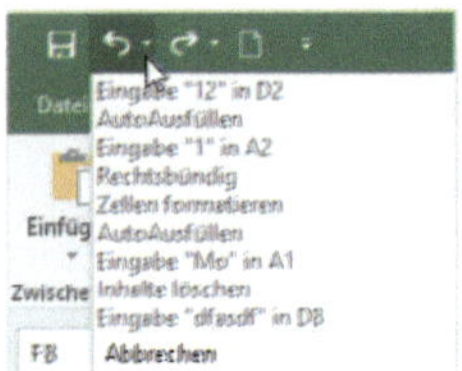

Ein Mausklick auf das Symbol *Rückgängig* macht die zuletzt ausgeführte Aktion rückgängig. Mit jedem weiteren Mausklick nehmen Sie einen weiteren Bearbeitungsschritt zurück usw. Klicken Sie auf das kleine Dreieck rechts neben dem Symbol, um mehrere Aktionen anzuzeigen und diese gemeinsam zurückzunehmen. Dazu klicken Sie den letzten unerwünschten Befehl in der Liste an. Dieser und alle Aktionen darüber, werden dann verworfen.

Haben Sie versehentlich zu viel rückgängig gemacht, so können Sie mit dem Symbol *Wiederholen* die Rücknahme wieder rückgängig machen.

4.4 Zahlen- und Datumsformate

Währung und Dezimalstellen

Mit Ausnahme von Datum, Uhrzeit und Prozentzahlen erhalten alle Zahlen und selbstverständlich auch Text bei der Eingabe das Format *Standard*. Das aktuelle Format für die markierte Zelle wir im Register *Start* ▶ Gruppe *Zahl* ▶ *Zahlenformat* angezeigt.

Wie Sie oben bereits gesehen haben, werden Zahlen unter Umständen anders angezeigt, als ursprünglich eingegeben. Die Zahl 12,50 wird beispielsweise nach der Eingabe als 12,5 angezeigt. Es entfallen nicht benötigte Dezimalstellen. Mit Hilfe von Zahlenformaten verändern Sie die Anzeige: Sie fügen Nachkommastellen oder ein Währungssymbol hinzu. Die Schaltflächen für die wichtigsten Zahlenformate finden Sie im Register *Start*, Gruppe *Zahl*.

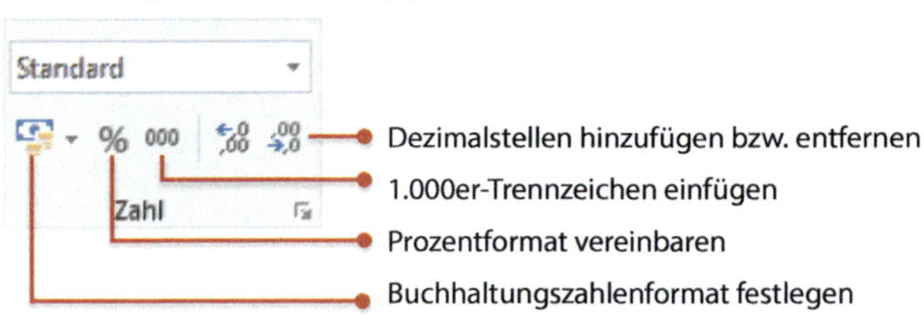

Dezimalstelle hinzufügen und löschen

- Markieren Sie die Zelle oder den Zellbereich. Wenn in der gesamten Spalte nur Zahlen gleichen Typs eingegeben werden sollen, können Sie auch gleich die gesamte Spalte oder Zeile markieren.
- Klicken Sie auf die Schaltfläche *Dezimalstellen hinzufügen*, um weitere Nachkommastellen anzuzeigen, bzw. auf die Schaltfläche *Dezimalstellen löschen*, um weniger Nachkommastellen anzuzeigen. Jeder Mausklick erzeugt eine weitere Dezimalstelle bzw. entfernt diese.
- Wenn Nachkommastellen entfernt wurden, werden die Zahlen kaufmännisch auf- oder abgerundet auf dem Tabellenblatt angezeigt. Selbstverständlich bleiben die ursprünglichen Nachkommastellen erhalten und werden nicht gelöscht. Sie werden nach wie vor in der Bearbeitungsleiste angezeigt.

C2 | fx 12,7

	A	B	C	D
1	Zahl, wie eingegeben	Zahl mit Nachkommastelle	Zahl ohne Nachkommastelle	
2	12,7	12,70	13	
3				

Achtung Rundungsfehler! Wenn Sie mit einer vermeintlich gerundeten Zahl rechnen, werden alle vorhandenen Nachkommastellen einbezogen. Multipliziert man im Bild oben den Inhalt der Zelle C2 mit 2, dann ist das Ergebnis 25,4.

Um Zahlen tatsächlich zu runden, stehen in Excel Rundungsfunktionen zur Verfügung. Mehr dazu erfahren Sie in Kapitel 8.7.

Zahl als Euro-Betrag formatieren

Die Schaltfläche *Buchhaltungszahlenformat* versieht Zahlen mit zwei Dezimalstellen und einem Währungssymbol, standardmäßig mit dem Euro-Symbol € und rückt die Zahl rechts etwas ein. Ein Mausklick auf den Dropdown-Pfeil öffnet weitere Optionen.

	A	B	C	D	E	F
1		Aktion 1	Aktion 2	Aktion 3	Aktion 4	
2	Rabatte	5,00 €	10,00 €	12,50 €	18,00 €	
3						

1.000er-Trennzeichen anzeigen

Mit der Schaltfläche *1.000er Trennzeichen* erhält die Zahl einen Punkt als Trennzeichen sowie zwei Dezimalstellen und wird von rechts eingerückt.

	A	B	C	D
1	Zahl, wie eingegeben	Tausendertrennzeichen	Buchhaltungsformat	
2	1050	1.050,00	1.050,00 €	
3				

Zahlenformat entfernen

Die Auswahl des Formats *Standard* setzt Zahlen wieder auf ihr ursprüngliches Eingabeformat zurück. Im Beispiel auf der nächsten Seite soll in Zeile 2 anstelle des Buchhaltungsformats wieder nur die Zahlen erscheinen. Markieren Sie die Zellen B2 bis E2, klicken Sie das Dropdown-Menü in der Gruppe *Zahl* an und wählen *Standard*.

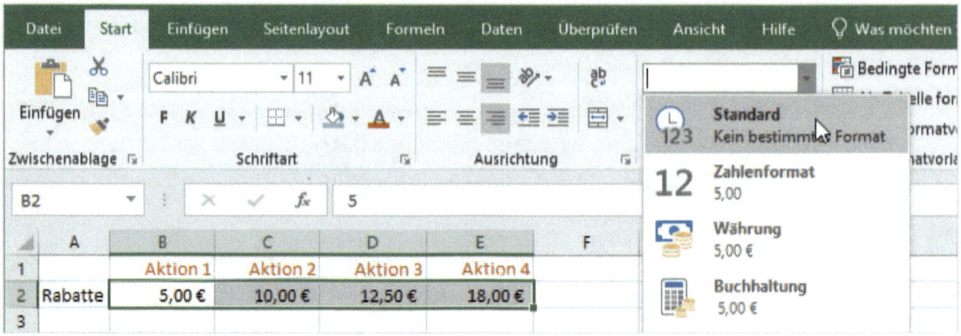

Prozentzahlen

Achtung! Diese Schaltfläche versieht eine Zahl nicht nur mit dem Prozentzeichen %, sondern zeigt diese gleichzeitig mit 100 multipliziert an. Für die Eingabe von Prozentzahlen sollten Sie daher eine der beiden Vorgehensweise wählen:

- Geben Sie die Zahl zusammen mit dem Prozentzeichen ein, z. B. 19%.
- Markieren Sie zunächst die leere Zelle, klicken auf die Schaltfläche *Prozentformat* und geben erst danach die Zahl ein.
- Erzeugt einen Fehler: Wenn Sie dagegen zuerst die Zahl, z. B. 19 eingeben und dieser anschließend das Prozentformat zuweisen, dann zeigt Excel als Ergebnis 1900% an.

	A	B	C	D
1	Eingabe 19%	Formatiert mit Prozentformat danach Eingabe 19	Eingabe 19 danach formatiert mit Prozentformat	
2	19%	19%	1900%	
3				

Durch das Prozentformat wird eine Zahl mit 100 multipliziert angezeigt. 19% entspricht der Zahl 0,19 und mit dieser Zahl wird in Formeln auch gerechnet. Sie sehen sehr schön, mit welcher Zahl Excel eigentlich rechnet, wenn Sie von einer Prozentzahl das Zahlenformat entfernen. Markieren Sie dazu die Zelle und wählen Sie als Zahlenformat wieder Standard aus.

Prozentzahlen erscheinen trotz Eingabe einer Nachkommastelle (2,5%) zunächst gerundet (3%). Wenn Sie Nachkommastellen benötigen, müssen Sie die Schaltfläche *Dezimalstelle hinzufügen* verwenden.

	A	B
1	Eingabe 2,5%	Eingabe 2,5% formatiert mit 1 Dezimalstelle
2	3%	2,5%

Weitere Zahlenformate

Weitere Zahlenformate finden Sie entweder in der Dropdown-Liste der Schaltfläche *Zahlenformat* oder im Dialogfenster *Zellen formatieren* - Register *Zahlen* ❶. Zum Öffnen des Dialogfensters klicken Sie auf *Weitere Zahlenformate* ❷ oder auf das Pfeilsymbol in der rechten unteren Ecke der Gruppe *Zahl*. Wählen Sie dann die gewünschte Kategorie aus und legen Sie rechts weitere Optionen fest.

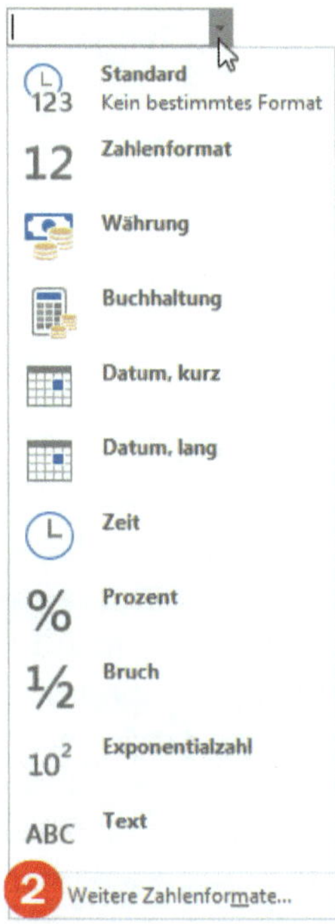

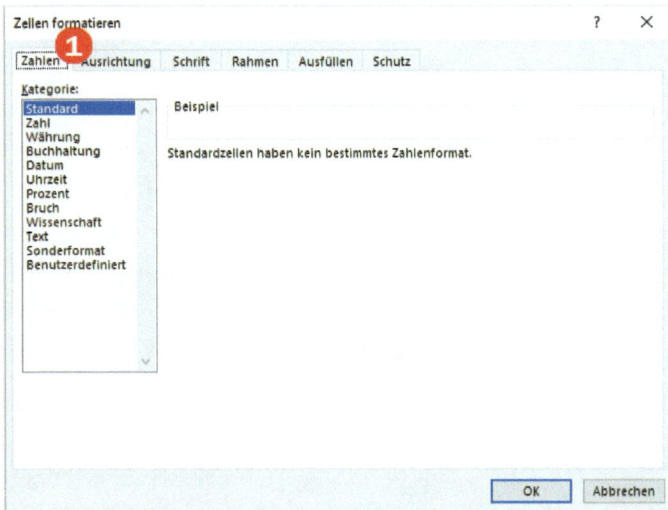

Zahl

Mit dem Format *Zahl* können Sie kein Währungssymbol anzeigen. Wenn Sie das Zahlenformat über die Dropdown-Liste einfügen, erhalten die markierten Zellen zwei Nachkommastellen. Mehr Optionen finden Sie über das Dialogfenster. Markieren Sie die Kategorie *Zahl*. Hier legen Sie die Anzahl der Dezimalstellen fest und aktivieren Tausendertrennzeichen über ein Kontrollkästchen. Zusätzlich legen Sie fest, ob negative Zahlen mit oder ohne Vorzeichen und/oder in roter Schrift angezeigt werden.

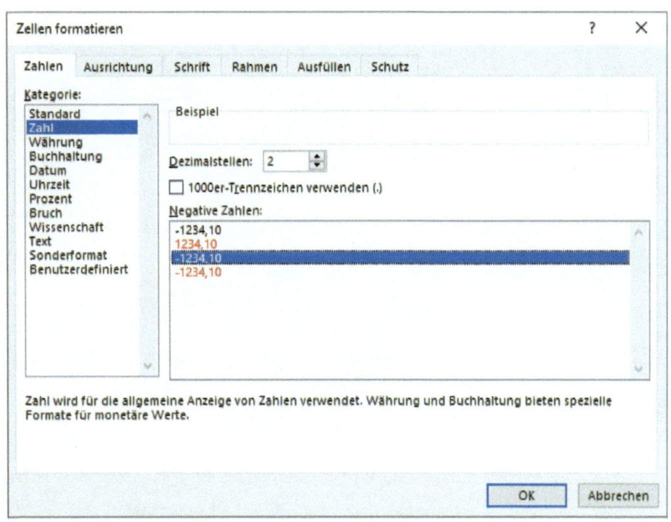

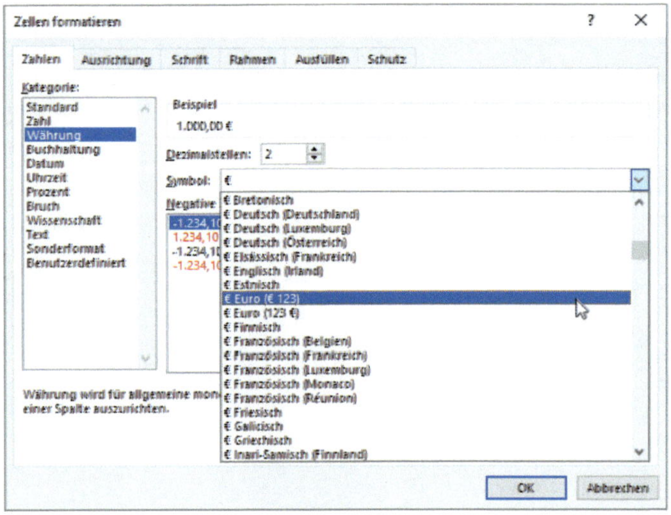

Währung

Standardmäßig formatiert *Währung* eine Zahl mit zwei Nachkommastellen, dem Tausendertrennzeichen und stellt das €-Zeichen hinten an. Im Dialogfenster erhalten Sie die Möglichkeit, die Anzahl der Dezimalstellen und die Anzeige negativer Zahlen festzulegen. Darüber hinaus kann ein anderes Währungssymbol gewählt werden. Das €-Symbol kann links oder rechts von der Zahl angezeigt werden. Mit der Auswahl von *Keine* wird die Zahl ohne Währungssymbol dargestellt.

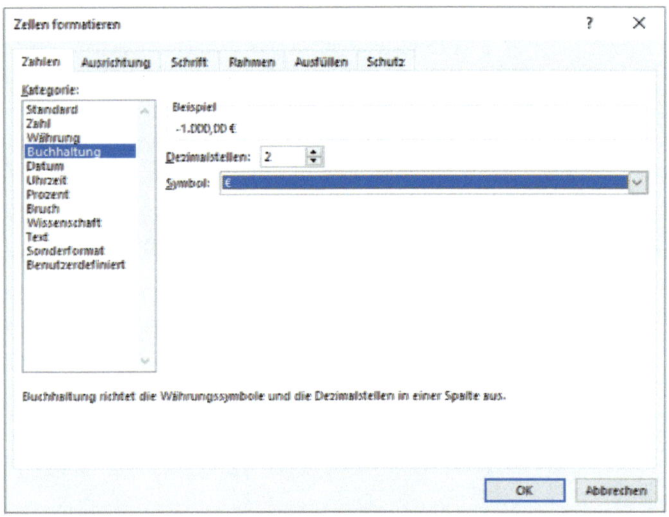

Buchhaltung

Standardmäßig legt das Format *Buchhaltung* zwei Dezimalstellen und das Währungssymbol fest. Außerdem erhalten die Zahlen automatisch ein Tausendertrennzeichen und werden in der Spalte rechts eingerückt. Dadurch lassen sich Zahlen mit und ohne Währungssymbol am Komma exakt untereinander ausrichten. Eine andere Anzahl an Dezimalstellen, ein anderes Währungssymbol oder „kein" Symbol können im Dialogfenster vereinbart werden. Im Gegensatz zum Format *Währung* werden negative Vorzeichen linksbündig ausgerichtet.

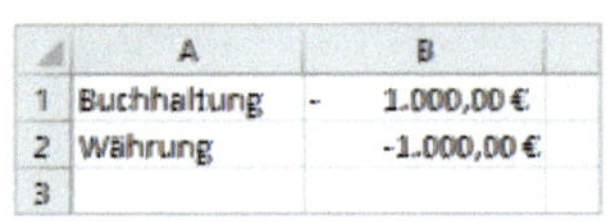

Bruch

Das Zahlenformat *Bruch* wandelt Ihre Eingabe z. B. 0,25 in 1/4 um. Nur mit diesem Format können Zahlen mit einem Schrägstrich angezeigt werden. Bei einer Eingabe von 1/4 ohne Format *Bruch* wird die Zahl als Datum angezeigt. Der Bruch wird gerundet angezeigt.

Im Dialogfenster bei *Typ* entscheiden Sie wie viele Stellen der Nenner (z. B. Zweistellig) hat oder wie der Bruch angezeigt werden soll, z. B. *Als Achtel*.

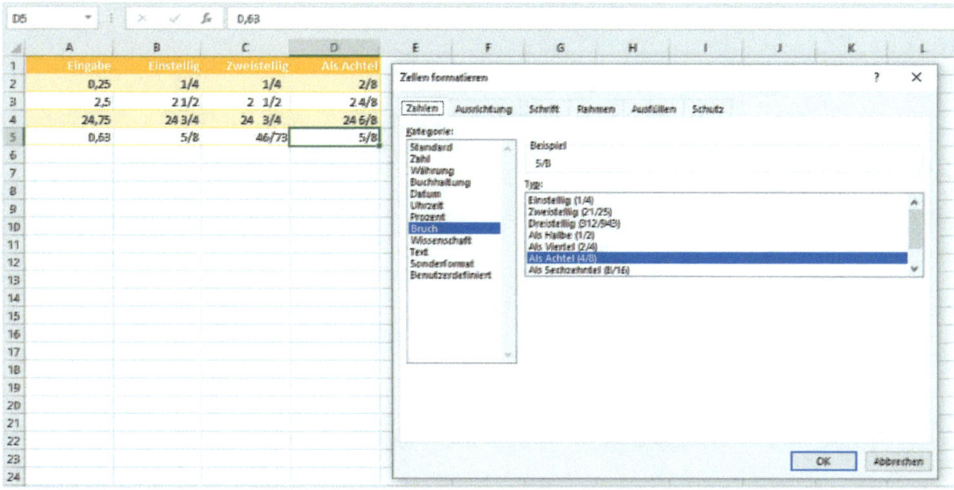

Datums- und Uhrzeitformate

Datum

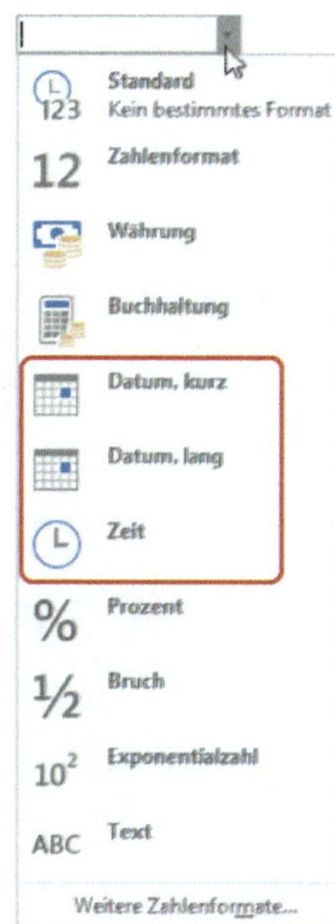

Das Standard-Datumsformat (Dropdown-Liste der Schaltfläche *Zahlenformat: Datum, kurz*) zeigt Tag und Monat zweistellig, das Jahr vierstellig an. Die lange Datumsschreibweise mit der Anzeige des Wochentages bietet Excel über die Dropdown-Liste als *Datum lang* zur Auswahl an. Weitere Datumsformate finden Sie wieder im Dialogfenster *Zellen formatieren*, das Sie mit Klick auf das Pfeilsymbol der Gruppe *Zahl* öffnen.

Lassen Sie das Jahr bei der Eingabe weg, so ergänzt Excel automatisch das aktuelle Jahr. Geben Sie z. B. 3.4 ein, so erscheint zunächst 03.Apr.. Dieses Datum kann schnell in 03.04.2017 umformatiert werden, wenn Sie in der Dropdown-Liste *Datum, kurz* auswählen.

Uhrzeit

Geben Sie bei der Eingabe von Uhrzeiten immer den Doppelpunkt ein, z. B. 8:00. Mit dem Format Zeit, welches Sie über die Dropdown-Liste auswählen, werden ebenfalls Sekunden angezeigt. Deren Anzeige lässt sich durch Auswahl eines anderen Typs in der Kategorie *Uhrzeit* leicht verhindern.

Achtung: Die Uhrzeitformate bilden in der Regel nur 24 Std. ab. Sollen mehr als 24 Std. angezeigt werden, wählen Sie bei *Typ 37:30:55* aus. Dazu gleich mehr auf Seite 185.

Benutzerdefinierte Formate

Maßeinheiten hinzufügen

Nicht alle Einheiten, die Sie vielleicht benötigen, sind in Excel hinterlegt. Aus diesem Grund können Zusätze wie z. B. kg, mm, Kw oder auch *Stück pro Tag* als eigenes Zahlenformat definiert werden. Das ist notwendig, wenn Sie die Zusatzangabe zusammen mit der Zahl in einer Zelle anzeigen und später Berechnungen durchführen möchten. .

1 Markieren Sie die Zelle (den Zellbereich) oder auch die gesamte Spalte / Zeile, auf die das neue Zahlenformat angewendet werden soll.

2 Öffnen Sie das Dialogfenster *Zellen formatieren*. Der Inhalt des Registers *Zahlen* wird angezeigt. Wählen Sie die Kategorie *Benutzerdefiniert* aus.

3 Markieren Sie ein Zahlenformat, das Ihren Vorstellungen am nächsten kommt.

4 Das markierte Zahlenformat erscheint im Feld *Typ*. Hier können Sie das Format nun bearbeiten. Zusätze, die mehr als ein Zeichen umfassen, wie etwa km oder kg, müssen in **Anführungszeichen** eingegeben werden. Um Abstände zu erzeugen, geben Sie ein Leerzeichen an. Oberhalb, im Feld *Beispiel,* sehen Sie eine Ergebnisvorschau. Mit der Schaltfläche *OK* übernehmen Sie das Format.

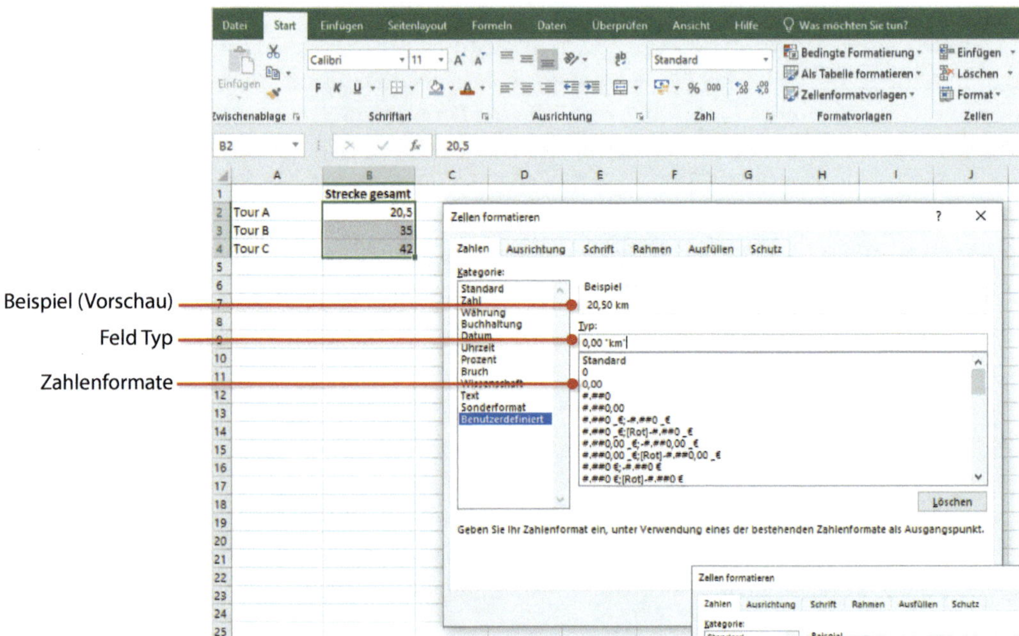

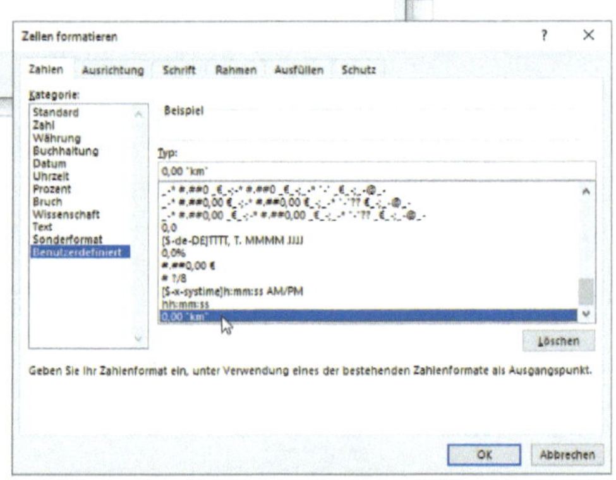

Das benutzerdefinierte Format wird auf die markierten Zellen angewendet. Für einen weiteren Bereich können Sie es jetzt jederzeit erneut auswählen. Rufen Sie dazu das Dialogfenster auf und scrollen Sie in der Kategorie *Benutzerdefiniert* an das Ende der Liste.

Benutzerdefinierte Zahlenformate werden in der Kategorie *Benutzerdefiniert* zusammen mit der Arbeitsmappe gespeichert und stehen daher nur innerhalb der jeweiligen Arbeitsmappe zur Verfügung.

Platzhalter in Zahlenformaten

Die Zahlenformate, die in der Kategorie *Benutzerdefiniert*, Feld *Typ* zur Auswahl stehen, verwenden Platzhalter für jedes einzelne Element einer Zahl, in der Tabelle weiter unten finden Sie einige Beispiele.

- Der Platzhalter **0** steht für eine Ziffer. Wurden nicht ausreichend Zahlen eingegeben, werden die restlichen Plätze mit Nullen aufgefüllt, beispielsweise als Nachkommastelle oder die Nullen werden vorangestellt.
- Der Platzhalter Raute **#** zeigt nur Ziffern an, nicht benötigte Nullen werden unterdrückt. Dieses Zeichen wird auch benötigt, um die Position des Tausendertrennzeichens festzulegen.
- Einige der vorgegebenen Formate bestehen aus zwei Abschnitten, die durch ein Semikolon **;** getrennt sind. Der erste Abschnitt wird für positive Zahlen, der zweite Abschnitt für negative Zahlen verwendet. Eine optionale Angabe in eckigen Klammern legt die Farbe für die Anzeige des jeweiligen Abschnittes fest.
- Sonderzeichen, wie z. B. + - Klammern *()* und *$*-Zeichen können einem Zahlenformat einfach ohne Anführungszeichen hinzugefügt werden.
- Texte müssen in Anführungszeichen eingegeben werden.
- Ein * füllt den Abstand zwischen Zusatztext und der rechtsbündig ausgerichteten Zahl mit Leerzeichen auf.
- Die nach dem @ Zeichen eingegebenen Informationen bestimmen die Formatierung der Zelle, falls anstelle einer Zahl Text eingegeben wird.

Format	Eingabe	Anzeige
#.##0"kg"	1234,7	1.235 kg
#.##0,00	1234,7	1.234,70
0000	12	0012
000-000	14578	014-578
000 - 000	14578	014 - 578

Format	Eingabe	Anzeige
"St." * #.##0	127	St. 127
[Grün] #.##0; [Rot] -#.##0	-1500	-1.500
[Grün] #.##0; [Rot] -#.##0	2000	2.000
0."Tsd."	15000	15 Tsd.

Benutzerdefinierte Datums- und Uhrzeitformate erstellen

Excel verwendet die folgenden Platzhalterzeichen für Datums- und Uhrzeitformate, Trennzeichen und Leerzeichen erscheinen wie angegeben.

Einheit	Zeichen	Format	Ergebnis
Tag	T	T TT TTT TTTT	1 01 MO Montag
Monat	M	M MM MMM MMMM	1 01 Jan Januar
Jahr	J	JJ JJJJ	17 2019
Stunde	h	hh [hh]	19 36
Minute	m	m mm	5 45
Sekunde	s	ss	30

Beispiel: Format	Ergebnis
TTTT, T. MM.	Montag, 5. Aug.
TTTT, TT. MMMM	Montag, 05. August
JJJJ-MM-TT	2019-12-31
hh.mm	19:45
hh:mm:ss	19:45:30

Beispiel: In Spalte D soll das Datum so angezeigt werden: 15.04.20 - Mittwoch

1 Markieren Sie den Bereich, der mit dem neuen Datumsformat formatiert werden soll und öffnen Sie das Dialogfenster *Zellen formatieren*.

2 Klicken Sie zunächst im Register *Zahlen* auf die Kategorie *Datum*. Der oberste Typ, der schon automatisch ausgewählt ist, entspricht zumindest einem Teil unseren Vorgaben. Klicken Sie dann auf die Kategorie *Benutzerdefiniert*. Durch die die vorherige Auswahl der Kategorie *Datum* ist jetzt bei *Benutzerdefiniert* bereits ein Datumsformat ausgewählt. Dieses müssen wir jetzt nur noch ergänzen.

3 Klicken Sie bei *Typ* in die Zeile und geben Sie hinter dem bereits bestehenden Format " - "TTTT ein und bestätigen Sie mit *OK*.

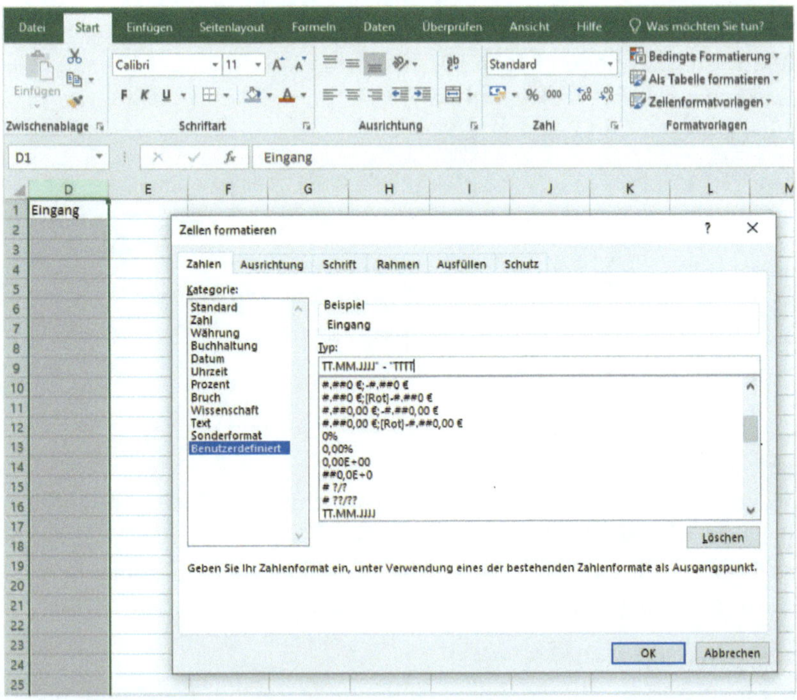

	D
1	Eingang
2	15.04.2020 - Mittwoch
3	16.09.2020 - Mittwoch
4	22.10.2020 - Donnerstag
5	

Tipp: Die Datumswerte werden in der Zelle rechtsbündig ausgerichtet. Soll das Datum linksbündig und der Wochentag rechtsbündig ausgerichtet werden, geben Sie bei *Typ* folgende Zeichen ein: TT.MM.JJJJ * TTTT

	D	
1	Eingang	
2	15.04.2020	Mittwoch
3	16.09.2020	Mittwoch
4	22.10.2020	Donnerstag
5		

Führungsnull anzeigen - Zahlen als Text formatieren

Probleme können bei der Eingabe von Zahlen dann auftauchen, wenn Sie Telefonnummern, Postleitzahlen oder Artikelnummern eingeben wollen, die mit der Ziffer 0 beginnen. Excel interpretiert Ihre Eingabe als Zahl und die führende Null verschwindet. Damit die 0 in diesem Fall trotzdem angezeigt wird, stehen die folgenden Möglichkeiten zur Auswahl:

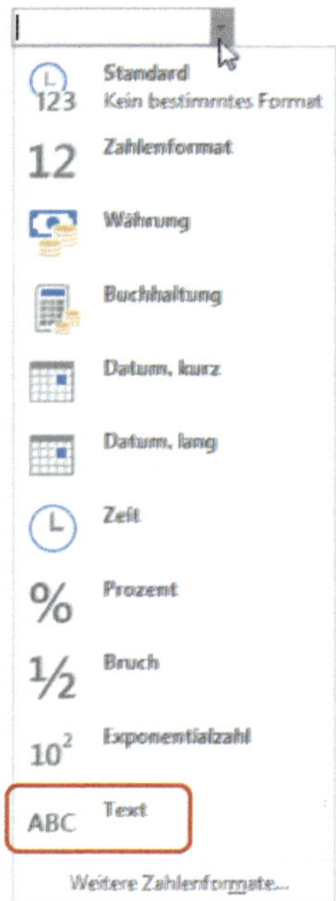

- **Zellen vor der Eingabe als Text formatieren**
  Formatieren Sie den entsprechenden Zellbereich bereits vor der Eingabe als *Text*. Nachträgliche Formatierung stellt eine bereits verloren gegangene 0 nicht wieder her! Wählen Sie dazu in der Dropdown-Liste des Zahlenformats die Option *Text* aus.

- **Als Text eingeben**
  Oder stellen Sie bei der Eingabe das Apostroph-Zeichen voran, Beispiel '0123. Damit wird Ihre Eingabe als Text formatiert. Das Apostroph-Zeichen erscheint später nicht in der Zelle und der Inhalt wird als 01234 linksbündig angezeigt.

  Allerdings macht Excel mit einem grünen Dreieck in der oberen linken Ecke der Zelle und einer entsprechenden Meldung darauf aufmerksam, dass Sie eine Zahl als Text formatiert haben. Wenn Sie die Formatierung beibehalten wollen, markieren Sie die Zelle(n), klicken auf das Dreieck, um die Dropdown-Liste zur öffnen und wählen *Fehler ignorieren* aus.

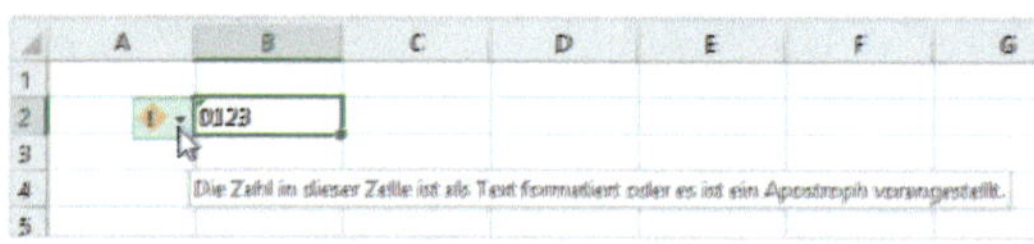

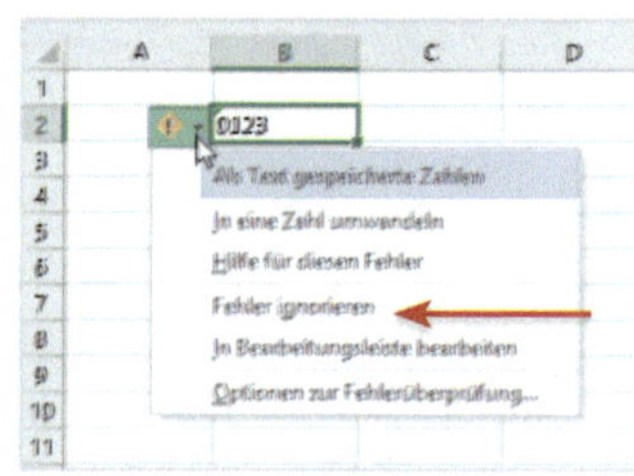

- **Sonderformate verwenden**
  Als weitere Möglichkeit können Sie auf verschiedene Sonderformate, z. B. für Postleitzahlen oder ISBN-Nummern zurückgreifen. Öffnen Sie das Dialogfenster *Zellen formatieren*, markieren Sie die Kategorie *Sonderformate* und wählen Sie die gewünschte Vorlage aus.

- **Benutzerdefiniertes Format erstellen**
  Oder Sie verwenden für die Zellen ein Benutzerdefiniertes Format, welches Sie bereits kennengelernt haben. Erstellen Sie beispielsweise ein Format vom Typ 00000, dann wird einer Eingabe von vier Ziffern eine Null vorangestellt.

> Achten Sie unbedingt innerhalb einer Spalte auf ein einheitliches Format, da sonst nicht korrekt sortiert werden kann.

4.5 Die Eingabehilfen von Excel

Automatisches Vervollständigen

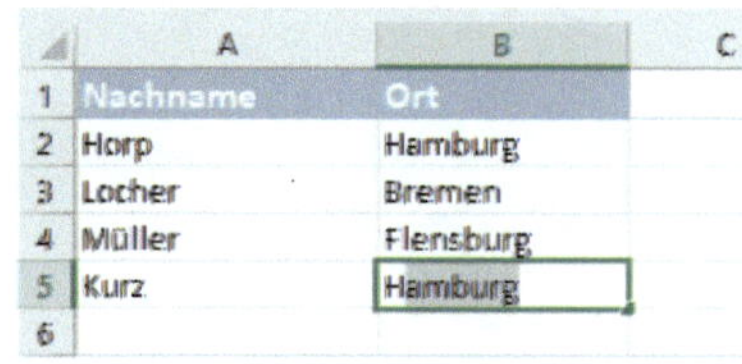

Bei der Eingabe von Text innerhalb einer Spalte erkennt Excel wiederkehrende Inhalte und schlägt diese automatisch nach Eingabe der Anfangsbuchstaben vor. Zur Übernahme des Texts drücken Sie die Enter-Taste, ansonsten ignorieren Sie den Vorschlag und tippen einfach weiter.

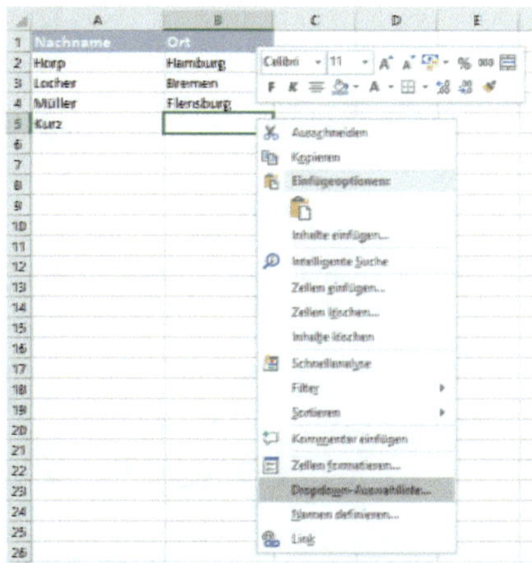

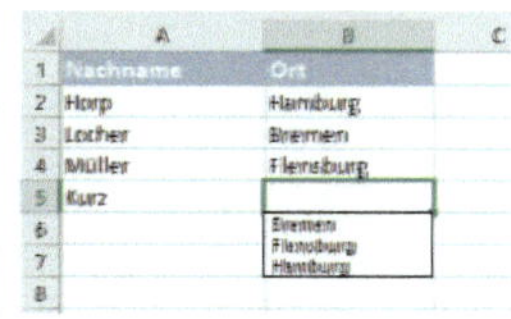

Zur Anzeige einer Auswahlliste, die die bereits eingegebenen Elemente der aktuellen Spalte enthält, klicken Sie mit der rechten Maustaste in eine Zelle und wählen im Kontextmenü die *Dropdown-Auswahlliste* aus. Mit einem Mausklick übernehmen Sie den gewünschten Text.

Tipp! Die Auswahlliste erscheint auch mit der Tastenkombination **Alt + Pfeil nach unten**. In diesem Fall verwenden Sie anschließend die Pfeiltasten nach oben oder unten, um den gewünschten Text auszuwählen und übernehmen die Auswahl mit der Enter-Taste.

Wie Sie im obigen Beispiel sehen, wird die Überschrift nicht in der Liste als Auswahlmöglichkeit angezeigt. Excel erkennt an der unterschiedlichen Formatierung, dass es sich hier um eine Überschrift handelt.

Sollte diese Funktionalität nicht zur Verfügung stehen, kontrollieren Sie, ob diese unter Umständen deaktiviert ist. Wählen Sie dazu *Datei* ▶ *Optionen* ▶ *Erweitert*. In den *Bearbeitungsoptionen* sollte *AutoVervollständigung für Zellwerte aktivieren* aktiviert sein.

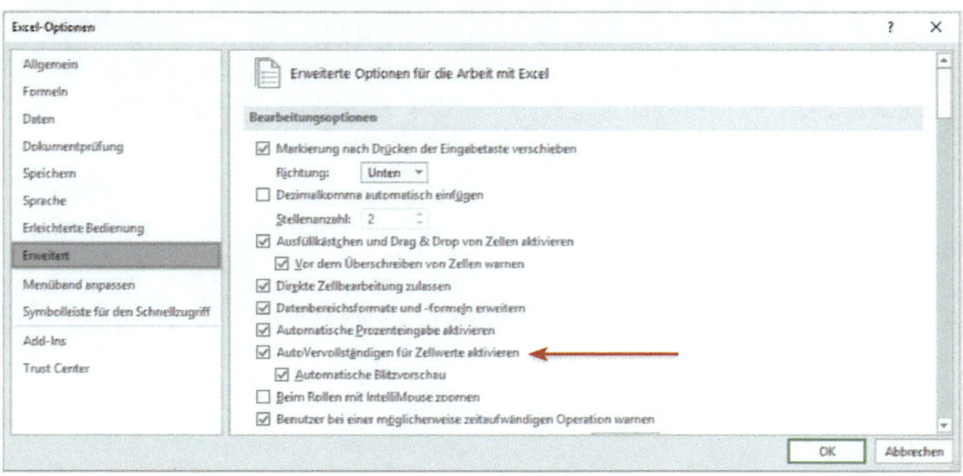

Reihen automatisch ergänzen

Sie möchten eine aufsteigende Zahlenfolge, alle Wochentage oder die Monate eines Jahres in ein Tabellenblatt eintragen. Excel verfügt über die Möglichkeiten dies schnell zu erledigen und bewahrt Sie so vor der manuellen Eingabe.

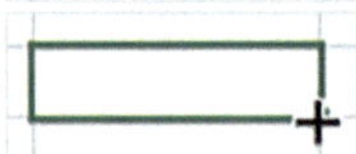

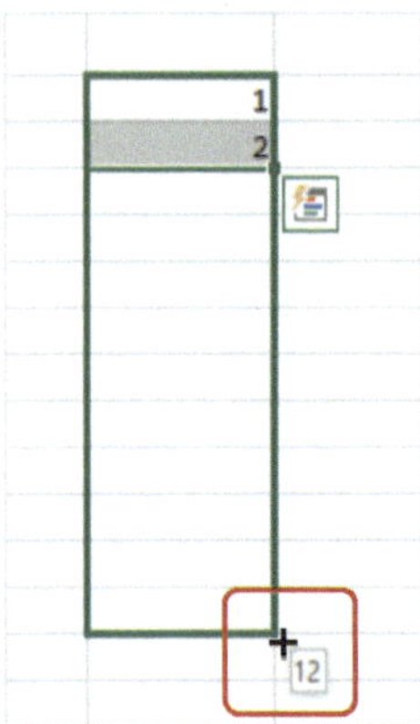

Automatisches Ausfüllen mit der Maus

In vielen Fällen ist es am einfachsten eine Reihe mit der Maus zu erzeugen. Zu diesem Zweck verwenden Sie das **Ausfüllkästchen**. Dieses Kästchen befindet sich in der unteren rechten Ecke des Markierungsrahmens. Sobald Sie mit der Maus auf das Kästchen zeigen, ändert sich die Form des Mauszeigers in ein +. Damit können Sie jetzt durch Ziehen bei gedrückter linker Maustaste eine Reihe ausfüllen.

1 Geben Sie in den beiden ersten Zellen Ihrer Reihe die ersten zwei Werte ein. Damit geben Sie den Anfangswert und ein Muster vor, nach dem die Reihe weitergeführt werden soll.

2 Markieren Sie nun die beiden Zellen. Zeigen Sie mit der Maus auf das Ausfüllkästchen. Wenn der Mauszeiger als + erscheint, ziehen Sie mit gedrückter linker Maustaste in die gewünschte Richtung.

3 Beim Ziehen wird neben der Reihe eine Zahl angezeigt, die den aktuellen Endwert angibt. Erst wenn Sie die Maus loslassen werden die Zahlen eingefügt.

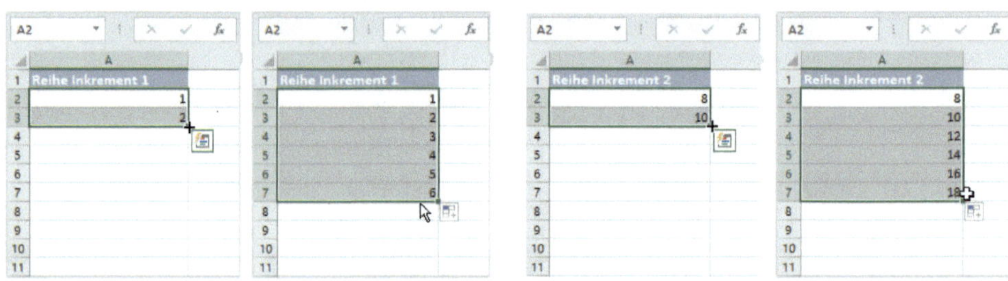

> **Alternative Handhabung zur Erzeugung einer aufsteigenden Reihe**
>
> Geben Sie eine 1 in eine Zelle ein. Zeigen Sie mit der Maus auf das Ausfüllkästchen, bis das + erscheint. Halten Sie dann während des Ziehens mit der Maus die Strg-Taste gedrückt.

Ausfülloptionen

Sobald Sie die Maustaste loslassen, erscheinen die *Auto-Ausfülloptionen*. Über dieses Symbol bietet Excel weitere Möglichkeiten an, wie Sie mit der Reihe verfahren können. Je nach erzeugter Reihe verändern sich die angebotenen Optionen:

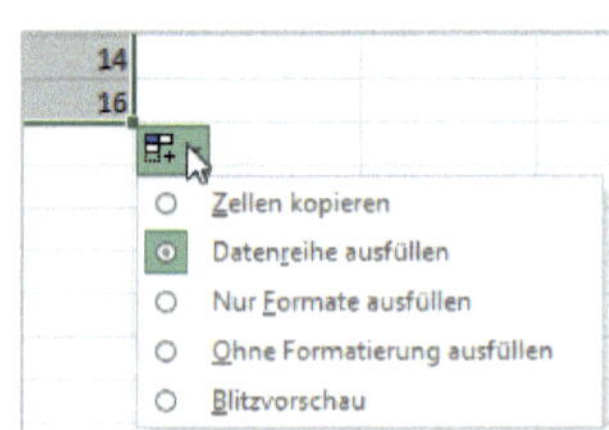

- Mit Auswahl von *Zellen kopieren* verändern Sie das angezeigte Ergebnis: Die markierten Zahlen (8,10) werden jetzt abwechselnd eingetragen.

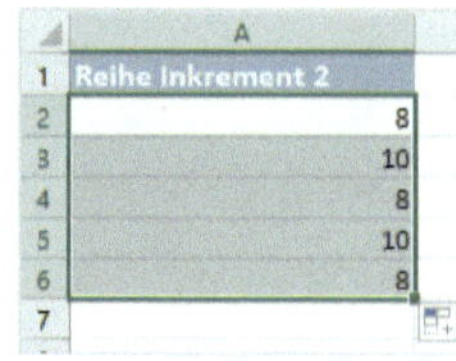

- *Ohne Formatierung ausfüllen* sorgt dafür, dass nur Inhalte übernommen werden und keine zusätzlichen Formate. Im Beispiel unten ist die Zahl 10 in der Schriftfarbe rot formatiert. Diese wird beim Ausfüllen der Reihe zunächst übernommen. Um das zu verhindern, wählen Sie in den Ausfülloptionen *Ohne Formatierung ausfüllen*. Auf diese Weise verhindern Sie auch, dass Füllfarben kopiert werden.

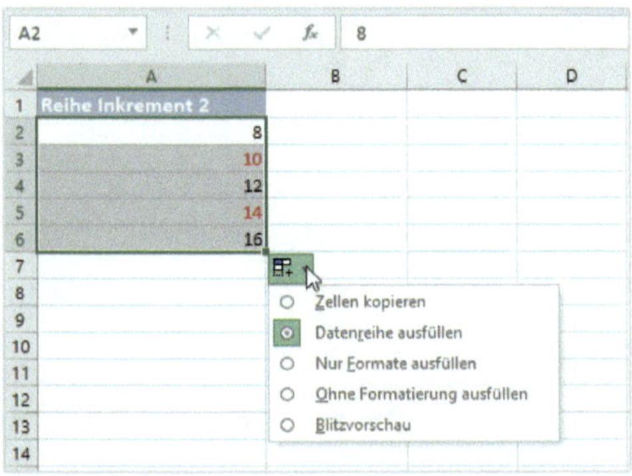

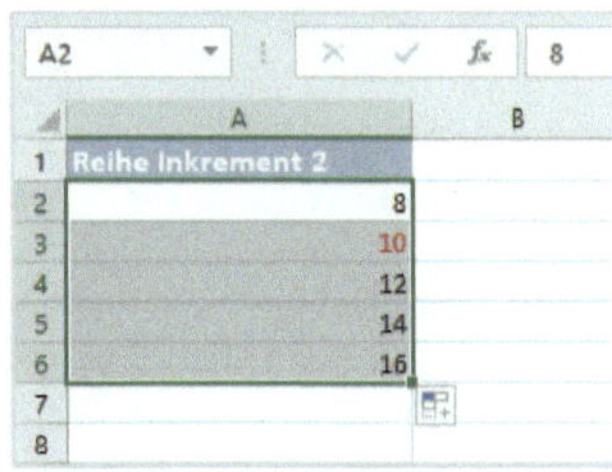

Datumsreihe erzeugen

Einige Werte, darunter Datumswerte, werden von Excel automatisch als Anfang einer Reihe erkannt. Dann genügt die Eingabe eines einzigen Wertes, um durch Ziehen mit der Maus eine aufsteigende Reihe zu generieren. Durch diese Handhabung erzeugen Sie eine Datumsreihe mit aufeinanderfolgenden Tagen. Möchten Sie allerdings eine Reihe aufeinanderfolgender Monate mit demselben Tagesdatum, dann klicken Sie nach Erzeugung der Reihe auf die *Auto-Ausfülloptionen* und wählen *Monate ausfüllen* aus.

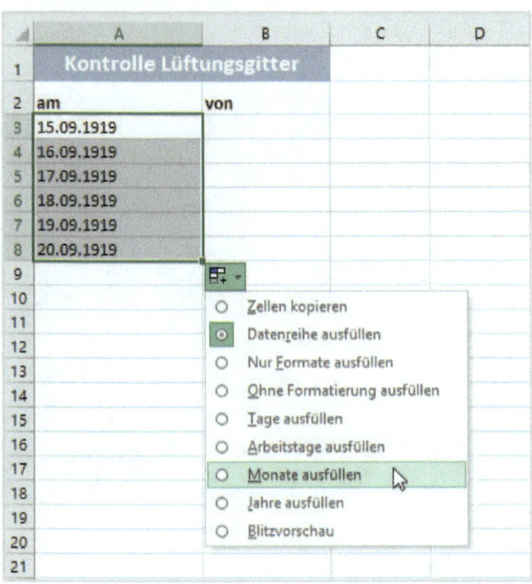

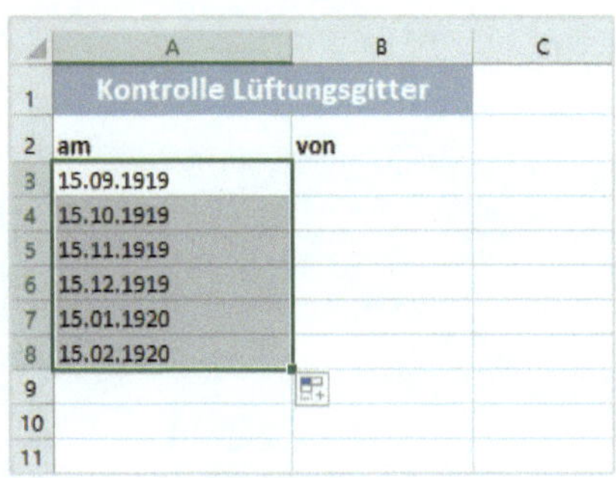

***Achtung!** Zwischen einer Zahl mit Punkt und dem restlichen Text muss ein Leerzeichen sein!

Reihen, die ohne Vorgabe eines Musters generiert werden

Eingabe	Reihe
15.10.2013	15.10.1013 16.10.2013 17.10.2013 ...
1.	1. 2. 3. 4. 5. ...
1. Quartal	1. Quartal 2. Quartal 3. Quartal 4. Quartal 1. Quartal ...
Spieler 1	Spieler 1 Spieler 2 Spieler 3 Spieler 4 ...
1. Tag	1. Tag 2. Tag 3. Tag 4. Tag ...*
Januar	Januar Februar März ...**
Jan	Jan Feb Mrz ...**
Montag	Montag Dienstag Mittwoch ...**
Mo	Mo Di Mi ...**

** Bei Wochentagen und Monatsnamen handelt es sich um benutzerdefinierte Listen, die in Excel bereits hinterlegt wurden und nur deshalb generiert werden können.

Sie können die Eingabe mit der Zahl (3. Quartal), dem Wochentag (Freitag) oder dem Monat (August) Ihrer Wahl beginnen. Eine Fortsetzung erfolgt ab dem gewählten Element und beginnt dann ggf. wieder von vorne.

	A	B	C	D	E	F	G	H
1	3. Quartal	4. Quartal	1. Quartal	2. Quartal	3. Quartal	4. Quartal	1. Quartal	2. Quartal
2	Freitag	Samstag	Sonntag	Montag	Dienstag	Mittwoch	Donnerstag	Freitag
3	August	September	Oktober	November	Dezember	Januar	Februar	März
4								

Tipp: Sollten Sie anstelle einer Reihe immer dasselbe Element benötigen, z. B. 4. Quartal, dann halten Sie beim Ziehen mit der Maus die Strg-Taste gedrückt. Dadurch erscheint ein zweites Plussymbol beim Mauszeiger und die automatische Reihe wird unterdrückt.

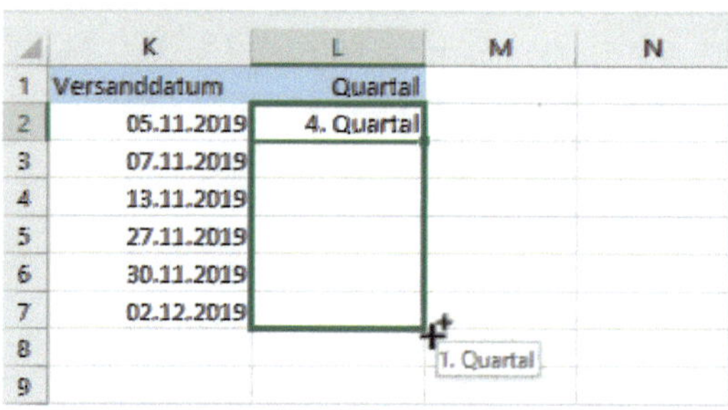

	K	L	M	N
1	Versanddatum	Quartal		
2	05.11.2019	4. Quartal		
3	07.11.2019			
4	13.11.2019			
5	27.11.2019			
6	30.11.2019			
7	02.12.2019			
8			1. Quartal	
9				

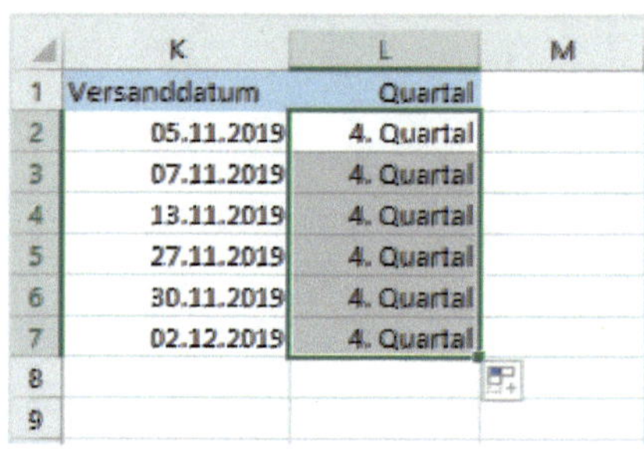

	K	L	M
1	Versanddatum	Quartal	
2	05.11.2019	4. Quartal	
3	07.11.2019	4. Quartal	
4	13.11.2019	4. Quartal	
5	27.11.2019	4. Quartal	
6	30.11.2019	4. Quartal	
7	02.12.2019	4. Quartal	
8			
9			

Sollte diese Funktionalität nicht zur Verfügung stehen, kontrollieren Sie, ob diese deaktiviert ist. Wählen Sie dazu *Datei* ▶ *Optionen* ▶ *Erweitert*. In den *Bearbeitungsoptionen* sollte *Ausfüllkästchen und Drag&Drop von Zellen aktivieren* aktiviert sein.

Kopieren von Zahlen und Worten

Erkennt Excel die Eingabe nicht als Reihe, wird der Inhalt der Zelle einfach kopiert. Auch das kann nützlich sein:

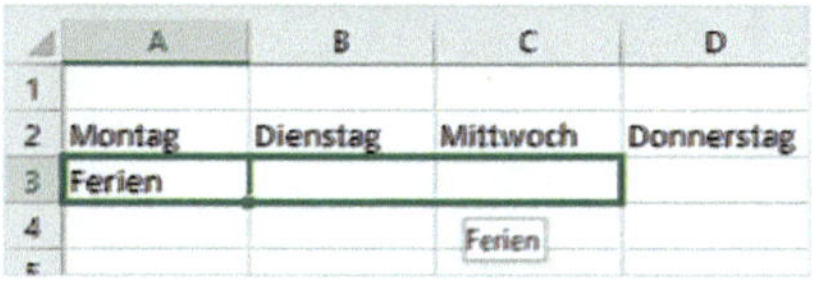

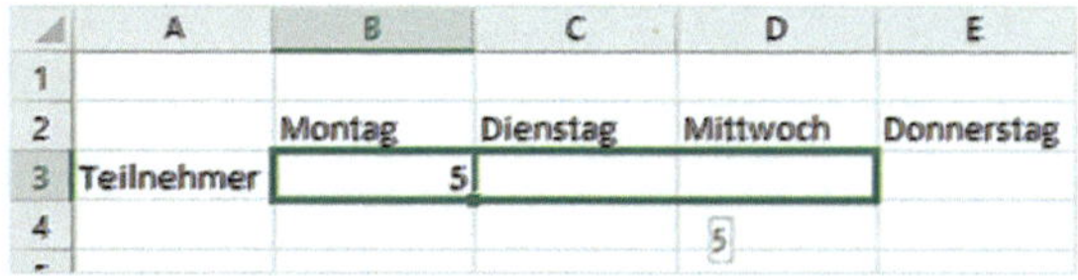

Automatisches Ausfüllen über das Dialogfenster

Das Ausfüllen von Reihen kann auch durch Eingabe von Werten vorgenommen werden. Grundsätzlich ist die Handhabung mit der Maus vorzuziehen. Über das Dialogfenster können allerdings weitere Muster und ein Endwert vorgegeben werden.

1 Geben Sie in die erste Zelle den Anfangswert ein und markieren Sie die Zelle.

2 Klicken Sie auf die Schaltfläche *Füllbereich* (Register *Start,* Gruppe *Bearbeiten)* und wählen Sie *Reihe...*

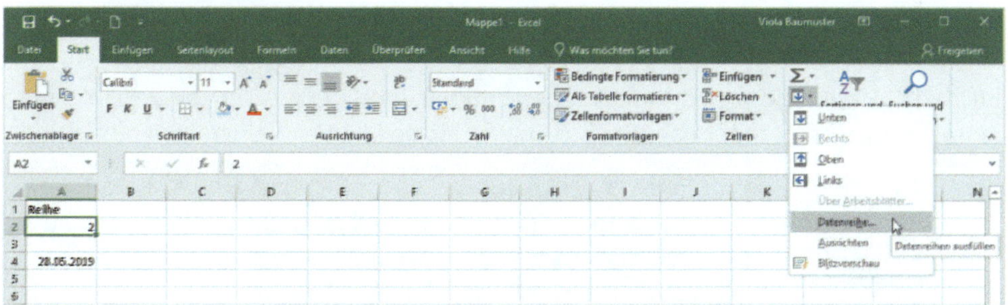

3 Geben Sie an, ob die Reihe untereinander in der Spalte (Auswahl *Spalten*) oder nebeneinander in einer Zeile (*Zeilen*) fortgeführt werden soll.

4 Geben Sie bei *Endwert* den letzten Wert der Reihe ein.

5 Legen Sie im Feld *Typ* fest, was berechnet werden soll:

- Mit *Linear* wird zu jedem Zellwert der Wert addiert, den Sie im Feld *Inkrement* eingegeben.
- *Geometrisch* multipliziert jeden Wert der Reihe mit dem Inkrement. Im Beispiel auf der nächsten Seite also 2 x 3 x 3 x 3 mit Anzeige der Zwischensummen.
- Handelt es sich um eine Reihe von Datumswerten, ist in der Regel der Typ *Datum* bereits ausgewählt. Dadurch kann rechts die Zeiteinheit angeklickt werden. Diese bestimmt, welche Einheit das *Inkrement* erhöht; so wird durch die Auswahl von *Monat* (siehe Beispiel unten) eine Datumsreihe erzeugt, deren Monate entsprechend der Eingabe bei Inkrement erhöht werden, der Tag bleibt gleich.
- AutoAusfüllen entspricht der Handhabung mit der Maus.

6 Bestätigen Sie mit *OK*.

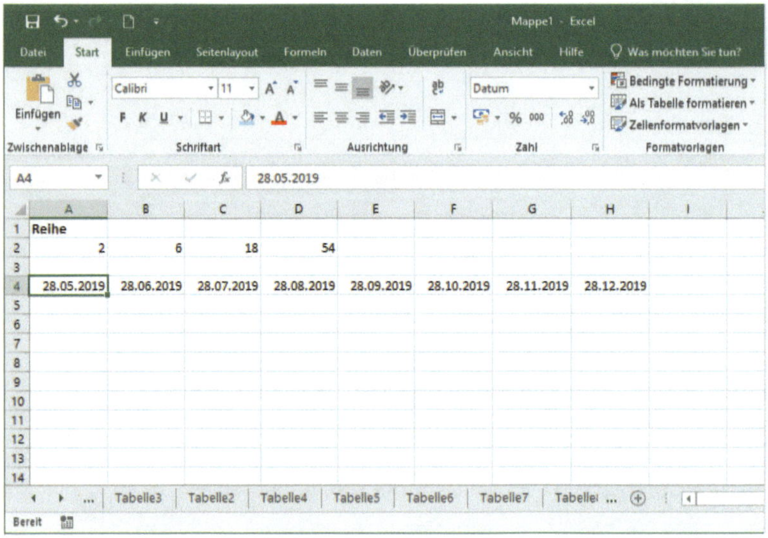

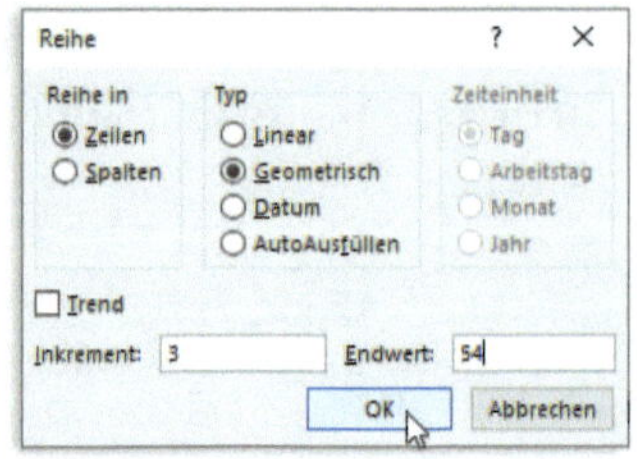

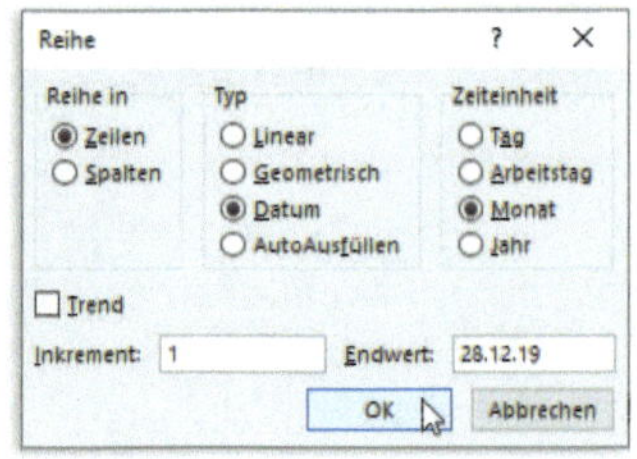

Eigene Listen für die AutoAusfüllfunktion erstellen

Bei den Wochentagen und Monatsnamen handelt es sich eigentlich um bereits hinterlegte Datenreihen; weitere benutzerdefinierte Listen können Sie jederzeit hinzufügen.

- Dazu klicken Sie im Register *Datei* auf *Optionen* und hier auf die Kategorie *Erweitert*. Scrollen Sie nach unten bis zum Abschnitt *Allgemein* und klicken Sie auf *Benutzerdefinierte Listen bearbeiten*. Wählen Sie ggf. *Neue Liste* ❶ aus.

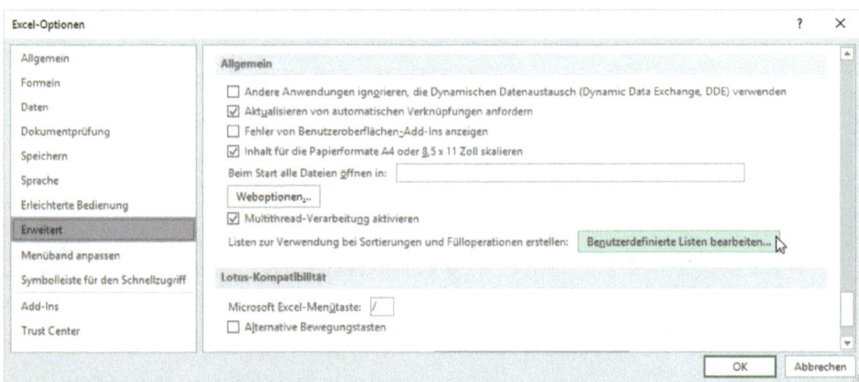

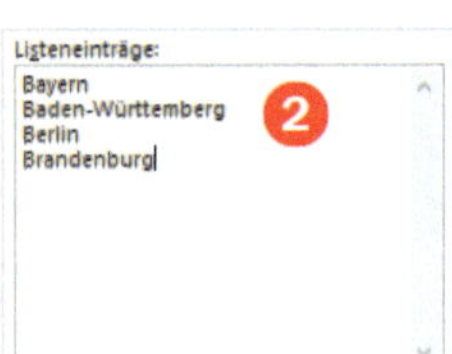

- **Daten eingeben:** Die Listeneinträge geben Sie ins Feld Listeneinträge hintereinander durch ein Komma getrennt ein oder betätigen Sie nach jedem Eintrag die Eingabetaste ❷. Zuletzt klicken Sie auf *Hinzufügen* ❸.

  Daten auswählen: Wenn Sie eine vorhandene Datenreihe aus dem Arbeitsblatt übernehmen möchten, im Bild die Bundesländer, dann klicken Sie in das Feld *Liste aus Zellen importieren* ❹, markieren anschließend im Arbeitsblatt den Zellbereich ❺, in diesem Fall A2:A17, und klicken dann auf *Importieren*.

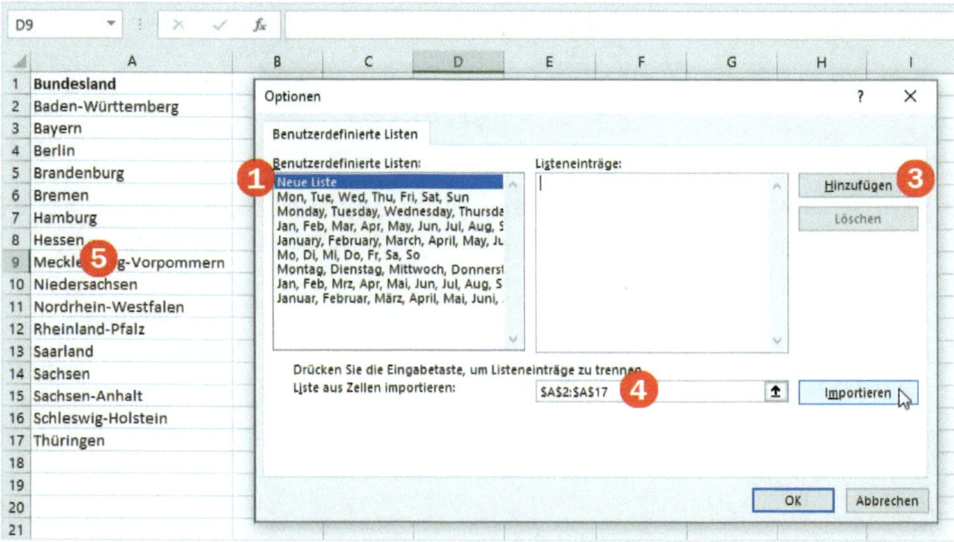

- Schließen Sie das Fenster *Benutzerdefinierte Listen* und die Excel-Optionen jeweils mit Klick auf *OK*.

Zellinhalte aufteilen und zusammenfassen mit der Blitzvorschau

Zellinhalt trennen

Mit der Blitzvorschau kopieren Sie einen Teil eines Zellinhalts und fügen diesen auf gleicher Höhe in eine der folgenden Spalten ein. Dabei tippt man, sozusagen als Muster, in die erste Zelle der Spalte den zu kopierenden Inhalt ein. Für die restlichen Zellen wird der Inhalt nach dem gleichen Muster ergänzt. Ein praktischer Anwendungsbereich z. B. in einer Adresstabelle ist das Aufteilen von Vor- und Nachname auf zwei Zellen. So gehen Sie vor:

1. Falls hinter der zu trennenden Spalte keine leere Spalte vorhanden ist, fügen Sie an dieser Position eine Spalte ein.
2. Geben Sie in der neuen Spalte den Vornamen ein und schließen Sie mit der Enter-Taste ab.
3. Beginnen Sie dann in der nächsten Zeile mit dem ersten Buchstaben des nächsten Vornamens.
4. Die Blitzvorschau zeigt nun alle weiteren Namen an. Mit der Enter-Taste übernehmen Sie die Liste. Wenn Sie statt dessen mit der manuellen Eingabe fortfahren möchten, dann drücken Sie die Esc-Taste.
5. Für den Nachnamen wiederholen Sie die Schritte 1-3. Dann kann die Spalte, die Vor- und Nachname zusammen enthält, gelöscht werden.

Die Datei ist als Download verfügbar:

Beispiel_Blitzvorschau.xlsx

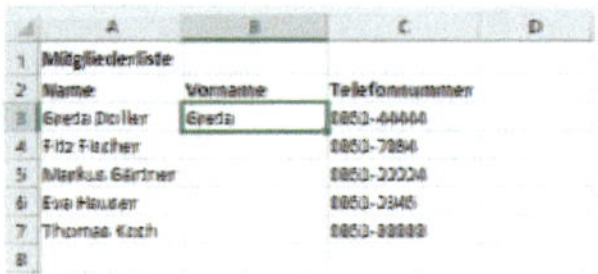

	A	B	C	D
1	**Mitgliederliste**			
2	**Name**	**Vorname**	**Telefonnummer**	
3	Greta Doller	Greta	0851-44444	
4	Fitz Fischer		0851-7894	
5	Markus Gärtner		0851-22224	
6	Eva Hauser		0851-2345	
7	Thomas Koch		0851-88888	
8				

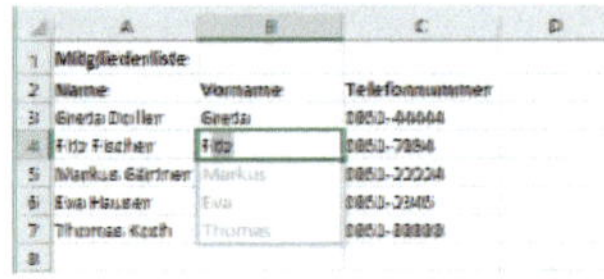

	A	B	C	D
1	**Mitgliederliste**			
2	**Name**	**Vorname**	**Telefonnummer**	
3	Greta Doller	Greta	0851-44444	
4	Fitz Fischer	Fitz	0851-7894	
5	Markus Gärtner	Markus	0851-22224	
6	Eva Hauser	Eva	0851-2345	
7	Thomas Koch	Thomas	0851-88888	
8				

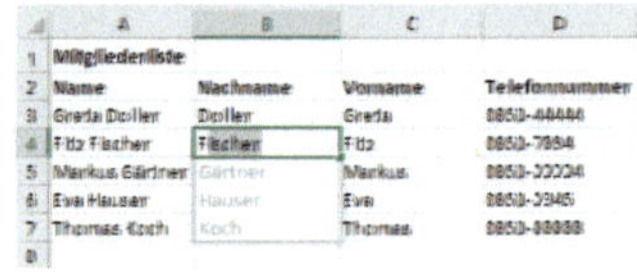

	A	B	C	D
1	**Mitgliederliste**			
2	**Name**	**Nachname**	**Vorname**	**Telefonnummer**
3	Greta Doller	Doller	Greta	0851-44444
4	Fitz Fischer	Fischer	Fitz	0851-7894
5	Markus Gärtner	Gärtner	Markus	0851-22224
6	Eva Hauser	Hauser	Eva	0851-2345
7	Thomas Koch	Koch	Thomas	0851-88888
8				

Damit die Blitzvorschau funktioniert, muss ein eindeutiges Muster identifizierbar sein. Dies kann neben dem Leerzeichen zwischen Vorname und Nachname z. B. auch ein Bindestrich sein.

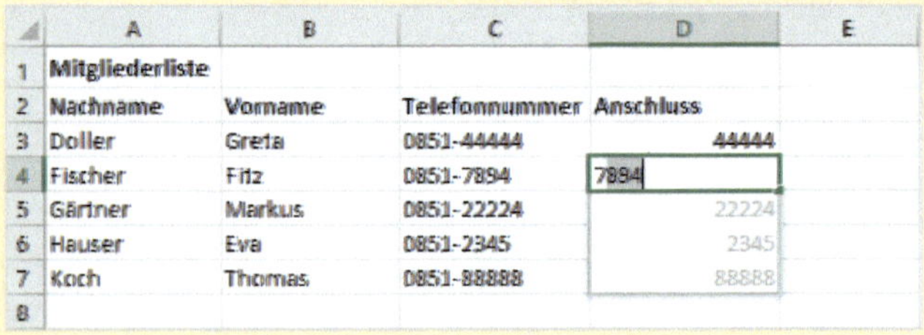

	A	B	C	D	E
1	**Mitgliederliste**				
2	**Nachname**	**Vorname**	**Telefonnummer**	**Anschluss**	
3	Doller	Greta	0851-44444	44444	
4	Fischer	Fitz	0851-7894	7894	
5	Gärtner	Markus	0851-22224	22224	
6	Hauser	Eva	0851-2345	2345	
7	Koch	Thomas	0851-88888	88888	
8					

Zellinhalte zusammenfassen

Mit der Blitzvorschau können Inhalte von Zellen nicht nur getrennt, sondern auch zusammengeführt werden. Tragen Sie in die neue Zelle die Inhalte beider Spalten ein. In der Zelle darunter beginnen Sie mit dem ersten Buchstaben. Die Blitzvorschau ergänzt entsprechend. Zur Übernahme der Inhalte drücken Sie die Enter-Taste.

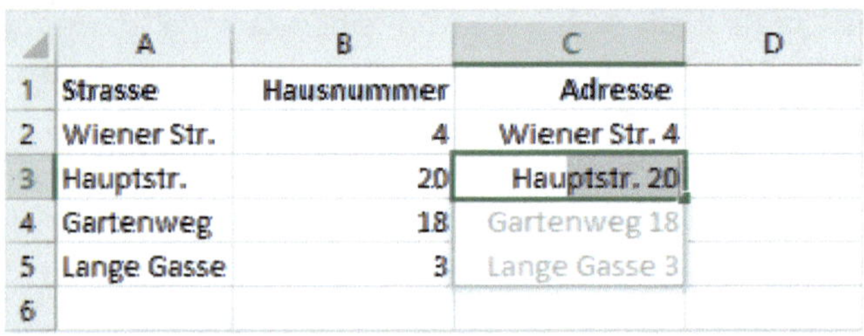

	A	B	C	D
1	**Strasse**	**Hausnummer**	**Adresse**	
2	Wiener Str.	4	Wiener Str. 4	
3	Hauptstr.	20	Hauptstr. 20	
4	Gartenweg	18	Gartenweg 18	
5	Lange Gasse	3	Lange Gasse 3	
6				

4.6 Übung

Starten Sie Excel mit einer neuen leeren Arbeitsmappe und erstellen Sie im Tabellenblatt 1 einen Belegungsplan für eine Ferienwohnung nach dem unten abgebildeten Muster. Nutzen Sie zur Eingabe die AutoAusfüllen-Funktion von Excel.

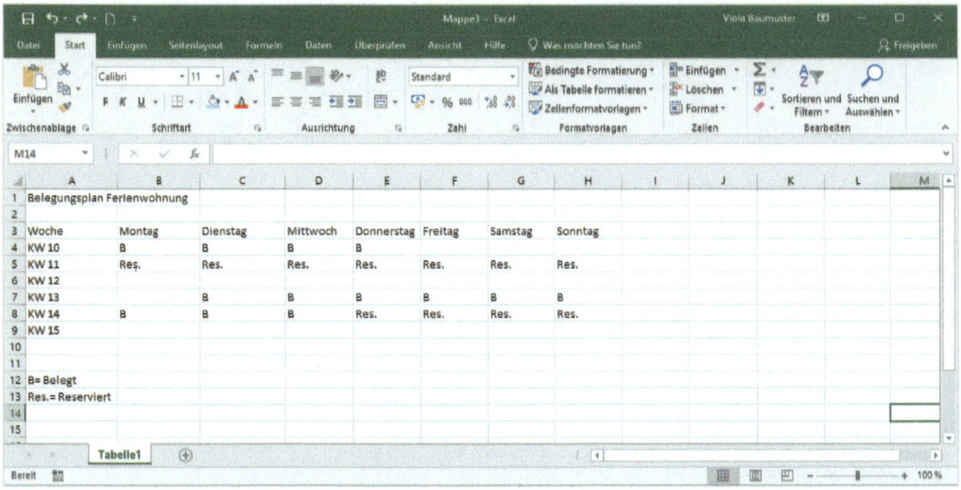

Lösungshinweise

- Nutzen Sie AutoAusfüllen zur Eingabe der Kalenderwoche: Geben Sie in A4 als erste Kalenderwoche KW 10 ein. Anschließend markieren Sie diese Zelle und ziehen das Ausfüllkästchen in der unteren rechten Ecke der Markierung nach unten. Lassen Sie die Maustaste wieder los, wenn die letzte benötigte Kalenderwoche angezeigt wird.
- Genauso gehen Sie beim Ausfüllen der Wochentage vor.
- AutoAusfüllen können Sie auch verwenden, um für die einzelnen Tage *Belegt* oder *Reserviert* einzugeben. Hierbei handelt es sich um keine Reihe, daher werden die Inhalte automatisch kopiert.

5 Mit Tabellen arbeiten

In diesem Kapitel lernen Sie...

- Spaltenbreite und Zeilenhöhe zu bestimmen
- nachträglich Zeilen und Spalten einzufügen
- wie man Zellinhalte verschiebt oder kopiert
- die Office-Zwischenablage zum Kopieren bzw. Verschieben zu verwenden
- weitere Tabellenblätter zu erstellen
- wie man Tabellenblätter verschiebt, löscht und umbenennt

Das sollten Sie bereits wissen

- Daten in Excel eingeben

5.1 Zeilen und Spalten bearbeiten

In Excel werden die grauen Leisten links und oberhalb von der Tabelle als Spalten- bzw. Zeilenkopf oder -überschrift bezeichnet. Hier sind die Spalten fortlaufend mit Buchstaben, die Zeilen dagegen mit Zahlen nummeriert. Um Verwechslungen mit Überschriften im Tabellenblatt vorzubeugen, verwendet dieses Buch die Bezeichnung Spaltenkopf bzw. Zeilenkopf.

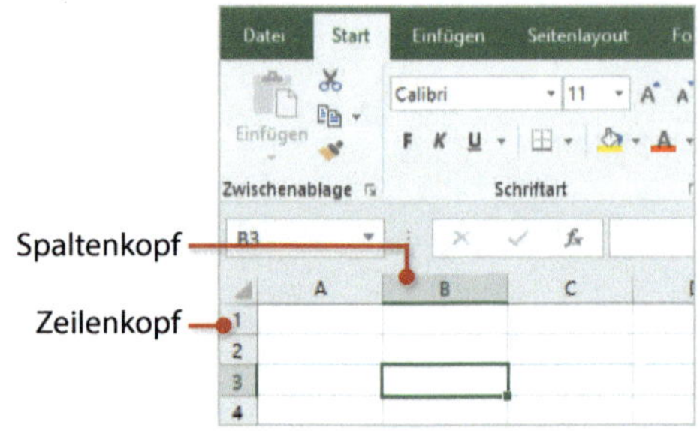

Spaltenbreite ändern

Die Breite einer Spalte passt sich nicht automatisch an die Inhalte der Zellen an. Es ist also durchaus möglich, dass längerer Text abgeschnitten wird.

Mehr zur Anzeige von Text und Zahlen haben Sie bereits auf Seite 80 erfahren.

Spaltenbreite durch Ziehen mit der Maus ändern

Die Breite einer Spalte ändern Sie am schnellsten mit der Maus. Dabei spielt es keine Rolle, welche Zelle gerade markiert ist:

1 Zeigen Sie im Bereich der Spaltenköpfe mit der Maus auf die rechte Trennlinie derjenigen Spalte, deren Breite Sie ändern möchten.

2 Sobald der Mauszeiger als Doppelpfeil sichtbar wird, ziehen Sie die Linie mit gedrückter linker Maustaste nach rechts oder links. Im Beispiel unten wird die Spalte A erweitert durch Ziehen mit der Maus nach rechts. So werden die Teilnehmernamen vollständig angezeigt.

Die Datei ist als Download verfügbar:

Beispiel_Spalten_verändern.xlsx

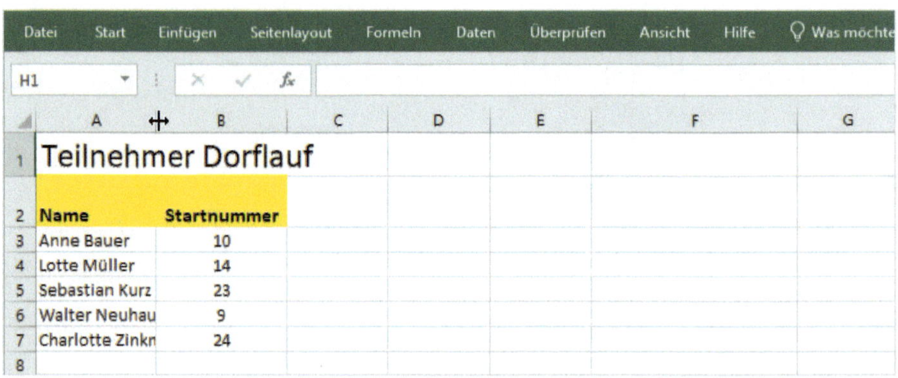

Sollen gleich mehrere Spalten die gleiche Breite erhalten, dann müssen Sie zuvor alle gewünschten Spalten markieren. Verwenden Sie die Spaltenköpfe zum Markieren der und ziehen Sie die Trennlinie einer beliebigen Spalte innerhalb der Markierung auf die gewünschte Breite.

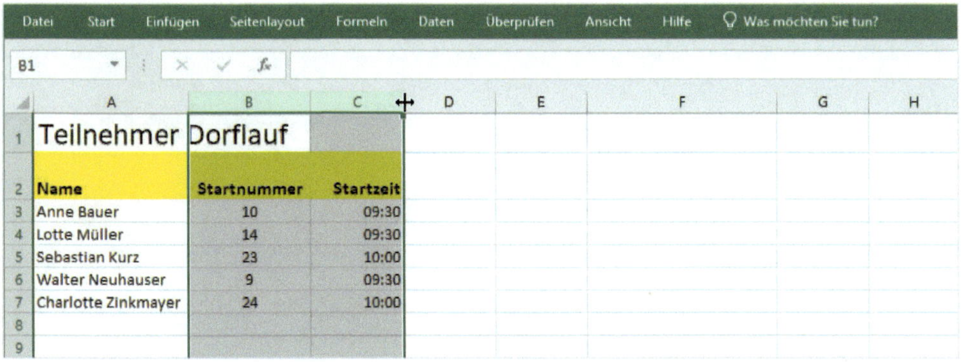

Wie Sie eine ganze Spalte markieren, haben Sie bereits auf Seite 75 gelernt.

Spaltenbreite automatisch an den Inhalt anpassen

- Mit einem Doppelklick auf die rechte Trennlinie im Spaltenkopf können Sie die Breite der Spalte automatisch an den Inhalt anpassen. Der breiteste Inhalt der Spalte bestimmt dann die Spaltenbreite.
- Aufgrund der großen Überschrift im Beispiel unten wird die Spalte A stark vergrößert, was dazu führt, dass zwischen Name und Startnummer eine große Lücke entsteht.

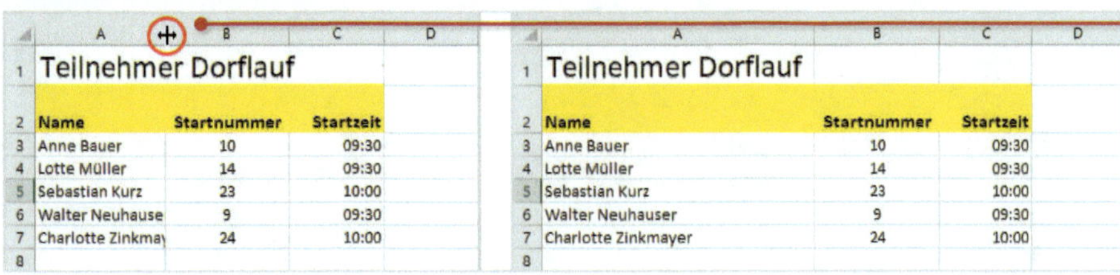

Doppelklick

- In diesem Fall wäre es besser, wenn sich die Breite der Spalte A ausschließlich an den Inhalten des Zellbereichs A2 bis A7 ausrichten würde: Markieren Sie diesen Zellbereich und wählen Sie Register *Start* ▸ Gruppe *Zellen* ▸ *Format* ▸ *Spaltenbreite automatisch anpassen*.

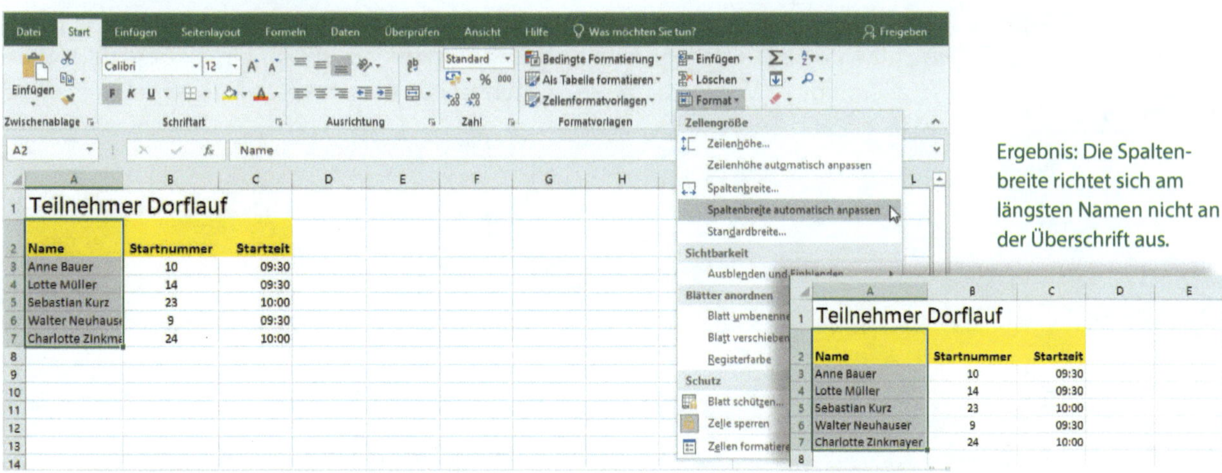

Ergebnis: Die Spaltenbreite richtet sich am längsten Namen nicht an der Überschrift aus.

Spaltenbreite als Wert festlegen

- Eine weitere Möglichkeit, um für eine markierte Spalte eine Breite festzulegen, finden Sie im Register *Start* ▸ Gruppe *Zellen* ▸ *Format* ▸ *Spaltenbreite*.

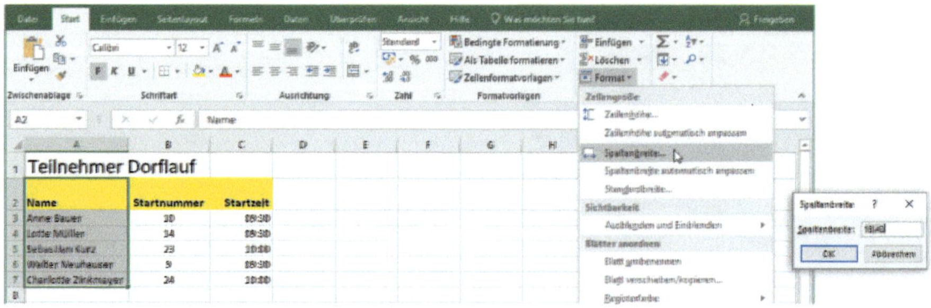

- Die Breite einer Spalte entspricht der Anzahl der angezeigten Zeichen (max. 255). Als Standardbreite verwendet Excel 10,71 (80 Pixel). Die aktuelle Spaltenbreite wird ebenfalls angezeigt, wenn Sie mit der Maus die Trennlinie anklicken.

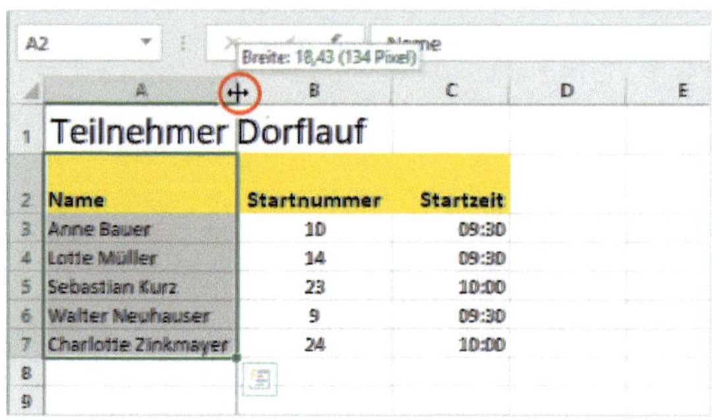

- Sie können selbstverständlich auch mehrere Spalten markieren und für diese gemeinsam eine einheitliche Breite festlegen.

Standardspaltenbreite festlegen

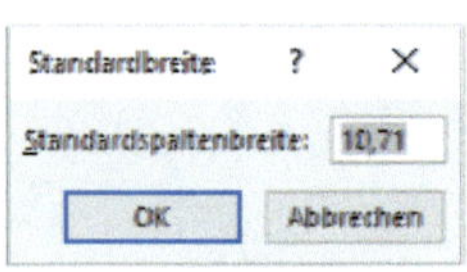

Über *Start* ▸ Gruppe *Zellen* ▸ *Format* ▸ *Standardbreite* legen Sie für das gesamte Tabellenblatt eine neue Spaltenbreite fest. Eine Markierung ist hier nicht notwendig. Wurden allerdings im Vorfeld einzelne Spaltenbreiten bereits verändert, so nehmen diese die neue Standardbreite nicht an.

Zeilenhöhe ändern

Meist erfolgt die Anpassung der Zeilenhöhe automatisch, z. B. wenn Sie den Schriftgrad in einer Zelle erhöhen. Sie können die Zeilenhöhe selbst anpassen, um beispielsweise einen Abstand zwischen den Überschriften und den Werten darunter herzustellen.

> Abstände zwischen Überschriften und Daten oder innerhalb von Tabellen erzeugen Sie am besten durch Vergrößerung der Zeilenhöhe. Auf leere Zeilen sollten Sie dagegen verzichten, da einige weiterführende Bearbeitungsmöglichkeiten nicht sinnvoll angewendet werden können, wenn Überschrift und Daten durch leere Zeilen getrennt sind, z. B. Diagramme, Pivot-Tabellen.

Zeilenhöhe manuell mit der Maus verändern

- Zeigen Sie mit der Maus im Zeilenkopf am linken Rand des Tabellenblattes auf die untere Trennlinie der Zeile. Der Mauszeiger wird als Doppelpfeil sichtbar und Sie können die Trennlinie nach unten oder oben verschieben.

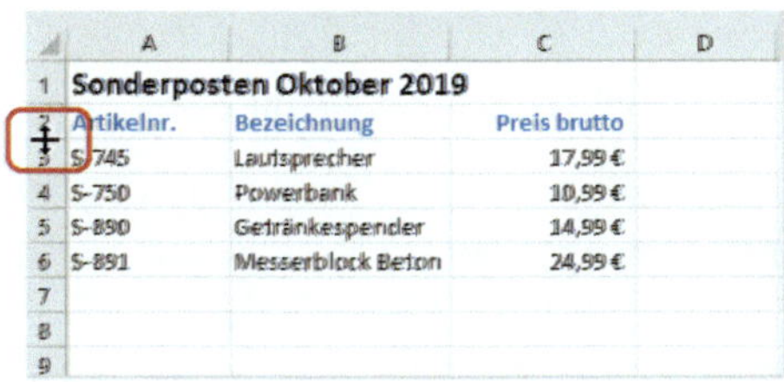

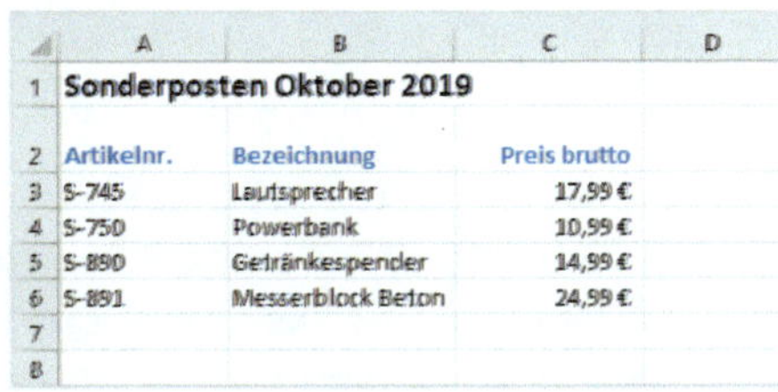

Die Datei ist als Download verfügbar:

Beispiel_Zeilenhhöhe.xlsx

- Sollen mehrere Zeilen dieselbe Höhe erhalten, dann markieren Sie diese Zeilen in den Zeilenköpfen und ziehen innerhalb der Markierung eine der Zeilen mit der Maus in die gewünschte Höhe. Die neue Zeilenhöhe wird automatisch für alle markierten Zeilen übernommen.

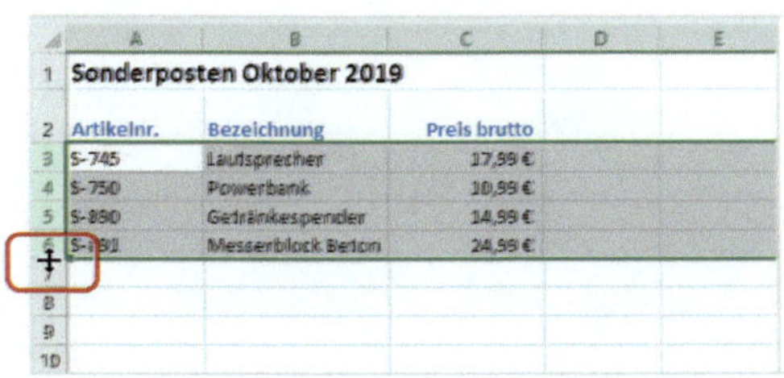

An den Inhalt anpassen

Die optimale Zeilenhöhe wird durch den höchsten Schriftgrad der Zeile bestimmt und in der Regel automatisch angepasst. Falls nicht, erhalten Sie durch einen Doppelklick auf die untere Trennlinie die optimale Zeilenhöhe.

Bestimmten Wert festlegen

- Die genaue Zeilenhöhe bestimmen Sie über Register *Start* ▸ Gruppe *Zellen* ▸ *Format* ▸ *Zeilenhöhe.* Geben Sie bei Zeilenhöhe einen Wert an.

Zeilen und Spalten nachträglich einfügen

Zum nachträglichen Einfügen von einzelnen Zellen, Zeilen oder Spalten verwenden Sie Register *Start* ▶ Gruppe *Zellen* ▶ Schaltfläche *Einfügen*. Die Schaltfläche ist zweigeteilt:

- Ein Mausklick direkt auf die Schaltfläche fügt Zellen, Zeilen oder Spalten ein, abhängig von der Markierung. Ist beispielsweise eine Spalte markiert, dann wird durch Anklicken der Schaltfläche *Einfügen* eine neue, leere Spalte eingefügt.

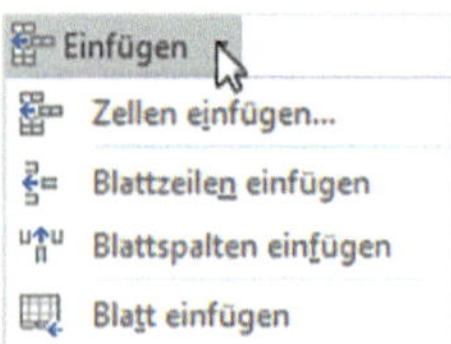

- Mit einem Mausklick auf den Dropdown-Pfeil der Schaltfläche können Sie auswählen, ob Sie einzelne Zellen, Zeilen oder Spalten einfügen möchten.

> **Spalten werden immer links von der markierten Spalte, Zeilen werden über der ausgewählten Zeile eingefügt.**

Beispiel Zeile einfügen

Sie möchten zwischen Überschrift und Daten eine weitere Zeile einfügen:

- Markieren Sie die erste Zeile, die Daten enthält, indem Sie auf den Zeilenkopf klicken. Klicken Sie anschließend auf die Schaltfläche *Einfügen*. Analog verfahren Sie beim Einfügen von Spalten.

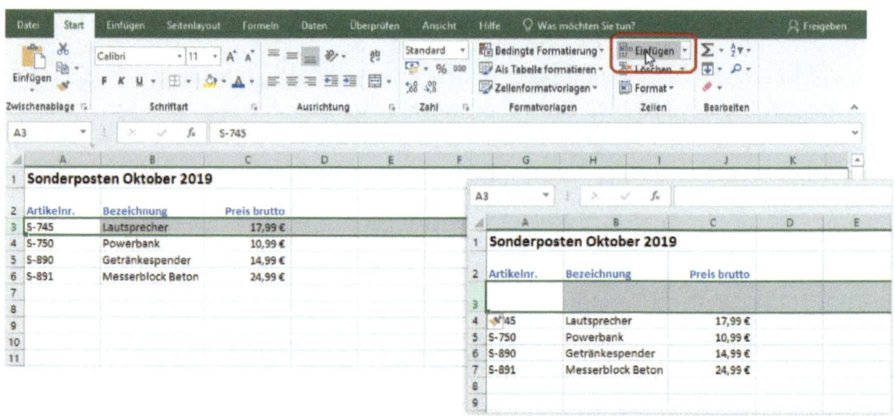

> **Die eingefügte Zeile übernimmt die Formatierung der Zeile darüber. Aus diesem Grund ist die Zeile im Beispiel oben höher als die Zeilen darunter. Über die Einfügeoptionen können Sie dieses Problem beheben. Dazu gleich mehr auf der nächsten Seite.**

- Alternative: Markieren Sie eine beliebige Zelle der Zeile, über der Sie eine neue Zeile einfügen möchten. Klicken Sie auf den Dropdown-Pfeil der Schaltfläche *Einfügen* und wählen Sie *Blattzeilen einfügen*.

Mehrere Spalten/ Zeilen einfügen

Sie können auch mehrere mehrere Zeilen bzw. Spalten gleichzeitig einfügen. Markieren Sie dazu einfach die benötigte Anzahl und klicken Sie auf die Schaltfläche *Einfügen*. Neuen Spalten werden links von der Markierung eingefügt.

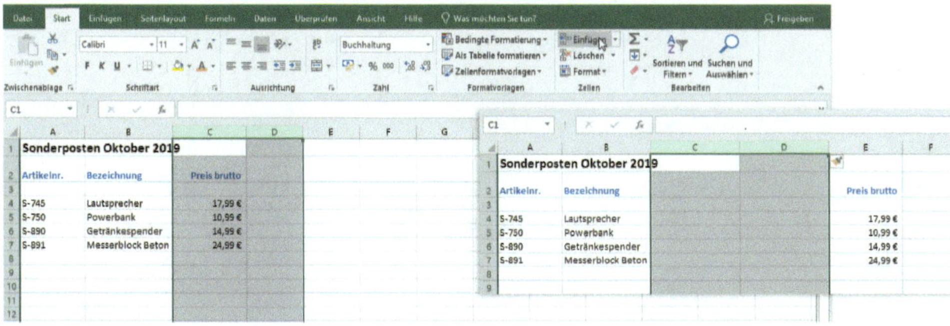

Einzelne Zellen einfügen

Haben Sie nur einzelne Zellen markiert, dann fügt Excel nach einem Mausklick auf die Schaltfläche *Einfügen* immer nur die entsprechende Anzahl an Zellen ein. Die übrigen Zellen werden nach unten oder nach rechts verschoben. Allerdings ist dies nicht immer erwünscht und kann zu Fehlern in der Tabelle führen, wie im Beispiel unten.

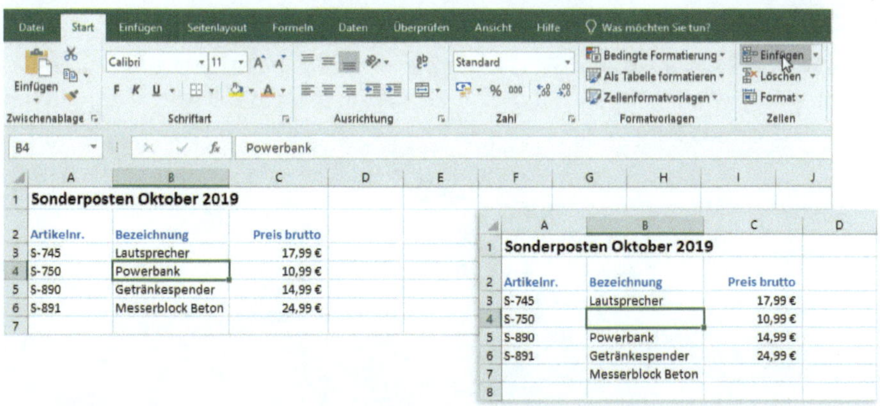

Einfügeoptionen

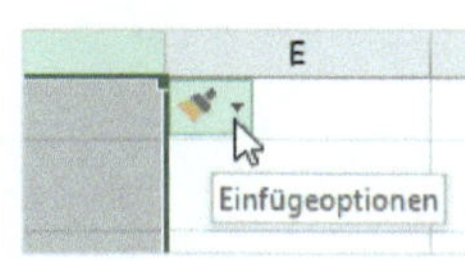

Nach dem Einfügen neuer Zeilen oder Spalten wird im Tabellenblatt die Schaltfläche *Einfügeoptionen* angezeigt. Enthält Ihre Tabelle unterschiedliche Formatierungen, können Sie über die *Einfügeoptionen* entscheiden, welche für die neue Spalte bzw. Zeile übernommen werden sollen.

> **Eingefügte Spalten übernehmen standardmäßig das Format der linken Spalte; neue Zeilen verwenden das Format der Zeile oberhalb. Abweichende Einstellungen nehmen Sie über die Schaltfläche Einfügeoptionen vor.**

Beispiel Zeile: Die neue Zeile unterhalb der Überschrift soll weder die Zeilenhöhe noch die Formatierung in fetter Schrift verwenden. Klicken Sie deshalb auf die Einfügeoptionen, die nach dem Hinzufügen der Zeile auf dem Tabellenblatt erscheinen, und wählen Sie *Gleiches Format wie Zelle unten* aus. Dadurch verringert sich die Zeilenhöhe und das Währungsformat wird für die Spalte C übernommen.

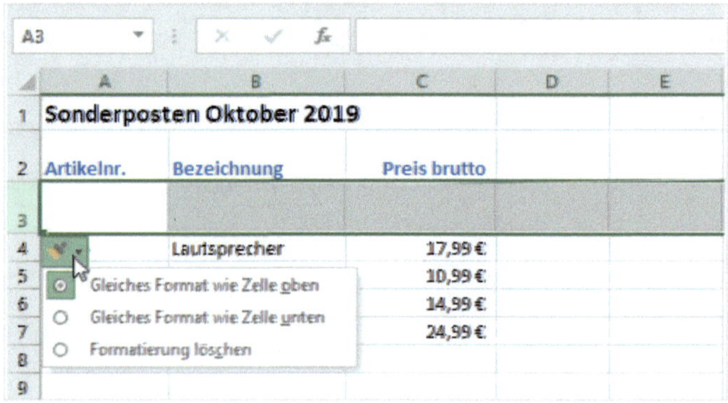

Beispiel Spalte: Für die neu eingefügte Spalte wird standardmäßig die Formatierung der linken Spalte übernommen. Ist dies gewünscht, benötigen Sie die Einfügeoptionen nicht. Die Schaltfläche verschwindet automatisch, sobald Sie weitere Daten eingeben oder einen Befehl auf dem Menüband auswählen.

Soll in die neue Spalte der *Preis netto* eingegeben werden, wählen Sie über die Schaltfläche *Einfügeoptionen* die Option *Gleiches Format wie Zelle rechts* aus. Wünschen Sie keine Formatierung, wählen Sie *Formatierung löschen*. In diesem Fall wird die Spalte im Format *Standard* formatiert.

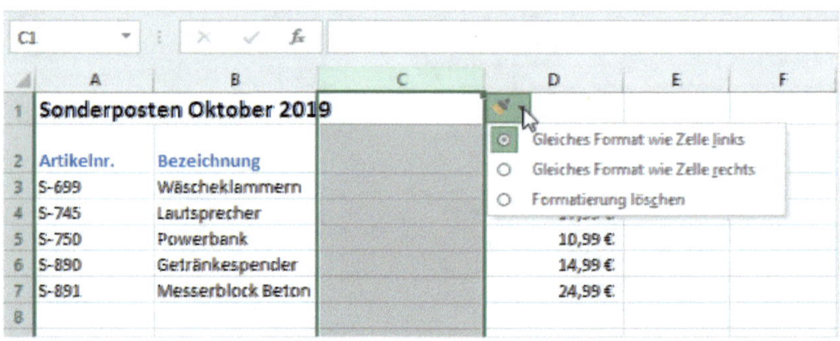

Zeilen und Spalten löschen

Die Schaltfläche *Löschen* (Register *Start*, Gruppe *Zellen*) ist, wie die Schaltfläche *Einfügen*, zweigeteilt:

- Durch Anklicken des Symbols der Schaltfläche werden markierte Zellen, Spalten oder Zeilen gelöscht. Im folgenden Beispiel wurden zwei Spalten markiert und durch Antippen der Schaltfläche *Löschen* entfernt. Dabei werden auch die Inhalte der Spalten gelöscht.

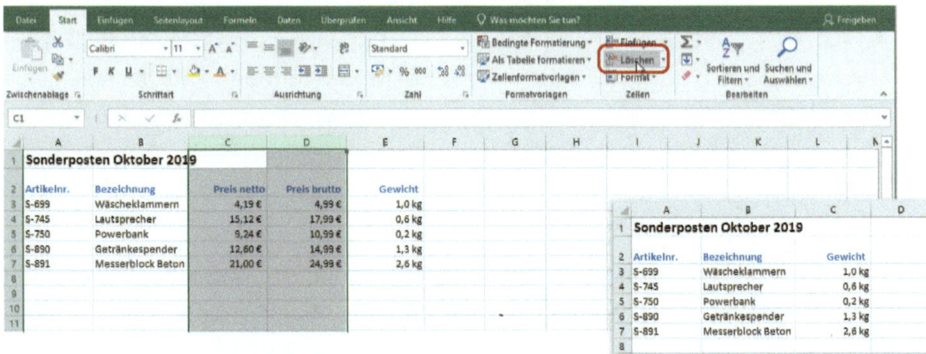

- Beim Löschen markierter Zellen rücken die Inhalte nachfolgender Zellen unter Umständen in unerwünschter Weise nach, wie das Beispiel zeigt:

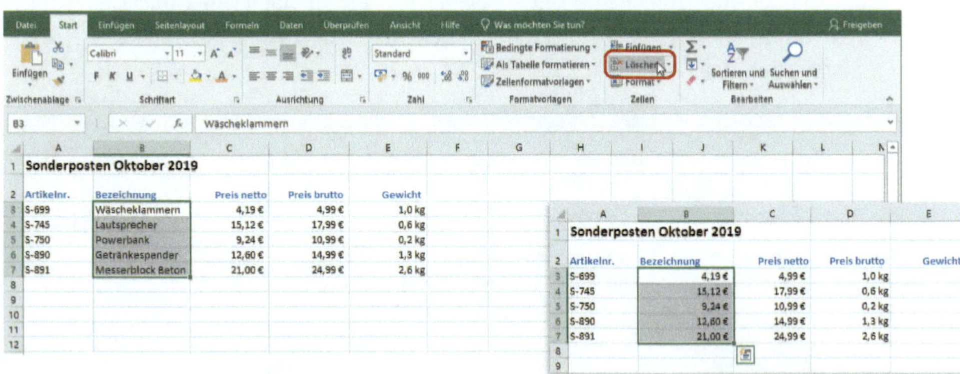

Sollen nur die Inhalte der markierten Zellen gelöscht werden, verwenden Sie die Entf-Taste auf der Tastatur.

- Mit Klick auf den Dropdown-Pfeil der Schaltfläche *Löschen* erhalten Sie dieselben Möglichkeiten wie bei der Schaltfläche *Einfügen*. Zum Löschen einer Spalte oder Zeile genügt es dann, wenn eine beliebige Zelle innerhalb der zu löschenden Zeile oder Spalte markiert ist.

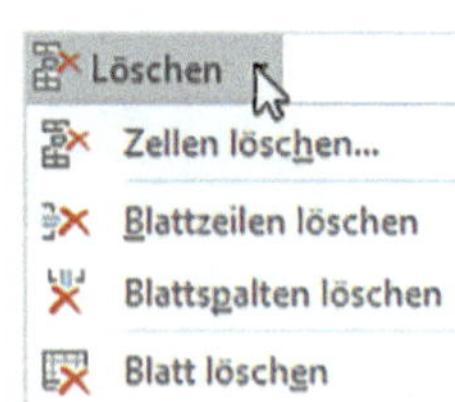

Spalten und Zeilen ausblenden

Spalten oder Zeilen deren Inhalte noch benötigt werden, die aber die Übersichtlichkeit der Tabelle stören, können ausgeblendet werden. Diese Möglichkeit wird beispielsweise genutzt, wenn einzelne Rechenschritte über mehrere Spalten verteilt wurden und nur das Endergebnis angezeigt werden soll. Die restlichen Spalten werden dann einfach ausgeblendet. Beim Ausblenden einer Spalte oder Zeile wird deren Breite bzw. Höhe auf den Wert 0 gesetzt. Die Inhalte der ausgeblendeten Spalte sind weiterhin vorhanden, werden gespeichert und können ggf. wieder eingeblendet werden.

Die Handhabung zum Aus- und Einblenden von Spalten und Zeilen gleichen sich. Hier werden die Bearbeitungsschritte für die Spalte beschrieben. Mit der Zeile verfahren Sie analog.

Spalte ausblenden

Zum Ausblenden einer Spalte gehen Sie so vor:

- Ziehen Sie im Bereich der Spaltenköpfe die rechte Trennlinie ❶ mit gedrückter linker Maustaste nach links, bis die Spalte nicht mehr sichtbar ist.
- Alternativ klicken Sie mit der rechten Maustaste auf einen Spaltenkopf und wählen im Kontextmenü *Ausblenden* aus.

Tipp! Ausgeblendete Spalten erkennen Sie daran, dass die Abfolge der Buchstaben im Spaltenkopf nicht mehr fortlaufend ist an der Stelle der fehlenden Spalte zwei senkrechte Linien angezeigt werden.

Die Datei ist als Download verfügbar:

Beispiel_Ausblenden.xlsx

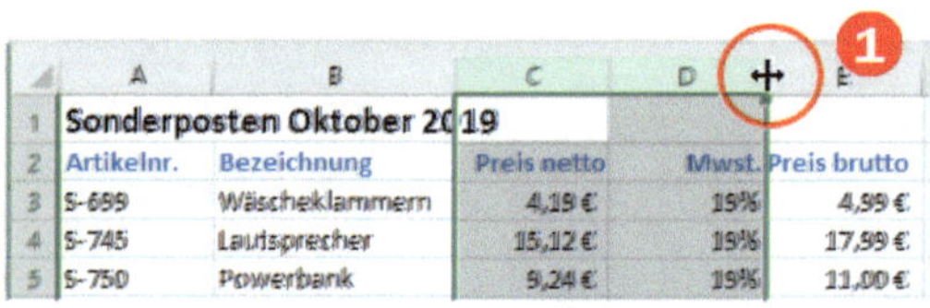

Spalte einblenden

- Positionieren Sie den Mauszeiger im Bereich der Spaltenköpfe etwas rechts von der Trennlinie. Eine doppelte senkrechte Linie ❷ zeigt an, dass hier eine Spalte (im Beispiel oben Spalte B) ausgeblendet ist. Ziehen Sie nun die Spalte wieder in die gewünschte Breite oder stellen Sie mit einem Doppelklick die optimale Spaltenbreite her.

- Alternativ markieren Sie einen Bereich, der die ausgeblendete Spalte einschließt (im oberen Beispiel Spalte A bis C) und klicken mit der rechten Maustaste auf den markierten Spaltenkopf. Im Kontextmenü wählen Sie *Einblenden* aus.

5.2 Zellinhalte verschieben und kopieren

Um Inhalte nachträglich an eine andere Position zu verschieben oder zu kopieren, können Sie die Maus, Tastenkombinationen oder Befehle im Menüband verwenden.

> **Achtung:** Wenn der Zielbereich bereits Inhalte enthält, werden diese nach vorheriger Rückfrage durch die neuen Inhalte überschrieben.

Die Maus verwenden

Verschieben

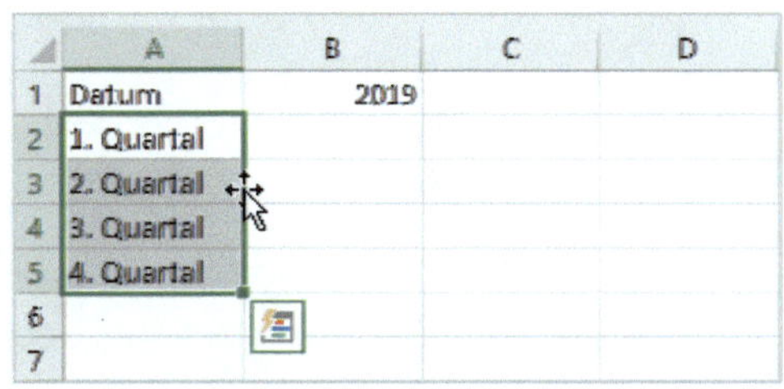

1 Markieren Sie die Zelle oder den Zellbereich, der verschoben werden soll.

2 Zeigen Sie mit der Maus auf den Markierungsrahmen, bis am Mauszeiger vier Richtungspfeile erscheinen.

3 Ziehen Sie nun mit gedrückter linker Maustaste den Zellbereich an die gewünschte Stelle.

Kopieren

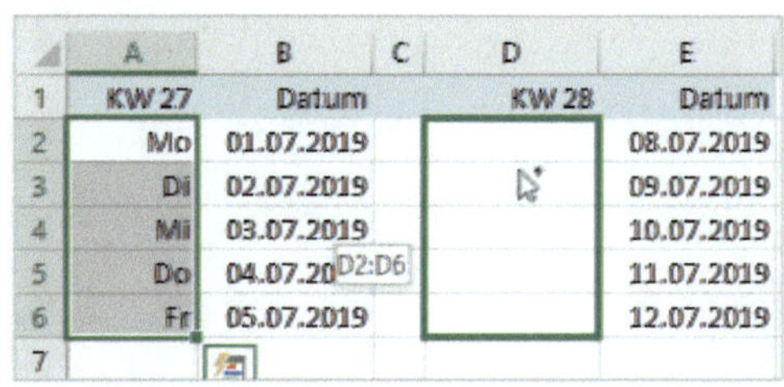

1 Markieren Sie die Zelle oder den Zellbereich, dessen Inhalt kopiert werden soll.

2 Zeigen Sie mit der Maus auf den Markierungsrahmen, bis am Mauszeiger vier Richtungspfeile erscheinen.

3 Halten Sie während des Ziehens die **Strg-Taste** der Tastatur gedrückt, am Mauszeiger erscheint ein Plussymbol +.

Reihen ausfüllen

Sollen Inhalte in angrenzende Felder kopiert werden, kann auch die Funktion *Reihen ausfüllen* verwendet werden, die Sie schon in Kapitel 4 kennengelernt haben. Im Beispiel links wird damit das Wort „Herr" in Zelle A2 nach A3 und A4 kopiert.

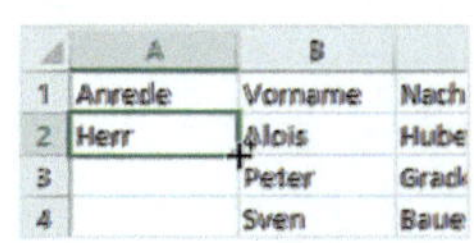

> Tipp: Wenn Sie beim Kopieren oder Verschieben neben dem Inhalt auch die Spaltenbreite übernehmen möchten, dann markieren Sie die gesamte Spalte und kopieren/verschieben diese.

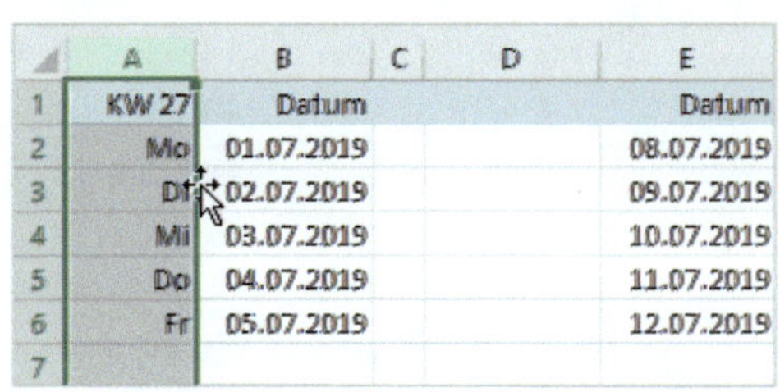

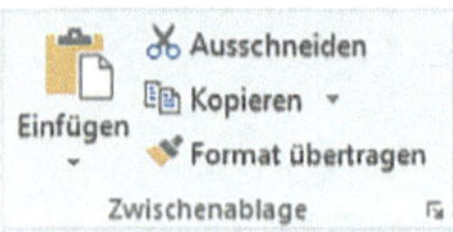

Mit der Zwischenablage arbeiten

Neben der Maus können Zellinhalte auch über Befehle oder Tastenkombinationen ausgeschnitten, kopiert und eingefügt werden. Ausgeschnittene oder kopierte Elemente werden vorübergehend in der Zwischenablage gespeichert. Die Schaltflächen zum Ausschneiden, Kopieren und Einfügen finden Sie im Register *Start*, Gruppe *Zwischenablage*. Alternativ können Sie anstelle der Schaltflächen auch eine Tastenkombination verwenden:

	Aktion	Tasten	Schaltfläche
Ausschneiden	Schneidet den Inhalt des markierten Zellbereichs in die Zwischenablage aus.	**Strg + X**	
Kopieren	Kopiert den Inhalt des markierten Zellbereichs in die Zwischenablage.	**Strg + C**	
Einfügen	Fügt das zuletzt kopierte oder ausgeschnittene Element aus der Zwischenablage in den markierten Zellbereich ein.	**Strg + V**	

1 Markieren Sie den Zellbereich, den Sie ausschneiden oder kopieren möchten.

2 Klicken Sie auf die entsprechende Schaltfläche, bzw. verwenden Sie die Tastenkombination. Der markierte Zellbereich wird mit einem gestrichelten Rahmen versehen.

3 Markieren Sie anschließend die obere linke Ecke des Zielbereichs.

4 Zum Einfügen klicken Sie auf die Schaltfläche *Einfügen*, drücken die Enter-Taste oder verwenden die Tastenkombination **Strg+V**.

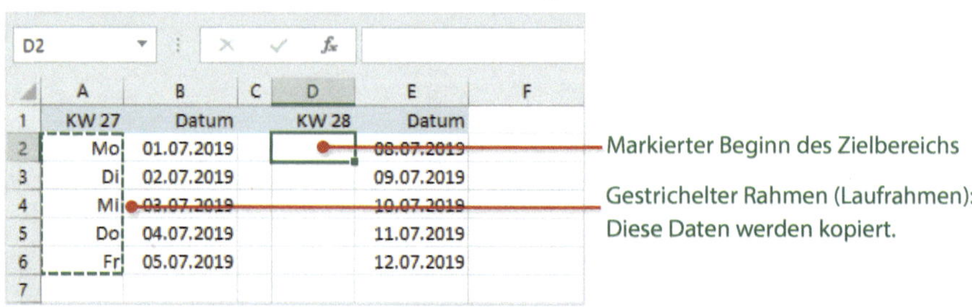

- Führen Sie zwischen Kopieren (Ausschneiden) und Einfügen keine weiteren Aktionen aus, z. B. Daten eingeben. Dadurch verschwindet der Laufrahmen und Inhalte können nicht mehr eingefügt werden. Sie müssen von Neuem beginnen.
- Sollte nach dem Einfügen der Laufrahmen um den ursprünglich markierten Zellbereich immer noch sichtbar sein, so verschwindet dieser, wenn Sie die Esc-Taste betätigen.
- Mit dieser Methode können Sie auch Zellinhalte aus einem Arbeitsblatt in ein anderes Blatt oder in eine andere Arbeitsmappe kopieren. Wechseln Sie einfach nach dem Ausschneiden oder Kopieren in das Tabellenblatt oder über die Taskleiste in die Arbeitsmappe.

Tipp zum schnellen Kopieren und Verschieben

Sie können Zellinhalte auch verschieben oder kopieren und gleichzeitig eine neue Spalte oder Zeile für diese Inhalte erzeugen. Halten Sie dazu während des Ziehens zusätzlich die Umschalt-Taste gedrückt! Ein grüner senkrechter oder waagrechter Balken erscheint. An dieser Stelle werden die Zellen nach dem Loslassen der Maustaste eingefügt, ohne vorhandene Inhalte zu überschreiben.

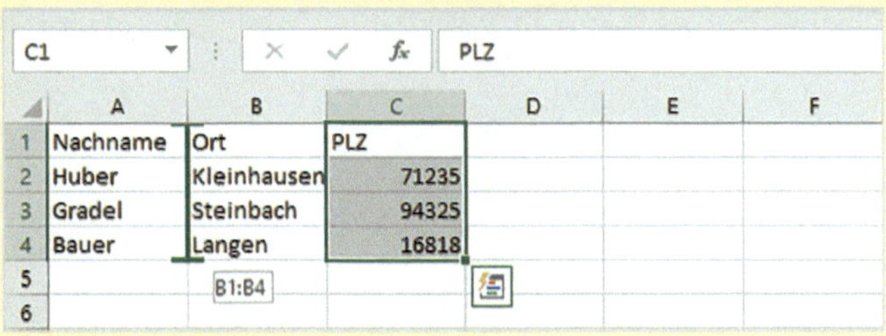

Die Office-Zwischenablage

Aus der Windows-Zwischenablage können Sie immer nur das zuletzt ausgeschnittene oder kopierte Element wieder einfügen. Im Gegensatz dazu speichert die Office-Zwischenablage bis zu 24 Elemente. Um sie zu verwenden, muss der Aufgabenbereich *Zwischenablage* geöffnet, d. h. im linken Bereich des Excel-Fensters sichtbar sein.

Zur Anzeige klicken Sie auf das Symbol der Gruppe *Zwischenablage* im Register *Start*.

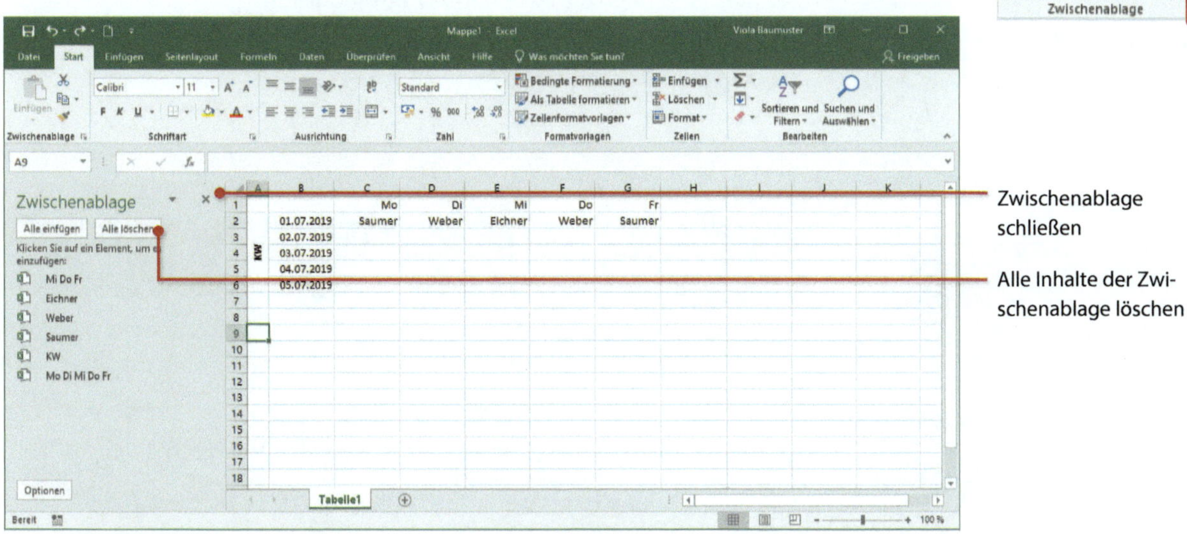

- Sie können nun nacheinander bis zu 24 Elemente in die Zwischenablage ausschneiden oder kopieren. Diese können anschließend auch mehrfach und in beliebiger Reihenfolge wieder eingefügt werden. Zum Einfügen markieren Sie die erste Zelle des Zielbereichs und klicken in der Office-Zwischenablage mit der Maus auf den gewünschten Eintrag. Es können Inhalte mehrerer Zellen kopiert und eingefügt werden; auch Ausrichtungen und verbundene Zellen werden übernommen.

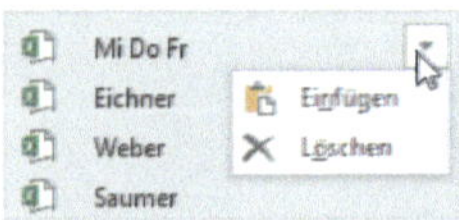

- Um ein kopiertes oder ausgeschnittenes Element aus der Zwischenablage zu entfernen, zeigen Sie mit der Maus auf den Eintrag. Dadurch wird ein Dropdown-Pfeil angezeigt. Klicken Sie diesen an und wählen Sie *Löschen* aus.

Erweiterte Einfügeoptionen

Kopierte Inhalte müssen nicht mit ihrem ursprünglichen Aussehen am Zielort eingefügt werden. Die verfügbaren Optionen erscheinen, wenn Sie nach dem Kopieren eines Inhalts zum Einfügen auf den Dropdown-Pfeil der Schaltfläche *Einfügen* klicken.

Beispiel: Sie bemerken, dass Sie eine Tabelle unpraktisch aufgebaut haben und möchten die Daten, die bis jetzt in einer Zeile sind, lieber in einer Spalte anzeigen.

- Markieren Sie die ursprünglichen Inhalte ❶ und kopieren Sie diese, z. B. mit Strg+C.
- Markieren Sie die Zelle ❷, ab der die Inhalt eingefügt werden sollen.
- Wählen Sie *Start* ▶ Gruppe *Zwischenablage* ▶ Dropdown-Pfeil der Schaltfläche *Einfügen* ▶ *Transponieren* ❸. Durch Zeigen auf die Option, wird am Einfügeort eine Vorschau sichtbar, mit einem Mausklick übernehmen Sie die Darstellung.
- Löschen Sie dann die ursprünglichen Informationen.

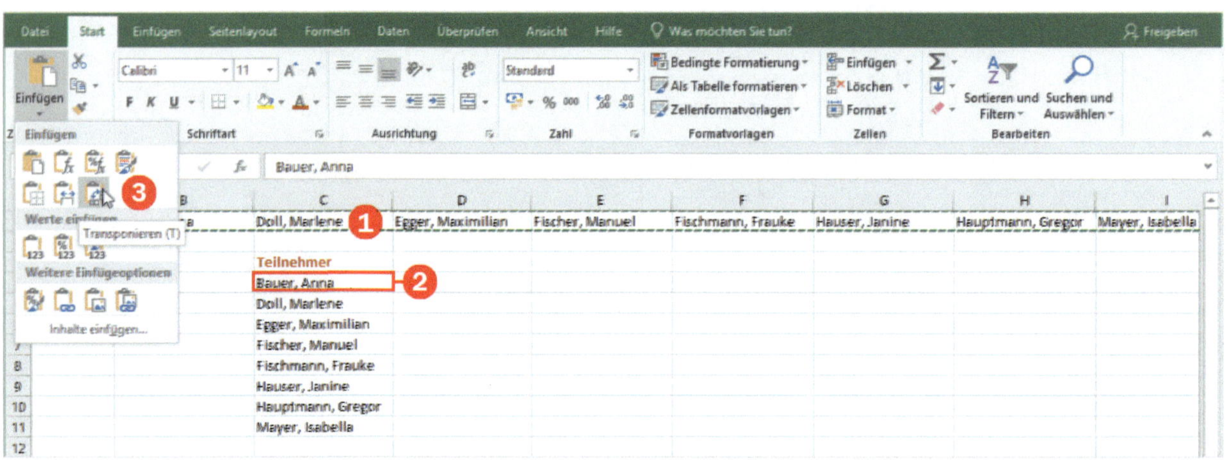

> **Achtung!** Die Einfügeoptionen stehen nur für kopierte nicht für ausgeschnittene Inhalte zur Verfügung.

Einfügen: Zellinhalt und Formatierung werden eingefügt.

Keine Rahmenlinien: Fügt den kopierten Zellinhalt einschließlich Zahlenformate und sonstiger Formatierungen (z. B. Füllfarbe) ein, mit Ausnahme der Rahmenlinien.

Breite der Ursprungsspalte beibehalten: Alle Inhalte einschließlich aller Formatierungen und die ursprüngliche Spaltenbreite werden übernommen.

Transponieren: Beim Einfügen werden Spalten und Zeilen vertauscht. Praktische Möglichkeit zum schnellen Umgestalten von Tabellen.

Werte: Fügt ausschließlich Zellinhalte (Werte) ohne Formatierungen ein. Wenden Sie diese Option auf ein Datum an, wird die Zahl, die dem Datum zugrunde liegt, angezeigt, z. B. statt 24.05.2019 wird 43609 angezeigt. Praktisch ist diese Option auch beim Kopieren vom Formeln, wenn anstelle einer Formel nur deren Ergebnis in die Zielzelle eingefügt werden.

Werte und Zahlenformat: Fügt Zellinhalte zusammen mit den Zahlenformaten ein, sonstige Formatierungen (z. B. Schrift) werden nicht übernommen.

Werte und Quellformatierung: Fügt Zellinhalte, Zahlenformate und alle übrigen Formate ein.

Formatierung: Fügt ausschließlich die Zellenformatierung ein, die Zellen bleiben leer.

Inhalte ausgeblendeter Spalten oder Zeilen nicht kopieren

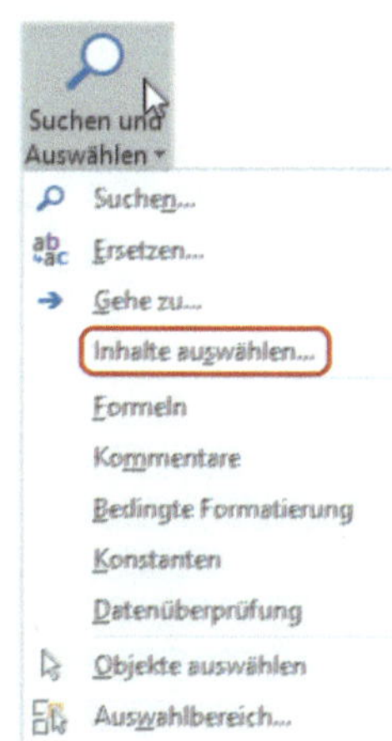

Auf Seite 116 haben Sie gelernt, wie Sie Zeilen bzw. Spalten ausblenden. Beim Kopieren von Zellbereichen, die ausgeblendete Zeilen bzw. Spalten enthalten, werden diese ebenfalls kopiert. Möchten Sie darauf verzichten, gehen Sie so vor:

1 Markieren Sie den Bereich, den Sie kopieren möchten.

2 Klicken Sie im Register *Start* ▶ Gruppe *Bearbeiten* ▶ *Suchen und Auswählen* ▶ *Inhalte auswählen*, aktivieren Sie *Nur sichtbare Zellen* und klicken Sie auf *Ok*.

3 Drücken Sie Strg + C. Dort wo Zeilen bzw. Spalten ausgeblendet sind, wird jetzt ebenfalls eine gestrichelte grüne Linie angezeigt.

4 Markieren Sie die erste Zelle ab der der Inhalt eingefügt werden soll, ggf. auf einem neuen Tabellenblatt, und drücken Sie dann Strg + V.

5.3 Vom Umgang mit Tabellenblättern

Eine Excel-Arbeitsmappe umfasst häufig mehrere Arbeits- oder Tabellenblätter. Diese können jederzeit verschoben, kopiert, gelöscht oder umbenannt werden. Die Tabellenblätter werden im Blattregister angezeigt. Das aktuelle Tabellenblatt erkennen Sie an der Unterstreichung.

Jede neue Arbeitsmappe, die mit der Vorlage *Leere Arbeitsmappe* erstellt wurde, enthält standardmäßig ein Tabellenblatt. Das Blatt ist als *Tabelle1* benannt. Andere Vorlagen können mehr Tabellenblätter zur Verfügung stellen.

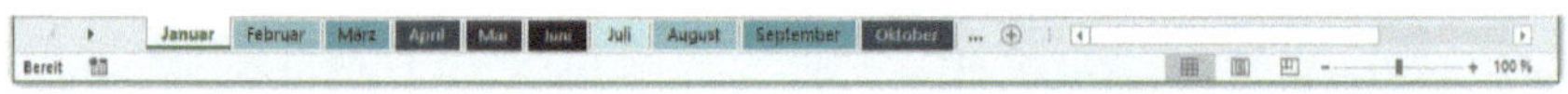

Zwischen Tabellenblättern wechseln

- Zum Wechseln zwischen Tabellenblättern klicken Sie im Blattregister einfach auf den Namen des Blattes, z. B. *April*.

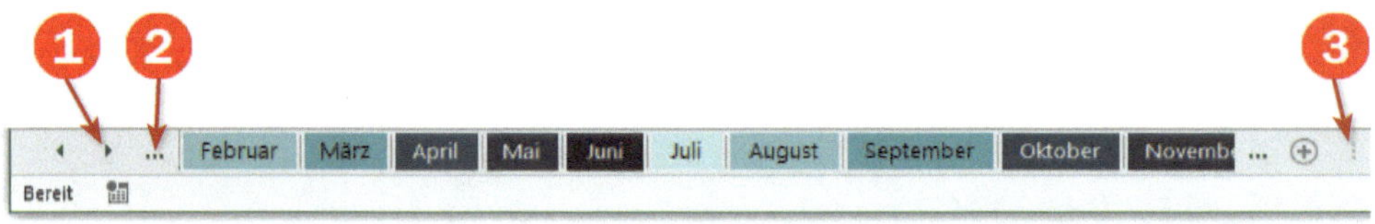

- Reicht das Register zur Anzeige aller Blätter nicht mehr aus, dann verwenden Sie die **Navigationspfeile** ❶, um weitere Blätter anzuzeigen. Um schnell an den Anfang bzw. das Ende des Blattregisters zu navigieren, halten Sie die **Strg-Taste** gedrückt und klicken auf den linken bzw. rechten Navigationspfeil. Mit den **Navigationspunkten** ❷ am Anfang und Ende des Blattregisters springen Sie zum nächsten nicht mehr sichtbaren Register.

- Geben Sie dem Blattregister mehr Platz, indem Sie auf die senkrechte, gepunktete Linie zeigen ❸ und bei gedrückter linker Maustaste nach rechts ziehen. Dadurch verkleinern Sie den Bereich, der der Bildlaufleiste zur Verfügung steht.

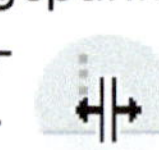

- Noch übersichtlicher werden die Tabellenblätter einer Arbeitsmappe angezeigt, wenn Sie mit der rechten Maustaste auf die Navigationspfeile klicken. Excel blendet eine Liste aller Blätter ein. Klicken Sie einfach mit der Maus auf das gewünschte Arbeitsblatt und bestätigen Sie mit *OK*, um dieses am Bildschirm anzuzeigen.

Tabellenblätter einfügen, löschen und umbenennen

Blatt einfügen

Am einfachsten fügen Sie ein weiteres Tabellenblatt ein, indem Sie mit der Maus im Blattregister auf das Symbol *Neues Blatt* klicken. Die neuen Tabellenblätter werden fortlaufend durchnummeriert mit Tabelle2, Tabelle3 etc.. Da die Tabellenblätter abhängig von der Reihenfolge beim Einfügen und nicht nach ihrer Position nummeriert werden, ist die Nummerierung nicht immer identisch mit der Reihenfolge im Blattregister.

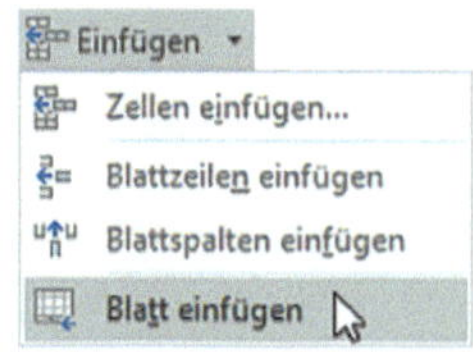

Weitere Möglichkeiten zum Hinzufügen von Tabellenblättern:

- Drücken Sie die Tastenkombination Umschalt + F11.
- Oder klicken Sie im Register *Start*, Gruppe *Zellen*, auf den Dropdown-Pfeil der Schaltfläche *Einfügen* und wählen *Blatt einfügen*.

Ein neues Tabellenblatt wird immer rechts vom aktiven Tabellenblatt (Blatt, dessen Inhalt am Bildschirm sichtbar ist) eingefügt. Die Nummerierung wird dabei nicht angepasst. Folgende Darstellung ist durchaus üblich und kann entweder durch Umbenennen der Blattregister oder Verschieben der Blätter korrigiert werden.

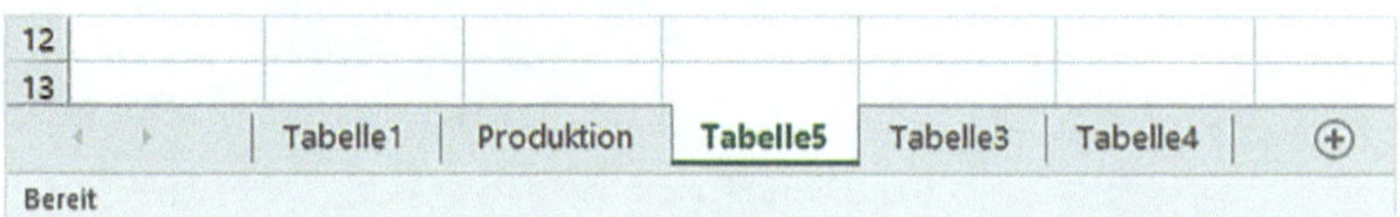

Blatt löschen

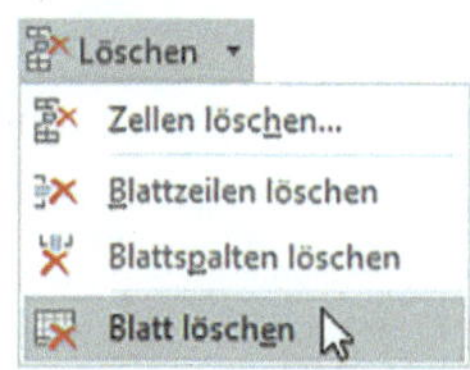

- Klicken Sie im Blattregister auf das Tabellenblatt, das gelöscht werden soll. Der Inhalt des Tabellenblatts wird angezeigt. Klicken Sie dann im Register *Start*, Gruppe *Zellen*, auf den Dropdown-Pfeil der Schaltfläche *Löschen* und wählen Sie *Blatt löschen* aus.
- Eine andere Möglichkeit bietet das Kontextmenü: Klicken Sie mit der rechten Maustaste im Blattregister auf den Namen des zu löschenden Blattes und wählen Sie *Löschen*.

> **Achtung**: Das Löschen von Tabellenblättern kann nicht rückgängig gemacht werden. Befinden sich Daten im Blatt, werden diese unwiederbringlich gelöscht. Aus diesem Grund fordert Excel Sie auf, das Löschen nochmals zu bestätigen.

Blatt umbenennen

Noch übersichtlicher gestalten Sie eine Arbeitsmappe, wenn Sie jedes Blatt mit einem Namen versehen. Mit einem Doppelklick auf den Namen im Blattregister markieren Sie diesen. Geben Sie anschließend über die Tastatur den neuen Namen ein. Bestätigen Sie mit der Enter-Taste oder klicken Sie an eine beliebige Stelle des Tabellenblattes. Beachten Sie, dass innerhalb einer Arbeitsmappe die Blattregister nicht gleich benannt sein können.

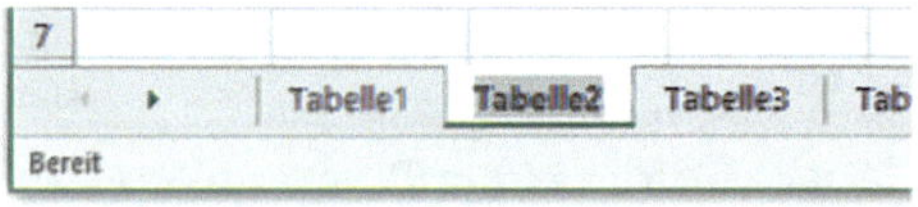

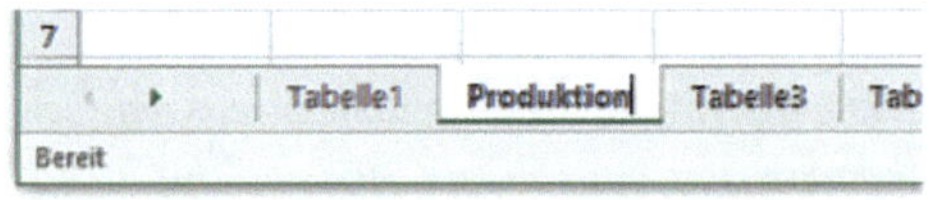

> Wenn im Menüband fast alle Befehle hellgrau dargestellt, d. h. nicht verfügbar sind, dann könnte der Grund dafür sein, dass noch der Name eines Tabellenblattes markiert ist oder der Cursor noch im Tabellenblatt angezeigt wird, sie also die Änderung nicht abgeschlossen haben.

Registerfarbe

Excel bietet darüber hinaus die Möglichkeit, Tabellenblätter im Blattregister mit verschiedenen Farben zu kennzeichnen. Klicken Sie im Register *Start* ▸ Gruppe *Zellen* ▸ auf *Format* ▸ *Registerfarbe* oder klicken Sie mit der rechten Maustaste auf den Namen des Blattes und zeigen anschließend auf *Registerfarbe*.

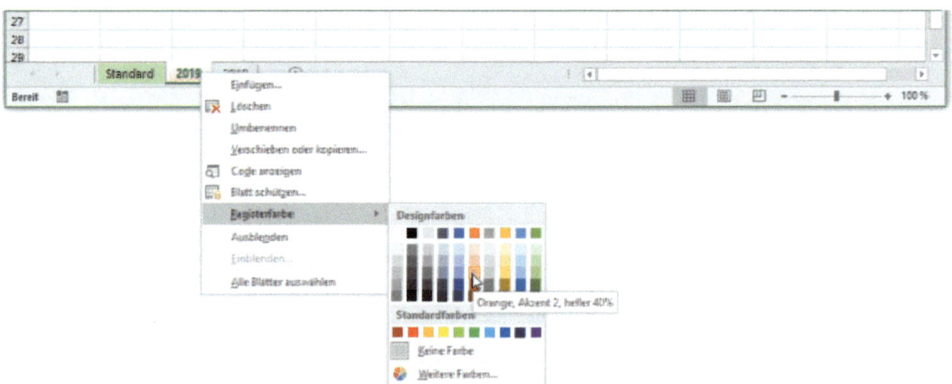

> Die Tabellenblätter *Standard* und *2019* sind beide mit Registerfarben hinterlegt. Beim aktuellen Tabellenblatt, d. h. dem Blatt welches gerade angezeigt wird, hier *Standard*, wird die Farbe abgesoftet.
>
> 
>

Tabellenblatt verschieben oder kopieren

Blatt verschieben

Innerhalb einer Arbeitsmappe können Sie die Reihenfolge der Tabellenblätter beliebig verändern. Ziehen Sie dazu einfach im Blattregister das Blatt mit gedrückter linker Maustaste an die neue Position.

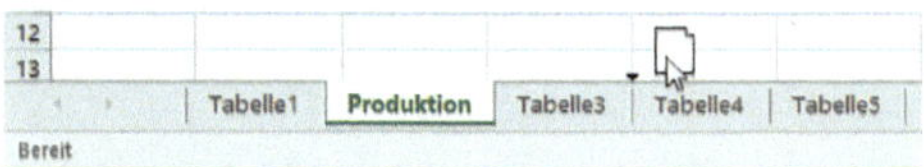

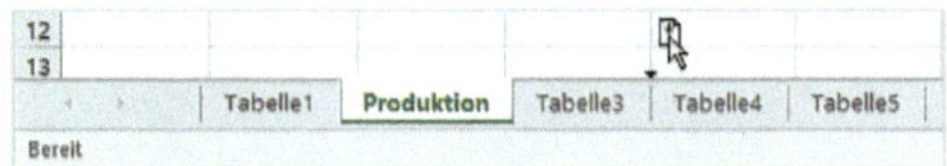

Blatt kopieren

Wenn Sie ein Blatt kopieren, dann erstellen Sie eine 1:1 Kopie des Blattes einschließlich der Spaltenbreiten, Zeilenhöhen und aller Druckeinstellungen. Dabei verfahren Sie wie beim Verschieben eines Tabellenblatts, halten allerdings zusätzlich die **Strg-Taste** gedrückt. Am Mauszeiger wird dadurch ein Pluszeichen sichtbar und das Blatt wird kopiert.

Innerhalb einer Arbeitsmappe können zwei Tabellenblätter nicht denselben Namen tragen. Beim Kopieren des Tabellenblatts *Produktion* wird die Kopie mit dem Namen *Produktion (2)* eingefügt.

Tabellenblatt in eine andere Mappe verschieben bzw. kopieren

Wenn Sie das Blatt in eine andere, bereits bestehende Arbeitsmappe verschieben oder kopieren möchten, dann muss diese Arbeitsmappe geöffnet sein.

- Klicken Sie mit der rechten Maustaste im Blattregister auf den Namen des zu kopierenden Blattes und klicken im Kontextmenü auf den Befehl *Verschieben oder kopieren* ❶ oder

  Klicken Sie Register *Start*, Gruppe *Zellen*, auf die Schaltfläche *Format* und auf den Befehl *Blatt verschieben/ kopieren*.

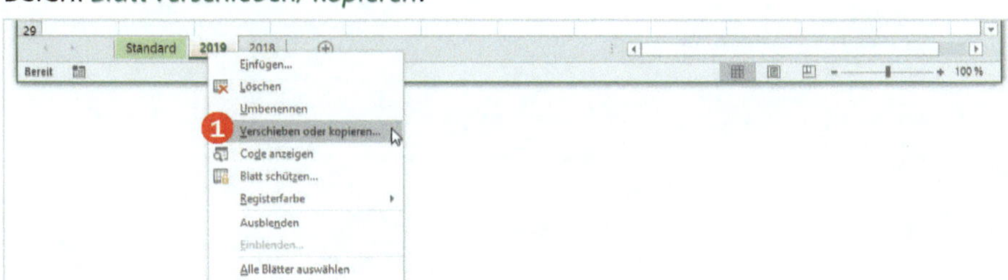

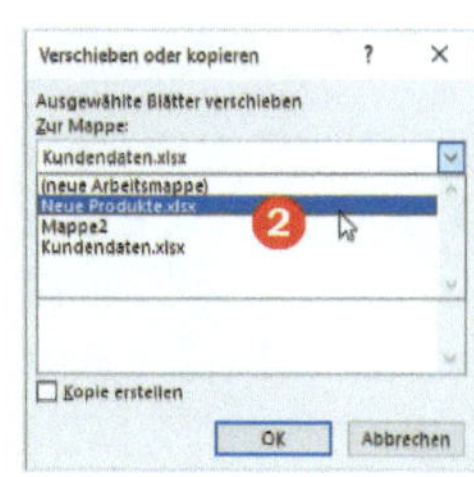

- In beiden Fällen wird das Dialogfenster *Verschieben oder kopieren* geöffnet. Wählen Sie die Mappe ❷, in die das Blatt eingefügt werden soll.

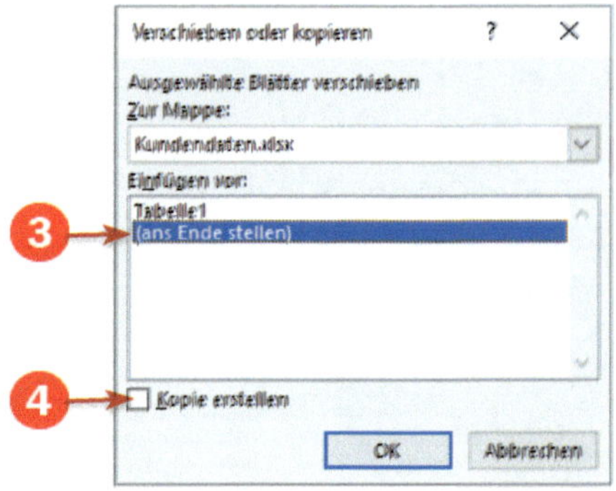

- Geben Sie die Position an ❸, an der das Blatt eingefügt werden soll. Wenn das Tabellenblatt als letztes Blatt erscheinen soll, wählen Sie (ans Ende stellen) aus und klicken auf *OK*.

> Soll eine Kopie erstellt werden, dann vergessen Sie nicht, das Kontrollkästchen bei *Kopie erstellen* ❹ zu aktivieren, ansonsten wird das Blatt verschoben!

Tabellenblätter aus- und wieder einblenden

Bei Bedarf können einzelne Tabellenblätter ausgeblendet werden, z. B. um sie vor unbeabsichtigten Änderungen zu schützen.

- Um das gerade angezeigte Tabellenblatt auszublenden, klicken Sie im Register *Start*, Gruppe *Zellen*, auf die Schaltfläche *Format*. Zeigen Sie auf den Befehl *Ausblenden & Einblenden* und klicken Sie dann auf *Blatt ausblenden*.

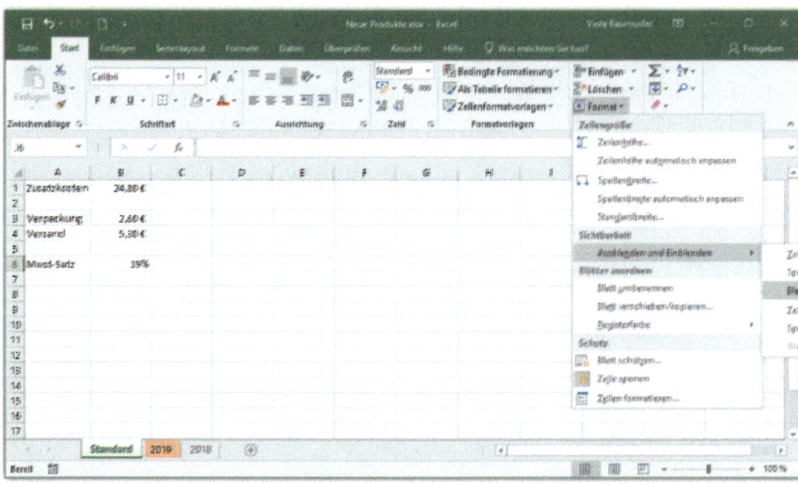

Alternativ klicken Sie mit der rechten Maustaste auf den Namen des Tabellenblatts und wählen im Kontextmenü *Ausblenden* aus.

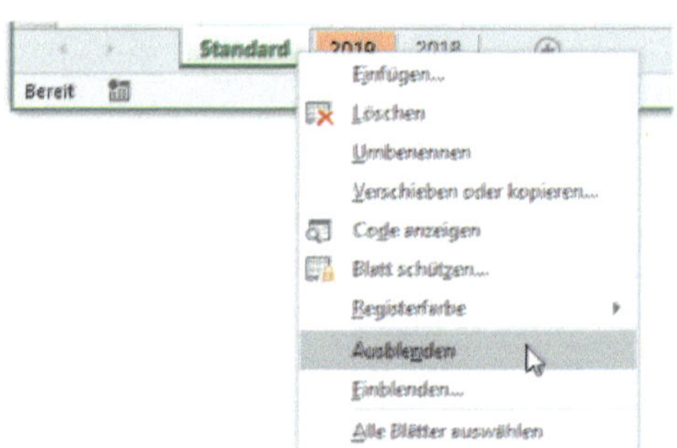

- Zum Einblenden eines Blattes klicken Sie erneut auf *Format* - *Ausblenden & Einblenden* und anschließend auf *Blatt einblenden...*. Im Fenster *Einblenden* wählen Sie das Tabellenblatt aus, welches wieder angezeigt werden soll. Auch im Kontextmenü des Blattregisters können Sie über *Einblenden* das Dialogfenster anzeigen.

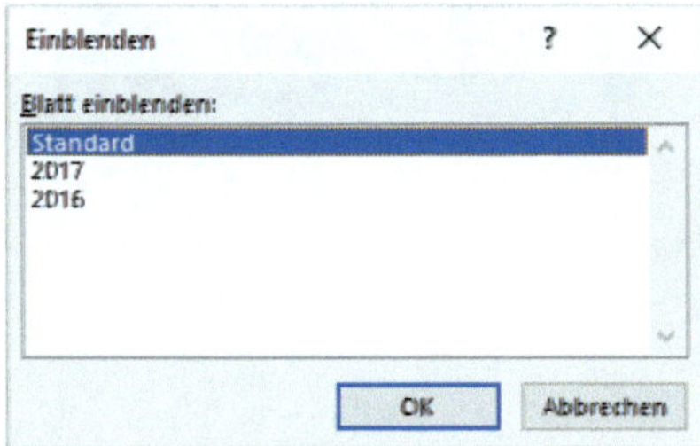

5.4 Übung

Öffnen Sie die Übungsdatei.

Die Datei ist als Download verfügbar:

Übung Tabellen verändern. xlsx

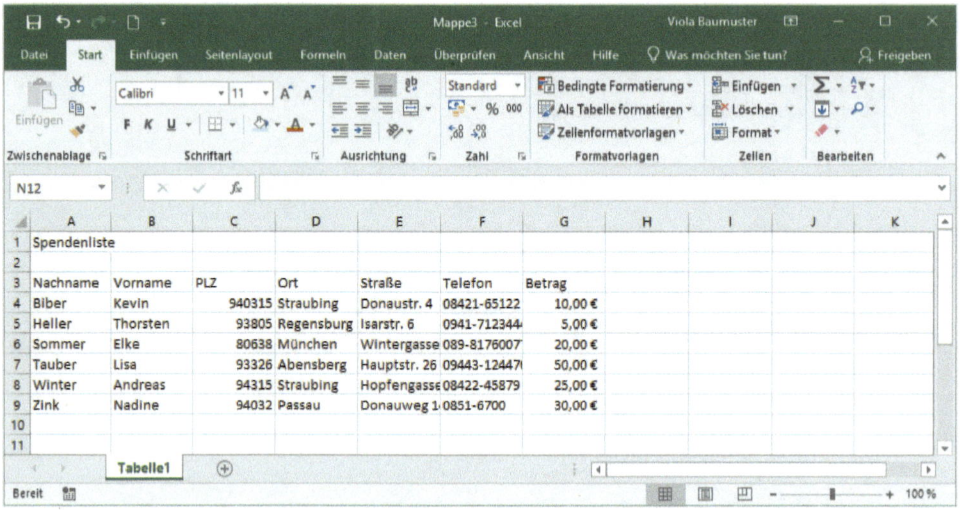

- Passen Sie die Spaltenbreiten an den Inhalt der Zelle an.
- Alle Zeilen der Tabelle erhalten eine einheitliche Zeilenhöhe von 21 pt.
- Verschieben Sie die Telefonnummern so, dass sie zwischen den Spalten *Vorname* und *PLZ* eingefügt werden, ohne die vorhandenen Inhalte zu löschen.
- Fügen Sie zwischen den Zeilen 6 und 7 eine Zeile ein und geben Sie hier eine beliebige Adresse ein.
- Fügen Sie links von *Nachname* in Spalte A eine Spalte für die Anrede ein und ergänzen Sie die Tabelle entsprechend.
- Verschieben Sie die Überschrift *Spendenliste* nach B1 und löschen Sie Zeile 2.
- Das Tabellenblatt soll den Namen *2019* erhalten.
- Erzeugen Sie ein neues Tabellenblatt und nennen es *2020*. Das neue Tabellenblatt *2020* soll an erster Stelle des Blattregisters angezeigt werden.
- Kopieren Sie die gesamten Inhalte des Tabellenblatts *2019* in das Tabellenblatt *2020* und löschen Sie die Inhalte der Spalte *Betrag*.

6 Daten formatieren

In diesem Kapitel lernen Sie...

- allgemeine Zellformate, z. B. Rahmenlinien und Füllfarben kennen
- schnelle Gestaltung mit Formatvorlagen
- Design zusammenzustellen und eigene Designfarben auszuwählen
- Zellen abhängig vom Inhalt zu formatieren

Das sollten Sie bereits wissen

- Daten in Excel eingeben
- Zellen markieren
- Spaltenbreite und Zeilenhöhe verändern

6.1 Schnelle Tabellengestaltung mit Formatvorlagen

Excel verfügt über umfangreiche Gestaltungsmöglichkeiten, mit denen Sie Ihre Arbeitsmappe optisch aufbereiten. Am einfachsten ist die Verwendung einer **Tabellenformatvorlage**, die automatisch die gesamte Tabelle mit Farben, Rahmenlinien etc. gestaltet. Daneben können Sie natürlich auch einzelnen Zellen und Zellbereichen verschiedene Schriftarten, Rahmenlinien oder Hintergrundfarben zuweisen.

Die angebotenen Tabellenformatvorlagen sind vom gewählten **Design** abhängig und mit der Auswahl anderer Designfarben und/oder Schriften erhält die gesamte Arbeitsmappe ein völlig anderes Aussehen. Dazu gleich mehr im Kapitel 6.2.

Einen Zellbereich als Tabelle formatieren

Excel verfügt über einen Katalog verschiedener Vorlagen, den Sie im Register *Start* ▶ Gruppe *Formatvorlagen* mit Klick auf die Schaltfläche *Als Tabelle formatieren* anzeigen.

Nähere Details zu den Organisations- und Analysemöglichkeiten von intelligenten Tabellen lesen Sie in Kapitel 10.

Gleichzeitig wird aus dem markierten Bereich eine „intelligente" Tabelle. Dies bedeutet, dass beim Hinzufügen weiterer Zeilen und/oder Spalten vorhandene Formate automatisch übernommen und der Zellbereich erweitert wird.

Die Datei ist als Download verfügbar:

Beispiel_Kühlschrank.xlsx

- Markieren Sie den Zellbereich, der formatiert werden soll. Wenn es sich um einen zusammenhängenden Zellbereich handelt, dann reicht es meist, wenn eine einzelne Zelle ❶ in diesem Bereich markiert ist.
- Klicken Sie auf die Schaltfläche *Als Tabelle formatieren* ❷ und klicken Sie auf eine der Vorlagen. Excel blendet ein anschließend das Fenster *Als Tabelle formatieren* ein, in dem Sie den Zellbereich der Tabelle kontrollieren und ggf. verändern können.

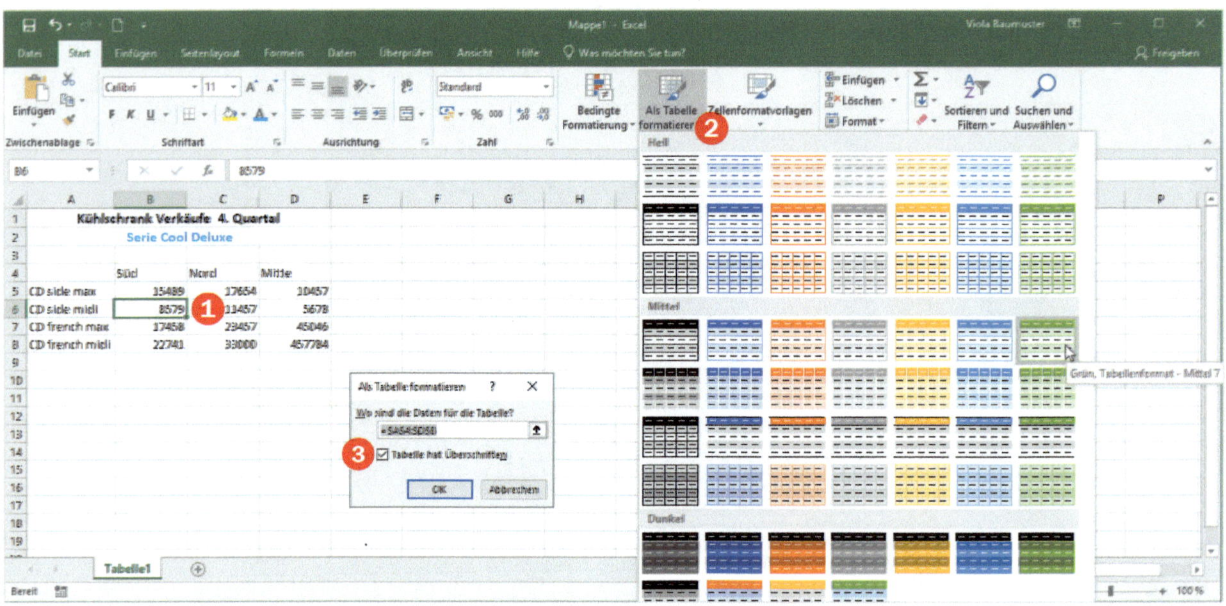

- Überprüfen Sie, ob das Häkchen bei *Tabelle hat Überschriften* ❸ korrekt ist und bestätigen Sie mit *OK*.

  Achtung: Enthält der markierte Bereich keine Überschriften, dann wird automatisch eine Beschriftungszeile hinzugefügt und die einzelnen Spalten mit Spalte 1, Spalte 2 etc. bezeichnet. Falls nur ein Teil der Spalten Überschriften enthält, werden nur die leeren Zellen mit Überschriften ❹ versehen.

Zur weiteren Bearbeitung der Tabelle steht jetzt das kontextbezogene Register *Tabellentools-Entwurf* zur Verfügung. Achtung: Dieses Register wird nur angezeigt, wenn die Tabelle oder eine Zelle der Tabelle markiert sind.

- Falls eine Überschriftzeile hinzugefügt wurde, die Sie nicht anzeigen möchten, entfernen Sie das Häkchen im Register *Tabellentools-Entwurf* bei *Kopfzeile* ❺.
- Die Spaltenüberschriften des Tabellenbereichs wurden zusätzlich mit Pfeilen ❻ versehen, über die Sie die Tabelle schnell sortieren und filtern können (siehe auch Kapitel 10). Wenn Sie die Pfeile als störend empfinden, dann deaktivieren Sie im Register *Tabellentools-Entwurf* das Kontrollkästchen *Schaltfläche Filter* ❼.
- In der Gruppe *Tabellenformatoptionen* können Sie über weitere Kontrollkästchen steuern, ob
  - die erste bzw. letzte Spalte in fetter Schrift angezeigt werden soll (*Erste Spalte* bzw. *Letzte Spalte*).
  - die Darstellung der Zeilen, abwechselnd in verschiedenen Farben, beibehalten werden soll (Gebänderte Zeilen). Dazu muss eine entsprechende Tabellenformatvorlage ausgewählt worden sein.
- Sollte Ihnen die gewählte Formatvorlage nicht zusagen, dann klicken Sie in der Gruppe *Tabellenformatvorlagen* ❽ auf den Pfeil *Weitere* und wählen eine andere Vorlage. In diesem Fall erhalten Sie im Tabellenblatt eine Vorschau, wenn Sie auf eine Vorlage zeigen und können so die Wirkung vorab testen.

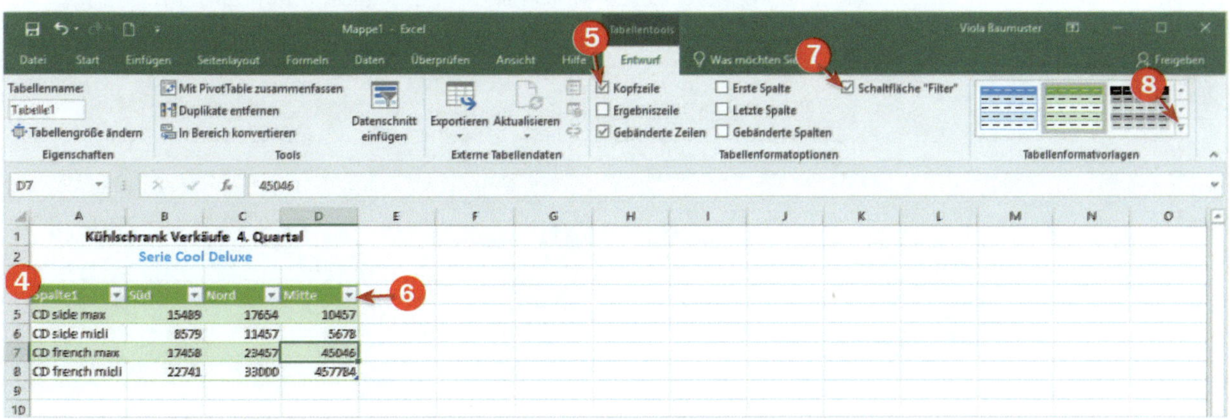

Formatvorlage entfernen

Formatvorlagen für Tabellenbereiche beziehen keine Zahlenformate, z. B. Währung oder Prozent ein!

Um die Formatierung einer Vorlage wieder zu entfernen, wählen Sie im Register *Tabellentools-Entwurf* ▶ *Tabellenformatvorlagen* die erste Formatvorlage oben links ▶ *Keine*.

Funktionalität der Intelligenten Tabelle entfernen

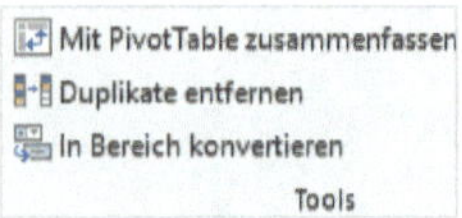

Wenn Sie eine Tabellenbereich wieder in einen normalen Zellbereich umwandeln möchten, dann klicken Sie in der Gruppe *Tools* auf *In Bereich konvertieren* und bestätigen die nachfolgende Rückfrage mit *Ja*.

Eine Arbeitsmappe schnell gestalten

Mittels Tabellenformatvorlagen können Sie schnell einen Zellbereich ansprechend farbig gestalten, ohne dabei die Funktionalitäten von Intelligenten Tabellen nutzen zu müssen. Wählen Sie ein Tabellenformat aus und klicken Sie dann im Register *Tabellentools-Entwurf* auf den Befehl *In Bereich konvertieren*. Dieser wandelt den Bereich wieder in einen einfachen Zellbereich um, entfernt aber keine Formate!

Zellenformatvorlagen

Für Zellen stellt Excel ebenfalls verschiedene Formatvorlagen bereit. Da es sich um Vorlagen für einzelne Zellen handelt, müssen Sie im Gegensatz zu Tabellenformatvorlagen zuerst die entsprechenden Zellen markieren. Klicken Sie dann im Register *Start* ▶ Gruppe *Formatvorlagen* auf *Zellenformatvorlagen* und wählen Sie eine Vorlage aus. Sie erhalten im Tabellenblatt an der markierten Zelle eine Vorschau, wenn Sie auf eine Vorlage zeigen, erst mit Klick übernehmen Sie das Format.

Wenn Sie ein Format schnell wieder entfernen möchten, dann klicken Sie oben links auf die Vorlage *Standard*. Diese Aktion setzt die Zelle auf Standardeinstellungen zurück, das bedeutet, dass alle vereinbarten Formatierungen dadurch entfernt werden, z. B. Prozent, Nachkommastellen, Ausrichtungen etc.

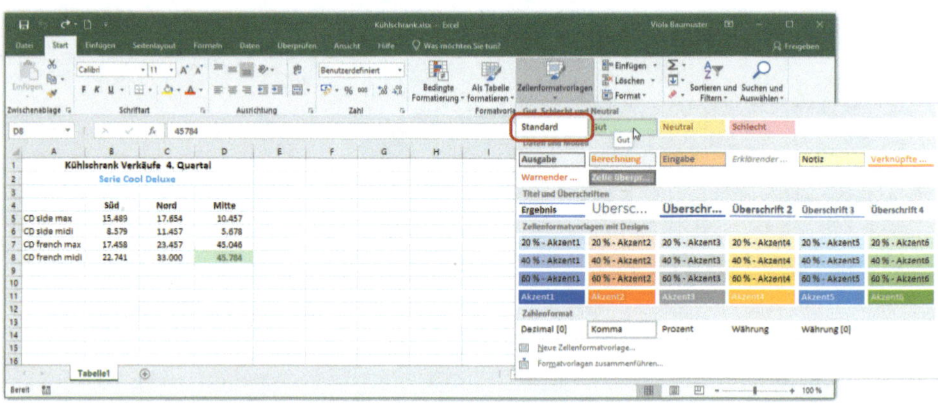

6.2 Das Design der Arbeitsmappe ändern

Farben und Schriftarten aller Formatvorlagen beruhen auf Designs. Ein Design setzt sich zusammen aus einer Auswahl aufeinander abgestimmter Farben, Schriftarten und grafischen Effekten. Standardmäßig verwendet Excel das Design *Office*. Dieses beinhaltet die Standardschriftart *Calibri* und eine Farbpalette mit Blau-, Orange-, Gelb- und Grüntönen. Wenn Sie andere Farben und/oder Schriften wünschen, dann wählen Sie entweder ein anderes Design oder auch nur eine andere Farb- bzw. Schriftgruppe. Sie können auch eigene Designfarben zusammenstellen und speichern.

Die Auswahl eines anderen Designs oder Änderung von Designfarben und -schriften wirkt sich auf die gesamte Arbeitsmappe aus. Bereits angewendete Farben, z. B. Hintergrund- oder Schriftfarbe werden dadurch automatisch geändert.

Ein anderes Design auswählen

Klicken Sie auf das Register *Seitenlayout* und in der Gruppe *Designs* auf die Schaltfläche *Designs*. Falls Sie im aktuellen Tabellenblatt Formatvorlagen für Tabellen und/oder Zellen verwendet haben, sehen Sie hier eine Vorschau, sobald Sie auf ein Design zeigen. Erst mit einem Klick wird das neue Design übernommen.

Öffnen Sie die Datei *Beispiel_Design* und wählen Sie *Aussicht* als neues Design aus. Dieses Design verwendet die Schriftart *Century Schoolbook* und bietet eine gedeckte Farbzusammenstellung. Sie sehen, dass sich mit Auswahl des neuen Designs automatisch alle farbigen Flächen, sowohl in der Tabelle als auch im Diagramm, und die Schriften anpassen. Durch die Änderung des Designs verändert sich beispielsweise auch das Farbangebot bei *Füllfarben* im Register *Start*.

Die Datei ist als Download verfügbar:

Beispiel_Design.xlsx

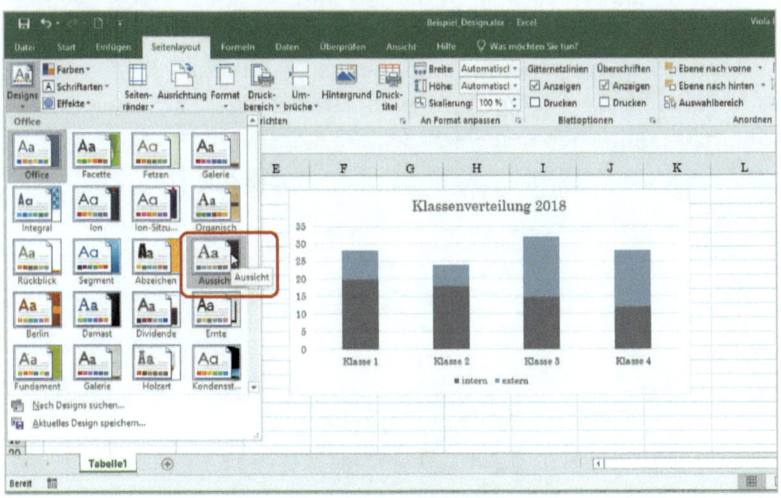

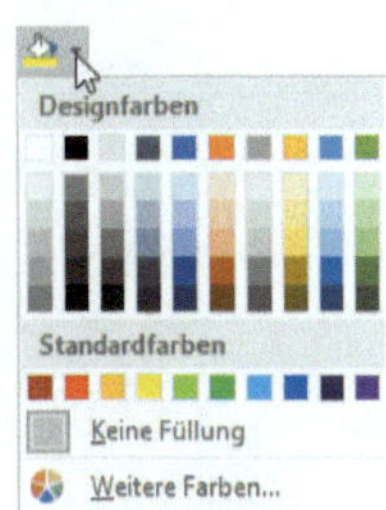

Füllfarben des Designs Office

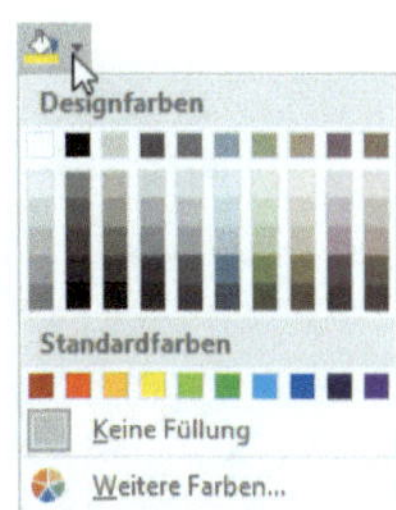

Füllfarben des Designs Aussicht

Designschriftart ändern

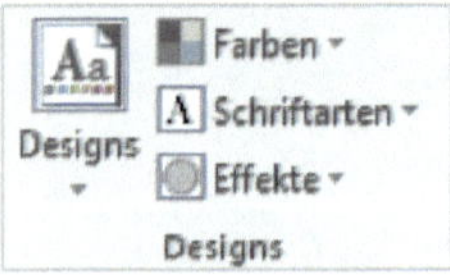

In der Regel wird Text der Arbeitsmappe in der Schriftart des Textkörpers dargestellt. Das gilt z. B. auch für alle Texte im Diagramm.

In den Zellformatvorlagen (siehe Seite 132) finden Sie die Vorlage *Überschrift*. Diese verwendet die *Schriftart für Überschriften*.

Gefallen Ihnen die Farben eines Designs aber nicht die Schriftart? Kein Problem, da jedes einzelne Element des Designs verändert werden kann. Wählen Sie dazu im Register *Seitenlayout* ▶ Gruppe *Designs* ▶ *Schriftarten*. Hier können Sie eine andere Schriftgruppe durch Anklicken hinterlegen. Die gewählte Schriftart gilt jetzt für alle Tabellenblätter der gesamten Arbeitsmappe. Alle vorhandenen Texte werden automatisch in der neu gewählten Schriftart formatiert.

Ist in der Liste nicht das Passende dabei, wählen Sie *Seitenlayout* ▶ Gruppe *Designs* ▶ *Schriftarten* und klicken ganz unten auf *Schriftarten anpassen*. Hier können Sie aus allen auf Ihrem Rechner installierten Schriftarten auswählen: Bestimmen Sie eine Schriftart für Überschriften und eine für den gesamten weiteren Text. Geben Sie dann einen Namen für die neue Schriftgruppe ein und klicken Sie dann auf *Speichern*.

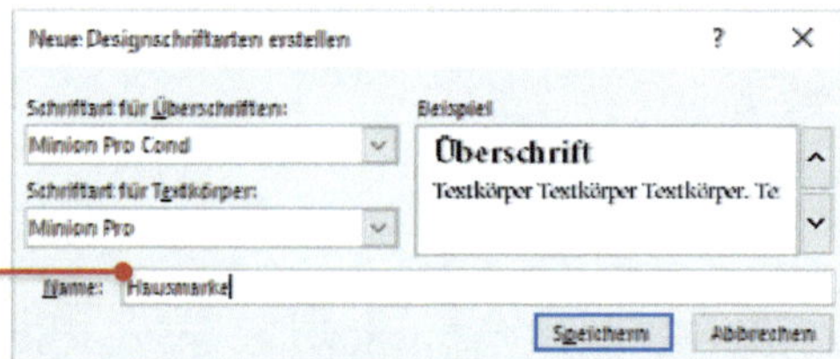

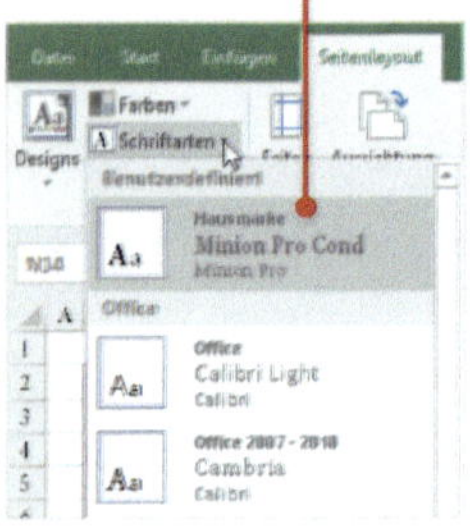

Texte der Arbeitsmappe werden automatisch angepasst und die neue Gruppe steht im Dropdown-Menü von *Schriftarten* nun auch zur Verfügung. Ist Ihnen schon aufgefallen, dass auch die Zeilen- und Spaltenbeschriftungen des Tabellenblatts in der neuen Schrift dargestellt werden?

Individuelle Designfarben festlegen

Designs und Designfarben machen ein einheitliches Erscheinungsbild von Arbeitsmappen leicht. Auch Designfarben können gesondert ausgewählt werden. Dazu klicken Sie im Register *Seitenlayout* ▶ Gruppe *Designs* ▶ auf *Farben*. Hier stehen verschiedene Zusammenstellungen zur Verfügung. Bereits vorhandene Elemente der Arbeitsmappe werden entsprechend eingefärbt, wenn Sie auf die Farbzusammenstellung zeigen. Mit einem Klick übernehmen Sie diese.

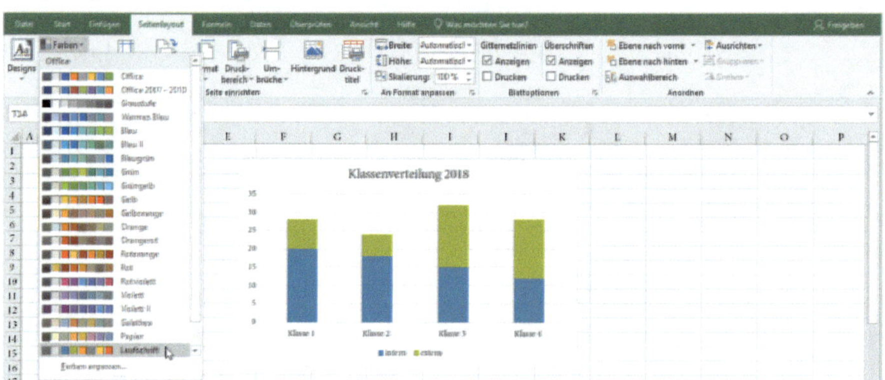

So stellen Sie Ihre eigenen Designfarben zusammen

Falls Sie unter den Farbzusammenstellungen der Schaltfläche *Farben* nicht fündig werden oder für Ihre Firma ganz bestimmte Farben benötigen, dann stellen Sie Ihre eigenen Designfarben zusammen und speichern diese anschließend.

- Dazu klicken Sie auf die Schaltfläche *Farben* und wählen zunächst eine Zusammenstellung, die Ihren Vorstellungen am nächsten kommt. Klicken Sie dann erneut auf *Farben* und hier auf *Farben anpassen...* ❶.
- Im Dialogfenster *Neue Designfarben erstellen* sehen Sie, welche Farben für welche Elemente verwendet werden und können mit Klick auf den Pfeil der jeweiligen Farbe, z. B. *Akzent 2* ❷ diese durch eine andere Farbe ersetzen.
- Wenn Sie eine völlig andere Farbe auswählen möchten, dann klicken Sie auf *Weitere Farben...* ❸. Hier können Sie im Register *Standard* ❹ entweder eine der Standardfarben wählen oder im Register *Benutzerdefiniert* eine Farbe anhand ihres RGB-Farbwerts ❺ genau festlegen.
- Im Fenster *Neue Designfarben erstellen* können Sie anschließend die Wirkung der Farben in einer Vorschau beurteilen und ggf. mit Klick auf die Schaltfläche *Zurücksetzen* schnell wieder die ursprünglichen Farben herstellen.
- Geben Sie zuletzt im Feld *Name* ❻ einen Namen für Ihre Designfarben ein und klicken Sie auf *Speichern*.

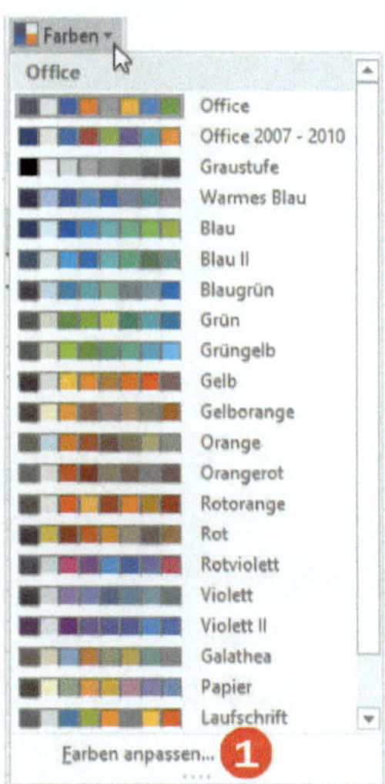

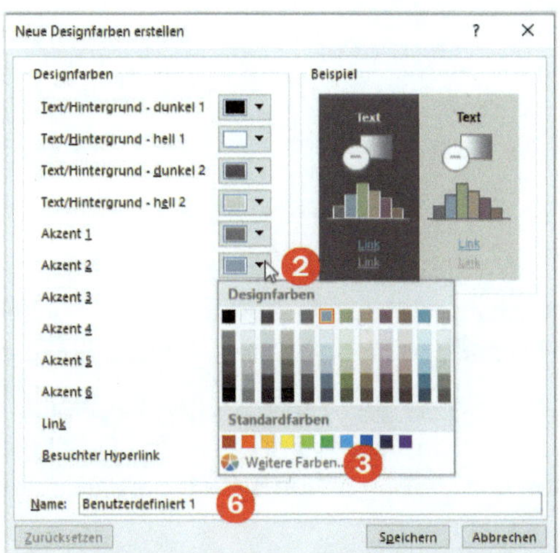

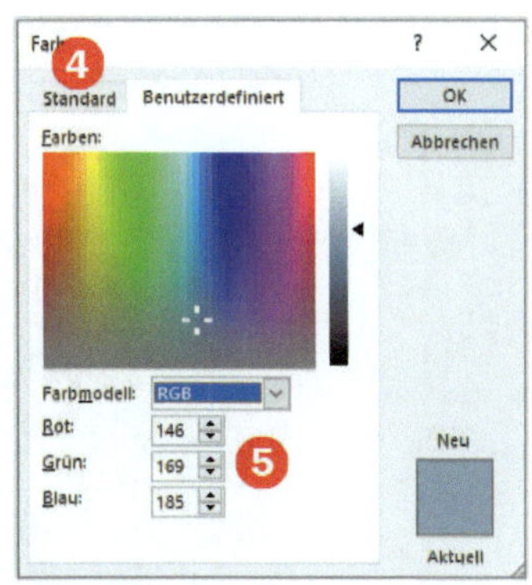

Die neuen Designfarben erscheinen anschließend unter *Benutzerdefiniert*, wenn Sie auf *Farben* klicken. Um die Farben nachträglich zu bearbeiten, klicken Sie mit der rechten Maustaste auf die Farbzusammenstellung und auf *Bearbeiten....* Mit *Löschen...* können Sie nicht benötigte Designfarben wieder entfernen.

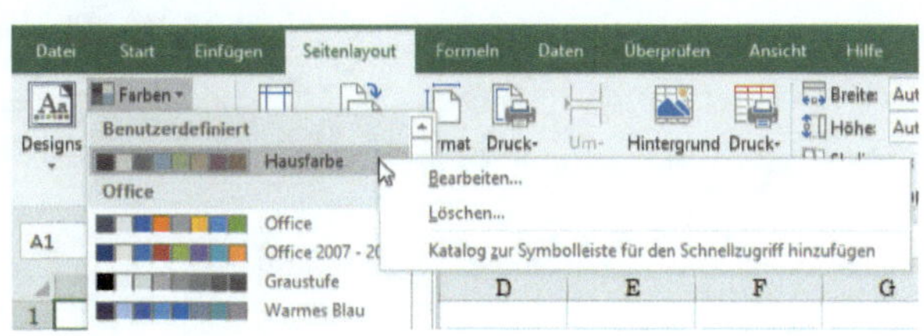

Designeffekte bestimmen

Alles zum Thema Formen finden Sie ab

Effekte legen für Objekte (Formen, wie z. B: Kreise, Rechtecke) das Aussehen von Rändern, Schatten, Spiegelungen etc. fest. Über Register *Seitenlayout* ▶ Gruppe *Designs* ▶ *Effekte* suchen Sie einen anderen Effekt aus. Dabei ist es sinnvoll, dass sich verschiedene Formen bereits auf Ihrem Tabellenblatt befinden. Weisen Sie den Formen über das kontextbezogene Register *Zeichentools-Format* ▶ Gruppe *Formenarten* verschiedene Formatvorlage zu. So erkennen Sie schnell, welche Veränderungen der gewählte Effekt bringt.

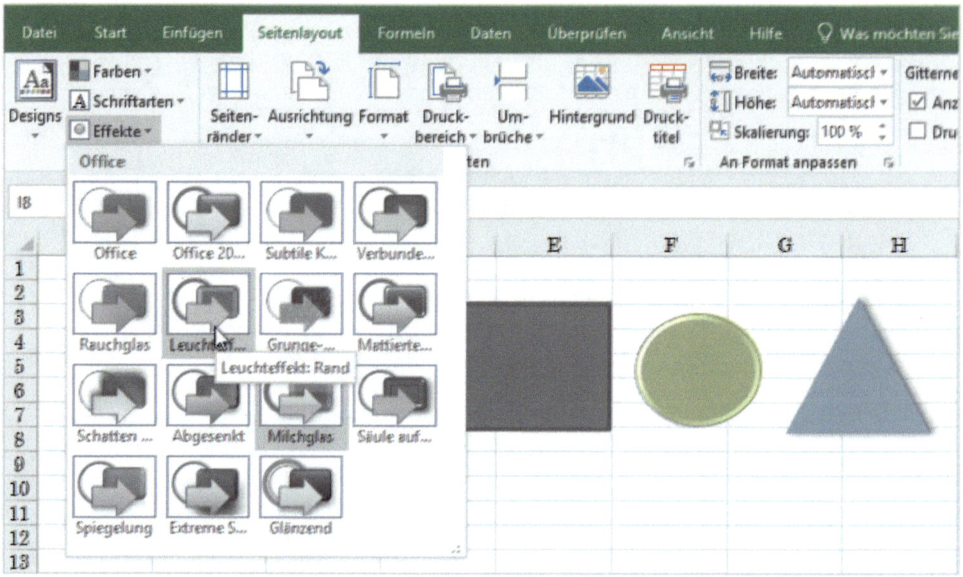

Ein eigenes Design für weitere Verwendungen speichern

1 Wählen Sie zunächst eine Designschriftart über das Register Seitenlayout Schriftarten aus und legen Sie dann über die Schaltfläche Farben die Designfarben fest. Gegebenenfalls wählen Sie auch einen Effekt aus.

2 Tipp: Testen Sie Schrift und Farbe. Geben Sie Zahlen und Text ein. Überprüfen Sie, ob die Zahlen gut lesbar sind. Erstellen Sie ein Diagramm mit mindestens 6 gestapelten Balken. Hier sehen Sie, ob die Farben gut zueinander passen und sich ausreichend unterscheiden.

3 Das gesamte geänderte Design speichern Sie für weitere Verwendungen über Register *Seitenlayout* ▶ Schaltfläche *Designs* ▶ *Aktuelles Design speichern*.

4 Geben Sie im anschließenden Dialogfenster *Aktuelles Design speichern* einen Dateinamen ein und klicken Sie auf *Speichern*.

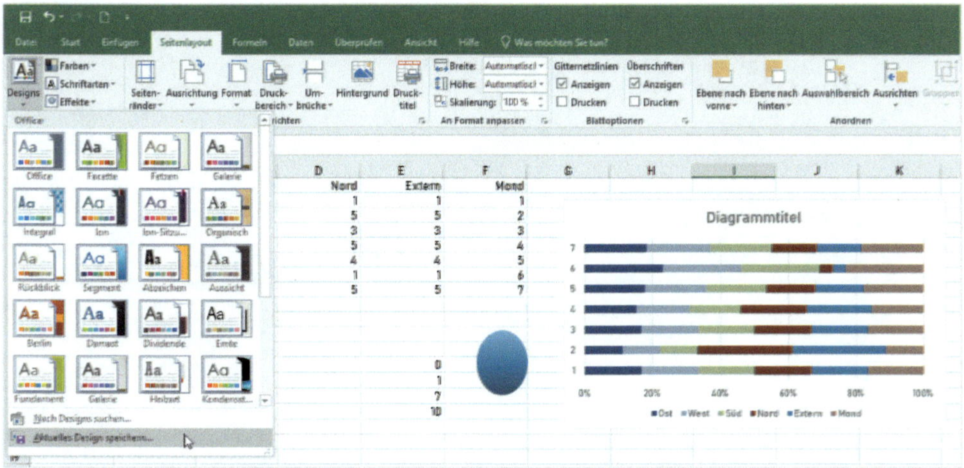

Wie Sie ein Diagramm erstellen, erfahren Sie in Kap. 11.

Designs werden standardmäßig auf der lokalen Festplatte im Ordner *Microsoft\Templates\Document Themes* des jeweiligen Benutzers mit der Dateinamenserweiterung *.thmx* gespeichert und stehen ab sofort auch in den Office-Anwendungen Word und PowerPoint zur Verfügung. Umgekehrt sind in Excel natürlich auch Designs verfügbar, die mit PowerPoint oder Word erstellt und gespeichert wurden.

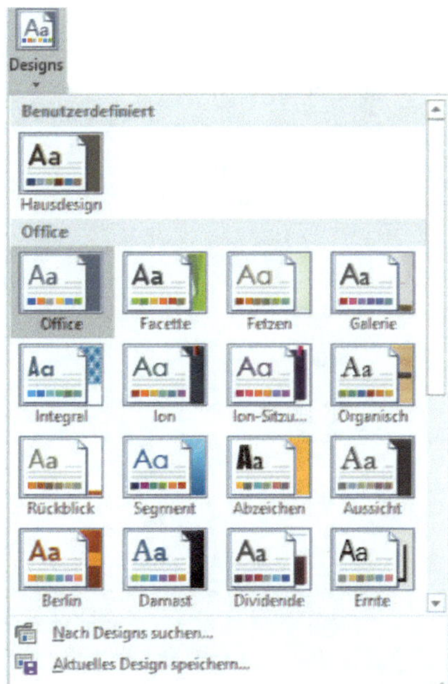

Das neue Design wählen Sie über Register *Seitenlayout* ▶ Schaltfläche *Designs* ▶ Bereich *Benutzerdefiniert* durch Anklicken aus.

6.3 Schriftart, Farben und Linien

Ein Überblick über die Formatierungsbefehle

- Im Register *Start* finden Sie in den Gruppen *Schriftart*, *Ausrichtung* und *Zahl* alle wichtigen Werkzeuge zur Formatierung.

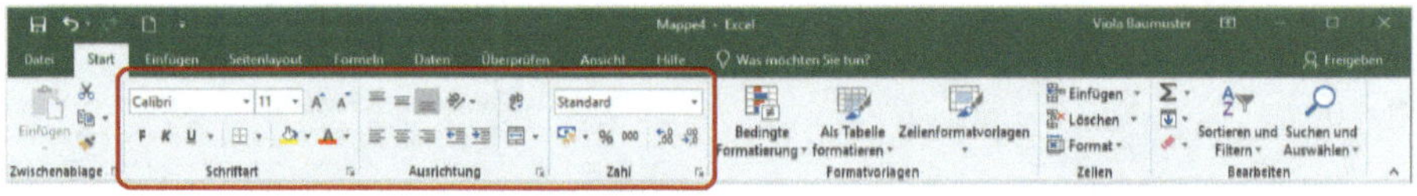

- Das Dialogfenster *Zellen formatieren* enthält eine Zusammenfassung aller Zellformate, z. B Schriftart, Rahmenlinie, Füllfarbe und auch aller Zahlenformate. Sie öffnen dieses Fenster entweder über das Kontextmenü (Anklicken einer Zelle mit der rechten Maustaste) und Auswahl des Befehls *Zellen formatieren…* oder mit einem Mausklick auf das Pfeilsymbol, welches Sie in der Gruppe *Schriftart*, *Ausrichtung* oder *Zahl* finden. Egal auf welches Pfeilsymbol Sie klicken, es wird immer das Dialogfenster *Zellen formatieren* geöffnet. Allerdings, je nach Auswahl, entweder mit dem Register *Schrift*, *Ausrichtung* oder *Zahlen*.

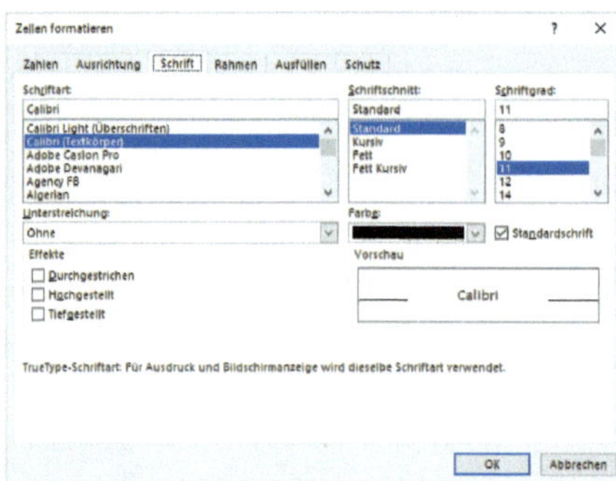

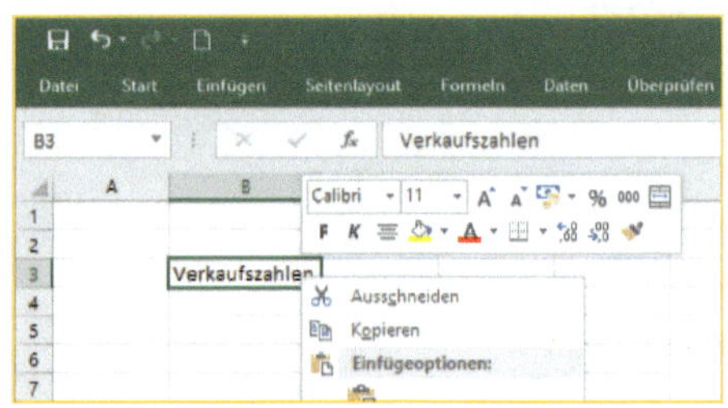

- Die *Minisymbolleiste* (oben rechts) bietet eine Zusammenstellung häufig verwendeter Formatierungen. Sie erscheint zusammen mit dem Kontextmenü, wenn Sie mit der rechten Maustaste auf eine Zelle oder einen markierten Zellbereich klicken.

Unabhängig von Formatvorlagen können Sie natürlich auch einzelne Zellen und ganze Tabellen komplett nach eigenen Vorstellungen gestalten. Alle Schriftattribute finden Sie im Register *Start*, Gruppe *Schriftart* oder im Register *Schrift* des Dialogfensters *Zellen formatieren*. Alle hier ausgewählten Formate beziehen sich ausschließlich auf die markierte Zelle bzw. den markierten Zellbereich.

Alle Formatierungen beziehen sich ausschließlich auf den markierten Zellbereich! Theoretisch kann jede einzelne Zelle eine andere Formatierung aufweisen.

Schrift und Hintergrundfarbe

Das Register *Start* (ebenso das Dialogfenster *Zellen formatieren* oder die Minisymbolleiste) dient nicht nur der Auswahl einer Formatierung, sondern auch der Anzeige der aktuellen Formatierung der markierten Zelle. So ist z. B. die Schaltfläche *Fett* hervorgehoben, wenn die aktuelle Zelle fett formatiert wurde.

- **Schriftart**
  Zum Ändern der Schriftart markieren Sie die Zelle oder den Zellbereich und klicken auf den Dropdown-Pfeil der Schaltfläche *Schriftart*. Wenn Sie mit der Maus auf eine Schriftart zeigen, erhalten Sie im Tabellenblatt eine Vorschau. Klicken Sie die gewünschte Schriftart an, um diese zu übernehmen.

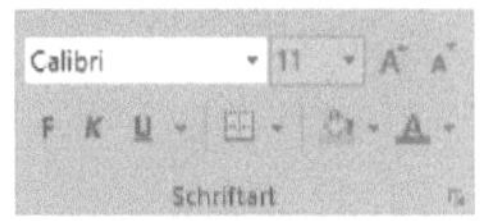

- **Schriftattribute**
  Mit diesen Symbolen schalten Sie die Schriftattribute *Fett*, *Kursiv* und *Unterstrichen* ein bzw. wieder aus. Ein Mausklick auf den Dropdown-Pfeil der Schaltfläche *Unterstreichen* bietet die Option *Doppelt unterstreichen* an.

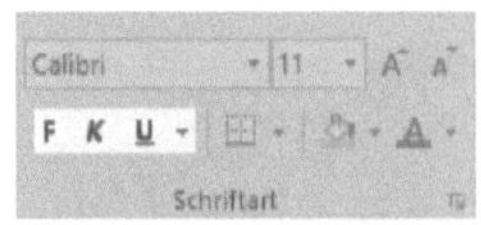

- **Schriftgrad**
  Klicken Sie auf den Dropdown-Pfeil, um eine größere oder kleinere Schrift auszuwählen. Der Schriftgrad wird in Punkten (pt.) angegeben, wobei ein Punkt etwa 0,35 mm entspricht. Sie können im Feld auch einen Schriftgrad über die Tastatur eintippen. Bestätigen Sie die Eingabe dann mit der Enter-Taste.

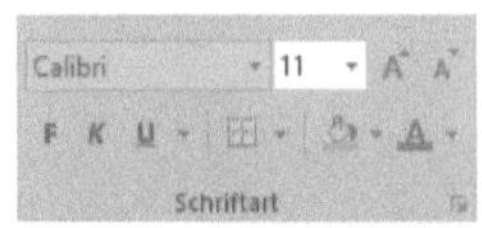

  Die Schaltflächen *Schriftgrad vergrößern* bzw. *Schriftgrad verkleinern* ändern ebenfalls die Schriftgröße: Mit jedem Mausklick vergrößert bzw. verkleinert Excel die Schrift um 1 Punkt (bei Verwendung einer Standardschriftart).

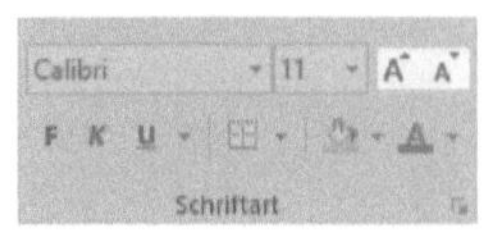

Normalerweise bezieht sich eine Änderung auf den gesamten Zellinhalt. Wenn in Ausnahmefällen nur einzelne Zeichen oder Worte innerhalb einer Zelle ein unterschiedliches Format erhalten sollen, dann müssen Sie zuerst mit Doppelklick den Zellinhalt editieren, anschließend die gewünschten Zeichen markieren und diese dann formatieren. Oder Sie markieren die Zeichen in der Bearbeitungsleiste, bevor Sie ein Format zuweisen.

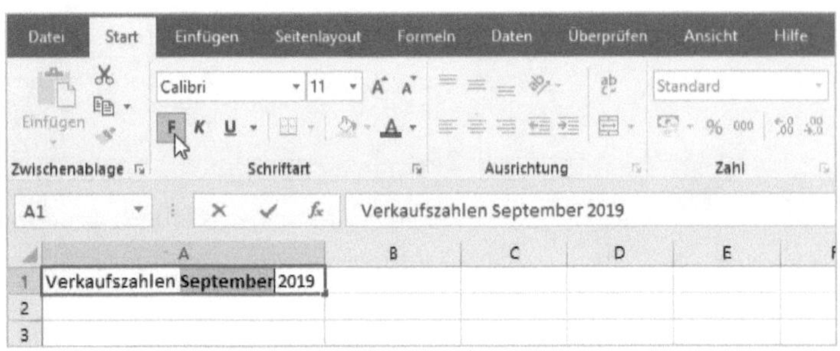

Füllfarbe

- Um eine Füllfarbe zu vereinbaren, markieren Sie den gewünschten Bereich, klicken Sie auf den Dropdown-Pfeil der Schaltfläche *Füllfarbe* und wählen eine Farbe durch Anklicken aus.

  Wenn Sie dagegen direkt auf das Symbol klicken, wird die auf der Schaltfläche angezeigte Farbe übernommen. Dies ist immer die zuletzt ausgewählte Farbe.

- Um eine Füllfarbe nachträglich wieder zu entfernen, klicken Sie auf den Dropdown-Pfeil der Schaltfläche *Füllfarbe* und wählen *Keine Füllung* aus. Dies ist auch die Standardeinstellung.

> **Wurde einem Zellbereich eine Füllfarbe zugewiesen, sind die Gitternetzlinien des Tabellenblattes in diesem Bereich nicht sichtbar. Dies gilt auch für die Füllfarbe weiß! Gegebenenfalls behelfen Sie sich hier durch Setzen von Rahmenlinien.**

Schriftfarbe

- Auch für die Vereinbarung einer Schriftfarbe ist es ausreichend, eine Zelle oder einen Zellbereich zu markieren und durch Anklicken des Dropdown-Pfeils bei *Schriftfarbe* eine Farbe auszuwählen.
- Mit der Auswahl *Automatisch* wählen Sie die Standardfarbe Ihres Druckers, in der Regel schwarz ist.

Zellinhalte ausrichten

Standardmäßig werden nach der Eingabe Texte linksbündig und Zahlen rechtsbündig an der Zelle ausgerichtet. Änderungen der horizontalen oder vertikalen Ausrichtung und des Einzugs nehmen Sie im Register *Start* mit den Symbolen der Gruppe *Ausrichtung* vor. Die Ausrichtung steuern Sie mit den folgenden Schaltflächen:

- **Horizontale Ausrichtung**

  Durch Anklicken der Symbole richten Sie den Text in einer Zelle entweder linksbündig, zentriert oder rechtsbündig aus.

  > **Beachten Sie, dass die automatische Ausrichtung von Text (linksbündig) und Zahlen (rechtsbündig) bei der Eingabe auch der Kontrolle dient. Es ist daher empfehlenswert, die Ausrichtung erst nach Abschluss der Eingabe zu ändern.**

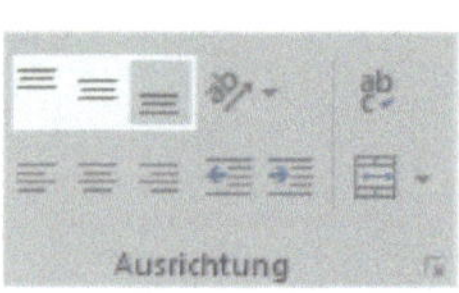

- **Vertikale Ausrichtung**

  Mit diesen Symbolen ändern Sie die vertikale Ausrichtung des Zellinhalts: Oben, Zentriert, Unten. Einstellungen sind nur bei ausreichender Zeilenhöhe sichtbar.

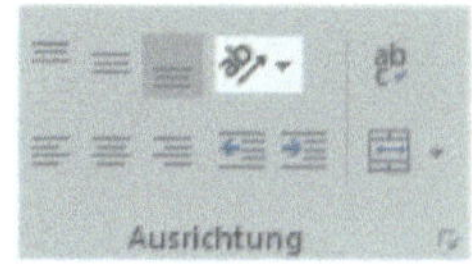

Zellinhalte drehen

Über den Dropdown-Pfeil der Schaltfläche *Ausrichtung* wählen Sie die gewünschte Drehung des Texts. Die Zeilenhöhe passt sich automatisch an. Weitere Möglichkeiten stehen über den Befehl *Zellenausrichtung formatieren* zur Verfügung. Die Drehung des Texts können Sie natürlich immer durch Anklicken von *Start* ▶ Gruppe *Bearbeiten* ▶ *Löschen* ▶ *Formate löschen* entfernen, dabei werden allerdings auch alle anderen Formatierungen auf die Standardeinstellung zurückgesetzt. Soll ausschließlich die Textdrehung zurückgenommen werden, wählen Sie *Start* ▶ *Ausrichtung* ▶ *Zellenausrichtung formatieren* und tragen *0* im Feld *Grad* ein.

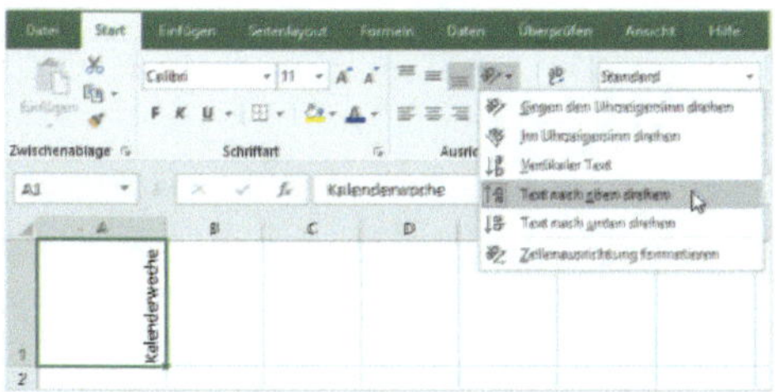

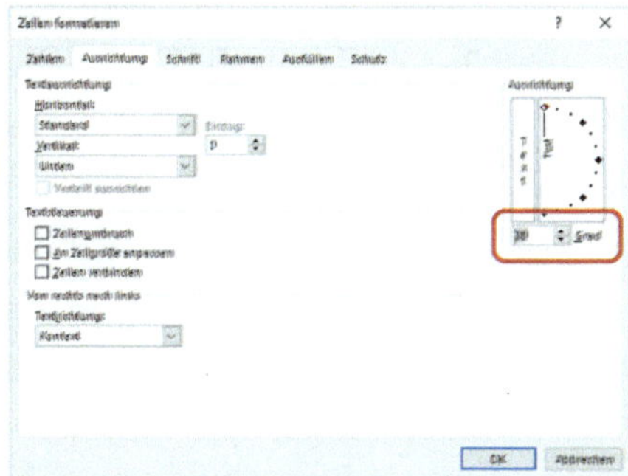

Text in der Zelle einrücken

Um zu verhindern, dass Zellinhalte unmittelbar am linken oder rechten Zellenrand ausgerichtet werden, verwenden Sie die Schaltfläche *Einzüge*.

- Durch Anklicken der Schaltfläche *Einzug vergrößern* werden Zellinhalte, je nach Ausrichtung in der Zelle vom entsprechenden Rand abgerückt. Mit der Schaltfläche *Einzug verkleinern* verringern Sie den Einzug wieder.

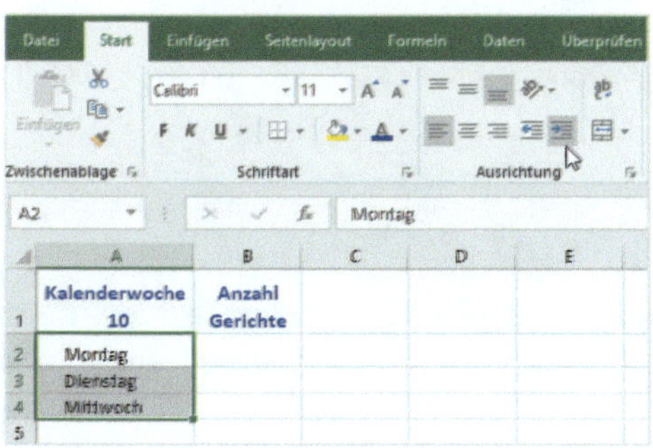

In diesem Beispiel wurden die Wochentage markiert und durch mehrfaches Anklicken der Schaltfläche *Einzug vergrößern* vom linken Rand der Zelle abgerückt.

- Enthält eine Zelle Zahlen oder Datumswerte, so wird der Zellinhalt über die Schaltfläche *Einzug vergrößern* ebenfalls eingerückt, allerdings gleichzeitig linksbündig ausgerichtet. Wenn Sie die ursprüngliche, rechtsbündige Ausrichtung beibehalten wollen, klicken Sie die Schaltfläche *Rechtsbündig ausrichten* an und vergrößern dann den Einzug ggf. weiter.

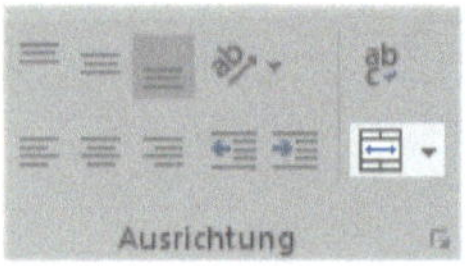

Mehrere Zellen verbinden

Mit der Schaltfläche *Verbinden und zentrieren* fassen Sie markierte Zellen zu einer einzigen Zelle zusammen, z. B. wenn Sie eine Überschrift über zwei oder mehr Spalten zentrieren wollen. Sie können Zellen nicht nur horizontal, sondern auch vertikal verbinden, was besonders nützlich ist, wenn Text in einer Zelle vertikal ausgerichtet werden soll.

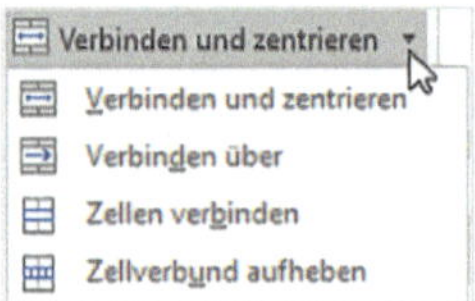

Um verbundene Zellen wieder in einzelne Zellen aufzulösen, markieren Sie die Zelle und klicken erneut auf die Schaltfläche oder wählen über den Dropdown-Pfeil *Zellverbund aufheben* aus.

Im Beispiel unten soll die Überschrift *Belegungsplan* zentriert über den Spalten A, B, C und D angezeigt werden. Markieren Sie die Zellen A1, B1, C1 und D1 und klicken Sie auf *Start* ▶ *Verbinden und Zentrieren* .

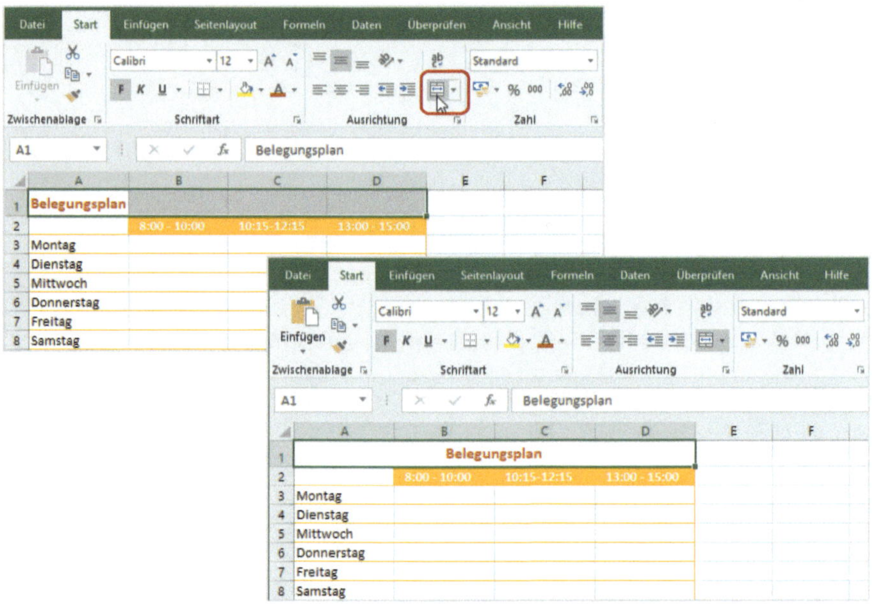

Zeilenumbruch steuern

Bei der Eingabe von Text erfolgt im Gegensatz zu einem Textverarbeitungsprogramm in Excel kein automatischer Zeilenumbruch innerhalb einer Zelle. Benötigen Sie einen Zeilenumbruch, dann müssen Sie diesen manuell einfügen:

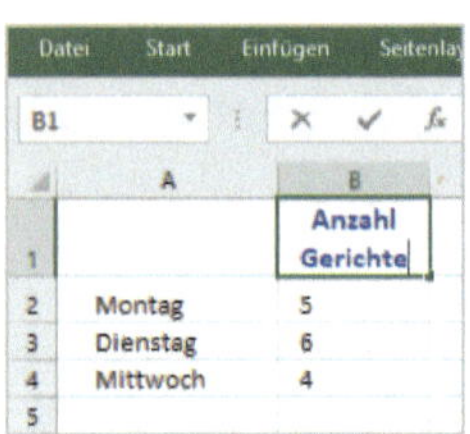

- Drücken Sie dazu während der Eingabe an der gewünschten Stelle die Tastenkombination **Alt+Enter-Taste**. Im Beispiel geben Sie zunächst *Anzahl* in die Zelle ein, drücken dann **Alt+Enter-Taste**, tippen dann *Gerichte* ein und drücken die Enter-Taste, um die Eingabe zu beenden. Auf diese Weise können auch mehr als zwei Zeilen eingegeben werden.

- Alternativ verwenden Sie die Schaltfläche *Textumbruch*, um einen automatischen Zeilenumbruch zu aktivieren. Geben Sie dazu den Text in die Zelle ein, markieren Sie die Zelle und drücken dann auf die Schaltfläche *Textumbruch*. Gegebenenfalls können Sie durch Veränderung der Spaltenbreite für eine bessere Aufteilung sorgen. Da Excel über keine Silbentrennung verfügt, sind die Ergebnisse unter Umständen nicht zufriedenstellend. Längere Worte werden zerschnitten, sodass Sie händisch Trennstriche einfügen müssen.

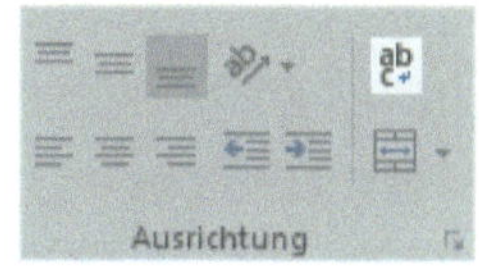

Tipp: Die Bearbeitungsleiste zeigt immer nur eine einzige Zeile des Zellinhalts an. Wenn Sie alle Zeilen anzeigen möchten, dann klicken Sie auf die Schaltfläche *Bearbeitungsleiste erweitern*.

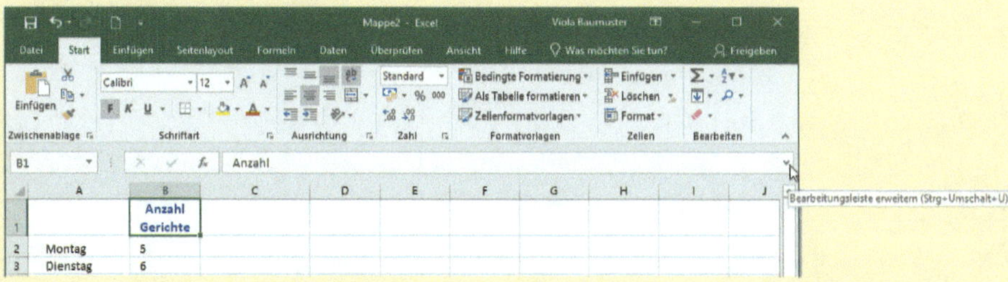

Rahmenlinien

Einfache Rahmenlinien hinzufügen

Mancher mag sich fragen, für was er Rahmenlinien benötigt? Das Excel-Tabellenblatt ist doch schon mit einem schönen Raster versehen. Diese Gitternetzlinien dienen allerdings mehr der Orientierung. Zwar können Gitternetzlinien über die Druckoptionen mit ausgedruckt werden, allerdings verfügen sie als reine Zellbegrenzung nicht über Hervorhebungscharakter. Im Gegensatz hierzu teilen sparsam eingesetzte Rahmenlinien die Daten ein und betonen Überschriften.

Druckoptionen, siehe Kapitel 7.

Um eine Tabelle mit Rahmenlinien zu versehen, stehen Ihnen verschiedene Möglichkeiten zur Verfügung. Die folgende Methode ist am einfachsten und schnellsten und eignet sich daher auch für umfangreiche Tabellen.

Beispiel: Die Spaltenüberschriften der unten abgebildeten Tabelle sollen oben mit einer einfachen und unten mit einer dicken Linie versehen werden:

1. Markieren Sie den Zellbereich, den Sie mit Rahmenlinien versehen möchten.
2. Klicken Sie im Register *Start*, Gruppe *Schriftart* auf den Dropdown-Pfeil der Schaltfläche *Rahmenlinien* und wählen Sie die gewünschte Rahmenart durch Anklicken aus; im Beispiel unten wurde *Rahmenlinie oben und dicke unten* ausgewählt.

Die Datei ist als Download verfügbar:

Beispiel_Kühlschrank.xlsx

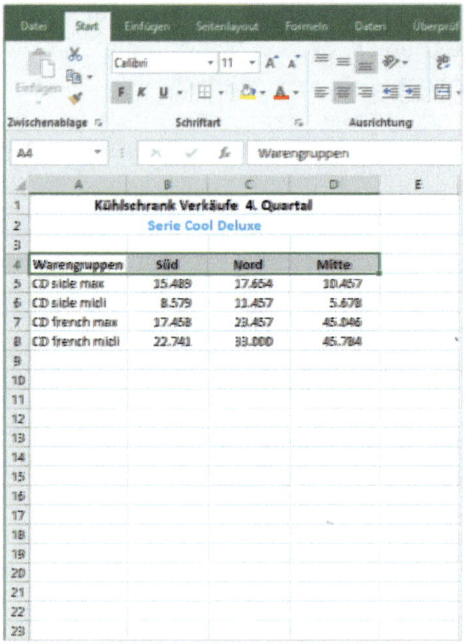

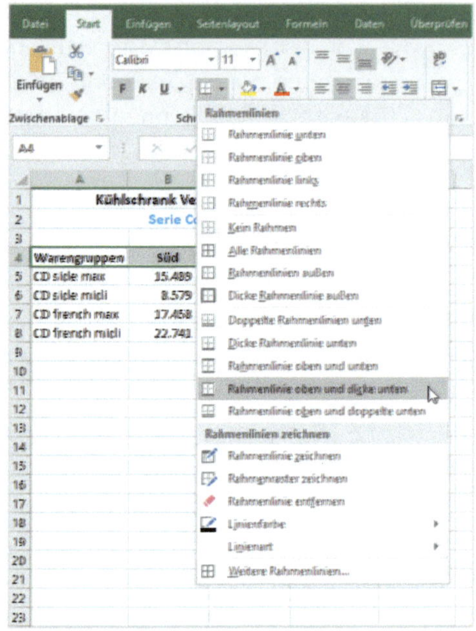

Nach Auswahl einer Rahmenlinie befindet sich diese als Symbol auf der Schaltfläche *Rahmenlinien*. Benötigen Sie also nochmals dieselbe Rahmenlinie, müssen Sie nicht erneut das Dropdown-Menü öffnen.

Rahmenlinie zeichnen

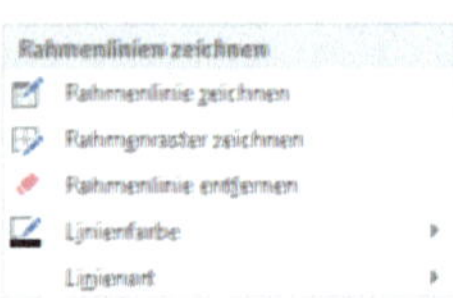

Alternativ kann die Rahmenlinie auch gezeichnet werden. Klicken Sie dazu ebenfalls zuerst auf den Dropdown-Pfeil der Schaltfläche *Rahmenlinien*, verwenden Sie dann aber die Befehle aus dem unteren Abschnitt *Rahmenlinien zeichnen*.

Mit einem Mausklick auf das Symbol *Rahmenlinie zeichnen* ändert sich das Aussehen des Mauszeigers zu einem Stift. Zeichnen Sie nun mit gedrückter linker Maustaste die gewünschten Linien. Mit einem Doppelklick oder Drücken der Esc-Taste beenden Sie den Zeichenmodus wieder. Benötigen Sie farbige und/ oder beispielsweise doppelte Linien, so wählen Sie zunächst *Linienart* und *-farbe*, bevor Sie mit dem Zeichnen beginnen.

Die Datei ist als Download verfügbar:

Beispiel_Speiseplan.xlsx

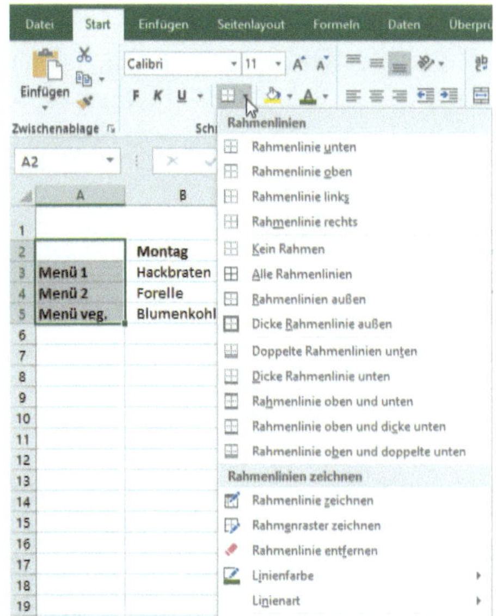

Rahmenlinien entfernen

- Rahmenlinien entfernen Sie wieder, indem Sie den Zellbereich erneut markieren und über den Dropdown-Pfeil der Schaltfläche *Rahmenlinien* die Option *Kein Rahmen* wählen. Dies gilt auch für gezeichnete Rahmenlinien.
- Alternativ wählen Sie über den Dropdown-Pfeil der Schaltfläche *Rahmenlinien* die Option *Rahmenlinie entfernen* aus. Der Mauszeiger erscheint als Radierer. Durch Anklicken der Linien werden diese entfernt (siehe Bild oben links). Mit einem Doppelklick oder der Esc-Taste beenden Sie den Ausradieren-Modus.

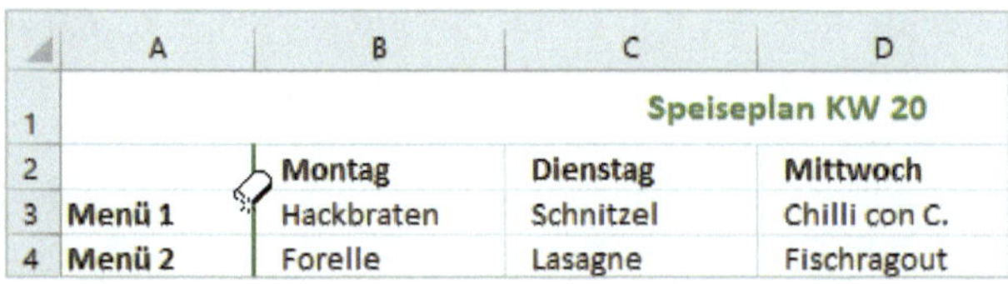

Weitere Rahmenlinien

Wenn Sie unterschiedliche Linienarten und/oder -farben benötigen, dann markieren Sie zuerst wieder den Zellbereich ❶, klicken dann auf *Rahmenlinien* und hier auf den Befehl *Weitere Rahmenlinien*. Das Dialogfenster *Zellen formatieren* mit dem Register *Rahmen* wird angezeigt. Wählen Sie zuerst *Linienart* und *-farbe* ❷ und klicken Sie dann einfach in der Vorschau an die gewünschte Stelle ❸. Sie können auch die Schaltflächen um das Vorschaufenster verwenden ❹. Auf diese Weise können Sie dem markierten Zellbereich auch unterschiedliche Linienarten schnell zuweisen.

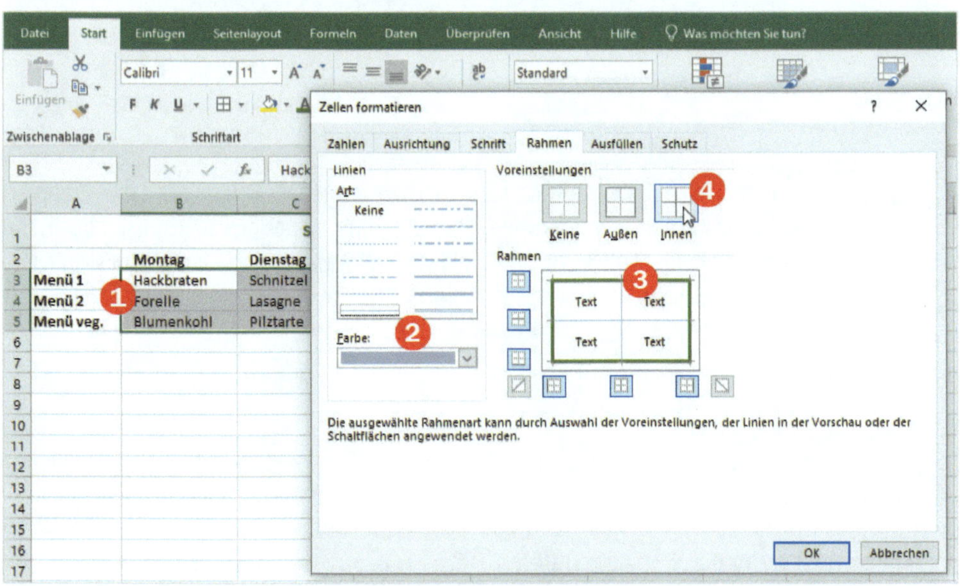

So beheben Sie Probleme mit Rahmenlinien

- Ist Text länger als die Spaltenbreite eigentlich erlaubt, dann kann der Zellinhalt auch eine Rahmenlinie überdecken, wie im Beispiel unten in Zelle F3 zu sehen. Sobald die Spaltenbreite vergrößert wird, erscheint auch die Rahmenlinie wieder.

	A	B	C	D	E	F
1				Speiseplan KW 20		
2		Montag	Dienstag	Mittwoch	Donnerstag	Freitag
3	Menü 1	Hackbraten	Schnitzel	Chilli con C.	Kotlett	Schweinebraten
4	Menü 2	Forelle	Lasagne	Fischragout	Matjes	Dampfnudeln
5	Menü veg.	Blumenkohl	Pilztarte	Chilli sin C.	Gemüseauflauf	Linsensuppe
6						

- Alle Formate, also auch die Rahmenlinie einer Zelle wird beim Kopieren bzw. beim Ausfüllen einer Datenreihe mitkopiert. Daher ist es vorteilhaft, Rahmenlinien erst festzulegen, wenn die Tabelle alle Daten enthält. Falls doch einmal versehentlich nicht benötigte Rahmenlinien kopiert wurden, dann klicken Sie auf die Schaltfläche *Auto-Ausfülloptionen* und wählen *Ohne Formatierung ausfüllen* aus. Dadurch verschwinden die ungewollt kopierten, senkrechten Rahmenlinien wieder. Allerdings müssen die Wochentage erneut *fett* formatiert werden.

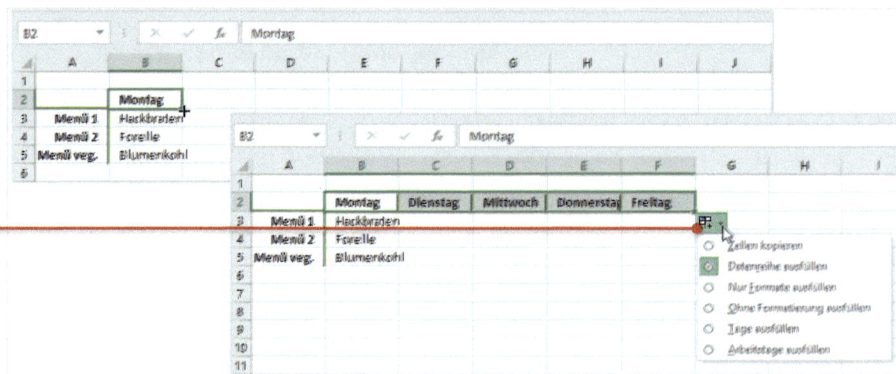

Die Schaltfläche Auto-Ausfülloptionen erscheint automatisch, nachdem Sie kopiert oder eine Reihe automatisch ausgefüllt haben.

Tipp: Ob eine Rahmenlinie mitkopiert wird, hängt auch davon ab, ob sie für diese Zelle vereinbart wurde oder für die Nachbarzelle. Wenn die senkrechte Linie im Beispiel oben entstanden ist, durch Markierung der Zellen A2 bis A5 und Auswahl von *Rahmenlinie rechts*, dann wird sie nicht kopiert, wenn Sie die Wochentage als Reihe ausfüllen.

Formate übertragen

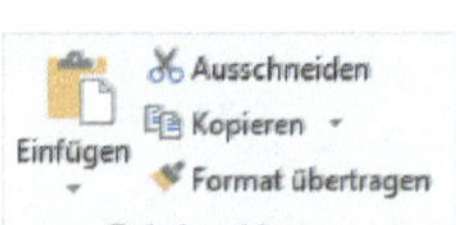

Mit der Schaltfläche *Format übertragen* (Register *Start*, Gruppe *Zwischenablage*) lässt sich die gesamte Formatierung einer Zelle (Farbe, Rahmenlinie, Währung, Nachkommastellen etc.) schnell auf andere Bereiche kopieren. So stellen Sie sicher, dass die gewünschten Zellen identisch formatiert sind.

Format auf eine Zelle oder einen zusammenhängenden Zellbereich übertragen

- Markieren Sie die Zelle, die im gewünschten Format bereits gestaltet ist ❶.
- Klicken Sie auf die Schaltfläche *Format übertragen* ❷.
- Der Mauszeiger erhält ein Pinselsymbol ❸. Markieren Sie nun mit gedrückter linker Maustaste die Zelle oder den Zellbereich, auf den Sie das Format übertragen wollen.

Mehrere Formate gleichzeitig übertragen

Selbstverständlich können auch gleich mehrere Formate in einem Schritt übernommen werden. Dazu markieren Sie einfach die gesamte Tabelle mit Überschriften, klicken auf *Format übertragen* und markieren in einem Zug den entsprechenden Bereich ❹ an der Stelle, die auch das Format erhalten soll. Diese Handhabung erbringt nur dann ein zufriedenstellendes Ergebnis, wenn sich beide Tabellen entsprechen: So ist es im unteren Beispiel kein Problem, wenn eine zusätzliche Spalte für ein weiteres Land einbezogen werden muss. Wenn die neue Tabelle eine weitere Warengruppe hätte, würde diese eine dunkelblaue Hintergrundfarbe erhalten.

Die Datei ist als Download verfügbar:

Beispiel_Kühlschrank2.xlsx

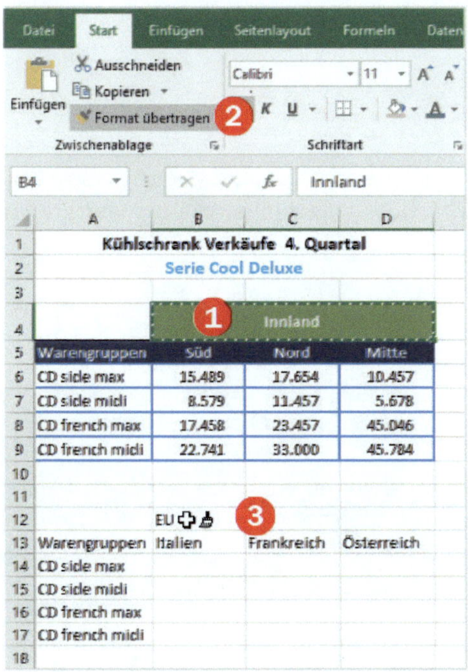

Tipp: Wenn Sie an eine formatierte Tabelle direkt anschließen und weitere Daten eingeben, werden die Formatierungen zum Teil automatisch übernommen.

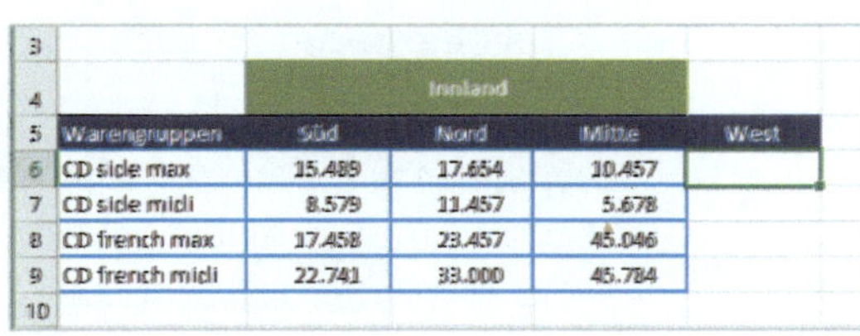

Auf mehrere Zellbereiche übertragen

Mit einem einfachen Mausklick auf die Schaltfläche *Format übertragen* können Sie die Formatierung immer nur einmal in einen anderen zusammenhängenden Zellbereich kopieren. Dagegen aktiviert ein Doppelklick auf die Schaltfläche diese Funktion solange, bis Sie die Esc-Taste drücken oder die Formatübertragung mit einem weiteren Mausklick auf die Schaltfläche wieder beenden. Auf diese Weise können Sie ein Format nacheinander gleich auf mehrere unabhängige Zellbereiche übertragen.

Die Zelle von der das Format übernommen wird, wurde mit dem entsprechenden Datumsformat, Schriftfarbe orange, Füllfarbe grün formatiert

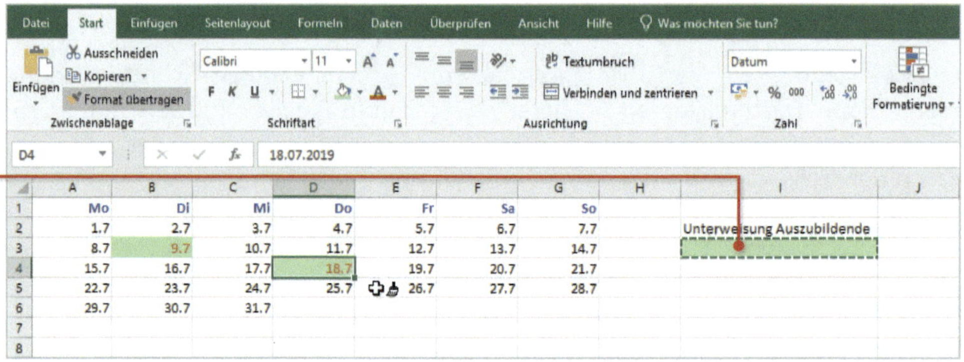

Formate kopieren

Im Kapitel 5.2 haben Sie erfahren, wie man Inhalte kopiert. Dabei werden selbstverständlich auch Formatierungen übernommen. So lösen Sie das Beispiel der vorherigen Seiten unter Verwendung von Kopieren:

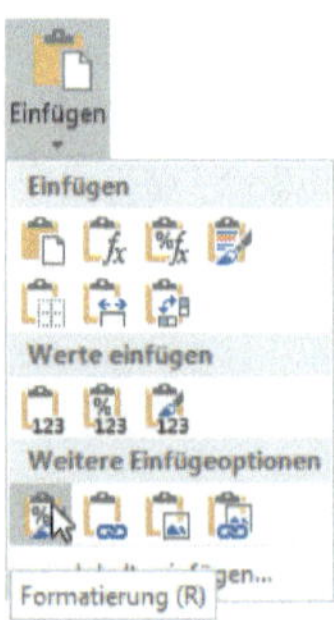

1 Markieren Sie, wenn möglich nicht nur die Tabelle sondern die gesamten Zeilen, da dann die Zeilenhöhe ebenfalls kopiert wird und wählen Sie Register *Start* ▶ Gruppe *Zwischenablage* ▶ *Kopieren*.

2 Wählen Sie die Zelle aus, ab der die Inhalte eingefügt werden sollen und klicken Sie dann auf *Start* ▶ Gruppe *Zwischenablage* ▶ Dropdown-Pfeil der Schaltfläche *Einfügen* ▶ *Formatierung*. Alternativ wählen Sie nur *Einfügen* und löschen dann die Inhalte, die Sie nicht benötigen.

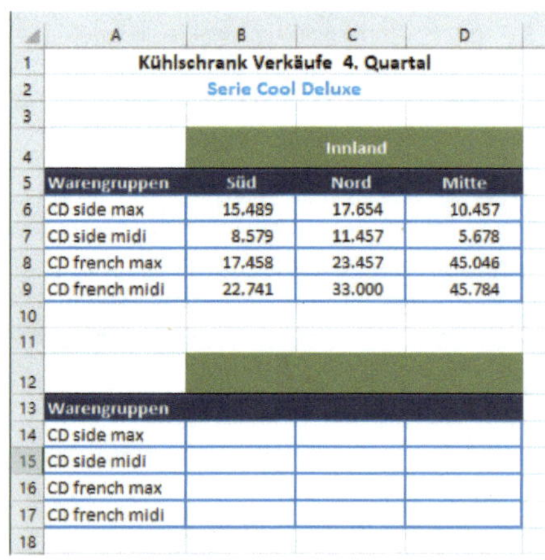

	A	B	C	D
1	Kühlschrank Verkäufe 4. Quartal			
2	Serie Cool Deluxe			
3				
4		Inland		
5	Warengruppen	Süd	Nord	Mitte
6	CD side max	15.489	17.654	10.457
7	CD side midi	8.579	11.457	5.678
8	CD french max	17.458	23.457	45.046
9	CD french midi	22.741	33.000	45.784
10				
11				
12				
13	Warengruppen			
14	CD side max			
15	CD side midi			
16	CD french max			
17	CD french midi			
18				

Tipp: Falls die zu formatierenden Inhalte noch nicht auf dem Tabellenblatt eingegeben wurden, ist es von Vorteil die Tabelle einfach zu kopieren und die neuen Daten einzutippen. Bei einer nachträglichen Übernahme von Formaten hilft die Funktion *Format übertragen*.

6.4 Zellen abhängig vom Inhalt formatieren

Mit der bedingten Formatierung haben Sie die Möglichkeit Zellen in Abhängigkeit von deren Inhalt automatisch zu formatieren. Die Anwendungsmöglichkeiten sind vielfältig; so visualisieren Sie beispielsweise die höchsten Werte einer Reihe, geben negativen Zahlen eine rote Füllfarbe oder formatieren alle Werte farbig, die über dem Durchschnitt liegen. Zur optischen Hervorhebung stehen Ihnen auch Datenbalken, Farbskalen oder Symbole zur Verfügung.

Für alle bedingten Formatierungen gilt:

- Ändert sich der Wert einer Zelle, so ändert sich auch die Formatierung entsprechend der zugrundeliegenden Regel.
- Auf einen Zellbereich können auch mehrere bedingte Formatierungen gleichzeitig angewendet werden.

Werte visuell vergleichen mit Balken, Farbskalen und Symbolen

Am einfachsten gestaltet sich die Verwendung von grafischen Vorlagen.

- Mit der Auswahl *Datenbalken* werden die Zellen, entsprechend Ihres Wertes, mit farbigen Balken hinterlegt, vergleichbar einem Balkendiagramm.
- *Farbskalen* heben die höchsten und niedrigsten Werte hervor.
- Über *Symbolsätze* versehen Sie die Zellen mit Symbolen, z. B. Ampelsymbolen oder Pfeilen.

Vorgehensweise: Markieren Sie den Zahlenbereich (Datenbalken E3 bis E12). Wählen Sie im Register *Start* ▶ Gruppe *Formatvorlagen* ▶ *Bedingte Formatierung*. Zeigen Sie auf *Datenbalken*, *Farbskalen* oder *Symbolsätze*. Es erscheinen verschiedene Vorlagen und bereits beim Zeigen erhalten Sie an den markierten Zellen im Tabellenblatt eine Vorschau. Mit einem Klick übernehmen Sie die Vorlage.

Die Teilnehmerzahlen für den Dorflauf der verschiedenen Jahre wurden im ersten Beispiel mit Farbskalen und im zweiten Beispiel mit Datenbalken formatiert. Die Farbskalen zeigen mit roter Hintergrundfarbe den niedrigsten und mit tiefblauer Hintergrundfarbe den höchsten Wert an. Im zweiten Beispiel erhält die Zelle mit dem höchsten Wert den längsten Datenbalken.

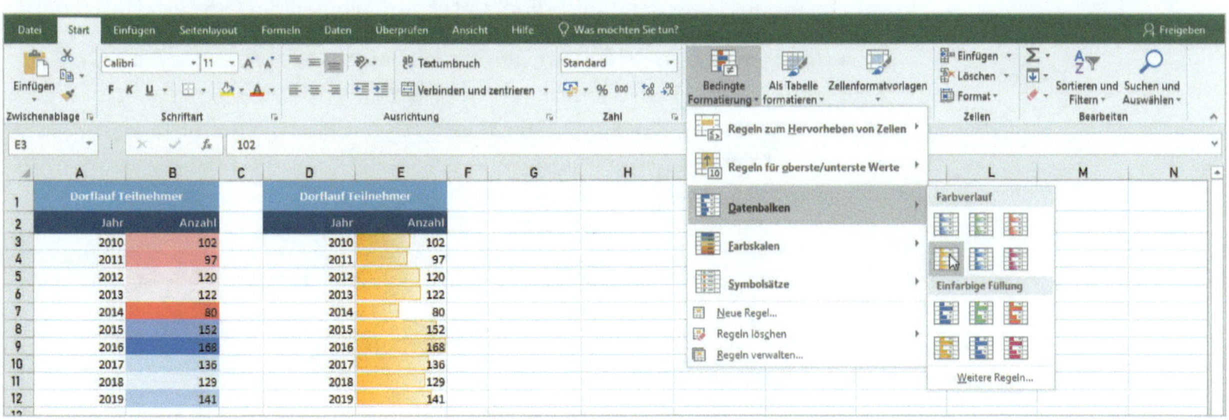

Auf die Markierung kommt es an!

Im Beispiel unten links sollen die Umsätze aller Vertreter miteinander verglichen werden; der höchste Umsatz soll den längsten Balken erhalten. Im Beispiel rechts soll der höchste Umsatz eines Quartals visuell hervorgehoben werden.

- Markieren Sie den gesamten Bereich von B3 bis E6 und wählen Sie einen

Durch die Auswahl aller Zahlen, werden alle Zahlen eines Jahres miteinander verglichen. Wünschen Sie eine visuelle Gegenüberstellung innerhalb eines Quartals, dann darf jeweils nur eine Spalte markiert und für diese Spalte ein Datenbalken gewählt werden. So zeigen Sie, welcher Vertreter am erfolgreichsten innerhalb eines Quartals war. Analog markieren Sie nur eine Zeile, wenn Sie die erzielten Umsätze eines Vertreters innerhalb eines Jahres vergleichen möchten.

Die Datei ist als Download verfügbar:

Beispiel Balken.xlsx

Die Zahlen, der abgebildeten Tabelle, sollen mit Balken versehen werden, die die Höhe der Umsätze pro Vertreter im Jahr bzw. im Quartal visualisieren.

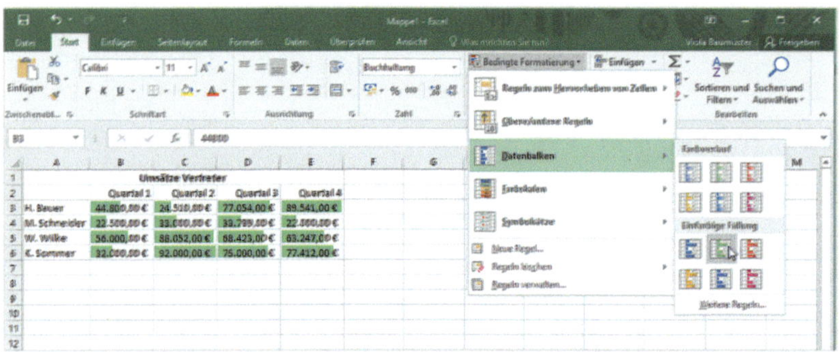

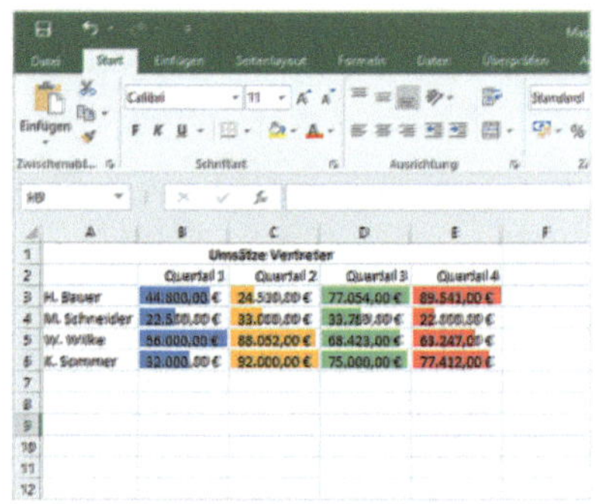

Datenbalken, Farbskalen und Symbolsätze - so wird formatiert

- **Datenbalken:** Die höchste Zahl im markierten Bereich erhält einen Datenbalken, der die gesamte Zelle ausfüllt. Die Längen aller anderen Balken verhalten sich proportional zum längsten Balken.

- **Farbskalen:** Die Aufteilung der Farben beruht auf der Berechnung eines 50% Quantils, auch Median genannt. Der Median teil die Anzahl der Zahlen in zwei Hälften, wobei die eine Hälfte der Zahlen liegt unter dem Median die andere Hälfte darüber.

  Im Beispiel ❶ liegt der Median bei 35. Als Farbskala wurde die *Blau-Weiß-Rot-Skala* gewählt. Alle Werte kleiner als der Median sind rot, alle Werte größer sind blau dargestellt. Je näher der Wert sich an den Median annähert, desto weißer wird er. Enthält die Zahlenreihe keine Werte, die mit dem Median übereinstimmen, so erhält keine Zelle eine weiße Hintergrundfarbe ❷.

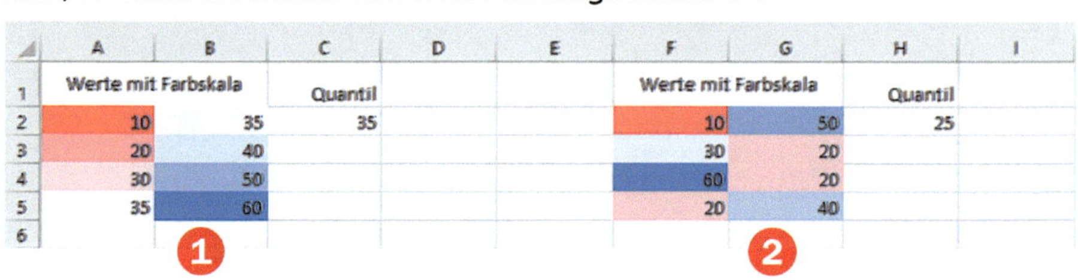

- **Symbolsätze** (hier 3 Pfeile farbig): Der Symbolsatz im Beispiel verwendet 3 Pfeile - grün, gelb und rot. Excel berechnet jetzt automatisch folgende Schwellenwerte zur Anzeige der Pfeile:
  - Der grüne Pfeil wird angezeigt, wenn der Wert in der Zelle 67 % des höchsten Werts im markierten Bereich übersteigt oder zumindest gleich diesem Wert ist. Der höchste Wert im markierten Bereich ist 7400. 67% davon sind 4958.
  - Der rote Pfeil wird angezeigt, wenn der Wert in der Zelle kleiner ist als 33% des höchsten Werts. Die Grenze liegt in diesem Beispiel bei 2442.
  - Die Werte dazwischen erhalten einen gelben Pfeil.

17	Symbolsätze									
18			Quartal 1		Quartal 2		Quartal 3		Quartal 4	
19	H. Bauer	↓	- €	↓	2.000,00 €	⇒	2.999,00 €	⇒	4.000,00 €	grün >= 67 %
20	M. Schneider	↑	7.400,00 €	⇒	4.950,00 €	↑	5.300,00 €	↑	5.400,00 €	gelb < 67% und >= 33%
21	W. Wilke	⇒	3.500,00 €	↑	6.100,00 €	⇒	2.442,00 €	↓	2.441,00 €	rot < 33
22	K. Sommer	↑	7.100,00 €	↑	7.200,00 €	↑	7.300,00 €	↑	4.960,00 €	

Die Datei ist als Download verfügbar:

Beispiel Symbolsätze.xlsx

Diese Berechnung geht nur auf, wenn die Zahlenreihe mit 0 beginnt. Ist dies nicht der Fall führt Excel eine alternative Berechnung durch. Zunächst wird vom höchsten Wert der niedrigste abgezogen. Dieses Ergebnis verwendet Excel zur Berechnung der Schwellenwerte bei 67% und 33%. Zu den Werten für 67% und 33% wird nun wieder der niedrigste Wert addiert.

Werte hervorheben die über oder unter einer Grenze liegen

Größer, kleiner und gleich

Sollen Zellen hervorgehoben werden, deren Wert *größer als...*, *kleiner als...* oder auch *gleich...* einem von Ihnen festgesetztem Wert sind, dann verwenden Sie *Regeln zum Hervorheben von Zellen*.

Im Beispiel auf der nächsten Seite sollen alle Temperaturen, die höher als 25°C sind mit einer roten Füllung hervorgehoben werden:

- Markieren Sie den Bereich, der die Temperaturen enthält ❶. Achten Sie darauf, nicht die Zeilenbeschriftung zu markieren, sonst erhält diese auch eine Füllfarbe.
- Wählen Sie *Start* ▶ Gruppe *Formatvorlagen* ▶ *Bedingte Formatierung* ▶ *Regeln zum Hervorheben von Zellen* ▶ *Größer als* ❷.
- Geben Sie die Zahl 25 in das Feld ein ❸. Falls Sie den Wert auf Ihrem Tabellenblatt aufgeführt haben, können Sie natürlich auch, durch Anklicken der Zelle, einen Zellbezug setzen. Wählen Sie dann im Dropdown-Menü eine Formatierung aus.

Mittels der beschriebenen Vorgehensweise ist es leider nicht möglich, einen Wert *größer gleich >=* oder *kleiner <=* auszuwählen. Dazu müssen Sie über *Weitere Regeln* ❹ eine eigene Regelbeschreibung festlegen.

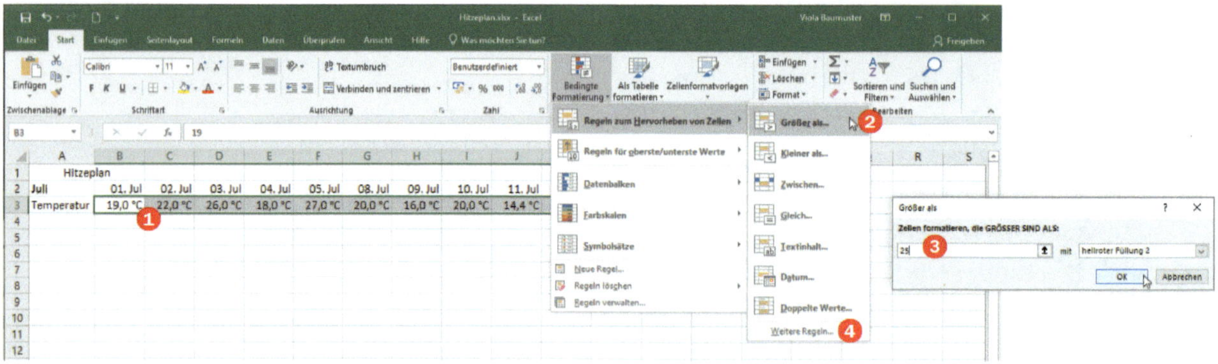

Die Datei ist als Download verfügbar:

Beispiel Hitze.xlsx

> **Tipp: Mehrere bedingte Formatierungen für einen Bereich festlegen**
>
> Für einen Zellbereich können auch mehrere bedingte Formatierungen hinterlegt werden. Markieren Sie einfach nochmals den Zahlenbereich und legen Sie eine weitere bedingte Formatierung fest.

Alle Zahlen über 25 werden rot und alle Zahlen unter 19 gelb hinterlegt.

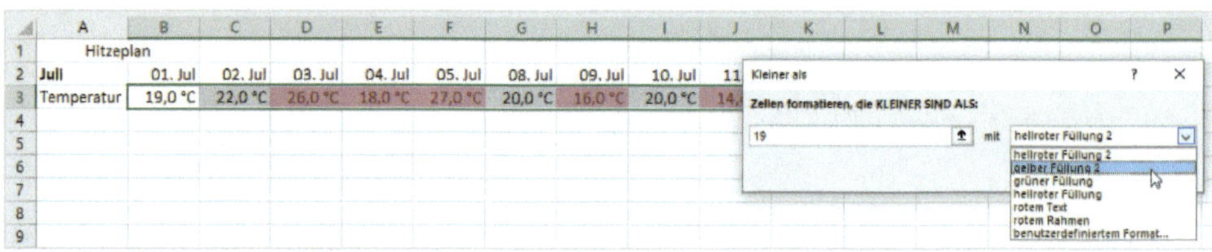

Wertgleichheit hervorheben

Mit *Bedingte Formatierung* ▶ *Regeln zum Hervorheben von Zellen* ▶ *Doppelte Werte* ermitteln Sie schnell übereinstimmende Werte in einer Liste.

Die Datei ist als Download verfügbar:

Beispiel Werte.xlsx

In der Liste sollen Bestellungen mit derselben Bestellnummer hervorgehoben werden.

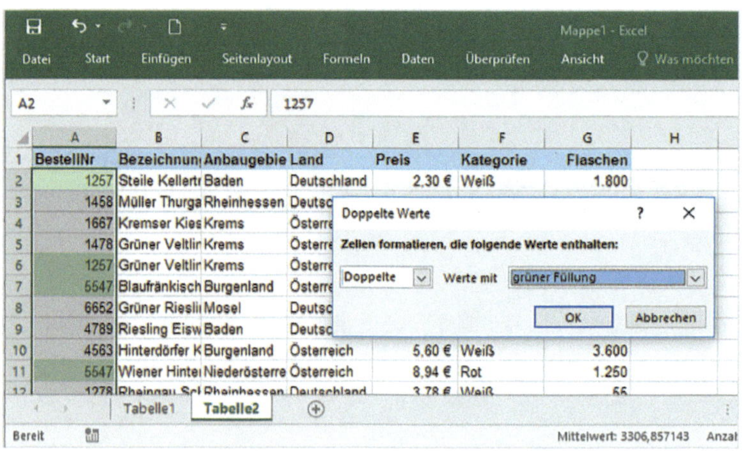

Durchschnitt und Top 10

Zur Hervorhebung der besten Fünf, der schlechtesten 10% oder aller, die unterdurchschnittlich abgeschnitten haben, wählen Sie *Regeln für oberste/unterste Werte*. Für die Anzeige über oder unter dem Durchschnitt muss nur die Formatierung festgelegt werden. Für die anderen Regeln wählen Sie aus, wie viele Elemente bzw. prozentuale Anteile Sie anzeigen möchten und bestimmen das Format.

Im Beispiel unten sollen die teuersten drei Weine farbig hinterlegt werden. Dazu markieren Sie zunächst die Preise und wählen dann *Bedingte Formatierung* ▶ *Regeln für oberste/unterste Werte* ▶ *Obere 10 Elemente* und geben im Dialogfenster eine 3 ein.

Die Datei ist als Download verfügbar:

Beispiel Wein.xlsx

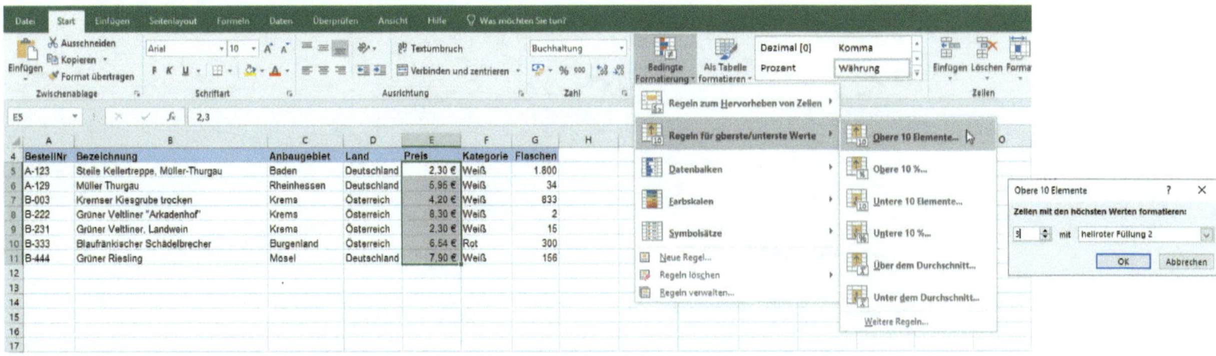

Schnellanalysetools verwenden

Einige der beschriebenen bedingten Formatierungsoptionen können auch über die Schaltfläche *Schnellanalyse* ausgewählt werden. Markieren Sie den Zellbereich, klicken Sie auf die Schaltfläche *Schnellanalyse*. Im Bereich *Formatierung* erhalten Sie die Möglichkeit zur bedingten Formatierung.

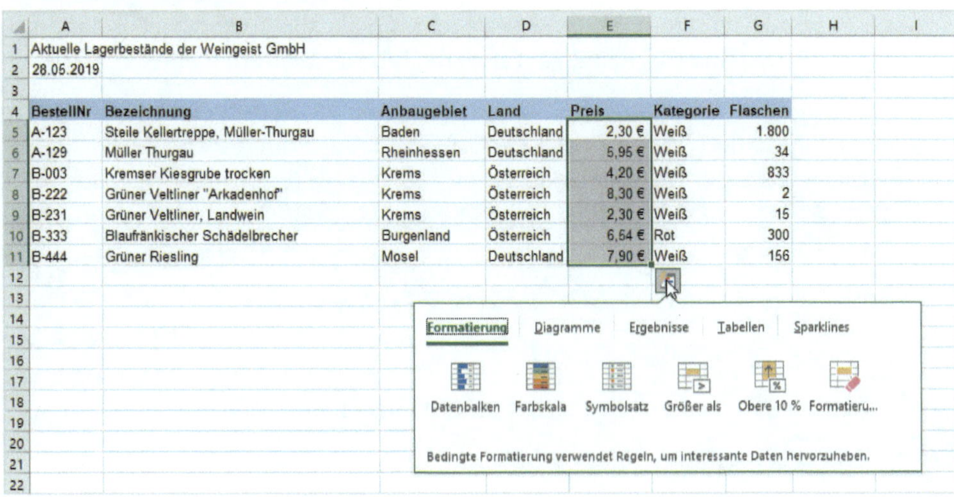

Regeln verändern und bedingte Formatierung entfernen

Regeln bearbeiten

Über *Bedingte Formatierung* ▶ *Regeln verwalten* erhalten Sie die Möglichkeit, Regeln zu bearbeiten, zu löschen oder zu erstellen.

- Wenn Sie keinen bestimmten Zellbereich markiert haben, dann wählen Sie bei *Formatierungsregeln anzeigen für* die Option *Dieses Arbeitsblatt* ❶. Dann sehen Sie alle Regeln, die für das angezeigte Tabellenblatt vereinbart wurden.
- Zum Bearbeiten einer Regeln markieren Sie diese und klicken auf die Schaltfläche *Regel bearbeiten* ❷.

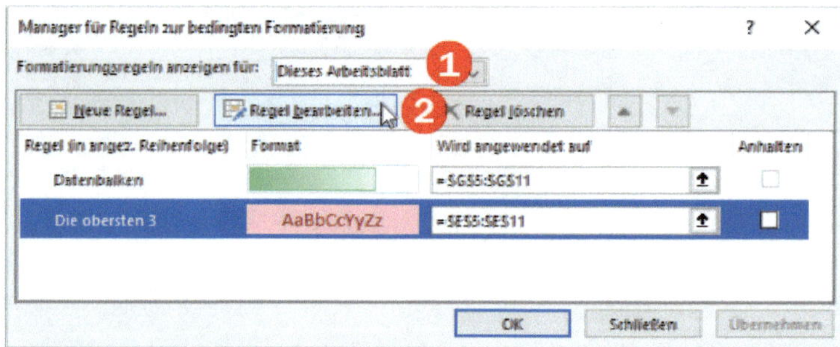

Bedingte Formatierung entfernen

- Markieren Sie den Zellbereich, dessen Formatierung Sie entfernen möchten und klicken Sie auf die Schaltfläche *Bedingte Formatierung*. Zeigen Sie auf *Regeln löschen* und wählen Sie *Regeln in ausgewählten Zellen löschen*. Alle Regeln, die sich auf Zellen außerhalb des markierten Bereichs beziehen, bleiben erhalten.
- Mit *Regeln in gesamtem Blatt löschen* entfernen Sie alle bedingten Formatierungen des Tabellenblatts. Regeln auf anderen Tabellenblättern bleiben erhalten.
- *Regeln in dieser Tabelle löschen* löscht Regeln in einem Bereich der als intelligente Tabelle formatiert wurde. Damit die Option zur Verfügung steht, muss mindestens eine Zelle der Tabelle markiert sein.

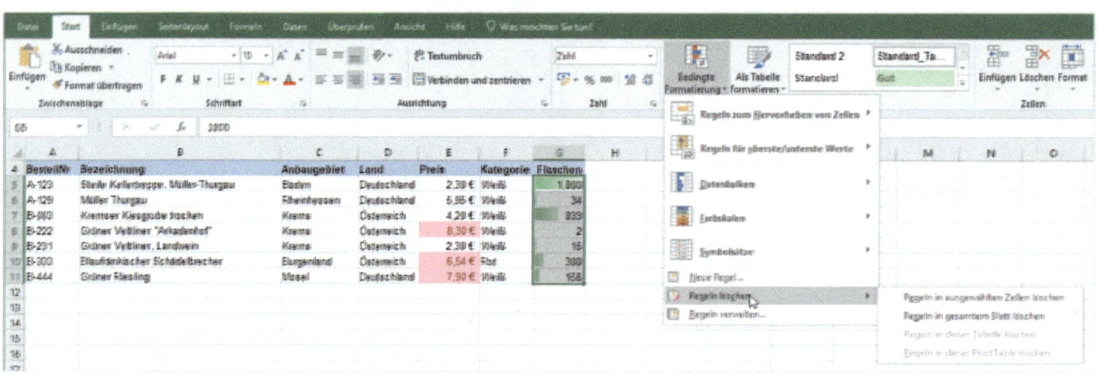

6.5 Übungen

Die Übungen sind auch als Download verfügbar:

Übung_Formate.xlsx

Aufgabe 1 - Zellen verbinden und Text drehen

1 Öffnen Sie eine neue Excel-Arbeitsmappe und speichern Sie die Datei. Tragen Sie in Zelle A2 *Montag* ein. Vervollständigen Sie die Woche bis Freitag (siehe Seite 98).

2 Fügen Sie in Zelle B1 den Text besetzt ein und gestalten Sie den Bereich wie unten gezeigt.

3 Fügen Sie vor den Wochentagen eine neue Spalte ein und geben Sie in die Zelle A1 *Belegungsplan* ein.

4 Die Überschrift „Belegungsplan" soll senkrecht gestellt werden und den gesamten Bereich von A1 bis A6 umfassen. Verbinden Sie dazu die Zellen.

5 Für die neue, große Zelle wählen Sie anschließend eine vertikale Ausrichtung des Texts, z. B. *Text nach oben drehen*. Zum Schluss verkleinern Sie die Breite der Spalte A.

	A	B	C
1	besetzt		
2	Montag		
3	Dienstag		
4	Mittwoch		
5	Donnerstag		
6	Freitag		
7			

	A	B	C
1		besetzt	
2		Montag	
3		Dienstag	
4		Mittwoch	
5		Donnerstag	
6	Belegungsplan	Freitag	
7			

Aufgabe 2 - Tabellen formatieren

Starten Sie Excel und speichern Sie die neue leere Arbeitsmappe unter dem Namen *Urlaubsübersicht*. Geben Sie im Arbeitsblatt die nebenstehende Tabelle ein und formatieren Sie die Tabelle ähnlich der Vorlage unten.

A1 | Urlaubsliste

	A	B	C	D	E	F	G	H	I	J	K	L
1	Urlaubsliste											
2	Januar											
3		KW 1					KW2					
4	Abteilung / Name	Montag	Dienstag	Mittwoch	Donnerstag	Freitag	Montag	Dienstag	Mittwoch	Donnerstag	Freitag	
5	Buchhaltung											
6	Brösel Nadine	U	U	U								
7	Hintermoser Xaver											
8	Machnitz Werner											
9	EDV											
10	Bittig Oliver					U	U	U	U	U	U	
11	Wurmdobler Irene											
12	Drösel Max		U									
13												

Aufgabe 3 - Formate löschen (Wiederholung)

Bereits im Kapitel 4 haben Sie das Löschen von Zellinhalten und Formaten kennengelernt. Öffnen Sie die Datei und löschen Sie sämtliche Formate der Zeile 2, dabei sollen die Inhalte erhalten bleiben.

H22

	A	B	C	D	E	F	G
1	Datum	Prozent	Euro-Betrag	negative Zahl	benutzerdef. Format	Füllfarbe	
2	21.05.2019	3%	25,90 €	-20,00	14 kg	besetzt	
3							
4							

Erläuterung zum Ergebnis: Neben dem Wegfall von Farben und der zentrierten Ausrichtung verschwinden auch alle Zahlenformate, z. B. Nachkommastellen, Währungssymbole, benutzerdefinierte Zahlenformate (kg) oder die rote Einfärbung bei negativen Zahlen. Anstelle des Datums 21.05.2019 wird nun die dem Datum zugrundeliegende Zahl 43606 angezeigt. Aus 3% ist durch Wegfall des Prozentformats jetzt 0,03 entstanden.

Aufgabe 4 - Bedingte Formatierung

Geben Sie die nachfolgende Tabelle ein und formatieren Sie die Zahlen mit Tausenderpunkt, ohne Dezimalstellen und mit dem Zusatz *St*. Vereinbaren Sie für die Spalte *Verkauft* Symbolsätze.

	A	B	C
1	**Turnschuhproduktion**		
2			
3	Modell	Produziert	Verkauft
4	Leisetreter	20.000 St	↑ 18.500 St
5	Skysprinter	20.000 St	↓ 7.900 St
6	Las Vegas Men	20.000 St	→ 9.600 St
7	Las Vegas Women	20.000 St	→ 12.800 St
8	CoolRunner Men	20.000 St	↓ 4.800 St

Aufgabe 3

Starten Sie Excel mit einer neuen, leeren Arbeitsmappe. Speichern Sie die Mappe unter dem Namen *Übung Bodenbeläge* um. Geben Sie die folgenden Texte und Zahlen in das Tabellenblatt ein.

	A	B	C	D	E	F	G
1	Holzhandlung Wurmdobler GmbH, Passau						
2	Stand:	*geben Sie hier das aktuelle Datum ein!*					
3	Lagerbestände in m²						
4							
5		Parkett			Laminat		
6		3,5 mm	5 mm	6 mm	2 mm	2,5 mm	3 mm
7	Buche	100		800	700	200	30
8	Eiche	60	250	100		20	100
9	Esche	120	300		80	50	
10	Nordische Birke		60	200	100	80	5
11	japanische Walnuss	35	55	90	150		100
12	Kirschbaum	50			60	45	
13							

- Formatieren Sie die Zelle A1 mit Schriftgrad 18, fett und kursiv. Formatieren Sie A3 in Größe 14, fett.
- Formatieren Sie die Spaltenüberschriften in Schriftgrad 10, fett, mit weißer Schrift und schwarzer Füllfarbe. Formatieren Sie die Zeilenbeschriftungen in Größe 10, fett und mit hellgrauer Füllfarbe.
- Der Zellbereich A7 bis A12 erhält optimale Spaltenbreite, die Spalten B bis G sollen gleiche Breite erhalten. Die Zeilen 6 bis 12 erhalten eine einheitliche Höhe von 18 Punkt.

7 Tabellen drucken

In diesem Kapitel lernen Sie...

- Excel Inhalte auszudrucken
- Druckseite einzurichten
- Druckbereich festzulegen
- Kopf- und Fußzeile einzufügen
- Spalten- oder Zeilenüberschriften auf Druckseiten zu wiederholen

Das sollten Sie bereits wissen

- Dateneingabe
- Tabellen formatieren

Tabellen in Excel werden in der Regel seltener gedruckt als beispielsweise Wordtexte. Weswegen die Einstellungen zum Seitenlayout eine untergeordnete Bedeutung einnehmen. Vor dem Ausdruck sollten Sie unbedingt kontrollieren, wie die Seiteninhalte auf den Druckseiten verteilt werden würden. Das geschieht entweder in der Druckvorschau (siehe Seite 168) oder Sie verwenden die Ansicht Seitenlayout.

Als Druckbereich wählt Excel automatisch alle Zellen mit Inhalten und beginnt mit dem Drucken in der oberen linken Ecke einer Druckseite. Die Ausrichtung ist standardmäßig Hochformat. Diese Einstellungen müssen Sie gegebenenfalls ändern und entscheiden, ob sie weitere Informationen, wie z. B. Seitenzahlen, Datum oder der Firmenname für den Ausdruck hinzufügen möchten.

7.1 Seitenlayout festlegen

Verschaffen Sie sich einen Überblick

Die Ansicht Seitenlayout zeigt schnell die Inhalte des Tabellenblatts an, so wie sie gedruckt werden, einschließlich aller Seitenränder und Seitenumbrüche. Rufen Sie die Ansicht in der Statusleiste durch Anklicken des Symbols *Seitenlayout* auf (Alternative: Register *Ansicht* ▶ Gruppe *Arbeitsmappenansichten* ▶ *Seitenlayout*).

In diesem Beispiel würden 4 Seiten gedruckt werden. Die Inhalte sind sowohl in der Breite als auch in der Länge größer als eine DIN A4 Seite.

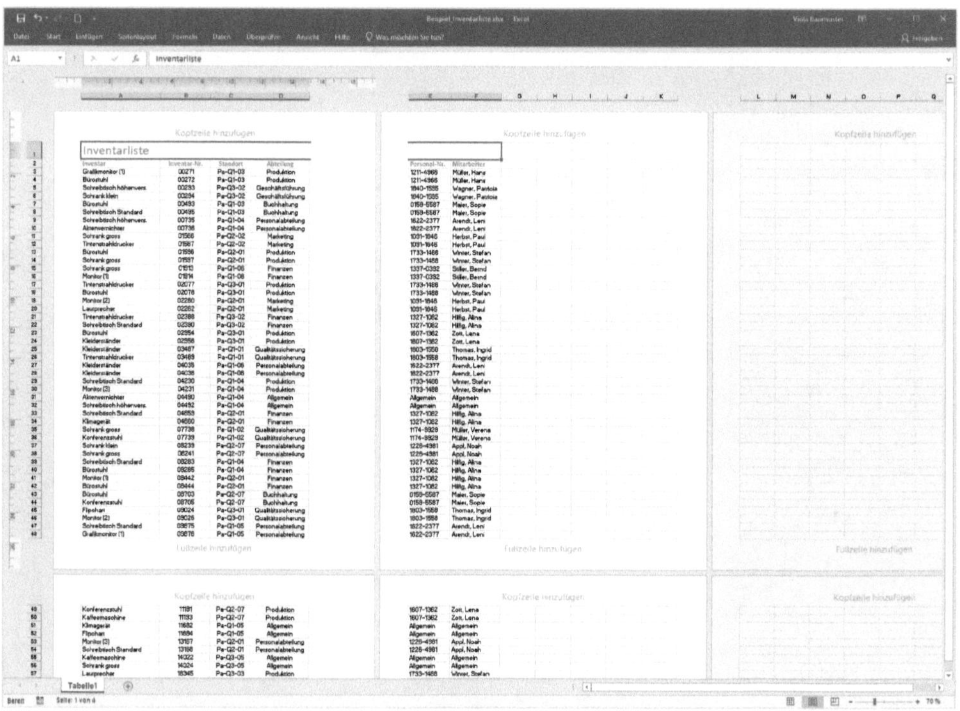

Die Datei ist als Download verfügbar:

Beispiel_Inventarliste.xlsx

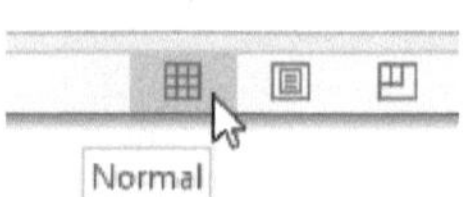

Mit einem Mausklick auf die Schaltfläche *Normal* in der Statusleiste oder im Register *Ansicht* wechseln Sie wieder zurück zur ursprünglichen Darstellung.

Seitenränder, Ausrichtung und Papierformat festlegen

Im Register *Seitenlayout*, Gruppe *Seite einrichten* finden Sie die wichtigsten Einstellungen zur grundsätzlichen Darstellung des Tabellenblatts. Damit eine Tabelle auf eine Druckseite passt, ist es oft nötig, die Seitenränder entsprechend zu verkleinern oder vom Hochformat ins Querformat zu wechseln.

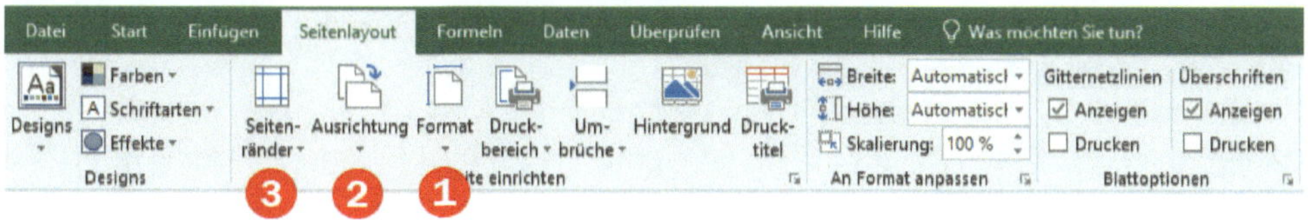

- Über die Schaltfläche *Format* ❶ wählen Sie das Papierformat (A4, A5 etc.) aus.
- Mit der Schaltfläche *Ausrichtung* ❷ entscheiden Sie ob das Blatt im Hoch- oder Querformat dargestellt werden soll.
- Die Seitenränder legen Sie durch Anklicken der Schaltfläche *Seitenränder* ❸ fest. Wählen Sie hier eine der vordefinierten Randeinstellungen z. B. *Schmal* oder klicken Sie ganz unten auf *Benutzerdefinierte Seitenränder...* ❹. Hier geben Sie die gewünschten Maße für die Seitenränder ❺ ein. Auch der Kopf- und Fußzeile ❻ können Sie mehr Platz verschaffen, bedenken Sie aber in diesem Fall, auch die Ränder oben und unten zu erhöhen. Über die Schaltfläche Drucken wechseln Sie gleich zum Druckfenster.

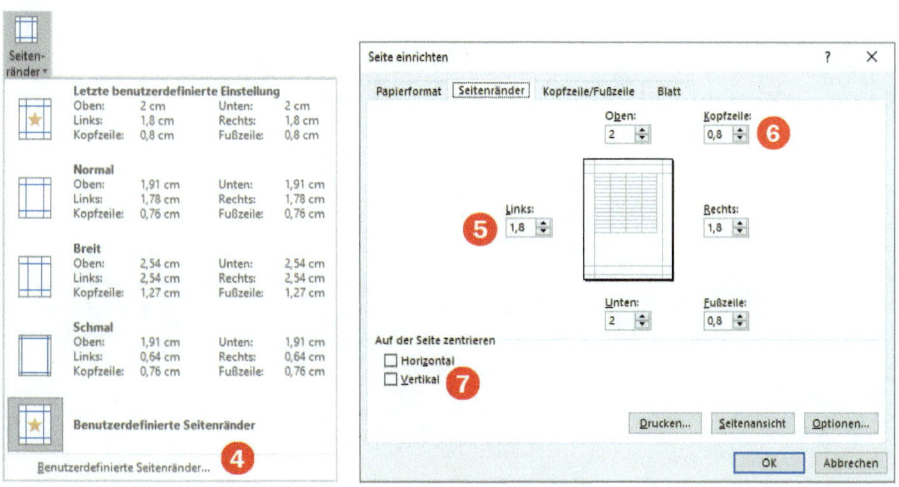

Tipp: Im Register *Seitenränder* können Sie zusätzlich über die Kontrollkästchen ❼ die Tabelle auf der Seite horizontal und/oder vertikal zentrieren.

Alle Einstellungen zum Papierformat, zur Ausrichtung und den Seitenrändern können Sie auch im Bereich Drucken festlegen. Dazu gleich mehr ab Seite 168.

Logo, Seitenzahlen oder Datum hinzufügen

Kopf- und Fußzeilen befinden sich im Bereich der oberen und unteren Seitenränder und dienen dazu, beim Drucken Text oder Bilder auf jeder Druckseite auszugeben, z.B. Seitenzahlen, Erstelldatum oder ein Firmenlogo. Die Kopf- und Fußzeilen werden automatisch auf jeder Seite angezeigt und gedruckt.

Kopfzeile einfügen

Kopf- und Fußzeile bearbeiten Sie am besten in der Ansicht *Seitenlayout.* Wählen Sie daher zunächst diese Ansicht (siehe vorherige Seite) und klicken Sie dann oberhalb der Tabelle auf *Kopfzeile hinzufügen* oder klicken im Register *Einfügen* ▸ Gruppe *Text* auf die Schaltfläche *Kopf- und Fußzeile.*

- Die Kopfzeile besteht aus einem linken, einem mittleren und einem rechten Abschnitt ❶. Der Inhalt des linken Abschnitts wird am linken Seitenrand ausgerichtet. Der Inhalt des mittleren Abschnitts wird in der Mitte der Seite zentriert und der rechte Abschnitt rechtsbündig ausgerichtet. Gleiches gilt analog für die Fußzeile am unteren Rand der Seite.
- Klicken Sie die Kopfzeile an. Nun steht im Menüband das kontextbezogene Register *Kopf-und Fußzeilentools - Entwurf* zur Verfügung ❷.

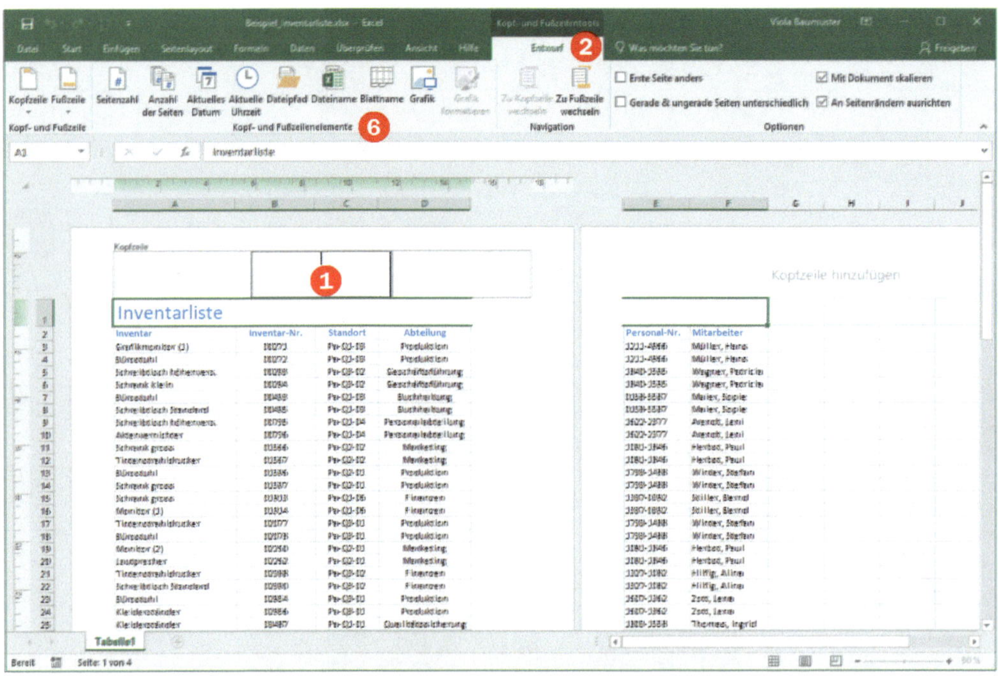

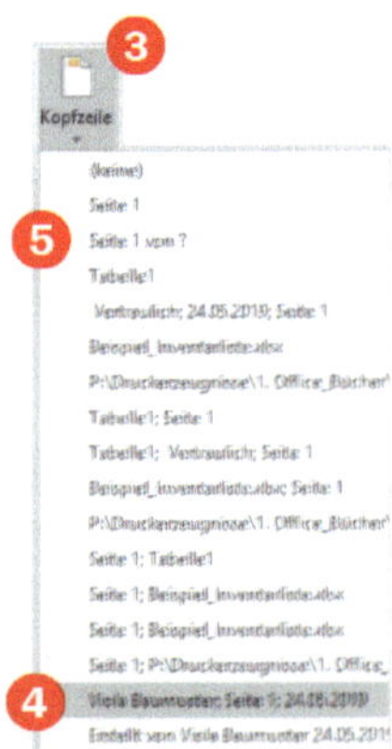

- **Text manuell eingeben:** Klicken Sie in den gewünschten Abschnitt und geben Sie Ihren Text ein.

- **Inhalte auswählen:** Alternativ steht Ihnen eine Auswahl vordefinierter Kopf- oder Fußzeileninhalte über die Schaltflächen *Kopfzeile* ❸ bzw. *Fußzeile* zur Verfügung.
  - Einträge, die durch einen Strichpunkt getrennt sind, werden auf mehrere Abschnitte verteilt. So werden z. B. bei Auswahl von *Viola Baumuster; Seite 1; 24.05.2019* ❹ die einzelnen Elemente auf die drei Kofpzeilenabschnitte aufgeteilt.

  - Einzelne Informationen, wie z. B. Seite 1 von ? ❺ (aktuelle Seitenzahl und Gesamtseitenzahl) werden immer im mittleren Abschnitt eingefügt. Selbstverständlich können die Inhalte mit Ausschneiden & Einfügen (Strg+X und Strg+V) zwischen den einzelnen Abschnitten ausgetauscht werden.

  - Wenn Sie einen der Abschnitte anklicken, sehen Sie den Namen des eingefügten Elements, z. B. *&[Datum]*. Beim Verlassen wird wieder das Ergebnis angezeigt.

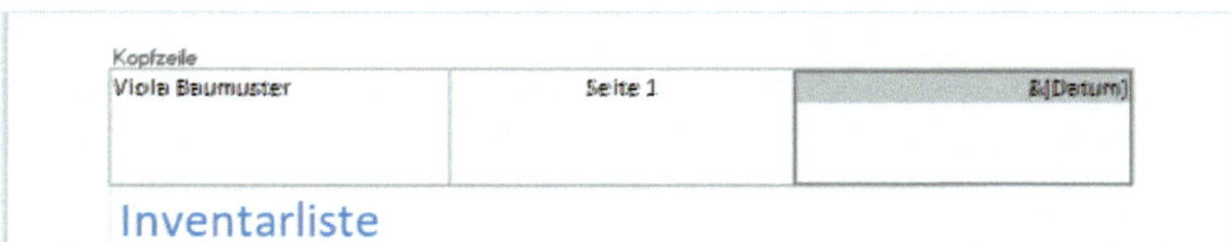

- **Inhalt löschen:** Um den gesamten Inhalt eines Abschnitts zu löschen, klicken Sie den Abschnitt an und tippen auf die Entf-Taste. Im Bild oben ist der rechte Abschnitt - das Datum - markiert und kann gelöscht werden.
- **Elemente individuell einfügen:** Wenn Sie anstelle der Verwendung der Beispiele individuelle Kopf- und Fußzeilen gestalten möchten, dann benutzen Sie dazu die Schaltflächen der Gruppe *Kopf- und Fußzeilenelemente* ❻. Mit einem Mausklick fügen Sie Seitenzahlen, Gesamtzahl aller Seiten (*Anzahl der Seiten*), Datum, Uhrzeit, Datei- und Blattnamen. Andere Texte, z. B. Namen der Firma oder Abteilung geben Sie über die Tastatur ein. Soll das Firmenlogo in der Kopfzeile platziert werden, klicken Sie auf Grafik, wählen Aus einer Datei aus und navigieren dann zum Speicherort des Logos. Ein Doppelklick auf die Datei fügt diese ein.

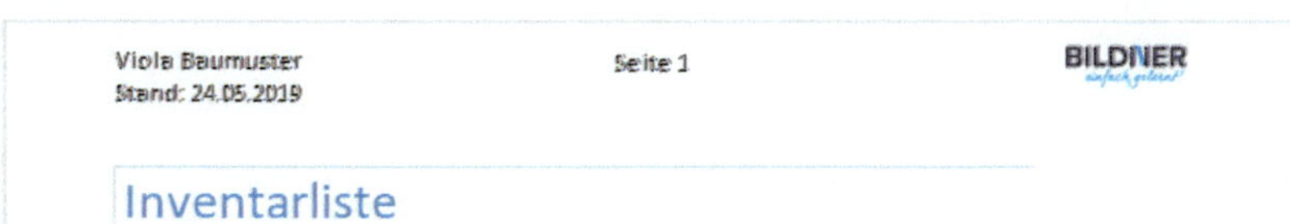

- **Kopf- und Fußzeilenelemente formatieren:** Unabhängig davon, wie die Inhalte eingefügt wurden, können Sie diese anschließend beliebig formatieren, z. B. in größerer oder kleinerer Schrift oder einer anderen Schriftart. Verwenden Sie dazu die Schaltflächen im Register *Start*, Gruppe *Schriftart*.

- **Zwischen Kopf- und Fußzeile wechseln:** Beim Gestalten der Fußzeile am unteren Seitenrand verfahren Sie ebenfalls wie oben beschrieben. Zum Wechseln zwischen Kopf- und Fußzeile verwenden Sie die Bildlaufleisten oder im Register *Entwurf* die Schaltflächen der Gruppe *Navigation* ❼.

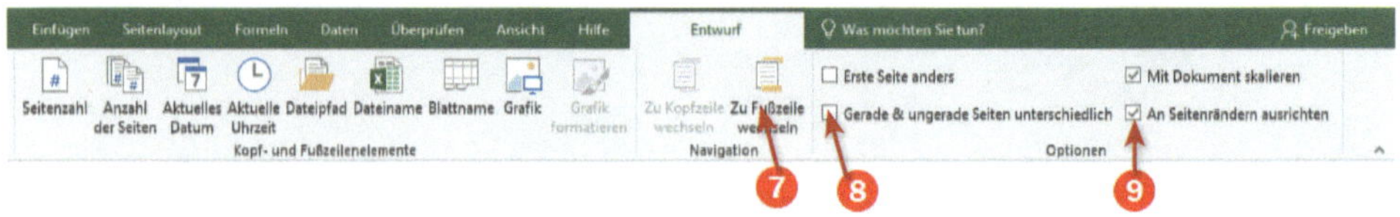

- **Unterschiedliche Kopf- und Fußzeilen:** Umfasst Ihr Ausdruck mehrere Seiten, dann ist es vielleicht sinnvoll, unterschiedliche Inhalte für Kopfzeilen der gerade und für Kopfzeilen der ungerade Seiten festzulegen. Dazu aktivieren Sie im Register *Entwurf* ▶ Gruppe *Optionen* das Kontrollkästchen *Gerade & ungerade Seiten untersch.* ❽ und bearbeiten anschließend beide einzeln. Soll der Kopfzeileninhalt der ersten Seite von den Inhalten der Folgeseiten abweichen, dann aktivieren Sie das Kontrollkästchen *Erste Seite anders*. Dies gilt wie immer auch für die Fußzeile.

- **Ausrichtung an den Seitenrändern:** In der Standardeinstellung erfolgt die Ausrichtung von Kopf- und Fußzeilen an den Standardseitenrändern. Haben Sie später andere Seitenränder festgelegt, so weichen die Kopf- und Fußzeilen von diesen ab. Um die Inhalte wieder an die veränderten Seitenränder anzugleichen, aktivieren Sie im Register *Entwurf* ▶ Gruppe *Optionen* das Kontrollkästchen *An Seitenränder ausrichten* ❾.

> **Achtung**: Wenn Sie anschließend wieder in die Ansicht *Normal* zurückkehren möchten, dann müssen Sie zuvor den Kopf- oder Fußzeilenbereich verlassen und eine beliebige Stelle des Tabellenblattes klicken, da sonst die Ansicht *Normal* nicht verfügbar bzw. die Schaltfläche inaktiv ist.

7.2 Druckbereich und Seitenumbruch bestimmen

Auswahl eines Bereichs für den Druck

Oft soll gar nicht der gesamte Inhalt des Tabellenblatts ausgedruckt werden. Die Festlegung eines Druckbereichs lohnt dann, wenn regelmäßig nur ein bestimmter Bereich gedruckt werden soll.

Achtung: Ein festgelegter Druckbereich wird mit der Arbeitsmappe gespeichert und besitzt solange Gültigkeit, bis Sie den Druckbereich wieder aufheben.

Markieren Sie dazu den Zellbereich, der für den Ausdruck vorgesehen ist und wählen Sie dann Register *Seitenlayout* ▶ *Druckbereich* ▶ *Druckbereich festlegen* ❶.

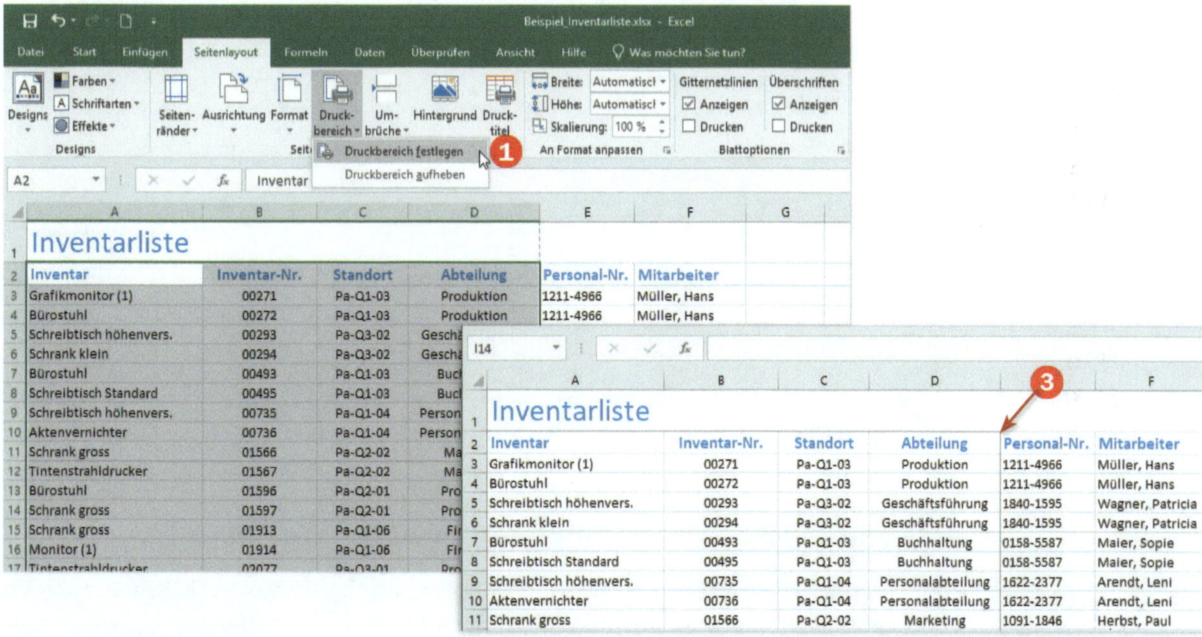

Druckbereich aufheben

Wenn Sie wieder dauerhaft das gesamte Tabellenblatt ausdrucken möchten, muss der Druckbereich aufgehoben werden. Wählen Sie dazu im Register *Seitenlayout* ▶ *Druckbereich* ▶ *Druckbereich aufheben* ❷.

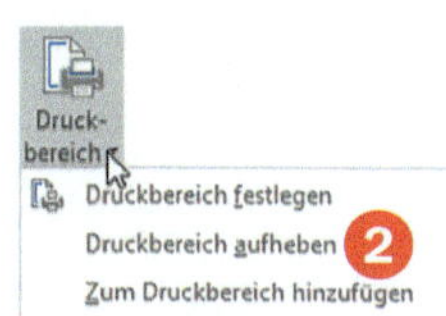

Tipp: In der Ansicht *Normal* wird der festgelegte Druckbereich durch einen feinen grauen Rahmen ❸ angedeutet (siehe Abbildung oben).

Mehrere Druckbereiche nutzen

Die Festlegung eines neuen Druckbereichs überschreibt vorherige Einstellungen. Soll zusätzlich zum bestehenden Druckbereich ein weiterer vereinbart werden, gehen Sie so vor:

- Markieren Sie den neuen Druckbereich und klicken im Register *Seitenlayout* ▶ *Druckbereich* auf *Zum Druckbereich hinzufügen* ❹. Dazu dürfen sich aber die Druckbereiche nicht überschneiden. Beim Drucken wird jeder Druckbereich auf einer gesonderten Seite gedruckt.
- Als zweite Möglichkeit markieren Sie den ersten Druckbereich, drücken Sie dann die Strg-Taste und markieren Sie mit gedrückter Strg-Taste den zweiten Druckbereich und jeden weiteren. Klicken Sie dann auf *Druckbereich* ▶ *Druckbereich festlegen*.

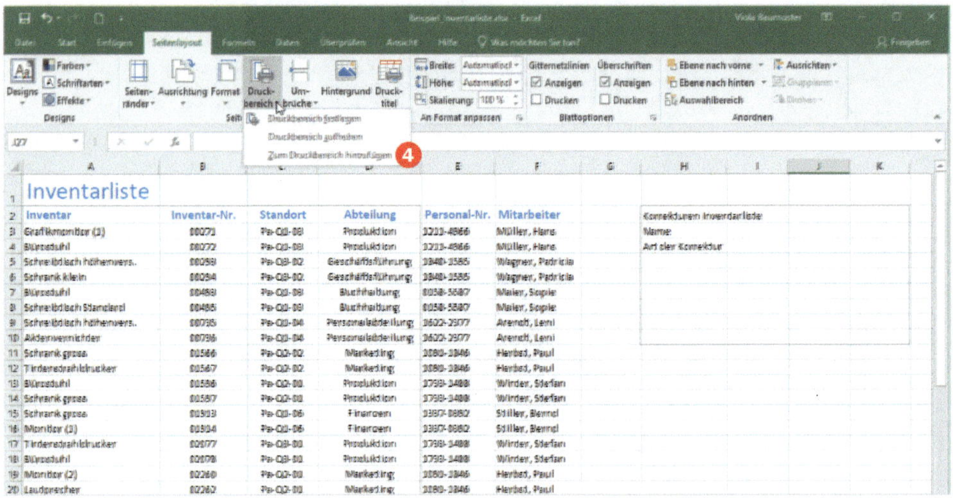

Druckbereich und Seitenumbruch in der Umbruchvorschau festlegen

Mit einer zusätzlichen Ansicht - der *Umbruchvorschau* - kontrollieren Sie Seitenumbruch und Druckbereich und können diese bei Bedarf verändern. Außerdem sehen Sie hier übersichtlich, wie viele Seiten ausgedruckt werden und was auf welcher Seite steht.

Klicken Sie in der Statusleiste auf das Symbol *Umbruchvorschau* oder wählen Sie im Register *Ansicht* ▶ *Umbruchvorschau*. Der Seitenumbruch wird als gestrichelte Linie dargestellt. Zum Verschieben zeigen Sie auf die Linie, drücken Sie die linke Maustaste und verschieben Sie die Linie in die gewünschte Richtung. Den gesamten Druckbereich vergrößern oder verkleinern Sie, indem Sie die äußere, durchgezogene Linie verschieben.

Mit einem Mausklick auf die Schaltfläche *Normal* in der Statusleiste oder im Register *Ansicht* kehren Sie zur ursprünglichen Ansicht zurück.

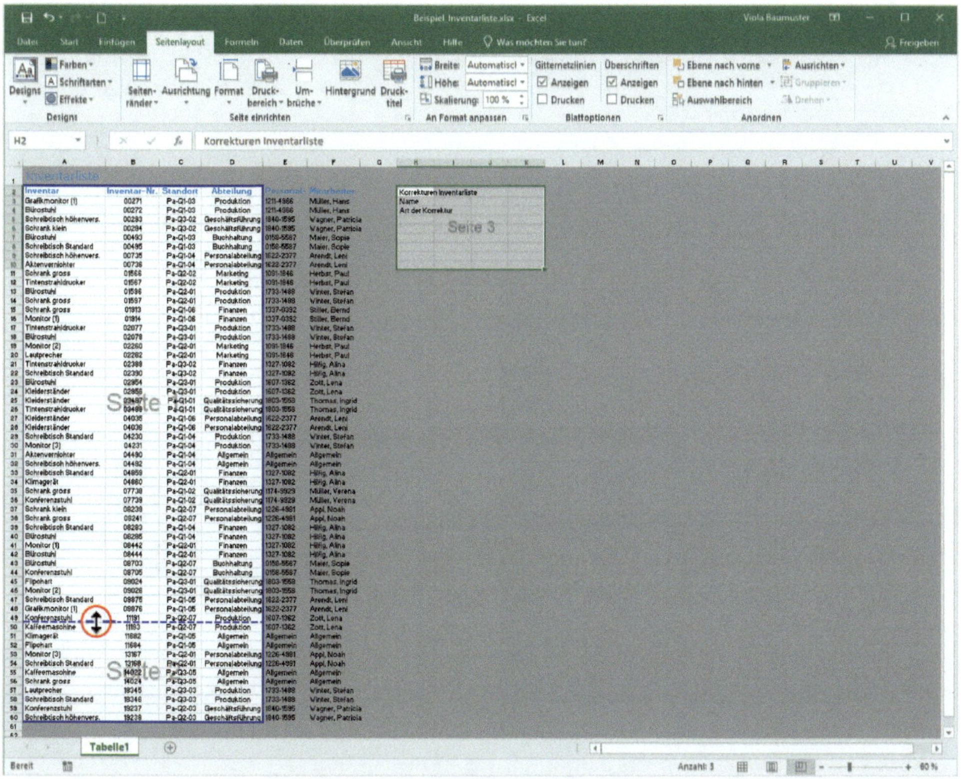

7.3 Tabelle an Druckseite anpassen (Skalieren)

Passen ein oder zwei der letzten Spalten oder Zeilen einer Tabelle nicht mehr auf eine Druckseite, dann können Sie neben dem Verringern der Spaltenbreite oder der Seitenränder auch die gesamte Tabelle entsprechend verkleinern (Skalieren). Dadurch wird die Tabelle beim Drucken soweit verkleinert, dass sie auf eine festgelegte Anzahl von Druckseiten passt. Standardmäßig wird eine Tabelle mit der Skalierung 100% gedruckt. Natürlich ist auch eine Vergrößerung der Tabelle für den Druck möglich.

Die Skalierung bezieht sich nur auf den Ausdruck. In Excel auf dem Tabellenblatt sind die Inhalte unverändert in der Größe, die durch die Wahl der Schriftgröße festgelegt wurde.

Skalierung im Register Seitenlayout

Wählen Sie im Register *Seitenlayout* ▶ Gruppe *An Format anpassen* unter *Breite* und/oder *Höhe* die gewünschte maximale Anzahl an Druckseiten aus. Im Feld *Skalierung* unterhalb sehen Sie, welche Skalierung Ihre Einstellungen zur Folge haben:

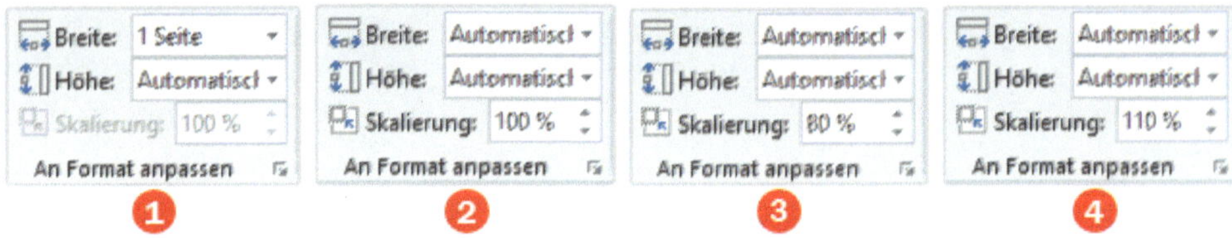

1 Die Inhalte des Tabellenblatts werden auf eine Seitenbreite verkleinert.

2 Das Tabellenblatt wird ohne Größenveränderung gedruckt.

3 Der Inhalt wird auf 80% verkleinert.

4 Der Inhalt wird um 10% vergrößert.

Skalierung beim Druck festlegen

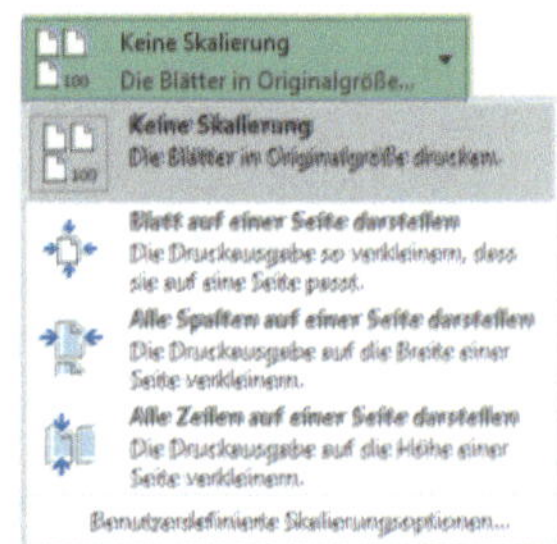

Alternativ legen Sie die Skalierung in Verbindung mit dem Druckbefehl und der Druckvorschau fest. Wählen Sie *Datei* ▶ *Drucken* ▶ *Keine Skalierung* und entscheiden Sie sich für eine der folgenden Optionen: *Alle Spalten auf einer Seite darstellen*, *Alle Zeilen auf einer Seite darstellen* oder die Rundumlösung *Blatt auf einer Seite darstellen*.

7.4 Besondere Elemente mitdrucken

Gitternetzlinien drucken

Standardmäßig werden beim Drucken ausschließlich Rahmenlinien berücksichtigt, nicht aber das Gitternetz. Um in Ausnahmefällen, z. B. zu Kontrollzwecken die Gitternetzlinien zu drucken, aktivieren Sie im Register *Seitenlayout*, Gruppe *Blattoptionen*, für die Gitternetzlinien das Kontrollkästchen *Drucken* ❶.

> **Tipp: Gitternetzlinien ausblenden**
>
> In vielen Excel-Vorlagen, die mit Farben und Rahmenlinien versehen sind, sind die Gitternetzlinien aus gestalterischen Gründen ausgeblendet. Falls Sie für Ihre Tabelle ebenfalls die Gitternetzlinien ausblenden möchten, entfernen Sie das Häkchen bei Register *Seitenlayout* ▶ Gruppe *Blattoptionen* ▶ Gitternetzlinien *Anzeigen*.

Zeilen- und Spaltenköpfe drucken

Zusammen mit den Gitternetzlinien werden auf dem Ausdruck dann meist auch die Spalten- und Zeilennummern benötigt. Dazu aktivieren Sie in der Gruppe *Blattoptionen* für die *Überschriften* das Kontrollkästchen *Drucken* ❷.

Überschriften auf mehreren Druckseiten wiederholen

Erstreckt sich eine Tabelle über mehrere Druckseiten, dann ist es notwendig, die Spaltenüberschriften nicht nur auf der ersten, sondern auf allen Seiten zu drucken. Die Überschriftzeile muss dabei nicht zwangsläufig die erste Zeile des Tabellenblatts sein. Außerdem können auch mehrere, zusammenhängende Zeilen markiert und als Überschrift auf den Folgeseiten angezeigt werden.

- Wählen Sie Register *Seitenlayout* ▶ Gruppe *Seite einrichten* ▶ *Drucktitel* ❶. Das Dialogfenster *Seite einrichten* wird mit dem Register *Blatt* geöffnet.
- Klicken Sie in das Eingabefeld *Wiederholungszeilen oben* ❷.
- Anschließend markieren Sie im Arbeitsblatt die entsprechende Überschriftzeile ❸ mit der Maus.

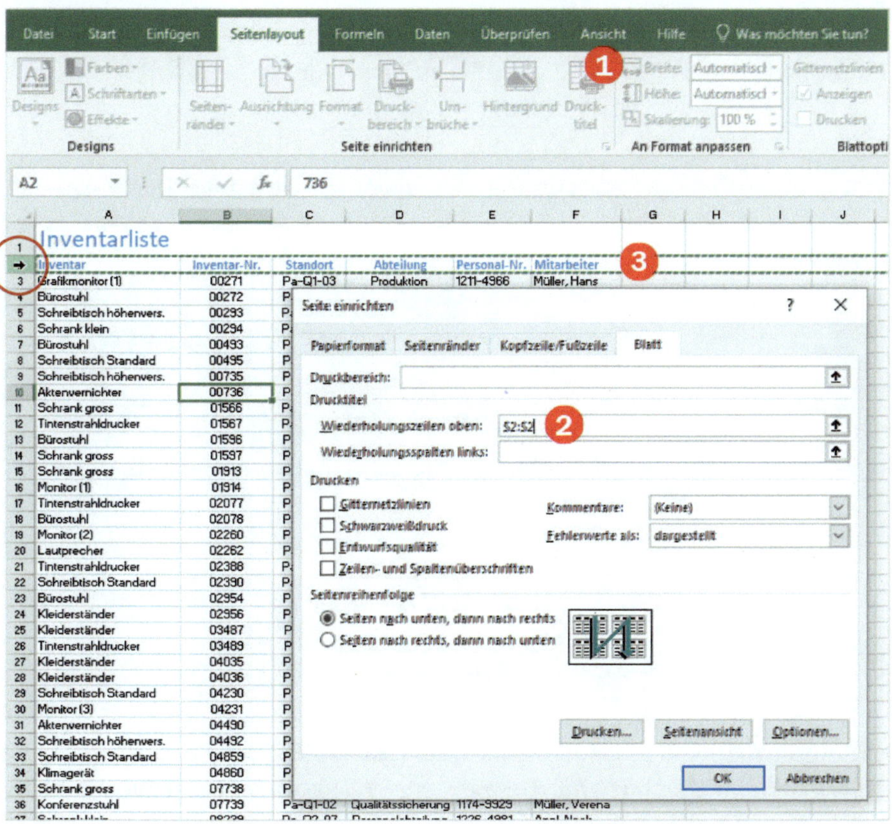

Die Inventarliste ist sehr lang, weswegen Sie für den Ausdruck zwei Seiten benötigt. Damit auch auf der zweiten Seiten Spaltenüberschriften vorhanden sind, wird eine Wiederholungszeile oben vereinbart.

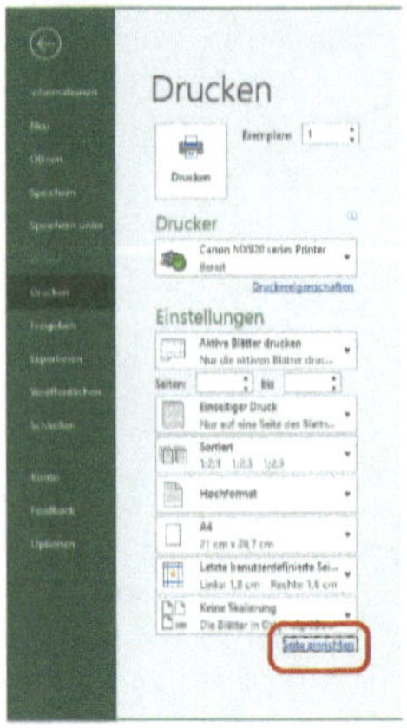

Analog verfahren Sie, wenn Zeileninhalte auf zwei Seiten ausgedruckt werden. Dann können Sie mit *Wiederholungsspalte links* die Inhalte einer Spalte, z. B. eine Kundennummer oder den Nachnamen auf jeder neuen Seite wiederholen. Für jedes Tabellenblatt kann eine Wiederholungszeile und -spalte vereinbart werden.

Achtung: Das Dialogfenster *Seite einrichten* kann auch aus der Druckvorschau (Register *Datei* ▶ *Drucken*) mit einem Klick auf *Seite einrichten* geöffnet werden. Allerdings sind hier im Register *Blatt* die *Wiederholungszeilen oben* und *Wiederholungsspalten links* inaktiv, da in der Seitenansicht kein Zellbereich markiert werden kann.

7.5 Druckvorgaben festlegen und Tabelle drucken

Vor dem Drucken von Tabellen können Sie das Ergebnis in der Vorschau kontrollieren. Enthält die Arbeitsmappe mehrere Tabellenblätter werden immer die Informationen des gerade angezeigten Tabellenblatts gedruckt.

Druckvorschau aufrufen

Zum Drucken einer Tabelle klicken Sie auf das Register *Datei* und hier auf *Drucken*, alternativ verwenden Sie die Tastenkombination **Strg + P**.

Tipp: Alternativ fügen Sie das Symbol *Seitenansicht und Drucken* der Symbolleiste für den Schnellzugriff hinzu. Dazu klicken Sie am rechten Ende der Symbolleiste auf den Pfeil und klicken dann auf *Seitenansicht und Drucken*.

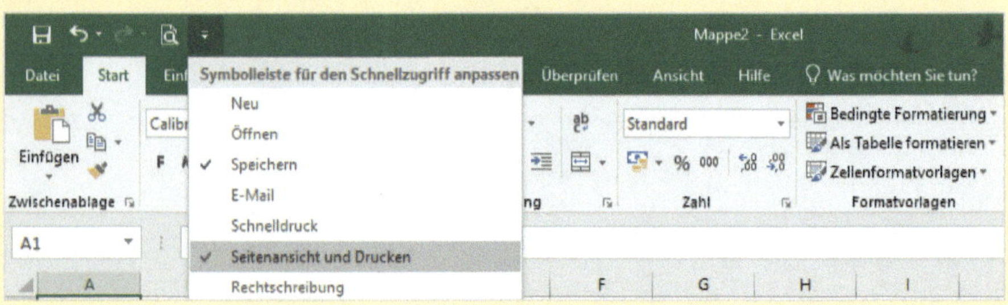

Druckseite, Anzahl der Exemplare und mehr auswählen

Zusammen mit den aktuellen Druckeinstellungen erhalten Sie eine Vorschau ❶ auf den Ausdruck und können hier gleichzeitig die wichtigsten Druckeinstellungen vornehmen. Wenn Sie ohne zu Drucken wieder zur Tabellenbearbeitung zurückkehren möchten, dann klicken Sie entweder auf das Pfeilsymbol ❷ oder drücken die **Esc-Taste**.

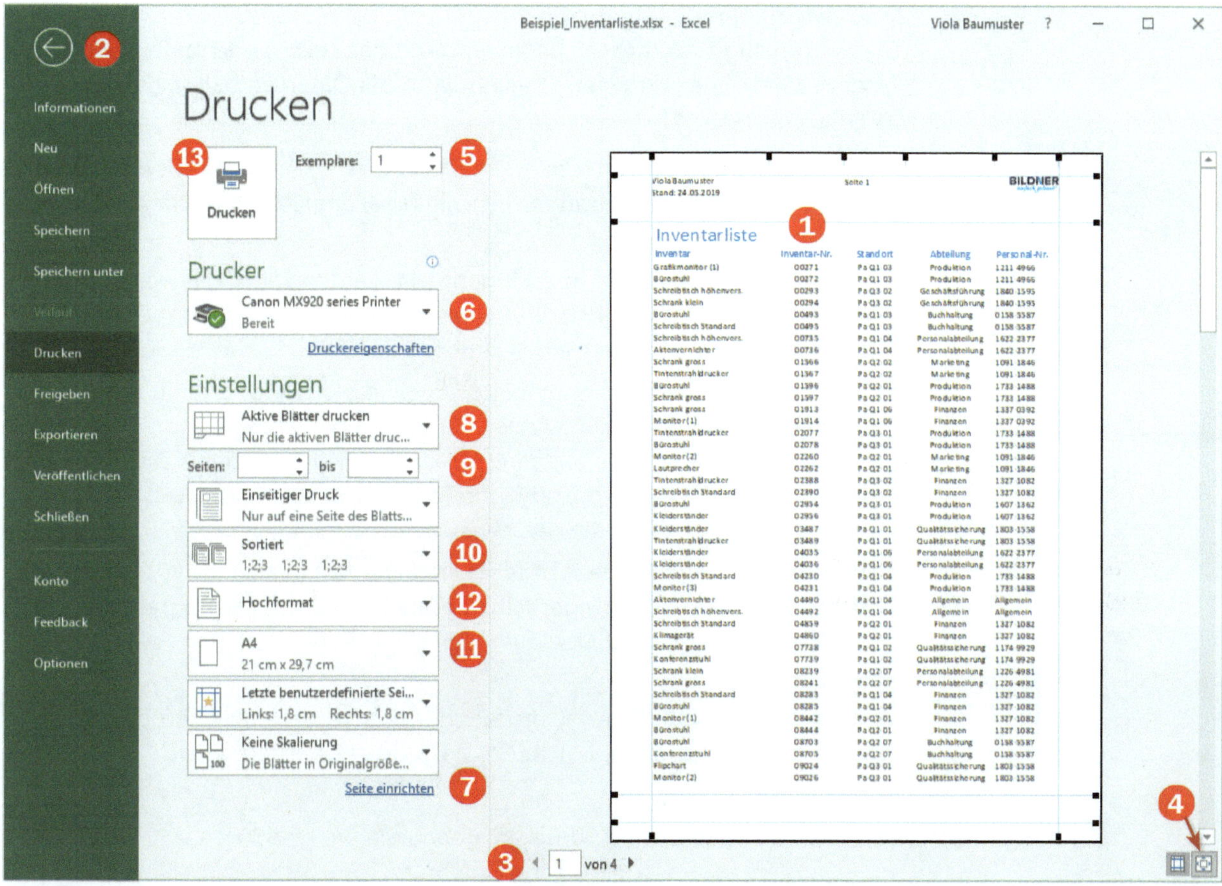

Druckvorschau vergrößern / verkleinern und umblättern

Unterhalb der Druckvorschau sehen Sie die aktuelle Seitenzahl, sowie die Anzahl aller Druckseiten. Mit den kleinen Pfeilen blättern Sie zur nächsten Druckseite bzw. zurück ❸. Standardmäßig wird in der Druckvorschau die Druckseite zunächst so verkleinert, dass sie vollständig angezeigt werden kann. Um sie in der Originalgröße (100%) anzuzeigen, klicken Sie in der unteren rechten Ecke ❹ auf das Symbol *Auf Seite zoomen*. Mit demselben Symbol verkleinern Sie anschließend die Anzeige wieder.

Anzahl der Ausdrucke festlegen und Drucker auswählen

Stellen Sie bei *Exemplare* ❺ ein, wie oft die Seite ausgedruckt werden soll. Bei *Drucker* können Sie den zu verwendenden Drucker ggf. ❻ ändern.

Druckeinstellungen

Links neben der Vorschau können Sie die einzelnen Druckeinstellungen ändern. Klicken Sie jeweils auf das Feld, um die weiteren Auswahlmöglichkeiten anzuzeigen. Dieselben Möglichkeiten erhalten Sie auch im gleichnamigen Dialogfenster, wenn Sie auf den Link *Seite einrichten* ❼ klicken.

- **Druckumfang wählen**
  Standardmäßig druckt Excel, beginnend mit der Zelle A1, automatisch den gesamten Bereich des aktuellen Tabellenblatts, der Daten enthält (Einstellung *Aktive Blätter drucken* ❽).

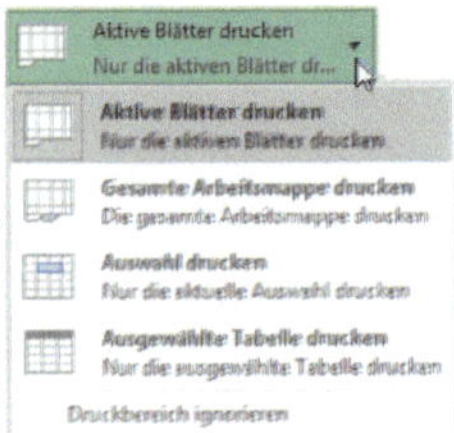

  - Mit Klick auf die Schaltfläche *Aktive Blätter drucken* und der Auswahl *Gesamte Arbeitsmappe drucken* können auch alle Tabellenblätter der Arbeitsmappe gedruckt werden.
  - Wenn nur der markierte Bereich gedruckt werden soll, dann wählen Sie *Auswahl drucken*. Um dauerhaft nur einen bestimmten Teil des Tabellenblatts zu drucken, können Sie auch einen Druckbereich (siehe Seite 163) festlegen.
  - Soll beim Ausdruck der festgelegte Druckbereich ignoriert und das gesamte Tabellenblatt ausgedruckt werden, dann wählen Sie die Option *Druckbereich ignorieren*. Beachten Sie allerdings, dass damit diese Option aktiviert wurde und der Druckbereich so lange ignoriert wird, bis Sie diese Einstellung durch erneutes Anklicken wieder deaktivieren.
  - Wurde die zu druckende Tabelle als intelligente Tabelle formatiert und befindet sich die Markierung innerhalb des Tabellenbereichs, dann steht auch noch der Befehl *Ausgewählte Tabelle drucken* zur Verfügung.

- **Seiten auswählen**
  Umfasst die Tabelle bzw. der zu druckende Bereich mehrere Seiten, dann können Sie bei *Seiten* ❾ angeben, welche Seiten gedruckt werden sollen.

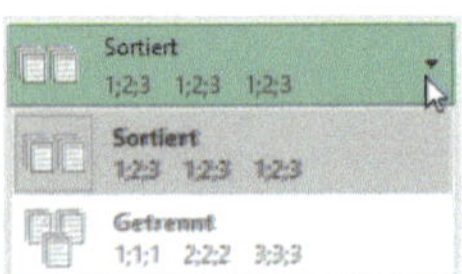

- **Mehrere Kopien sortiert drucken**
  Um mehrere Exemplare zu drucken, geben Sie die gewünschte Anzahl im Feld *Exemplare* an. Umfasst der Ausdruck mehrere Seiten, ist es sinnvoll auch die Sortierung der Seiten ❿ festzulegen.

- **Papierformat und -ausrichtung**
  Das Papierformat A4 ist in der Regel die Standardeinstellung; ein anderes Format wählen Sie hier ⓫ aus. Ob die Tabelle im Hoch- oder Querformat gedruckt werden soll, ändern Sie mit einem Mausklick auf die Schaltfläche ⓬.

Ausdruck anstoßen

Mit Klick auf die Schaltfläche *Drucken* ⓭ starten Sie den Ausdruck.

Seitenränder und Spaltenbreiten in der Druckvorschau anpassen

Praktisch ist auch die Möglichkeit, die Seitenränder direkt in der Druckvorschau mit der Maus zu verschieben und bei dieser Gelegenheit auch gleich die Spaltenbreite anpassen.

- Falls sie noch nicht angezeigt werden, blenden Sie die Seitenränder durch anklicken des Symbols *Seitenränder anzeigen* ❶ in der rechten unteren Ecke der Druckvorschau ein.

- Zeigen Sie mit der Maus auf eine Linie (es erscheint ein Doppelpfeil ❷) und verschieben Sie diese mit gedrückter linker Maustaste.

  Beachten Sie, dass sich am oberen und unteren Rand gleich zwei Linien befinden, im Bereich dazwischen befindet sich die Kopf- bzw. Fußzeile ❸.

Mehr zum Thema Kopf- und Fußzeile auf Seite 160.

- Die Breite der einzelnen Spalten lässt sich durch Verschieben der Markierungen ❹ am oberen Rand ebenfalls mit der Maus ändern.

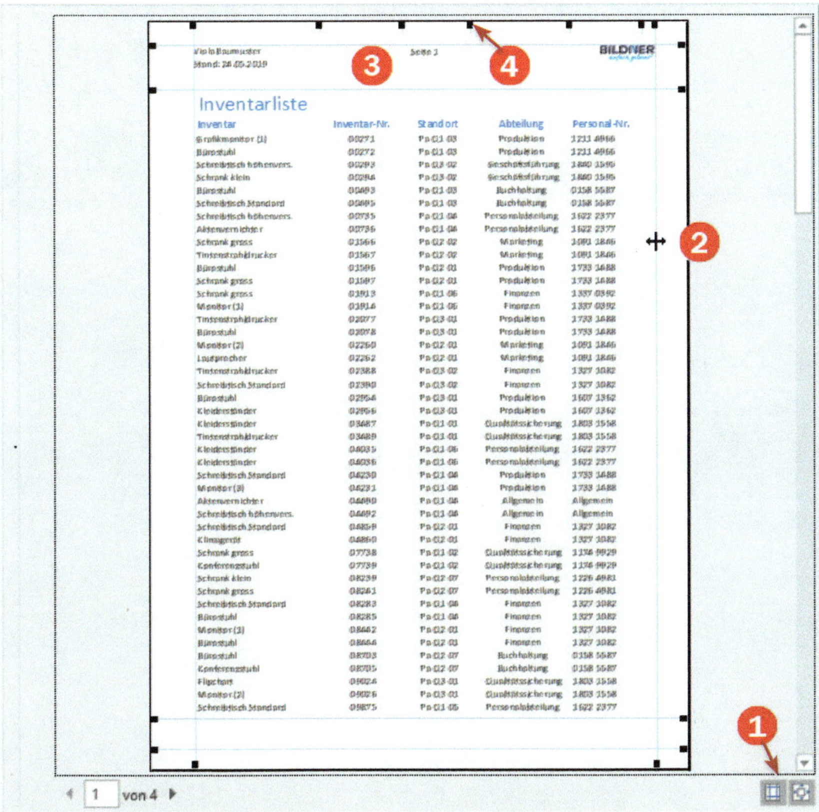

Woher kommen die gestrichelten Linien im Tabellenblatt?

Nach dem Drucken oder auch nur nach der Anzeige der Druckvorschau erscheinen die Seitenumbrüche in der Ansicht *Normal* als gestrichelte Linien im Tabellenblatt. Dabei spielt es keine Rolle, ob der Druckbereich nur eine oder mehrere Seiten umfasst. Diese Linien können Sie auch als Hilfsmittel nutzen, um die Spaltenbreiten so anzupassen, dass alle Spalten auf eine Druckseite passen. Diese Linien lassen sich nicht ausblenden, sie werden aber nach dem nächsten Öffnen der Arbeitsmappe nicht mehr angezeigt. Die Linie wird nicht angezeigt, wenn Sie einen Druckbereich festgelegt haben.

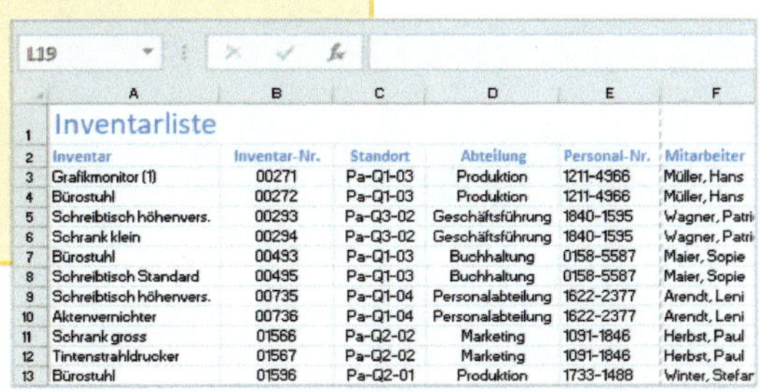

7.6 Übung

Die Übung ist auch als Download verfügbar:

Übung_Drucken.xlsx

- Öffnen Sie die Übungsdatei. Die Druckseite soll beim Drucken in der Mitte der Kopfzeile das aktuelle Datum und am rechten Rand Ihren Namen enthalten.
- Sorgen Sie dafür, dass das Blatt im Querformat auf eine A4 Seite passt.
- Außerdem soll nur die eigentliche Tabelle ab Zeile 4 ausgedruckt werden. Die Rabattstaffelungsübersicht soll nicht auf dem Ausdruck erscheinen.

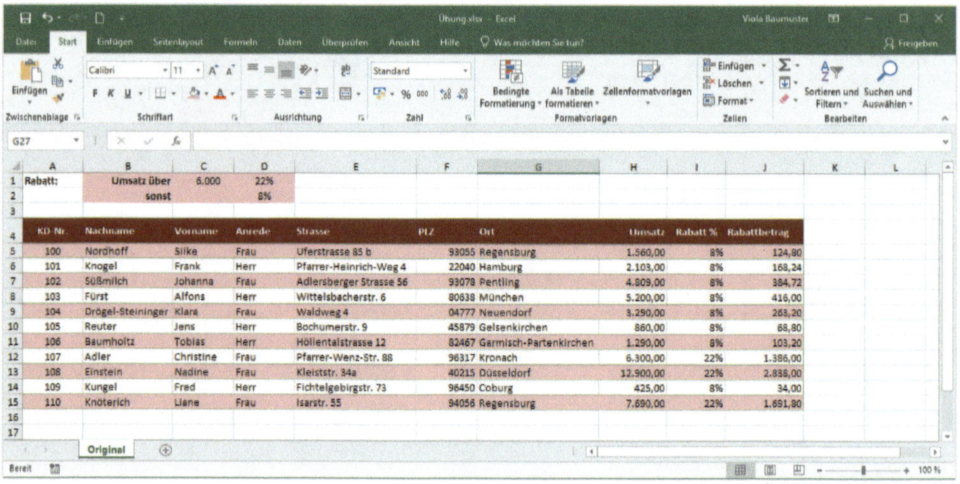

Rabatt:	Umsatz über	6.000	22%
	sonst		8%

KD-Nr.	Nachname	Vorname	Anrede	Strasse	PLZ	Ort	Umsatz	Rabatt %	Rabattbetrag
100	Nordhoff	Silke	Frau	Uferstrasse 85 b	93055	Regensburg	1.560,00	8%	124,80
101	Knogel	Frank	Herr	Pfarrer-Heinrich-Weg 4	22040	Hamburg	2.103,00	8%	168,24
102	Süßmilch	Johanna	Frau	Adlersberger Strasse 56	93078	Pentling	4.809,00	8%	384,72
103	Fürst	Alfons	Herr	Wittelsbacherstr. 6	80638	München	5.200,00	8%	416,00
104	Drögel-Steininger	Klara	Frau	Waldweg 4	04777	Neuendorf	3.290,00	8%	263,20
105	Reuter	Jens	Herr	Bochumerstr. 9	45879	Gelsenkirchen	860,00	8%	68,80
106	Baumholtz	Tobias	Herr	Höllentalstrasse 12	82467	Garmisch-Partenkirchen	1.290,00	8%	103,20
107	Adler	Christine	Frau	Pfarrer-Wenz-Str. 88	96317	Kronach	6.300,00	22%	1.386,00
108	Einstein	Nadine	Frau	Kleiststr. 34a	40215	Düsseldorf	12.900,00	22%	2.838,00
109	Kungel	Fred	Herr	Fichtelgebirgstr. 73	96450	Coburg	425,00	8%	34,00
110	Knöterich	Liane	Frau	Isarstr. 55	94056	Regensburg	7.690,00	22%	1.691,80

8 Einfache Berechnungen

In diesem Kapitel lernen Sie...

- wie man Formeln eingibt und korrigiert
- wie Formeln kopiert werden können
- Summen zu bilden
- Einfache Funktionen zu verwenden
- Zellbezüge und Namen in Formeln

Das sollten Sie bereits wissen

- Dateneingabe und Zahlenformate
- Tabellen formatieren

8.1 Eine Formel eingeben

Excel kann rechnen! Eine der Hauptaufgaben von Excel sind Berechnungen und Auswertungen. Diese werden in Form von einfachen Formeln und Funktionen auf dem Tabellenblatt hinterlegt. Doch welche Vorteile bietet Excel gegenüber einem Taschenrechner? Entscheidend ist, dass nach Änderung einer Zahl, die in eine Berechnung einbezogen wurde, sofort eine automatische Neuberechnung auf Grundlage der hinterlegten Formeln erfolgt. Darüber hinaus können Formeln für gleichartige Berechnungen kopiert werden und für komplexe Rechenschritte stehen integrierte Funktionen zur Verfügung.

Tipp! Die Adresse der aktiven Zelle sehen Sie im Namenfeld links oben.

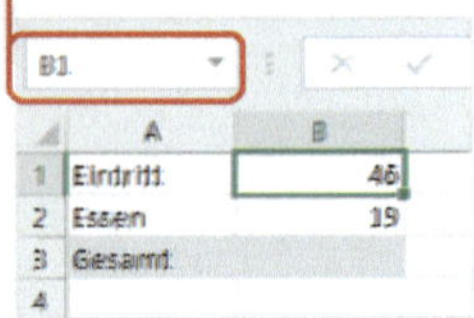

Das sind die wichtigsten Bestandteile einer Formel:

- Jede Formel beginnt mit einem **Gleichheitszeichen** (=).
- In Excel-Formeln werden in der Regel **Zellbezüge** eingegeben. Die Verwendung von Zellbezügen ermöglicht eine automatische Neuberechnung bei nachträglichen Änderungen von Werten. Jede Zelle eines Tabellenblatts verfügt über eine eindeutige Adresse in der Schreibweise *Spaltenbuchstabe Zeilennummer*, zum Beispiel A7. Die Zahl 46 (Abbildung links) steht z. B. in der Zelle B1. Verwenden Sie den Zellbezug B1 in der Formel, dann wird zur Berechnung der Wert, der in der Zelle steht, herangezogen. Schreiben Sie allerdings die Zahl (in diesem Beispiel 46) in eine Formel, wird immer mit dieser Zahl gerechnet.
- Natürlich ist es möglich, in eine Formel eine Zahl einzugeben. **Konstante Werte,** wie beispielsweise die 12 Monate eines Jahres oder 24 Stunden, können durchaus in einer Formel verwendet werden. Verzichten Sie aber auf die Eingabe von Zahlen, die sich ändern können, z. B. Rabatt 2%.
- Neben Zellbezügen benötigen Sie in Formeln auch **Operatoren** (+ - etc.) und manchmal Klammern. Die folgenden arithmetischen Operatoren und Vergleichsoperatoren können in Formeln verwendet werden:

Operator	Beschreibung
+	Addieren
-	Subtrahieren
*	Multiplizieren
/	Dividieren
^	Potenzieren
&	Zeichenfolgen aneinanderfügen

Operator	Beschreibung
=	Gleich
<	Kleiner als
<=	Kleiner oder gleich
>	Größer als
>=	Größer oder gleich
<>	Ungleich, Nicht

So gehen Sie bei der Eingabe einer Formel vor:

Im Beispiel unten sollen die Ausgaben für Eintritt und Essen zusammengerechnet werden. Die Formel zur Berechnung muss lauten *=B1+B2*

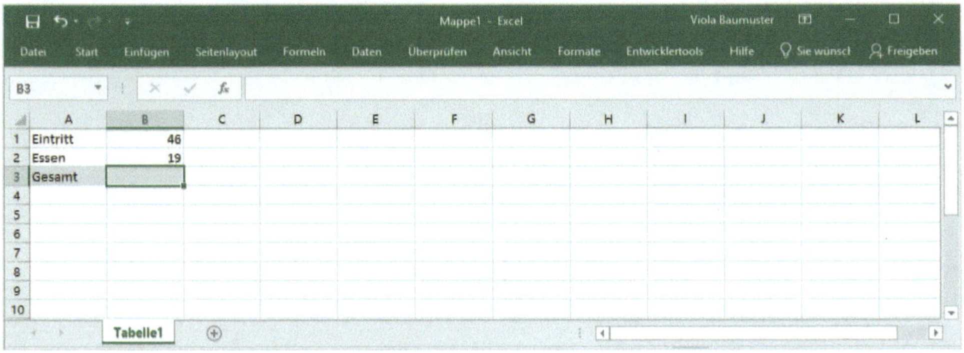

1 Markieren Sie die Zelle, in der Sie die Formel berechnen möchten (hier Zelle B3) und geben Sie das Gleichheitszeichen (=) über die Tastatur ein.

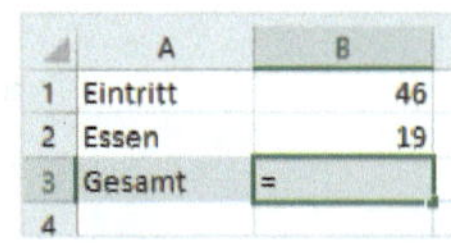

2 **Zellbezüge mit der Maus in eine Formel übernehmen:** Klicken Sie mit der Maus auf die erste Zelle, die Sie für die Berechnung benötigen (hier B1). Die Zelladresse erscheint automatisch in der Formel.

Anstelle der Maus können Sie auch die Pfeiltasten zur Eingabe verwenden, oder die Adresse über die Tastatur eintippen.

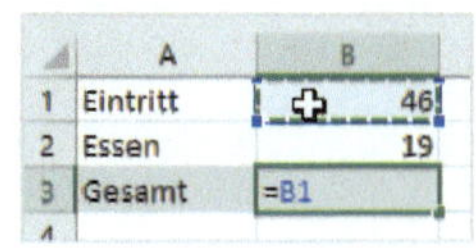

3 Geben Sie nun über die Tastatur den Operator + für die Addition ein und klicken Sie anschließend mit der Maus auf die Zelle B2. Auch anhand der Farben erkennen Sie, welche Zelle in die Formel eingefügt wurde.

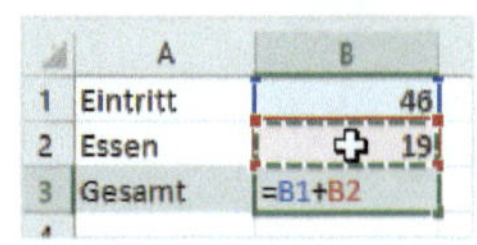

4 Schließen Sie die Formeleingabe ab, entweder mit einem Mausklick auf das Symbol *Eingeben* in der Bearbeitungsleiste, oder durch Drücken der Enter-Taste.

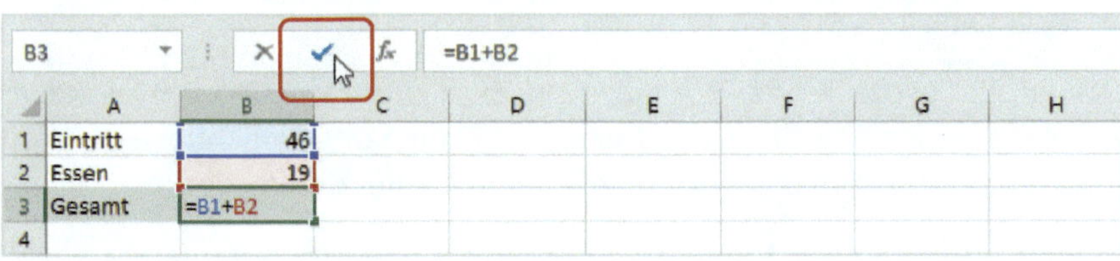

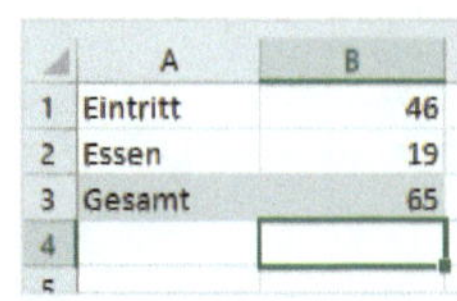

Achtung: Beenden Sie die Eingabe einer Formel nicht mit den Pfeiltasten oder durch Anklicken einer anderen Zelle mit der Maus. Pfeiltasten und die Maus können zum Eingeben von Zellbezügen in einer Formel verwendet werden und verändern daher möglicherweise die bereits eingetippte Formel.

Formel betrachten und ändern

Anstelle der Formel zeigt Excel das Ergebnis der Berechnung im Tabellenblatt an. Inhalt der Zelle B3 ist nach wie vor die Formel. Markieren Sie die Zelle und betrachten Sie die Bearbeitungsleiste. Hier wird die Formel angezeigt. Um diese auch im Tabellenblatt anzuzeigen, klicken Sie doppelt mit der Maus in die Ergebniszelle. Mit Drücken der Esc-Taste blenden Sie die Formel wieder aus.

Änderungen an der Formel können sowohl in der Bearbeitungszeile als auch in der Tabellenzelle vornehmen. Wenn ein Zellbezug vollständig gelöscht wird, können Sie durch Anklicken einer Zelle, den neuen Zellbezug in die Formel übernehmen.

Automatische Neuberechnung bei Änderung der Zellinhalte

Bleiben wir bei unserem Beispiel: Sie stellen fest, dass ohne Ihr Wissen noch zwei Eis am Stiel für insgesamt 6,00 € verzehrt wurden. Diese erhöhen den Betrag in Zelle B2 von 19,00 € auf 25,00 €.

Markieren Sie die Zelle B2, geben Sie den neuen Betrag ein und schließen Sie die Eingabe mit der Enter-Taste ab. Jetzt wird automatisch der neue Gesamtbetrag in Zelle B3 angezeigt.

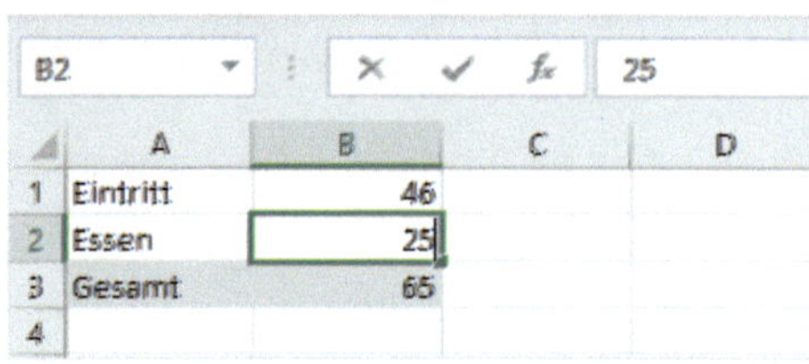

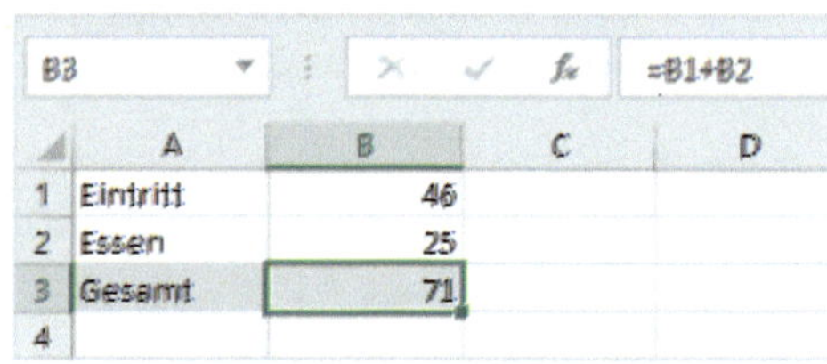

8.2 Die Funktion Summe und weitere einfache Funktionen

Funktionen sind vordefinierte Formeln, die in Excel integriert sind. Mit Funktionen addieren Sie beispielsweise eine lange Reihe von Zahlen ohne viel Aufwand, bilden den Durchschnitt oder zeigen passend zum Datum die Kalenderwoche an.

Funktionen verfügen immer über einen Namen z. B. SUMME, MITTELWERT oder KALENDERWOCHE. Die passende Funktion wählen Sie über das Menüband aus und benennen dann die Zellen, mit denen gerechnet werden soll.

Aufbau einfacher Funktionen

- Funktionen beginnen wie Formeln mit einem **Gleichheitszeichen**. Bei Auswahl der Funktion wird das Gleichheitszeichen gleich mit eingefügt. Es muss also nicht eingetippt werden.
- Daran schließt der **Funktionsname** an, z. B. SUMME.

- In Klammern folgt dann eine **Bereichsangabe** in der Schreibweise B2:B5. Das bedeutet, alle Zellen zwischen der ersten und letzten angegebenen Zelle, also B2, B3, B4 und B5 werden in die Berechnung einbezogen.
- Mehrere nicht zusammenhängende Bereiche werden mit Semikolon (;) getrennt. Auf Seite 180 sehen Sie, wie unabhängige Bereiche in der Funktion Summe durch Semikolon getrennt werden: *=SUMME(B7:D7;B16:D16)*

Eingabe der Summenfunktion

Eine der wichtigsten Funktionen ist die Summen-Funktion. Sie addiert die Inhalte mehrerer Zellen. Natürlich könnte man dieses Ergebnis auch durch die Eingabe einer Formel, wie beispielsweise *=A1+A2+A3+A4+A5*, erreichen. Dies ist allerdings zeitraubend und fehleranfällig.

Die Schaltfläche für die *Autosumme* finden Sie

- im Register *Start* und

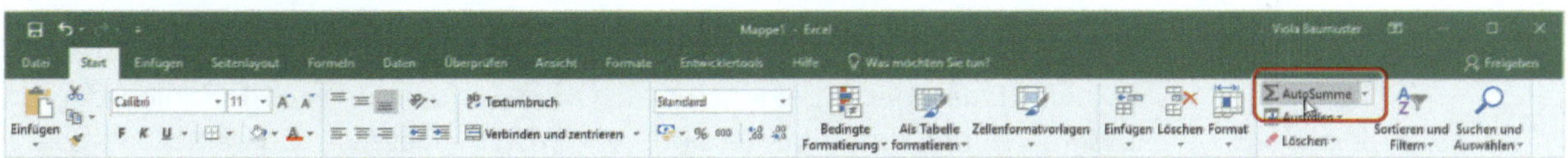

- im Register *Formeln*

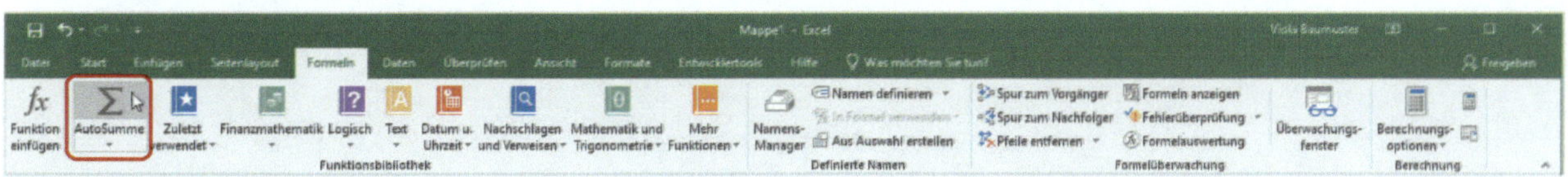

Es gibt mehrere Möglichkeiten, wie Sie bei der Berechnung der Summe vorgehen können. Alternative 1 und 2, die im folgenden vorgestellt werden, sind die Gebräuchlichsten. Natürlich kann eine Funktion auch komplett eingetippt werden. Eine weitere Möglichkeit erhalten Sie über das Schnellanalysetool (siehe Seite 39).

Alternative 1- Zellbereich markieren

- Markieren Sie den Zellbereich ❶, den Sie addieren möchten und klicken Sie mit der Maus auf die Schaltfläche *AutoSumme*.
- Das Ergebnis ❷ wird automatisch in die Zelle unmittelbar unterhalb des markierten Bereichs eingefügt.
- Markieren Sie die Ergebniszelle, um in der Bearbeitungsleiste ❸ die Funktion anzuzeigen.

- Klicken Sie doppelt in die Ergebniszelle ❹, um dort die Funktion anzuzeigen. Der verwendete Zellbereich wird zur besseren Kontrolle mit einem Rahmen hervorgehoben. Drücken Sie die Esc-Taste, um wieder das Ergebnis anzuzeigen.

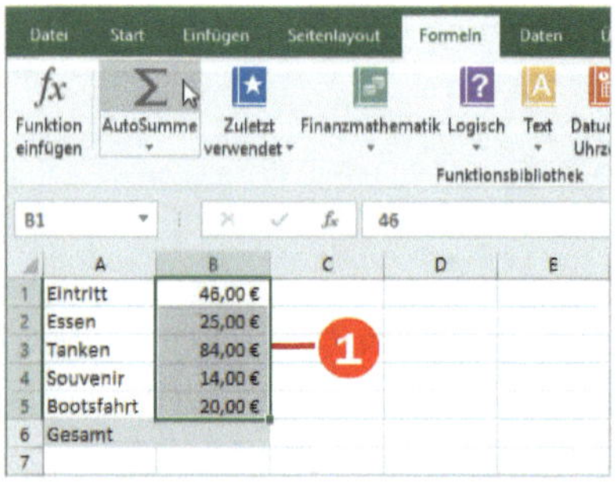

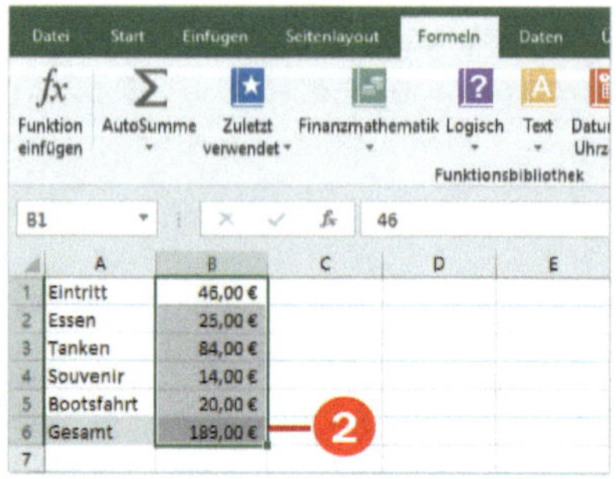

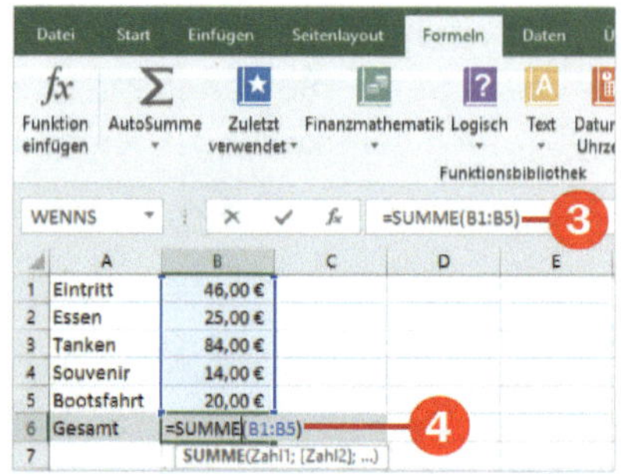

Alternative 2 - Ergebniszelle markieren

- Markieren Sie die Zelle ❶, in die das Ergebnis eingefügt werden soll und klicken Sie dann auf die Schaltfläche *AutoSumme*.
- Excel fügt die Funktion *Summe* in die markierte Zelle ein und kennzeichnet den Zellbereich darüber mit einem gestrichelten Laufrahmen ❷. Alle Zahlen, die von diesem Rahmen umschlossen sind, werden in die Berechnung einbezogen.
- Beenden Sie die Formel mit der Enter-Taste oder klicken Sie in der Bearbeitungsleiste auf das Symbol *Eingeben* ❸.

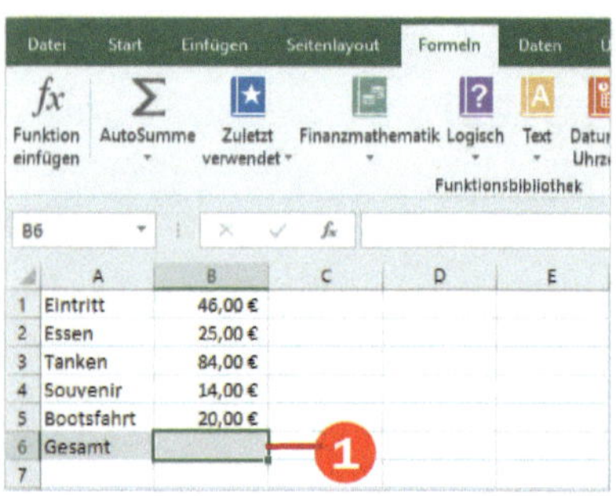

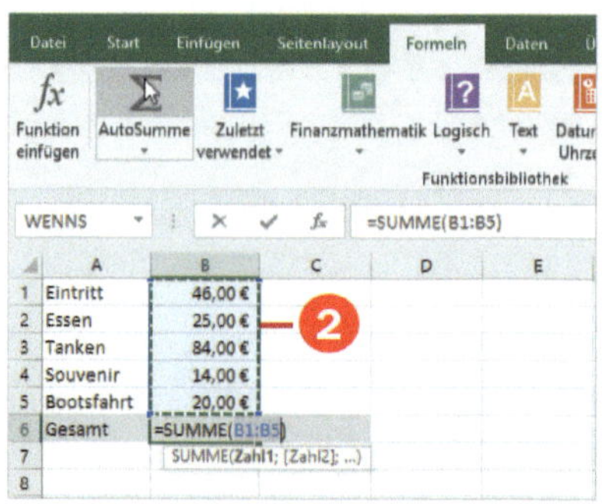

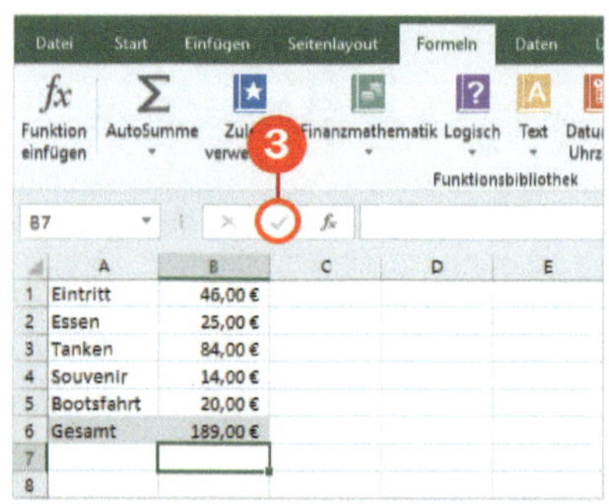

Solange der gestrichelte Rahmen (Laufrahmen) während der Eingabe der Funktion aktiv ist, können Sie jederzeit durch Markieren eines neuen Bereichs den zu addierenden Zellbereich ändern (Zeigen-Modus).

Dadurch bietet die zweite Alternative den Vorteil, dass die Summe nicht nur direkt im Anschluss an den zu addierenden Bereich berechnet werden kann, sondern in jeder beliebigen Zelle. Sollte Excel, nach Anklicken der Schaltfläche *AutoSumme* andere Zellen zur Berechnung vorschlagen, so markieren Sie einfach mit gedrückter linker

Maustaste den gewünschten Zellbereich, bevor Sie die Summe mit der Enter-Taste bestätigen. Der neue Zellbereich wird für die Summe-Funktion übernommen.

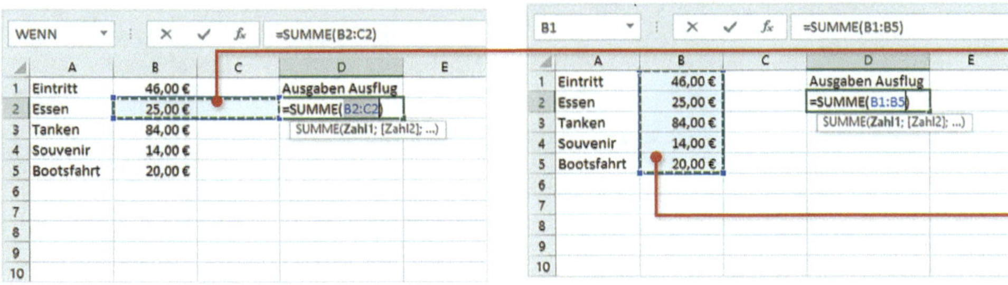

Zellbereich, den Excel nach Anklicken der Summe-Funktion vorschlägt

Neuen Zellbereich durch Markierung einfügen

Mehrere Summen gleichzeitig berechnen

In Excel ist es nicht ungewöhnlich, dass viele Tabellen einheitlich aufgebaut sind und Zahlen in mehreren Spalten oder Zeilen addiert werden sollen. Durch Mehrfachmarkierung können Sie in solchen Fällen gleich mehrere SUMME-Funktionen einfügen.

In diesem Beispiel soll der Gesamtbetrag der Ausgaben je Monat (Januar, Februar, März) berechnet werden.

- Markieren Sie entweder den Zahlenbereich, wie im Bild links, oder markieren Sie den Ergebnisbereich, wie im mittleren Bild. In beiden Fällen erhalten Sie nach Anklicken der Schaltfläche *AutoSumme* die Ergebnisse, gesondert für alle drei Spalten.

Die Datei ist als Download verfügbar:

Beispiel Summe1.xlsx

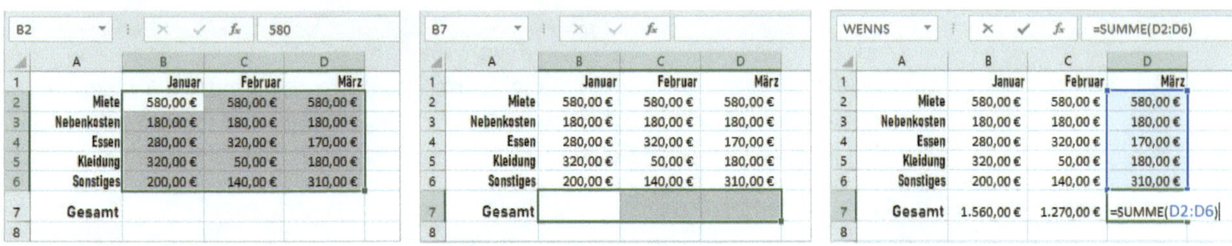

Auch für nicht zusammenhängende Ergebnisbereiche können Sie mit einem Klick eine einfache Funktion einfügen.

Im folgenden Beispiel sollen die Gesamtbeträge aller Ausgaben für die Monate Januar, Februar, März und für eine weitere Tabelle darunter mit April, Mai, Juni berechnet werden.

- Markieren Sie zunächst einen Bereich, halten Sie dann die Strg-Taste gedrückt und markieren Sie alle weiteren Bereiche. Klicken Sie dann auf die Schaltfläche *Autosumme*.

Bild links: Markiert wurden zwei unabhängige Zahlenbereiche

Bild rechts: Beide Ergebnisbereiche wurden markiert

Die Datei ist als Download verfügbar:

Beispiel Summe2.xlsx

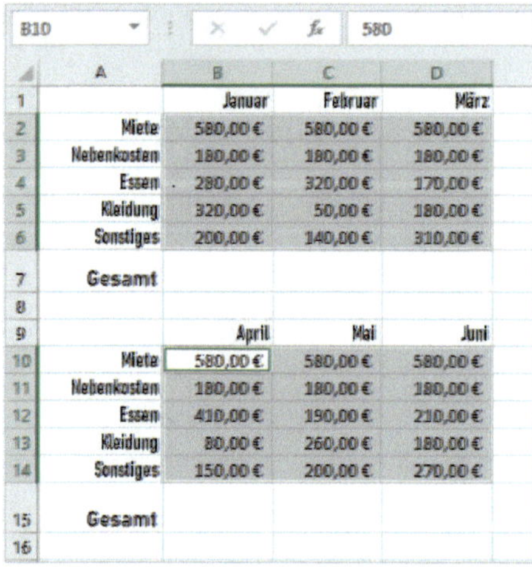

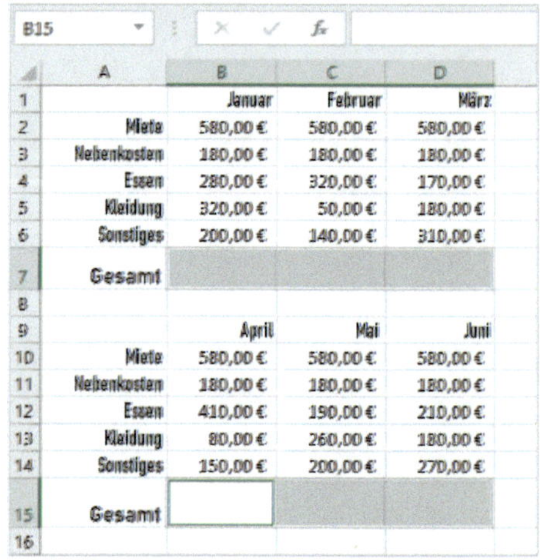

Nicht zusammenhängende Zellbereiche addieren

Bis jetzt waren die Zahlen, die mit der Funktion SUMME addiert wurden, immer in einem zusammenhängenden Bereich angeordnet. Natürlich können auch Zahlen nicht zusammenhängender Zellbereiche addiert werden.

Im folgenden Beispiel sollen die Summen der beiden Quartale addiert werden. Dabei handelt es sich um die Zellen B7, C7, D7 und um B15, C15, D15. Das Ergebnis soll in Zelle F8 angezeigt werden.

- Markieren Sie die Zelle F8 und klicken Sie dann auf die Schaltfläche *Autosumme*. In diesem Beispiel schlägt Excel keinen Zahlenbereich mittels Anzeige eines Laufrahmens vor ❶, sondern erwartet Ihre Markierung. Bei einer anderen Anordnung ist die Anzeige eines Laufrahmens möglich, ändert aber nichts am Ablauf.
- Markieren Sie zunächst den Ergebnisbereich des 1. Quartals (B7, C7, D7). Halten Sie dann die Strg-Taste gedrückt und markieren Sie den Ergebnisbereich des 2. Quartals (B15, C15, D15) ❷. Drücken Sie dann die Enter-Taste.

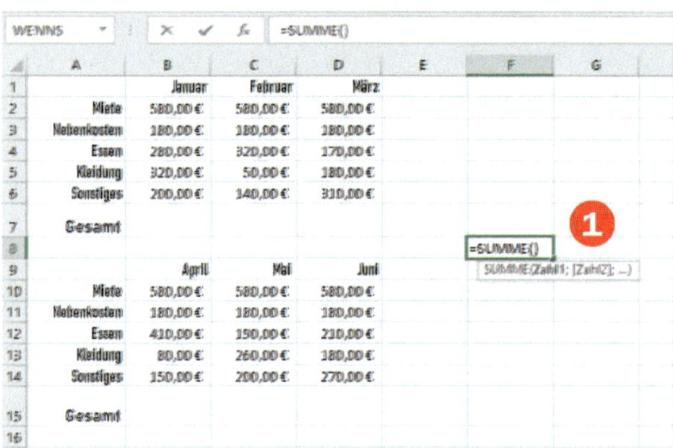

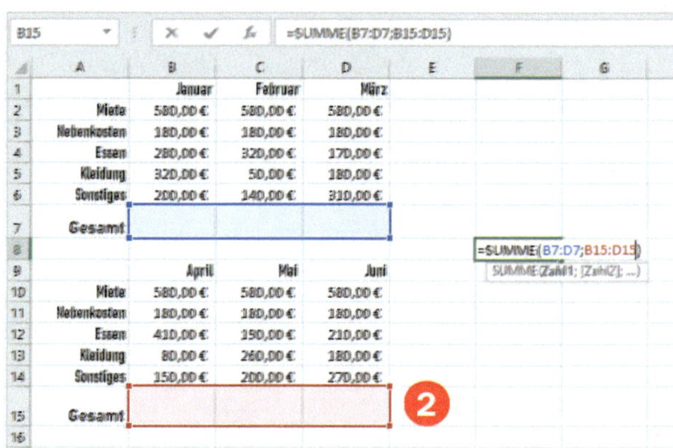

Anzahl, Mittelwert, größten und kleinsten Wert ermitteln

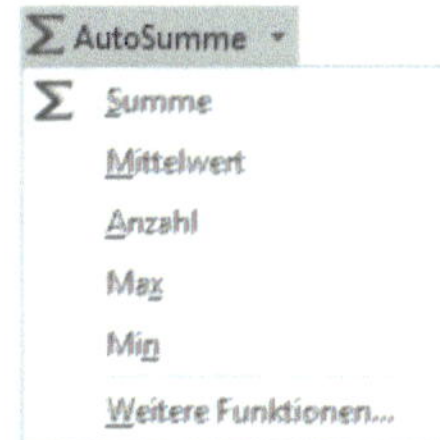

Neben der Summe finden Sie im Dropdown-Menü der Schaltfläche *AutoSumme* noch weitere einfache Funktionen, deren Handhabung der Summe gleichen. So lassen sich auch noch der Mittelwert (Durchschnitt), der größte und der kleinste Wert, sowie die Anzahl der Zahlen eines Zellbereichs schnell ermitteln.

Funktion	Beschreibung
Mittelwert	Berechnet das arithmetische Mittel (Durchschnitt) aus dem markierten Zellbereich.
Anzahl	Ermittelt die Anzahl der Zahlen im Zellbereich; Text wird ignoriert.
Max	Ermittelt den größten Wert eines Zellbereichs.
Min	Ermittelt den kleinsten Wert eines Zellbereichs.

Weitere Funktionen lernen Sie in Kapitel 9 kennen.

Bei der Verwendung dieser Funktionen gehen Sie vor, wie bei der Berechnung der Summe: Markieren Sie die entsprechende Ergebniszelle oder den passenden Zahlenbereich und klicken Sie zum Einfügen der Funktion entweder im Register *Start* oder im Register *Formeln* auf den Dropdown-Pfeil der Schaltfläche *AutoSumme*.

Beispiel: Rechnen mit ANZAHL, MITTELWERT, MIN und MAX

In eine Excel-Tabelle wurden die Zeiten der Teilnehmer einer Laufveranstaltung eingetragen. Sie möchten jetzt folgende Werte ermitteln:

- Wie viele Personen nahmen teil? Berechnung mit Formel ANZAHL
- Gewinnerzeit: Berechnung mit Formel MIN
- Letzter im Ziel nach... Std.: Berechnung mit Formel MAX
- Durchschnittszeit: Berechnung mit Formel MITTELWERT

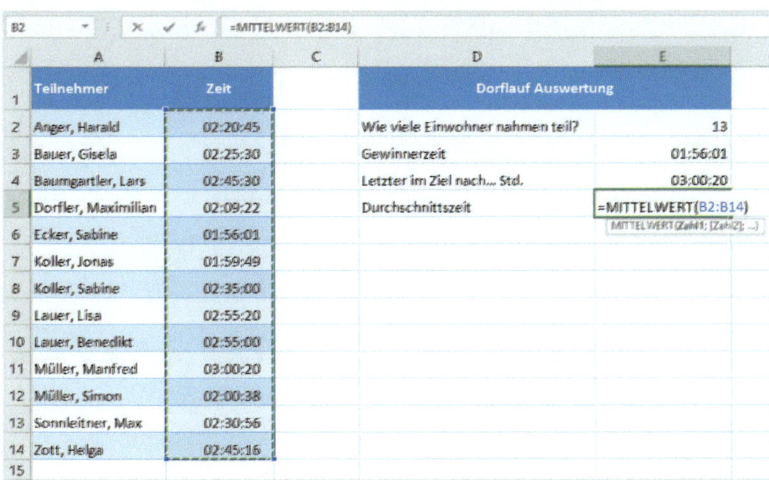

	A	B	C	D	E
1	Teilnehmer	Zeit		Dorflauf Auswertung	
2	Anger, Harald	02:20:45		Wie viele Einwohner nahmen teil?	13
3	Bauer, Gisela	02:25:30		Gewinnerzeit	01:56:01
4	Baumgartler, Lars	02:45:30		Letzter im Ziel nach... Std.	03:00:20
5	Dorfler, Maximilian	02:09:22		Durchschnittszeit	=MITTELWERT(B2:B14)
6	Ecker, Sabine	01:56:01			
7	Koller, Jonas	01:59:49			
8	Koller, Sabine	02:35:00			
9	Lauer, Lisa	02:55:20			
10	Lauer, Benedikt	02:55:00			
11	Müller, Manfred	03:00:20			
12	Müller, Simon	02:00:38			
13	Sonnleitner, Max	02:30:56			
14	Zott, Helga	02:45:16			
15					

Die Datei ist als Download verfügbar:

Beispiel Dorflauf.xlsx

Berechnung der Teilnehmerzahl: Klicken Sie in die Zelle E2 und wählen Sie im Register *Start* ▸ Schaltfläche *AutoSumme* Dropdown ▸ *Anzahl* aus. Markieren Sie mit der Maus den Bereich B2 bis B14. Dieser enthält die Zeiten der einzelnen Läufer. Die Bereichsangabe wird durch die Markierung in die Funktion eingefügt. Drücken Sie dann die Enter-Taste. Die Funktion ANZAHL berücksichtigt nur Zellen, die eine Zahl enthalten. Aus diesem Grund wäre die Verwendung des Zellbereichs A2:A14 nicht zielführend. Dieser würde das Ergebnis 0 erbringen. Stehen nur Namen zur Verfügung hilft die Funktion ANZAHL2. Diese berücksichtigt alle Zellen mit Inhalt.

Ermittlung der Gewinnerzeit: Mit der Funktion MIN zeigen Sie den kleinsten Wert aus einer Reihe von Werten an. Klicken Sie in die Zelle E3 und wählen Sie im Register *Start* ▸ Schaltfläche *AutoSumme* Dropdown ▸ *Min* aus. Markieren Sie den Bereich B2:B14 und drücken Sie dann die Enter-Taste.

Verfahren Sie für die Funktionen MAX und MITTELWERT analog.

Tipp: Falls Sie den Mittelwert oder die Summe einer Zahlenreihe schnell überblicken möchten, ohne das Ergebnis in das Tabellenblatt einzufügen, dann markieren Sie den entsprechenden Zellbereich. In der Statusleiste werden die Ergebnisse für den markierten Bereich angezeigt. Weitere Zusammenfassungen können eingeblendet werden, wenn Sie mit der rechten Maustaste auf die Statusleiste klicken und im Menü beispielsweise *Minimum* aktivieren.
Beachten Sie allerdings, dass das Ergebnis von *Anzahl* in der Statusleiste nur zufällig mit dem Ergebnis der Funktion ANZAHL übereinstimmt. *Anzahl* (Statusleiste) zählt Zellen im Bereich, die Daten enthalten. Die Funktion ANZAHL zählt Zellen im Bereich, die eine Zahl enthalten. Die Anzeigeoption *Numerische Zahl* erbringt dasselbe Ergebnis wie die Funktion ANZAHL.

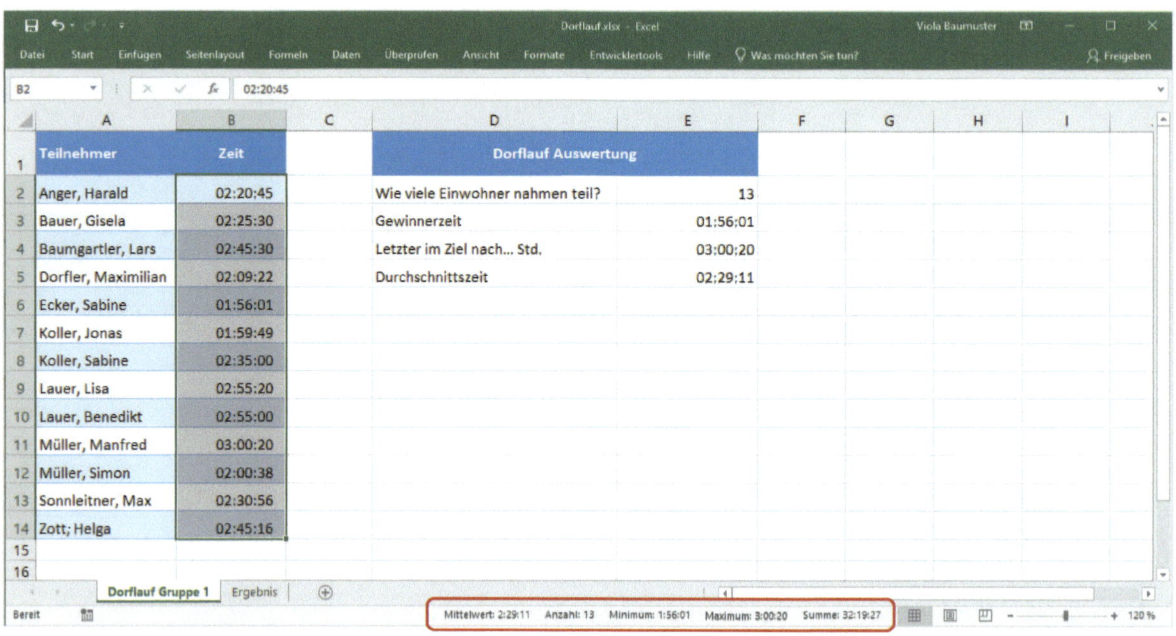

8.3 Rechnen mit Prozentwerten, Datum und Uhrzeit

Prozentberechnungen

Eine Prozentzahl, beispielsweise 7%, versteht Excel als eine Zahl, die mit 100 multipliziert und zusammen mit dem Prozentzeichen angezeigt wird. Die Prozentzahl 7% entspricht also der Zahl 0,07.

Siehe Zahlenformate, Kapitel 4.4.

Eingabe von Prozentzahlen

- Prozentzahlen können zusammen mit dem Prozentzeichen eingetippt werden, also 7%.
- Sie können aber auch 0,07 eingeben und anschließend mit dem Format *Prozent* % formatieren.
- Wenn Sie eine ganze Reihe von Prozentzahlen eingeben, ist es am effizientesten die Zeile oder Spalte als Prozent zu formatieren und dann die Werte einzutippen.

Vermeiden Sie zuerst den Prozentwert z. B. 7 einzugeben und die Zelle im Nachhinein mit einem Prozentformat zu versehen. Als Ergebnis würden Sie 700% erhalten.

Beispiel Berechnung Mehrwertsteuerbetrag vom Nettopreis

Beispiel: Für einen Nettopreis von 489,- € und einem Mehrwertsteuersatz von 19% soll der Mehrwertsteuerbetrag ermittelt werden. In einen einfachen Taschenrechner würden Sie eintippen 489 / 100 *19, bzw. gekürzt 489 * 0,19.

	A	B
1	Preis netto	489 €
2	Mehrwertsteuersatz	19%
3	Mehrwertsteuerbetrag	=B1*B2
4		

Im Excel-Tabellenblatt wird der Mehrwertsteuersatz mit 19% hinterlegt. Excel rechnet hier mit der Zahl 0,19. Aufgrund dieses Umstands ist die Formel *=B1*B2* zur Berechnung des Mehrwertsteuerbetrags ausreichend.

Beispiel Berechnung Nettopreis vom Bruttopreis

Zur Berechnung des Nettopreises vom Bruttopreis würden Sie in Ihren Taschenrechner bei einem Bruttopreis von 219 € und 19% Mehrwertsteuer folgende Berechnungsschritte eintippen: 219 * 100 / 119 oder bei Kürzung des Bruchs 219 / 1,19.

	A	B
1	Preis brutto	219 €
2	Mehrwertsteuersatz	19%
3	Preis netto	=B1/(1+B2)

In Excel kann man die Berechnung auch vereinfacht mit *=B1/(1+B2)* eingeben. Auch hier bedient man sich wieder des Umstands, dass sich hinter dem Mehrwertsteuersatz von 19 % die Zahl 0,19 verbirgt und somit der Formelteil (1+B2) in diesem Beispiel die Zahl 1,19 ergibt.

Rechnen mit Datumswerten

Datum	Zahl
01.01.1900	= 1
02.01.1900	= 2
02.01.1949	=17 900
01.08.2019	= 43 678

Ein Datum stellt in Excel eigentlich eine fortlaufende Zahl dar, die mit dem 01.01.1900 beginnt und als Datum formatiert ist. Daher sind in Excel auch Berechnungen mit Datumswerten möglich.

> **Achtung**: Ein Datum vor 1900 wird als Text behandelt und kann nicht für Berechnungen herangezogen werden.
>
> Wenn Sie die Zahl anzeigen möchten, mit der Excel die Datumsberechnung durchführt, geben Sie ein Datum ein und löschen das Format (Register *Start* ▶ Gruppe *Bearbeiten* ▶ Schaltfläche *Löschen* ▶ *Formate löschen*) oder weisen Sie das Format *Standard* zu.

Beispiel 1: Berechnung des Fälligkeitstags einer Rechnung

Addieren Sie zum Rechnungsdatum das Zahlungsziel in Tagen. Als Ergebnis erscheint der Fälligkeitstag im Datumsformat.

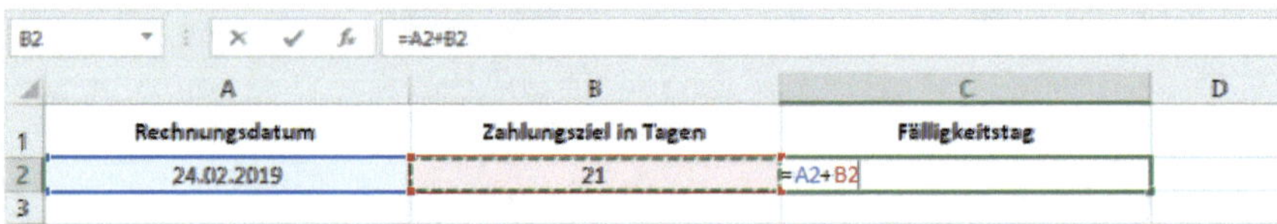

Beispiel 2: Wie viele Tage liegen zwischen zwei Datumswerten?

Sie möchten berechnen, wie viele Tage zwischen zwei Daten liegen? Subtrahieren Sie das Datum, welches näher am aktuellen Datum liegt vom weiter in der Zukunft liegenden. Als Ergebnis wird die Differenz in Tagen angezeigt. Sollte statt der Tage ein Datum als Ergebnis erscheinen, dann formatieren Sie die Zelle mit dem Format *Standard*.

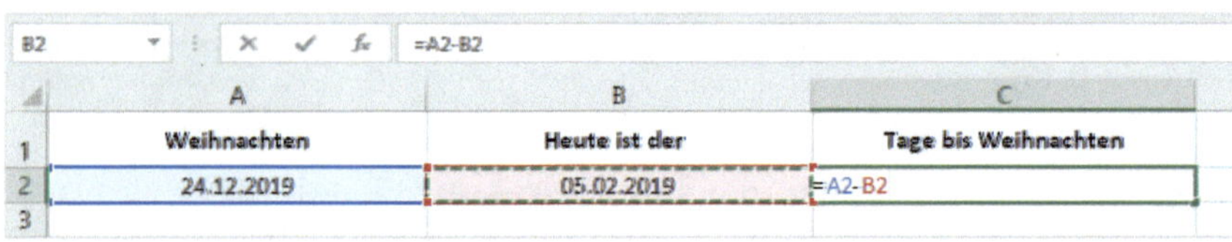

Ein Datum kann keinen negativen Wert annehmen. In diesem Fall wird anstelle des Datums das #-Zeichen angezeigt. Natürlich ist es möglich, dass zwei Daten voneinander abgezogen einen negativen Wert in Tagen ergeben.

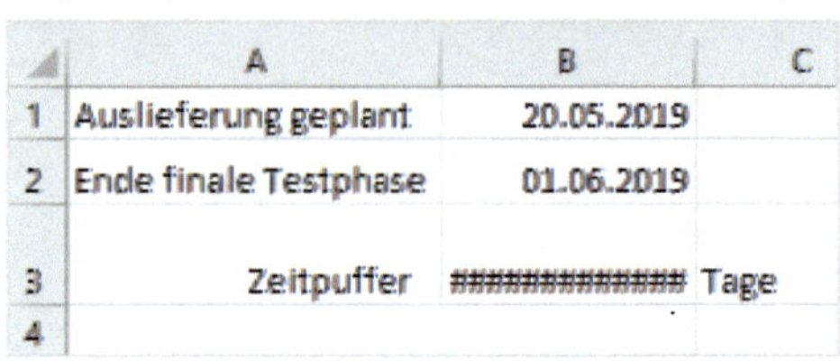

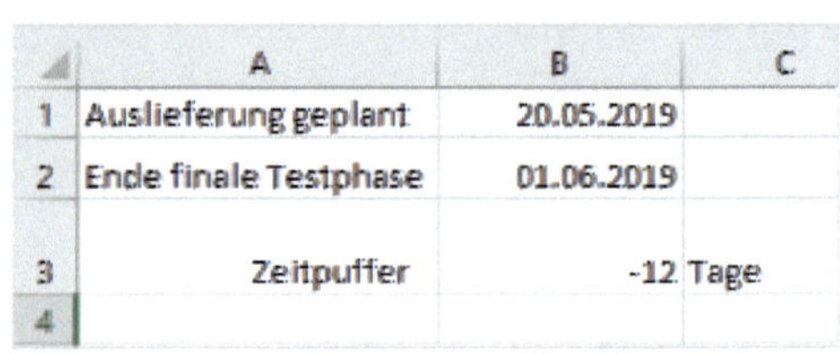

Zeitberechnungen

Zeitangaben geben Sie mit einem Doppelpunkt zwischen Stunde und Minute bzw. Minute und Sekunde in Excel ein. Dadurch wird automatisch auf die Zelle ein Uhrzeitformat übernommen. Uhrzeiten sind formatierte Dezimalzahlen auf der Basis eines Tages (24 Stunden), wobei 0,5 beispielsweise für 12 Uhr mittags steht (0,5 * 24 = 12).

Auch Zeitangaben können für Berechnungen verwendet werden. Beachten Sie aber, dass das Standard-Uhrzeitformat von Excel nicht mehr als 24 Stunden anzeigt. Liefert das Ergebnis einer Formel mehr als 24 Stunden, dann müssen Sie ein anderes Uhrzeitformat verwenden.

Ist das Ergebnis einer Zeitberechnung negativ, so wird das #-Zeichen angezeigt.

Die Datei ist als Download verfügbar:

Beispiel Zeit.xlsx

Beispiel Tagesarbeitszeit berechnen

In der Stundenliste sollen die Vormittags- und Nachmittagsstunden addiert werden. Dabei muss jeweils die Beginn-Zeit von der End-Zeit abgezogen werden, also z. B. C5-B5 und E5-D5. Beide Ergebnisse werden dann zusammengerechnet, was zu folgender Formel führt: C5-B5+E5-D5. Tragen Sie die Formel in die Zelle F5 ein und schließen Sie die Eingabe mit der Enter-Taste ab. Die Formel könnte jetzt für die restlichen Tage der Woche kopiert werden. Wie das geht, erfahren Sie auf Seite 194.

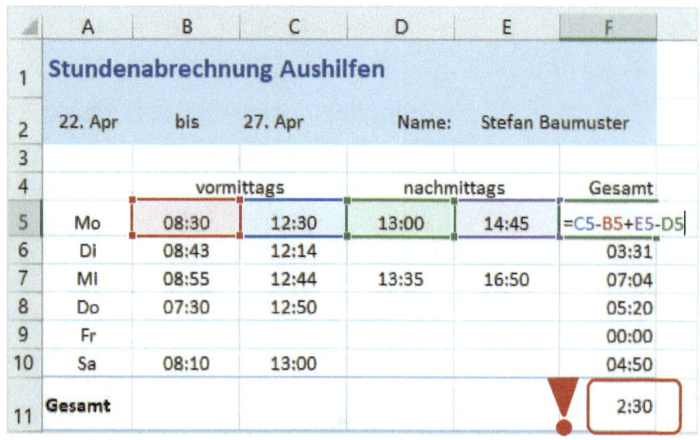

	A	B	C	D	E	F
1	Stundenabrechnung Aushilfen					
2	22. Apr	bis	27. Apr	Name:	Stefan Baumuster	
3						
4		vormittags		nachmittags		Gesamt
5	Mo	08:30	12:30	13:00	14:45	=C5-B5+E5-D5
6	Di	08:43	12:14			03:31
7	Mi	08:55	12:44	13:35	16:50	07:04
8	Do	07:30	12:50			05:20
9	Fr					00:00
10	Sa	08:10	13:00			04:50
11	Gesamt					2:30

Beispiel Wochenarbeitszeit berechnen

Um alle geleisteten Stunden einer Woche zu addieren, verwenden Sie die Funktion SUMME. In Zelle F11 wurden in obigem Beispiel mit der Formel =SUMME(F5:F10) die einzelnen Tagesarbeitszeiten addiert. Mit dem Ergebnis von 2:30 Std. erhalten Sie allerdings ein offensichtlich falsches Ergebnis. Ursache ist, dass dieses in einem Uhrzeitformat (hh:mm) angezeigt wird, welches nicht mehr als 24 Std. abbilden kann. Zur Abhilfe müssen Sie die Zelle in einem anderen Uhrzeitformat formatieren:

- Markieren Sie die Ergebniszelle der Wochenarbeitszeit, in unserem Beispiel F11. Öffnen Sie über das Register *Start* das Dialogfenster *Zellen formatieren* durch Anklicken des Pfeilsymbols der Gruppe *Zahl*. Wählen Sie im Register *Zahlen* in der Kategorie *Uhrzeit* den Typ *37:30:55* ❶ aus.
- Nachteil der Methode: Dieses Uhrzeitformat umfasst auch Sekunden. Wenn diese nicht angezeigt werden sollen, dann wechseln Sie zur Kategorie *Benutzerdefiniert* und wählen das Format ❷ *[h]:mm:ss* aus und löschen den hinteren Teil, um durch diese Festlegung *[h]:mm* das korrekte Ergebnis von 26:30 anzuzeigen.

Anzeigebeispiel der aktuellen Auswahl

Entfernen Sie hier den Zusatz *:ss*, falls Sie keine Sekunden anzeigen möchten.

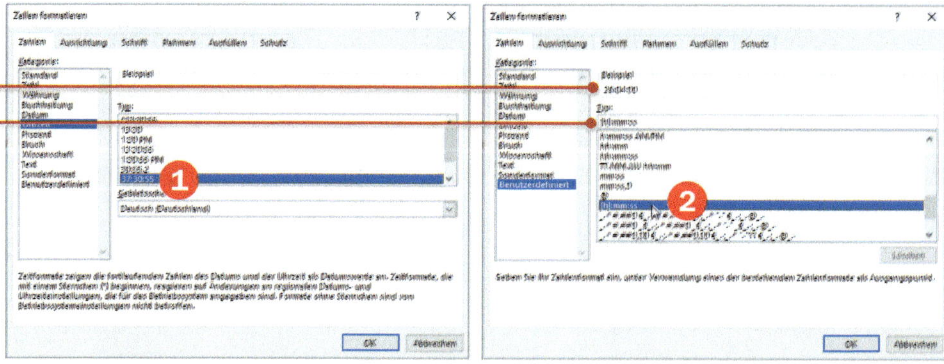

Das Standard-Uhrzeitformat zeigt nur 24 Stunden an. Wählen Sie stattdessen ein benutzerdefiniertes Uhrzeitformat, dessen Stunden in eckigen Klammern stehen [h].

Uhrzeit in Dezimalzahl umwandeln

Manche Berechnungen können auf Grundlage des Uhrzeitformat nicht ohne Weiteres durchgeführt werden, etwa die Ermittlung des Arbeitslohns. Nur die berechneten Stunden mit dem Stundenlohn zu multiplizieren, führt zum falschen Ergebnis.

- Zur korrekten Berechnung des Lohns multiplizieren Sie zunächst die Gesamtstunden mit 24. Dadurch werden die Gesamtstunden von 26:30 in die Dezimalzahl 26,5 umgerechnet. Diese können dann mit dem Stundenlohn multipliziert werden. Das geschieht selbstverständlich alles in einer Formel.

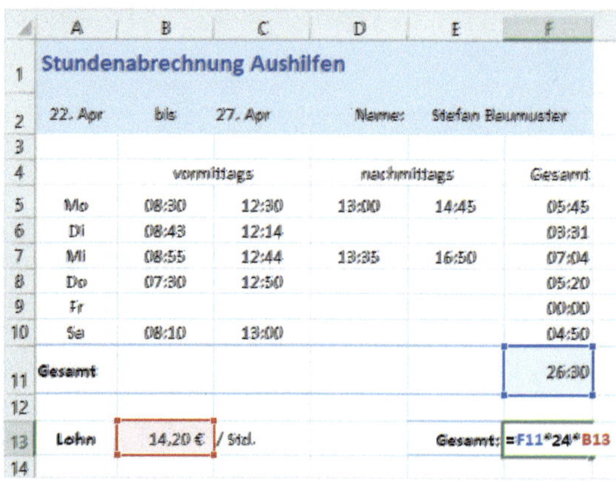

	A	B	C	D	E	F
1	Stundenabrechnung Aushilfen					
2	22. Apr	bis	27. Apr	Name:	Stefan Baumuster	
3						
4		vormittags		nachmittags		Gesamt
5	Mo	08:30	12:30	13:00	14:45	05:45
6	Di	08:43	12:14			03:31
7	Mi	08:55	12:44	13:35	16:50	07:04
8	Do	07:30	12:50			05:20
9	Fr					00:00
10	Sa	08:10	13:00			04:50
11	Gesamt					26:30
12						
13	Lohn	14,20 €	/ Std.		Gesamt:	=F11*24*B13
14						

- Tipp: Sie können jede Uhrzeit auch als Dezimalzahl anzeigen, z. B. die Gesamtstunden pro Tag. Zeigen Sie die Formel in Zelle F5 an und erweitern Sie diese so: =(C5-B5+E5-D5)*24. Formatieren Sie dann die Zelle mit dem Format *Zahl*.

8.4 Externe Bezüge in Formeln verwenden

Bezüge auf andere Tabellenblätter

Um Zellinhalte eines anderen Tabellenblatts zu verwenden, kann eine Formel auch Zellbezüge auf andere Tabellenblätter enthalten. In diesem Fall wird dem Zellbezug, getrennt durch ein Ausrufezeichen (!), noch der Name des Arbeitsblattes vorangestellt.

Beispiel: Im Tabellenblatt *Übersicht* sollen die Gesamtfehltage der einzelnen Schulungen (*Kurs 1*, *Kurs 2* und *Kurs 3*) ermittelt werden.

1 Markieren Sie die Zelle ❶, in die Sie die Formel eingeben möchten und klicken Sie im Register *Start* auf die Schaltfläche *AutoSumme.*

2 Klicken Sie nun im Blattregister auf das Blatt *Kurs 1* ❷. Excel fügt damit automatisch den Blattnamen in Ihre Formel ein, gefolgt von einem Ausrufezeichen *Kurs 1!*.

3 Markieren Sie den Zellbereich ❸, der die Werte enthält und kontrollieren Sie die Formel in der Bearbeitungsleiste.

Tipp: Auch mehrere voneinander getrennte Zellen oder Zellbereiche können einbezogen werden. Halten Sie in diesem Fall die Strg-Taste gedrückt.

Falls weitere Zellen desselben oder eines weiteren Tabellenblatts in die Formel aufgenommen werden sollen, geben Sie zunächst den Operator ein und klicken dann auf die Zelle bzw. wählen zunächst im Blattregister ein anderes Tabellenblatt aus.

4 Schließen Sie dann die Formeleingabe mit der Enter-Taste ab. Damit kehrt Excel automatisch wieder zurück zum Arbeitsblatt *Übersicht*, welches die Formel enthält. Hier wird jetzt das Ergebnis angezeigt.

Die Datei ist als Download verfügbar:

Beispiel Fehltage.xlsx

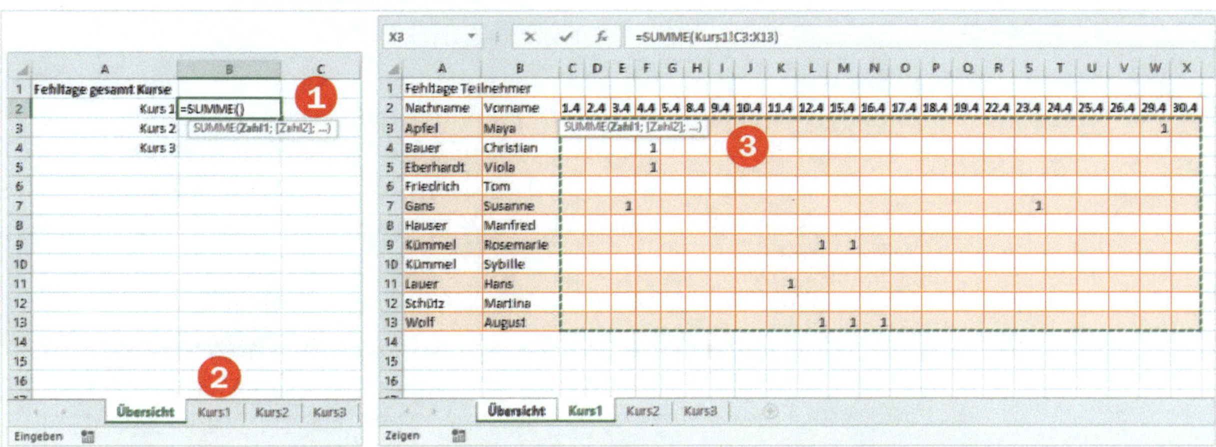

Nachdem Sie den Zellbereich auf dem anderen Tabellenblatt ausgewählt haben, beenden Sie die Formeleingabe unbedingt durch Drücken der Enter-Taste. Versuchen Sie nicht zur Formel zurückzukehren, indem Sie das ursprüngliche Tabellenblatt anklicken, da sonst die Formel wieder geändert wird.

Zellverknüpfung durch Kopieren erzeugen

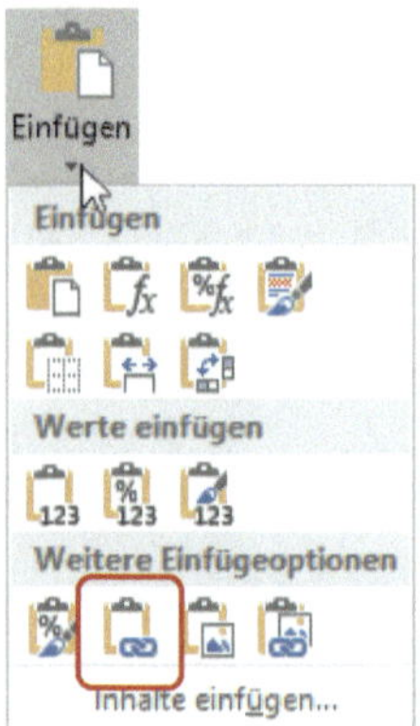

Benötigen Sie aus einem anderen Tabellenblatt nur einen einzelnen Wert, können Sie auch auf dem Weg über die Zwischenablage eine Verknüpfung zu dieser Zelle erstellen.

Beispiel: Für ein Kassenbuch soll der Endbestand des Vormonats in das Tabellenblatt des aktuellen Monats übernommen werden. So geht's:

- **Zelle kopieren ❶:** Wechseln Sie in das Arbeitsblatt des Vormonats *Januar*, markieren Sie die Zelle mit dem Endbestand und kopieren Sie den Inhalt mit den Tasten **Strg+C** oder klicken Sie im Register *Start* auf das Symbol *Kopieren*.
- **Verknüpfung einfügen ❷:** Wechseln Sie in das Tabellenblatt *Februar*, markieren Sie die Zielzelle und klicken Sie im Register *Start*, Gruppe *Zwischenablage*, auf den Dropdown-Pfeil der Schaltfläche *Einfügen*. Klicken Sie auf *Verknüpfung einfügen*.

Excel fügt den Zellbezug in der Schreibweise *=Blattname!Zelladresse*, hier *=Januar!C5*, ein. Die Dollarzeichen erzeugen einen festen Bezug (dazu mehr auf Seite 196).

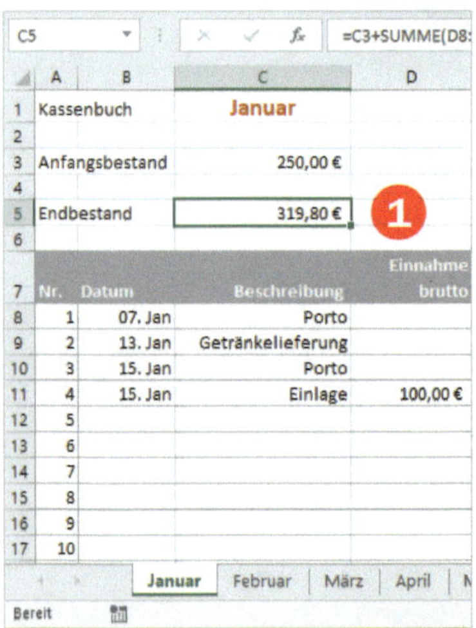

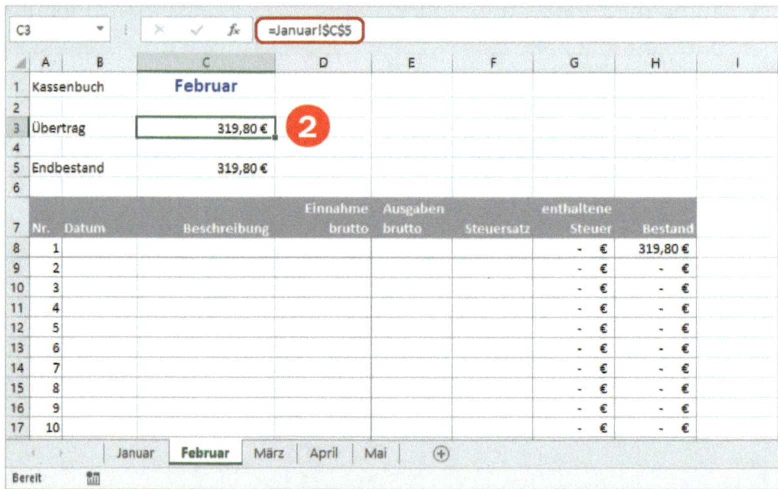

Vorteil der beschriebenen Methode ist, dass mögliche Änderungen im Tabellenblatt *Januar* sich im Tabellenblatt Februar ebenfalls niederschlagen, aufgrund der automatischen Änderung des Übertrags. Ist das unerwünscht, kopieren Sie einfach den Wert und verzichten auf eine Verknüpfung.

Bezüge auf Zellen in anderen Arbeitsmappen

Auf die gleiche Weise können Sie sich in Formeln auf Werte aus einer anderen Arbeitsmappe beziehen. Beachten Sie aber, dass dazu beide Mappen geöffnet sein müssen. Nach der Eingabe des Gleichheitszeichens wechseln Sie über die Taskleiste in die entsprechende Mappe. Markieren Sie die Zelle oder den Zellbereich mit den benötigten Werten und bestätigen Sie mit der Enter-Taste. Es ist nicht nötig, dass Sie nach der Formeleingabe zurück in die Ausgangsarbeitsmappe wechseln, dies geschieht automatisch, nachdem Sie die Eingabe abgeschlossen haben.

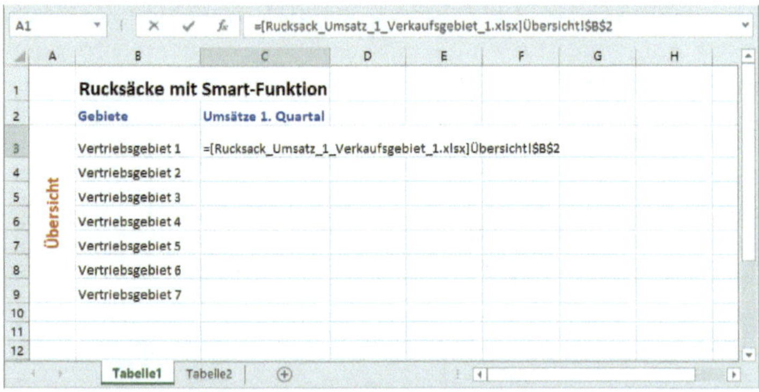

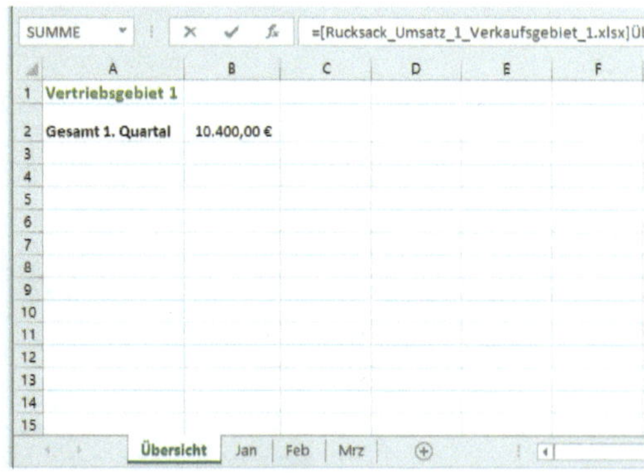

Der Dateiname wird der Zelladresse in eckigen Klammern [ ] vorangestellt. Die allgemeine Schreibweise bei arbeitsmappen- oder tabellenübergreifenden Zellbezügen in Formeln lautet: **=[Dateiname.xlsx]Tabellenblatt!Zellbezug**

Sie können Verknüpfungen zu anderen Arbeitsmappen sowohl in Formeln verwenden, als auch einfache Verknüpfungen zu Zellen über die Zwischenablage erstellen. Verknüpfungen können beim Öffnen der Arbeitsmappe aktualisiert werden, Excel blendet dazu eine entsprechende Meldung ein.

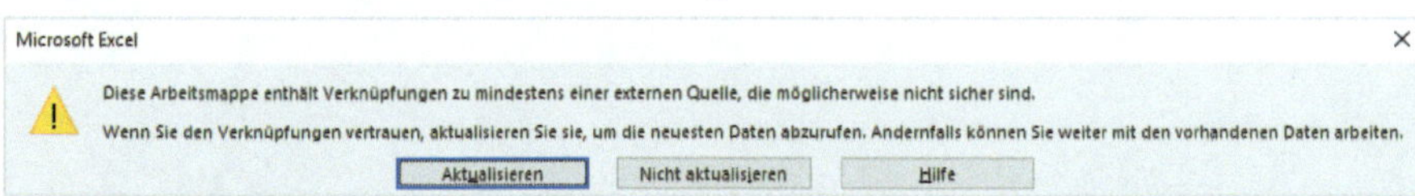

Formelergebnis als Wert einfügen

Soll ein Formelergebnis in die Arbeitsmappe übernommen werden, ohne eine Verknüpfung zu einer anderen Arbeitsmappe zu erstellen, kopieren Sie die Formel und fügen das Ergebnis als Wert ein. Das Formelergebnis wird damit in eine Zahl umgewandelt und bei eventuellen Änderungen nicht mehr aktualisiert.

- Klicken Sie im Register *Start* auf den Dropdown-Pfeil der Schaltfläche *Einfügen* und wählen Sie unter *Werte einfügen* aus, ob Sie den Wert mit oder ohne Formatierung einfügen möchten.
- Als Alternative können Sie auch nach dem Einfügen (**Strg + V**) die Schaltfläche *Einfügeoptionen (Strg)* anklicken und hier die gewünschte Einstellung wählen.

8.5 Formeln und Funktionen bearbeiten

Formeln überprüfen und korrigieren

Sofort nach Eingabe einer Formel erscheint in der Zelle anstelle der Formel das Ergebnis. Wie alle Zellinhalte, können Sie auch eine Formel entweder in der Bearbeitungsleiste oder mit einem Doppelklick auf die Ergebniszelle korrigieren. Zusätzlich kennzeichnet Excel Zellbezüge der Formel und die dazugehörigen Zellen der Tabelle farbig, sobald Sie doppelt in eine Zelle geklickt haben, die eine Formel enthält. Dadurch wird schnell ersichtlich, was im Beispiel unten schiefgelaufen ist: Versehentlich wurde eine falsche Zelle in die Formel einbezogen.

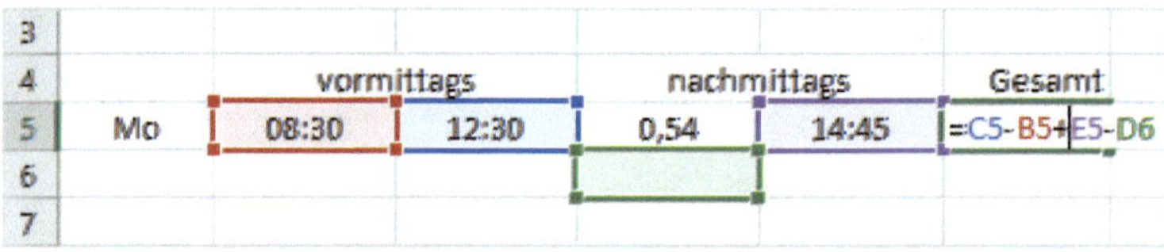

Änderung fehlerhaften Zellbezüge in Formel nehmen Sie entweder über die Tastatur vor oder noch schneller mit der Maus. So geht's:

1. Zeigen Sie zunächst durch einen Doppelklick die fehlerhafte Formel an.
2. Bewegen Sie den Mauszeiger auf den farbigen Rahmen der Zelle, deren Bezug Sie in der Formel ändern möchten, im Bild unten D6. Wenn vier Richtungspfeile erscheinen, kann der Rahmen auf eine andere Zelle verschoben und damit der Zellbezug in der Formel geändert werden.
3. Bestätigen Sie die geänderte Formel mit der **Enter-Taste**.

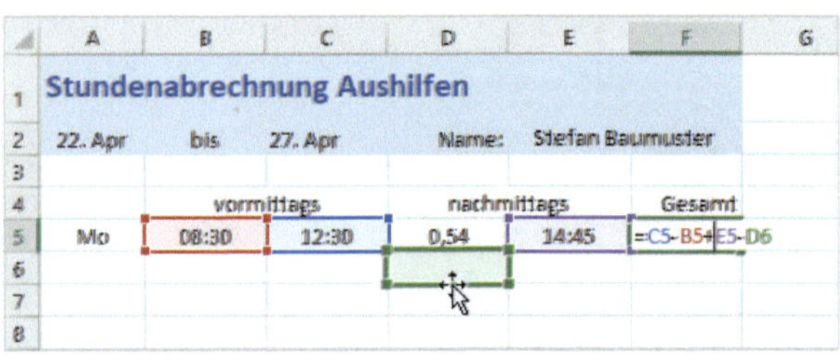

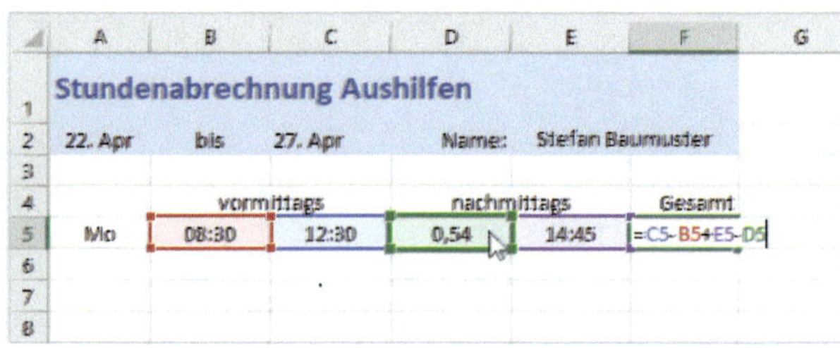

Alle Formeln im Tabellenblatt anzeigen

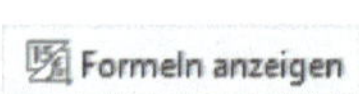

Zur besseren Kontrolle können Sie im aktuellen Arbeitsblatt Formeln anstelle der Ergebnisse anzeigen und damit auch drucken. Klicken Sie dazu im Register *Formeln* auf die Schaltfläche *Formeln anzeigen*. Mit einem weiteren Klick auf dieselbe Schaltfläche stellen Sie die ursprüngliche Ansicht wieder her.

Die Formelansicht berücksichtigt keinerlei Formatierungen. Deshalb werden im Beispiel unten auch die eingegebenen Beginn- und Endzeiten nicht mehr im Format Uhrzeit, sondern als Zahl angezeigt. Da Formeln meist mehr Platz benötigen, ändert sich vorübergehend auch die Spaltenbreite. Sobald Sie *Formeln anzeigen* deaktivieren, erhalten Sie wieder den vorherigen Zustand mit allen Formatierungen.

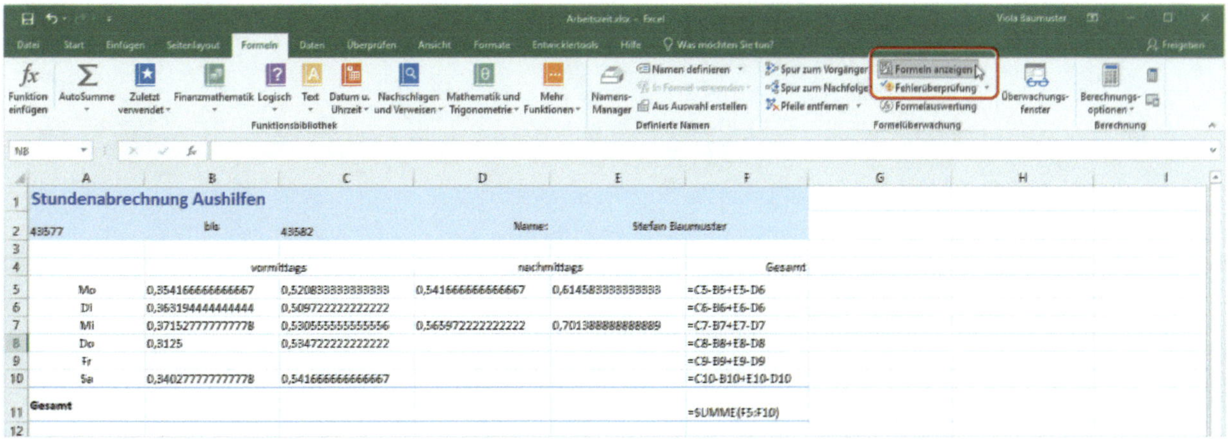

Fehler in Formeln kennen und beheben

Anstelle des Formelergebnisses kann in der Zelle auch einer der folgenden Fehlerwerte erscheinen:

Fehlerwert	Ursache
DIV/0!	Sie dividieren eine Zahl durch 0 oder eine leere Zelle. Dies ist mathematisch nicht zulässig.
#NAME?	Sie rechnen anstelle von Zellbezügen mit Namen, die nicht existieren oder falsch geschrieben sind (mehr auf Seite 199). Ebenso ist es möglich, dass der Funktionsname falsch eingetippt wurde oder versehentlich Teile davon gelöscht wurden, z. B. =SUMME(A1:A3). Außerdem wird der Fehlerwert angezeigt, wenn zwei Zellbezüge ohne Trennung aufeinanderfolgen, z. B. =A1+B3C4
#WERT!	Sie führen eine Berechnung mit einer Zelle durch, die Text anstelle einer Zahl enthält, beispielsweise weil eine Zahl anstelle eines Kommas einen Punkt als Dezimaltrennzeichen enthält. Tipp: Auch ein Leerzeichen in einer vermeintlich leeren Zelle kann die Meldung hervorrufen.
#NV!	In einer Verweisfunktion wird nach einem Wert gesucht, der nicht vorhanden ist.
#BEZUG!	In einer Formel befindet sich ein Zellbezug, der beim Löschen einer Zeile oder Spalte entfernt wurde. Beim Kopieren oder Verschieben einer Formel werden die Zellbezüge automatisch angepasst. Wenn eine Anpassung aufgrund der Zielposition nicht möglich ist, wird ebenfalls dieser Fehlerwert angezeigt.
#NULL!	Erscheint dieser Fehlerwert kontrollieren Sie, ob die Zellbereiche in der Formel korrekt eingegeben sind oder ein Doppelpunkt bzw. vielleicht auch ein Semikolon fehlen. Die Summenfunktion links im Bild könnte beispielsweise folgendermaßen korrigiert werden =SUMME(G4:I5;J13:K13). Eine andere Möglichkeit wäre, dass zwischen zwei Zellbezügen anstelle eines Operators ein Leerzeichen eingeben wurde.

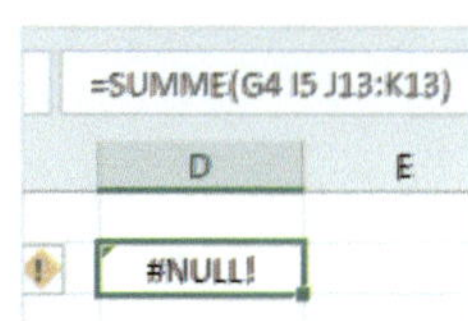

Hilfe zum Fehlerwert erhalten

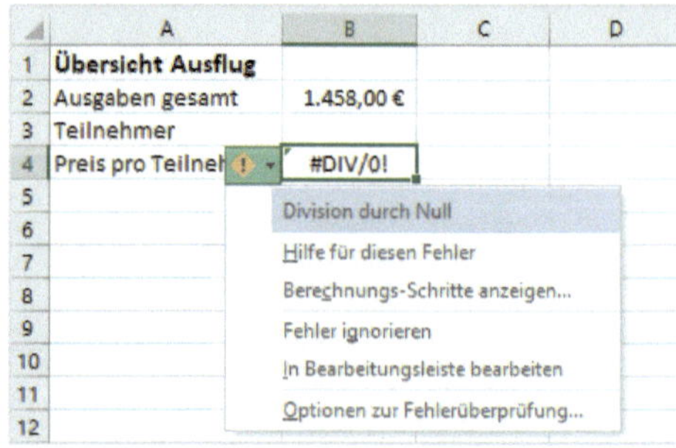

Im Beispiel rechts sollen die Ausgaben auf die Teilnehmer verteilt werden. In Zelle B3 ist die endgültige Teilnehmerzahl noch nicht hinterlegt. In Zelle B4 wurde die Formel zur Berechnung schon eingetragen. In dieser Zelle wird der Fehlerwert DIV/0 angezeigt. Um weitere Informationen und Hilfe zu erhalten, markieren Sie die Zelle B4 und klicken dann auf das gelb hinterlegte Ausrufezeichen. Durch Auswahl von Hilfe zu diesem Fehler erhalten, öffnen Sie die Excel Hilfe und erhalten Beispiele zu möglichen Fehlern. In diesem Fall ist keine Aktion Ihrerseits erforderlich, da, sobald Sie die Anzahl der Teilnehmer eintragen, nicht mehr durch Null geteilt wird und der Fehler damit behoben ist.

Grünes Dreieck

Excel weist auch durch ein grünes Dreieck in der Zelle auf Fehler hin. Wenn Sie die fehlerhafte Zelle anklicken, erscheint ein Warnsymbol. Klicken Sie dieses an, um eine Liste mit Informationen und Optionen zu erhalten. Sie können auch zunächst nur auf das Warnsymbol mit der Maus zeigen, um einen ersten Hinweis zum Problem anzuzeigen.

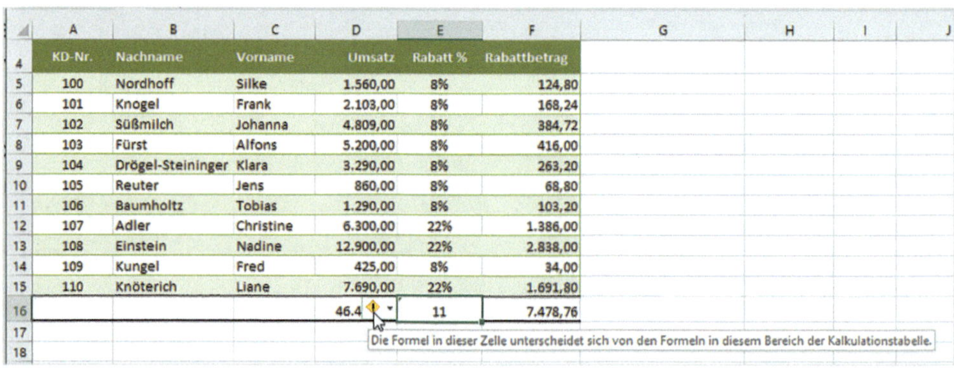

	A	B	C	D	E	F
4	KD-Nr.	Nachname	Vorname	Umsatz	Rabatt %	Rabattbetrag
5	100	Nordhoff	Silke	1.560,00	8%	124,80
6	101	Knogel	Frank	2.103,00	8%	168,24
7	102	Süßmilch	Johanna	4.809,00	8%	384,72
8	103	Fürst	Alfons	5.200,00	8%	416,00
9	104	Drögel-Steininger	Klara	3.290,00	8%	263,20
10	105	Reuter	Jens	860,00	8%	68,80
11	106	Baumholtz	Tobias	1.290,00	8%	103,20
12	107	Adler	Christine	6.300,00	22%	1.386,00
13	108	Einstein	Nadine	12.900,00	22%	2.838,00
14	109	Kungel	Fred	425,00	8%	34,00
15	110	Knöterich	Liane	7.690,00	22%	1.691,80
16				46.4	11	7.478,76

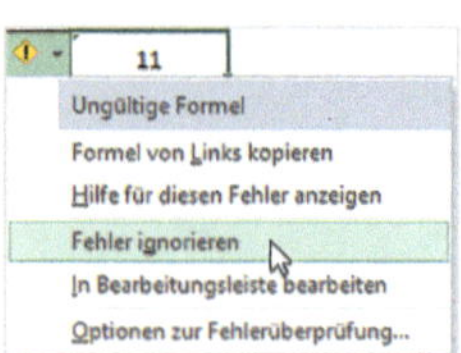

Nicht immer liegt wirklich ein Fehler vor. Das grüne Dreieck wird beispielsweise auch angezeigt, wenn sich eine Formel von den übrigen in der Spalte/ Zeile unterscheidet oder wenn eine Zahl als Text formatiert wurde. Falls die Eingabe so von Ihnen beabsichtigt ist, wählen Sie in der Optionsliste *Fehler ignorieren* aus. Das kann auch gleich für mehrere Zellen erledigt werden.

Rautezeichen

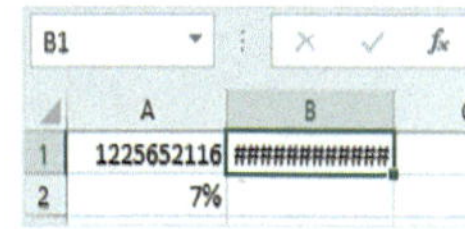

Das #-Zeichen ist eigentlich keine Fehlermeldung (Ausnahme negative Datums- oder Uhrzeitformate). Der Warnhinweis bedeutet in der Regel, dass die Spaltenbreite zur Anzeige der vollständigen Zahl nicht ausreicht. Ändern Sie die Spaltenbreite oder formatieren Sie, falls möglich, die Zahl mit weniger Nachkommastellen.

Zirkelbezug

Die Warnmeldung Zirkelbezug erscheint, wenn Sie in eine Formel die Zelladresse des Formelergebnisses einbezogen haben: Im folgenden Beispiel soll die Summe des Zellbereichs B4 bis B7 berechnet werden. Bei der Eingabe der Summe-Funktion wurde fehlerhaft der Bereich B4:B8 angegeben, allerdings befindet sich in B8 die Formel. Anstelle eines Ergebnisses erscheint nach Betätigen der Enter-Taste eine Zirkelbezugswarnung.

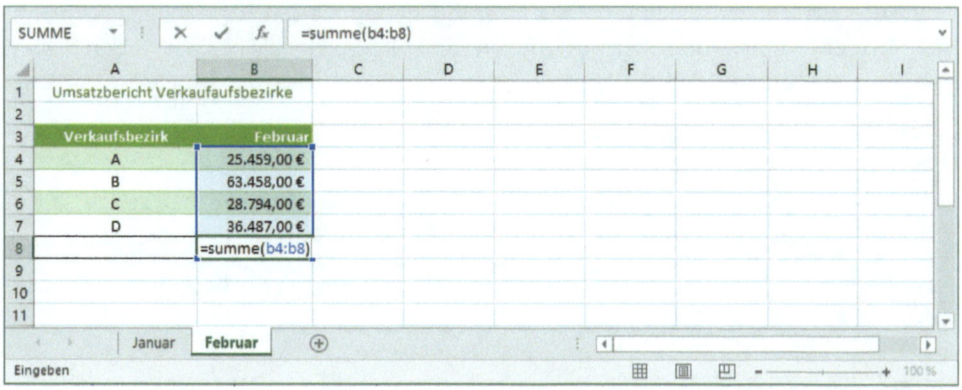

Nachdem Sie die Warnung mit der Schaltfläche *OK* bestätigt haben, wird als Formelergebnis Null oder wie im Beispiel unten ein Strich (Format Buchhaltung) angezeigt. Jetzt können Sie die Formel berichtigen.

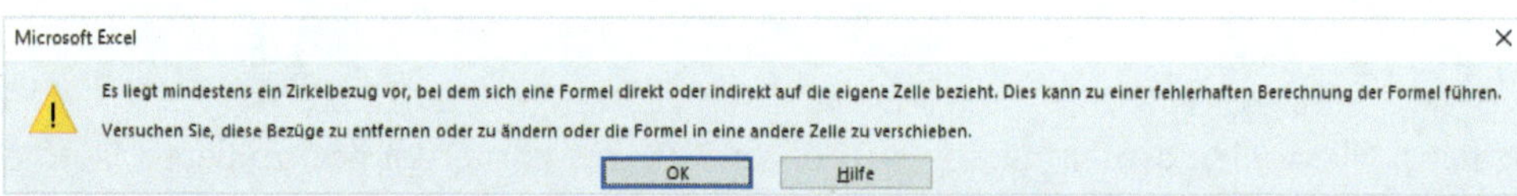

Sofern in einer Arbeitsmappe ein nicht berichtigter Zirkelbezug vorhanden ist, erscheint in der Statusleiste eine Meldung mit Hinweis auf die fehlerhafte Zelle und auch beim Öffnen einer solchen Arbeitsmappe erhalten Sie eine Warnung.

8.6 Formeln kopieren

Formel in angrenzende Zellen kopieren

Häufig wird eine Formel oder Funktion gleich für mehrere Zeilen oder Spalten benötigt. Dann können Sie diese mithilfe des **AutoAusfüllkästchens** schnell in angrenzende Zellen kopieren.

1 Markieren Sie die Zelle, die die Formel enthält. Zeigen Sie mit der Maus auf das AutoAusfüllkästchen in der unteren rechten Ecke des Markierungsrahmens. Der Mauszeiger wird als Pluszeichen (+) dargestellt.

2 Drücken Sie nun die linke Maustaste und ziehen Sie die Formel mit gedrückter linker Maustaste über den auszufüllenden Zellbereich. Die Formel wird in die angrenzenden Zellbereiche kopiert.

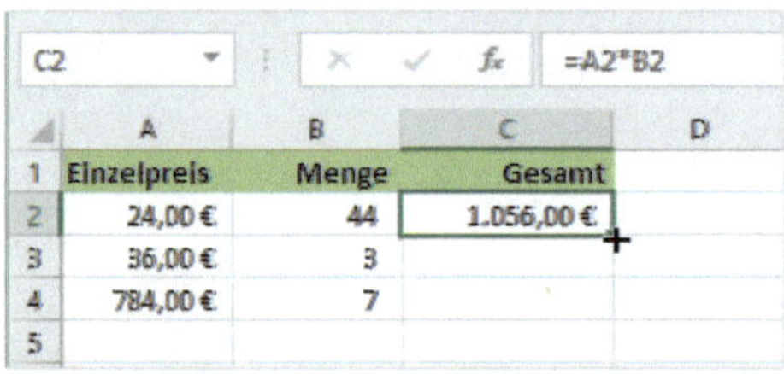

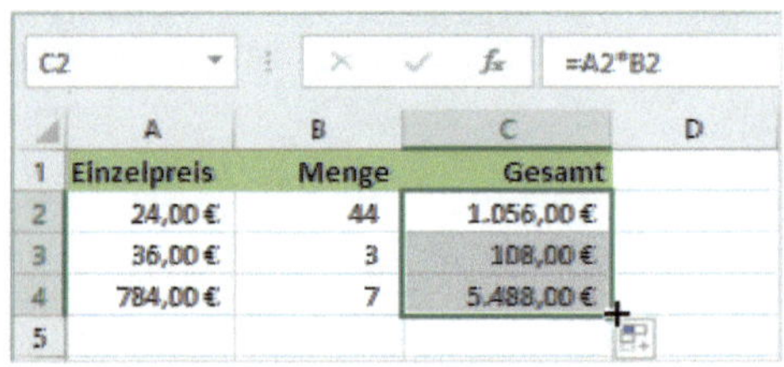

> **Tipp**: Ein Doppelklick auf das Ausfüllkästchen kopiert die Formel automatisch in alle Zeilen einer Liste bis zur ersten Leerzeile. Dies ist vor allem beim Kopieren von Formeln in umfangreichen Tabellen nützlich, allerdings darf die Tabelle keine Leerzeilen enthalten.
>
> Eine Formel kann auch mit den Schaltflächen *Kopieren* und *Einfügen* (Register *Start*) oder mit Strg + C und Strg + V in andere Zellen kopiert werden.

Achtung: Nicht alle Formeln lassen sich ohne weiteres kopieren! Kontrollieren Sie die kopierten Formeln und deren Zellbezüge. Wenn Sie falsche Ergebnisse bzw. falsche Zellbezüge erhalten, dann sollten Sie sich mit dem nächsten Punkten „relative und feste Zellbezüge in Formeln näher befassen.

Ohne Formatierung ausfüllen

Ein häufiges Problem beim Kopieren von Formeln entsteht dadurch, dass zusammen mit der Formel auch alle Zellformate, wie z. B. Füllfarben kopiert werden. Dies können Sie verhindern, wenn Sie unmittelbar nach dem Kopieren auf die Schaltfläche *Auto-Ausfülloptionen* klicken und *Ohne Formatierung ausfüllen* auswählen. Dadurch verhindern Sie, dass der gesamte Bereich mit einer Füllfarbe ausgefüllt wird. Das Buchhaltungsformat der kopierten Zelle wird dann natürlich auch nicht übernommen. Dies kann allerdings schnell für den Bereich vereinbart werden.

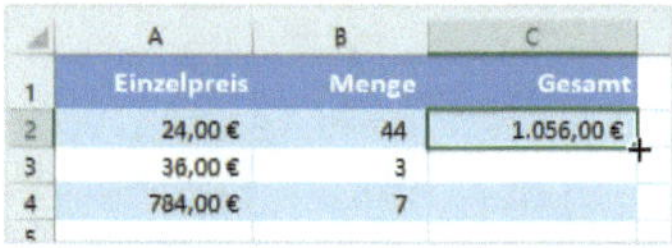

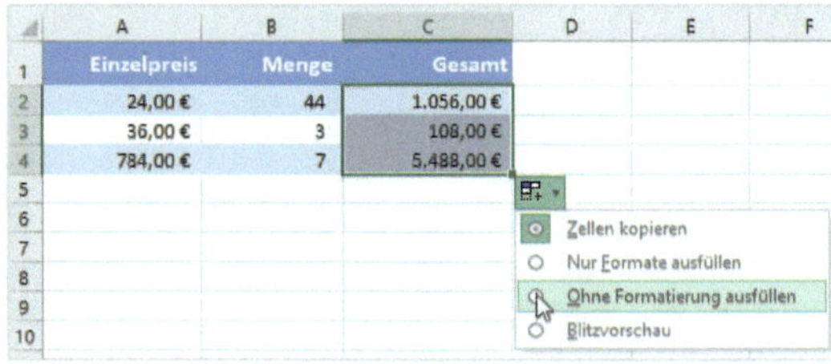

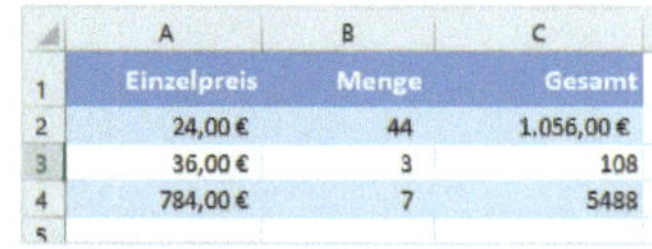

Was sind relative Zellbezüge?

Bis jetzt verwenden Sie Zellbezüge in ihrer einfachsten Form: A1, B5 oder D7. Diese Zellbezüge werden auch relative Zellbezüge genannt. Auf der vorherigen Seite haben Sie bereits Formeln kopiert und sich vielleicht gefragt, weshalb die Zellbezüge angepasst und die Berechnungen mit den korrekten Werten durchgeführt werden. Grund hierfür sind die relativen Zellbezüge.

Wenn Sie in einer Formel einen relativen Zellbezug verwenden, dann verweisen Sie eigentlich ausgehend von der aktiven Zelle auf eine bestimmte Position mit relativem Abstand. Verwenden Sie beispielsweise in einer Formel in der Zelle A1 den Zellbezug B1, so ist dies ein Verweis auf die rechts angrenzende Zelle. Kopieren Sie die Formel in die Zeile 2, so enthält die Formel nun einen Verweis auf die rechts angrenzende Zelle der Zeile 2, also B2. Somit können Formeln mit relativen Zellbezügen einfach kopiert werden. Die Formel bleibt dabei gleich, nur die Zellbezüge werden beim Kopieren automatisch an die Zielzelle angepasst.

Beispiel: Kehren wir zum Beispiel auf der vorherigen Seite zurück - der Berechnung des Gesamtpreises. Dieser ergibt sich aus Einzelpreis * Menge.

- In Zelle C2 befindet sich die Formel *=A2*B2*. Diese wird nun aus der Zeile 2 in die Zeile 3 kopiert und die Formel passt sich entsprechend an.
- In Zelle C3 steht dann *=A3*B3*. Das Kopieren in Zeile 4 führt zu einer weiteren Änderung der Zellbezüge:
- In Zelle C4 steht *=A4*B4*. In Zeile 99 würde die Formel *=A99*B99* lauten.

Das Kopieren der Formel bedeutet hier also eigentlich: Multipliziere die Werte der beiden Spalten links von der aktuellen Zelle.

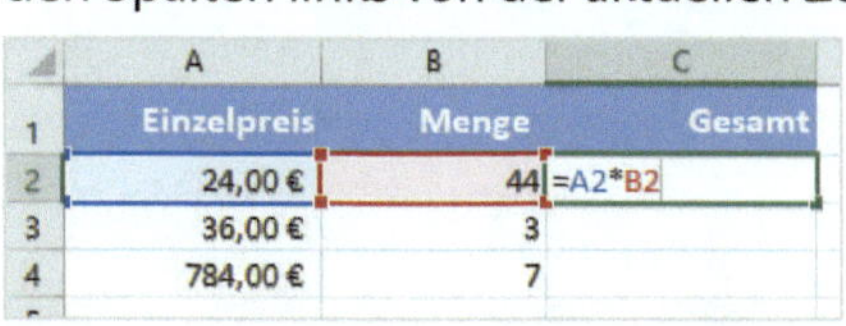

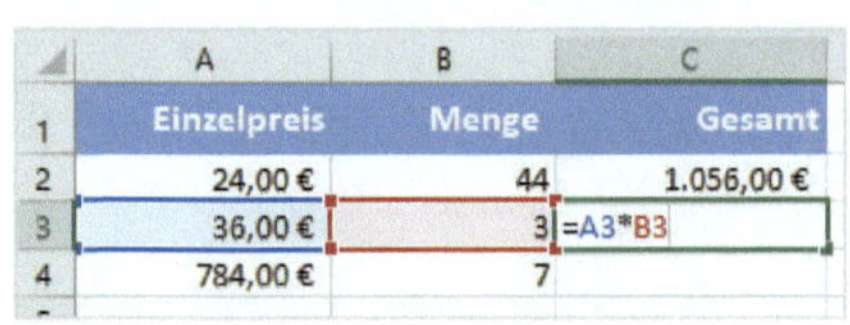

Enthält eine Formel relative Zellbezüge, so werden diese beim Kopieren automatisch an die neue Position angepasst.

Automatisches Anpassen durch feste Zellbezüge verhindern

Nicht alle Formeln können auf diese Weise kopiert werden. In einigen Fällen führt dies zu einem falschen Ergebnis. Und zwar immer dann, wenn in der kopierten Formel ein Zellbezug nicht angepasst werden darf. Einen solchen Zellbezug, der beim Kopieren nicht angepasst werden soll, bezeichnet Excel als absoluten oder festen Zellbezug. Diese erhalten vor der Spalte und vor der Zeile jeweils ein Dollarzeichen $, beispielsweise A5.

Beispiel: Eine Firma hat einen einheitlichen Stundenlohn für Aushilfen von 12,00 Euro. Dieser Wert befindet sich in Zelle B1.

- Bei der Berechnung des Betrages für Mitarbeiter Abendrot in C4 könnten Sie die Formel *=B4*B1* eingeben.
- Nach Kopieren der Formel für die weiteren Mitarbeiter, würde dann die Formel in der darunterliegenden Zeile *=B5*B2* lauten oder in Zahlen umgesetzt *=81*0*.
- In der Zelle C6 erhalten Sie den Fehlerwert #WERT!, da in dieser Zelle die Formel durch kopieren *=B6*B3* lautet und somit mit B3 eine Zelle angesprochen wird, die Text enthält.

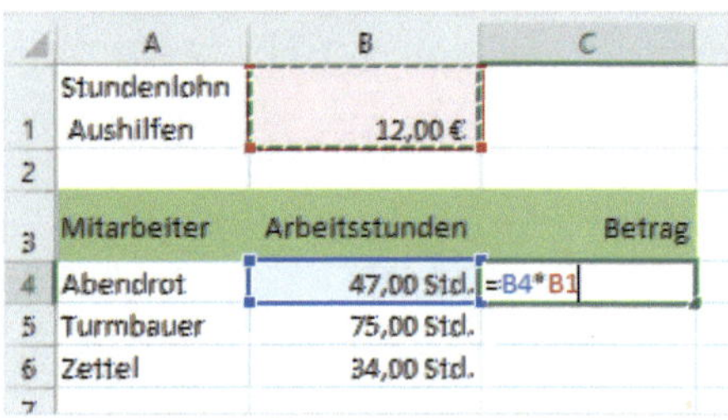

	A	B	C
1	Stundenlohn Aushilfen	12,00 €	
2			
3	Mitarbeiter	Arbeitsstunden	Betrag
4	Abendrot	47,00 Std.	=B4*B1
5	Turmbauer	75,00 Std.	
6	Zettel	34,00 Std.	

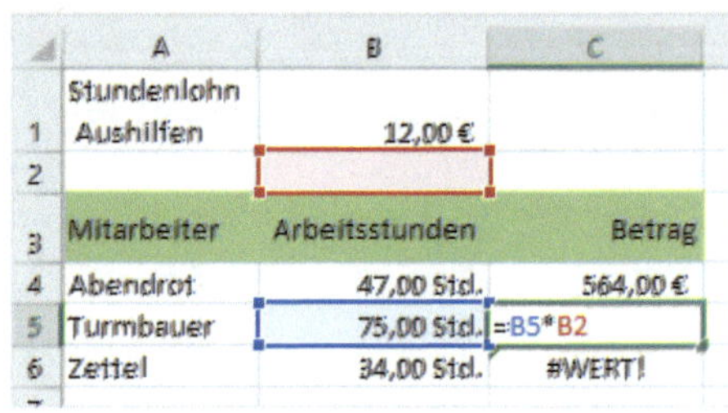

	A	B	C
1	Stundenlohn Aushilfen	12,00 €	
2			
3	Mitarbeiter	Arbeitsstunden	Betrag
4	Abendrot	47,00 Std.	564,00 €
5	Turmbauer	75,00 Std.	=B5*B2
6	Zettel	34,00 Std.	#WERT!

Die Anpassung der Zelle B1 führt beim Kopieren zum falschen Ergebnis. Um die Formel trotzdem kopieren zu können, müssen Sie in der Formel für B1 einen festen Zellbezug verwenden. Die richtige Formel für den Mitarbeiter Abendrot in C4 muss also lauten: *= B4*B1*. Auf diese Weise kann die Formel kopiert werden und die Berechnung erfolgt in allen Formeln immer mit dem Inhalt der Zelle B1.

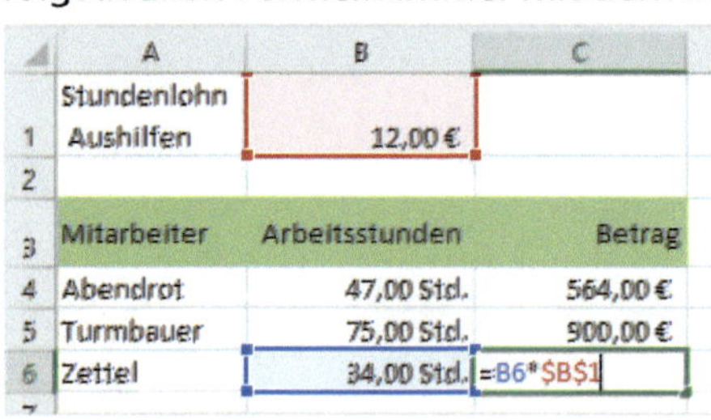

	A	B	C
1	Stundenlohn Aushilfen	12,00 €	
2			
3	Mitarbeiter	Arbeitsstunden	Betrag
4	Abendrot	47,00 Std.	564,00 €
5	Turmbauer	75,00 Std.	900,00 €
6	Zettel	34,00 Std.	=B6*B1

> Feste Zellbezüge werden auch beim Kopieren der Formel nicht verändert Wenn weder Spalte noch Zeile beim Kopieren angepasst werden sollen, dann muss sich das Dollarzeichen sowohl vor der Spalten- als auch vor der Zeilenbezeichnung befinden.

Zellbezüge umwandeln

Anstatt das Dollarzeichen per Tastatur einzugeben, verwenden Sie besser die Funktionstaste F4. Fügen Sie dabei zuerst durch Anklicken mit der Maus den Zellbezug ein und drücken Sie anschließend auf der Tastatur die Taste F4.

Sie können auch nachträglich einen relativen Zellbezug in einer Formel ändern: Klicken Sie doppelt auf die Zelle, um die Formel zu editieren oder markieren Sie alternativ die Zelle und arbeiten in der Bearbeitungsleiste. Der Cursor muss sich entweder unmittelbar vor, zwischen oder nach der Zelladresse befinden, die Sie zu einem festen Bezug ändern möchten. Drücken Sie dann die Taste F4.

Bei mehrmaligem Drücken der F4-Taste erscheinen die folgenden Varianten:

Zellbezug	Beschreibung
A1	Relativer Zellbezug, die Adresse wird beim Kopieren angepasst.
A1	Fester Zellbezug, bleibt beim Kopieren unverändert.
$A1	Feste Spaltenadresse, die Spalte A wird beim Kopieren beibehalten, nicht aber der Zeilenbezug (gemischter Bezug - siehe unten).
A$1	Feste Zeilenadresse, die Zeile 1 wird beim Kopieren beibehalten, nicht aber der Spaltenbezug (gemischter Bezug - siehe unten).

Sie benötigen in einer Formel nur dann feste Zellbezüge, wenn Sie die Formel kopieren möchten und sich alle kopierten Formeln auf dieselbe(n) Zelle(n) beziehen sollen.

Gemischte Zellbezüge

Manche knifflige Konstellationen auf Tabellenblättern erfordern zum korrekten Kopieren einer Formel sogenannte gemischte Bezüge. Hier soll nur ein Teil des Zellbezugs, die Spalte oder die Zeile, unverändert bleiben, der andere Teil ändert sich beim Kopieren der Formel. Beispielsweise erlaubt der gemischte Bezug *$A1,* dass sich die Zeilennummer beim Kopieren anpasst, die Spalte verändert sich nicht (natürlich hängt eine mögliche Veränderung auch davon ab, wohin die Formel mit dem gemischten Bezug kopiert wird).

Im folgenden Beispiel soll für jeden Rollertyp zum Grundpreis der entsprechende Farbaufpreis hinzugerechnet werden. Dazu müssen sich die Bezüge in der Formel immer auf die Grundpreise in Spalte B und die Farbaufpreise in Zeile 3 beziehen, aber dennoch flexibel bleiben, um eine Anpassung zwischen den einzelnen Grundpreisen und den Aufpreisen zu vollziehen (siehe Bild auf der nächsten Seite).

Ohne gemischte Bezüge müssten Sie für jede Zeile bzw. Spalte eine neue Formel eingeben. Durch die Verwendung von gemischten Bezügen können Sie eine Formel über den gesamten Bereich kopieren.

	A	B	C	D	E
1			Aufpreise Farben		
2			rot	gold	schwarz matt
3			250,00 €	320,00 €	400,00 €
4	Grundpreis Roller alpha	1.420,00 €	=$B4+C$3		
5	Grundpreis Roller frisco	1.620,00 €			
6	Grundpreis Roller elegant	1.720,00 €			
7					

	A	B	C	D	E
1			Aufpreise Farben		
2			rot	gold	schwarz matt
3			250,00 €	320,00 €	400,00 €
4	Grundpreis Roller alpha	1.420,00 €	1.670,00 €	1.740,00 €	1.820,00 €
5	Grundpreis Roller frisco	1.620,00 €	1.870,00 €	1.940,00 €	2.020,00 €
6	Grundpreis Roller elegant	1.720,00 €	1.970,00 €	2.040,00 €	=$B6+E$3
7					

Zur Kontrolle des Ergebnisses klicken Sie in die letzte kopierte Zelle doppelt (siehe Bild rechts oben) und überprüfen, ob die richtigen Zellbezüge verwendet werden.

Kopieren Sie die Formel zunächst horizontal, belassen Sie die Markierung und kopieren Sie diese dann vertikal. Einen Zellinhalt mit der Maus diagonal zu kopieren ist nicht möglich.

	A	B	C	D	E	F
1			Aufpreise Farben			
2			rot	gold	schwarz matt	
3			250,00 €	320,00 €	400,00 €	
4	Grundpreis Roller alpha	1.420,00 €	1.670,00 €	1.740,00 €	1.820,00 €	
5	Grundpreis Roller frisco	1.620,00 €				
6	Grundpreis Roller elegant	1.720,00 €				
7						

Was passiert mit Zellbezügen beim Einfügen oder Löschen von Spalten oder Zeilen?

Wenn Sie nachträglich Spalten oder Zeilen in ein Tabellenblatt einfügen oder diese löschen, werden auch Zellbezüge in Formeln entsprechend angepasst. Eine Korrektur der Formeln ist also nicht erforderlich, dies gilt auch für feste oder gemischte Zellbezüge.

	A	B	C	D	E	F
1			Aufpreise Farben			
2			rot	gold	schwarz matt	
3			250,00 €	320,00 €	400,00 €	
4	Grundpreis Roller alpha	1.420,00 €	1.670,00 €	1.740,00 €	1.820,00 €	
5	Grundpreis Boogie	1.500,00 €				
6	Grundpreis Roller frisco	1.620,00 €	1.870,00 €	1.940,00 €	2.020,00 €	
7	Grundpreis Roller elegant	1.720,00 €	1.970,00 €	2.040,00 €	=$B7+E$3	
8						

8.7 Namen statt fester Zellbezüge verwenden

Besonders in umfangreichen Tabellen werden Formeln schnell unübersichtlich. Hier helfen Namen. Diese können in Excel für Zellen vergeben und im Anschluss in Formeln statt fester Zellbezüge verwendet werden. Damit lautet eine Formel dann anstelle von =A1*A2 z. B. =A1*MwstSatz.

- **Vergeben Sie nur Namen für Zellen, die Sie in Formeln mit festen Zellbezügen benötigen!**
- **Namen besitzen in der Regel in der gesamten Arbeitsmappe Gültigkeit.**

Ein Name muss mit einem Buchstaben beginnen und darf weder Leerzeichen noch Bindestrich, Punkt, Semikolon oder Doppelpunkt enthalten. Unterstrich (_) ist erlaubt. Namen unterscheiden nicht zwischen Groß- und Kleinschreibung, die maximale Länge beträgt 255 Zeichen.

Namen erstellen und verwenden

Namen über das Namenfeld der Bearbeitungsleiste erstellen

Am einfachsten verwenden Sie das Namenfeld für die Eingabe von Namen für einzelne Zellen. Das Namenfeld befindet sich am linken Rand der Bearbeitungsleiste und zeigt entweder den Namen oder die Adresse der markierten Zelle an.

▶ Verwenden wir zunächst das Beispiel von Seite 196. Hier könnte der Stundenlohn mit einem Namen versehen werden. Zur Vergabe eines Namens markieren Sie die Zelle in unserem Beispiel B1 und klicken in das Namenfeld ❶. Geben Sie den Namen über die Tastatur ein und beenden Sie die Namensvergabe durch Drücken der Enter-Taste.

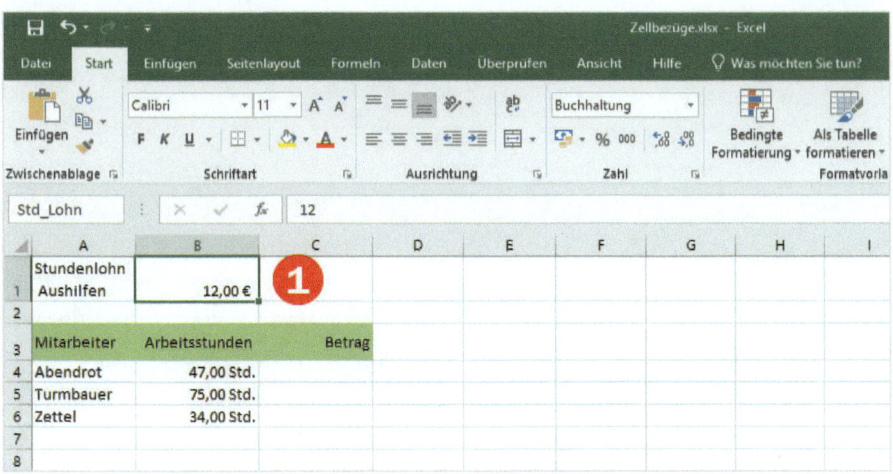

Namen in einer Formel verwenden

- Geben Sie dann die Formel zur Berechnung des Gesamtbetrags ❷ ein. Wenn sich die benannte Zelle, wie in diesem Beispiel, auf demselben Tabellenblatt befindet, klicken Sie diese einfach an.

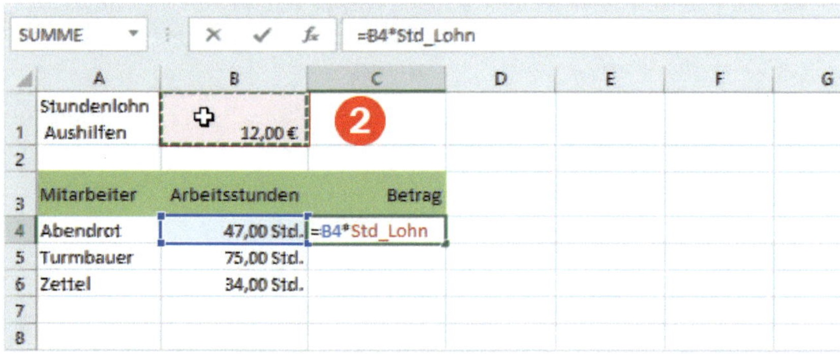

> Beachten Sie beim Kopieren von Formeln mit Namen, dass sich Namen immer auf eine bestimmte Zelle der Arbeitsmappe beziehen und sich daher wie feste Zellbezüge verhalten.

In folgendem Beispiel wurde im Blattregister *Standardwerte* der Mehrwertsteuersatz von 19% mit dem Namen *Mwst.Satz* hinterlegt. In der Formel auf dem nächsten Blattregister soll jetzt zur Berechnung des Mehrwertsteuerbetrags der Name verwendet werden.

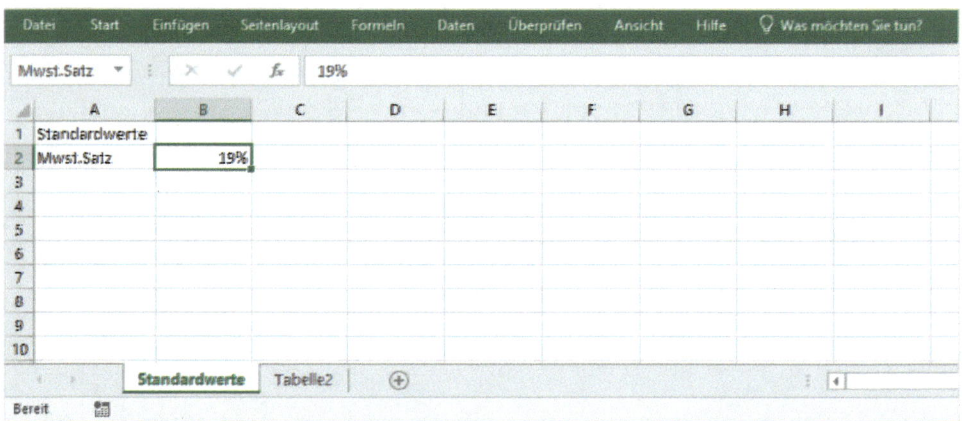

Oftmals befindet sich die Zelle für die Sie einen Namen vergeben haben, nicht auf demselben Tabellenblatt, wie die Berechnung. Dann verwenden Sie eine der folgenden Auswahloptionen:

- Geben Sie den vergebenen Namen in die Formel ein. Sobald Sie die ersten Zeichen eintippen, erscheint eine Liste mit vergebenen Namen und Funktionen.

Zum Übernehmen klicken Sie den Namen doppelt mit der Maus an oder verwenden zur Navigation die Pfeiltasten und zur Übernahme die Tab-Taste.

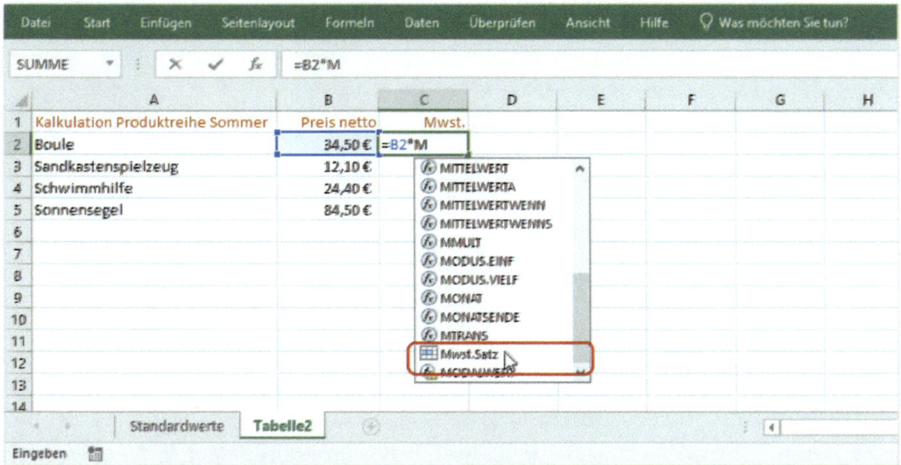

- Mit der Schaltfläche *In Formel verwenden* (Register *Formeln*, Gruppe *Definierte Namen*) werden alle Namen, die in der Arbeitsmappe vergeben wurden, angezeigt. Klicken Sie während der Formeleingabe auf die Schaltfläche und wählen Sie den benötigten Namen aus.

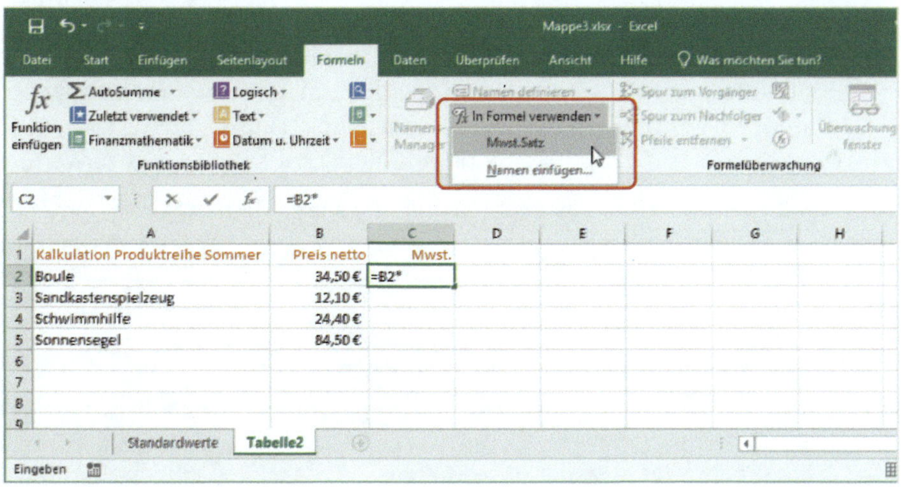

Namen automatisch erstellen

Häufig sind im Tabellenblatt die einzelnen Werte schon mit einer Beschriftung versehen. In diesem Fall können Sie sich die händische Eingabe ersparen:

- Markieren Sie die Zellen zusammen mit der dazugehörigen Beschriftung und wählen Sie Register *Formeln* ▶ Gruppe *Definierte Namen* ▶ *Aus Auswahl erstellen* ❶.
- Im Dialogfenster geben Sie an, wo sich die Beschriftung befindet ❷ und klicken *OK*.

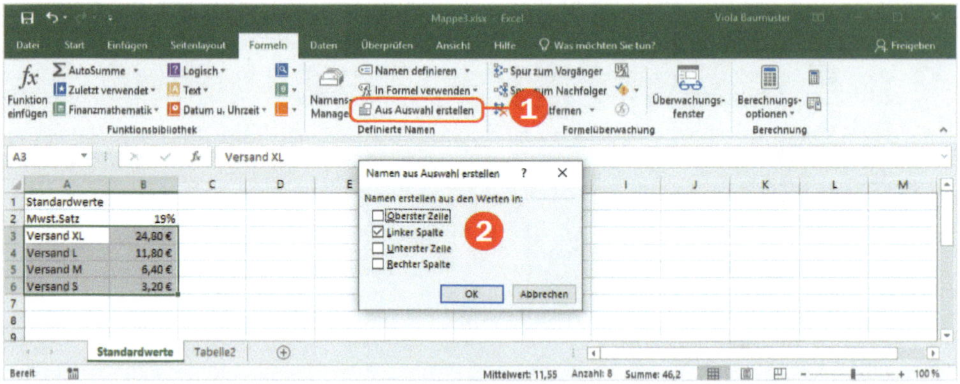

Zusätzlichen Informationen zu einem Namen hinterlegen

Um Verwechslungen vorzubeugen, können Sie zusätzliche Kommentare zu einem Namen hinterlegen oder Namen nur für bestimmte Tabellenblätter zur Verfügung stellen.

- Markieren Sie die Zelle, die benannt werden soll und klicken Sie im Register *Formel* ▶ Gruppe *Definierte Namen* auf *Namen definieren* ❶.
- Im Dialogfenster ist unter Umständen der *Name* ❷ bereits hinterlegt und zwar immer dann, wenn an die markierte Zelle eine Beschriftung angrenzt. Der Name kann hier natürlich überschrieben werden.
- Bei *Bereich* entscheiden Sie, ob der Name für die gesamte Arbeitsmappe zur Verfügung stehen soll, dann belassen Sie *Arbeitsmappe*. Oder Sie wählen über das Dropdown-Menü ❸ ein bestimmtes Tabellenblatt aus. Dann steht der vergebene Name, als fester Bezug auf die Zelle, nur für dieses Tabellenblatt zur Verfügung.
- Bei *Kommentar* können Sie weitere Informationen für den Namen hinterlegen.

Namen können auch nur für ein bestimmtes Tabellenblatt Gültigkeit besitzen.

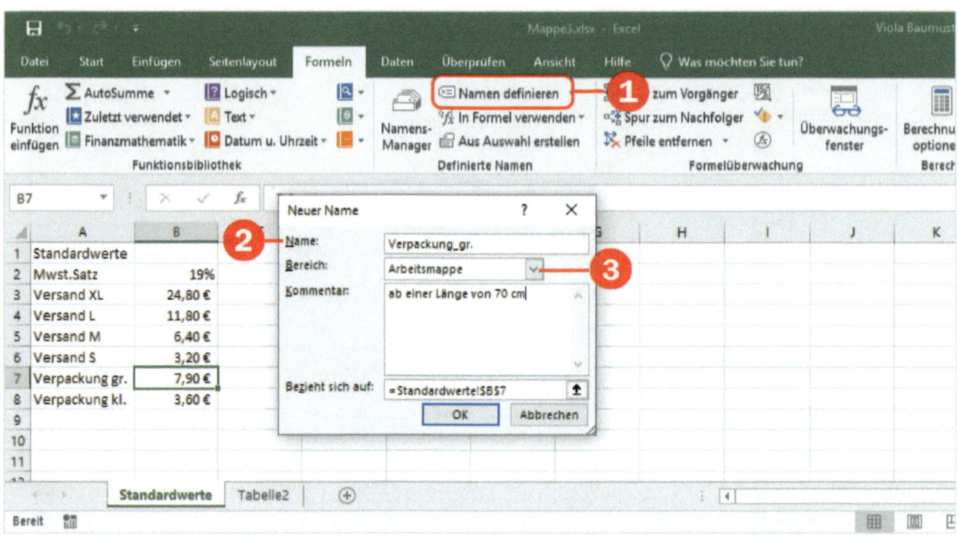

Tipp: Beim Einfügen eines Namens aus der Liste können Sie durch Anklicken des Namens den Kommentar anzeigen. Mit einem Doppelklick fügen Sie, wie gewohnt den Namen ein.

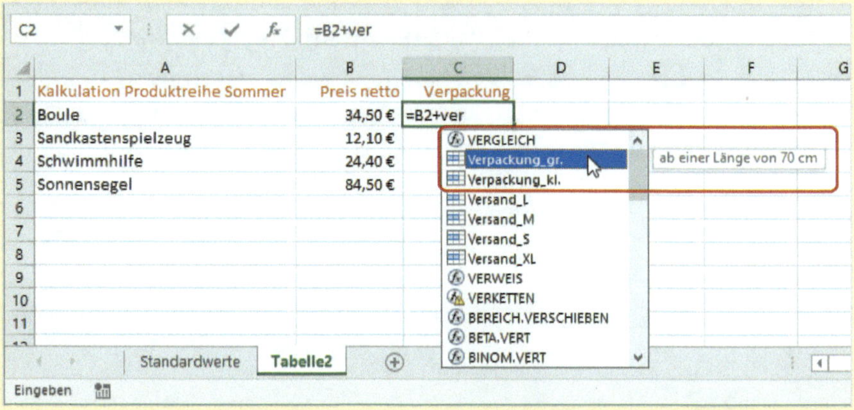

Mehrere Felder mit einem Namen versehen

Ein Name kann auch für mehrere Felder gleichzeitig festgelegt werden. So können Sie schnell über die Namenseingabe einen Zellbereich in einer Funktion verwenden. Im Beispiel unten sollen sowohl die einzelnen Rabatte zeilenweise mit ihren Namen versehen werden, als auch der gesamte Bereich von B3:B6 mit dem Namen *Frühbucherrabatte*. Am einfachsten geht das mit dem Befehl *Aus Auswahl erstellen*.

- Markieren Sie den Bereich mit allen Überschriften bzw. Beschriftungen und wählen im Register *Formel* ▶ Gruppe *Definierte Namen* ▶ *Aus Auswahl erstellen*. In der Regel sind die Häkchen bei *Oberste Zeile* und *Linke Spalte* bereits gesetzt, falls nicht, holen Sie das nach.

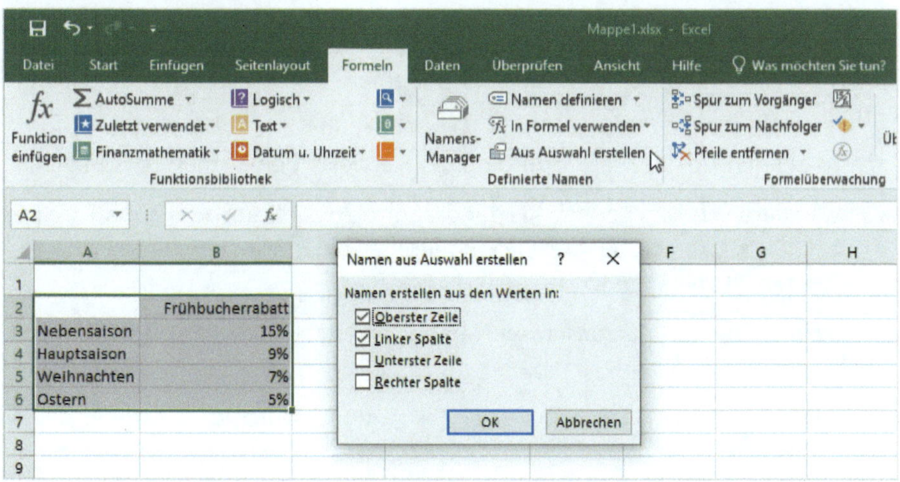

- Im nächsten Schritt können Sie durch die Auswahl sowohl jeden einzelnen Prozentsatz in einer Formel verwenden oder auch Berechnungen mit dem gesamten Bereich anstellen.
  - Mit der Formel =B2-B2*Ostern werden die Preise für die einzelnen Zimmerkategorien abzüglich des Frühbucherrabatts für Ostern berechnet ❶.
  - Mit der Formel =anzahl(Frühbucherrabatte) wird berechnet wie viele Rabatte vergeben werden; mit =mittelwert(Frühbucherrabatt) wird ermittelt, wie viel Rabatt durchschnittlich gewährt wird. Hier steht der Name für den Bereich B3:B6, der in Funktionen verwendet werden kann ❷.

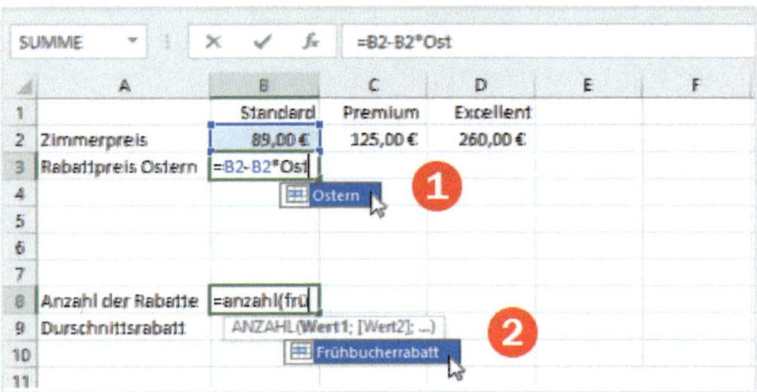

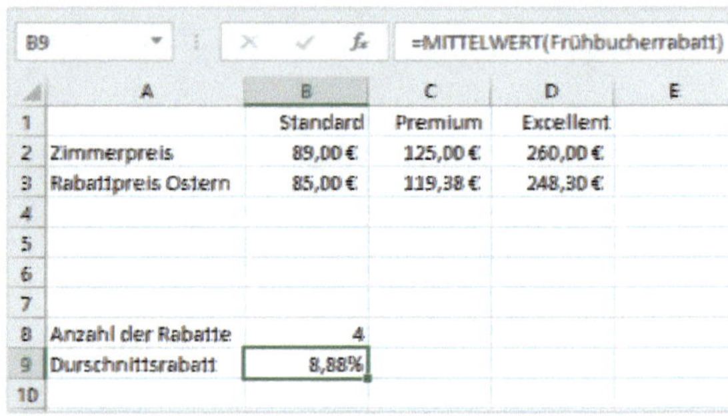

Namen nachträglich festlegen

Um für mehr Übersichtlichkeit zu sorgen, können auch im Nachhinein Zellbezüge in Formeln durch einen Namen ersetzt werden.

> Folgende Einschränkung ist dabei zu beachten: Formel und Name müssen auf demselben Tabellenblatt vereinbart werden. Ein externer Bezug auf ein anderes Tabellenblatt derselben Arbeitsmappe kann nicht nachträglich durch einen Namen ersetzt werden.

In folgendem Beispiel wurde die Umsatzsteuer mit der Formel =B2*G1 berechnet. Nachträglich soll nur der Zellbezug G1 mit einem Namen versehen und dann in der Formel verwendet werden.

- Markieren Sie die Zelle G1 und geben Sie dieser den Namen *USt.Satz*.
- Markieren Sie den Bereich ❶, der die Formeln zur Berechnung der Umsatzsteuer enthält, klicken Sie auf den Dropdown-Pfeil bei *Namen definieren* und wählen Sie *Namen übernehmen* ❷ aus.
- Wählen Sie den gewünschten Namen ❸ durch Anklicken aus und klicken Sie dann auf *OK*.

In allen markierten Formeln wurde der Zellbezug G1 durch den festgelegten Namen ersetzt, z. B. =B2*USt.Satz.

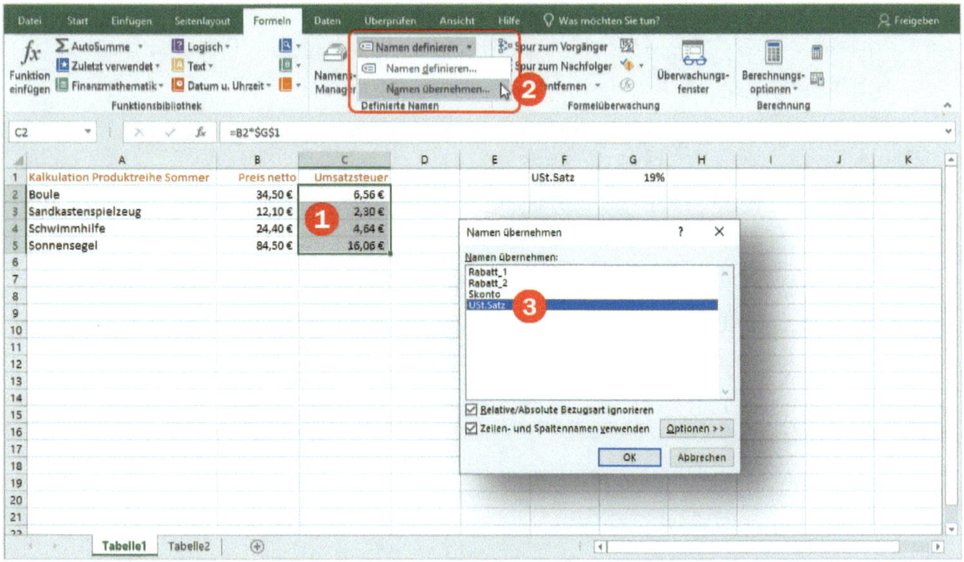

Tipp: Falls gewünscht, kann man in einem zweiten Schritt nun den Namen auf ein anderes Tabellenblatt übertragen. Wie das geht, erfahren Sie auf der nächsten Seite.

Namen verwalten

Der Namens-Manager, zu finden im Register *Formeln* ▶ *Definierte Namen*, ist das Mittel der Wahl zur Verwaltung Ihrer vergebenen Namen.

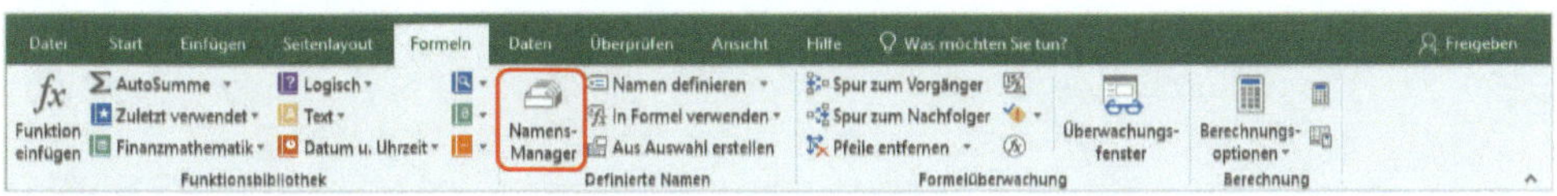

Namen anzeigen

Ein Mausklick auf den Dropdown-Pfeil des Namenfeldes öffnet eine Liste aller für dieses Tabellenblatt vorhandener Namen.

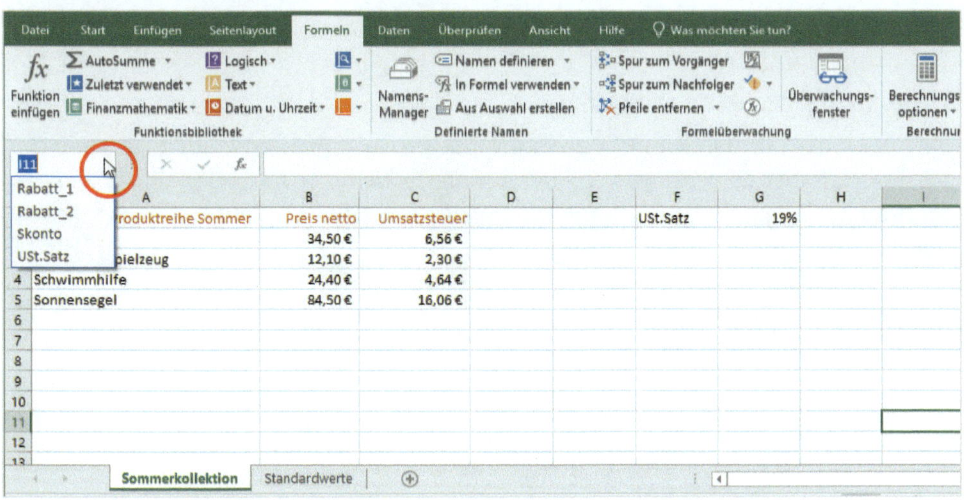

Namen löschen

- Klicken Sie im Register *Formeln* auf die Schaltfläche *Namens-Manager*. Hier werden alle Namen der Arbeitsmappe aufgelistet.
- Falls die Arbeitsmappe sehr viele Namen enthält, können Sie bei *Filter* eine Auswahl treffen, die die Anzeige auf Ihre Wünsche reduziert, z. B. werden mit *Auf Arbeitsblatt ausgelegte Namen* ❶, nur diese angezeigt, die Gültigkeit für das aktuelle Tabellenblatt haben. Außerdem können Sie durch Anklicken der Rubrikenüberschriften, z. B. *Name* ❷, die angezeigten Namen sortieren.
- Um einen nicht mehr benötigten Namen zu löschen, markieren Sie diesen und klicken dann auf die Schaltfläche *Löschen* ❸.

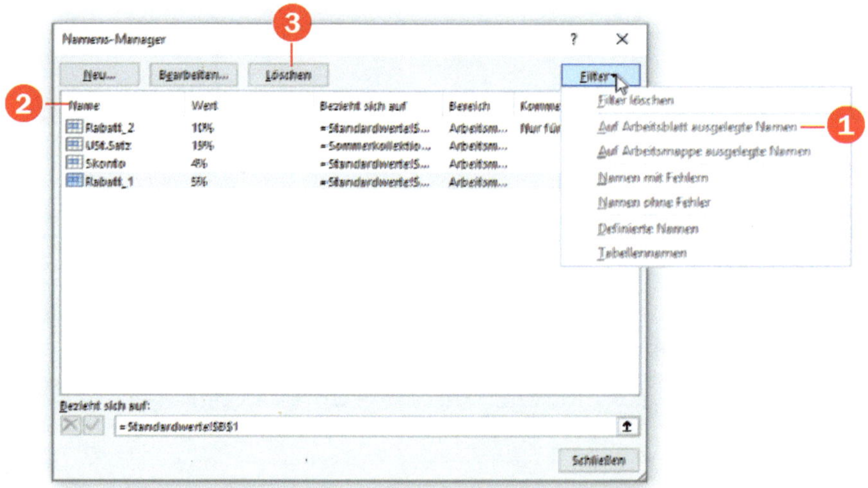

> Wurde der gelöschte Name in Formeln verwendet, erscheint jetzt anstelle des Ergebnisses die Meldung *#NAME?*, da Excel in Formeln die Zellbezüge nicht automatisch wiederherstellt. Löschen Sie daher ausschließlich nicht benötigte Namen.

Bezüge von definierten Namen ändern

Die Zelle oder der Bereich auf den ein Name verweist, kann nachträglich verändert werden. In folgendem Beispiel soll der definierte Name *USt.Satz* der auf die Zelle *G1* des Tabellenblatts *Sommerkollektion* verweist, auf das Tabellenblatt *Standardwerte* verschoben werden.

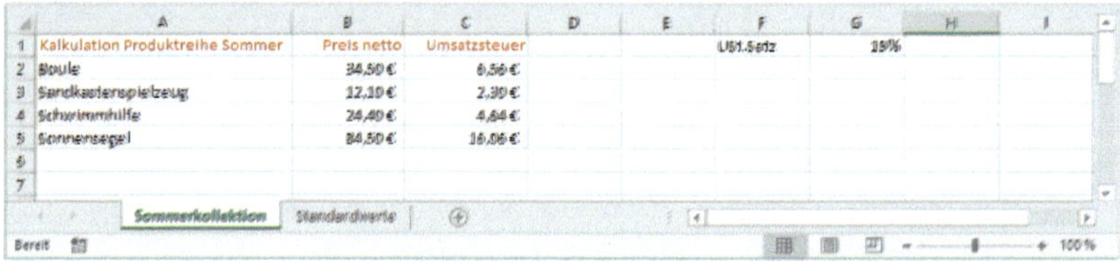

- Falls noch nicht vorhanden, tragen Sie die notwendigen Informationen auf dem neuen Tabellenblatt ein. Rufen Sie dann den Namens-Manager auf.
- Markieren Sie den Namen, dessen Bezug Sie ändern möchten. In unserem Beispiel ist das *USt.Satz* ❶.
- Löschen Sie den Verweis im unteren Bereich des Fensters. Belassen Sie allerdings das Gleichheitszeichen ❷ und wählen Sie dann den neuen Bezug aus. Klicken Sie dazu auf das Register *Standardwerte* und hier auf die Zelle *B4* ❸. Bestätigen Sie die Aktion durch Anklicken von ✓. Verlassen Sie das Dialogfenster durch Anklicken von *Schließen*.

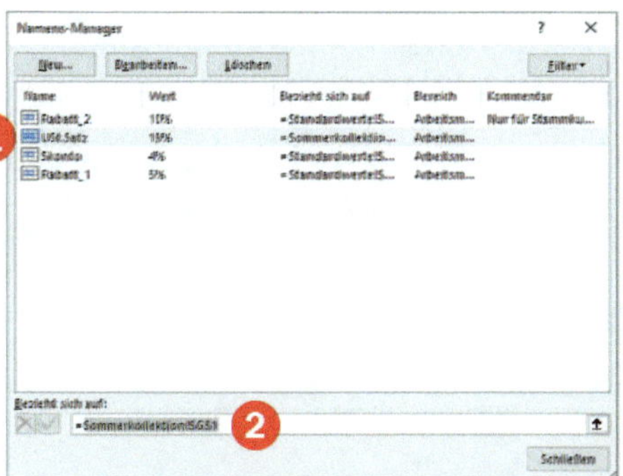

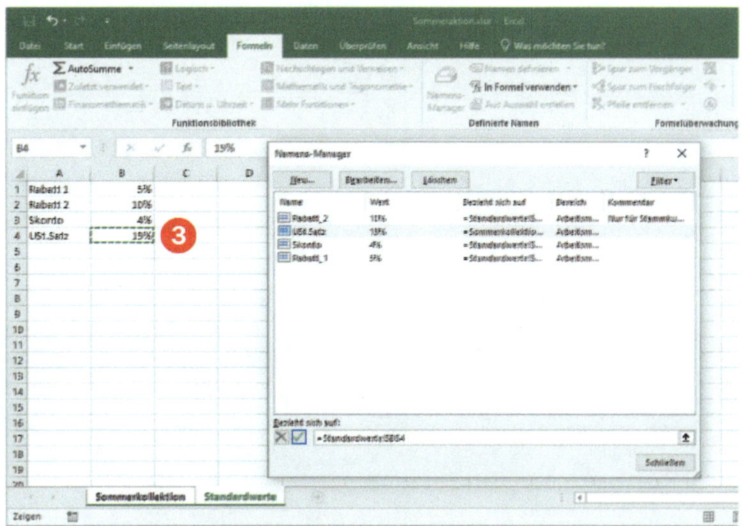

8.8 Übungen

Die Übungen sind auch als Download verfügbar:

Übung_Rechnen.xlsx

Aufgabe 1 - Formeln

- Starten Sie Excel mit einer neuen, leeren Arbeitsmappe und speichern Sie die Mappe unter dem Namen *Formelübung*. Geben Sie im ersten Tabellenblatt die Werte der nebenstehenden Abbildung ein und formatieren Sie die Tabelle nach Ihren Vorstellungen. Benennen Sie das Tabellenblatt um, es erhält den Namen *Beispiel 1*. Berechnen Sie in B8 den gesamten Reisepreis. Achtung, für eine korrekte Berechnung benötigen Sie Klammern!

	A	B
1	Reisepreis pro Person und Tag	45,00
2	Zuschlag für Erwachsene	5,00
3	Zuschlag für Kinder	2,00
4	Reisedauer in Tagen	10,00
5	Anzahl Erwachsene	2,00
6	Anzahl Kinder	3,00
7		
8	Reisepreis gesamt	
9		

Aufgabe 2 - einfache Funktionen

- Geben Sie die Werte der unten abgebildeten Tabelle in ein neues Tabellenblatt ein, das Blatt erhält den Namen *Beispiel 2*. Formatieren Sie die Tabelle.

	A	B	C	D	E	F	G	H	I
1	Turnschuhproduktion								
2				Absatz					
3	Modell Nr.	Produziert Stück	% Anteil an der Gesamtproduktion	Inland	EU	Sonst. Länder	Absatz Gesamt	Überschuss in Zahlen	Überschussanteil Produktion
4	14-777	12000		4000	3000	1000			
5	14-778	14000		2800	5000	2000			
6	14-779	8000		5600	1000				
7	15-209	5000		3000	200	400			
8									
9	Gesamt								
10	Anzahl Modelle								
11	Mittelwert								
12									

- Berechnen Sie in den Spalten die fehlenden Werte. Berechnen Sie außerdem in B9 die gesamte Produktion, in B10 die Anzahl der verschiedenen Modelle und in B11 die durchschnittliche Produktion je Modell.

Aufgabe 3 - Zellbezüge und Prozentberechnung

- Geben Sie die Tabelle ein. Das Blatt erhält den Namen *Beispiel 3*. Formatieren Sie die Tabelle ähnlich der Abbildung.
- Die bisherigen Preise werden um 5% erhöht. Berechnen Sie in der Spalte C die neuen Preise.

	A	B	C
1	Preiserhöhung	5%	
2			
3	Modell-Nr.	Alter Preis	Neuer Preis
4	A-100	12,35	
5	A-101	14,99	
6	A-102	56,20	
7	A-103	106,80	
8	A-104	79,00	
9			

9 Mehr zum Thema Funktionen

In diesem Kapitel lernen Sie...

- allgemeiner Aufbau und Eingabemöglichkeiten von Funktionen
- Logik-Funktionen einsetzen
- mehrere Funktionen verschachteln
- einfache Auswertungen
- Rundungsfehler vermeiden
- Verwendung wichtiger Funktionen mit Beispielen

Das sollten Sie bereits wissen

- einfache Formeln eingegeben und bearbeiten
- relative und feste Zellbezüge verwenden

9.1 Aufbau und Eingabe von Funktionen

Neben den, im vorherigen Kapitel beschriebenen, Funktionen SUMME, MITTELWERT, ANZAHL, MIN und MAX verfügt Excel über eine Vielzahl weiterer Funktionen für verschiedene Zwecke. Einige wichtige und häufig verwendete Funktionen und ihre Einsatzmöglichkeiten lernen Sie in diesem Kapitel anhand von Beispielen kennen, eine umfassende Aufstellung aller Funktionen würde allerdings den Rahmen dieses Buches sprengen.

Bevor Sie Funktionen einsetzen, sollten Sie mit der Schreibweise, dem allgemeinen Aufbau und den Eingabemöglichkeiten vertraut sein. Eine Funktion kann auf folgenden Wegen eingefügt werden:

- Per Funktionsassistent
- Auswahl aus der Funktionsbibliothek
- Eingabe über die Tastatur

Aufbau und Schreibweise von Funktionen

Als Argumente einer Funktion können verwendet werden:
- Zellbezüge
- Zellbereiche
- Text oder Zahlen
- Formeln
- Funktionen

Wie jede Formel beginnt auch eine Funktion immer mit dem Gleichheitszeichen (=). Nach dem Gleichheitszeichen folgt der Name der Funktion, dahinter in Klammern die erforderlichen Argumente. Bei Verwendung mehrerer Argumente werden diese mit Semikolon (;) getrennt. Als Funktionsargumente können Text oder Zahlen, Zellbezüge, Zellbereiche, Formeln oder weitere Funktionen angegeben werden. Einige Funktionen benötigen keine Argumente, die Klammern sind trotzdem erforderlich.

Die allgemeine Schreibweise (Syntax) einer Funktion:

```
=FUNKTIONSNAME(Argument1;Argument2;Argument3;...)
```

So nutzen Sie den Funktionsassistenten zur Eingabe

Bei der Auswahl und Eingabe von Funktionen unterstützt Sie der Funktionsassistent von Excel. Auch wenn Sie eine Funktion zu einem bestimmten Zweck suchen, die genaue Bezeichnung jedoch nicht kennen, dann verwenden Sie am besten zur Eingabe den Funktionsassistenten, die Vorgehensweise ist immer gleich. Als Beispiel die Berechnung des Durchschnitts (Mittelwert) mithilfe des Funktionsassistenten. Diese Funktion dürfte bereits aus dem vorherigen Kapitel bekannt sein.

1. Schritt: Funktion auswählen/suchen

1 Markieren Sie die Zelle ❶, in der die Funktion berechnet werden soll und klicken Sie im Register *Formeln* ▶ *Funktionsbibliothek* auf die Schaltfläche *Funktion einfügen* ❷ oder auf das Symbol in der Bearbeitungsleiste ❸. Die vorherige Eingabe des Gleichheitszeichens ist beim Funktionsassistenten nicht erforderlich!

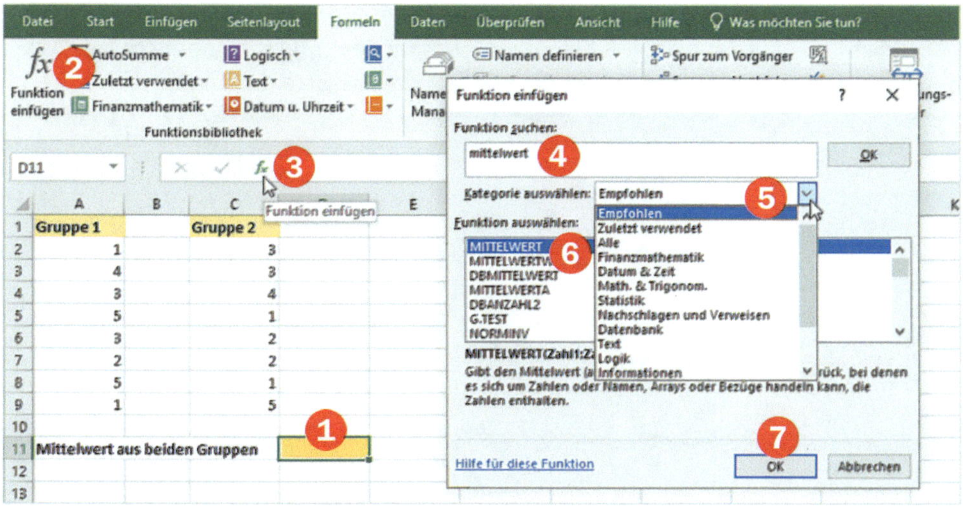

2 Das Fenster *Funktion einfügen* öffnet sich.

- Tippen Sie im Feld *Funktion suchen* ❹ einen Suchbegriff ein und klicken Sie daneben auf *OK*, um die Suche zu starten.
- Oder wählen Sie im Feld darunter eine Kategorie aus ❺, z. B. *Datum und Uhrzeit*. Mit der Auswahl *Alle* werden alle Funktionen alphabetisch aufgelistet. Standardmäßig ist die Kategorie *Zuletzt verwendet* mit allen zuletzt verwendeten Funktionen aktiv.

3 Die Suchergebnisse bzw. die Funktionen der ausgewählten Kategorie erscheinen unterhalb ❻. Klicken Sie auf die gewünschte Funktion und dann auf *OK* ❼.

Tipp: Falls Sie nicht genau wissen, welche Funktion Sie verwenden sollen: Unterhalb der Liste erhalten Sie eine Kurzbeschreibung der markierten Funktion. Oder klicken Sie auf den Link *Hilfe für diese Funktion*. Damit öffnen Sie die Excel-Hilfe mit einer genaueren Beschreibung zusammen mit Beispielen.

2. Schritt: Funktionsargumente eingeben

4 Nach Auswahl der Funktion und Klick auf die Schaltfläche *OK* öffnet sich das nächste Fenster *Funktionsargumente* (Bild auf der nächsten Seite). Hier fügen Sie über Eingabefelder die erforderlichen Zellbezüge oder Werte in die Funktion ein, diese werden als Funktionsargumente bezeichnet. Für die, als Beispiel ausgewählte Funktion MITTELWERT werden zwei Eingabefelder angeboten, eine Angabe ist jedoch nur im ersten (*Zahl1*) zwingend erforderlich.

Felder, in denen eine Eingabe erforderlich ist, sind fett gekennzeichnet.

> Jedes Argument muss in das dafür vorgesehene Eingabefeld eingegeben werden, manche Funktionen erfordern auch mehrere Funktionsargumente.

5 Sie können die Funktionsargumente entweder über die Tastatur in die Eingabefelder eingeben oder Zellbezüge durch Anklicken aus dem Tabellenblatt übernehmen. Dazu klicken Sie zuerst in das betreffende Eingabefeld ❶ und anschließend im Tabellenblatt auf die Zelle oder markieren den Zellbereich, hier A2:A9 ❷. Unterhalb sehen Sie eine Vorschau auf das Formelergebnis ❸.

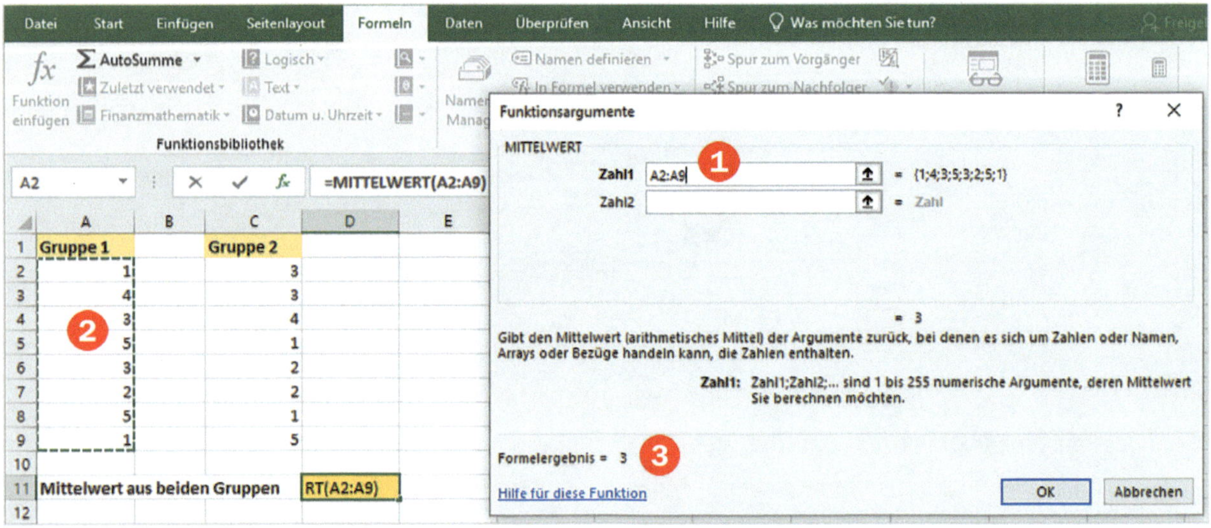

6 Da hier der Mittelwert über beide Gruppen berechnet werden soll, muss noch der zweite Zellbereich angegeben werden. Klicken Sie daher in das zweite Eingabefeld (*Zahl2*) ❹ und markieren Sie dann mit gedrückter Maustaste den Bereich C2:C9 ❺. Sie könnten noch weitere Bereiche hinzufügen, da jetzt automatisch ein weiteres Eingabefeld *Zahl3* erscheint. Dieses kann jedoch auch leer bleiben.

7 Mit Klick auf *OK* ❻ wird die Funktion in das Tabellenblatt übernommen.

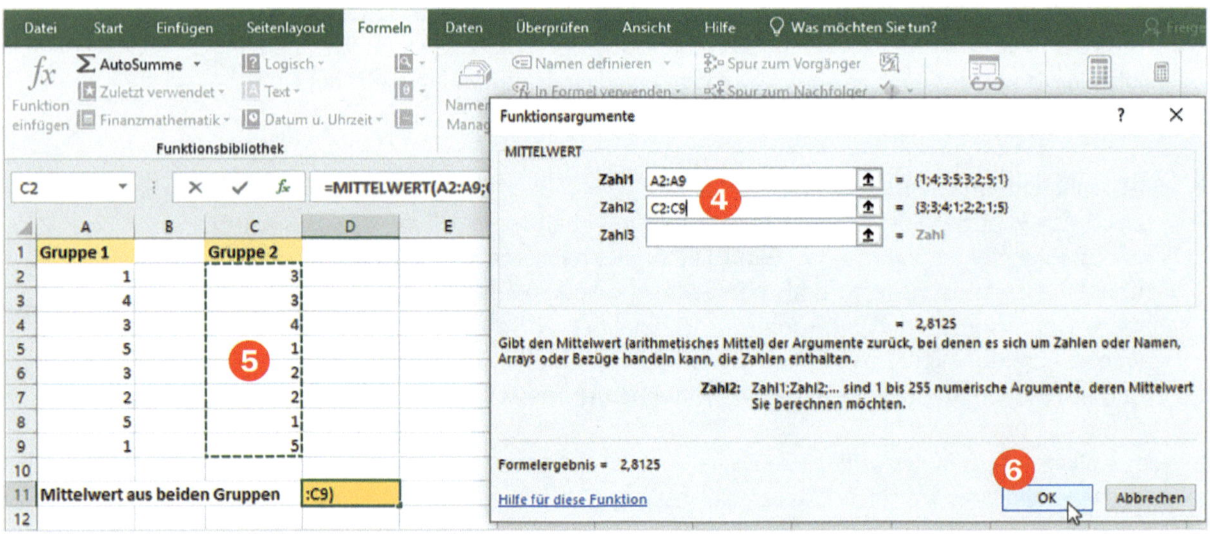

Tipp: Sollte für die Eingabe der Argumente im Tabellenblatt der benötigte Zellbereich durch das Fenster *Funktionsargumente* verdeckt sein, so klicken Sie in einen freien Bereich des Fensters und ziehen es mit gedrückter Maustaste einfach beiseite. Als Alternative verwenden Sie das kleine Symbol rechts vom jeweiligen Eingabefeld: Ein Klick darauf verkleinert das Fenster auf die Größe dieses Feldes, ein weiterer Klick auf das Symbol, wie im Bild unten, stellt das gesamte Fenster wieder her.

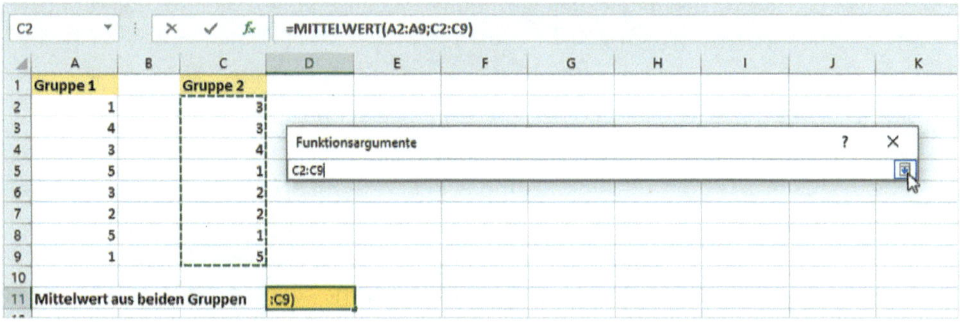

Das Fenster Funktionsargumente kann mit Klick auf den Pfeil des Eingabefeldes aus- und wieder eingeblendet werden.

Kleine Hilfen zur Eingabe der Funktionsargumente

- Fett hervorgehobene Argumente sind zwingend für die Berechnung erforderlich, alle anderen sind optional.
- Nähere Informationen zum Argument erhalten Sie unterhalb, sobald sich der Cursor im betreffenden Eingabefeld befindet.
- Rechts von jedem Argument bzw. vom Eingabefeld erscheint der Wert der angegebenen Zelle oder das Zwischenergebnis, falls als Argument eine Formel verwendet wird. Eine Vorschau auf das Ergebnis der gesamten Funktion erhalten Sie ganz unten (*Formelergebnis =*).
- **Wichtig!** Wird Text als Funktionsargument eingegeben, so muss dieser in Anführungszeichen („) stehen.

Funktion nachträglich ändern/im Fenster Funktionsargumente wieder anzeigen

Falls Sie eine Funktion nachträglich wieder im Fenster *Funktionsargumente* zur Überprüfung oder Korrektur anzeigen möchten, so markieren Sie die Zelle mit der Funktion und klicken in der Bearbeitungsleiste oder im Register *Formeln* auf das Symbol *Funktion einfügen*.

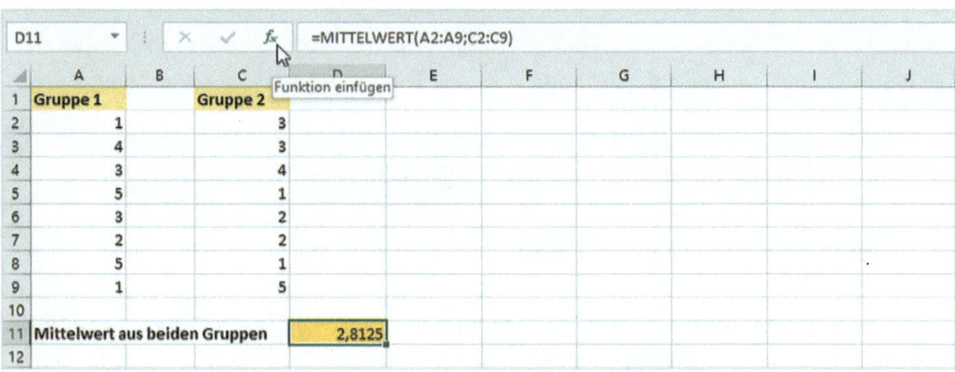

Das Fenster *Funktionsargumente* wird zusammen mit der Funktion erneut geöffnet und Sie können bei Bedarf Änderungen an den Argumenten vornehmen. Zum Übernehmen von Änderungen klicken Sie auf *OK*, mit *Abbrechen* dagegen wird die ursprüngliche Funktion beibehalten. Daneben kann eine Funktion auch, wie jede Formel, in der Bearbeitungsleiste oder nach einem Doppelklick direkt im Tabellenblatt nachträglich bearbeitet werden.

Funktion über das Register Funktionsbibliothek einfügen

Hinweis: Da hier nicht alle Funktionskategorien Platz finden, erhalten Sie die übrigen Kategorien, z. B. Statistik mit Klick auf *Mehr Funktionen*.

Im Register *Formeln* finden Sie in der Gruppe *Funktionsbibliothek* alle Excel-Funktionen nach Kategorien geordnet. Wenn Sie wissen, zu welcher Kategorie die benötigte Funktion gehört, können auch diese Eingabemöglichkeit nutzen. Klicken Sie auf eine Kategorie und wählen Sie eine Funktion. Anschließend öffnet Excel ebenfalls das Fenster *Funktionsargumente* (siehe oben), in dem Sie die erforderlichen Argumente festlegen. Mit Klick auf *Zuletzt verwendet* erhalten Sie auch hier schnellen Zugriff auf kürzlich verwendete Funktionen.

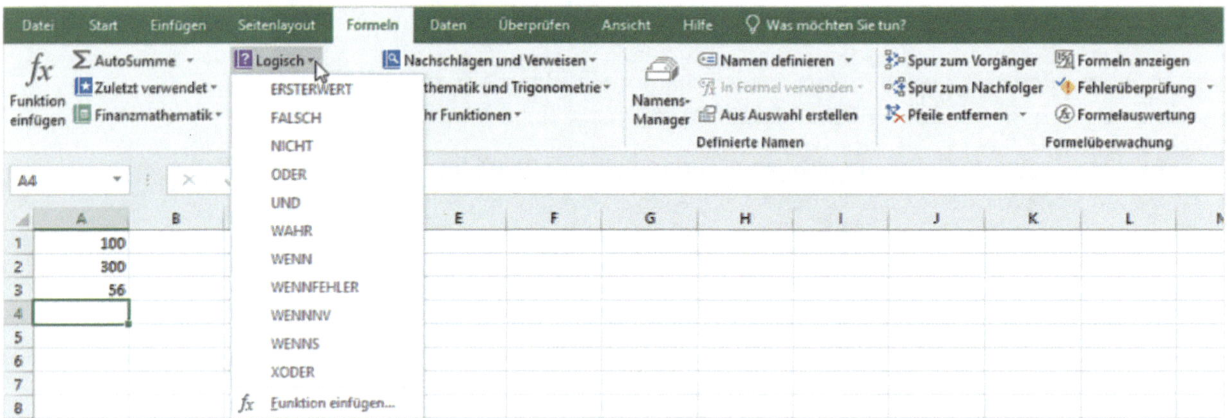

Tipp: Leider ist hier die praktische Kategorie *Alle* nicht vorhanden. Aber am Ende jeder Liste finden Sie den Befehl *Funktion einfügen...*. Dieser öffnet das gleichnamige Fenster des Funktionsassistenten, das Sie bereits von Seite 211 kennen. Auch die Schaltfläche *Funktion einfügen* öffnet den schnell Funktionsassistenten.

Nach einer Funktion suchen

Neben dem Symbol der Bearbeitungsleiste und dem Funktionsassistenten oder der Funktionsbibliothek gibt es noch weitere Möglichkeiten, eine Funktion zu suchen.

Funktion über die intelligente Hilfe suchen

Die Suche nach einer Funktion anhand einer Kategorie ist vor allem für Anfänger nicht immer einfach, zumal die Zuordnung zu einer Kategorie nicht immer logisch erscheint. Dann benutzen Sie die intelligente Hilfe von Excel zur Suche.

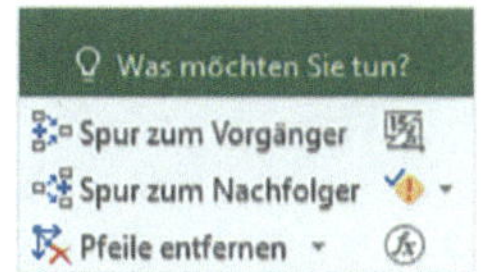

1 Dazu markieren Sie die betreffende Zelle, in der Sie die Funktion berechnen möchten, klicken im Menüband in das Feld *Was möchten Sie tun?* und tippen hier die gesuchte Funktion ein, z. B. WENN.

2 Excel listet die Kategorie auf, zu der die gesuchte Funktion gehört. Zeigen Sie auf die Kategorie und klicken Sie in der Liste auf die gewünschte Funktion. Diese wird in das Tabellenblatt bzw. die markierte Zelle eingefügt, anschließend und geben Sie wieder die Funktionsargumente ein.

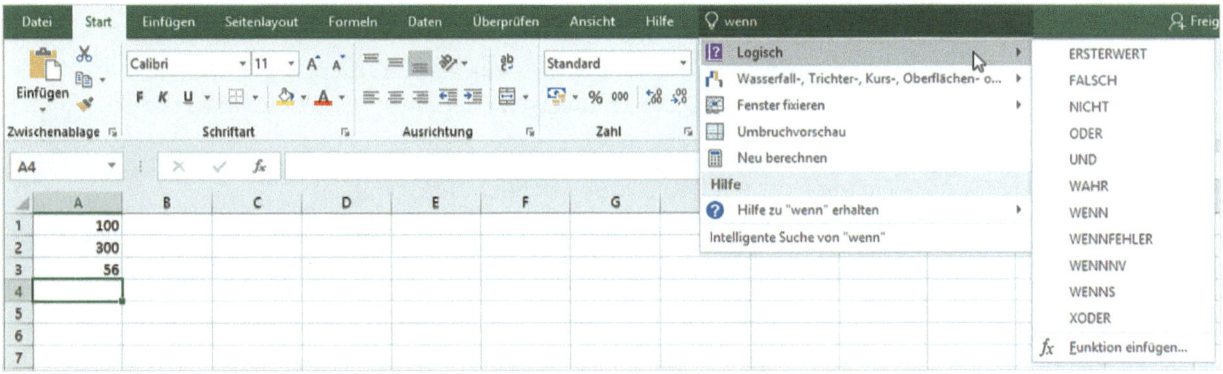

Hilfe bei der Suche

Leider liefern die intelligente Suche und auch der Funktionsassistent nicht immer die gewünschte Funktion. Es kann durchaus passieren, dass Sie überhaupt keine oder gleich mehrere Kategorien erhalten, z. B. wenn Sie nach dem Begriff „Durchschnitt" suchen. In solchen Fällen benutzen Sie am besten die intelligente Hilfe und zeigen in der Liste der Vorschläge auf *Hilfe zu... erhalten*. Anschließend erhalten Sie mehrere Themenvorschläge für nähere Informationen.

Suche im Hilfe-Register

Informationen zu Funktionen erhalten Sie auch, wenn Sie im Menüband auf das Register *Hilfe* und hier auf *Hilfe* klicken.

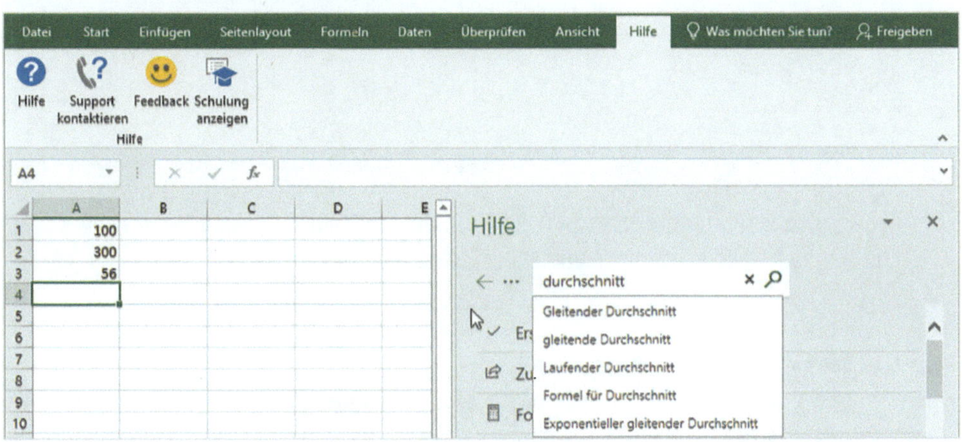

Klicken Sie im Register Hilfe auf das Symbol Hilfe.

Geben Sie dann einen Suchbegriff ein oder klicken Sie auf einen der Vorschläge, die bereits während der Eingabe aufgelistet werden. Anschließend erhalten Sie wieder eine Liste verschiedener Hilfethemen und Funktionsbeschreibungen. Allerdings wird im Gegensatz zur intelligenten Hilfe die Funktion nicht in das Arbeitsblatt eingefügt, sondern muss auf einem der oben beschriebenen Wege eingegeben werden.

Funktion über die Tastatur eingeben

Als Alternative zum Funktionsassistenten und zum Fenster *Funktionsargumente* kann eine Funktion auch einfach in die Zelle eingetippt werden. Dies ist häufig die schnellere Alternative, zumal Sie Excel mit verschiedenen Eingabehilfen unterstützt.

1. Beginnen Sie mit dem Gleichheitszeichen und tippen Sie die ersten Zeichen des Funktionsnamens ein, im Bild unten MITTELWERT.

2. Sofort zeigt Excel eine Liste entsprechender Funktionen an und mit Doppelklick auf den Funktionsnamen übernehmen Sie die gewünschte Funktion.

   Tipp: Als Alternative können Sie eine Funktion aus der Liste der Vorschläge auch mit der Tastatur auswählen und einfügen: Markieren Sie die Funktion mit der Pfeiltaste nach unten bzw. oben und übernehmen Sie dann die markierte Funktion mit der Tab-Taste.

3. Anschließend sehen Sie im Tabellenblatt die Abfolge der erforderlichen Argumente. Das aktuell zu bearbeitende Argument ist fett hervorgehoben. Beachten Sie, dass mehrere Argumente durch Semikolon (;) getrennt werden. Diese müssen über die Tastatur eingegeben werden.

4. Schließen Sie die Funktionseingabe mit der Eingabetaste ab. Die Eingabe der schließenden Klammer ist nicht zwingend erforderlich, sie wird in den meisten Fällen von Excel automatisch ergänzt.

Ein Funktionsname wird zwar in Großbuchstaben angezeigt, kann aber auch einfach in Kleinbuchstaben eingegeben werden. Die Umwandlung in Großbuchstaben erfolgt automatisch.

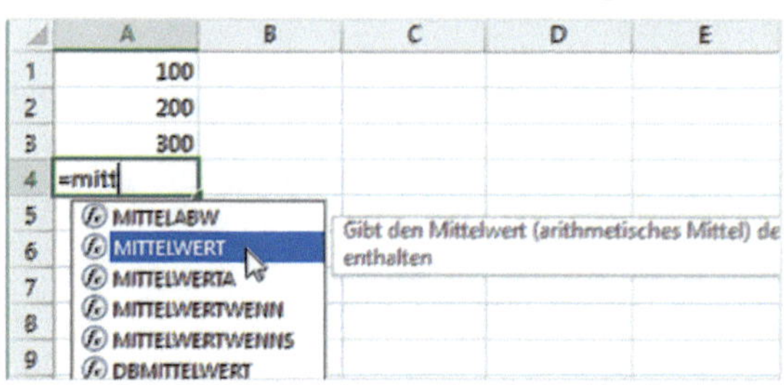

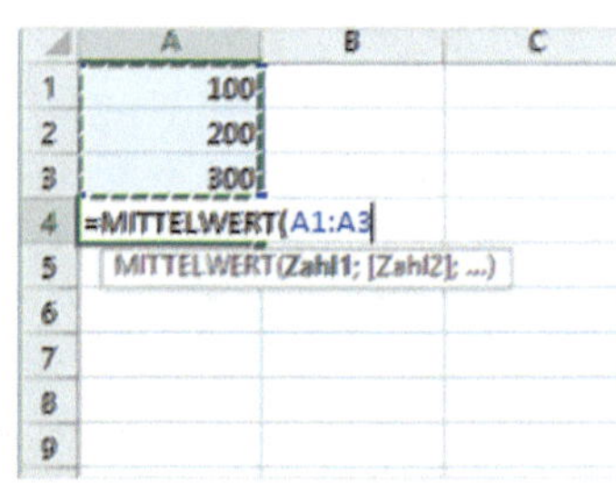

> **Im Gegensatz zum Fenster *Funktionsargumente* müssen zum Trennen der Argumente Semikolon (;) und eventuell weitere Klammern immer per Tastatur eingegeben werden.**

Diese Methode hat noch einen weiteren Vorteil

Bei manchen Funktionen kann mit zusätzlichen Parametern die Berechnungsmethode gesteuert werden. Im Gegensatz zum Fenster *Funktionsargumente* listet Excel bei der Tastatureingabe die zur Verfügung stehenden Parameter samt Kurzbeschreibung auf (Bild unten) und der gewünschte Parameter kann ausgewählt und in die Funktion übernommen werden.

Als Beispiel im Bild unten die Funktion WOCHENTAG: Diese ermittelt aus einem Datum, in diesem Fall in A1, den Wochentag als Zahl und der Parameter *Typ* legt fest, mit welchem Tag die Zählung beginnt.

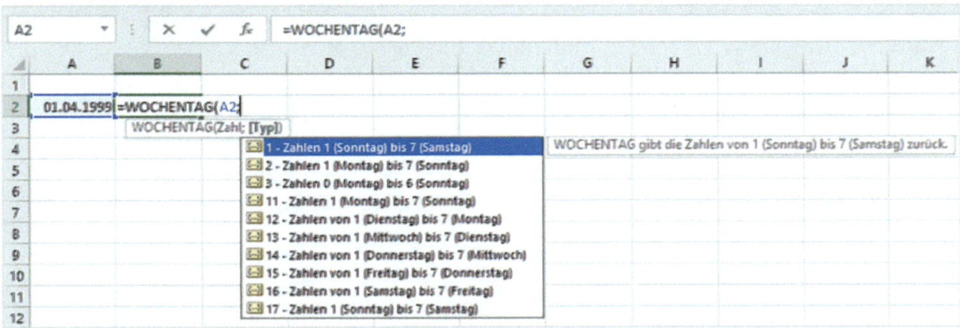

Häufige Formeln und Funktionen über die Schnellanalyse eingeben

Eine weitere Möglichkeit zur Eingabe von Funktionen finden Sie in der Schnellanalyse. Diese enthält zwar nur eine eingeschränkte Auswahl an Auswertungsfunktionen, bietet aber dafür auch die Berechnung von Prozentanteilen und laufenden Summen an. Außerdem können Summe, Mittelwert und Anzahl in einem einzigen Vorgang auch gleich über mehrere markierte Spalten oder Zeilen eingefügt werden. Die Vorgehensweise ist einfach:

1. Markieren Sie den Bereich, für den Sie beispielsweise Mittelwerte oder Summen berechnen möchten, im Bild unten B3:C6.
2. An der rechten unteren Ecke der Markierung erscheint im Tabellenblatt ein kleines Symbol ❶, die Schnellanalyse, klicken Sie auf dieses Symbol.

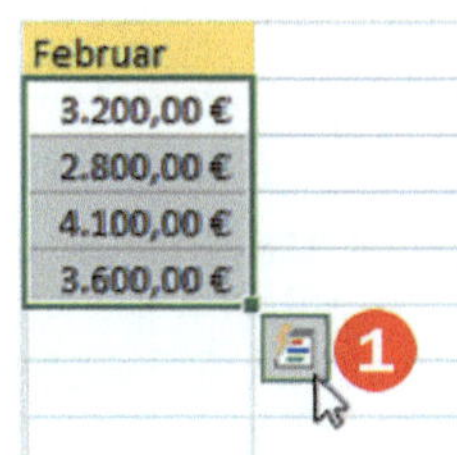

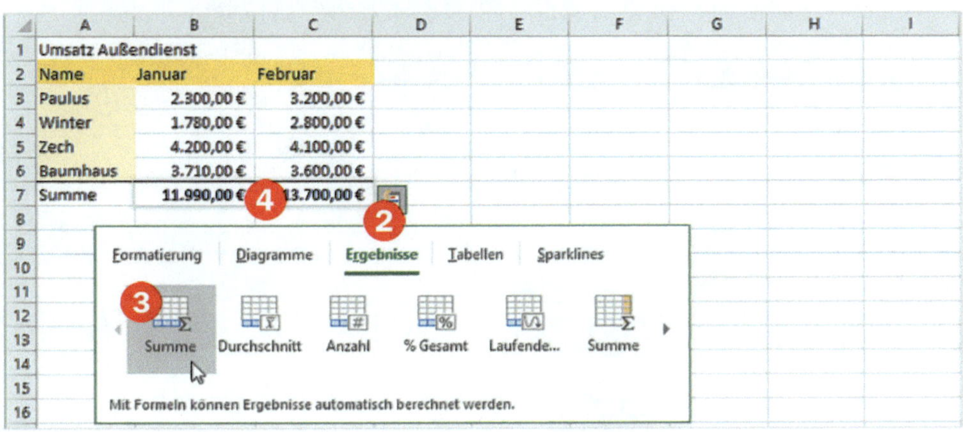

Die Schnellanalyse berechnet Zeilen- und Spaltenergebnisse auch für mehrere markierte Zeilen/Spalten.

3 Klicken Sie dann auf das Register *Ergebnisse* ❷ und wählen Sie eine der Funktionen ❸. Sie erhalten beim Zeigen auf die Funktion in der Tabelle eine Vorschau ❹, erst mit einem Mausklick übernehmen Sie das Ergebnis.

Prozentanteile berechnen

Die Schnellanalyse macht auch die Berechnung von Prozentanteilen leicht. Als Beispiel berechnen wir für den Monat Februar (Bild unten) in einer neuen Spalte die Prozentanteile des Umsatzes. Da die Schnellanalyse die Ergebnisse automatisch entweder unmittelbar unterhalb oder rechts neben der Markierung einfügt, müssen Sie eventuell noch rechts vom Umsatz des Monats Februar eine neue Spalte einfügen.

1 Markieren Sie den Zellbereich, für den Sie die Prozentanteile berechnen möchten, im Bild unten C3:C6 und klicken Sie in der Schnellanalyse auf *Ergebnisse*.

2 Klicken Sie auf den Pfeil nach rechts und wählen Sie *% Gesamt* (in Spalte).

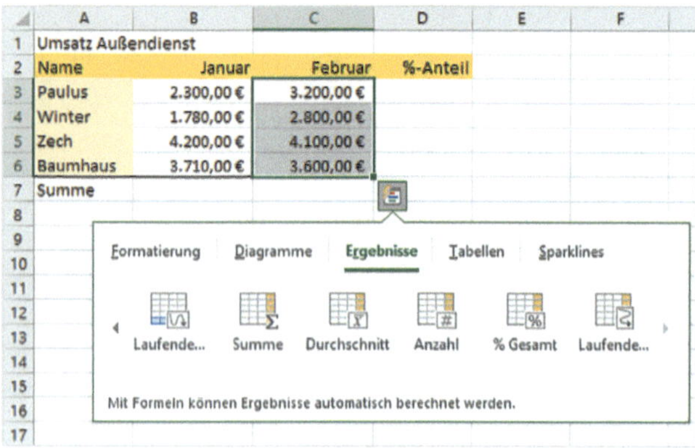

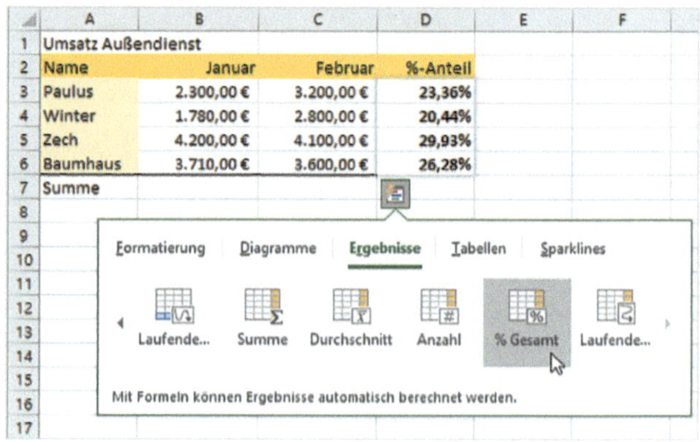

Laufende (kumulierte) Summen berechnen

Diese Arbeitsmappe ist als Download verfügbar:

Beispiel_Schnellanalyse.xlsx

Die laufende Summe addiert zum vorherigen Ergebnis den neuen Wert. Markieren Sie dazu, wie oben beschrieben, den Zellbereich. Die Funktion *Laufende Summe* (in Spalte berechnen) erhalten Sie mit Klick auf den Pfeil nach rechts (siehe Bild unten).

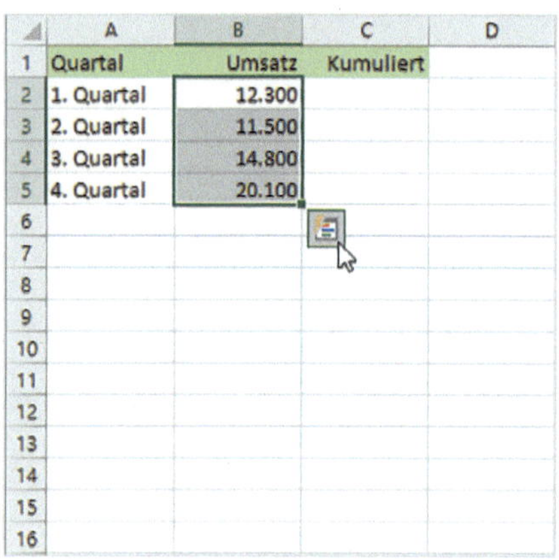

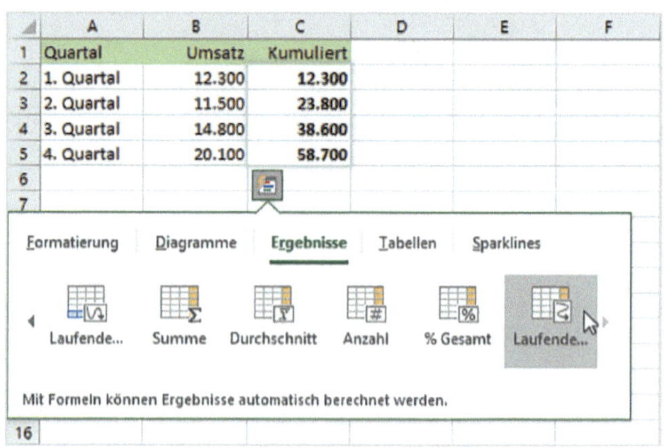

Hinweis: Die Ergebniszellen sind anschließend mit einem grünen Dreieck versehen und wenn Sie eine solche Zelle markieren, macht Sie Excel auf einen vermeintlichen Fehler aufmerksam. Die Ursache: Die jeweilige Formel bezieht nicht alle Zahlen der Spalte ein, was bei einer laufenden Summe ja auch völlig korrekt ist. Da diese Dreiecke nicht gedruckt werden, können Sie sie einfach ignorieren. Falls Sie die Kennzeichnung ausblenden möchten, so markieren Sie die betreffenden Zellen, klicken auf das Ausrufezeichen und wählen *Fehler ignorieren*.

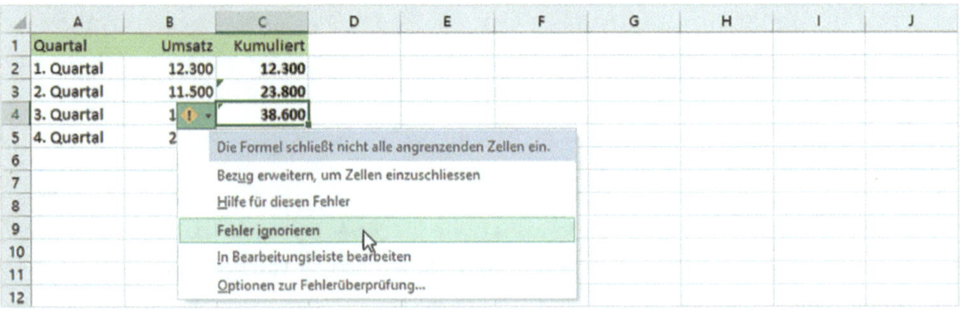

9.2 Bedingungen mit den Funktion WENN und WENNS

Allgemeiner Aufbau der Funktion WENN

Die Funktion WENN macht die Verwendung von Werten oder weitere Berechnungen davon abhängig, ob eine Bedingung erfüllt ist. In Verbindung mit weiteren WENN-Funktionen und/oder den Logikfunktionen UND und ODER können auch mehrere Bedingungen geprüft werden. Sie ist vielseitig einsetzbar und daher eine der wichtigsten Excel-Funktionen.

Aufbau und Argumente

```
WENN(Wahrheitstest;Wert_wenn_wahr;Wert_wenn_falsch)
```

- **Wahrheitstest**
  Als Wahrheitstest geben eine Bedingung an, die geprüft werden soll. Diese liefert als Ergebnis die Werte WAHR oder FALSCH (Ja oder Nein).
- Wert_wenn_wahr
  Das Argument *Wert_wenn_wahr* legt den Wert fest, der verwendet wird, wenn der Wahrheitstest das Ergebnis WAHR ergibt.
- Wert_wenn_falsch
  Liefert der Wahrheitstest das Ergebnis FALSCH, so wird das Argument *Wert_wenn_falsch* verwendet.

- Beachten Sie außerdem
  - Die Argumente *Wert_wenn_wahr* und *Wert_wenn_falsch* können eine Zahl, eine Formel, Text oder eine weitere Funktion sein.
  - Wird eines der Argumente *Wert_wenn_wahr* und *Wert_wenn_falsch* nicht angegeben, so liefert die Funktion WENN das Ergebnis des Wahrheitstests, also WAHR oder FALSCH. Wenn stattdessen die Zelle leer bleiben soll, dann verwenden Sie als Argument zwei Anführungszeichen „“.
  - Das Argument *Wahrheitstest* liefert als Ergebnis einen der beiden Wahrheitswerte, WAHR oder FALSCH. Die Anzeige FALSCH im Fenster *Funktionsargumente* weist also nicht auf eine fehlerhafte Eingabe hin!

Beispiel Provision abhängig vom Umsatz berechnen

Sie möchten in der unten abgebildeten Tabelle für die Mitarbeiter im Außendienst die Höhe der monatlichen Provision berechnen. Bei einem Umsatz von 5.000 Euro oder mehr erhält der Mitarbeiter 5% des Umsatzes als Provision, sonst 3%.

	A	B	C	D	E	F	G	H	I	J
1	Monat	Januar				Umsatz	Provision			
2					ab	5.000,00	5%			
3						sonst	3%			
4	*Name*	*Umsatz*	*Provision %*	*Provisions-betrag*						
5	Knilch	4.800,00								
6	Sauerbier	5.600,00								
7	Winkelmann	6.200,00								
8	Grusel	3.450,00								
9	Höpfli	2.900,00								
10	Knopp	5.100,00								

Sie könnten nun theoretisch für jeden einzelnen Mitarbeiter anhand seines Umsatzes die Provision in die Tabelle eintragen und anschließend in einer weiteren Spalte den Provisionsbetrag berechnen. Was aber, wenn Sie diese Tabelle kopieren und auch für die nachfolgenden Monate nutzen möchten? Zudem ist diese Methode in einer umfangreichen Tabelle sehr aufwändig und fehleranfällig. Wenn Sie dagegen die Provision mit Hilfe der Funktion WENN ermitteln, dann genügt eine einzige Formel, die Sie nur kopieren brauchen. Bei jeder Änderung des Umsatzes wird die Provision automatisch neu berechnet.

1. Im ersten Schritt sollten Sie im Tabellenblatt alle, in der Funktion benötigten Werte, jeweils in eine eigene Zelle eintragen ❶, also ohne Textzusatz.
2. Markieren Sie zur Eingabe der Funktion die erste Zelle in der die Provision berechnet werden soll, hier C5 ❷, und klicken Sie in der Bearbeitungsleiste auf das Symbol *Funktion einfügen*. Anschließend wählen Sie die Funktion *WENN* (Kategorie *Logik*) und klicken auf die Schaltfläche *OK*.
3. Geben Sie nun nacheinander die Funktionsargumente ein ❸. **Achtung**: Da die Funktion anschließend kopiert werden soll, sind für die Zellen F2, G2 und G3 absolute, also feste Zellbezüge erforderlich!

4 Übernehmen Sie die Funktion mit Klick auf die Schaltfläche *OK*.

Hinweis: Das Ergebnis FALSCH ❹ neben dem Feld *Wahrheitstest*, wie im Bild unten, weist auf keinen Fehler hin, sondern ist das Ergebnis des Wahrheitstests und bedeutet, der Umsatz in B5 ist nicht größer oder gleich 5.000.

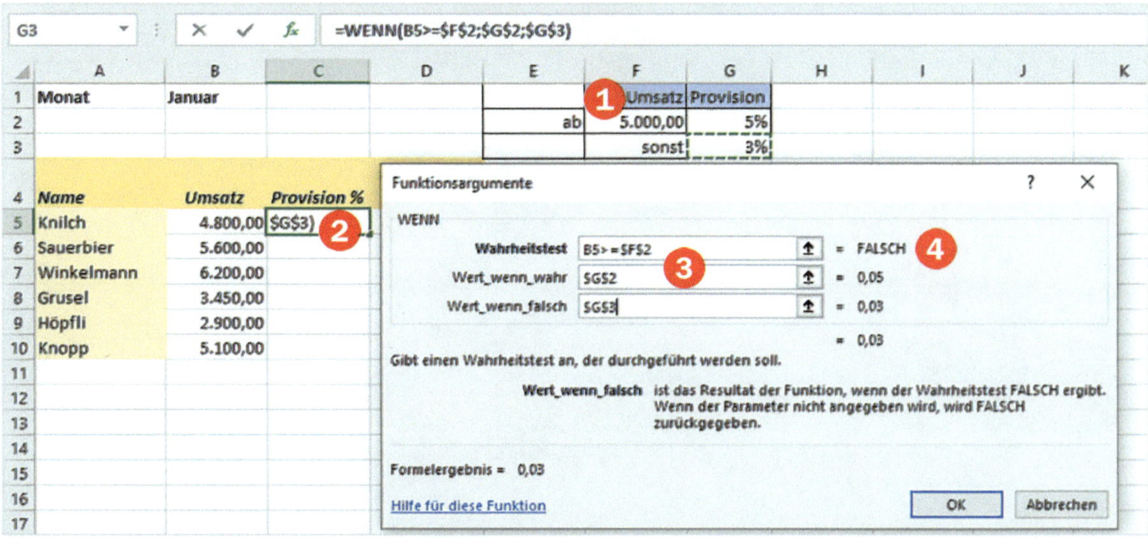

5 Anschließend kopieren Sie die Funktion in die restlichen Zeilen der Liste und formatieren die Ergebnisse im Prozentformat.

6 Berechnen Sie dann in D5 den Provisionsbetrag mit der Formel =B5*C5 und kopieren Sie diese Formel ebenfalls.

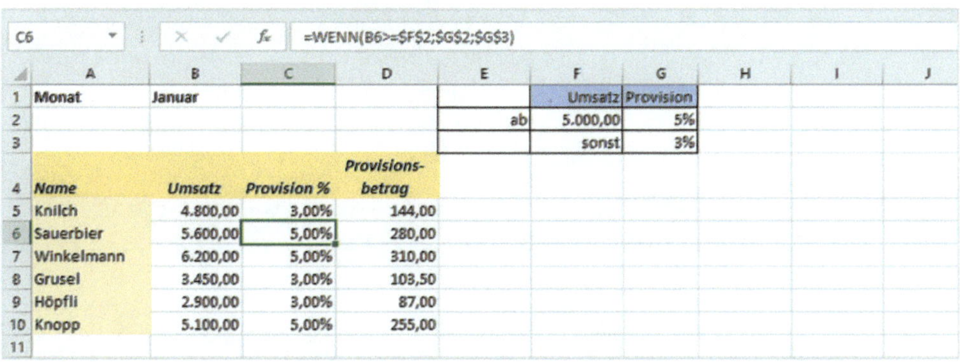

Natürlich könnten Sie statt fester Zellbezüge auch den Vergleichsumsatz und die Prozentwerte direkt in die Funktion schreiben. Die oben verwendete Methode hat allerdings einen entscheidenden Vorteil: Ändert sich die Provision, z. B. 6% statt bisher 5%, dann brauchen Sie nur den neuen Wert in die Zelle G2 schreiben. Die Provision in der Tabelle wird automatisch aktualisiert.

Formel innerhalb der WENN-Funktion berechnen

Die oben verwendete Funktion trägt nur die jeweiligen Prozentsätze ein, daher müssen Sie in einer weiteren Spalte auch noch die Höhe der Provision berechnen. Sie können aber auch die Provision gleich innerhalb der WENN-Funktion berechnen. Dann geben Sie, wie im Bild unten, als *Wert_wenn_wahr* und *Wert_wenn_falsch* statt des einfachen Zellbezugs die jeweilige Formel ein.

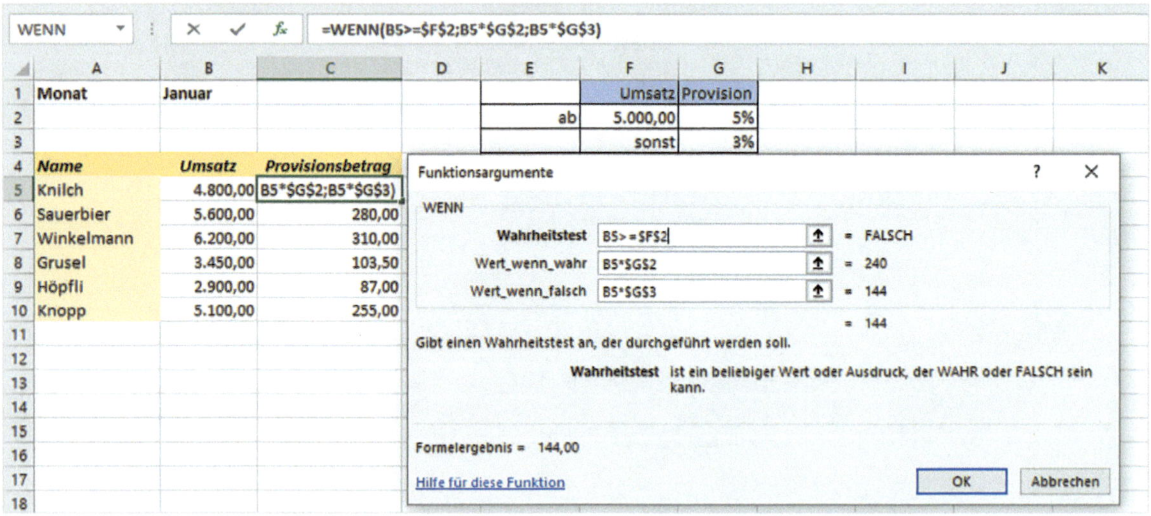

Beispiel mit Textvergleich

Im einem zweiten Beispiel sollen Sonderpreise in Höhe von 60% des Verkaufspreises berechnet werden. Allerdings nur für solche Artikel, die als Auslaufware gekennzeichnet sind, bei allen anderen soll die Zelle leer bleiben. Auch hier bietet sich die Funktion WENN an, damit später die Formel kopiert werden kann. Diesmal fügen wir die Funktion über die Funktionsbibliothek ein.

1. Markieren Sie die erste Zelle, in die Sie die Funktion eingeben möchten, im Beispiel E3, klicken Sie im Register *Formeln* auf die Kategorie *Logisch* und wählen Sie die Funktion *WENN*.

2. Geben Sie dann wieder die Funktionsargumente, wie unten abgebildet, ein. Im Argument *Wahrheitstest* muss der Vergleichstext in Anführungszeichen („Ja“) angegeben werden und damit die Funktion kopiert werden kann, ist für den Prozentwert in E2 ein fester Zellbezug erforderlich. Das Argument *Wert_wenn_falsch* wird in diesem Beispiel eigentlich nicht benötigt; damit aber nicht das Ergebnis des Wahrheitstests FALSCH erscheint, geben Sie zwei Anführungszeichen ein.

> Text, den Sie per Tastatur als Argument in einer Formel oder Funktion eingeben, muss grundsätzlich in Anführungszeichen " " eingeschlossen sein.

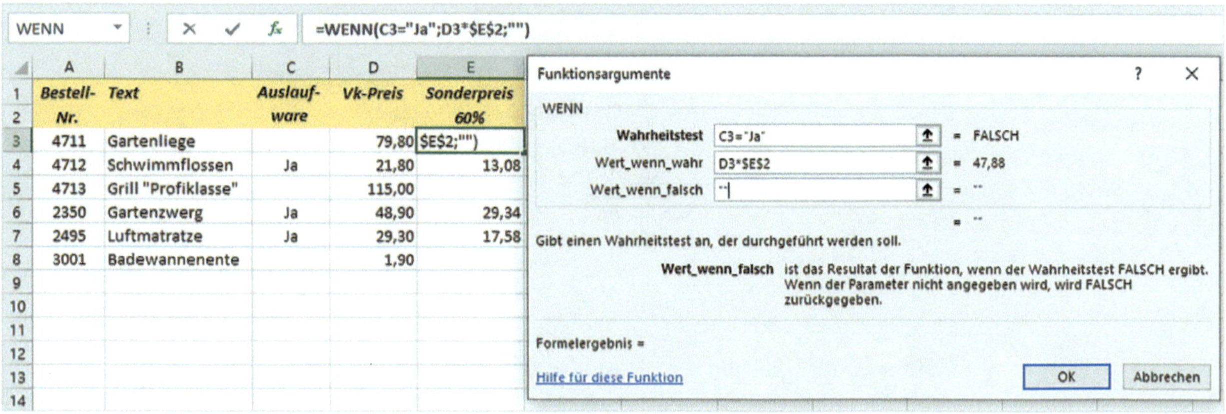

Leerwert zuweisen

In manchen Fällen wird eines der beiden Argumente *Wert_wenn_wahr* und *Wert_wenn_falsch* nicht benötigt z. B. wenn, wie hier, nur für Auslaufware Sonderpreise berechnet werden sollen. Wenn Sie allerdings das Argument einfach weglassen, dann zeigt Excel als Funktionsergebnis das Resultat des Wahrheitstests an, also WAHR oder FALSCH. Da dies nur selten erwünscht ist, lassen Sie das Argument nicht einfach leer, sondern geben entweder die Zahl 0 ein, wenn diese als Ergebnis erscheinen soll. Wenn dagegen die Zelle leer bleiben soll, dann geben Sie einen Leerwert in Form von zwei Anführungszeichen ohne Leerzeichen dazwischen („“) ein.

Achtung: Bei korrekter Berechnung bleibt also in diesem Beispiel die Zelle E3 leer! Kopieren Sie anschließend die Funktion, um die restlichen Ergebnisse zu erhalten.

Tipps zur Fehlersuche und -korrektur

Erfahrungsgemäß bereiten komplexere Funktionen wie die WENN-Funktion Einsteigern manchmal Probleme bei der nachträglichen Suche nach Fehlern und deren Korrektur. Daher sollten Sie einige Grundregeln beherzigen:

- Wenn Sie die Funktion über mehrere Zellen kopiert haben, dann korrigieren Sie stets die erste, ursprüngliche Funktion und kopieren diese anschließend erneut. Wenn z. B. die Provision nur bei manchen Mitarbeitern falsch berechnet wurde, dann deutet dies auf eine fehlerhafte Funktion hin. Machen Sie also nicht den Fehler und korrigieren die Funktion nur hier.
- Wie bereits erwähnt, können Sie die Funktion jederzeit mit Klick auf das Symbol *Funktion einfügen*, entweder in der Bearbeitungsleiste oder im Register *Formeln*, wieder im Fenster *Funktionsargumente* anzeigen und hier korrigieren. In vielen Fällen ist es jedoch hilfreicher, wenn Sie einen Doppelklick auf die Zelle machen und sich die Funktion im Tabellenblatt mit den verwendeten Zellen anzeigen lassen. Insbesondere falsche Zellbezüge lassen sich so schnell aufspüren und mit der Maus korrigieren. Ein Beispiel sehen Sie im Bild unten.

Beispiel: Zellbezüge kontrollieren und ggf. mit der Maus korrigieren.

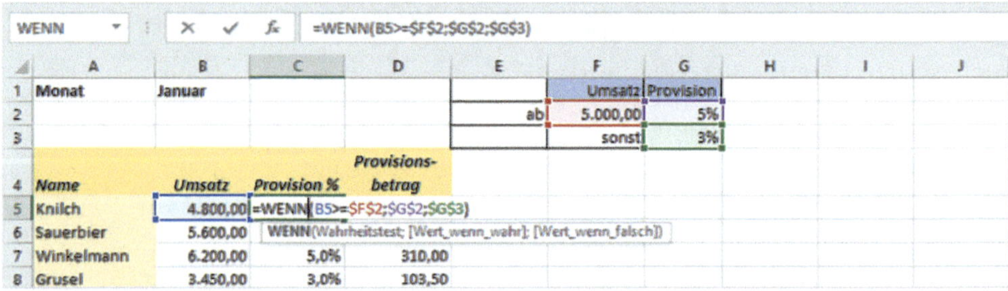

Mehrere Bedingungen nacheinander mit WENNS prüfen

Die Funktion WENNS ist neu in Excel 2019.

Häufig genügt ein einziger Wahrheitstest nicht, sondern es müssen mehrere Bedingungen geprüft werden. Falls Sie Excel von früheren Versionen her kennen, dann denken Sie jetzt vermutlich an verschachtelte WENN-Funktionen. Mit der neuen Funktion WENNS lässt sich dieses Problem jedoch auch wesentlich einfacher mit einer einzigen Funktion lösen. WENNS kann bis zu 127 Wahrheitstests nacheinander durchführen, der Aufbau ist einfach:

```
WENNS(Wahrheitstest1;Wert_wenn_wahr1; Wahrheitstest2;Wert_wenn_wahr2;
Wahrheitstest3;Wert_wenn_wahr3; ...)
```

Als Beispiel die Rabattberechnung anhand einer Mengenstaffel. Bei der Eingabe über den Funktionsassistenten bzw. im Fenster *Funktionsargumente* sieht die Funktion wie unten abgebildet aus.

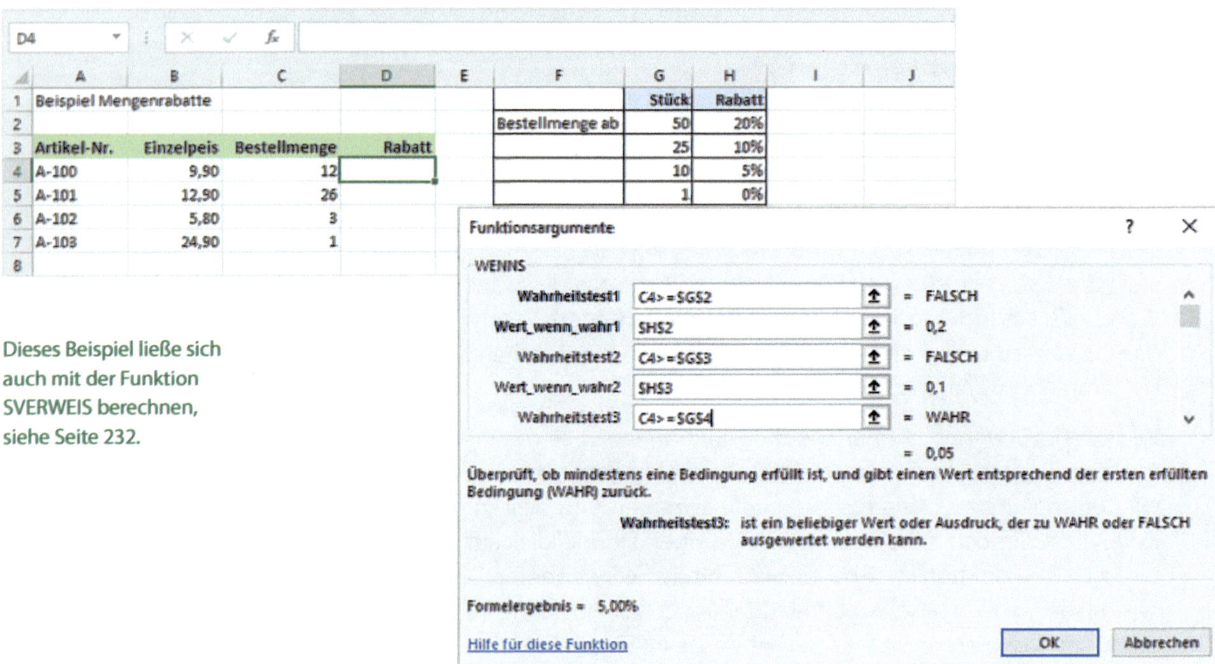

Dieses Beispiel ließe sich auch mit der Funktion SVERWEIS berechnen, siehe Seite 232.

Weitere Zeilen zur Eingabe der Wahrheitswerte werden während der Eingabe der Argumente automatisch hinzugefügt. Beachten Sie außerdem, dass Sie bei einer Vielzahl von Argumenten im Fenster *Funktionsargumente* die Bildlaufleiste zur Anzeige aller Argumente benutzen müssen.

Hier nochmals die Formel in D4, zur besseren Übersicht ohne die eigentlich erforderlichen festen Zellbezüge.

```
=WENNS(C4>=G2;H2;C4>=G3;H3;C4>=G4;H4;C4>=G5;H5)
```

Wo ist das Argument Wert_wenn_falsch?

Da diese Funktion im Gegensatz zu WENN kein Argument *Wert_wenn_falsch* anbietet, können Sie als Ersatz anstelle eines weiteren Wahrheitstests auch gleich das Ergebnis *WAHR* und den dazugehörigen Wert angeben (im Bild unten H5). Dieser wird verwendet, wenn die vorangegangenen Bedingungen nicht erfüllt wurden. In diesem Beispiel könnte also die Funktion auch wie folgt lauten:

```
=WENNS(C4>=G2;H2;C4>=G3;H3;C4>=G4;H4;WAHR;H5)
```

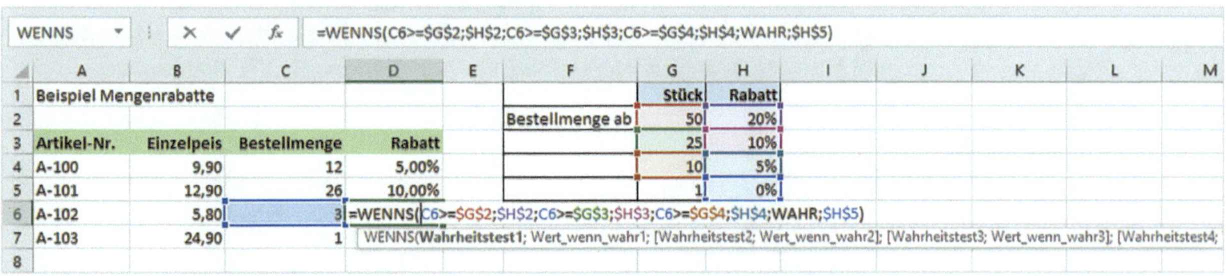

9.3 Mehrere Funktionen kombinieren (verschachteln)

Wie bereits erwähnt, können als Funktionsargumente auch Formeln und weitere Funktionen eingesetzt werden. Solche Funktionen, die ihrerseits Funktionen enthalten, werden als verschachtelte Funktionen bezeichnet. Mit der aktuellen Excel-Version können bis zu 64 Ebenen ineinander verschachtelt werden.

Wahrheitstests mit Logikfunktionen

Ein häufiger Einsatzbereich für verschachtelte Funktionen ist die WENN-Funktion in Verbindung mit Logikfunktionen, mit denen sich zwei und mehr Wahrheitstests miteinander kombinieren lassen. Mit WENNS können Sie zwar problemlos in einer einzigen Funktion mehrere Wahrheitstests nacheinander durchführen. Nicht selten müssen aber zwei oder mehr Bedingungen gleichzeitig geprüft werden. Außerdem können diese Bedingungen unterschiedlich kombiniert sein: Genügt es, wenn eine der Bedingungen erfüllt ist oder müssen beide zutreffen?

Zum Verknüpfen mehrerer Bedingungen verwenden Sie die Funktionen UND, ODER und NICHT aus der Kategorie *Logik*. Diese liefern als Ergebnis die Wahrheitswerte WAHR oder FALSCH. Sie werden nur selten im Arbeitsblatt eingesetzt, sondern dienen hauptsächlich dazu, innerhalb einer Formel oder Funktion mehrere Bedingungen miteinander zu verknüpfen. Folgende Funktionen sind zu unterscheiden, wobei alle denselben Aufbau besitzen, als Beispiel die Funktion UND:

```
UND(Bedingung1;Bedingung2;Bedingung3;...)
```

- Verknüpfen Sie zwei oder mehr Bedingungen mit UND, so erhalten Sie nur dann das Ergebnis WAHR, wenn alle Bedingungen erfüllt sind, Beispiele:

UND(„Katze“="Tier“;"Hund“="Tier“)	WAHR
UND(„Katze“="Tier“;"Rose“="Tier“)	FALSCH

- Bei einer ODER-Verknüpfung unterscheidet Excel zwischen zwei Möglichkeiten: Die Funktion ODER liefert das Ergebnis WAHR, wenn mindestens eine der Bedingungen erfüllt ist. Mit XODER dagegen erhalten Sie nur dann WAHR, wenn maximal eine der Bedingungen erfüllt ist (ausschließendes ODER), Beispiele:

ODER(„Katze“="Tier“;"Hund“="Tier“)	WAHR
ODER(„Katze“="Tier“;"Rose“="Tier“)	WAHR
XODER(„Katze“="Tier“;"Rose“="Tier“)	WAHR
XODER(„Katze“="Tier“;"Hund“="Tier“)	FALSCH

- Eine dritte Funktion NICHT kehrt das Ergebnis um, liefert also das Ergebnis WAHR, wenn die Bedingung als Ergebnis FALSCH ergibt.

Übersicht

Funktion	Beschreibung
UND(Wahrheitswert1;Wahrheitswert2)	Diese Funktion liefert das Ergebnis WAHR, wenn alle Bedingungen WAHR ergeben.
ODER(Wahrheitswert1;Wahrheitswert2)	Diese Funktion liefert das Ergebnis WAHR, wenn mindestens eine der Bedingungen WAHR ist.
XODER(Wahrheitswert1;Wahrheitswert2)	Diese Funktion liefert das Ergebnis WAHR, wenn maximal eine der Bedingungen WAHR ist.
NICHT(Wahrheitswert)	Diese Funktion liefert das Ergebnis WAHR, wenn die Bedingung FALSCH ergibt (kehrt das Ergebnis um).

Mit den Logikfunktionen UND und ODER lassen sich bis zu 30 Bedingungen abfragen. Im Fenster *Funktionsargumente* erscheint daher nach Eingabe der zweiten Bedingung (*Wahrheitswert2*) automatisch ein weiteres Feld zur Eingabe der nächsten Bedingung.

So setzen Sie die WENN-Funktion zusammen mit Logikfunktionen ein

Häufig ist es die WENN-Funktion, in der eine zweite Funktion benötigt wird. Daher beschreiben wir die Vorgehensweise zum Erstellen verschachtelter Funktionen am Beispiel WENN zusammen mit der Logikfunktion ODER.

Beispiel Sonderpreise berechnen

Im Bild unten sollen für alle Modelle der Produktgruppen A oder B Sonderpreise mit einem Preisnachlass von 50% berechnet werden. Bei allen anderen Produktgruppen wird kein Sonderpreis berechnet. Der Wahrheitstest der WENN-Funktion muss also als zuerst mit ODER ermitteln, ob es sich im die Produktgruppe A oder B handelt. So gehen Sie im Funktionsassistenten vor:

1 Markieren Sie die Zelle D5 und klicken Sie auf *Funktion einfügen* ❶. Wählen Sie die Funktion WENN aus und klicken Sie auf *OK*.

2 Klicken Sie im Fenster *Funktionsargumente* in das Feld *Wahrheitstest* ❷ und klicken Sie in der Bearbeitungsleiste in das Feld ganz links ❸. Hier werden Ihnen jetzt anstelle der aktuelle Zelladresse die zuletzt verwendeten Funktionen mit WENN an erster Stelle angeboten. Klicken Sie hier auf den Dropdown-Pfeil und wählen Sie die benötigte Funktion aus.

Sollte die Funktion ODER hier nicht aufgeführt sein, so klicken Sie auf *Weitere Funk.* ❹ und wählen diese im nachfolgenden Fenster *Funktion einfügen* aus.

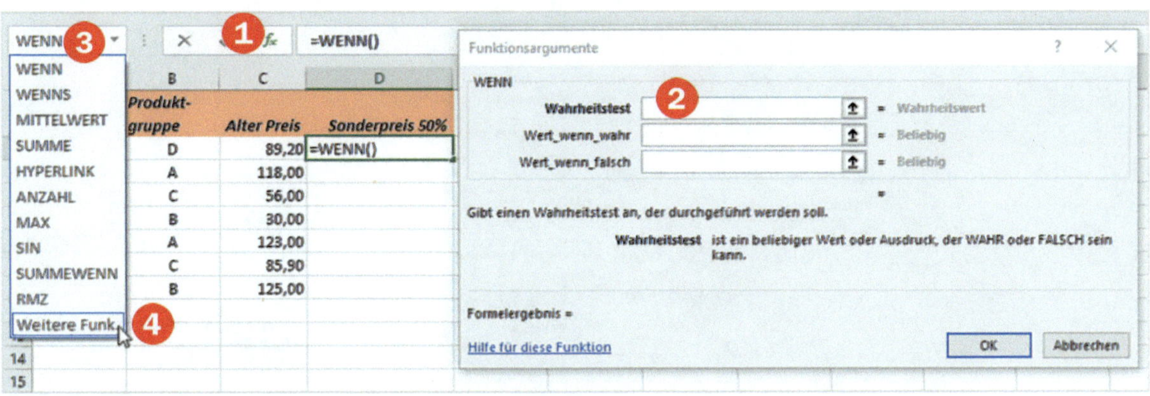

3 Im Fenster *Funktionsargumente* erscheint jetzt die Funktion ODER. Klicken Sie in das Feld *Wahrheitswert1* und geben Sie die erste, zu prüfende Bedingung B5="A" ein. In das Feld *Wahrheitswert2* geben Sie die zweite Bedingung ein: B5="B". Da es sich bei den Produktgruppen um Text handelt, müssen diese in Anführungszeichen eingegeben werden.

4 Klicken Sie anschließend **nicht** auf *OK* sondern kontrollieren Sie die Bearbeitungsleiste. Die Funktion ODER wurde in die Funktion WENN eingefügt ❺ und um wieder zu WENN zurückzukehren, klicken Sie in der Bearbeitungsleiste auf den Namen dieser Funktion.

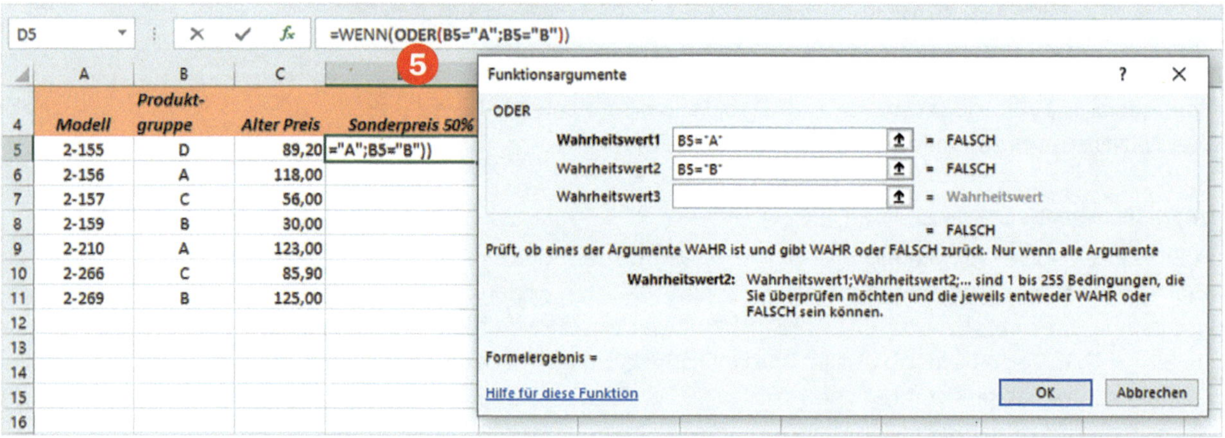

5 Das Fenster *Funktionsargumente* zeigt jetzt wieder die WENN-Funktion an ❻ und im Feld *Wahrheitstest* sehen Sie die vollständige Funktion ODER.

6 Geben Sie als *Wert_wenn_wahr* die Formel zur Berechnung des Sonderpreises ein. Als *Wert_wenn_falsch* geben Sie zwei Anführungszeichen „“ ein. Dadurch wird kein Preis berechnet und die Zelle bleibt leer. Anschließend klicken Sie auf *OK*, um die Funktion in das Tabellenblatt zu übernehmen.

7 Kopieren Sie die Funktion in die restlichen Zellen der Spalte. Da für das erste Modell in Zeile 5 der Wahrheitstest FALSCH ergibt, bleibt in diesem Beispiel bei korrekter Eingabe der Funktion die Zelle D5 leer.

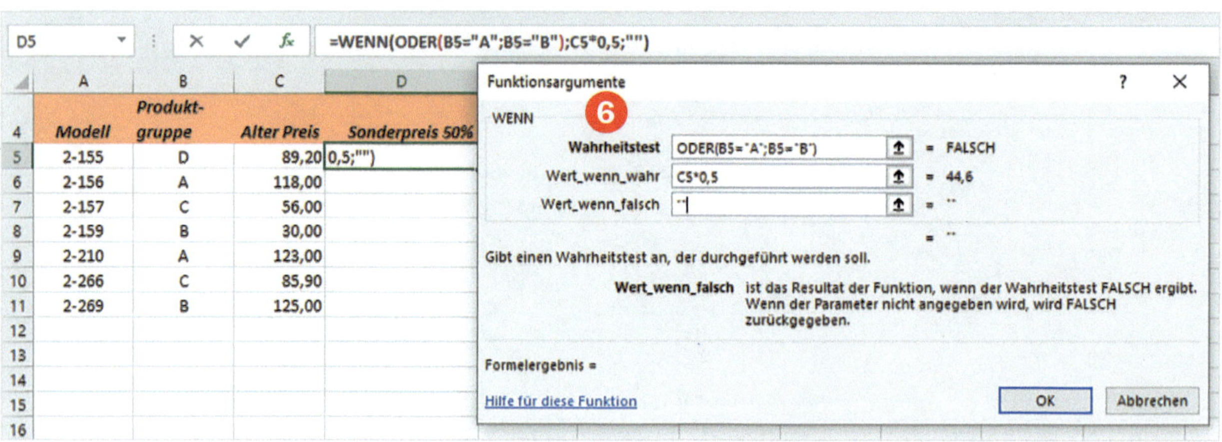

Tipps und Hinweise zur Eingabe verschachtelter Funktionen

Funktion auswählen

Im Prinzip kann jede Funktion als Argument eingefügt werden. Das Feld zur Funktionsauswahl in der Bearbeitungsleiste zeigt immer die zuletzt verwendete Funktion an, z. B. WENN. Um eine andere Funktion auszuwählen, klicken Sie auf den Dropdown-Pfeil. Die Auswahl *Weitere Funk.* öffnet das Fenster *Funktion einfügen* (Funktionsassistent) und ermöglicht Zugriff auf alle Excel-Funktionen.

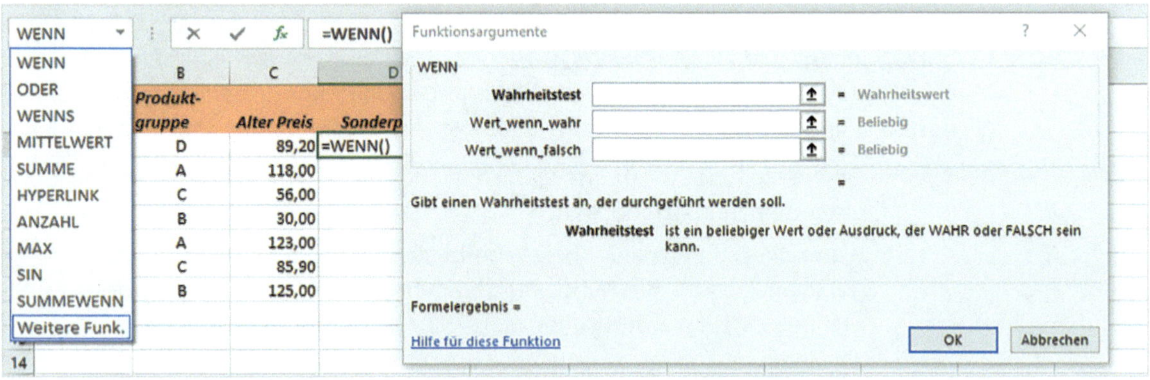

Wechsel zwischen den Funktionen

Solange das Fenster *Funktionsargumente* geöffnet ist, benutzen Sie die Bearbeitungsleiste, um eine einzelne Funktion im Fenster *Funktionsargumente* anzuzeigen und zu bearbeiten. Klicken Sie dazu einfach auf den Namen der Funktion. Schließen Sie das Fenster erst, bzw. klicken Sie erst dann auf *OK*, wenn alle Funktionsargumente vollständig angegeben wurden, Sie erhalten sonst eine Fehlermeldung.

Eingabe über die Tastatur

Verschachtelte Funktionen können auch über die Tastatur eingegeben werden, dann sollten Sie noch folgendes beachten:

- Weitere Formeln und Funktionen innerhalb einer Funktion werden ohne Gleichheitszeichen eingegeben.
- **Achten Sie auf die Klammern!** Bei der Eingabe über den Funktionsassistenten bzw. im Fenster *Funktionsargumente* werden auch in verschachtelten Funktionen alle Klammern korrekt eingefügt. Wenn Sie dagegen eine Funktion manuell über die Tastatur als Funktionsargument eingeben, dann müssen Sie auch alle Klammern über die Tastatur eingeben.

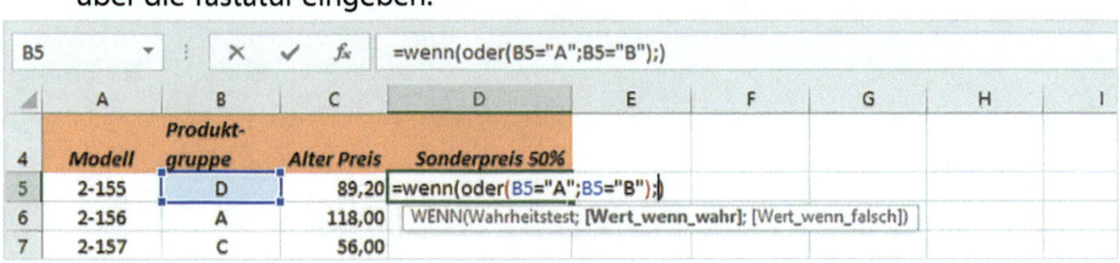

Tipp: Damit Sie keine Klammer vergessen, geben Sie am besten unmittelbar nach Eingabe des Funktionsnamens und der öffnenden Klammer die dazugehörige schließende Klammer ein und erst danach die Funktionsargumente dazwischen.

Zwei oder mehr WENN-Funktionen verschachteln

WENNS ist zwar eine komfortable Lösung, wenn mehrere Wahrheitstests systematisch nacheinander durchgeführt werden sollen. Manchmal ist es aber einfacher, wenn in einer WENN-Funktion eine weitere Bedingung einfach mit einer zweiten WENN-Funktion abgefragt und als *Wert_wenn_wahr* oder *Wert_wenn_falsch* eingefügt wird. Hier ein Beispiel, bei dem in Spalte F die Bestellmenge abhängig von Fehlbestand und Mindestbestellmenge berechnet werden soll. Folgende Bedingungen sind zu beachten:

- Eine Bestellung ist nur erforderlich, wenn der Lagerbestand (Lager1+Lager2) unter dem Sollbestand liegt.
- Wenn die Differenz zwischen Lagerbestand und Sollbestand (fehlende Menge) kleiner ist als die Mindestbestellmenge, dann muss die Mindestbestellmenge bestellt werden. Andernfalls wird die fehlende Menge bestellt.

	A	B	C	D	E	F	G	H
1		*Lagerbestand*			*Mindest-*			
2	*Artikel*	*Lager1*	*Lager2*	*Sollbestand*	*bestellmenge*	*Bestellmenge*		
3	Spaten	5	20	50	20			
4	Hacke, extra	3	20	50	10			
5	Hacke, klein	10	8	20	10			
6	Schaufel	20	3	50	20			
7	Rechen, Holz	15	40	50	20			

So gehen Sie systematisch vor

1. Markieren Sie die Zelle F3, klicken Sie auf *Funktion einfügen* und wählen Sie die Funktion WENN aus.
2. Der erste Wahrheitstest prüft, ob überhaupt eine Bestellung erforderlich ist ❶. Als *Wert_wenn_wahr* muss anschließend geprüft werden, ob die fehlende Menge kleiner ist als der Mindestbestand. Klicken Sie also in dieses Feld ❷ und fügen Sie über die Bearbeitungsleiste die zweite WENN-Funktion ein ❸.

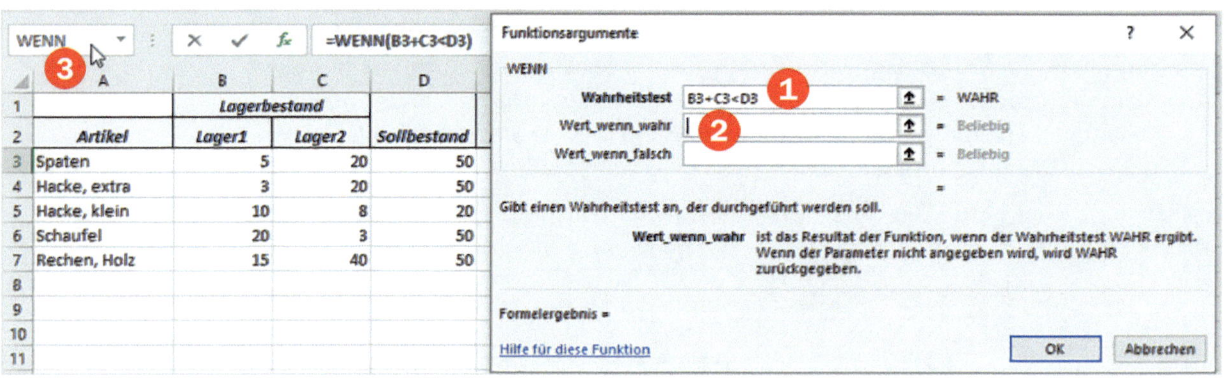

3 Geben Sie in der zweiten WENN-Funktion den nächsten Wahrheitstest mit *Wert_wenn_wahr* (E3) und *Wert_wenn_falsch* (D3-(B3+C3) oder D3-B3-C3) ein ❹, wie im Bild unten.

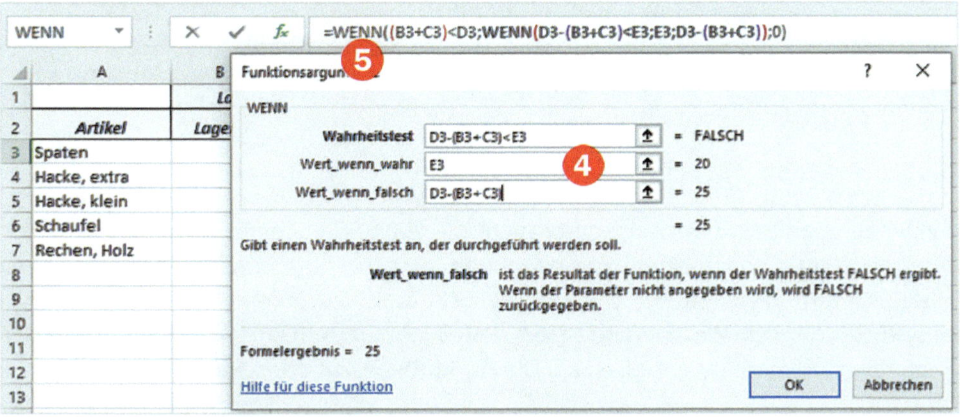

Diese Datei ist als Download verfügbar:

Beispiel_WENN_Funktion.xlsx

Dies ist nur eine mögliche Lösung. Sie könnten auch mit dem Wahrheitstest B3+C3>D3 beginnen und die zweite WENN-Funktion als *Wert_wenn_falsch* einfügen.

4 Klicken Sie dann in der Bearbeitungsleiste auf die erste WENN-Funktion ❺ und ergänzen Sie hier noch den *Wert_wenn_falsch* indem Sie 0 eingeben. Schließen Sie zuletzt die Funktionsargumente mit Klick auf *OK* ❻.

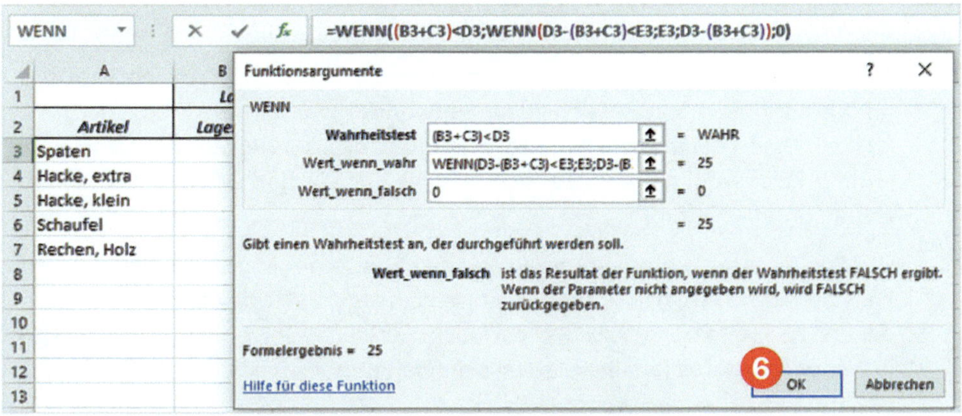

5 Kopieren Sie dann die Funktion in die restlichen Zellen.

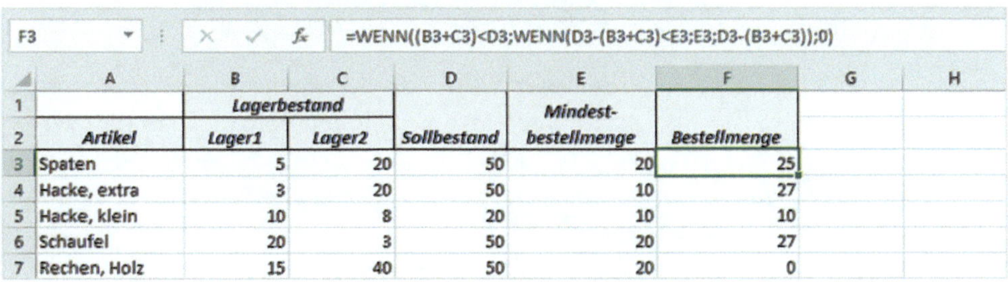

	A	B	C	D	E	F	G	H
1		Lagerbestand			Mindest-			
2	Artikel	Lager1	Lager2	Sollbestand	bestellmenge	Bestellmenge		
3	Spaten	5	20	50	20	25		
4	Hacke, extra	3	20	50	10	27		
5	Hacke, klein	10	8	20	10	10		
6	Schaufel	20	3	50	20	27		
7	Rechen, Holz	15	40	50	20	0		

Hinweis: Die Berechnung könnte auch mit WENNS erfolgen, am besten probieren Sie es selbst aus. Ein mögliche Lösung finden Sie in den Beispieldateien zum Download.

9.4 Werte suchen mit Nachschlage- und Verweisfunktionen

Die Nachschlage- und Verweisfunktionen von Excel dienen dazu, einen Zellbereich (Matrix) zu durchsuchen und bestimmte Inhalte zu ermitteln. Sie bilden die gesonderte Kategorie *Nachschlagen und Verweisen.* Die wichtigste und am häufigsten eingesetzte Funktion aus dieser Gruppe ist die Funktion SVERWEIS.

Aufbau und Funktionsweise von SVERWEIS

SVERWEIS (Senkrecht-Verweis) durchsucht die erste Spalte einer Tabelle (Matrix) von oben nach unten nach einem vorgegebenen Suchkriterium und liefert bei der ersten Übereinstimmung einen Wert aus dieser Zeile und der angegebenen Spalte (Spaltenindex). Wird kein Wert gefunden, der dem Suchkriterium entspricht, zeigt Excel den Fehlerwert #NV (nicht verfügbar) an. Die Funktion besitzt folgenden Aufbau:

```
SVERWEIS(Suchkriterium;Matrix;Spaltenindex;Bereich_Verweis)
```

Die Argumente der Funktion

- *Suchkriterium*: Der Wert, nach dem die Tabelle (Matrix) durchsucht wird. Dieser muss sich zwingend in der ersten Spalte der Tabelle befinden.
- *Matrix*: Geben Sie hier den gesamten zu durchsuchenden Tabellenbereich an, hierfür kann auch ein Bereichsname verwendet werden. Die Werte der ersten Spalte müssen die gesuchten Werte enthalten, dies können Zahlen, Datumswerte oder Zeichenfolgen sein. Bei Text wird nicht zwischen Groß- und Kleinbuchstaben unterschieden.
- Der *Spaltenindex* gibt an, in der wievielten Spalte der Matrix sich der gesuchte Wert befindet. Der Spaltenindex ist immer eine fortlaufende Zahl, beginnend mit der ersten Spalte der Matrix und darf nicht verwechselt werden mit der Spaltennummerierung des Tabellenblattes! Der Spaltenindex 3 liefert z. B. den Wert aus der dritten Spalte der Matrix.
- *Bereich_Verweis*: Legt fest, ob nur bei genauer Übereinstimmung mit dem Suchkriterium ein Ergebnis angezeigt werden soll oder ob auch der nächstliegende Wert als Ergebnis verwendet werden darf.
  - Wird als *Bereich_Verweis* der Wert WAHR oder 1 angegeben oder ist das Argument leer, so ist keine exakte Übereinstimmung mit dem Suchkriterium erforderlich und SVERWEIS liefert als Ergebnis den nächstgelegenen Wert aus der darüber liegenden Zeile. Daher muss in diesem Fall die Matrix unbedingt nach der ersten Spalte sortiert sein!
  - Geben Sie dagegen als *Bereich_Verweis* FALSCH oder 0 an, so erhalten Sie nur bei exakter Übereinstimmung mit dem Suchkriterium ein Ergebnis, andernfalls den Wert #NV (nicht verfügbar). Falls die erste Spalte der Matrix zwei oder mehr übereinstimmende Werte enthält, so wird nur der erste Wert gefunden.

- **Tipp:** Hilfe zu *Bereich_Verweis* erhalten Sie sowohl im Funktionsassistent als auch bei der Eingabe über die Tastatur. Hier bietet Excel sogar die Werte WAHR bzw. FALSCH zur Übernahme in die Funktion an.

Eine wichtige Bedingung für den Einsatz von SVERWEIS: SVERWEIS kann nur nach einem Kriterium suchen, das sich in der ersten Spalte der Matrix befindet!

Beispiel 1: Genaue Übereinstimmung mit dem Suchkriterium

Sie können die Funktion SVERWEIS beispielsweise verwenden, um wie im Bild unten, anhand des Namens aus einer Tabelle die dazugehörige Telefonnummer zu ermitteln. Als Suchkriterium dient der Name in C1, darunter in C2 soll mit der Funktion SVERWEIS die Telefonnummer ermittelt werden.

1 Fügen Sie in G2 die Funktion SVERWEIS ein und geben Sie als Suchkriterium den Inhalt von C1 an.

Diese Datei ist als Download verfügbar:

Beispiel_Verweise.xlsx

2 Als Matrix legen Sie den Zellbereich (ohne Überschriftzeile) fest, der das Suchkriterium zusammen mit der gesuchten Telefonnummer enthält, also A5:E18.

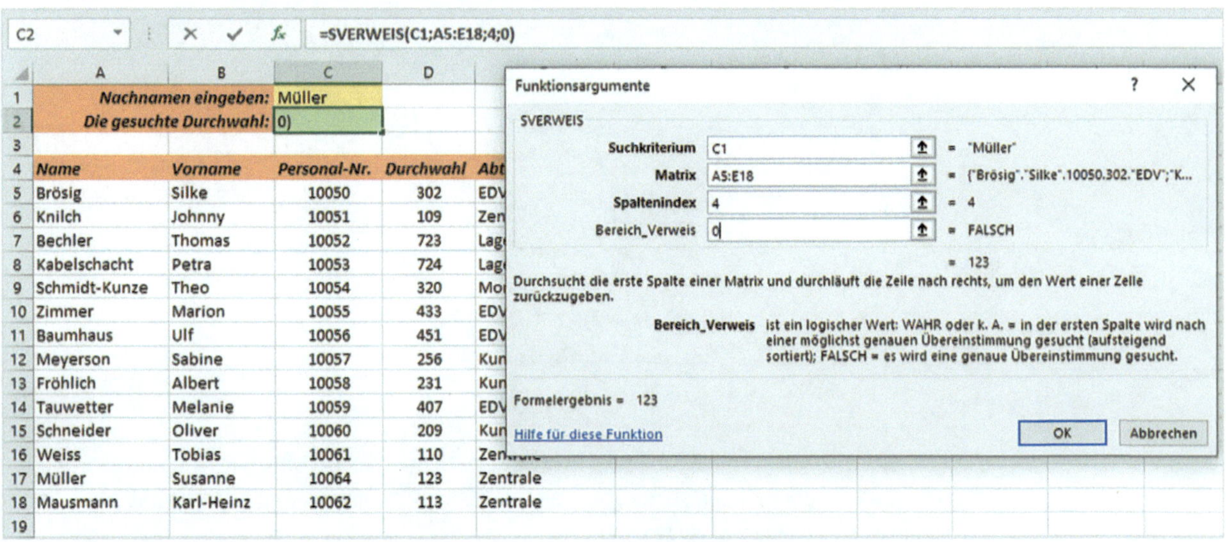

	A	B	C	D	E
1		Nachnamen eingeben:	Müller		
2		Die gesuchte Durchwahl:	0)		
3					
4	Name	Vorname	Personal-Nr.	Durchwahl	Abt
5	Brösig	Silke	10050	302	EDV
6	Knilch	Johnny	10051	109	Zen
7	Bechler	Thomas	10052	723	Lag
8	Kabelschacht	Petra	10053	724	Lag
9	Schmidt-Kunze	Theo	10054	320	Mo
10	Zimmer	Marion	10055	433	EDV
11	Baumhaus	Ulf	10056	451	EDV
12	Meyerson	Sabine	10057	256	Kun
13	Fröhlich	Albert	10058	231	Kun
14	Tauwetter	Melanie	10059	407	EDV
15	Schneider	Oliver	10060	209	Kun
16	Weiss	Tobias	10061	110	Zen
17	Müller	Susanne	10064	123	Zentrale
18	Mausmann	Karl-Heinz	10062	113	Zentrale
19					

3 Da sich die gesuchte Telefonnummer in der vierten Spalte der Tabelle befindet, geben Sie als Spaltenindex 4 ein.

4 Was soll passieren, wenn der gesuchte Wert nicht in der Matrix gefunden wird? Da in diesem Beispiel der nächstgelegene Wert, die Telefonnummer aus der darüber liegenden Zeile nicht korrekt wäre, müssen Sie als Argument *Bereich_Verweis* FALSCH oder 0 eingeben. Dies bedeutet, Sie erhalten den Wert #NV (nicht verfügbar), wenn das Suchkriterium nicht in der Tabelle gefunden wird.

In diesem Beispiel ist eine exakte Übereinstimmung mit dem Suchkriterium erforderlich!

Dieses Beispiel ließe sich noch erweitern um die Suche nach Abteilung und/oder Personalnummer. Als einzigen Unterschied zu oben müssten Sie dann in der Funktion SVERWEIS den Spaltenindex 5 (Abteilung) bzw. 3 (Personalnummer) angeben.

Beispiel 2: Den nächstgelegenen Wert ermitteln

Anders verhält es sich, wenn Sie beispielsweise anhand des Prüfungsergebnisses in Punkten die dazugehörige Note aus einer zweiten Tabelle, der Notentabelle, ermitteln möchten, wie im Bild unten. Da die Notentabelle nicht jede einzelne Punktzahl, sondern Spannen enthält, muss als *Bereich_Verweis* der Wert WAHR oder 1 angegeben werden, alternativ können Sie in diesem Fall das Argument auch leer lassen.

Dieses Beispiel könnte auch mit der Funktion WENNS berechnet werden, allerdings wesentlich umständlicher.

Wird die genaue Punktzahl in der Notentabelle nicht gefunden, so liefert SVERWEIS die nächstgelegene Note aus der Zeile darüber. Die Notentabelle muss daher außerdem nach der ersten Spalte, der Anzahl der erforderlichen Punkte, sortiert sein.

Als Suchkriterium verwenden Sie die jeweils erzielte Punktzahl, die Notentabelle bildet die Matrix. Die Note befindet sich in der zweiten Spalte der Matrix, daher Spaltenindex 2.

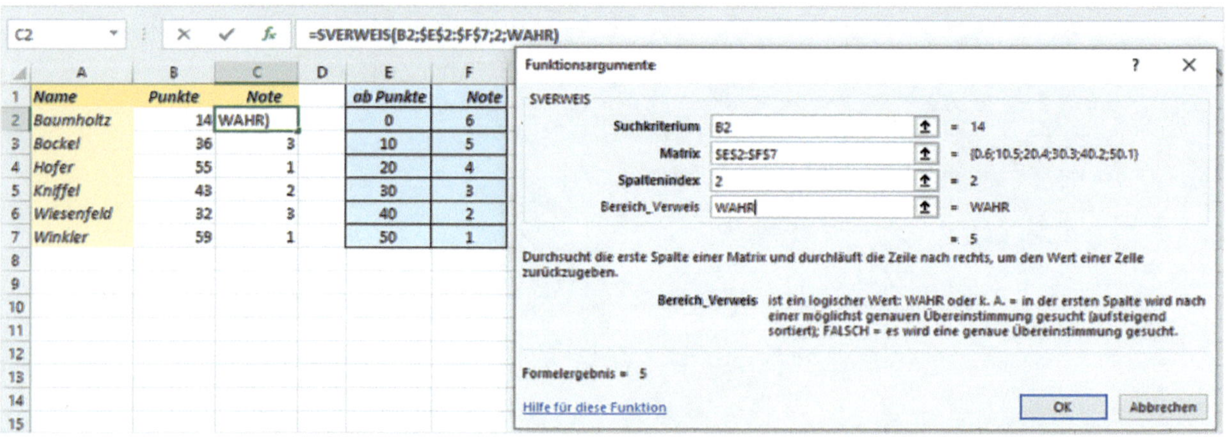

> **Wichtig!** Die Matrix muss für Bereichsverweise nach der ersten Spalte (Suchkriterium) sortiert sein. Da Sie die Funktion später kopieren möchten, muss außerdem die Matrix mit absoluten Zellbezüge angegeben werden.

Die Funktion WVERWEIS einsetzen

Die Funktion WVERWEIS (Waagrecht-Verweis) hat den gleichen Aufbau wie die Funktion SVERWEIS. Im Gegensatz zu SVERWEIS durchsucht diese Funktion waagrecht von links nach rechts die erste Zeile einer Matrix und liefert den Wert aus der angegebenen

Zeile (Zeilenindex). Diese Funktion setzen Sie daher ein, wenn die erste Zeile der zu durchsuchenden Tabelle das Suchkriterium enthält.

WVERWEIS(Suchkriterium;Matrix;Zeilenindex;Bereich_Verweis)

Das hierzu verwendete Beispiel im Bild unten kennen Sie vielleicht aus Katalogen von Reiseveranstaltern, in denen Hotels je nach Saison zu verschiedenen Preisen angeboten werden. In C13 soll aus der Hotelpreisliste der Preis der jeweiligen Hotels zum angegebenen Datum ermittelt werden. Als Suchkriterium dient das Anreisedatum in C11. Außerdem wird hier der Zeilenindex nicht in der Formel sondern in C12 angegeben, so dass auch nach anderen Hotels gesucht werden kann. Als Matrix geben Sie den Bereich A3:H8 an und da der Anreisetermin meist zwischen den angegebenen Datumswerten liegt, ist außerdem als *Bereich_Verweis* WAHR erforderlich

Sowohl WVERWEIS als auch SVERWEIS funktionieren auch mit Datumswerten als Suchkriterium, wie das Beispiel zeigt.

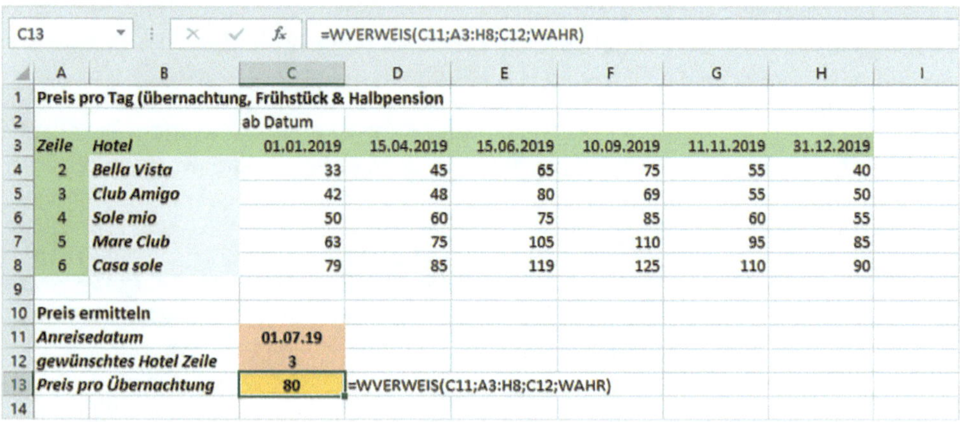
C13 =WVERWEIS(C11;A3:H8;C12;WAHR)

	A	B	C	D	E	F	G	H	I
1	Preis pro Tag (übernachtung, Frühstück & Halbpension								
2			ab Datum						
3	*Zeile*	*Hotel*	01.01.2019	15.04.2019	15.06.2019	10.09.2019	11.11.2019	31.12.2019	
4	2	*Bella Vista*	33	45	65	75	55	40	
5	3	*Club Amigo*	42	48	80	69	55	50	
6	4	*Sole mio*	50	60	75	85	60	55	
7	5	*Mare Club*	63	75	105	110	95	85	
8	6	*Casa sole*	79	85	119	125	110	90	
9									
10	Preis ermitteln								
11	*Anreisedatum*		01.07.19						
12	*gewünschtes Hotel Zeile*		3						
13	*Preis pro Übernachtung*		80	=WVERWEIS(C11;A3:H8;C12;WAHR)					
14									

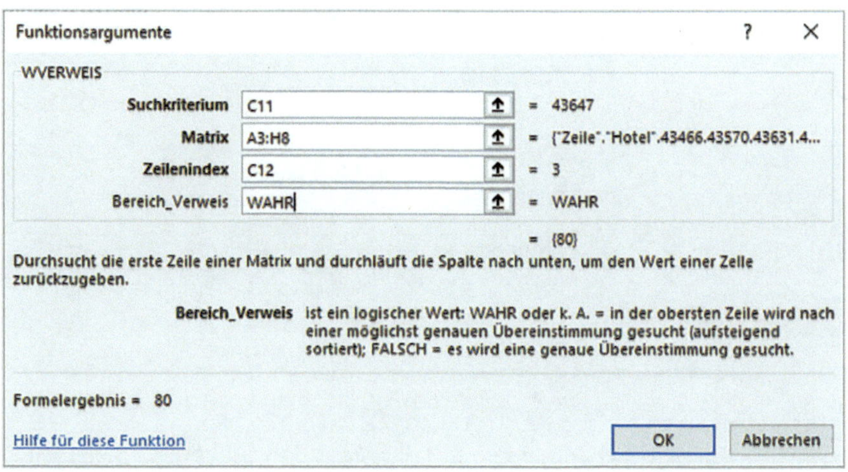

9.5 Einfache statistische Auswertungsfunktionen

Excel verfügt in der Kategorie *Statistik* über zahlreiche Auswertungsfunktionen und statistische Verfahren. Hier einige, häufig benötigte Funktionen.

Anzahl der Zellen oder Werte mit ANZAHL und ANZAHL2 ermitteln

Sie möchten wissen, wie viele Werte ein Zellbereich umfasst, z. B. wie viele Kunden in einer Excel Tabelle gespeichert sind. Eine Möglichkeit dazu, die Funktion ANZAHL, haben Sie bereits im vorherigen Kapitel kennengelernt. Allerdings berücksichtigt diese Funktion ausschließlich numerische Werte, also Zahlen.

Was aber, wenn keine entsprechende Nummer vorhanden ist? In solchen Fällen setzen Sie die Funktion ANZAHL2 (Kategorie *Statistik*) ein. Diese zählt alle nicht leeren Zellen des angegebenen Bereichs, egal ob diese Text oder Zahlen enthalten. Der Aufbau dieser Funktion unterscheidet sich nicht von der Funktion ANZAHL.

Im folgenden Beispiel soll in C1 die Anzahl aller Kunden ermittelt werden. Die einzige Spalte mit numerischem Inhalt ist der Umsatz, da aber bei einigen Kunden kein Umsatz vorhanden ist, scheidet diese Spalte aus. Also müssen Sie die Funktion ANZAHL2 einsetzen und beispielsweise anhand der Nachnamen zählen.

1 Einfache Funktionen lassen sich am schnellsten über die Tastatur eingeben: Markieren Sie C1, geben Sie das Gleichheitszeichen und die ersten Zeichen der benötigten Funktion ein und übernehmen Sie ANZAHL2 mit Doppelklick.

Diese Datei ist als Download verfügbar:

Beispiel_Statistik.xlsx

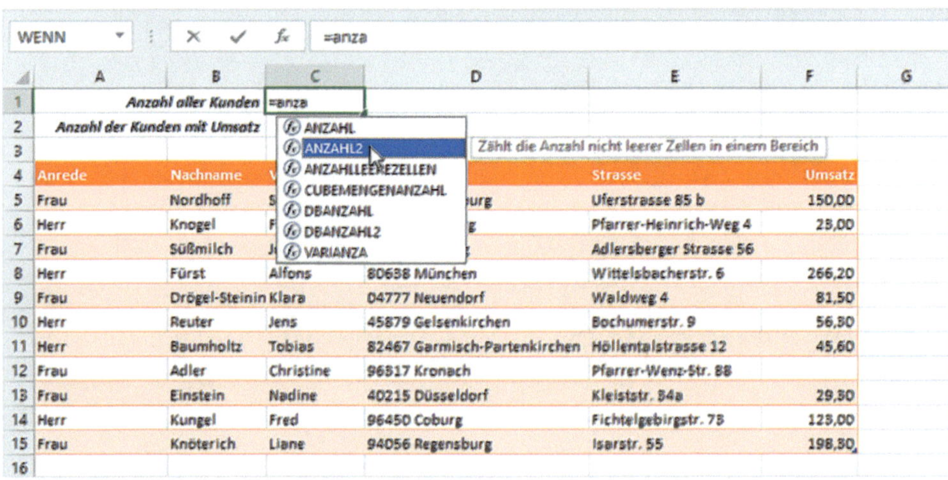

2 Geben Sie dann durch Markieren mit der Maus den Zellbereich B5:B15 an.

Hinweis: Wenn die Tabelle zuvor mit einer Formatvorlage als dynamische Tabelle formatiert wurde, erscheint in der Formel anstelle des Zellbereichs die Spaltenüberschrift in eckigen Klammern, wie im Bild unten.

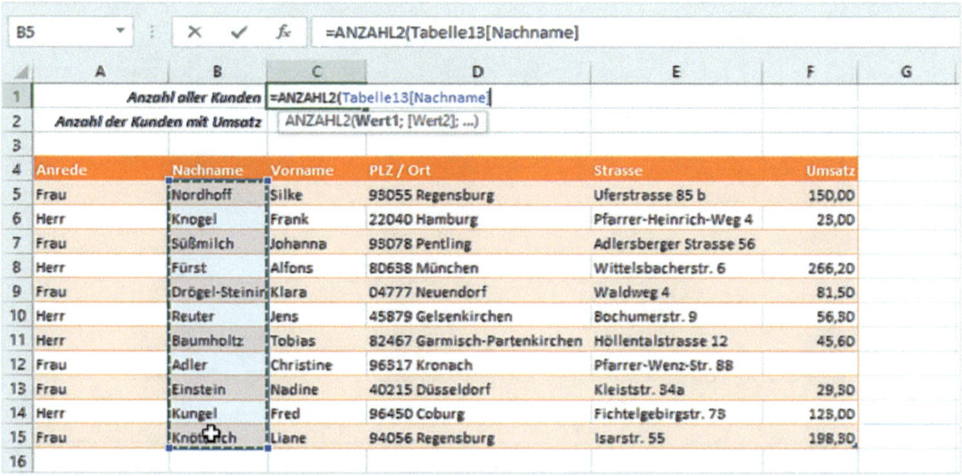

Anrede	Nachname	Vorname	PLZ / Ort	Strasse	Umsatz
Frau	Nordhoff	Silke	93055 Regensburg	Uferstrasse 85 b	150,00
Herr	Knogel	Frank	22040 Hamburg	Pfarrer-Heinrich-Weg 4	23,00
Frau	Süßmilch	Johanna	93078 Pentling	Adlersberger Strasse 56	
Herr	Fürst	Alfons	80638 München	Wittelsbacherstr. 6	266,20
Frau	Drögel-Steinin	Klara	04777 Neuendorf	Waldweg 4	81,50
Herr	Reuter	Jens	45879 Gelsenkirchen	Bochumerstr. 9	56,30
Herr	Baumholtz	Tobias	82467 Garmisch-Partenkirchen	Höllentalstrasse 12	45,60
Frau	Adler	Christine	96317 Kronach	Pfarrer-Wenz-Str. 88	
Frau	Einstein	Nadine	40215 Düsseldorf	Kleiststr. 34a	29,30
Herr	Kungel	Fred	96450 Coburg	Fichtelgebirgstr. 73	123,00
Frau	Knöt...ch	Liane	94056 Regensburg	Isarstr. 55	198,30

Die Tatsache, dass ANZAHL ausschließlich Zahlen berücksichtigt, können Sie sich zunutze machen, wenn Sie in diesem Beispiel in C2 auch noch die Anzahl aller Kunden ermitteln möchten, bei denen ein Umsatz vorhanden ist.

Geben Sie in C2 ebenfalls ein Gleichheitszeichen und die ersten Zeichen der Funktion ein und wählen Sie diesmal ANZAHL. Dann markieren Sie als Zellbereich die Umsätze in F5:F15 und erhalten das Ergebnis 9. Leere Zellen oder Zellen, in denen anstatt einer Zahl ein Strich, also Text vorhanden ist, werden nicht mitgezählt.

Nur bestimmte Werte zählen

Möchten Sie nur bestimmte Werte zählen bzw. die Berechnung der Anzahl mit einer Bedingung verknüpfen, dann verwenden Sie dazu ZÄHLENWENN. Diese Funktion ermittelt aus einem Zellbereich die Anzahl aller nichtleeren Zellen, deren Inhalt mit einem vorgegebenen Suchkriterium übereinstimmt. Das Suchkriterium kann eine Zahl oder eine Zeichenfolge sein, der Aufbau der Funktion:

```
ZÄHLENWENN(Bereich;Suchkriterien)
```

Mit ZÄHLENWENN können Sie also ermitteln, wie oft das Suchkriterium im angegebenen Zellbereich vorkommt, als Beispiel im Bild unten jeweils die Anzahl der Urlaubstage (U) und Krankheitstage (K) für jeden Mitarbeiter. Am besten geschieht dies in einer gesonderten Auswertungstabelle.

- Als *Bereich* verwenden Sie in der Tabelle Urlaubskalender die Spalte des jeweiligen Mitarbeiters, für den Mitarbeiter Moser ist dies die Spalte B ab B4.
- *Suchkriterium* ist „U" (Urlaubstage) bzw. „K" für die Krankheitstage.
- Beginnen Sie mit der Berechnung der Urlaubs- und Krankheitstage beim ersten Mitarbeiter und kopieren Sie anschließend beide Funktionen nach rechts für die übrigen Mitarbeiter.

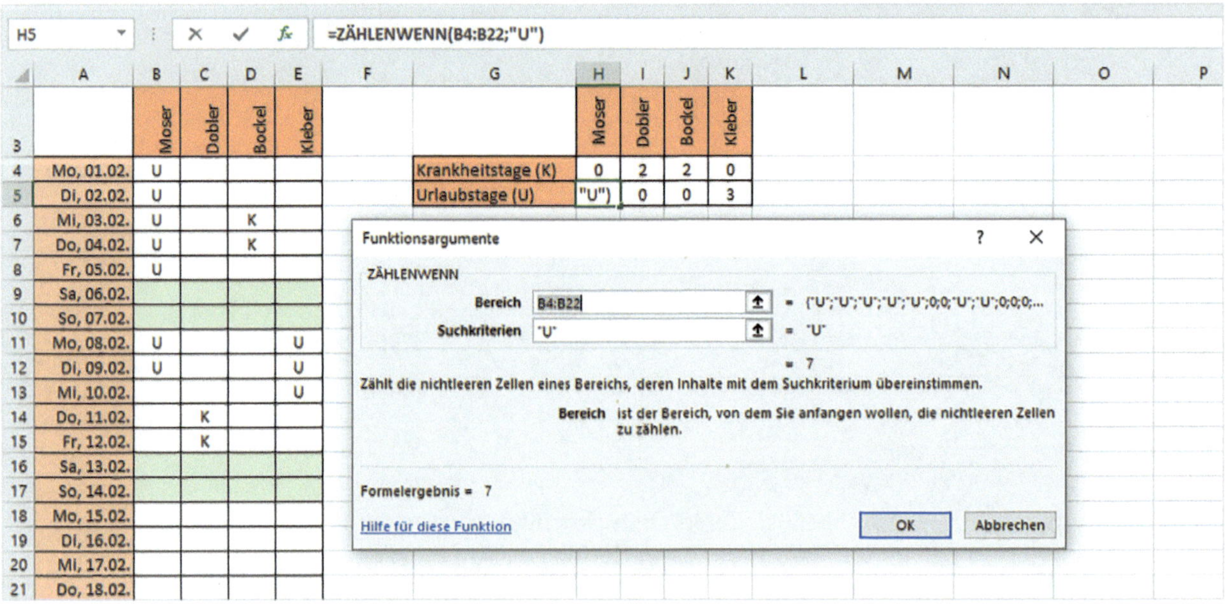

Achtung: Theoretisch könnte als Suchkriterium auch eine Zelle der auszuwertenden Tabelle mit passendem Inhalt angegeben werden, z. B. B4..

Dies sollten Sie jedoch vermeiden, da nach dem Sortieren der Tabelle die angegebene Zelle möglicherweise einen anderen Wert enthält.

Sie können auch Vergleichsoperatoren, z. B. ">100" als Suchkriterium verwenden. Diese werden als Text behandelt und müssen daher in Anführungszeichen angegeben werden.

Nur bestimmte Werte addieren

Die Funktion SUMME haben Sie bereits im vorherigen Kapitel kennengelernt.

Neben der Funktion SUMME gibt es noch die Möglichkeit der bedingten Summenberechnung mit SUMMEWENN,. Diese Funktion finden Sie allerdings im Gegensatz zu den oben beschriebenen nicht in der Kategorie *Statistik*, sondern in der Kategorie Mathematik und Trigonometrie. Sie addiert nur dann die Werte eines Zellbereichs, wenn die Inhalte dieses oder eines anderen Bereichs mit dem angegebenen Suchkriterium übereinstimmen. Die Funktion benötigt folgende Agrumente:

```
SUMMEWENN(Bereich;Suchkriterien;Summe_Bereich)
```

- *Bereich* gibt an, welcher Zellbereich auf das angegebene Suchkriterium überprüft werden soll.
- Als *Suchkriterien* können Zahlen, Text oder Ausdrücke angegeben werden. Text und Ausdrücke mit Vergleichsoperatoren müssen wieder in Anführungszeichen („ “) eingeschlossen sein.
- *Summe_Bereich* ist der Zellbereich, dessen Werte addiert werden sollen.

Als Beispiel soll im Bild unten die Umsatzsumme je Warengruppe berechnet werden. Wie auch bei ZÄHLENWENN geschieht dies am besten in einer gesonderten Auswertungstabelle. Als *Bereich* geben Sie die Spalte Warengruppen, B2:B7 an. *Suchkriterium* ist der Inhalt von E2 und der zu addierende Bereich (*Summe_Bereich*) ist die Spalte Umsatz bzw. C2:C7. Wenn Sie mit Ausnahme des Suchkriteriums absolute, also feste Zellbezüge angeben, dann können Sie die Funktion anschließend problemlos nach unten kopieren.

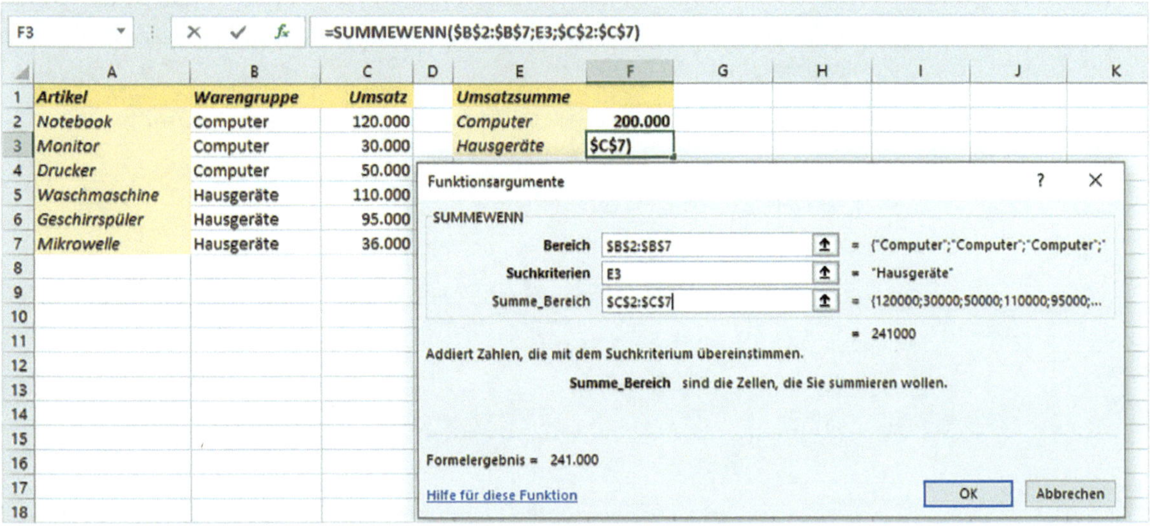

Mittelwerte mit Bedingung berechnen

Eine weitere Funktion, MITTELWERTWENN, hat den gleichen Aufbau wie die Funktion SUMMEWENN. Mit ihrer Hilfe können Sie den Mittelwert, in Abhängigkeit von einem Suchkriterium, berechnen.

Rangfolge ermitteln

Im einfachsten Fall lässt sich der Rang einer Zahl innerhalb einer Liste von Zahlen durch auf- oder absteigendes Sortieren der Tabelle ermitteln. Komfortabler und unabhängig von der Anordnung in der Tabelle, ist die Erstellung von Ranglisten mit einer einfachen Funktion. Ein weiterer Vorteil gegenüber dem Sortieren: Bei nachträglichen Änderungen wird der Rang automatisch neu berechnet.

Hinweis: Excel bietet in der Kategorie Statistik mehrere Funktionen zur Rangermittlung an. Wählen Sie hier die Funktion RANG.GLEICH statt der älteren Funktion RANG. Diese wurde nur aus Kompatibilitätsgründen beibehalten und sollte nach Empfehlung von Microsoft nicht mehr verwendet werden.

Im Aufbau sind beide Funktionen identisch.

Aufbau und Syntax der Funktion

```
RANG.GLEICH(Zahl;Bezug;Reihenfolge)
```

Als Beispiel im Bild unten die Ergebnisse eines Sportwettbewerbs. In Spalte D soll die der Rang ermittelt werden.

Diese Datei ist als Download verfügbar:

Beispiel_Rangliste.xlsx

1 Markieren Sie die Zelle D4 und klicken Sie auf *Funktion einfügen*. Wählen Sie die Kategorie *Statistik* aus und klicken Sie auf RANG.GLEICH.

2 Als Argument *Zahl* geben Sie an, für welche Zahl der Rang ermittelt werden soll, hier die Punktzahl des ersten Teilnehmers in C4.

3 *Bezug* ist der Bereich aller Werte, auf die sich die Rangfolge bezieht, also alle Punktzahlen in C4:C15.

4 *Reihenfolge* gibt an, ob der Rang aufsteigend oder absteigend ermittelt wird:
   - 0 oder leer: der höchste Wert erhält den Rang 1
   - 1: der niedrigste Wert erhält Rang 1

5 Kopieren Sie die Funktion in die restlichen Zellen der Spalte.

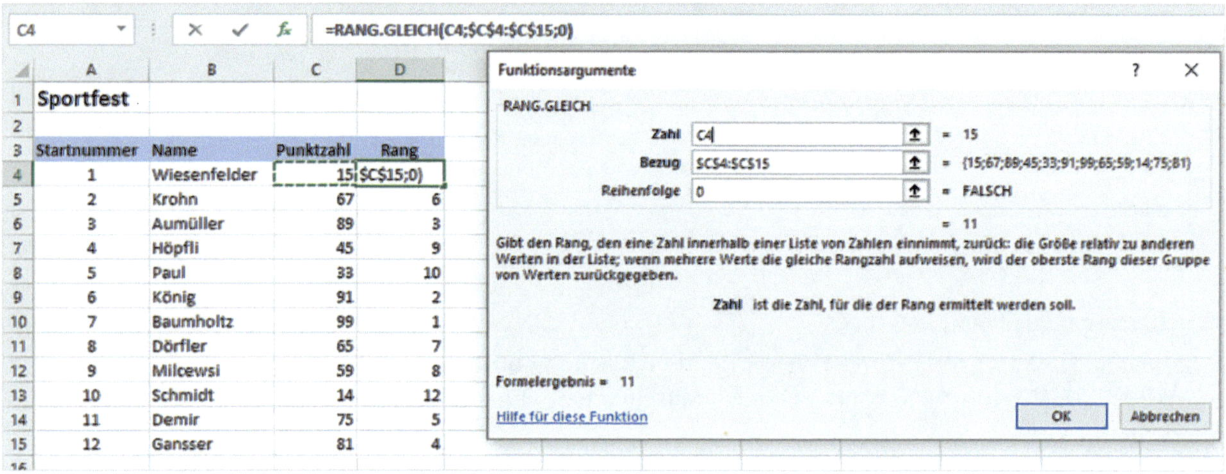

9.6 Rundungsfehler mit Funktionen vermeiden

Wenn Sie eine Zahl mit einer bestimmten Anzahl Dezimalstellen formatieren, wird die Zahl kaufmännisch gerundet und mit der angegebenen Zahl Nachkommastellen angezeigt. Dies betrifft aber nur die Anzeige; Berechnungen mit dieser Zahl erfolgen immer mit der gesamten Anzahl Nachkommastellen. Dies kann bei Nachberechnungen mit zwei Dezimalstellen (z. B. mit dem Taschenrechner) zu Rundungsfehlern führen.

> **Achtung:** Zahlenformate mit einer bestimmten Anzahl Dezimalstellen, z. B. Währung, beziehen sich ausschließlich auf die Anzeige. Intern rechnet Excel immer mit allen Nachkommastellen!

Runden Sie dagegen Zahlen mit einer Funktion, so erfolgen alle weiteren Berechnungen mit der angegebenen Anzahl Dezimalstellen. Zu diesem Zweck finden Sie in der Kategorie *Mathematik und Trigonometrie* gleich mehrere Rundungsfunktionen. Meist benötigen Sie die Funktion RUNDEN, der Aufbau dieser Funktion ist einfach:

RUNDEN(Zahl;Anzahl_Stellen)

Das Beispiel unten zeigt zum Vergleich Berechnungen mit gerundeten und nicht gerundeten Zahlen. Rechts wurden Skonto und MwSt.-Betrag mit Hilfe der Funktion RUNDEN mit zwei Nachkommastellen berechnet, links wurde die Formel ohne RUNDEN eingegeben. Der Endbetrag weicht um 0,01 voneinander ab.

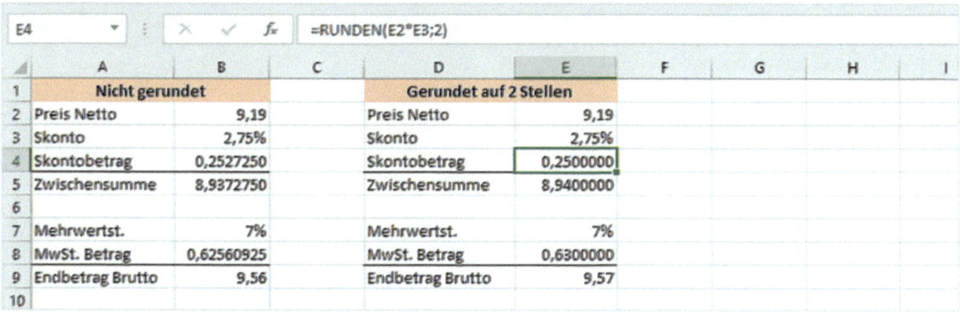

E4 =RUNDEN(E2*E3;2)

	A	B	C	D	E	F	G	H	I
1	Nicht gerundet			Gerundet auf 2 Stellen					
2	Preis Netto	9,19		Preis Netto	9,19				
3	Skonto	2,75%		Skonto	2,75%				
4	Skontobetrag	0,2527250		Skontobetrag	0,2500000				
5	Zwischensumme	8,9372750		Zwischensumme	8,9400000				
6									
7	Mehrwertst.	7%		Mehrwertst.	7%				
8	MwSt. Betrag	0,62560925		MwSt. Betrag	0,6300000				
9	Endbetrag Brutto	9,56		Endbetrag Brutto	9,57				
10									

Diese Datei ist als Download verfügbar:

Beispiel_Runden.xlsx

Zur Verdeutlichung wurden hier die Zahlen mit mehr als zwei Dezimalstellen formatiert.

Weitere Rundungsfunktionen von Excel, die Argumente sind immer gleich

Funktion	Beschreibung
RUNDEN	Rundet eine Zahl auf die angegebene Anzahl an Stellen kaufmännisch auf oder ab.
AUFRUNDEN	Rundet eine Zahl auf die angegebene Anzahl von Stellen auf.
ABRUNDEN	Rundet eine Zahl auf die angegebene Anzahl von Stellen ab.
KÜRZEN	Schneidet bis auf die angegebene Anzahl an Stellen alle weiteren Nachkommastellen ab.

9.7 Wichtige Datumsfunktionen

Aktuelles Datum bzw. aktuelle Uhrzeit

Die beiden Funktionen HEUTE und JETZT benötigen keine weiteren Argumente und liefern das aktuelle Datum (Systemdatum), allerdings mit einem kleinen Unterschied:

Die Klammern () sind auch dann erforderlich, wenn keine Argumente benötigt werden!

Funktion	Beschreibung	Beispiel Ergebnis
=HEUTE()	liefert das aktuelle Datum (Systemdatum)	11.04.2019
=JETZT()	liefert das aktuelle Datum zusammen mit der Uhrzeit	11.04.2019 15:46

F9 aktualisiert eine Funktion

Die Ergebnisse aus beiden Funktionen werden beim Öffnen der Excel-Arbeitsmappe automatisch aktualisiert. Um die Uhrzeit in einer geöffneten Mappe zu aktualisieren, klicken Sie im Register *Formeln*, Gruppe Berechnung, auf die Schaltfläche *Neu berechnen* oder verwenden die Funktionstaste F9.

Achtung: Wenn Sie das aktuelle Datum für Datumsberechnungen oder Vergleiche benötigen, dann sollten Sie ausschließlich die Funktion HEUTE verwenden, da Sie sonst unter Umständen falsche Ergebnisse erhalten.

Beachten Sie den Unterschied: Ein Datum, das mit einer Funktion eingefügt wird, ist veränderbar, d. h. es wird stets das aktuelle Datum angezeigt. Benötigen Sie dagegen im Arbeitsblatt ein gleichbleibendes Datum, z. B. Datum der Eingabe, dann müssen Sie dieses Datum über die Tastatur oder mit der Tastenkombination Strg+ . (Punkt) eingeben.

Teilwerte eines Datums (Tag, Monat und Jahr als Zahl)

Die folgenden Datumsfunktionen geben einen Teil eines Datums als Zahl zurück und leisten gute Dienste, wenn es etwa darum geht eine Tabelle, unabhängig vom Datum, z. B. nach Jahren oder Monaten zu sortieren oder zu filtern.

Alle Datumsfunktionen finden Sie in der Funktionsbibliothek, Kategorie Datum u. Uhrzeit.

Funktion	Beschreibung	Beispiel	Ergebnis
TAG(Datum)	Liefert aus einem Datum den Tag als Zahl	=TAG(23.01.2019)	23
MONAT(Datum)	Liefert aus einem Datum den Monat als Zahl	=MONAT(23.01.2019)	1
JAHR(Datum)	Liefert aus einem Datum das Jahr als Zahl	=JAHR(23.01.2019)	2019

Beispielsweise lässt sich, wie im Bild unten, aus dem Geburtsdatum mithilfe der Funktionen TAG und MONAT ein, nach Tagen und Monaten sortierter, Geburtstagskalender zusammenstellen, der das Jahr ignoriert.

Diese Datei ist als Download verfügbar:

Beispiel_Datum_und_Uhrzeit.xlsx

E2 =MONAT(D2)

	A	B	C	D	E	F	G	H
1	Anrede	Nachname	Vorname	Geburtsdatum	Monat	Tag		
2	Frau	Sauermann	Johanna	03.01.1984	1	3		
3	Herr	Tobias	Grau	13.02.1991	2	13		
4	Frau	Adler	Sabine	22.04.1978	4	22		
5	Herr	Kobel	Gerd	09.06.1967	6	9		
6								

Datumswerte zusammensetzen

Die Funktion DATUM erlaubt es umgekehrt, ein gültiges Datum aus Zahlen zusammenzusetzen, der Aufbau:

DATUM(Jahr;Monat;Tag)

WENN | =DATUM(C4;B4;A4)

	A	B	C	D	E	F	G	H	I
1	Tag	Monat	Jahr	Datum					
2	22	3	2019	22.03.2019					
3	1	5	2019	01.05.2019					
4	10	12	2019	=DATUM(C4;B4;A4)					
5									

Alter berechnen

Wie Sie die Differenz zwischen zwei Datumswerten berechnen, haben Sie bereits im vorhergehenden Kapitel gesehen. Leider lässt sich diese Methode nicht auf die Berechnung des Alters anhand des Geburtsdatums anwenden, da das Ergebnis in Tagen erscheint. Zwar auch interessant, aber in der Praxis nur selten benötigt.

Zur Altersberechnung eignet sich die Funktion BRTEILJAHRE. Diese berechnet die Differenz zwischen zwei Datumswerten in Bruchteilen von Jahren. Das Argument *Basis* ist optional und wird eigentlich nur zur Berechnung der Zinstage benötigt: Für diesen Fall könnten Sie damit angeben, auf welcher Basis die Tage gezählt werden sollen.

Alter aus dem Geburtsdatum berechnen

BRTEILJAHRE(Anfangsdatum; Enddatum; [Basis])

Um mithilfe der Funktion BRTEILJAHRE anhand des Geburtsdatums das Alter zu berechnen, geben Sie die unten abgebildete Funktion ein.

WENN | =BRTEILJAHRE(A4;HEUTE())

	A	B	C	D	E	F	G	H
1	Geburtsdatum	Alter						
2	01.06.1989	29,9555556						
3	17.12.1973	45,4111111						
4	09.01.1981	=BRTEILJAHRE(A4;HEUTE())						
5								

Damit Sie stets das aktuelle Alter erhalten, verwenden Sie als Enddatum die Funktion HEUTE(). Allerdings erhalten Sie das Ergebnis zunächst mit Dezimalstellen, die Sie nicht einfach kaufmännisch runden dürfen, da Sie sonst unter Umständen ein falsches Alter erhalten. Sie dürfen die Zahl also nicht ohne Dezimalstellen formatieren, sondern müssen nicht benötigte Dezimalstellen mit der Funktion KÜRZEN abschneiden.

WENN | =KÜRZEN(BRTEILJAHRE(A4;HEUTE());0)

	A	B	C	D	E	F	G	H
1	Geburtsdatum	Alter						
2	01.06.1989	29						
3	17.12.1973	45						
4	09.01.1981	=KÜRZEN(BRTEILJAHRE(A4;HEUTE());0)						
5								

9.8 Einfache Zinsberechnungen mit Funktionen

Für finanzmathematische Berechnungen finden Sie in der Kategorie *Finanzmathematik* eine Vielzahl von Funktionen. Nachfolgend eine Auswahl von gängigen Funktionen zur Zinsberechnung. Allerdings berücksichtigen diese Funktionen weder Steuern, Gebühren, noch sonstige Provisionen.

Zum Rechnen mit Krediten und Zinsen verwendet Excel die folgenden Ausdrücke. Diese sind mit Ausnahme der Fälligkeit als Funktionen verfügbar, bezeichnen aber gleichzeitig auch die jeweils erforderlichen Argumente.

Argument	Beschreibung
ZINS	Zins = fester Zinssatz. Da dieser normalerweise jährlich angegeben ist, müssen Sie den Zins bei monatlichen Zahlungen ebenfalls in Monaten angeben, also Zins / 12.
ZZR	Zzr = Zahlungszeitraum. Über welchen Zeitraum sollen die Zahlungen erfolgen? Beachten Sie, dass auch hier einheitliche Angaben erforderlich sind. Bei monatlichen Zahlungen und einer Laufzeit von beispielsweise 5 Jahren müssen Sie auch die Laufzeit in Monate umrechnen, also Jahre * 12.
RMZ	Rmz = regelmäßige Zahlung. Dies ist ein konstanter, meist monatlicher Betrag, den Sie entweder zur Rückzahlung oder als Sparbetrag aufwenden.
BW	Bw = Barwert, der aktuelle Gesamtwert zu Beginn der Zahlungen.
ZW	Zw = Zinswert, dies ist der Endwert (verzinste Wert) einer Investition.
F	Der Parameter Fälligkeit gibt an, ob die regelmäßige Zahlung am Beginn (1) der Periode, z. B. eines Monats, erfolgt oder am Ende der Periode (0).

Beachten Sie bei der Zinsberechnung

- Alle Argumente zur Zinsberechnung müssen sich auf dieselbe Zeiteinheit beziehen: Wenn die Zahlungen monatlich erfolgen, dann müssen auch Zins und Zahlungszeitraum in Monaten angegeben werden!
- Von Ihnen zu leistende Beträge sollten mit negativem Vorzeichen eingegeben werden, da Sie sonst ein negatives Endergebnis erhalten.

Beispiel Kreditrückzahlung

Sie möchten wissen, wie hoch die monatliche Belastung bei der Rückzahlung eines Kredits in Höhe von 10.000 Euro, einer Laufzeit von 3 Jahren und einem jährlichen Zins von 5,2% ist? Zur Berechnung der konstanten regelmäßigen Zahlung setzen Sie die Funktion RMZ (Regelmäßige Zahlung) ein, sie besitzt folgende Syntax:

```
RMZ(Zins;Zzr;Bw;Zw;F)
```

Markieren Sie die Ergebniszelle, im Bild unten B7, klicken Sie im Register *Formeln* ▶ *Funktionsbibliothek* auf *Finanzmathematik* aus und übernehmen Sie die Funktion *RMZ* mit Doppelklick in die Zelle.

Von Ihnen aufzuwendende Beträge erscheinen im Ergebnis mit negativem Vorzeichen.

1 Als *Zins* geben Sie B5/12 ein. Die Umrechnung auf Monate ist erforderlich, da der Zins in der Regel jährlich angegeben ist, die Rückzahlung aber monatlich erfolgt.

2 Zahlungszeitraum (*Zzr*) ist B4*12. Auch hier muss bei einer monatlichen Rückzahlung in Monate umgerechnet werden.

3 Als *BW* (Barwert = Anfangswert) geben Sie die Kreditsumme in B3 an und als *Zw* (Zinswert = Endwert) den Betrag, der nach 3 Jahren erreicht werden soll, also 0, wenn der Kredit bis dahin abbezahlt sein soll. Wenn die Zahlung am Ende des Monats erfolgt, kann das Feld *F* (Fälligkeit) leer bleiben.

Diese Datei ist als Download verfügbar:

Beispiel_Finanzmathematik.xlsx

Da die monatlichen Rückzahlungsbeträge von Ihnen aufzuwenden sind, erscheint das Formelergebnis mit negativem Vorzeichen.

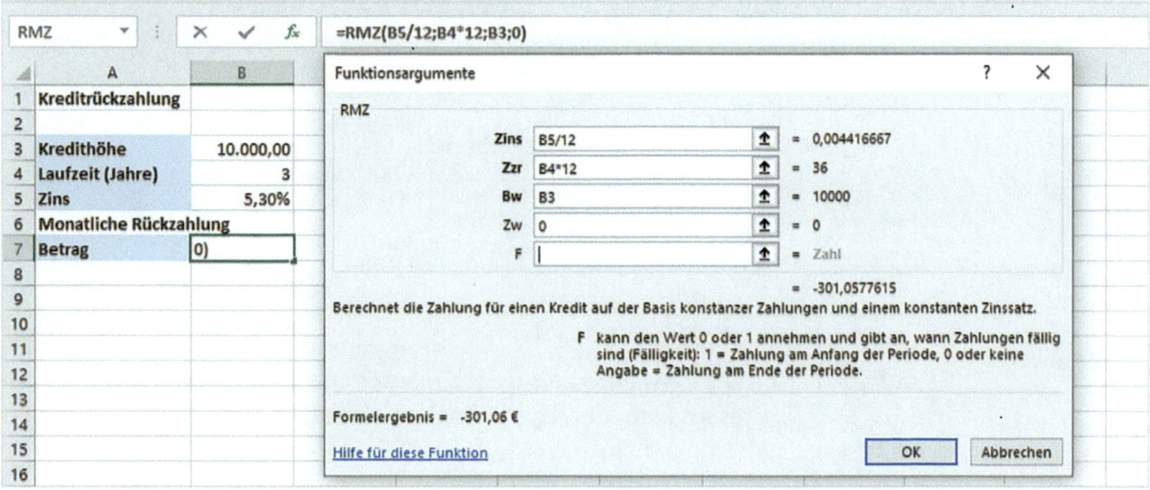

9.9 Funktionen im Umgang mit Text

Text bzw. Zeichenfolgen aneinanderfügen

Die Inhalte aus zwei oder mehr Spalten mit einer Formel zusammenfügen, wird in der Praxis manchmal benötigt, um z. B. Adressen platzsparend auszudrucken. Excel 2019 kennt gleich mehrere Möglichkeiten zum Aneinanderfügen von Zeichenfolgen. Auch Zahlen lassen sich auf diese Weise miteinander verketten, allerdings behandelt dann Excel das Ergebnis als Text.

Diese Datei ist als Download verfügbar:

Beispiel_Textfunktionen.xlsx

Beachten Sie aber, dass in vielen Fällen noch ein zusätzliches Trennzeichen dazwischen eingefügt werden muss, zum Beispiel im Bild unten jeweils ein Leerzeichen zwischen Anrede, Vorname und Nachname. Dieses geben Sie einfach in Anführungszeichen ein.

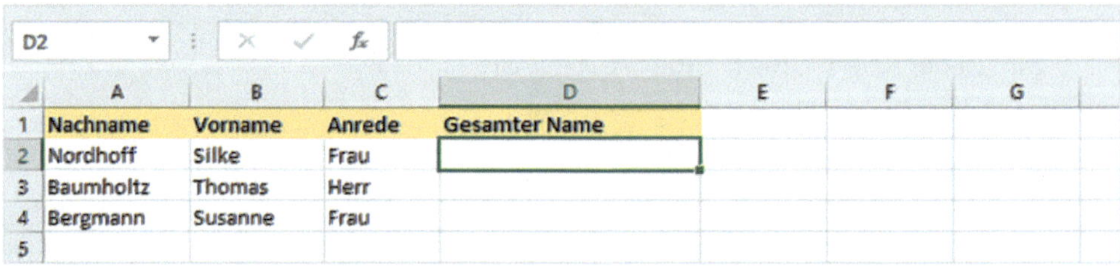

Verketten mit dem kaufmännischen &-Zeichen

Am einfachsten fügen Sie einzelne Zeichenfolgen in einer Formel mit dem kaufmännischen &-Zeichen aneinander. Für das hier verwendete Beispiel muss die Formel in D2 lauten =C2&“ „&B2&“ „&A2

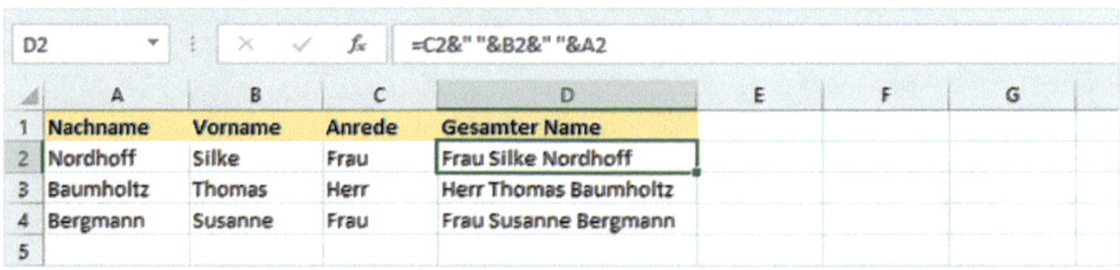

Die Funktionen VERKETTEN und TEXTKETTE

Genau das gleiche Ergebnis erzielen Sie auch mit den beiden Funktionen VERKETTEN und TEXTKETTE. Diese finden Sie in der Kategorie *Text* (Register *Formeln*), die Syntax ist identisch:

VERKETTEN(Text1;Text2;Text3;...) oder TEXTKETTE(Text1;Text2;Text3;...)

In der Abbildung wurde die obere Tabelle mit VERKETTEN und die untere Tabelle mit TEXTKETTE berechnet.

Bezogen auf das Beispiel muss in D2 eingegeben werden: =VERKETTEN(C2;“ „ ;B2;“ „;A2)

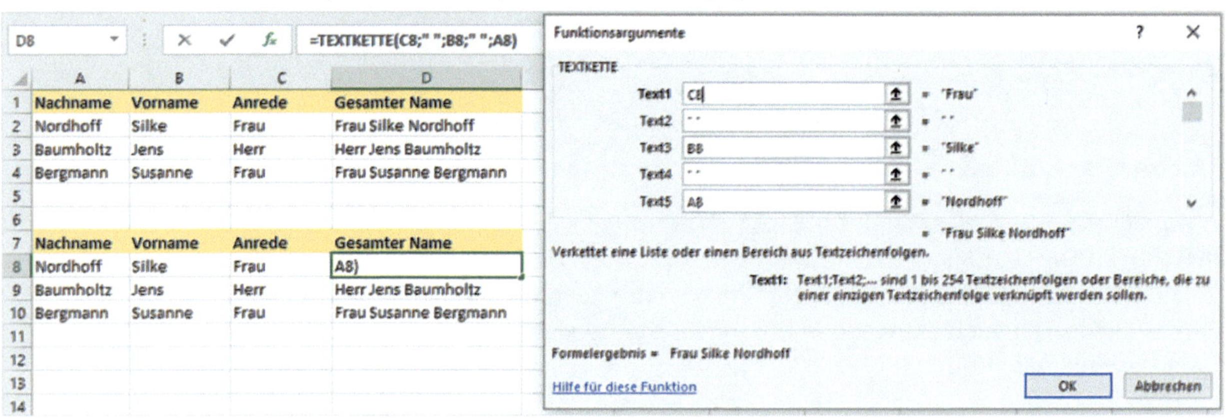

Hinweise zur Verwendung dieser Funktionen

- Wenn Sie mit VERKETTEN mehrere Zellinhalte ohne zusätzliches Zeichen dazwischen verketten möchten, dann können Sie auch die Zellen nacheinander mit gleichzeitig gedrückter Strg-Taste anklicken (Mehrfachmarkierung). Excel fügt dann die Semikolons zur Trennung der Argumente automatisch ein.
- Werden bei der Funktion TEXTKETTE keine weiteren Zeichen dazwischen benötigt, dann können Sie bei dieser Funktion im Gegensatz zu VERKETTEN auch einen Zellbereich, z. B. A2:D2 wie im Bild, angeben und so Tipparbeit sparen.

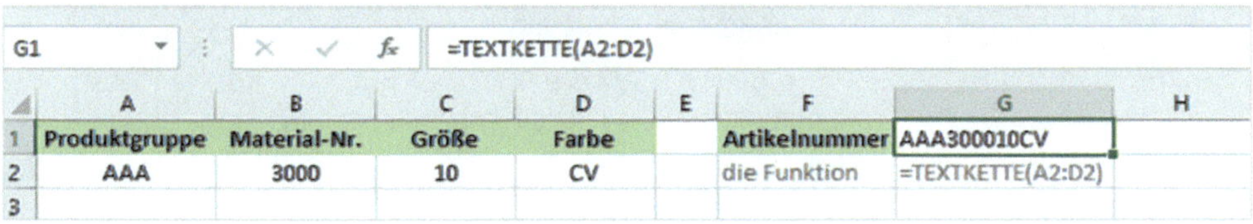

TEXTVERKETTEN

Die Funktion TEXTVERKETTEN verwendet gegenüber TEXTKETTE eine wesentlich kürzere Schreibweise und bietet sich an, wenn mehrere Zeichenfolgen immer mit demselben Zeichen dazwischen verkettet werden sollen. Sie brauchen das Trennzeichen nur einmal eingeben und der Parameter *Leer_ignorieren* steuert, ob leere Zellen ignoriert werden sollen oder nicht. Der Aufbau der Funktion:

```
TEXTVERKETTEN(Trennzeichen;Leer_ignorieren;Text1;Text2;...)
```

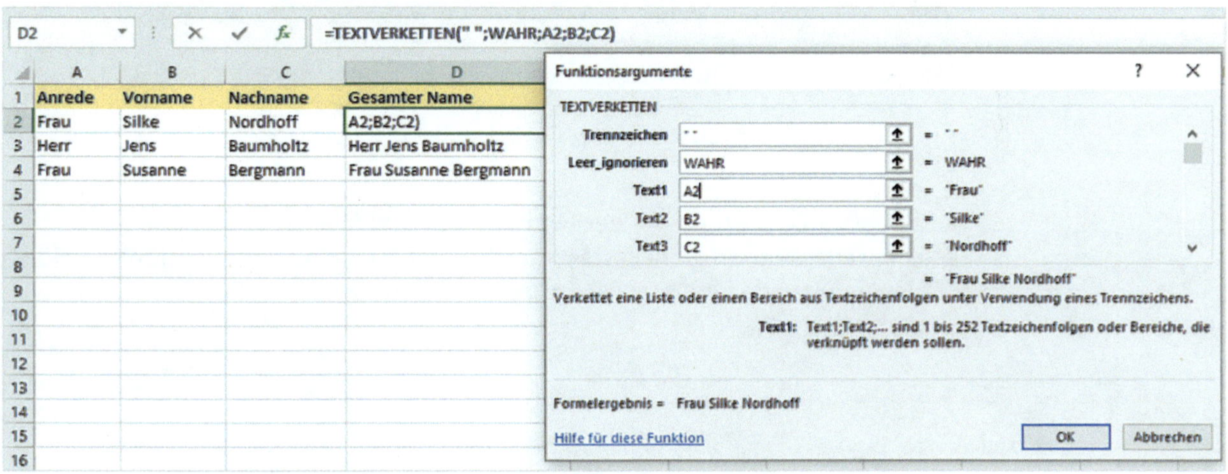

Tipp: Liegen die zu verkettenden Zellen in der richtigen Reihenfolge nebeneinander vor wie im Bild oben, dann ist statt einzelner Zellangaben auch eine Bereichsangabe zulässig, hier A2:C2 statt A2;B2;C2.

Bestimmte Zeichenfolgen aus Text ermitteln

Hinweis: Dieses und auch das nachfolgende Beispiel könnten auch mit Hilfe der Blitzvorschau gelöst werden. Allerdings errät Excel nicht immer Ihre Absicht, sodass sich diese Aufgabe häufig mit Funktionen einfacher und vor allem sicherer erledigen lässt. Ein weiterer Nachteil der Blitzvorschau: Diese kopiert einfach Zellinhalte, bei späteren Änderungen erfolgt daher im Gegensatz zu Funktionen keine automatische Neuberechnung.

Zeichenfolgen aus Text anhand ihrer Position ermitteln

Manchmal enthalten Zellinhalte gleich mehrere Informationen. So können beispielsweise Artikelnummern aus Modell, Warengruppe und Farbe zusammengesetzt sein. Damit nach einem dieser Merkmale sortiert oder gefiltert werden kann, müssen Sie die benötigten Informationen zunächst herausziehen.

Im einfachsten Fall beginnt die gesuchte Zeichenfolge an einer bestimmten Position und besitzt eine feste Länge. Dann lassen sich die Textfunktionen LINKS, RECHTS und TEIL zum Aufteilen von Zeichenfolgen einsetzen.

Funktion	Beschreibung und Syntax
LINKS	=LINKS(Text;Anzahl_Zeichen) Liefert die angegebene Anzahl Zeichen, beginnend mit dem ersten Zeichen **links**.
RECHTS	=RECHTS(Text;Anzahl_Zeichen) Liefert die angegebene Anzahl Zeichen, beginnend mit dem ersten Zeichen **rechts**.
TEIL	=TEIL(Text;Erstes_Zeichen;Anzahl_Zeichen) Liefert die angegebene Anzahl Zeichen, beginnend ab der unter Erstes_Zeichen festgelegten Position. Damit erhalten Sie Zeichenfolgen, die sich innerhalb einer anderen Zeichenfolge befinden.

Im Beispiel unten wurde mit der Funktion LINKS die Warengruppe (die ersten zwei Zeichen) ermittelt. Für die nächsten 5 Zeichen, die Modellnummer wurde die Funktion TEIL eingesetzt und für die letzten beiden Stellen, die Farbe, die Funktion RECHTS.

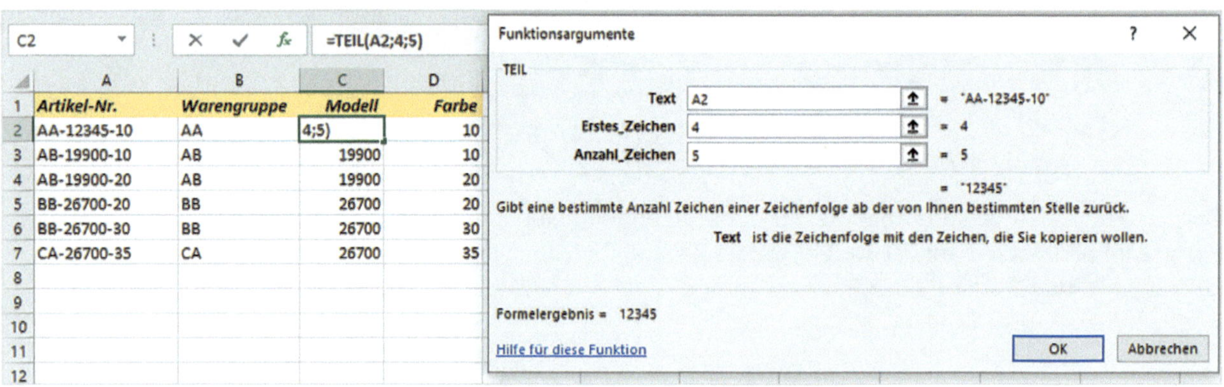

Nachteil: Alle drei Funktionen erfordern als Argument die Anzahl der benötigten Zeichen und können daher nur eingesetzt werden, wenn die gesuchte Zeichenfolge eine feste Länge besitzt.

9.10 Fehlerwerte unterdrücken

Häufig dienen Excel-Tabellen als Vorlagen. In diese werden alle zur Berechnung erforderlichen Formeln eingegeben, so dass später nur noch die Daten erfasst werden müssen. Leider verursachen leere Zellen manchmal Fehlerwerte als Formelergebnis, diese lassen sich jedoch mit Hilfe entsprechender Funktionen vermeiden. So erscheint beispielsweise bei Berechnung des Mittelwerts #DIV/0, wenn der angegebene Zellbereich zunächst leer ist, wie beim 2. Quartal im Bild unten.

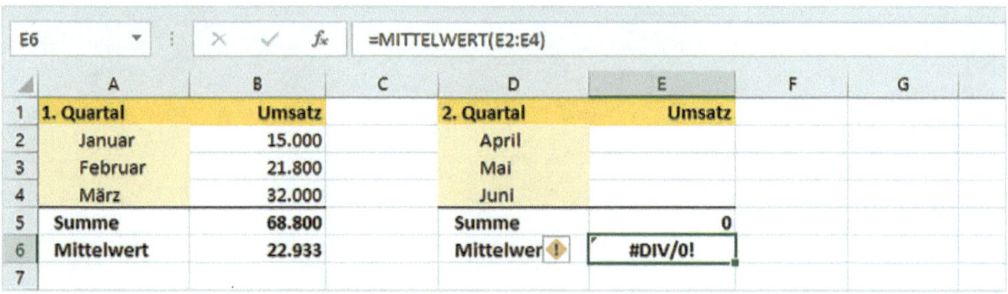
E6 =MITTELWERT(E2:E4)

	A	B	C	D	E	F	G
1	1. Quartal	Umsatz		2. Quartal	Umsatz		
2	Januar	15.000		April			
3	Februar	21.800		Mai			
4	März	32.000		Juni			
5	Summe	68.800		Summe	0		
6	Mittelwert	22.933		Mittelwer	#DIV/0!		
7							

Diese Datei ist als Download verfügbar:

Beispiel_Fehler_vermeiden.xlsx

Abhilfe schafft die Funktion WENNFEHLER aus der Kategorie *Logik*. Diese prüft, ob die angegebene Formel einen Fehlerwert liefert und gibt anstelle des Fehlerwertes einen beliebigen Wert oder Text als Ergebnis aus. Berücksichtigt werden alle Fehlerwerte wie #DIV/0, #NV, #WERT, #BEZUG, die Funktion verwendet folgende Argumente:

```
WENNFEHLER(Wert bzw. Formel;Wert_falls_Fehler)
```

Damit in unserem Beispiel bei der Berechnung des Mittelwerts anstelle des Fehlerwerts die Zelle leer bleibt, müssen Sie die Funktion MITTELWERT in die Funktion WENNFEHLER einschließen, siehe Verschachtelte Funktionen auf Seite 225. So gehen Sie vor:

Siehe Punkt 9.3, Mehrere Funktionen kombinieren (verschachteln).

1. Markieren Sie die Zelle, in der Sie den Mittelwert für das erste Quartal berechnen möchten (B6) und klicken Sie im Register *Formeln*, *Funktionsbibliothek* auf die Kategorie *Logisch*. Wählen Sie die WENNFEHLER.
2. Als Argument *Wert* fügen Sie die Funktion MITTELWERT ein. Klicken Sie dazu im Fenster *Funktionsargumente* in das Eingabefeld und wählen Sie die Funktion über die Bearbeitungsleiste aus.
3. Legen Sie nun die Argumente für die Funktion MITTELWERT fest, im abgebildeten Beispiel den Bereich B2:B4.

4 Klicken Sie dann in der Bearbeitungsleiste auf die Funktion WENNFEHLER, da diese noch nicht vollständig ist. Geben Sie nun das Argument *Wert_falls_Fehler* ein, z. B. zwei Anführungszeichen „", wenn die Zelle leer bleiben soll.

5 Übernehmen Sie zuletzt die Funktion mit Klick auf die Schaltfläche *OK* und kopieren Sie die geänderte Funktion in die Zelle E6 (Berechnung des Mittelwerts für das zweite Quartal).

Löschen Sie zum Testen einfach die Zahlen aus den Zellen B2:B4. In B6 dürfte jetzt kein Fehlerwert mehr erscheinen.

9.11 Übungen

Die Übungen sind auch als Download verfügbar:

Übung_Funktionen.xlsx

Die Tabellen zu den nachfolgenden Aufgaben finden Sie in den Download-Dateien in der Arbeitsmappe Kap_09_Funktionen.xlsx. Oder beginnen Sie mit einer neuen leeren Arbeitsmappe, geben die jeweils abgebildeten Tabellen ein und formatieren diese nach Ihren Vorstellungen.

Aufgabe 1: WENN-Funktion

Wählen Sie in der Arbeitsmappe Übungsdaten.xlsx das Blatt **Aufgabe 1 Daten** aus oder geben Sie die unten abgebildete Tabelle in eine neue Arbeitsmappe ein.

	A	B	C	D	E	F	G	H
1	Bestellungen		Berechnung der Versandkosten			Versand		
2				Bestellwert ab EUR:	150,00	0,00		
3					75,00	6,50		
4					sonst	10,00		
5								
6	Bestellnr.	Kunde	Bestellwert Netto	Versandkosten	Summe			
7	4711	Müller GmbH	220,00					
8	4712	Höpfli	560,00					
9	4713	Hinterhuber	21,00					
10	4714	Stark	145,00					
11	4715	Klein & Moser	96,00					
12	4716	Mauswurf HochTief	37,80					
13	4717	Samstag GmbH	150,00					
14								

Die Höhe der Versandkosten ist abhängig vom Bestellwert:
Bei einem Bestellwert unter 75 Euro fallen 10 Euro Versandkosten an, ab 75 Euro werden 6,50 Euro und über 150 Euro Bestellwert werden keine Versandkosten berechnet.

- Erstellen Sie in D7 eine Formel zur Berechnung der Versandkosten, die Sie anschließend kopieren können.

  Hinweis: Die Versandkosten können auf zwei Wegen berechnet werden. Entweder mit einer verschachtelten WENN-Funktion oder mit WENNS, testen Sie am besten selbst.

- Berechnen Sie anschließend noch in Spalte E die Summen aus Bestellwert und Versandkosten.

Aufgabe 2: Bedingungen verknüpfen

Als zweite Aufgabe eine Abwandlung von Aufgabe 1. Diesmal sind die Versandkosten abhängig von Bestellwert und Entfernung.

- Wählen Sie in der Arbeitsmappe Übungsdaten.xlsx das Blatt **Aufgabe 2 Daten** aus. Oder geben Sie die unten abgebildete Tabelle ein und formatieren diese nach Ihren Vorstellungen.

- Berechnen Sie in D7 bis D10 die Versandkosten:
  Bei einem Bestellwert ab 300 € oder einer Entfernung unter 75 km werden keine Versandkosten berechnet, sonst 10 €.

	A	B	C	D	E	F	G	H
1		Versandkosten						
2	Bestellwert ab	300,00 €						
3	oder Entfernung unter km	75	0,00					
4	sonst		10,00					
5								
6	Kunde	Bestellwert	Entfernung	Versandkosten				
7	Schulze	254,00 €	56					
8	Hinzpeter	785,00 €	123					
9	Wiesendörfer	69,00 €	92					
10	Vogel	348,00 €	189					
11								

Aufgabe 3: Verweise und Auswertungsfunktionen

Öffnen Sie die Arbeitsmappe Übungsdaten.xlsx und wählen Sie das Arbeitsblatt **Aufgabe 3 Daten** aus. Oder geben Sie die unten abgebildeten Daten in eine neue leere Arbeitsmappe ein und formatieren die Tabelle nach Ihren Vorstellungen.

Teil 1: Provision berechnen

- Ermitteln Sie in E5 mit einer kopierbaren Formel bzw. Funktion die entsprechende Provision aus der Provisionstabelle in H3:I11. Kopieren Sie anschließend die Formel in die Zellen E6:E11.

Hinweis: Die Aufgabe ließe sich auch mit WENNS lösen, allerdings wesentlich umständlicher und unübersichtlicher. Verwenden Sie also eine passende Verweisfunktion.

- Berechnen Sie anschließend in F5:F11 den Provisionsbetrag.

	A	B	C	D	E	F	G	H	I	J
1	**Aussendienst-Abrechnung**							Provisionstabelle		
2	Januar							Umsatz ab	Provision %	
3								0	2,00%	
4	Nachname	Vorname	Bezirk	Umsatz	Provision %	Provision Betrag		1.000	2,50%	
5	Auwald	Tobias	Nord	4.050,00	4,00%	162,00		2.000	3,00%	
6	Hurtig	Sabine	Mitte	2.800,00				3.000	3,50%	
7	Klein	Franz	Süd	3.100,00				4.000	4,00%	
8	Kohle	Jürgen	Nord	6.700,00				5.000	4,50%	
9	Post-Wirt	Cordula	Mitte	5.100,00				6.000	5,00%	
10	Tauwetter	Udo	Süd	4.230,00				7.000	5,50%	
11	König	Anna	Nord	1.900,00				8.000	6,00%	
12										
13	**Auswertung**									
14			Nord	Mitte	Süd					
15	Anzahl der Mitarbeiter									
16	Umsatzsumme									
17	Durchschnittlicher Umsatz									
18										

Teil 2: Auswertung

Berechnen Sie im selben Arbeitsblatt in der Auswertungstabelle unterhalb (siehe Bild oben) mit geeigneten Funktionen für jeden Bezirk:

- Anzahl der Mitarbeiter
- Umsatzsumme
- Durchschnittlichen Umsatz je Mitarbeiter.

Teil 3: Rangliste

- Fügen Sie rechts von Spalte F eine weitere neue Spalte ein und beschriften Sie diese in G4 mit Rang.
- Ermitteln Sie in G5:G11 mit einer geeigneten Funktion den Rang des jeweiligen Mitarbeiters anhand seines Umsatzes.

	A	B	C	D	E	F	G	H
1	**Aussendienst-Abrechnung**							
2	Januar							
3								
4	Nachname	Vorname	Bezirk	Umsatz	Provision %	Provision Betrag	Rang	
5	Auwald	Tobias	Nord	4.050,00	4,00%	162,00	4	
6	Hurtig	Sabine	Mitte	2.800,00	3,00%	84,00	6	
7	Klein	Franz	Süd	3.100,00	3,50%	108,50	5	

10 Umfangreiche Tabellen verwalten

In diesem Kapitel lernen Sie...

- wie Sie eine kleine Datenbank in Excel anlegen
- sich in umfangreichen Tabellen bewegen
- Zeichenfolgen suchen und ersetzen
- intelligente Tabellen erzeugen
- Tabellen sortieren
- verschiedene Filtermöglichkeiten einsetzen

Das sollten Sie bereits wissen

- Daten eingeben und formatieren
- einfache Formeln und Funktionen
- Tabellen formatieren
- Umgang mit der Zwischenablage

10.1 Grundlagen

Häufig wird Excel auch zum Speichern und zur Verwaltung größerer Datenmengen eingesetzt. Zu diesem Zweck verfügt Excel seit jeher über grundlegende Datenbankfunktionen wie Filtern und Sortieren sowie verschiedene Auswertungsmöglichkeiten.

Einschränkungen ergeben sich aus der maximalen Anzahl Zeilen eines Excel-Tabellenblattes, in Excel 2019 sind dies 1.048.576, also etwas mehr als 1 Mio Zeilen. Für größere Datenmengen sollte also besser ein spezielles Datenbankprogramm, z. B. Microsoft Access gewählt werden. Ein weiterer Nachteil von Excel gegenüber einem Datenbankprogramm: Solche Programme unterstützen im Gegensatz zu Excel auch den Zugriff durch mehrere Benutzer. Außerdem sind Datenbanken auch in Bezug auf Geschwindigkeit klar im Vorteil.

Datenbankbegriffe

Dieses Buch verwendet in der Folge auch für Excel-Tabellen die gebräuchlichen Datenbankbegriffe, eine kurze Beschreibung finden Sie in der nachfolgenden Tabelle.

Begriff	Bedeutung
Datensatz	Ein Datensatz entspricht einer Tabellenzeile und bildet eine Einheit. So stellt beispielsweise in einer Tabelle mit Kundenadressen jeder Kunde bzw. jede Kundenadresse einen Datensatz dar.
Datenfeld (kurz auch Feld)	Als Datenfelder oder kurz auch Felder bezeichnet man die Spalten einer Tabelle. Sie enthalten Eigenschaften, die jeden Datensatz näher beschreiben. In einer Tabelle mit Kundenadressen können dies z. B. Name, Geburtsdatum, Postleitzahl und Ort sein.

Hinweise zum Anlegen einer Datenbanktabelle

Größere zusammenhängende Datenbereiche werden von Excel normalerweise automatisch erkannt und vorheriges Markieren kann dann entfallen. Sie können bei späteren Auswertungen eine Menge überflüssiger Arbeitsschritte und Fehlerquellen vermeiden, wenn Sie bereits beim Anlegen von Datenbanktabellen einige Grundregeln beachten.

- Die Datenbanktabelle sollte sich in einem eigenen Arbeitsblatt der Excel-Arbeitsmappe befinden. Idealerweise beginnen Sie mit der Datentabelle in der ersten Zeile und Spalte. Falls im selben Arbeitsblatt dennoch weitere Angaben benötigt werden, sollten sich diese oberhalb der Datenbanktabelle befinden. Am Tabellenende besteht die Gefahr des Überschreibens beim Hinzufügen weiterer Daten, daneben befindliche Daten könnten beim Filtern ausgeblendet werden.
- Die erste Zeile einer Tabelle muss eindeutige Spaltenüberschriften enthalten, diese werden auch als Feldnamen bezeichnet.

- Ein Datensatz darf sich nicht über mehrere Zeilen erstrecken.
- Der Inhalt einer Spalte sollte nicht weiter zerlegbar sein. Damit können Sie später Ihre Datensätze einfacher sortieren und filtern. Speichern Sie z. B. Vorname und Nachname zusammen in einer einzigen Spalte, beispielsweise Xaver Hintermoser, dann ist später keine Sortierung nach Nachnamen möglich. Ausnahme: Straße und Hausnummer können in einer Spalte zusammengefasst werden.
- Um Probleme beim Sortieren zu vermeiden, sollten die Inhalte innerhalb einer Spalte vom selben Typ sein. Wurde z. B. die Postleitzahl bei einigen Datensätzen als Zahl und in anderen Datensätzen als Zeichenfolge eingegeben, dann ordnet Excel beim Sortieren die Zahlen vor den Zeichenfolgen ein.
- Erfassen und speichern Sie keine Inhalte, die sich aus vorhandenen Feldern berechnen lassen. So lässt sich beispielsweise der Verkaufspreis eines Artikels leicht aus Nettopreis und Umsatzsteuersatz berechnen. Zudem braucht bei etwaigen Preisänderungen nur der Nettopreis geändert werden.

Nachträgliches Zusammenfügen von Inhalten aus zwei oder mehr Spalten ist mit Hilfe von Funktionen kein Problem. Das spätere Aufteilen ist dagegen meist mit größerem Aufwand verbunden.

Keine leeren Zeilen und Spalten!

Die Datenbanktabelle sollte auf keinen Fall leere Zeilen und Spalten innerhalb des Tabellenbereichs enthalten, auch nicht zwischen Überschriftzeile und den folgenden Datensätzen. Excel interpretiert leere Zeilen/Spalten als Tabellenende und berücksichtigt dann beim Filtern, Sortieren und sonstigen Auswertungen unter Umständen nur einen Teil der Daten. Achten Sie also auch beim Löschen darauf, dass keine Leerzeilen zurückbleiben!

Zusammenhängende Zellbereiche werden von Excel in der Regel automatisch erkannt und brauchen nicht extra markiert werden, es genügt, wenn eine einzelne beliebige Zelle innerhalb des Tabellenbereichs markiert ist. Einzelne leere Zellen stellen dagegen kein Problem dar.

Als Beispiel im Bild unten eine kleine Datenbank mit Kundenadressen, diese Tabelle wird auch für die nachfolgenden Beispiele verwendet. Einzelne Zellen, wie hier das Geburtsdatum bei einigen Kunden, können auch leer sein. Wichtig ist hingegen, dass die Postleitzahlen einheitlich als Text formatiert sind, dadurch vermeiden Sie, dass eine führende 0 einfach verschwindet.

Diese Datei ist als Download verfügbar:

Beispiel_Kundendaten.xlsx

	A	B	C	D	E	F	G	H	I	J	K	L
1	KD-Nr.	Nachname	Vorname	Anrede	Strasse	Land	PLZ	Ort	Umsatz	Geburtsdatum		
2	100	Nordhoff	Silke	Frau	Uferstrasse 85 b	DE	93055	Regensburg	150,00	13.09.1985		
3	101	Knogel	Frank	Herrn	Pfarrer-Heinrich-Weg 4	DE	22040	Hamburg	23,00			
4	102	Süßmilch	Johanna	Frau	Adlersberger Strasse 56	DE	93078	Pentling	63,00	03.10.1978		
5	103	Fürst	Peter	Herrn	Wittelsbacherstr. 6	DE	80638	München	266,20	23.01.1966		
6	104	Mumpitz	Klara	Frau	Waldweg 4	DE	04777	Neuendorf	81,50	17.03.1992		
7	105	Reuter	Jens	Herrn	Bochumerstr. 9	DE	45879	Gelsenkirchen	56,30			
8	106	Wank	Tobias	Herrn	Höllentalstrasse 12	DE	82467	Garmisch-Partenkirchen	45,60	27.06.1995		
9	107	Adler	Christine	Frau	Pfarrer-Wenz-Str. 88	DE	96317	Kronach	20,00			
10	108	Einstein	Nadine	Frau	Kleiststr. 34a	DE	40215	Düsseldorf	29,30	04.11.1982		
11	109	Jung	Julian	Herr	Fichtelgebirgstr. 73	DE	96450	Coburg	123,00			
12	110	Brunnhofer	Anna	Frau	Isarstr. 55	DE	94056	Regensburg	198,30			
13	111	Baumholtz	Philipp	Herrn	Bremsweg 4	DE	78464	Konstanz	15.000,00			

10.2 In großen Tabellen bewegen

Schnell Zellen und Zellbereiche markieren

Die folgenden Tastenkombinationen verwenden Sie, um sich in einer umfangreichen Tabelle zu bewegen bzw. um Zellbereiche zu markieren.

Zum Bewegen in Spalten können Sie auch mit der Taste **Ende** den Ende-Modus aktivieren und anschließend die Pfeiltaste nach unten betätigen. Zum Markieren verwenden Sie im Ende-Modus die Pfeiltaste zusammen mit der Umschalt-Taste.

Achtung! Verwenden Sie dazu nicht den Stern (Multiplikation) * des Ziffernblocks.

Tasten	Beschreibung
Strg+Pfeil ab	Markiert in der aktuellen Spalte die Zelle in der letzten Zeile einer Liste.
Strg+Pfeil auf	Markiert in der aktuellen Spalte die Zelle in der ersten Zeile einer Liste.
Strg+Pfeil rechts	Markiert in der aktuellen Zeile die Zelle in der letzten Spalte einer Liste.
Strg+Pfeil links	Markiert in der aktuellen Zeile die Zelle in der ersten Spalte einer Liste.
Strg+Umschalt+Pfeil ab	Markiert ab der aktuellen Position die gesamte Spalte einer Liste.
Strg+Umschalt+Pfeil rechts	Markiert ab der aktuellen Position die gesamte Zeile einer Liste.
Strg + A oder Strg + Umschalt + *	Markiert die gesamte, zusammenhängende Liste; eine Zelle innerhalb der Liste muss markiert sein.
Strg+Pos1	Markiert die Zelle A1.

Übersichtliches Scrollen mit fixierten Spalten- und Zeilenüberschriften

Beim Bearbeiten von umfangreichen Tabellen verschwinden beim Verschieben des Bildschirmausschnitts (Scrollen) die Spaltenüberschriften. Um dies zu vermeiden, fixieren Sie die Position von Zeilen und/oder Spalten im Fenster, d. h. diese bleiben auch dann sichtbar, wenn Sie den Bildschirmausschnitt verschieben. So gehen Sie vor, wenn Sie die Überschriften der Tabelle fixieren möchten:

1 Sorgen Sie dafür, dass die Spaltenüberschriften in der ersten Zeile des Fensters sichtbar sind und klicken Sie im Register *Ansicht*, Gruppe *Fenster*, auf die Schaltfläche *Fenster fixieren*.

2 Klicken Sie auf *Oberste Zeile fixieren*. Die übrigen Möglichkeiten:

Fenster fixieren	Alle sichtbaren Zeilen über und Spalten links neben der markierten Zelle werden fixiert.
Oberste Zeile fixieren	Die erste, im Fenster sichtbare Zeile wird fixiert.
Erste Spalte fixieren	Die erste, im Fenster sichtbare Spalte wird fixiert.

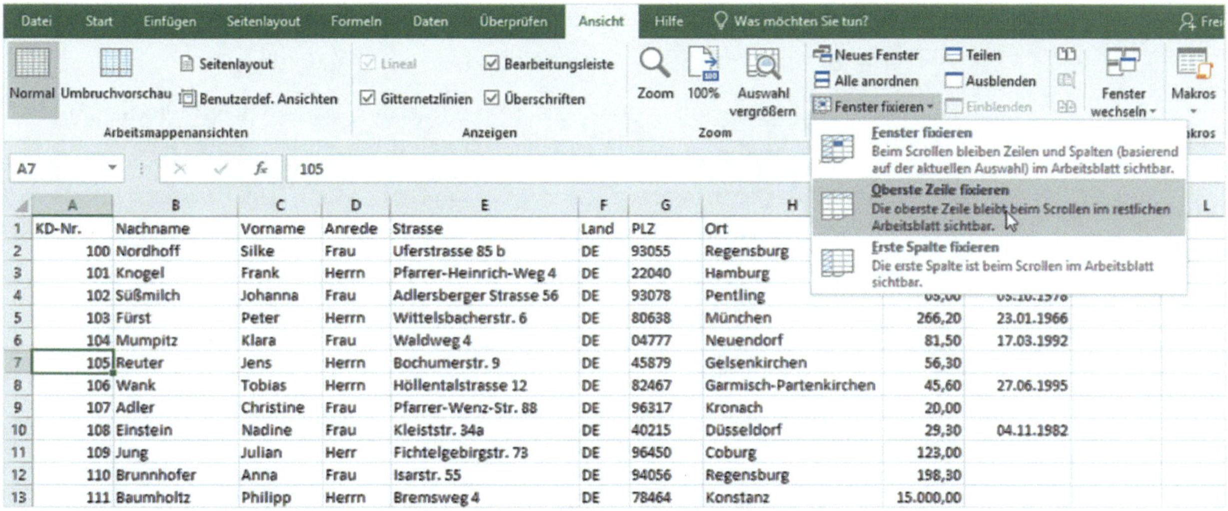

Das Ergebnis sehen Sie im Bild unten. An der Zeilennummerierung links und der durchgehenden Linie unterhalb von Zeile 1 ist zu erkennen, dass diese Zeile fixiert wurde.

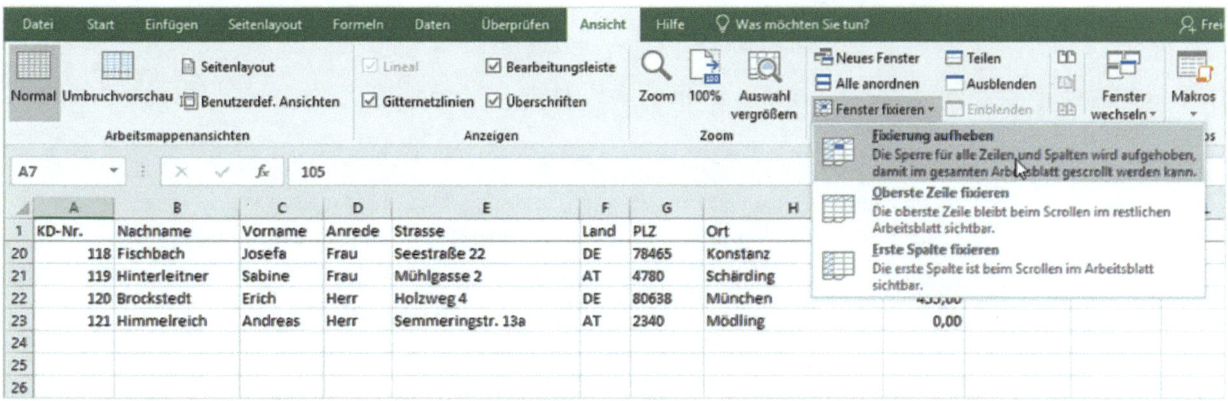

Achtung! Die Befehle *Oberste Zeile fixieren* und *Erste Spalte fixieren* beziehen sich die erste, im Fenster sichtbare, Zeile/Spalte. Die Zeile mit den Spaltenüberschriften muss daher als erste Zeile im Fenster sichtbar sein. Gleiches gilt für die Spalte.

Fixierung entfernen

Um die Fixierung zu entfernen, klicken Sie erneut auf *Fenster fixieren* und auf *Fixierung aufheben*.

Fenster fixieren

Während die beiden Befehle *Oberste Zeile fixieren* und *Erste Spalte fixieren* grundsätzlich die erste Zeile/Spalte im Fenster fixieren, ist der Befehl *Fenster fixieren* wesentlich flexibler. Er fixiert eine beliebige Anzahl Zeilen und Spalten und orientiert sich dabei an der markierten Zelle:

- Alle, im Fenster links von der Markierung sichtbaren, Spalten werden fixiert sowie
- alle, im Fenster sichtbaren Zeilen oberhalb der Markierung.

Beispiel: Im Bild unten sollen die Zeilen 1 bis 3 und die Spalte A fixiert werden. Zur Verdeutlichung wurden diese Zellen im Bild mit hellrotem Hintergrund versehen.

1. Sorgen Sie dafür, dass die Zeilen 1 bis 3 und die Spalte A im Fenster sichtbar sind und markieren Sie die Zelle B4, wie im Bild unten.
2. Klicken Sie auf die Schaltfläche *Fenster fixieren* und wählen Sie *Fenster fixieren*. Die Linien im Arbeitsblatt zeigen anschließend an, wo das Fenster fixiert wurde.

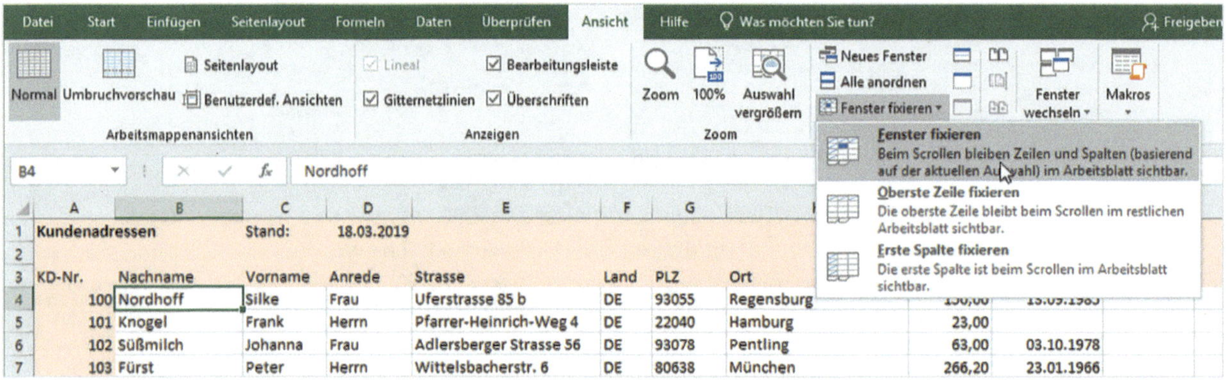

> **Tipp**: Angewendete Fixierungen werden zusammen mit der Arbeitsmappe gespeichert. Kontrollieren Sie daher beim Öffnen von Arbeitsmappen mit umfangreichen Tabellen stets anhand der Zeilennummern, ob eine Fixierung vorhanden ist und dadurch eventuell Zeilen ausgeblendet wurden. Sonst sehen Sie nur einen Teil der Datensätze.

10.3 Inhalte suchen und ersetzen

Mit den Befehlen *Suchen* bzw. *Suchen und Ersetzen* können Sie den markierten Zellbereich oder die gesamte Tabelle nach einem Suchbegriff durchsuchen und bei Bedarf auch gleich durch eine andere Zeichenfolge ersetzen lassen. Die Befehlsschaltfläche dazu finden Sie im Register *Start*, Gruppe *Bearbeiten*.

Eine Zeichenfolge suchen

Oder verwenden Sie die Tastenkombination Strg + F

Soll die Suche nach einer bestimmten Zeichenfolge ausschließlich innerhalb einer Spalte erfolgen, dann müssen Sie zuvor diese Spalte markieren. Möchten Sie dagegen den gesamten Tabellenbereich durchsuchen, dann genügt es, wenn innerhalb einer zusammenhängenden Tabelle eine einzige Zelle markiert ist.

Beachten Sie: Im Gegensatz zu Filtern werden die übrigen Datensätze nicht ausgeblendet, sondern die gefundenen Inhalte der Reihe nach markiert.

Beispiel: Sie suchen in der unten abgebildeten Tabelle nach dem Nachnamen „Moser".

1 Markieren Sie die Spalte mit den Nachnamen und klicken Sie im Register *Start*, Gruppe *Bearbeiten*, auf *Suchen und Auswählen* und auf *Suchen...*.

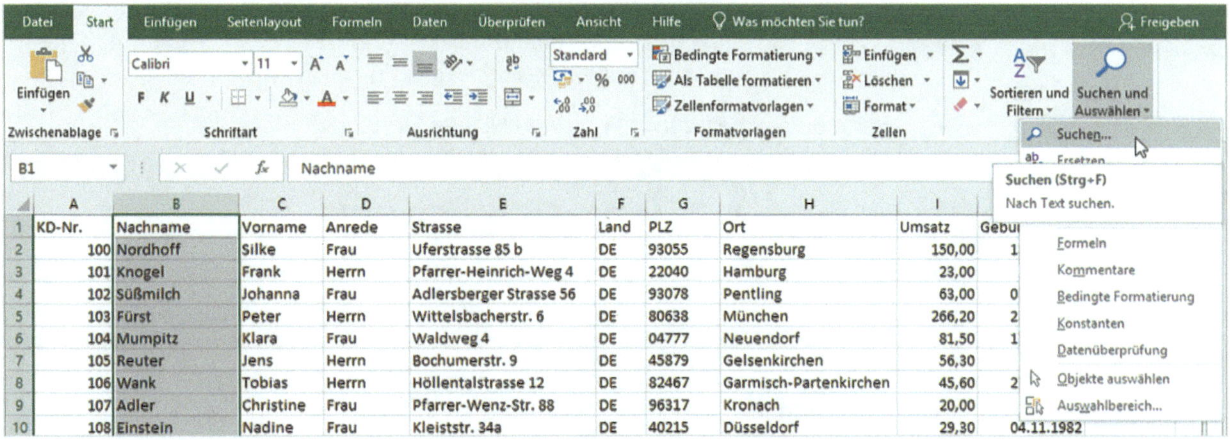

2 Das Dialogfenster *Suchen und Ersetzen* wird geöffnet. Geben Sie im Feld *Suchen nach* das gewünschte Suchkriterium ein, in diesem Fall moser ❶. Sie können bei der Suche auch die Platzhalterzeichen * und ? verwenden.

* ersetzt an der angegebenen Stelle beliebige und beliebig viele Zeichen.

? steht für genau 1 Zeichen an dieser Stelle.

3 Kontrollieren Sie den zu durchsuchenden Bereich, in diesem Beispiel *Blatt* und *Suchen in Zeilen*.

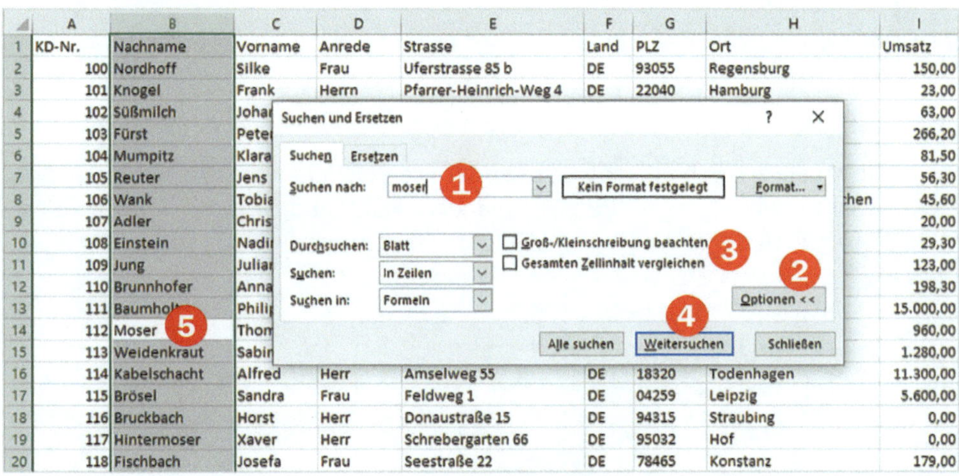

4 Klicken Sie außerdem auf die Schaltfläche *Optionen>>* ❷, um weitere Möglichkeiten zum Verfeinern der Suche einzublenden.

- Die Suche liefert alle Namen, die die angegebene Zeichenfolge enthalten, also beispielsweise auch „Hintermoser" oder „Mosereiner". Möchten Sie die Suche exakt auf den angegebenen Namen eingrenzen, dann aktivieren Sie das Kontrollkästchen *Gesamten Zellinhalt vergleichen* ❸.

- Über ein zweites Kontrollkästchen lässt sich bei Bedarf auch Groß- und Kleinschreibung bei der Suche berücksichtigen.
- Sie können auch zusätzlich oder ausschließlich nach einem bestimmten Format suchen, das Sie über die Schaltfläche *Format* näher definieren.

Hinweis: Die Schaltfläche *Alle suchen* listet zusätzlich die gefundenen Werte unten in einem gesonderten Bereich des Suchen-Fensters auf.

5 Mit Klick auf *Weitersuchen* ❹ markiert Excel die erste Fundstelle in der Tabelle ❺. Ein erneuter Mausklick auf *Weitersuchen* setzt die Suche fort.

6 Wenn die Suche beendet ist, dann klicken Sie zuletzt auf *Schließen*.

Eine Zeichenfolge durch eine andere Zeichenfolge ersetzen

Wenn die gesuchte Zeichenfolge gleichzeitig durch eine andere ersetzt werden soll, dann klicken Sie im Register *Start*, Gruppe *Bearbeiten*, auf die Schaltfläche *Suchen und Auswählen* und auf *Ersetzen…*. Oder klicken Sie im geöffneten Fenster *Suchen und Ersetzen* auf das Register *Ersetzen*. Verwenden Sie die gleichen Suchoptionen wie unter *Suchen* beschrieben und geben Sie zusätzlich an, durch welche Zeichenfolge die gefundenen Inhalte ersetzt werden sollen.

Beispiel: In der unten abgebildeten Beispieltabelle wurde in der Spalte Anrede bei einigen Datensätzen die Anrede „Herrn", bei anderen die Anrede „Herr" eingegeben. Hier bietet sich Suchen und Ersetzen an, um schnell eine einheitliche Anrede zu erhalten.

1 Geben Sie im Fenster *Suchen und Ersetzen*, Register *Ersetzen* die zu ersetzende Zeichenfolge „Herr" ein und im Feld *Ersetzen durch* „Herrn" ❶.

2 **Achtung**: in diesem Fall muss unbedingt das Kontrollkästchen *Gesamten Zellinhalt vergleichen* aktiviert sein!

3 Klicken Sie auf *Weitersuchen* ❷, um zur ersten Fundstelle ❸ zu gelangen.

4 Klicken Sie auf Schaltfläche *Ersetzen* ❹. Die Zeichenfolge wird ersetzt und automatisch die nächste Fundstelle markiert. Falls Sie die Zeichenfolge an dieser Stelle nicht ersetzen möchten, so klicken Sie stattdessen auf *Weitersuchen*.

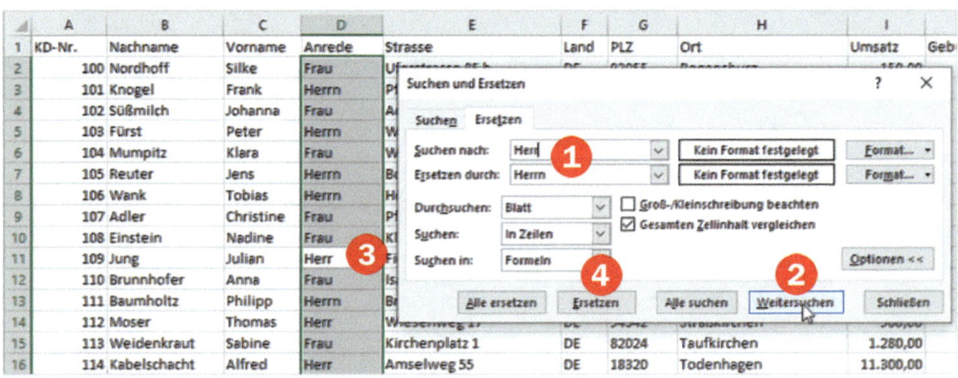

Hinweise

Die Schaltfläche *Alle ersetzen* ersetzt alle vorkommenden Zeichenfolgen automatisch und ohne vorherige Rückfrage. Sie erhalten eine abschließende Meldung, wie viele Ersetzungen vorgenommen wurden.

Mit der Schaltfläche *Alle suchen* werden zunächst alle gefundenen Inhalte mit ihrer Zelladresse in einem gesonderten Bereich des Fensters *Suchen und Ersetzen* aufgelistet, siehe Bild unten. Wenn Sie hier auf eine Zelladresse klicken, so markiert Excel die dazugehörige Zelle in der Tabelle und mit der Schaltfläche *Ersetzen* können Sie nun ebenfalls den Inhalt der markierten Zelle ersetzen.

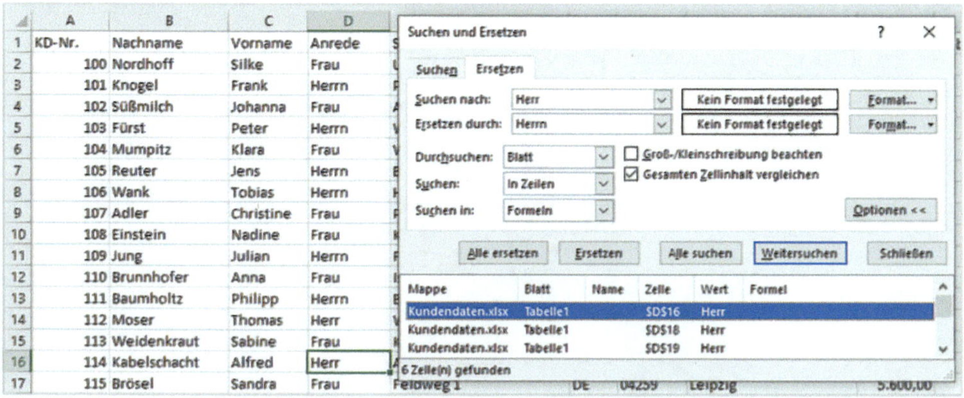

10.4 Zellbereich als intelligente Tabelle formatieren

Wie Sie eine Tabelle schnell mit Hilfe von Tabellenformatvorlagen formatieren, haben Sie in einem früheren Kapitel bereits in Verbindung mit der Formatierung von Zellen und Tabellen kennengelernt. Allerdings ist die Gestaltung der Tabelle beispielsweise mit abwechselnden Zeilenfarben, Linien und Hervorhebung der Überschriftenzeile nicht das einzige Ergebnis, sondern bringt eine Reihe weiterer Vorteile mit sich.

Sie erzeugen dadurch eine dynamische oder „intelligente" Tabelle, in früheren Excel-Versionen auch als Liste bezeichnet, das bedeutet:

- Beim Anfügen weiterer Zeilen und/oder Spalten wird auch der Tabellenbereich automatisch angepasst, dies gilt auch für das Löschen.
- Sämtliche Formatierungen und Formeln werden in neue, am Ende hinzugefügte, Zeilen übernommen.
- Zum schnellen Sortieren und Filtern erscheinen in den Spaltenüberschriften Filterschaltflächen.

Tabelle erstellen

Eine bestehende Tabelle umwandeln

Kundendaten.xlsx, Arbeitsblatt **Ausgangstabelle**

1 Wenn Sie eine bereits bestehende Tabelle umwandeln möchten, dann genügt es, wenn Sie zuvor auf eine beliebige Zelle innerhalb des Tabellenbereichs klicken, der Tabellenbereich wird in den meisten Fällen automatisch erkannt. Anschließend gibt es zwei Möglichkeiten:

- Über das Register *Start*, Gruppe *Formatvorlagen* und die Schaltfläche *Als Tabelle formatieren* ❶. Excel öffnet einen Katalog verschiedener Vorlagen und Sie brauchen nur auf die gewünschte Vorlage ❷ klicken.

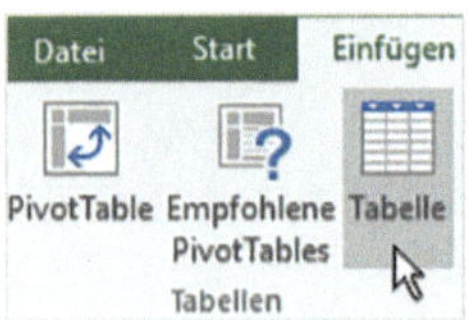

- Als zweite Möglichkeit klicken Sie im Register *Einfügen*, Gruppe *Tabellen*, auf die Schaltfläche *Tabelle* oder betätigen die Tastenkombination Strg+L Im Gegensatz zum Register *Start* erscheint hier kein Vorlagenkatalog, sondern die Tabelle wird zunächst mit der Standardvorlage formatiert. Diese lässt sich jedoch nachträglich jederzeit ändern.

2 In beiden Fällen öffnet sich anschließend das Fenster *Tabelle erstellen* und fordert Sie auf, den Datenbereich für die Tabelle anzugeben. Dieser wird in den meisten Fällen automatisch erkannt. Im Gegensatz dazu wird eine vorhandene Überschriftzeile nicht immer korrekt erkannt, kontrollieren und aktivieren Sie daher unbedingt das Kontrollkästchen *Tabelle hat Überschriften* ❸.

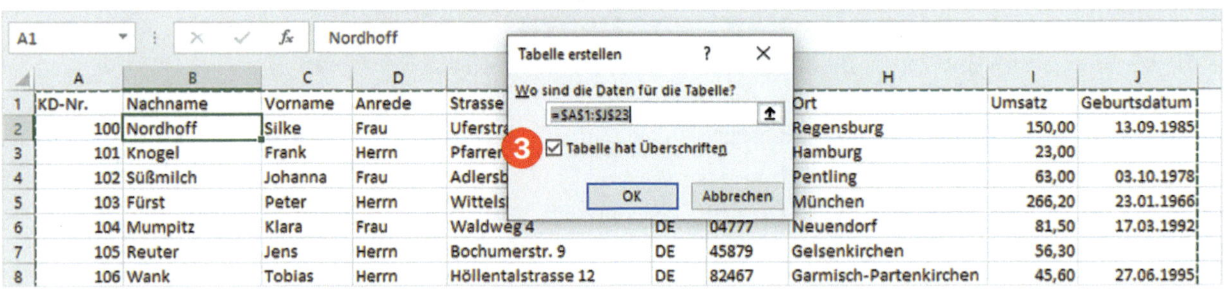

Das Ergebnis sehen Sie im Bild unten. Neben der Formatierung haben die Überschriften zusätzliche Filterschaltflächen erhalten, Näheres hierzu auf Seite 266.

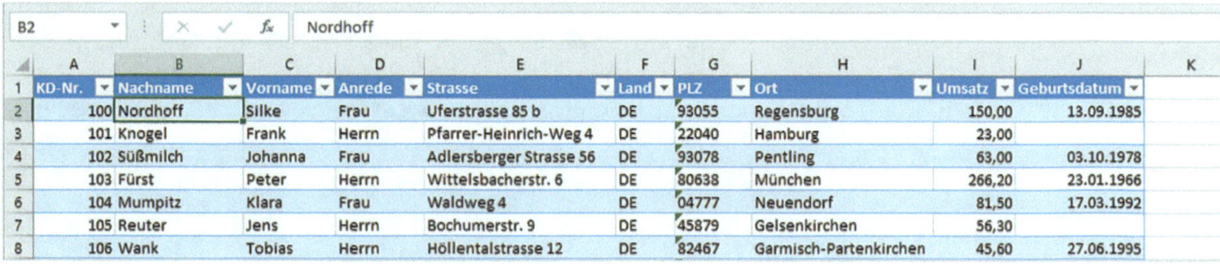

B2 Nordhoff

	KD-Nr.	Nachname	Vorname	Anrede	Strasse	Land	PLZ	Ort	Umsatz	Geburtsdatum
2	100	Nordhoff	Silke	Frau	Uferstrasse 85 b	DE	93055	Regensburg	150,00	13.09.1985
3	101	Knogel	Frank	Herrn	Pfarrer-Heinrich-Weg 4	DE	22040	Hamburg	23,00	
4	102	Süßmilch	Johanna	Frau	Adlersberger Strasse 56	DE	93078	Pentling	63,00	03.10.1978
5	103	Fürst	Peter	Herrn	Wittelsbacherstr. 6	DE	80638	München	266,20	23.01.1966
6	104	Mumpitz	Klara	Frau	Waldweg 4	DE	04777	Neuendorf	81,50	17.03.1992
7	105	Reuter	Jens	Herrn	Bochumerstr. 9	DE	45879	Gelsenkirchen	56,30	
8	106	Wank	Tobias	Herrn	Höllentalstrasse 12	DE	82467	Garmisch-Partenkirchen	45,60	27.06.1995

Tabelle vor Eingabe der ersten Daten erstellen

Möchten Sie dagegen die Tabelle vor Eingabe der ersten Daten erstellen, dann markieren Sie die Zelle in der linken oberen Ecke Ihrer künftigen Tabelle, z. B. A1, und klicken dann entweder auf *Einfügen* ▶ *Tabelle* oder im Register *Start* auf *Als Tabelle formatieren.* Aktivieren Sie anschließend das Kontrollkästchen *Tabelle hat Überschriften* und klicken Sie auf *OK*.

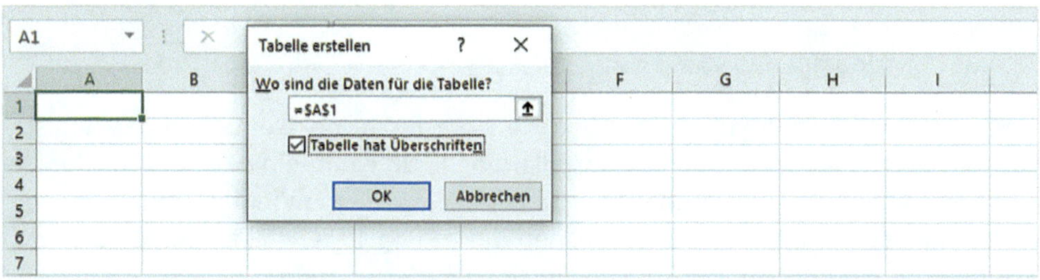

Überschreiben Sie nun die erste Überschrift *Spalte1* und geben Sie rechts daneben die nächste Überschrift ein. Der Tabellenbereich erweitert sich automatisch und das Tabellenformat wird in alle neu hinzugefügten Spalten und Zeilen übernommen.

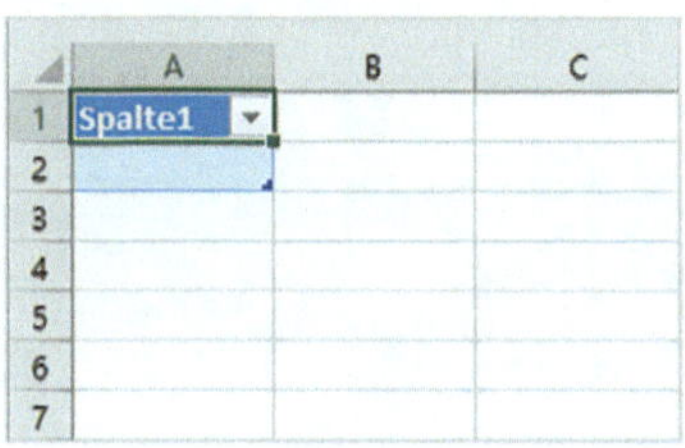

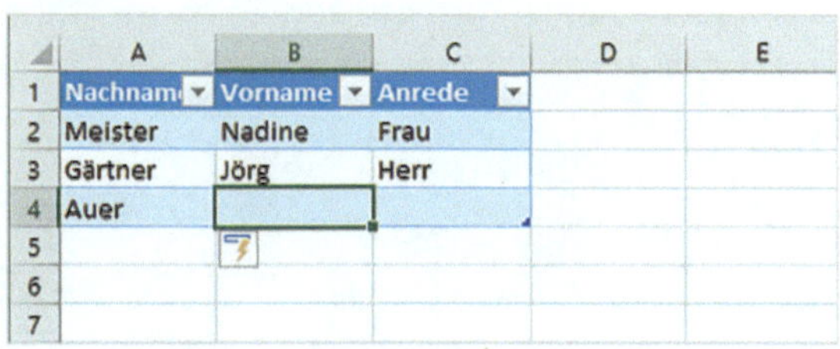

Das Tabellenformat wird automatisch in alle neu hinzugefügten Zeilen und Spalten übernommen, dies gilt auch für abwechselnde Zeilenfarben.

Tabellenbereich erweitern, Zeilen und Spalten anfügen

Die Begrenzung des Tabellenbereichs einer solchen intelligenten Tabelle ist leicht an der kleinen blauen Marke in der rechten unteren Ecke der Tabelle zu erkennen, siehe Bild rechts. Sobald Sie darauf zeigen, erscheint als Mauszeiger ein Doppelpfeil und Sie können auch durch Ziehen mit gedrückter Maustaste den Bereich beliebig vergrößern oder verkleinern. Dies dürfte allerdings nur selten erforderlich sein, da sich der Bereich bei der Eingabe automatisch anpasst.

Zum Hinzufügen weiterer Datensätze klicken Sie in die nächste freie Zeile unterhalb des Tabellenbereichs. Sobald Sie die Eingabe in die erste Zelle mit der Tab-Taste oder Enter-Taste abgeschlossen haben, wird der Tabellenbereich automatisch erweitert und alle Formatierungen übernommen, dies gilt auch für abwechselnde Zeilenfarben.

Hinweis: Falls Sie ausnahmsweise die Tabelle nicht erweitern möchten, so klicken Sie auf das kleine Symbol, das während der Eingabe unterhalb der letzten Zeile erscheint und machen die automatische Erweiterung rückgängig (siehe Bild oben).

Tabelle mit Vorlagen formatieren

Zusammen mit einer dynamischen Tabelle steht Ihnen im Menüband das Register *Tabellentools* - *Entwurf* zur Verfügung, allerdings nur, wenn eine Zelle dieser Tabelle markiert ist. Wenn Sie die Formatierung der Tabelle ändern möchten, dann benutzen Sie am besten die Tabellenformatvorlagen dieses Registers. Klicken Sie auf den Pfeil *Weitere* , um den gesamten Katalog auf einen Blick zu öffnen.

Im selben Register können Sie über die Kontrollkästchen der Gruppe *Tabellenformatoptionen* steuern, ob Sie besondere Formate, z. B. für die Überschrift- bzw. *Kopfzeile* oder *Erste* und *Letzte Spalte* übernehmen möchten. Dies betrifft nur Farben und Linien, vorhandene Zahlenformate und Zellausrichtungen werden dadurch nicht geändert.

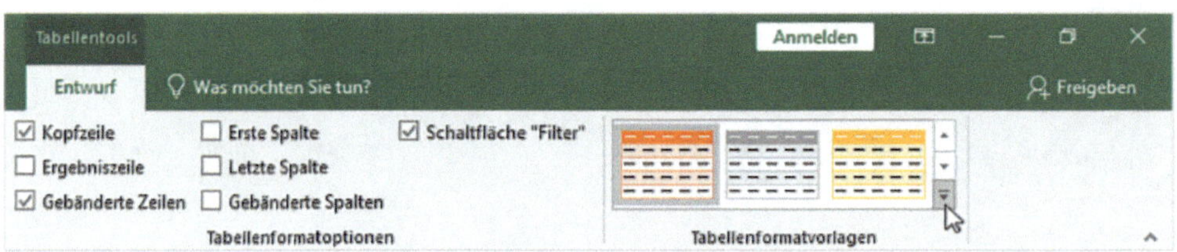

Tipps

- Wenn Sie die Filterschaltflächen in den Überschriften als störend empfinden, dann deaktivieren Sie diese über das Kontrollkästchen *Schaltfläche „Filter“* oder über die Schaltfläche *Filter* im Register *Daten*. Näheres zum Thema Filter lesen Sie auf Seite 266.
- Falls Ihnen die Formatvorlagen zu „bunt“ sind: Im Katalog *Tabellenformatvorlagen* finden Sie in der linken oberen Ecke die Vorlage *Keine*. Diese entfernt alle Formate, der dynamische Tabellenbereich bleibt aber trotzdem erhalten.

Formeln in intelligenten Tabellen

Klar, dass Sie in intelligenten Tabellen auch Berechnungen mit Formeln anstellen können und dies sogar komfortabler als in normalen Tabellen.

Beispiel: Sie haben der Tabelle im Bild unten nachträglich die Spalte Gesamt hinzugefügt und möchten hier den Gesamtpreis berechnen.

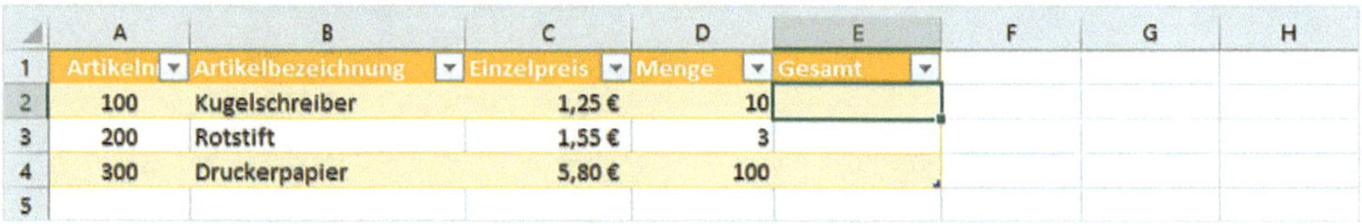

Sobald Sie während der Formeleingabe auf eine Zelle klicken, hier C2 und D2, erscheint statt des Zellbezug ein strukturierter Verweis auf die Spalte wie im Bild unten.

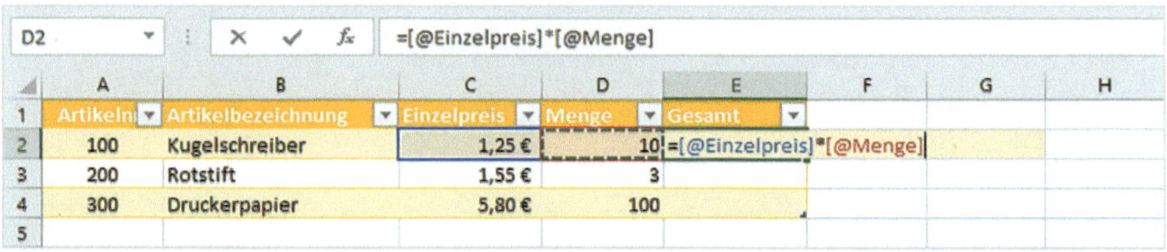

Schließen Sie die Formeleingabe mit der Enter-Taste ab, so wird die Formel anschließend automatisch in die gesamte Spalte kopiert. Auch beim Hinzufügen weiterer Datensätze wird die Formel automatisch übernommen.

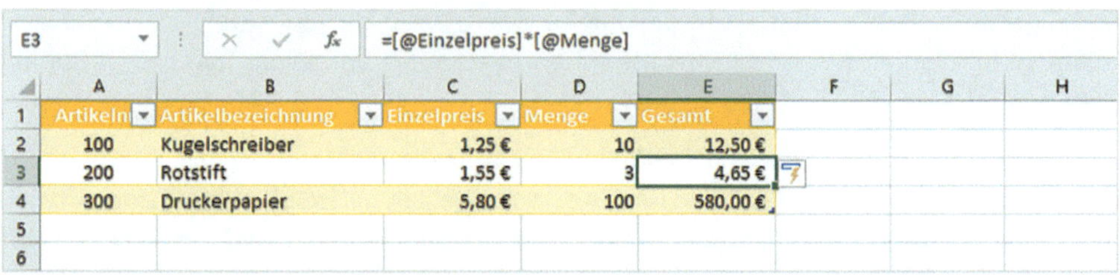

Tabelle in normalen Zellbereich umwandeln

Falls Sie eine intelligente bzw. dynamische Tabelle nachträglich wieder in einen normalen Zellbereich umwandeln möchten, dann klicken Sie in eine beliebige Zelle innerhalb des Tabellenbereichs und im Register *Tabellentools - Entwurf* auf die Schaltfläche *In Bereich konvertieren*. Denselben Befehl erhalten Sie auch über die rechte Maustaste, wenn Sie im Kontextmenü auf *Tabelle* zeigen.

Achtung: Alle Daten, Formeln und Formate der Tabelle bleiben erhalten, strukturierte Verweise in Formeln werden in normale Zellbezüge umgewandelt. Wenn Sie auch die Tabellenformate wie Linien und abwechselnde Zeilenfarben entfernen möchten, dann müssen Sie zuerst die Formatvorlage *Keine* (siehe oben) auswählen und erst danach die Tabelle in einen normalen Zellbereich konvertieren..

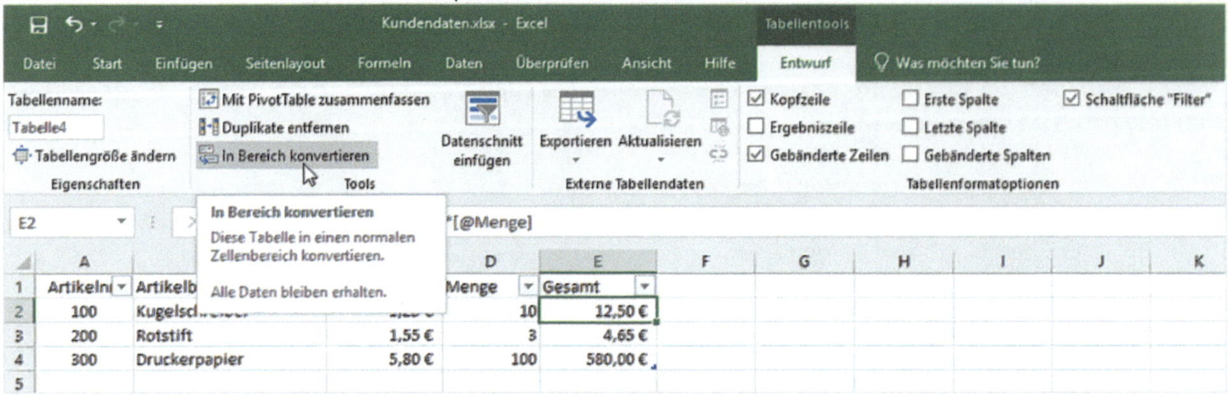

10.5 Tabellen sortieren

Was Sie beim Sortieren beachten sollten

Eine Tabelle kann nach Textinhalten, Zahlen und Datumswerten sortiert werden; auch die gleichzeitige Verwendung mehrerer Kriterien ist möglich. Wenn Sie die Tabelle als intelligente Tabelle formatiert haben, siehe oben, dann gestaltet sich die Sortierung einfach. In allen anderen Fällen sollten Sie vor dem Sortieren die folgenden Punkte beachten.

- **Vorsicht bei mehreren Überschriftzeilen und Summen in der letzten Tabellenzeile**
  Eine einzige Überschriftzeile wird normalerweise von Excel erkannt und nicht in die Sortierung einbezogen. Enthält Ihre Tabelle dagegen mehrere Überschriftzeilen oder Summen in der letzten Tabellenzeile, dann verwenden Sie besser die benutzerdefinierte Sortierung (siehe weiter unten).
- **Vorsicht bei Leerzeilen**
  Zwischen Überschrift und Datensätzen sollte sich keine leere Zeile befinden, da sonst entweder nicht sortiert wird oder die Überschrift in die Sortierung einbezogen wird. Die Tabelle sollte auch keine leeren Zeilen und/oder Spalten innerhalb des Tabellenbereichs aufweisen, da hier die Sortierung unterbrochen wird. Auch in diesem Fall müssen Sie auf die benutzerdefinierte Sortierung zurückgreifen.
- **Markieren Sie zum Sortieren niemals eine einzige Tabellenspalte.**
  In diesem Fall erfolgt die Sortierung ausschließlich innerhalb der markierten Spalte und die Datensätze (Zeilen) werden nicht vollständig sortiert! Excel macht Sie mit einer Sortierwarnung darauf aufmerksam, wählen Sie in solchen Fällen entweder die Option *Markierung erweitern* oder brechen Sie die Sortierung ab.

- **Alte Reihenfolge wiederherstellen?**
  Überlegen Sie, ob Sie später wieder die ursprüngliche Reihenfolge benötigen. Zu diesem Zweck ist eine Spalte mit einer fortlaufenden Nummerierung nützlich, z. B. eine Kundennummer. Falls nötig, sollten Sie diese nachträglich noch hinzufügen.

Einfaches Sortieren

Im einfachsten Fall enthält Ihre Tabelle nur eine einzige Überschriftenzeile oder Sie haben die Tabelle als intelligente Tabelle formatiert (siehe Seite 261). Wenn Sie außerdem nur nach einer einzigen Spalte sortieren möchten, dann benutzen Sie zum Sortieren die Schaltflächen mit dem kleinen Pfeil nach unten neben den Überschriften:

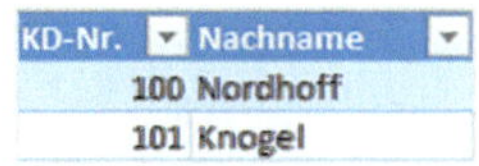

- Haben Sie die Tabelle als intelligente Tabelle formatiert, dann sind diese Schaltflächen ❶ neben den Spaltenüberschriften automatisch sichtbar.
- Ist dies nicht der Fall, dann können Sie diese einblenden, indem Sie eine beliebige Zelle des Tabellenbereichs markieren und dann im Register *Daten* auf die Schaltfläche *Filtern* ❷ klicken.

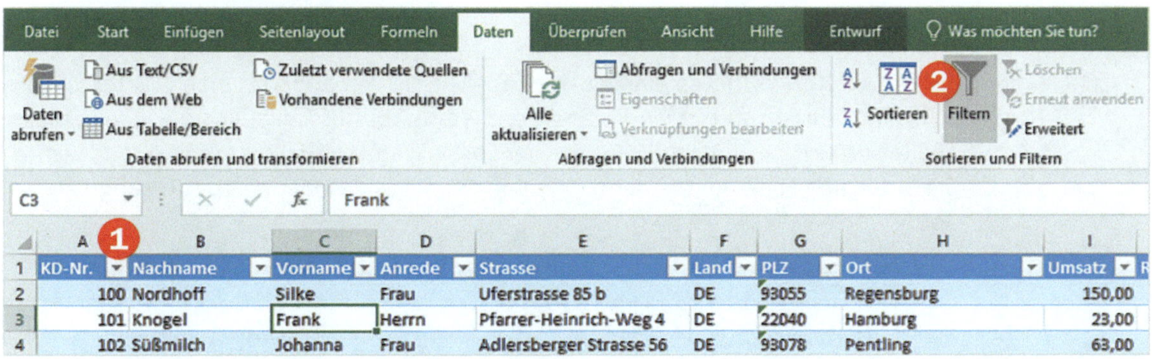

Mit derselben Schaltfläche blenden Sie die Filterschaltflächen auch wieder aus, wenn diese nicht mehr benötigt werden oder stören.

Die Filterschaltflächen werden manchmal auch als AutoFilter bezeichnet.

Zum Sortieren klicken Sie einfach auf die Filterschaltfläche in der Überschrift der betreffenden Spalte, im Bild unten Nachname, und wählen zwischen *Von A bis Z sortieren* (aufsteigend) und *Von Z bis A sortieren* (absteigend). Nach welcher Spalte sortiert wurde, ist am kleinen Pfeil auf der Filterschaltfläche leicht zu erkennen.

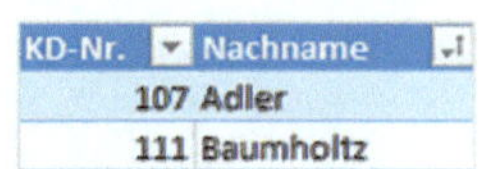

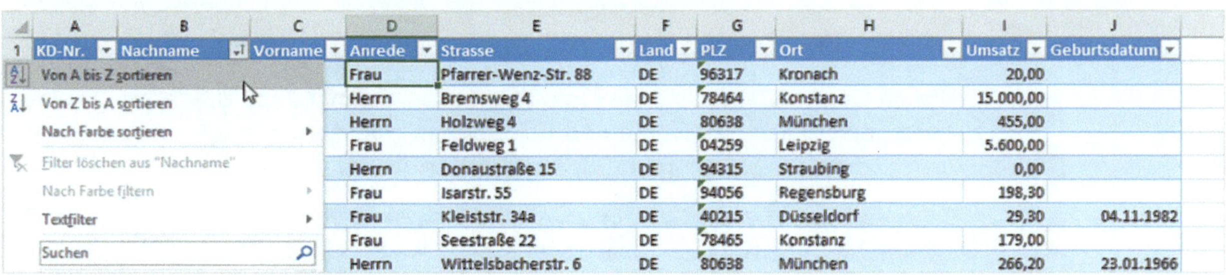

Weitere einfache Sortiermöglichkeiten

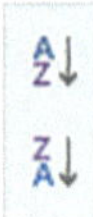

Im Register *Daten* finden Sie ebenfalls zwei Schaltflächen zum Sortieren. Wenn Sie diese in einfachen Tabellen statt der Filterschaltflächen benutzen möchten, dann klicken Sie auf eine beliebige Zelle der Spalte, nach der Sie sortieren möchten und benutzen die Symbole *Aufsteigend sortieren* oder *Absteigend sortieren*.

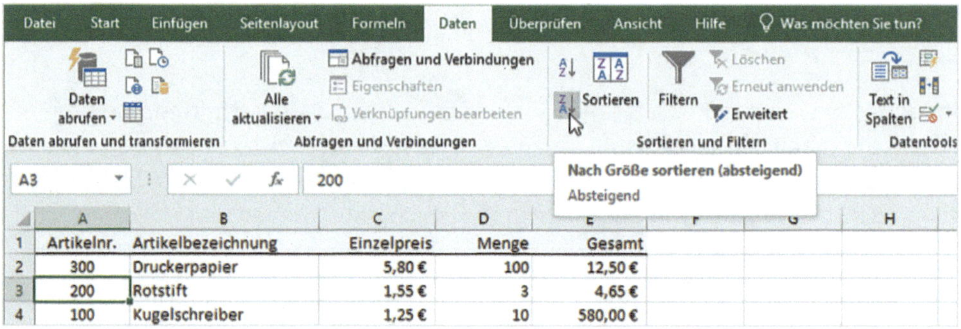

Dieselben Befehle bzw. Symbole finden Sie auch im Register *Start*, Gruppe *Bearbeiten*, wenn Sie auf die Schaltfläche *Sortieren und Filtern* klicken.

So bitte nicht sortieren!

Sollten Sie zum Sortieren eine einzige Tabellenspalte markiert haben, wie im Bild unten, dann würden statt der vollständigen Datensätze ausschließlich die Inhalte dieser Spalte sortiert. Excel macht Sie mit einer Sortierwarnung darauf aufmerksam, wählen Sie in solchen Fällen entweder die Option *Markierung erweitern* oder brechen Sie die Sortierung ab.

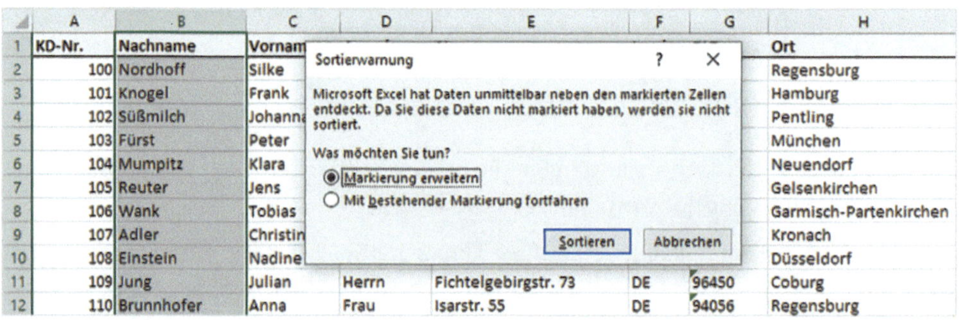

Tabelle nach mehreren Kriterien sortieren

Wollen Sie eine Liste nach mehreren Kriterien sortieren, beispielsweise wie in einem Telefonbuch nach Nachname und bei gleichen Nachnamen auch nach Vornamen, dann verwenden Sie die benutzerdefinierte Sortierung.

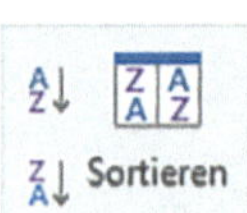

1 Markieren Sie eine beliebige Zelle innerhalb der Tabelle und klicken Sie im Register *Daten* auf die Schaltfläche *Sortieren* ❶. Enthält Ihre Tabelle mehrere Überschriftzeilen, die nicht in die Sortierung einbezogen werden sollen, dann müssen Sie zuvor den zu sortierenden Tabellenbereich markieren.

2 Im Dialogfenster *Sortieren* kontrollieren Sie zunächst, ob die Überschriftzeile erkannt wurde. Dazu befindet sich in der oberen rechten Ecke das Kontrollkästchen *Daten haben Überschriften* ❷. Bei einer intelligenten Tabelle erübrigt sich dies, dann ist das Kästchen inaktiv, wie im Bild unten.

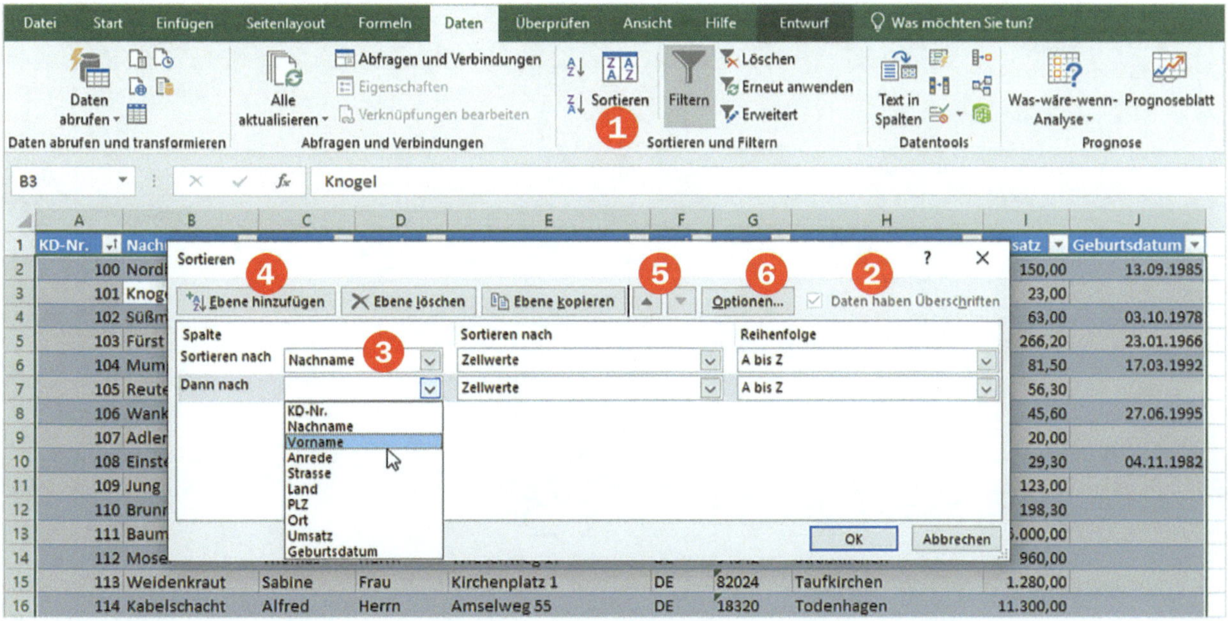

3 Klicken Sie im Feld *Sortieren nach* auf den Dropdown-Pfeil und wählen Sie das Hauptsortierkriterium, in diesem Beispiel Nachname ❸. Daneben legen Sie die Reihenfolge (aufsteigend oder absteigend) fest.

4 Da anschließend nach Vornamen sortiert werden soll, so klicken Sie auf die Schaltfläche *Ebene hinzufügen* ❹ und wählen dann in der zweiten Zeile die Spalte Vorname aus.

5 Klicken Sie auf *OK*, um die Sortierung zu starten.

Die weiteren Möglichkeiten des Fensters Sortieren

- Um die Rangfolge der Sortierkriterien zu ändern, klicken Sie auf die Pfeile ❺.
- Mit *Ebene löschen* entfernen Sie die markierte Sortierung.
- Über die Schaltfläche *Optionen...* ❻ können Sie außerdem festlegen, ob Groß- und Kleinschreibung berücksichtigt werden soll. Eine weitere Möglichkeit, nämlich die Sortierung von Spalten anstelle von Zeilen finden Sie hier ebenfalls.

Tabelle mit zwei und mehr Überschriftzeilen sortieren

In vielen Fällen weist eine Tabelle zwei oder mehr Überschriftzeilen auf, wie im Bild unten. Meist sind einige davon auch noch verbundene Zellen. Wenn Sie versuchen, die Tabelle mit den Schaltflächen *Aufsteigend* oder *Absteigend* (Register *Daten*) zu sortieren, dann erhalten Sie eine Fehlermeldung. Um die Tabelle trotzdem nach den Gesamtumsätzen zu sortieren, markieren Sie den zu sortierenden Zellbereich, im Bild A3:E11 und klicken im Register *Daten* auf *Sortieren*.

Diese Tabelle ist auch als Download verfügbar:

Uebungsdaten_sortieren.xlsx

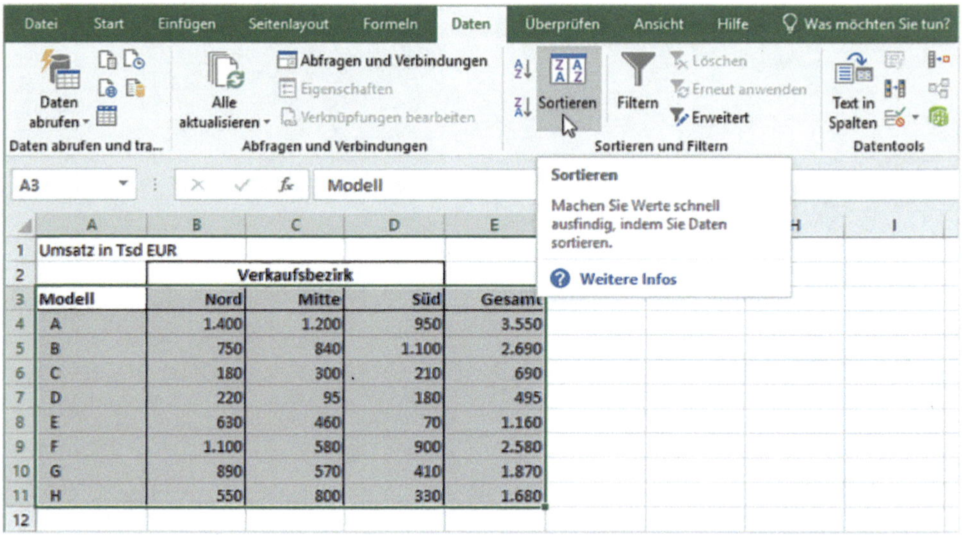

Modell	Nord	Mitte	Süd	Gesamt
A	1.400	1.200	950	3.550
B	750	840	1.100	2.690
C	180	300	210	690
D	220	95	180	495
E	630	460	70	1.160
F	1.100	580	900	2.580
G	890	570	410	1.870
H	550	800	330	1.680

Wählen Sie dann im Feld *Sortieren nach* die Spalte Gesamt aus und daneben die gewünschte Reihenfolge. Achten Sie darauf, dass das Kontrollkästchen *Daten haben Überschriften* aktiviert ist und klicken Sie auf *OK*.

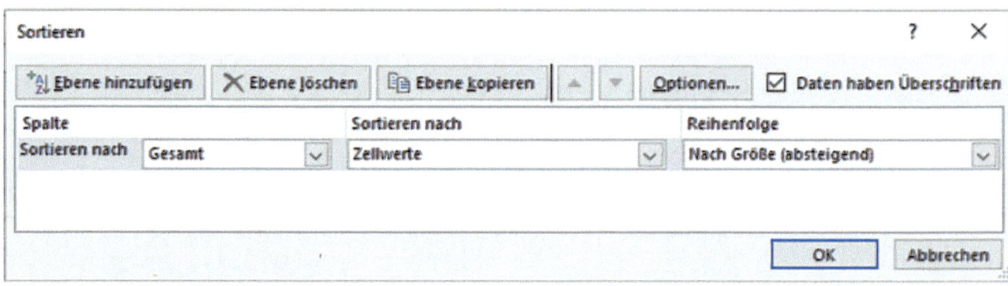

Nach Farben sortieren

In der Regel werden Listen nach ihren Werten sortiert. Excel unterstützt aber auch eine Sortierung nach Zellenfarbe, Schriftfarbe oder Zellensymbolen. Dadurch ist es beispielsweise möglich, auch Zellen die Sie durch eine bedingte Formatierung hervorgehoben haben, zu sortieren. Als Beispiel wurden im Bild unten mithilfe der bedingten Formatierung alle Gesamtumsätze ab 2.500 € mit grüner Hintergrundfarbe formatiert, alle Umsätze zwischen 1.200 und 2.500 mit gelber Farbe und alle Umsätze darunter mit roter Farbe. Die Tabelle soll jetzt nach den Farben des Gesamtumsatzes sortiert werden.

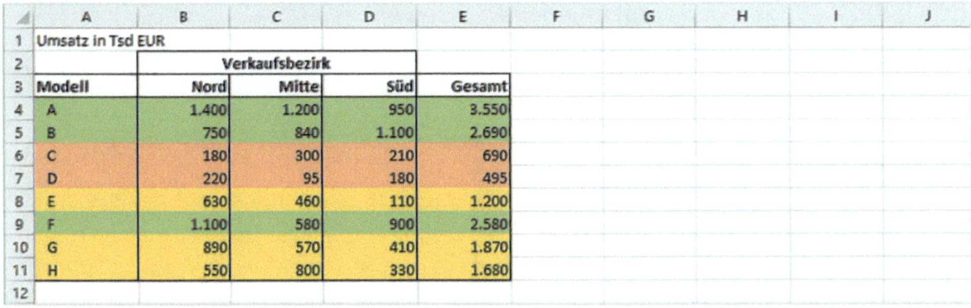

Umsatz in Tsd EUR				
	Verkaufsbezirk			
Modell	Nord	Mitte	Süd	Gesamt
A	1.400	1.200	950	3.550
B	750	840	1.100	2.690
C	180	300	210	690
D	220	95	180	495
E	630	460	110	1.200
F	1.100	580	900	2.580
G	890	570	410	1.870
H	550	800	330	1.680

Diese Tabelle ist auch als Download verfügbar:

Uebungsdaten_sortieren.xlsx

Blatt Ergebnis

1 Markieren Sie die Tabelle einschließlich der Überschriftzeile und klicken Sie im Register *Daten* auf die Schaltfläche *Sortieren*.

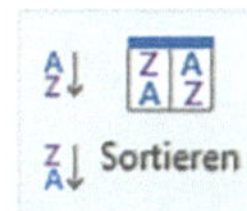

2 Im Dialogfenster *Sortieren* wählen Sie die Spalte Gesamt aus ❶ und unter *Sortieren nach* anstelle von Werten *Zellenfarbe* ❷. Klicken Sie dann unter *Reihenfolge* auf den Pfeil und wählen Sie die erste Farbe aus, in diesem Beispiel grün.

3 Klicken Sie auf *Ebene hinzufügen* und wählen Sie erneut die Spalte Gesamt aus sowie *Sortieren nach Zellenfarbe*. Klicken Sie unter *Reihenfolge* auf den Pfeil und wählen Sie die zweite Farbe, hier gelb.

4 Fügen Sie für die dritte Farbe eine weitere Ebene hinzu, wählen Sie wieder die Spalte Gesamt und unter *Sortieren nach* die *Zellenfarbe*. Dieser Ebene weisen Sie die dritte Farbe, rot, zu ❸.

Hinweis: Diese Tabelle könnte im Prinzip nach jeder Spalte sortiert werden, da die Farbe jeweils der gesamten Zeile zugewiesen wurde.

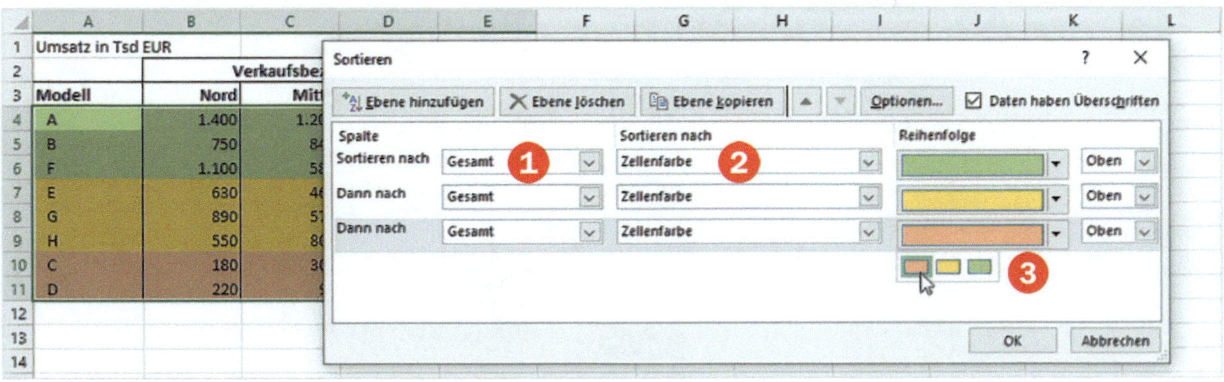

Hinweis: Die Auswahl *Oben* kann für alle Farben beibehalten werden. Dies bedeutet, die Sortierung der Farben erfolgt von oben nach unten, entsprechend der Reihenfolge der Ebenen, wobei grün die erste Farbe bildet. Falls Sie die Sortierung umkehren möchten, müssten Sie in diesem Beispiel für alle Ebenen *Unten* auswählen.

10.6 Tabellen filtern

Filtern bedeutet im Gegensatz zum Suchen, es werden nur bestimmte Datensätze angezeigt, alle übrigen sind vorübergehend ausgeblendet.

Einfache Filter anwenden

Siehe Seite 266.

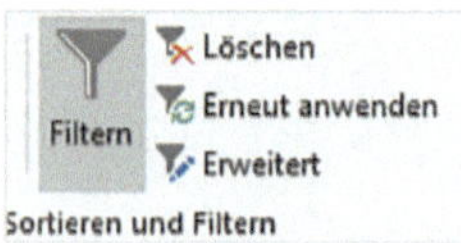

Am einfachsten und schnellsten filtern Sie eine Tabelle mit den Filterschaltflächen der Spaltenüberschriften, auch als AutoFilter bezeichnet. Diese haben Sie bereits zusammen mit der Sortierung kennengelernt. Die Filterschaltflächen sind normalerweise automatisch vorhanden, wenn der Zellbereich als Tabelle formatiert wurde; andernfalls klicken Sie zum Einblenden im Register *Daten* auf die Schaltfläche *Filtern*. Mit derselben Schaltfläche blenden Sie die Filterschaltflächen auch wieder aus.

Auch beim Filtern gilt: Enthält Ihre Tabelle zwei oder mehr Überschriftzeilen, dann müssen Sie zunächst den zu filternden Tabellenbereich zusammen mit einer einzigen Überschriftzeile markieren, bevor Sie auf *Filtern* klicken.

Filterkriterien auswählen

1 Klicken Sie auf die Filterschaltfläche der Spalte, nach der Sie filtern möchten.

2 Deaktivieren Sie dann zunächst das Kontrollkästchen *(Alles auswählen)* und aktivieren Sie nur die Kästchen der gewünschten Filterkriterien. Im Beispiel unten in der Spalte Land das Land Österreich (AT).

3 Zum Anwenden des Filters klicken Sie auf *OK*.

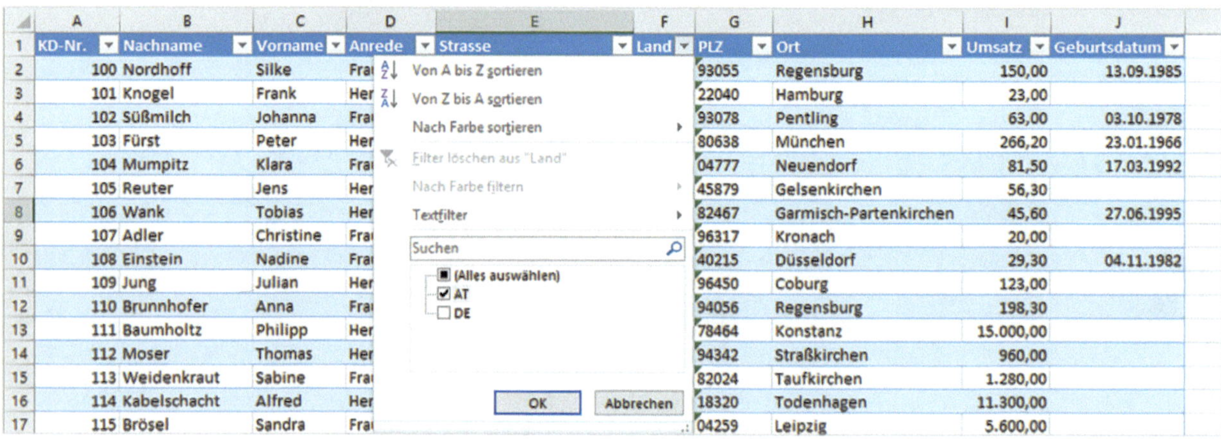

Eine gefilterte Tabelle erkennen Sie an der unterbrochenen Zeilennummerierung ❶ und am Filtersymbol ❷ in der Überschrift der betreffenden Spalte.

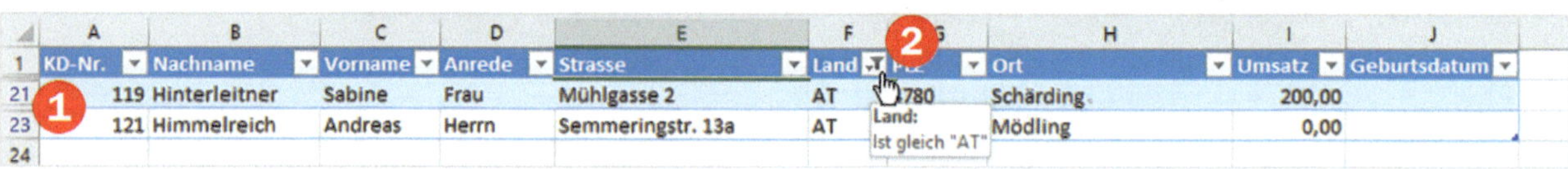

Tipp: Beim Zeigen auf die Filterschaltfläche der betreffenden Spalte wird eine Kurzinfo mit den verwendeten Filterkriterien sichtbar.

Sie können mit dieser Methode auch mehrere Filter miteinander kombinieren.

Tipp: Gefilterte Tabelle kopieren

Gefilterte Datensätze lassen sich in die Zwischenablage kopieren und in ein anderes Tabellenblatt oder eine andere Arbeitsmappe einfügen. Nützlich, wenn Sie beispielsweise nur bestimmte Daten weitergeben möchten.

Beispiel: Sie haben aus einer Adressentabelle alle Frauen in Deutschland herausgefiltert und möchten diese zur weiteren Verwendung in ein gesondertes Arbeitsblatt kopieren. So gehen Sie vor:

1 Zunächst filtern Sie die Tabelle nach den benötigten Kriterien, hier Land und Anrede.

2 Markieren Sie dann den gefilterten Tabellenbereich und klicken Sie im Register *Start* ▶ *Zwischenablage* auf *Kopieren* oder betätigen Sie die Tasten Strg+C.

An den gestrichelten Laufrahmen, wie im Bild unten, erkennen Sie, dass nicht die gesamte Tabelle sondern nur die gefilterten Zeilen kopiert werden.

	A	B	C	D	E	F	G	H	I	J
1	KD-Nr.	Nachname	Vorname	Anrede	Strasse	Land	PLZ	Ort	Umsatz	Geburtsdatum
2	100	Nordhoff	Silke	Frau	Uferstrasse 85 b	DE	93055	Regensburg	150,00	13.09.1985
4	102	Süßmilch	Johanna	Frau	Adlersberger Strasse 56	DE	93078	Pentling	63,00	03.10.1978
6	104	Mumpitz	Klara	Frau	Waldweg 4	DE	04777	Neuendorf	81,50	17.03.1992
9	107	Adler	Christine	Frau	Pfarrer-Wenz-Str. 88	DE	96317	Kronach	20,00	
10	108	Einstein	Nadine	Frau	Kleiststr. 34a	DE	40215	Düsseldorf	29,30	04.11.1982
12	110	Brunnhofer	Anna	Frau	Isarstr. 55	DE	94056	Regensburg	198,30	
15	113	Weidenkraut	Sabine	Frau	Kirchenplatz 1	DE	82024	Taufkirchen	1.280,00	
17	115	Brösel	Sandra	Frau	Feldweg 1	DE	04259	Leipzig	5.600,00	
20	118	Fischbach	Josefa	Frau	Seestraße 22	DE	78465	Konstanz	179,00	
24										

3 Markieren Sie im zweiten Tabellenblatt die Zelle, ab der die gefilterten Datensätze eingefügt werden sollen, z. B. A1 und klicken Sie auf *Start* ▶ *Zwischenablage* ▶ *Einfügen* oder betätigen Sie die Tasten Strg+V.

	A	B	C	D	E	F	G	H	I	J	K
1	KD-Nr.	Nachname	Vorname	Anrede	Strasse	Land	PLZ	Ort	Umsatz	Geburtsdatum	
2	100	Nordhoff	Silke	Frau	Uferstrasse 85 b	DE	93055	Regensburg	150,00	13.09.1985	
3	102	Süßmilch	Johanna	Frau	Adlersberger Strasse 56	DE	93078	Pentling	63,00	03.10.1978	
4	104	Mumpitz	Klara	Frau	Waldweg 4	DE	04777	Neuendorf	81,50	17.03.1992	
5	107	Adler	Christine	Frau	Pfarrer-Wenz-Str. 88	DE	96317	Kronach	20,00		
6	108	Einstein	Nadine	Frau	Kleiststr. 34a	DE	40215	Düsseldorf	29,30	04.11.1982	
7	110	Brunnhofer	Anna	Frau	Isarstr. 55	DE	94056	Regensburg	198,30		
8	113	Weidenkraut	Sabine	Frau	Kirchenplatz 1	DE	82024	Taufkirchen	1.280,00		
9	115	Brösel	Sandra	Frau	Feldweg 1	DE	04259	Leipzig	5.600,00		
10	118	Fischbach	Josefa	Frau	Seestraße 22	DE	78465	Konstanz	179,00		
11											

Filter aus Tabelle entfernen

Das Symbol *Löschen* entfernt nebenbei auch alle Sortierungen aus der Tabelle.

Alle Filter entfernen

Zum Entfernen aller Filter klicken Sie im Register *Daten* neben der Schaltfläche *Filter* auf das Symbol *Löschen*. Vorsicht dagegen mit der Schaltfläche *Filtern*: Wenn Sie diese deaktivieren, dann entfernen Sie nicht nur alle Filter, sondern blenden gleichzeitig die Filterschaltflächen aus.

Einzelne Filter entfernen

Haben Sie mehrere Filter angewendet und möchten nur einen bestimmten löschen, dann klicken Sie auf die Filterschaltfläche der betreffenden Spalte und hier auf *Filter löschen aus ....*

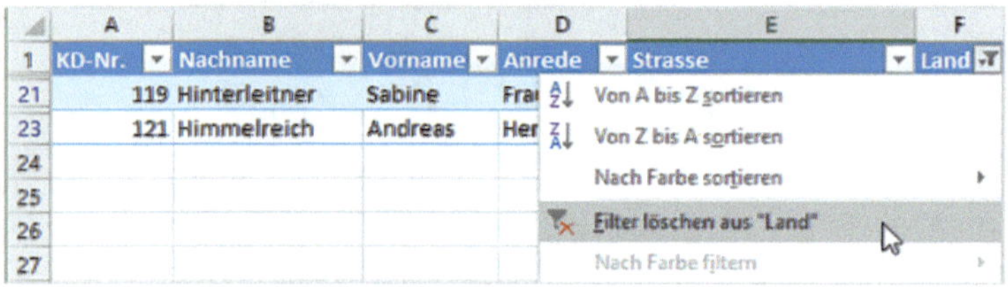

Filterkriterien definieren

Nicht in jedem Fall eignet sich eine einfache Auswahl per Kontrollkästchen. Für Zahlen- und Datumswerte ist es sinnvoller, eigene Filterkriterien zu definieren.

Beispiel Zahlenfilter: Sie möchten alle Kunden mit einem Umsatz von 500 € oder mehr herausfiltern. Dazu klicken Sie auf den Filterpfeil der Spalte Umsatz ❶, zeigen auf *Zahlenfilter* ❷ und klicken auf den gewünschten Vergleich, hier *Größer oder gleich…* ❸. Geben Sie anschließend im Fenster *Benutzerdefinierter AutoFilter* den Vergleichswert 500 ein ❹ und klicken Sie auf *OK*.

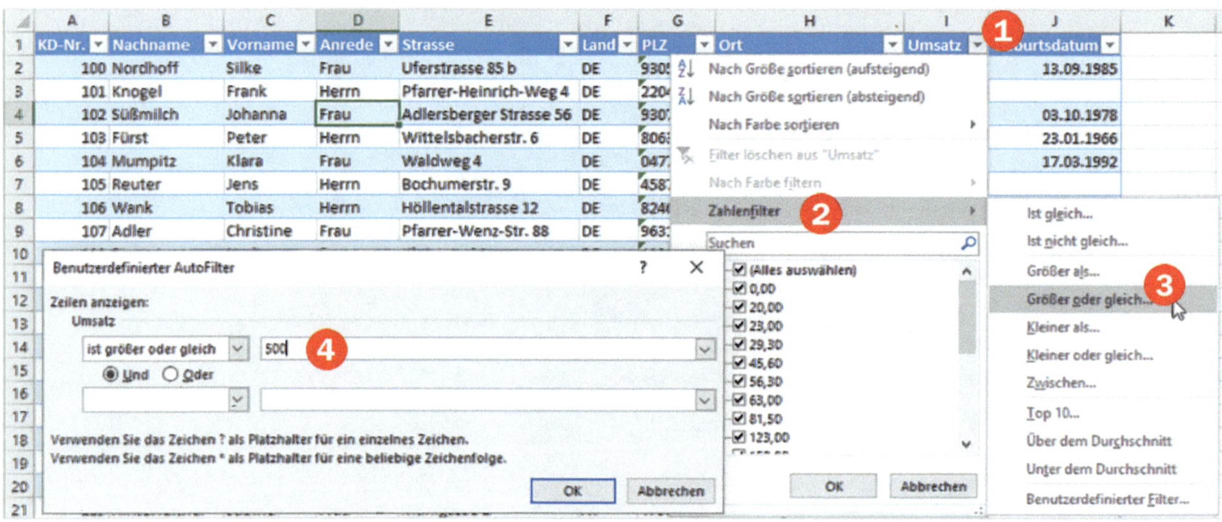

Textfilter, Beispiel Postleitzahlenbereiche

Mit der oben genannten Methode können Sie auch nach Textinhalten filtern. Ob beim Klick auf den Filterpfeil einer Spaltenüberschrift *Zahlenfilter*, *Textfilter* oder *Datumsfilter* angeboten werden, hängt von Inhalt bzw. Format der jeweiligen Spalte ab.

Da Postleitzahlen meist als Text formatiert werden, damit auch eine führende 0 angezeigt wird, hier als zweites Beispiel ein Textfilter nach Postleitzahlenbereichen. Wurden dagegen die Postleitzahlen als Zahlen unter Verwendung eines geeigneten Zahlenformats eingegeben, so müssen Sie als Zahlenfilter die Kriterien *ist größer als* und *ist kleiner oder gleich* mit den entsprechenden Vergleichswerten verwenden.

Ausgangssituation: Sie möchten aus der abgebildeten Tabelle für ein Mailing alle Adressen der Postleitzahlenbereiche 8 und 9 filtern.

1 Klicken Sie dazu auf die Filterschaltfläche der Spalte PLZ, zeigen auf *Textfilter* und wählen *Benutzerdefinierter Filter...*.

2 Im Fenster *Benutzerdefinierter Autofilter* legen Sie nun die Filterkriterien fest. Klicken Sie auf den Dropdown-Pfeil, wählen Sie *beginnt mit* und geben Sie im Feld daneben 8 ein.

3 Für den zweiten Postleitzahlenbereich aktivieren Sie unterhalb die Option *Oder*. Wählen Sie dann im Feld darunter nochmals *beginnt mit* aus, geben Sie daneben 9 ein und klicken Sie auf *OK*.

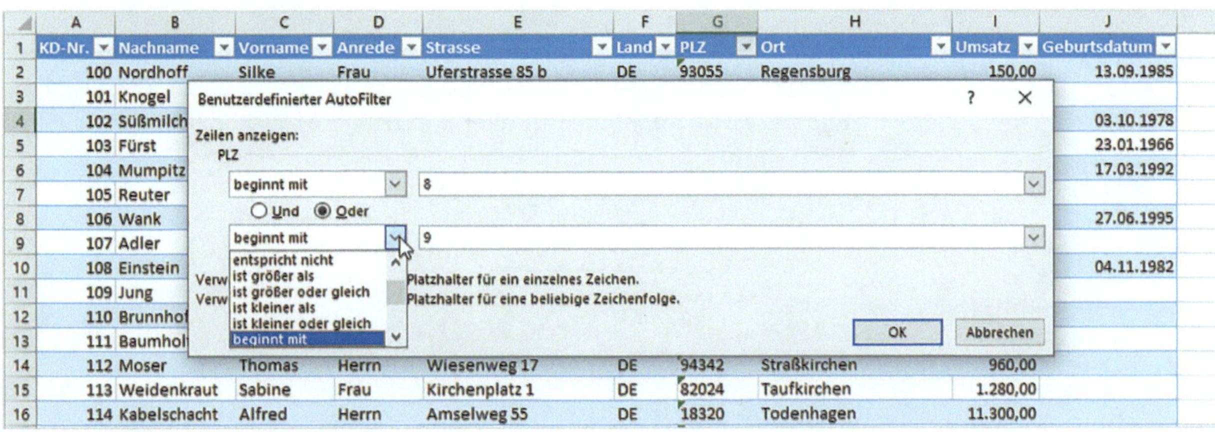

Hinweis: Dass in dieser Beispieltabelle die Postleitzahlen in der Spalte PLZ mit einem grünen Dreieck versehen sind, liegt daran, dass diese Spalte zwar Zahlen enthält, aber als Text formatiert ist. Excel kennzeichnet diese Zellen und macht Sie so auf einen vermeintlichen Fehler aufmerksam. Sie könnten zwar mit Klick auf *Fehler ignorieren*, wie im Bild unten, die Kennzeichnung ausblenden, jedoch gibt sich Excel nicht so schnell geschlagen und bei der nächsten Gelegenheit, z. B. nach dem Sortieren erscheinen die Dreiecke erneut.

Tipp: In benutzerdefinierten Textfiltern können auch die Platzhalterzeichen * und ? verwendet werden, wenn Sie beispielsweise alle Kunden herausfiltern möchten, deren Nachname eine bestimmte Zeichenfolge enthält, z. B. „meier".

Zeichen	Beschreibung	Beispiel
*	Steht für eine beliebige Anzahl von Zeichen	M* liefert Maier, Müller-Lüdenscheid
?	Steht für genau ein Zeichen	M???? liefert Maier, aber nicht Müller-Lüdenscheid

Datumsfilter

Auch für Datumswerte stehen entsprechende Filter zur Verfügung, mit ihrer Hilfe können Sie schnell einen bestimmten Zeitraum, z. B. *Diese Woche* filtern. Die Auswahl *Alle Datumswerte im Zeitraum* erlaubt auch Filtern nach einem bestimmten Monat.

Tipp: Mit *Datumsfilter* und der Auswahl *Alle Datumswerte im Zeitraum* können Sie unabhängig vom Jahr nach einem bestimmten Monat filtern. So finden Sie beispielsweise schnell heraus, wer im Monat August Geburtstag hat.

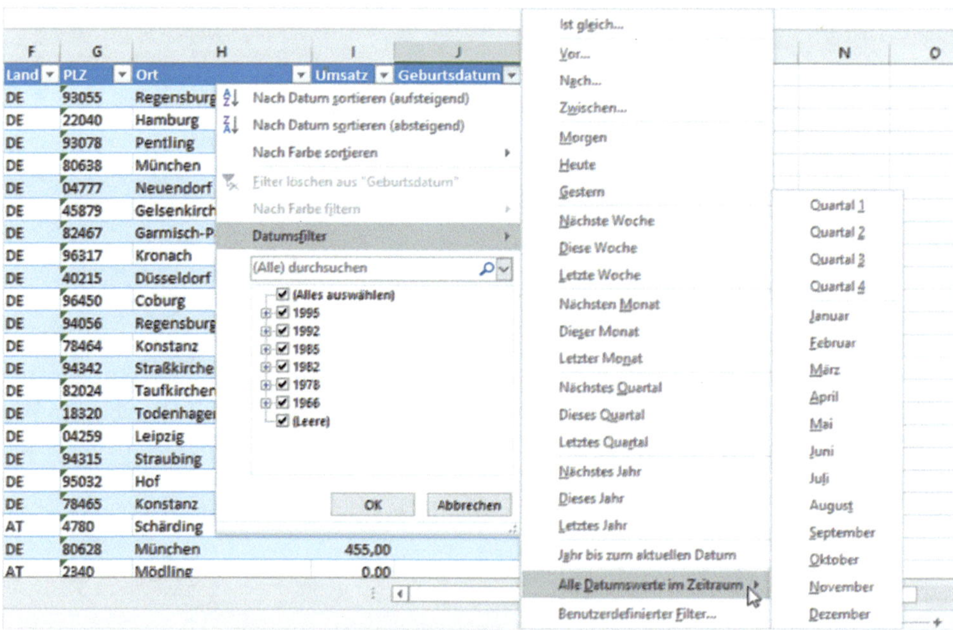

Den erweiterten Filter einsetzen

Der erweiterte Filter oder Spezialfilter filtert eine Tabelle anhand eines gesonderten Kriterienbereichs. Dieser kann sich ober- oder unterhalb der eigentlichen Tabelle, noch besser aber in einem gesonderten Blatt der Arbeitsmappe befinden. Auf diese Weise lassen sich Filterkriterien, im Gegensatz zum AutoFilter, auch zusammen mit der Arbeitsmappe speichern und später schnell wieder nutzen.

> Als Kriterienbereich benötigt der erweiterte Filter eine zweite Tabelle, deren Spaltenüberschriften mit den Überschriften der zu filternden Tabelle exakt übereinstimmen müssen. Ab der zweiten Zeile geben Sie dann die Kriterien ein.

Als Beispiel sollen alle Adressen der Postleitzahlenbereiche 8 und 9 mit einem Umsatz ab 100 € herausgefiltert werden.

1 Um den Kriterienbereich anzulegen, kopieren Sie am einfachsten alle Überschriften der Tabelle. Es wäre jedoch auch ausreichend, wenn der Kriterienbereich nur die Überschriften der benötigten Spalten enthält.

Hinweis: Am besten legen Sie den Kriterienbereich in einem gesonderten Tabellenblatt an, auch mehrere Kriterienbereiche für verschiedene Zwecke sind möglich. Für dieses Beispiel wurde er zwecks besserer Übersicht oberhalb der Tabelle platziert.

2 Geben Sie für die beiden Postleitzahlbereiche jeweils das erste Zeichen zusammen mit einem Stern * untereinander in der Spalte PLZ ein. In der Spalte Umsatz geben Sie >=100 ein. Da nur Kunden aus Deutschland berücksichtigt werden sollen, benötigen Sie außerdem noch das Land als Filter.

Beachten Sie, dass Sie das Land und den Umsatz für jeden angegebenen Postleitzahlenbereich wiederholen müssen, wie im Bild unten.

	A	B	C	D	E	F	G	H	I	J
1	KD-Nr.	Nachname	Vorname	Anrede	Strasse	Land	PLZ	Ort	Umsatz	Geburtsdatum
2						DE	8*		>=100	
3						DE	9*		>=100	
4										
5										

3 Klicken Sie anschließend im Register *Daten*, Gruppe *Sortieren und Filtern*, auf *Erweitert*.

4 Im Fenster *Spezialfilter* legen Sie nun die Bereiche fest. Der Listenbereich wird normalerweise von Excel automatisch erkannt, sofern sich die aktuell markierte Zelle innerhalb dieses Bereichs befindet. Als Kriterienbereich geben Sie den Zellbereich einschließlich der Überschrift an, der Ihre Kriterien enthält, in diesem Beispiel A1:J13. Da einige Spalten keine Kriterien enthalten, würde als Kriterienbereich auch F1:I3 genügen.

5 Die Option *Liste an gleicher Stelle filtern* sollte beibehalten werden (siehe weiter unten). Klicken Sie auf *OK*, um den Filter anzuwenden.

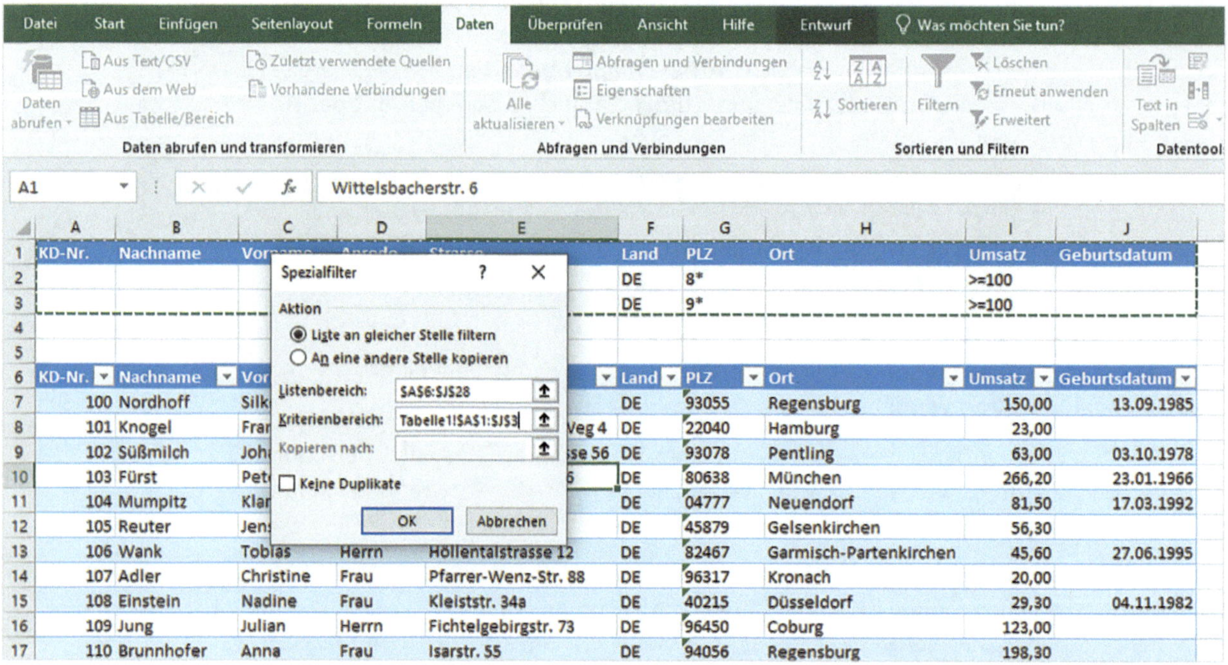

Vorsicht: Excel bietet hier unter *Aktion* mit der Option *An eine andere Stelle kopieren* die Möglichkeit, eine Kopie der gefilterten Liste an anderer Stelle einzufügen. Dies funktioniert allerdings nur, wenn die Liste im selben Tabellenblatt wieder eingefügt wird.

Wenn Sie die gefilterte Liste in einem anderen Tabellenblatt oder in einer anderen Arbeitsmappe benötigen, z. B. für Seriendruck mit Microsoft Word, dann sollten Sie die Option *Liste an gleicher Stelle filtern* beibehalten, die gefilterte Liste anschließend markieren und auf dem Weg über die Zwischenablage am gewünschten Zielort wieder einfügen, siehe Seite 273.

Beachten Sie beim Seriendruck mit Word

Wenn die gefilterten Datensätze als Datenquelle für Serienbriefe mit Word verwendet werden sollen, dann müssen Sie die gefilterten Daten in ein gesondertes Tabellenblatt oder in eine andere Mappe kopieren, da Word trotz Filterung alle Datensätze für den Seriendruck verwendet. Kopieren und Einfügen berücksichtigt dagegen ausschließlich die angezeigten, also gefilterten Zeilen.

Tipp: Duplikate ausschließen

Möchten Sie beim Filtern Duplikate, also mehrfach vorkommende Datensätze, ausschließen, dann aktivieren Sie das Kontrollkästchen *Keine Duplikate*.

Mit Datenschnitten filtern

Eine weitere Filtermöglichkeit stellen Datenschnitte dar. Sie lassen auf den ersten Blick und auch für ungeübte Nutzer erkennen, welche Filter gerade aktiv sind und eignen sich außerdem hervorragend für Fingerbedienung. **Nachteil:** Sie sind nur verfügbar, wenn die Tabelle als intelligente Tabelle formatiert wurde und nur für einfache Filter geeignet.

Achtung: Filtern mit Datenschnitten ist nur für intelligente Tabellen verfügbar!

1 Dazu klicken Sie an eine beliebige Stelle der Tabelle und im Register *Tabellentools-Entwurf* auf *Datenschnitt einfügen* ❶.

2 Wählen Sie anhand der Kontrollkästchen ❷, welche Spalten zum Filtern verwendet werden sollen, im abgebildeten Beispiel Anrede, Land und Ort.

Hinweis: Spalten wie Umsatz oder Nachname sind für Datenschnitte eher ungeeignet, da diese nur eine einfache Auswahl erlauben und keinerlei benutzerdefinierte Kriterien unterstützen.

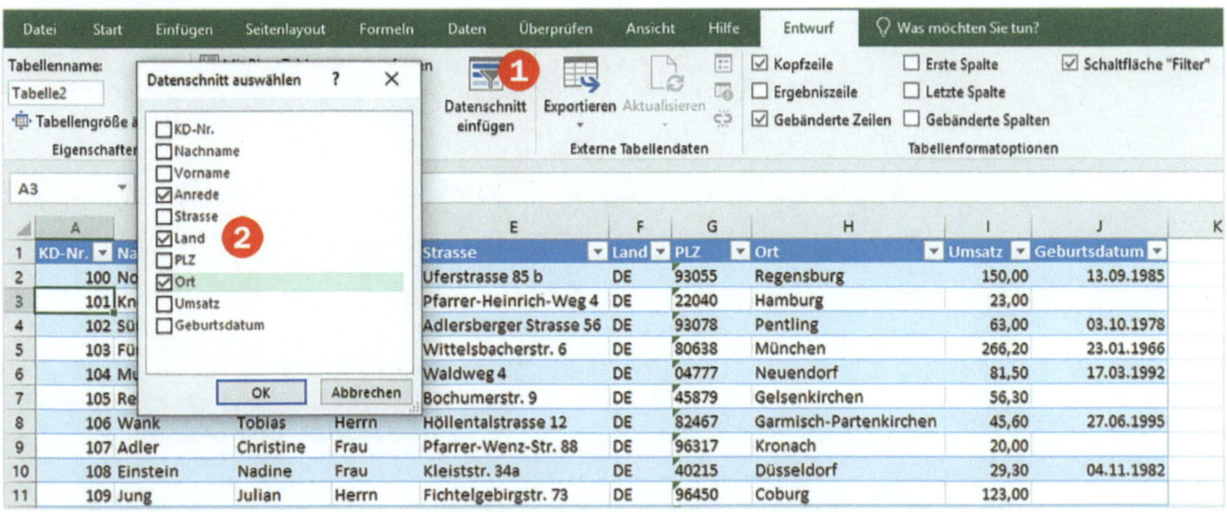

Für jede ausgewählte Spaltenüberschrift erscheint anschließend im Tabellenblatt ein Datenschnitt in Form eines Feldes. Die Datenschnitte verhalten sich wie grafische Objekte. Sie können durch Ziehen mit der Maus beliebig vergrößert, verkleinert und verschoben und so z. B. am Rand der Tabelle platziert werden, wie im Bild auf der nächsten Seite.

Filter anwenden

Zum Filtern klicken Sie im Datenschnitt einfach auf den gewünschten Inhalt, z. B. ein Land. Die Tabelle passt sich sofort entsprechend an und die verwendeten Filter sind farbig hervorgehoben, wie im Bild unten.

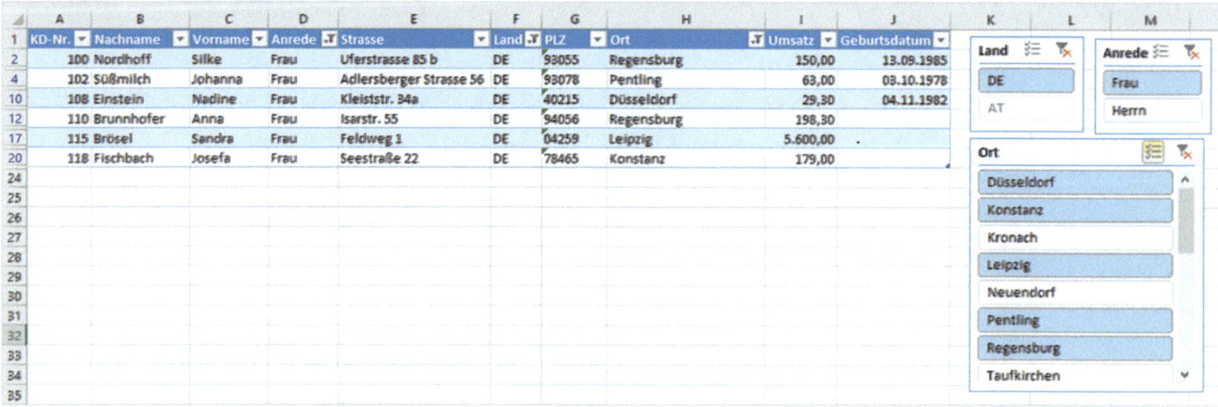

KD-Nr.	Nachname	Vorname	Anrede	Strasse	Land	PLZ	Ort	Umsatz	Geburtsdatum
100	Nordhoff	Silke	Frau	Uferstrasse 85 b	DE	93055	Regensburg	150,00	13.09.1985
102	Süßmilch	Johanna	Frau	Adlersberger Strasse 56	DE	93078	Pentling	63,00	03.10.1978
108	Einstein	Nadine	Frau	Kleiststr. 34a	DE	40215	Düsseldorf	29,30	04.11.1982
110	Brunnhofer	Anna	Frau	Isarstr. 55	DE	94056	Regensburg	198,30	
115	Brösel	Sandra	Frau	Feldweg 1	DE	04259	Leipzig	5.600,00	
118	Fischbach	Josefa	Frau	Seestraße 22	DE	78465	Konstanz	179,00	

Mehrfachauswahl

Wenn Sie mehrere Filterkriterien, z. B. mehrere Städte, kombinieren möchten, dann halten Sie beim Anklicken weiterer Orte die Strg-Taste gedrückt (Mehrfachmarkierung) oder aktivieren Sie vorher mit einem Mausklick das Symbol *Mehrfachauswahl* ❶ des betreffenden Datenschnitts.

Filter entfernen

Um den Filter wieder zu entfernen, klicken Sie in der rechten oberen Ecke eines Datenschnitts auf das Symbol *Filter löschen* ❷.

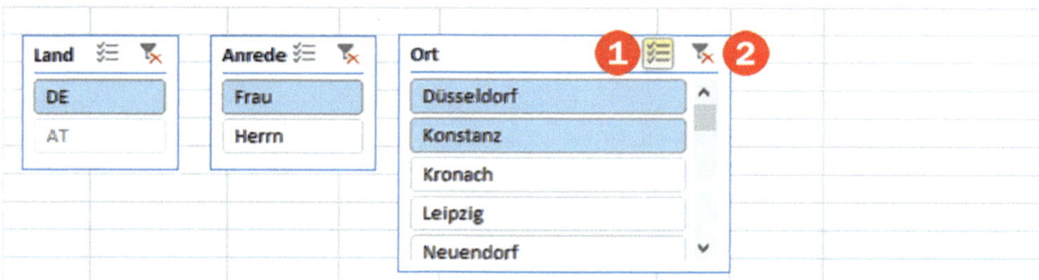

Datenschnitte formatieren

Im Register *Datenschnitttools* - *Optionen* finden Sie eine Reihe von Formatvorlagen, mit denen sich die Datenschnitte farblich ändern lassen, außerdem können Sie überlagert angeordnete Datenschnitte nach vorne bzw. nach hinten rücken. Nützlich ist außerdem für umfangreiche Datenschnitte die Möglichkeit, über das Feld *Spalten* die Inhalte auch in mehreren Spalten anzuordnen.

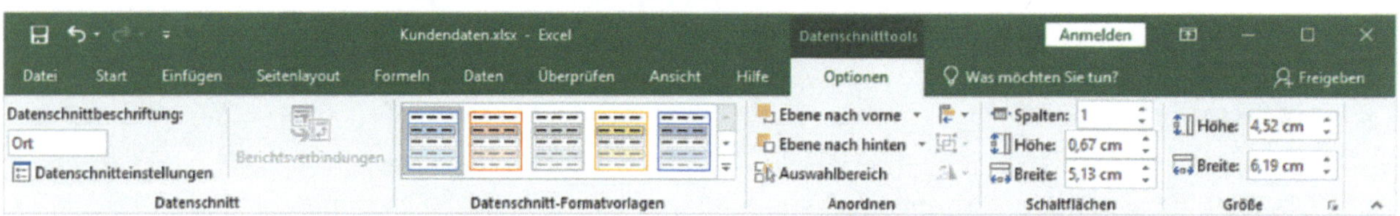

Datenschnitt entfernen

Zum Entfernen eines Datenschnitts aus dem Tabellenblatt klicken Sie in den Datenschnitt, dieser ist markiert und kann anschließend mit der Entf-Taste gelöscht werden. Oder Sie klicken den Datenschnitt mit der rechten Maustaste an und verwenden den Befehl *... entfernen* aus dem Kontextmenü.

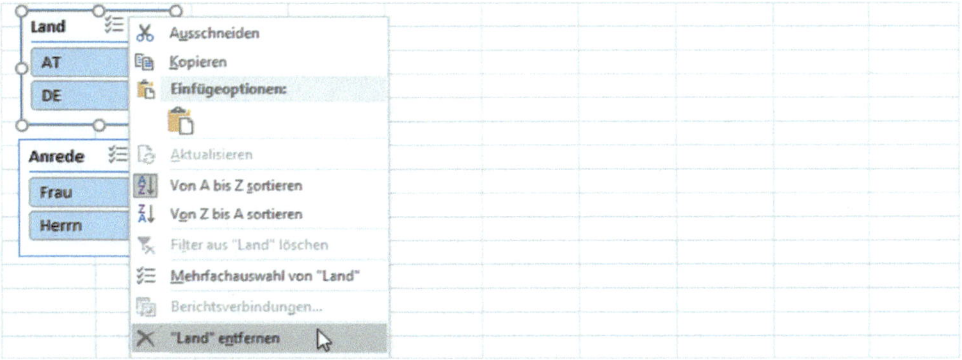

Achtung: Zuvor sollten Sie alle Filter löschen, da diese nicht automatisch mit dem Entfernen des Datenschnitts aufgehoben werden. Allerdings lassen sich die Filter nachträglich auch über die Filterschaltflächen entfernen.

10.7 Übung

Aufgabe

In dieser Übung erstellen Sie eine kleine Datenbank zur Adressenverwaltung, beispielsweise für die Verwaltung der Mitglieder eines Vereins. Beginnen Sie mit einer neuen leeren Arbeitsmappe, die Sie unter dem Namen Adressen.xlsx in einem beliebigen Ordner Ihres PCs speichern.

Die Übungen sind auch als Download verfügbar: **Übung_Tabellen.xlsx**

- Beginnen Sie in der ersten Zeile und Spalte des Arbeitsblatts mit den Spaltenüberschriften.
- Mindestens die folgenden Felder bzw. Spaltenüberschriften sollten vorhanden sein, weitere, z. B. E-Mail fügen Sie nach Ihren Vorstellungen hinzu: Mitgliedsnummer, Anrede, Nachname, Vorname, Land, Postleitzahl, Ort, Straße, Telefon, Geburtsdatum und Eintrittsdatum.

  Tipps

  - Damit Sie auch in einer größeren Tabelle bei der Eingabe die Übersicht behalten, sollten Sie die Spaltenüberschriften fixieren.

- Um Probleme bei der Eingabe von Postleitzahlen mit einer führenden 0 zu vermeiden, sollten Sie entweder alle Postleitzahlen als Text formatieren oder ein entsprechendes Sonderformat verwenden.

- Geben Sie mindestens 10 beliebige Adressen ein und formatieren Sie die Liste als dynamische Tabelle, verwenden Sie dazu die Formatvorlage, die Ihnen am besten gefällt.
- Sortieren Sie die Tabelle nach Nachname und Vorname.
- Filtern Sie alle Mitglieder, die im aktuellen Monat Geburtstag haben.

  Tipp: Klicken Sie auf die Filterschaltfläche, zeigen Sie im Datumsfilter auf *Alle Datumswerte im Zeitraum* und wählen Sie den aktuellen Monat aus, z. B. Januar.
- Kopieren Sie die gefilterte Liste in ein neues Tabellenblatt und geben Sie diesem den Namen *Aktuelle Geburtstagsliste*.
- Heben Sie den Filter wieder auf und sortieren Sie die Adressentabelle nach Eintrittsdatum (zuletzt eingetretene Mitglieder zuerst).

11 Diagramme und grafische Elemente

In diesem Kapitel lernen Sie...

- Diagramme einfügen und Datenreihen festlegen
- Umgang mit den wichtigsten Diagrammtypen
- Diagramme mit Farben und Fülleffekten gestalten
- Beschriftungen und weitere Diagrammelemente hinzufügen
- Besonderheiten einzelner Diagrammtypen
- Daten mit Sparklines visualisieren
- Grafiken und Piktogramme einfügen
- Formen und Textfelder verwenden

Das sollten Sie bereits wissen

- Berechnungen mit Formeln und Funktionen
- Zellbezüge
- Zellen formatieren
- Tabellen sortieren und drucken

11.1 Diagramme - Übersicht und Begriffe

Mit Diagrammen lassen sich Zahlen und Zusammenhänge anschaulich grafisch darstellen, sie spielen daher besonders in Präsentationen eine wichtige Rolle. Excel unterstützt alle wichtigen Diagrammtypen (und sogar noch mehr) und verfügt über umfangreiche Werkzeuge zur weiteren Gestaltung. Für den ersten Einstieg befassen wir uns zunächst mit den wichtigsten Diagrammtypen.

Diagramme setzen eine Tabelle mit entsprechenden Zahlen voraus, dies können auch Formeln sein, und bei jeder Änderung der Ausgangswerte wird das Diagramm automatisch aktualisiert. Auch Beschriftungen werden aus der Tabelle übernommen.

Bei der Erstellung und Gestaltung von Diagrammen sollten Sie außerdem beachten

- Nicht jeder Diagrammtyp eignet sich für jeden Einsatzzweck und alle Arten von Daten. Die Wahl des Diagrammtyps sollte sich an der gewünschten Aussage orientieren.
- Vermeiden Sie in Diagrammen ein Zuviel an Informationen.
- Verzichten Sie auf unnötige Effekte, insbesondere bei Farbzusammenstellungen und Hintergründen. Vorsicht auch bei dreidimensionalen Darstellungen: Diese führen meist zu einer optischen Verzerrung und sind nicht immer besser lesbar.

Die wichtigsten Diagrammtypen im Überblick

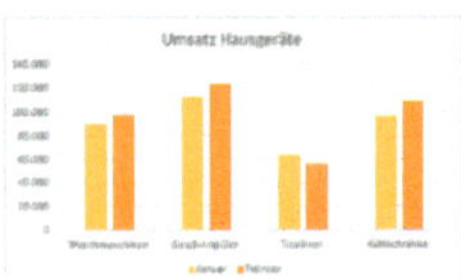

- **Säulendiagramm**
  Ein Säulendiagramm zeigt die Daten als nebeneinander stehende Säulen, bei mehreren Datenreihen als Säulengruppen, an. Damit lassen sich die Werte miteinander vergleichen.

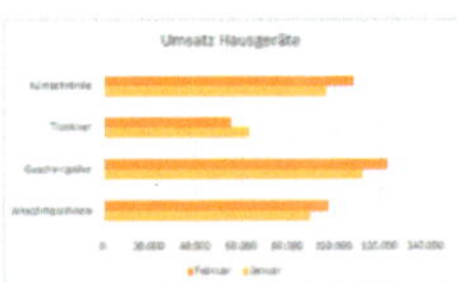

- **Balkendiagramm**
  Ein Balkendiagramm unterscheidet sich von einem Säulendiagramm nur dadurch, dass die Werte als waagrechte Balken dargestellt werden. Somit ist die Achsenbeschriftung im Vergleich zum Säulendiagramm besser lesbar und bietet mehr Platz.

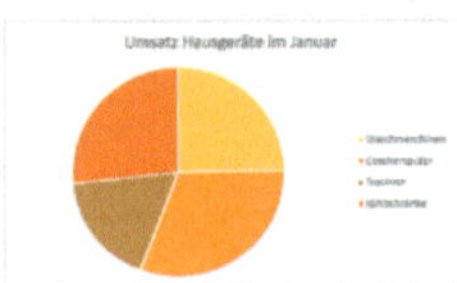

- **Kreis- oder Tortendiagramm**
  Kreisdiagramme eignen sich vor allem zur Darstellung von Prozentanteilen, beispielsweise Stimmenanteile von Parteien bei einer Wahl. Nachteil: Es kann nur eine einzige Datenreihe dargestellt werden.

- **Linien**
  Liniendiagramme dienen zur Darstellung von Daten in zeitlicher Folge, beispielsweise Aktienkurse, Temperaturkurven oder sonstige Messwerte.
- **Flächen**
  Flächendiagramme heben im Gegensatz zu Liniendiagrammen den Bereich unterhalb der Linie farbig hervor. Bei mehreren Datenreihen kann dies allerdings dazu führen, dass kleinere Werte im Hintergrund verdeckt werden.

11.2 Ein einfaches Diagramm erstellen

Auswahl der darzustellenden Daten

Beim Erstellen von Diagrammen mit Excel führen gleich mehrere Wege zum Ziel. Die optimale Methode hängt unter anderem vom Aufbau der zugrunde liegenden Datentabelle ab und welche Daten Sie im Diagramm verwenden möchten. Außerdem können Sie aus der Tabelle nicht nur Zahlen, sondern auch Zeilen- und Spaltenbeschriftungen in das Diagramm einbeziehen. Die Möglichkeiten im Überblick:

- **Die gesamte Tabelle einbeziehen**
  Sie erstellen ein Diagramm mit allen Inhalten der Tabelle. Dazu genügt es, wenn eine Zelle innerhalb der Ausgangstabelle markiert ist. Excel erkennt den Zellbereich in der Regel automatisch, erstellt daraus ein Diagramm und fügt es im selben Tabellenblatt wie die Tabelle ein.
- **Nur bestimmte Werte verwenden**
  Oder Sie markieren in der Tabelle die benötigten Daten, bevor Sie das Diagramm einfügen. In diesem Fall enthält das Diagramm nur die markierten Werte.
- **Mit einem leeren Diagramm beginnen**
  Als dritte Alternative fügen Sie ein leeres Diagramm ein und wählen erst im zweiten Schritt Werte und Beschriftungen aus. Diese Methode ist am flexibelsten, erfordert aber etwas mehr Arbeitsschritte.

Ein Diagramm aus der gesamten Tabelle erstellen

Diese Methode eignet sich vor allem für Tabellen mit einfachem Aufbau, wie im Bild unten, andernfalls werden die Beschriftungen manchmal nicht korrekt erkannt. **Achtung**: Der Tabellenbereich sollte weder leere Zeilen noch leere Spalten enthalten, da diese im Diagramm als „Lücken" erscheinen.

1 Markieren Sie den Tabellenbereich. Da zusammenhängende Zellbereiche von Excel meist automatisch erkannt werden, genügt es in den meisten Fällen auch, wenn eine Zelle innerhalb des Datenbereichs markiert ist, wie im Bild unten rechts.

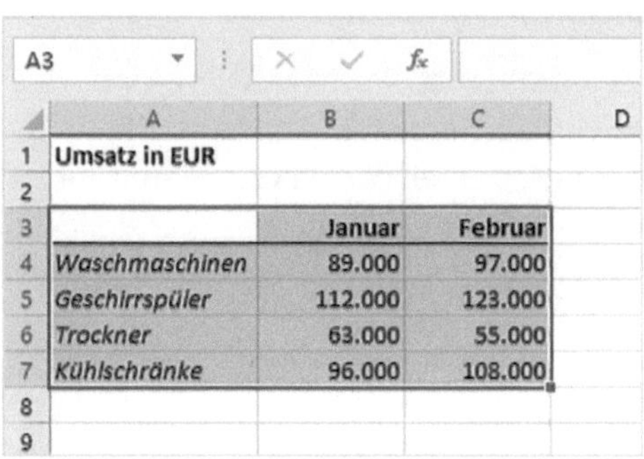

A3 | fx

	A	B	C	D
1	Umsatz in EUR			
2				
3		Januar	Februar	
4	Waschmaschinen	89.000	97.000	
5	Geschirrspüler	112.000	123.000	
6	Trockner	63.000	55.000	
7	Kühlschränke	96.000	108.000	
8				
9				

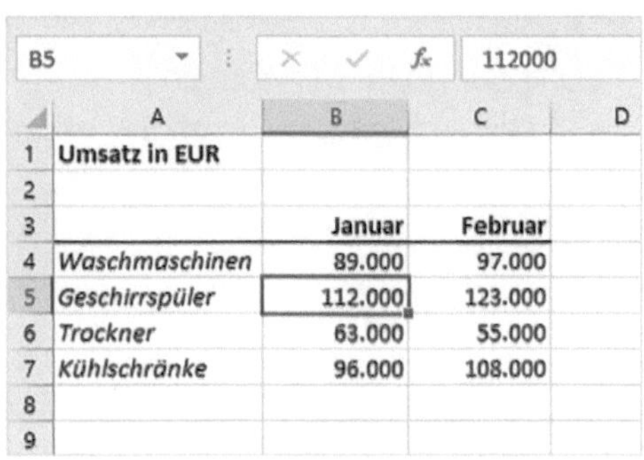

B5 | fx | 112000

	A	B	C	D
1	Umsatz in EUR			
2				
3		Januar	Februar	
4	Waschmaschinen	89.000	97.000	
5	Geschirrspüler	112.000	123.000	
6	Trockner	63.000	55.000	
7	Kühlschränke	96.000	108.000	
8				
9				

Markieren Sie die gesamte Tabelle oder eine einzelne Zelle innerhalb des Tabellenbereichs

2 Klicken Sie im Register *Einfügen*, Gruppe *Diagramme*, auf den gewünschten Diagrammtyp, z. B. *Säulen- oder Balkendiagramm* wie im Bild unten. Es erscheinen mehrere Untertypen zur Auswahl, beispielsweise 2D und 3D-Darstellung. Beim Zeigen auf einen Typ erhalten Sie im Tabellenblatt eine Vorschau und mit einem Klick wird das Diagramm eingefügt.

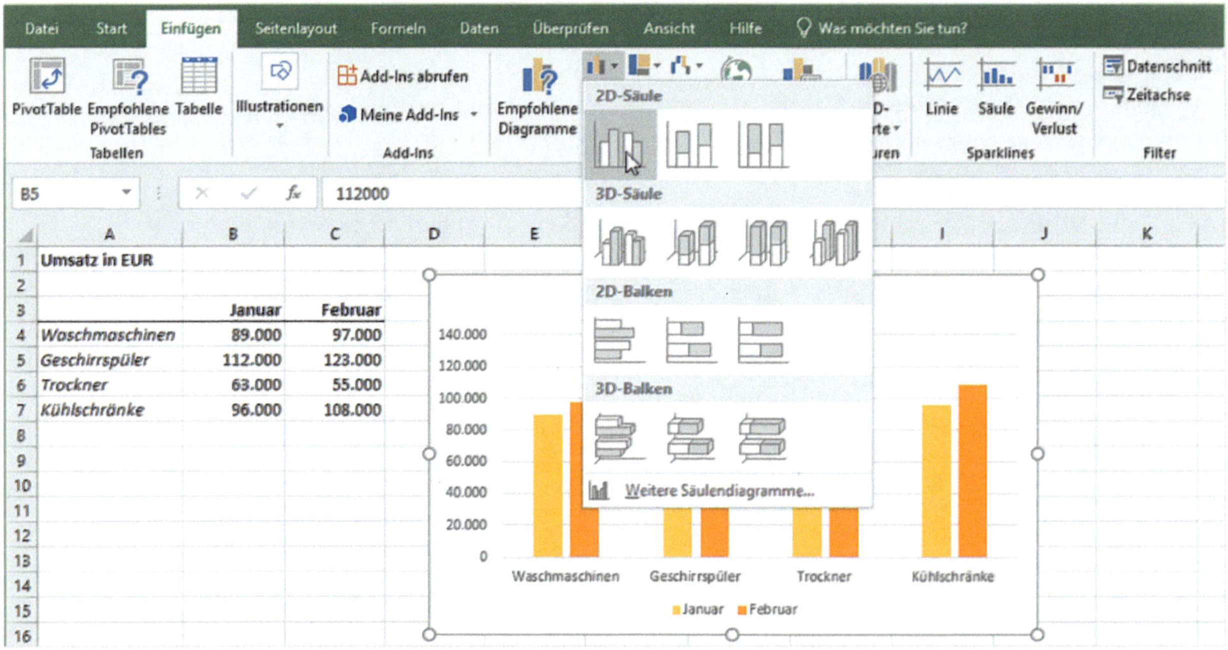

Falls Sie bei so viel Auswahl zunächst nicht wissen, welchen Typ Sie wählen sollen, dann klicken Sie am besten auf den ersten Untertyp links oben. Dies ist der jeweilige Standardtyp. Zudem lässt sich der Diagrammtyp auch noch nachträglich in den meisten Fällen problemlos ändern.

Diagramm über das Schnellanalysetool einfügen

Wenn Sie mehrere Zellen, in diesem Fall den Tabellenbereich, markiert haben, dann können Sie ein Diagramm auch über die Schnellanalyse erstellen, allerdings erhalten Sie hier zunächst nur eine eingeschränkte Auswahl an Diagrammtypen.

Dazu klicken Sie zur im Tabellenblatt auf das Symbol *Schnellanalyse* ❶, das nach dem Markieren automatisch sichtbar wird. Wählen Sie das Register *Diagramme* ❷. Auch hier erscheint beim Zeigen auf einen Diagrammtyp eine Vorschau und mit einem Mausklick wird das Diagramm im Tabellenblatt eingefügt.

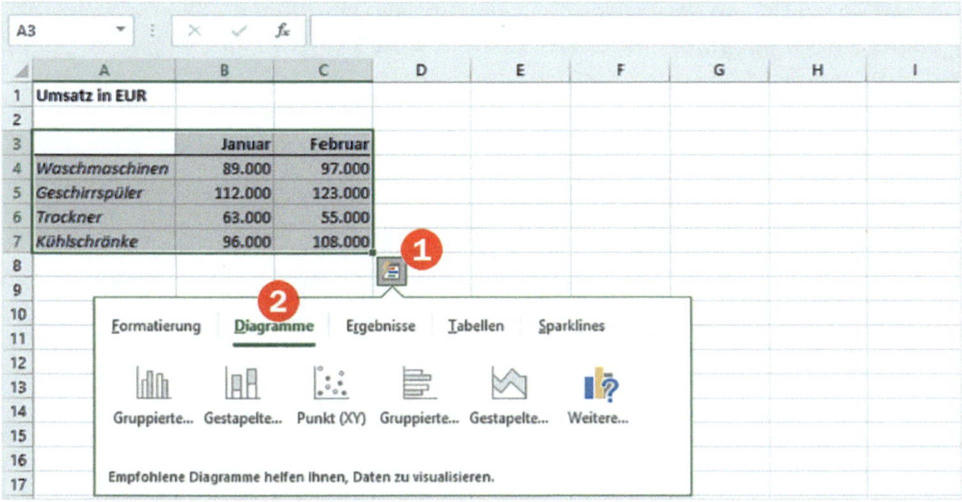

Diagrammvorschläge nutzen

Wenn Sie einen Zellbereich markiert haben bzw. sich die Markierung innerhalb eines zusammenhängenden Datenbereichs befindet, dann können Sie auch auf verschiedene Vorschläge zurückgreifen, die Excel auf der Basis der markierten Daten erstellt.

Markieren Sie dazu den Datenbereich und klicken Sie im Register *Einfügen* auf *Empfohlene Diagramme* Im Fenster *Diagramm einfügen* (Bild oben) erhalten Sie links eine Liste verschiedener Diagrammtypen. Klicken Sie auf einen Typ ❶, so sehen Sie rechts daneben eine vergrößerte Vorschau unter Verwendung Ihrer Daten ❷.

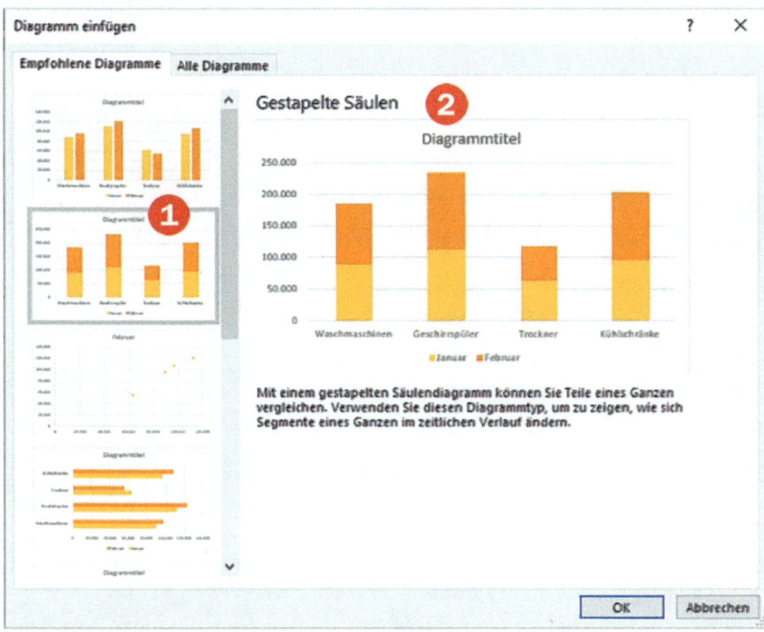

Klicken Sie auf *OK*, um den markierten Diagrammtyp einzufügen. Dieselben Vorschläge erhalten Sie auch über die Schnellanalyse ▶ Register *Diagramme*, wenn Sie auf *Weitere...* klicken.

Diagramm aus zwei oder mehr nicht zusammenhängenden Spalten erstellen

Manchmal werden im Diagramm nur bestimmte Spalten und/oder Zeilen der Tabelle benötigt. Häufig befinden sich auch die Beschriftungen nicht unmittelbar neben den benötigten Zahlen. Ein Beispiel sehen Sie im Bild unten: Aus den Umsatzzahlen des ersten Quartals in Spalte E soll ein Diagramm erstellt werden. Die dazugehörigen Beschriftungen befinden sich jedoch in Spalte A.

Die Datei ist als Download verfügbar:

Beispieldaten_Umsatz.xlsx

	A	B	C	D	E	F	G	H	I
1	**Umsatz in EUR**								
2									
3		**Januar**	**Februar**	**März**	**Summe 1. Quartal**				
4	*Waschmaschinen*	89.000	97.000	115.000	301.000				
5	*Geschirrspüler*	112.000	123.000	95.000	330.000				
6	*Trockner*	63.000	55.000	48.000	166.000				
7	*Kühlschränke*	96.000	108.000	123.000	327.000				
8									
9									

1 Im ersten Schritt markieren Sie die benötigten Werte. Da es sich um nicht zusammenhängende Zellbereiche handelt, geschieht dies mit gleichzeitig gedrückter Strg-Taste:

Markieren Sie den ersten Bereich, die Zellen E3 bis E7 (da Excel aus Spaltenüberschriften automatisch eine Legende erstellt, sollte diese grundsätzlich mit markiert werden). Drücken Sie dann die Strg-Taste und halten Sie sie gedrückt, während Sie den zweiten Zellbereich von A3 bis A7 markieren. Dass A3 leer ist, spielt keine Rolle.

Nicht zusammenhängende Zellbereiche markieren Sie mit gleichzeitig gedrückter Strg-Taste!

	A	B	C	D	E	F	G	H	I
1	**Umsatz in EUR**								
2									
3		**Januar**	**Februar**	**März**	**Summe 1. Quartal**				
4	*Waschmaschinen*	89.000	97.000	115.000	301.000				
5	*Geschirrspüler*	112.000	123.000	95.000	330.000				
6	*Trockner*	63.000	55.000	48.000	166.000				
7	*Kühlschränke*	96.000	108.000	123.000	327.000				
8									
9									

Bei der Auswahl bzw. beim Markieren nicht zusammenhängender Zellbereiche gilt:

Die markierten Zellbereiche bzw. die Anzahl der Spalten und Zeilen müssen exakt übereinstimmen, ansonsten erhalten Sie ein leeres Diagramm.

Es spielt also keine Rolle wenn, wie im Beispiel oben, die Zelle A3 leer ist. Wenn in derselben Zeile die Spaltenüberschrift in Spalte E markiert wurde, dann muss die entsprechende Zelle auch in Spalte A markiert werden.

2 Klicken Sie dann im Register *Einfügen* auf den gewünschten Diagrammtyp, z. B. *Säulen- oder Balkendiagramm* und wählen Sie einen Untertyp. Das Ergebnis könnte dann aussehen wie im Bild unten.

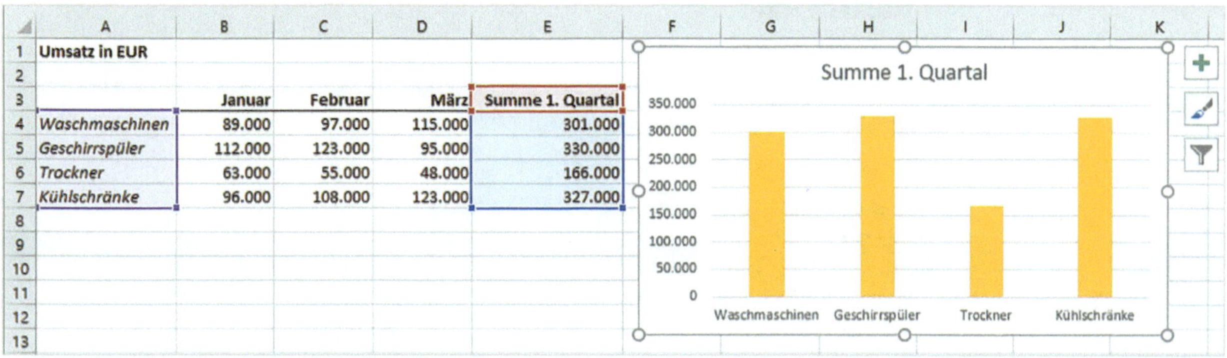

Anordnung und Darstellung mehrerer Datenreihen

Zur Darstellung mehrerer Datenreihen bietet Excel, je nach Diagrammtyp, verschiedene Untertypen an. Als Beispiel im Bild rechts für Säulen- oder Balkendiagramme.

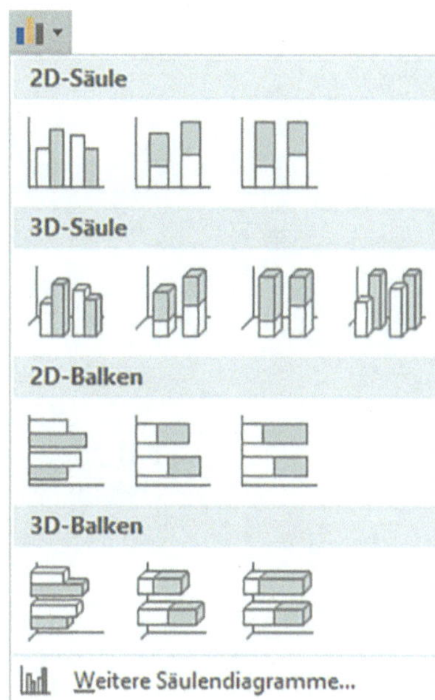

- **Gruppierte Säulen**
  Sie können die Datenreihen gruppieren, das bedeutet, dass für jede Rubrik der X-Achse eine Säulengruppe gebildet und nebeneinander platziert wird, wie im Beispiel oben.

- **Gestapelte Säulen**
  Wenn Sie die Datenreihen stapeln, dann bildet Säulenhöhe das Gesamtergebnis, dies ist allerdings nicht in jedem Fall sinnvoll.

- **Gestapelte Säulen (100 %)**
  Gestapelte Säulen (100 %) erlauben einen Vergleich der Prozentanteile der Einzelwerte mit dem Gesamtergebnis. Allerdings ist das absolute Gesamtergebnis nicht ersichtlich, da alle Säulen die gleiche Höhe besitzen.

- **3D und Balken**
  Dieselben Möglichkeiten erhalten Sie auch als 3D-Darstellung und in Form von Balken statt Säulen.
- **3D-Säulen**
  Die Variante *3D-Säulen* ordnet die Datenreihen hintereinander an, was schnell dazu führen kann, dass kleinere Werte im Hintergrund verdeckt werden.

Tipps: Wenn Sie im Register *Einfügen* auf das Symbol des gewünschten Diagrammtyps klicken und auf einen Untertyp zeigen, dann blendet Excel eine kurze Beschreibung zusammen mit Empfehlungen ein. Gute Vergleichsmöglichkeiten erhalten Sie auch in Form einer Vorschau, wenn Sie den Zellbereich oder die Tabelle markieren und auf *Empfohlene Diagramme* klicken.

Beispiel: Gestapelte Säulen

Als Beispiel soll aus der Tabelle auf Seite 288 ein weiteres Diagramm erstellt werden, aus dem auch die Umsatzsumme des ersten Quartals hervorgeht. Dazu eignet sich ein gestapeltes Säulen- oder Balkendiagramm.

Markieren Sie den Bereich A3 bis D7, klicken Sie im Register *Einfügen* auf *Säulen- oder Balkendiagramm einfügen* und wählen Sie den Untertyp *Gestapelte Säulen*.

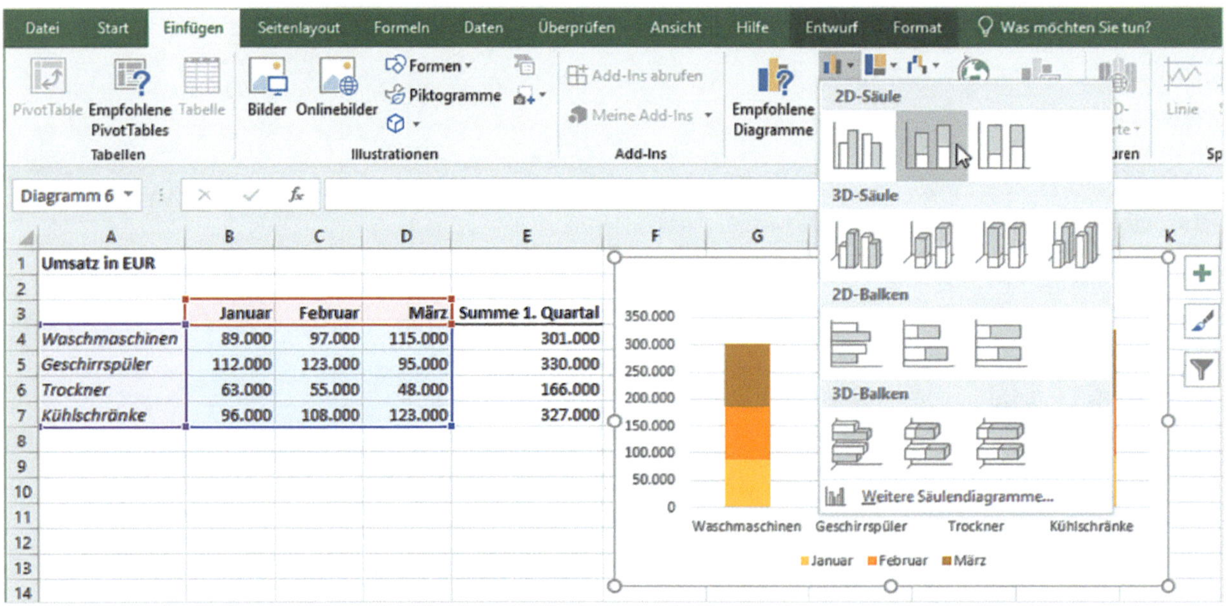

Tipp: Ob die Datenreihen aus den Zeilen oder Spalten gebildet werden, können Sie wählen, wenn Sie auf *Weitere Säulendiagramme...* klicken. Näheres hierzu gleich im nächsten Punkt.

Datenreihen aus Zeilen oder Spalten?

Umfasst ein Diagramm mehrere Datenreihen, dann bildet Excel standardmäßig die Datenreihen aus den Spalten, wie im Bild oben, und erstellt aus den dazugehörigen Spaltenüberschriften die Legende. Die Datenreihen können aber auch aus den Zeilen der Ausgangstabelle gebildet werden. Welche Darstellung Sie wählen, hängt von der gewünschten Aussage des Diagramms ab.

Datenreihen aus Zeilen bilden

1 Falls Sie die Datenreihen abweichend aus den Zeilen bilden möchten, dann markieren Sie in der Ausgangstabelle die benötigten Zellen und klicken für das Beispiel Säulen- oder Balkendiagramm im Register *Einfügen* auf *Säulen- oder Balkendiagramm einfügen*. Klicken Sie hier auf *Weitere Säulendiagramme....*

2 Wählen Sie im Dialogfenster *Diagramm einfügen* den gewünschten Untertyp, z. B. *Gestapelte Säulen* wie im Bild unten ❶. Darunter erhalten Sie in der Vorschau die Wahl zwischen Datenreihen aus Spalten ❷ und Datenreihen aus Zeilen ❸. Eine vergrößerte Vorschau sehen Sie, wenn Sie auf eine der Varianten zeigen und mit Klick auf die Schaltfläche *OK* übernehmen Sie den markierten Typ.

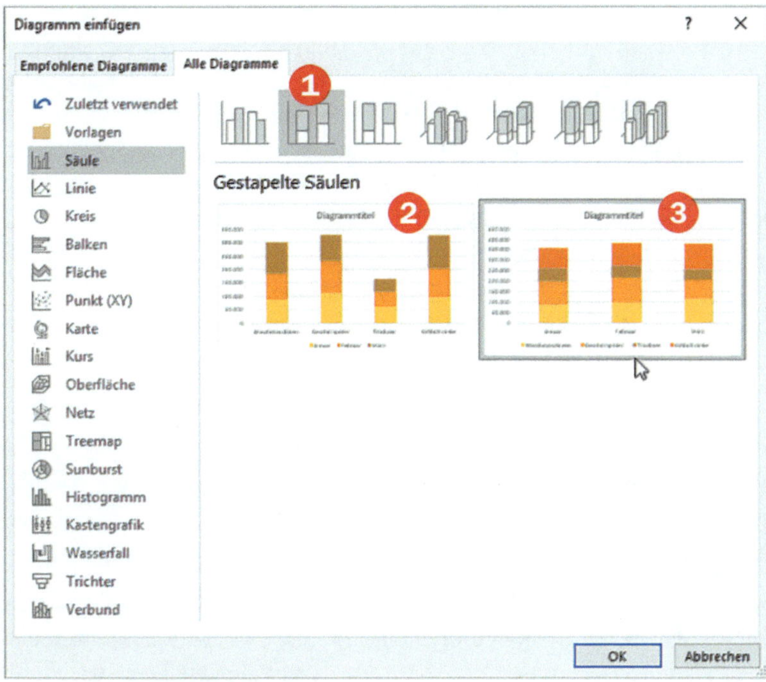

Nachträglich Spalten und Zeilen vertauschen

Ein Wechsel zwischen Datenreihen aus Zeilen oder Spalten ist auch nachträglich möglich. Klicken Sie dazu in das Diagramm und im Menüband, Register *Diagrammtools - Entwurf* auf *Zeile/Spalte tauschen*.

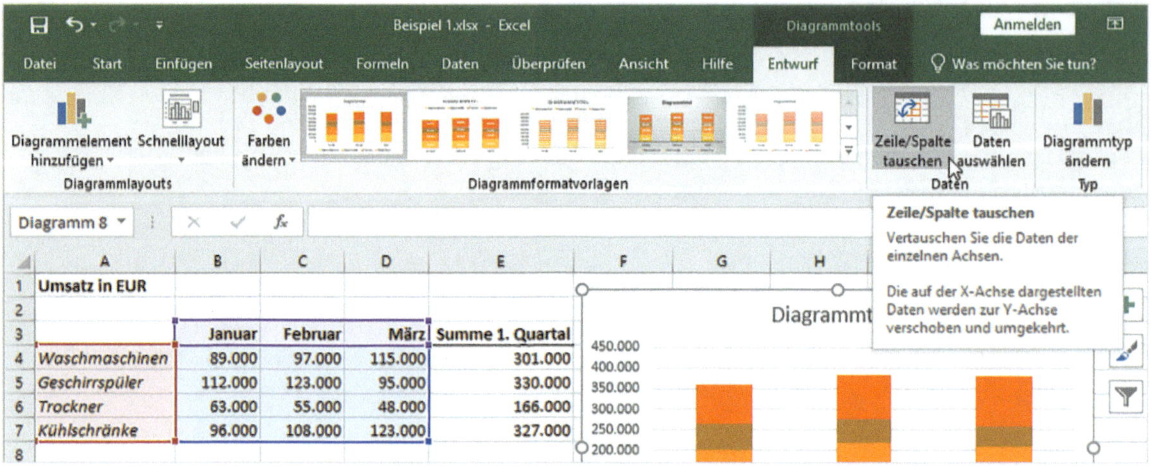

Datenreihen bearbeiten/mit einem leeren Diagramm beginnen

Ein Diagramm kann auch ohne vorheriges Markieren von Daten eingefügt werden. In diesem Fall erstellt Excel ein leeres Diagramm, dem Sie anschließend Datenreihen und Beschriftungen hinzufügen. Diese Methode kann z. B. in sehr umfangreichen Tabellen verwendet werden, oder wenn die im Diagramm benötigten Daten auf mehrere Tabellenblättern verteilt sind (**Achtung!** Die Datenbereiche müssen gleich aufgebaut sein). Auf diesem Weg können Sie auch nachträglich den Datenbereich eines Diagramms verändern und beispielsweise weitere Datenreihen hinzufügen.

Achten Sie in diesem Fall darauf, dass beim Einfügen des Diagramms kein Datenbereich markiert sein darf und die aktuell markierte Zelle muss sich außerhalb eines Tabellenbereichs befinden.

1 Klicken Sie im Tabellenblatt auf eine beliebige leere Zelle außerhalb des Tabellenbereichs, am besten mit mindestens einer leeren Zeile und Spalte Abstand. Klicken Sie dann im Register *Einfügen*, Gruppe *Diagramme*, auf den gewünschten Diagrammtyp. Dadurch wird ein im Tabellenblatt eingefügt.

2 Excel fügt einen leeren Diagrammbereich in das aktuelle Arbeitsblatt ein. Zur weiteren Bearbeitung benötigen Sie im Menüband die *Diagrammtools*-Register. Diese erscheinen nur, wenn das Diagramm oder ein Diagrammelement markiert ist. Klicken Sie also an eine beliebige Stelle des leeren Diagramms.

3 Klicken Sie dann im Register *Entwurf* auf die Schaltfläche *Daten auswählen* ❶.

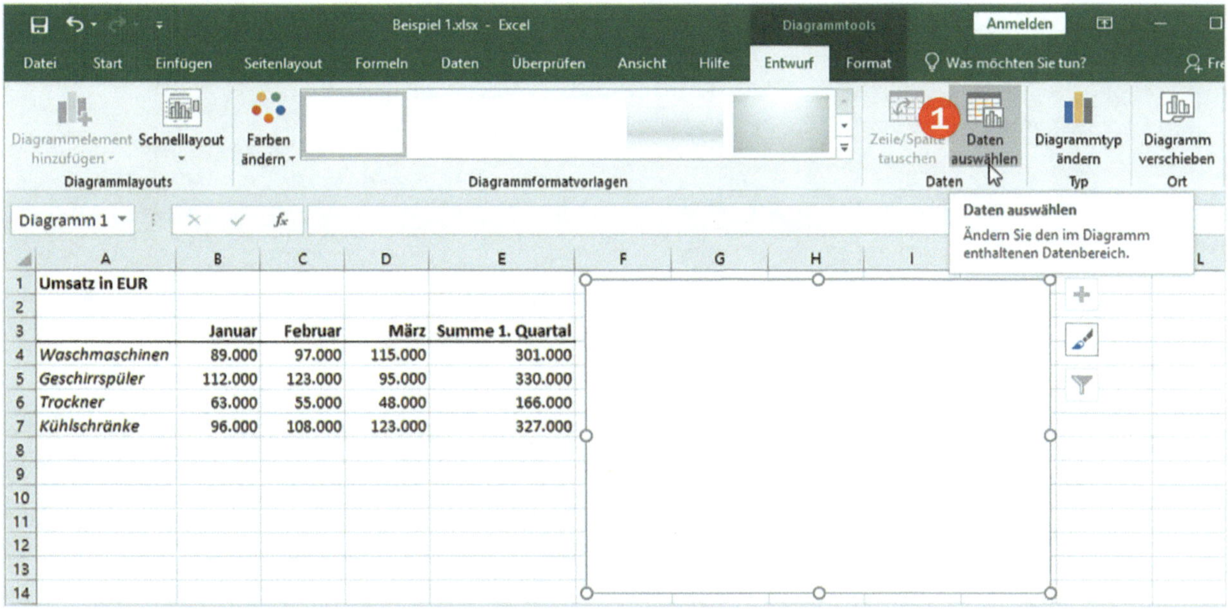

4 Das Dialogfenster *Datenquelle auswählen* wird geöffnet. Ignorieren Sie das Eingabefeld *Diagrammdatenbereich* und klicken Sie links unter *Legendeneinträge (Reihen)* auf die Schaltfläche *Hinzufügen* ❷.

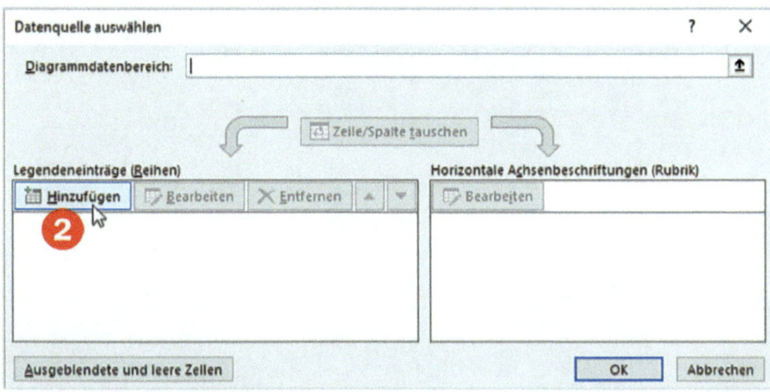

5 Im Fenster *Datenreihe bearbeiten* legen Sie nun den Namen der Datenreihe (Legende) und die dazugehörigen Werte fest:

- Klicken Sie in das Feld *Reihenname* ❸ und anschließend auf die Zelle mit der entsprechenden Beschriftung, im Beispiel E3. Eintippen eines abweichenden Namens, wie im Bild, ist hier ebenfalls möglich.
- Klicken Sie dann in das Eingabefeld *Reihenwerte* ❹. Löschen Sie den Inhalt und markieren Sie im Tabellenblatt den Zellbereich, der die darzustellenden Werte enthält ❺. Anschließend können Sie Ihre Eingaben im Diagramm anhand der Vorschau kontrollieren. Übernehmen Sie die Eingabe mit *OK*.

Bereits während der Eingabe von Reihenname und Reihenwerten erhalten Sie im Arbeitsblatt eine Vorschau, können also das Ergebnis kontrollieren.

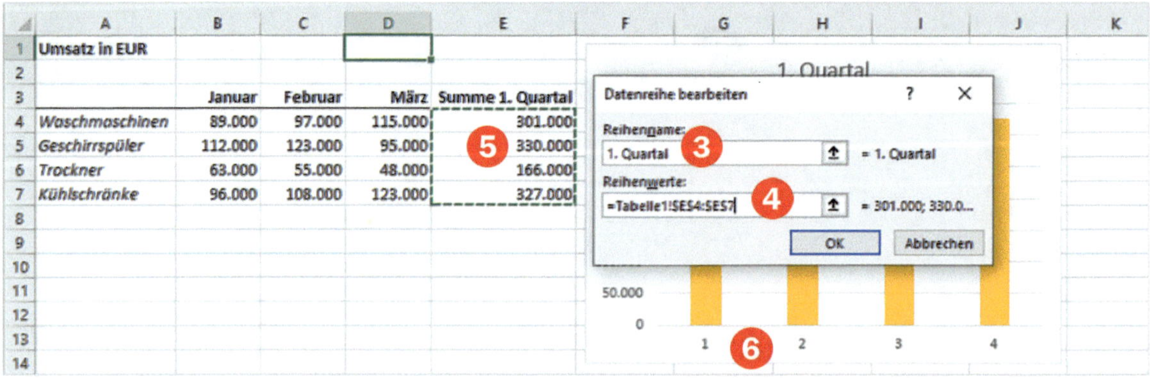

6 Wenn Sie eine zweite Datenreihe benötigen, dann klicken Sie anschließend im Fenster *Datenquelle auswählen* erneut auf die Schaltfläche *Hinzufügen* und wiederholen den letzten Schritt für diese Datenreihe.

7 Nun fehlen noch aussagefähige Achsenbeschriftungen. Wenn nichts angegeben wird, verwendet Excel als Achsenbeschriftung eine fortlaufende Nummerierung, siehe Bild oben ❻. Klicken Sie im Dialogfenster *Datenquelle auswählen* unter *Horizontale Achsenbeschriftungen (Rubrik)* auf die Schaltfläche *Bearbeiten* ❼.

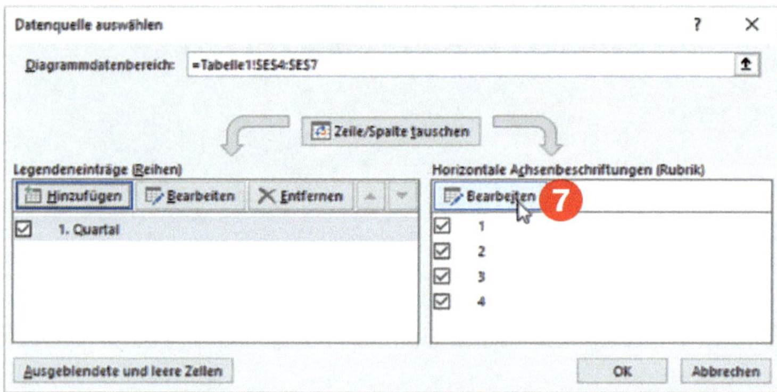

8 Klicken Sie anschließend im Fenster *Achsenbeschriftungen* in das Eingabefeld *Achsenbeschriftungsbereich* und markieren Sie dann in der Tabelle den benötigten Zellbereich, im Bild unten A4 bis A7. Auch hier erhalten Sie im Diagramm eine Vorschau.

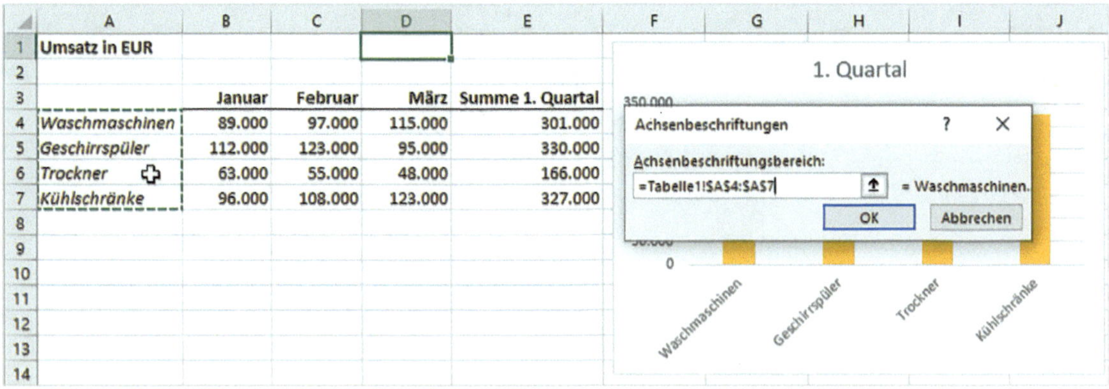

Datenreihen bearbeiten

Mit der Schaltfläche *Daten auswählen* können Sie im Fenster *Datenquelle bearbeiten* jederzeit, also auch nachträglich, weitere Datenreihen hinzufügen oder die Reihen bearbeiten, z. B. den Reihennamen ändern. Dazu markieren Sie die betreffende Reihe und klicken auf die Schaltfläche *Bearbeiten*. Mit der Schaltfläche *Entfernen* wird die markierte Datenreihe aus dem Diagramm entfernt. Dasselbe gilt auch für die Achsenbeschriftungen.

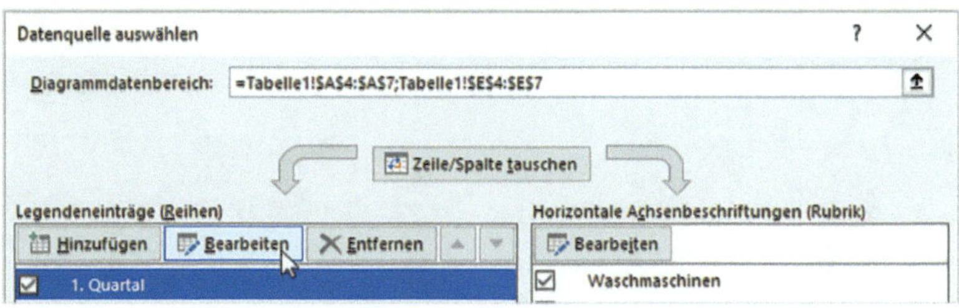

11.3 Diagramme formatieren

Für alle Bearbeitungen von Diagrammen stehen im Menüband die *Diagrammtools* mit den Registern *Entwurf* und *Format* zur Verfügung. Beachten Sie, dass diese Register nur sichtbar sind, wenn das Diagramm oder ein Diagrammelement markiert sind.

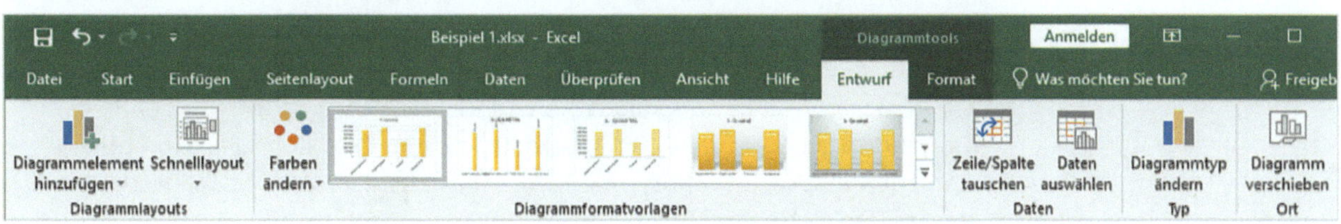

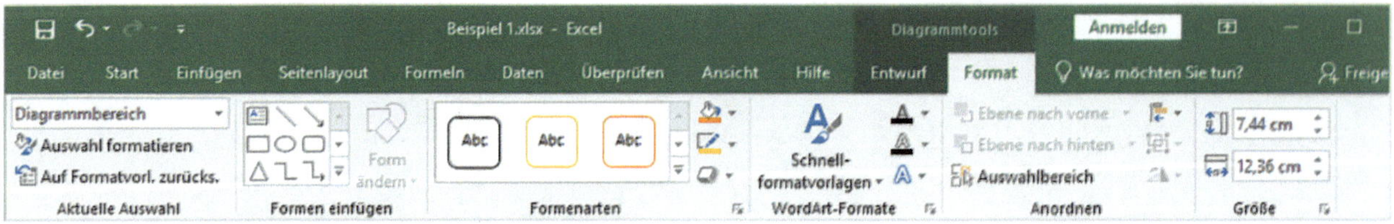

Schnelle Diagrammgestaltung mit Vorlagen

Am schnellsten ändern Sie das Aussehen eines Diagramms mit Hilfe der Diagrammformatvorlagen im Register *Entwurf*. Für einen besseren Überblick klicken Sie auf den Pfeil *Weitere* ❶, um den gesamten Katalog zu öffnen. Dieselben Vorlagen erhalten Sie auch, wenn Sie im Arbeitsblatt auf das Symbol *Diagrammformatvorlagen* ❷ klicken, das rechts vom markierten Diagramm sichtbar ist. In beiden Fällen erhalten Sie im Arbeitsblatt eine Vorschau, erst mit Klick auf eine Vorlage wird diese übernommen.

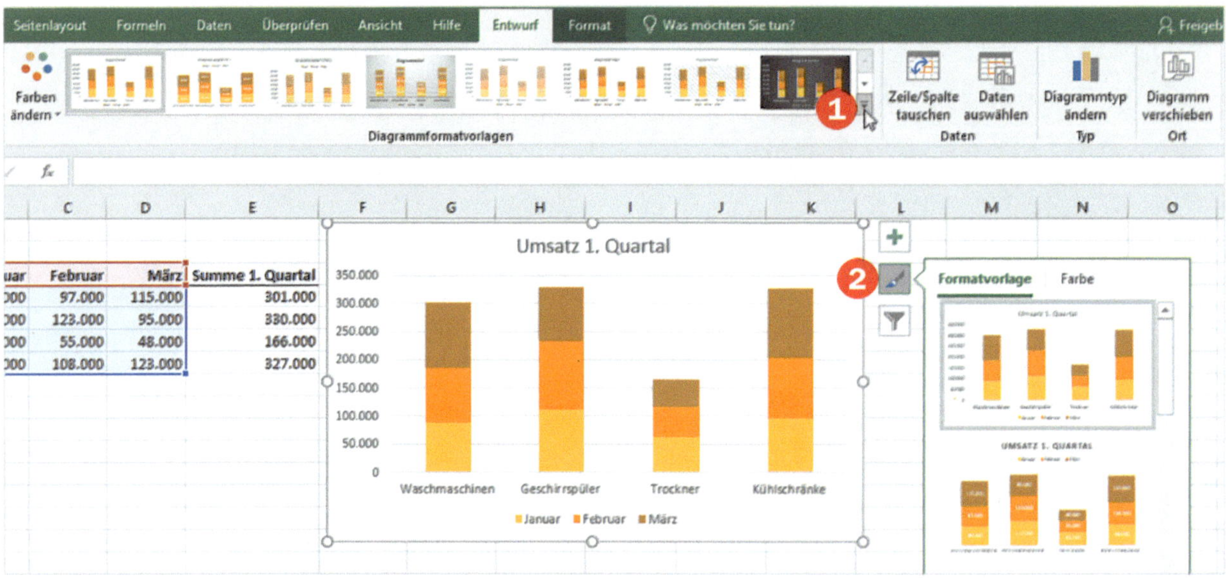

Vorlagenfarben ändern

- Die Farben aller Diagrammformatvorlagen sind abhängig von den aktuellen Designfarben. Mit Klick auf die Schaltfläche *Farben ändern* ❶ (Menüband, Register *Diagrammtools-Format*) können Sie andere Farbkombinationen oder Farbabstufungen innerhalb der Designfarben auswählen. Dieselben Farbkombinationen sind auch über das Pinselsymbol im Arbeitsblatt verfügbar. Klicken Sie hier auf das Register *Farbe* ❷.
- Falls Ihnen auch hier die Farben nicht zusagen, so klicken Sie auf das Register *Seitenlayout* und wählen in der Gruppe *Designs* über die Schaltfläche *Farben* ❸

andere Designfarben aus. Über den Befehl *Farben anpassen...* lassen sich auch benutzerdefinierte Designfarben zusammenstellen und speichern.

> **Achtung:** Im Gegensatz zur Schaltfläche *Farben ändern*, wirkt sich eine Änderung der Designfarben auf die gesamte Excel-Arbeitsmappe aus!

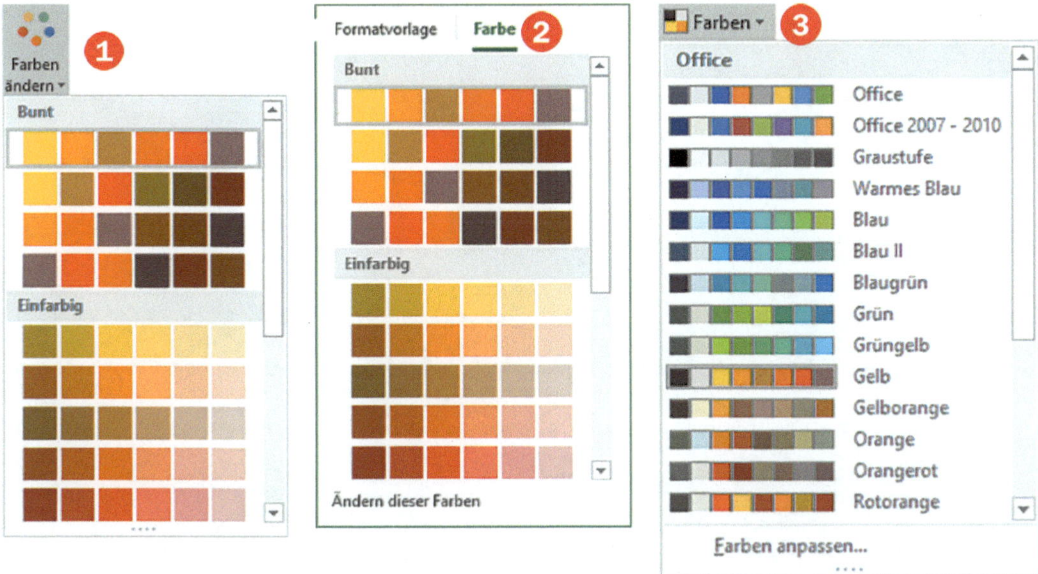

Diagrammelemente auswählen

Ein Excel-Diagramm setzt sich aus verschiedenen Elementen zusammen, die Sie auch einzeln nach Belieben gestalten können, z. B. mit Füllfarben. In allen diesen Fällen müssen Sie vor der Bearbeitung das betreffende Element durch einfaches Anklicken mit der Maus markieren. Ein markiertes Diagrammelement erkennen Sie am Rahmen und an den Markierungspunkten. Zur Orientierung blendet Excel einen kurzen Hinweistext ein, sobald Sie auf ein Element zeigen. Die wichtigsten Elemente:

- Der Diagrammbereich umfasst das gesamte Diagramm.
- Innerhalb des Diagrammbereichs bildet die Zeichnungsfläche den Hintergrund der Säulen-, Balken- oder Kreisdarstellung (Bild unten rechts). Zur besseren Unterscheidung wurden in den beiden Bildern Diagrammbereich und Zeichnungsfläche jeweils mit grauer Hintergrundfarbe versehen.

Diagrammbereich und Zeichnungsfläche (jeweils grau dargestellt.

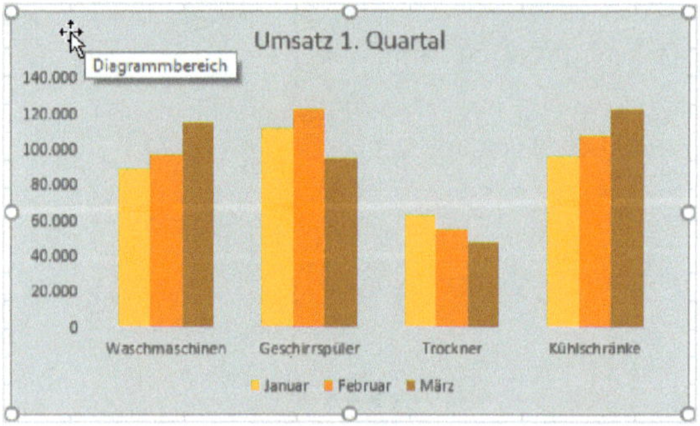

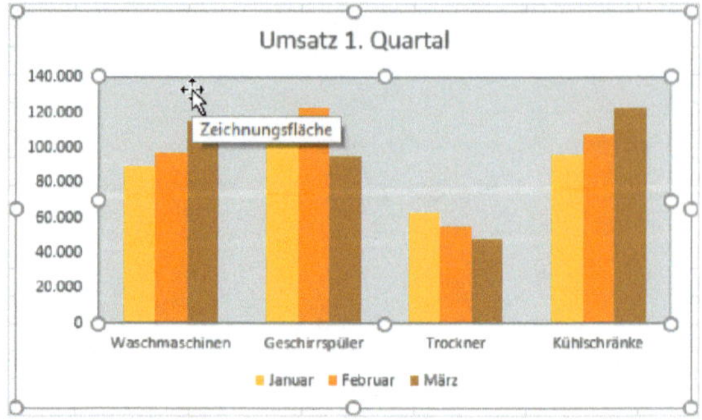

- Die vertikale und horizontale Achse werden getrennt voneinander markiert.

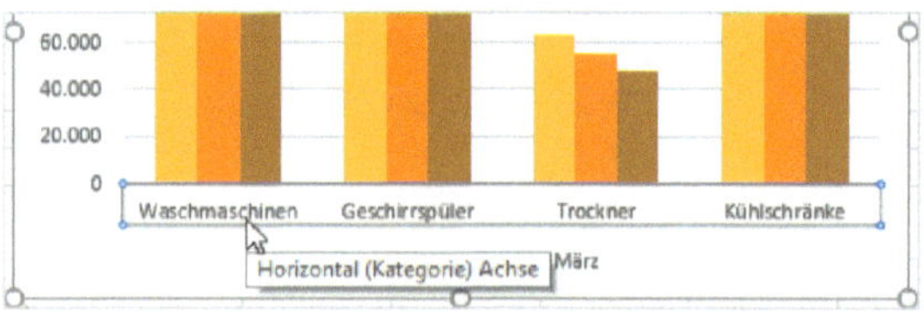

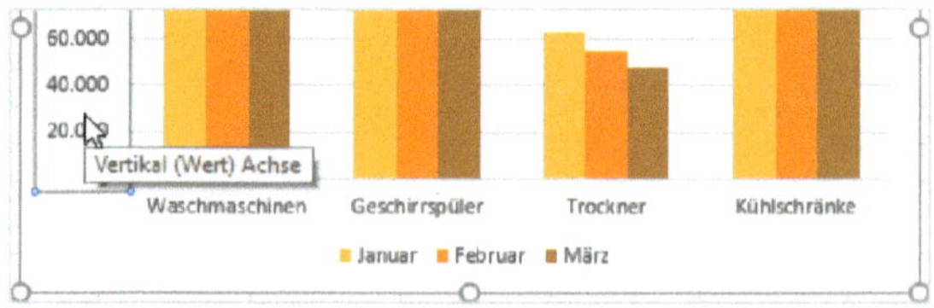

- Diagrammtitel und Legende (falls vorhanden).
- Datenreihen und Datenpunkte.

Datenreihe auswählen

Achten Sie auf die Markierungspunkte!

Um eine Datenreihe zu markieren, kicken Sie einmal auf ein beliebiges Element dieser Reihe, z. B. eine Säule wie im Bild unten. Dadurch werden automatisch alle Elemente der Reihe markiert, erkennbar an den Markierungspunkten ❶, an den Zellbezügen in der Bearbeitungsleiste ❷ und an den Rahmen in der Ausgangstabelle ❸.

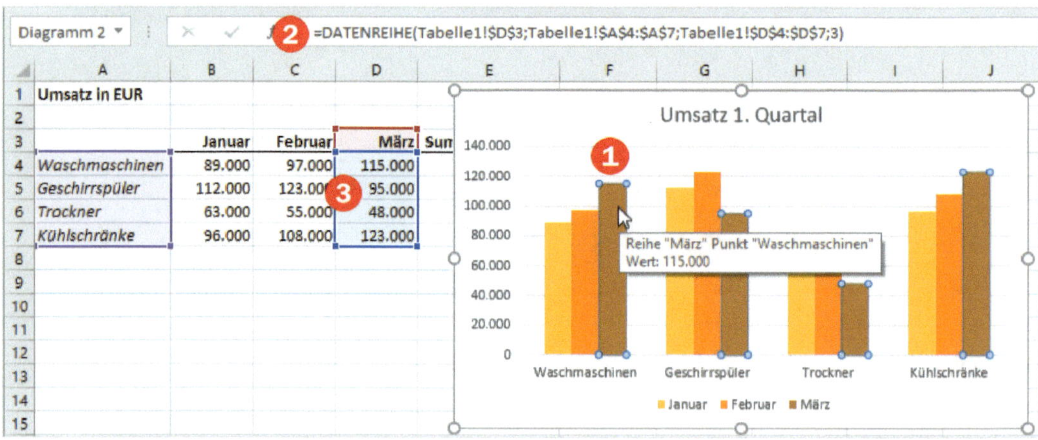

Wenn Sie nun beispielsweise eine andere Farbe auswählen, dazu klicken Sie im Register *Format*, Gruppe *Formenarten*, auf den Dropdown-Pfeil der Schaltfläche *Fülleffekt*, dann wirkt sich diese Änderung auf die gesamte Datenreihe aus ❶. Die Legende wird automatisch entsprechend angepasst ❷.

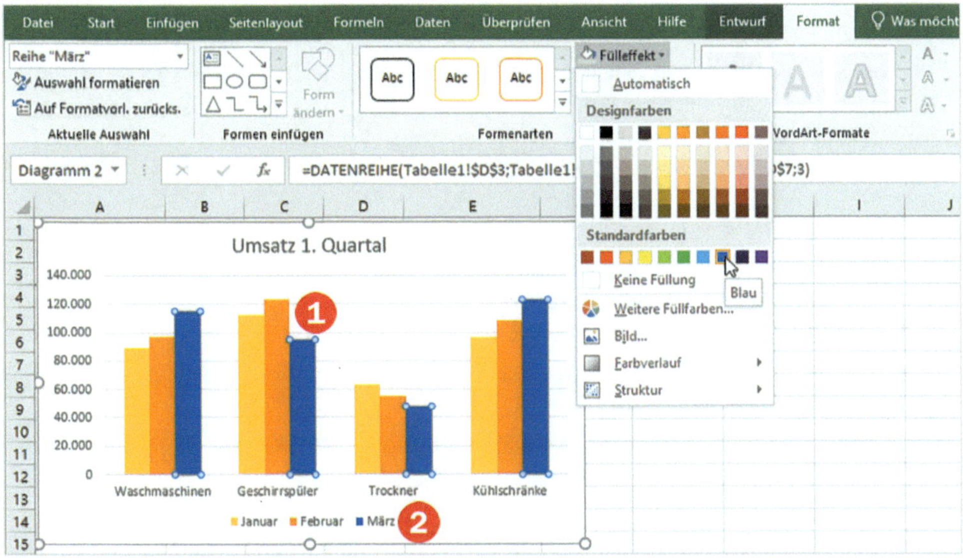

Als Beispiel erhalten in diesem Bild Datenreihe und Legende eine blaue Füllfarbe.

Datenpunkt markieren

Wenn Sie dagegen einen Datenpunkt markieren möchten, im Bild unten die Säule März der Datenreihe Geschirrspüler, dann markieren Sie mit dem ersten Mausklick die gesamte Reihe und klicken anschließend nochmals auf die gewünschte Säule. Nun ist ausschließlich diese markiert und eine Änderung der Farbe bezieht sich nur auf die markierte Säule. **Achtung**: Die Legende ändert sich dadurch nicht!

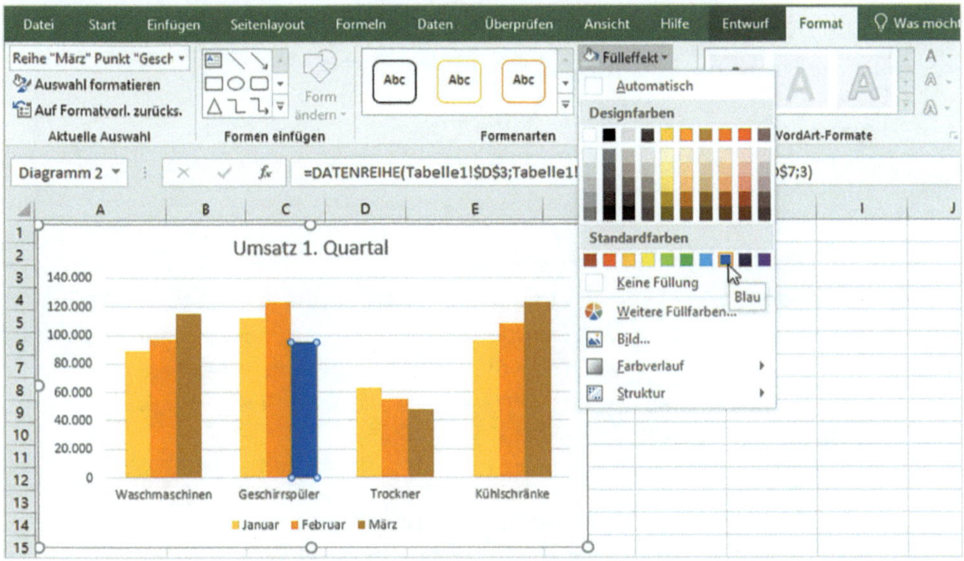

Hier wird nur der markierte Datenpunkt mit blauer Füllfarbe versehen

> **Wichtig:** Beim Markieren von Datenreihen müssen Sie unterscheiden zwischen der gesamten Datenreihe und einem einzelnen Datenpunkt. Der erste Mausklick markiert die Datenreihe und ein zweiter Klick einen Datenpunkt der markierten Datenreihe.

Als Alternative können Sie ein Diagrammelement auch das Auswahlfeld in der Gruppe *Aktuelle Auswahl* ❶ im Register *Diagrammtools - Format* auswählen bzw. markieren. Oder klicken Sie mit der rechten Maustaste an eine beliebige Stelle im Diagramm und benutzen das Auswahlfeld oberhalb des Kontextmenüs ❷.

Diagrammelement auswählen bzw. markieren

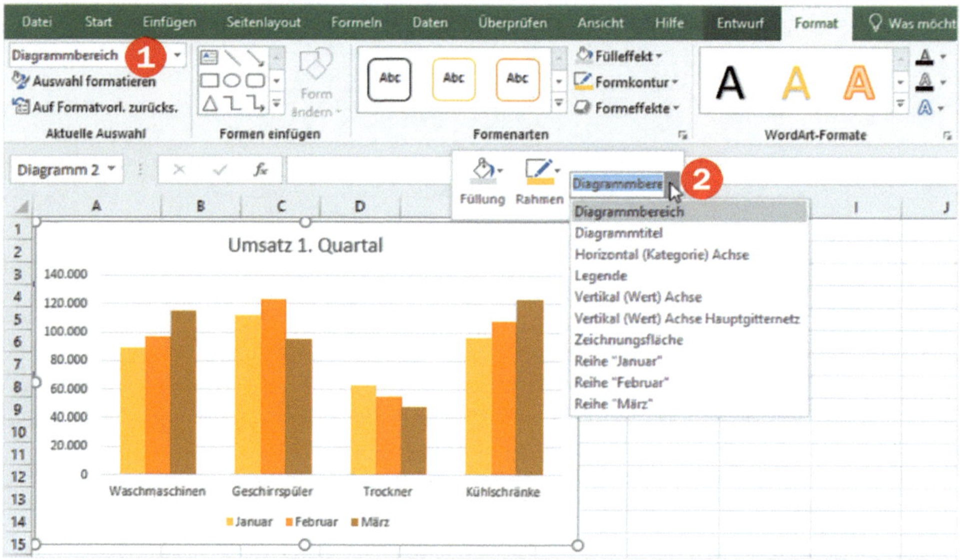

Diagrammelemente formatieren

Farben und Rahmen

Im Register *Diagrammtools - Format* finden Sie in der Gruppe *Formenarten* verschiedene Werkzeuge zur Gestaltung von Diagrammelementen. Grundsätzlich lässt sich fast jede Formatierung auf fast jedes zuvor markierte Diagrammelement anwenden, die nachfolgend beschriebenen Möglichkeiten gelten also beispielsweise für Diagrammbereich, Zeichnungsfläche, Diagrammtitel und Legende.

- Zur schnellen Gestaltung ist auch hier ein Katalog von Vorlagen ❶ verfügbar, den Sie mit Klick auf den Pfeil *Weitere* öffnen. Beim Zeigen erhalten Sie im Diagramm eine Vorschau, um die Wirkung besser beurteilen zu können.
- Individuelle Formatierungen nehmen Sie über die Schaltflächen *Fülleffekt* ❷ und *Formkontur* ❸ bzw. *Rahmen* vor. Beide erscheinen auch, wenn Sie mit der rechten Maustaste auf ein Diagrammelement klicken, wie im Beispiel im Bild unten.

- Verschiedene 3D-, Schatten- und Spiegelungseffekte können über die Schaltfläche *Formeffekte* ❹ zugewiesen werden.

Rahmen, Konturen

Um das markierte Diagrammelement, im Bild unten Diagrammtitel ❶, mit einem Rahmen zu versehen, klicken Sie im Menüband, Register *Diagrammtools-Format* auf *Formkontur* ❸ oder im Kontextmenü der rechten Maustaste auf das Symbol *Rahmen* ❸.

Wählen Sie dann eine Rahmenfarbe, zum Entfernen einer vorhandenen Rahmenlinie klicken Sie auf *Keine Kontur*. Unterhalb können Sie bei Bedarf auch noch Strichstärke und Strichart festlegen ❹.

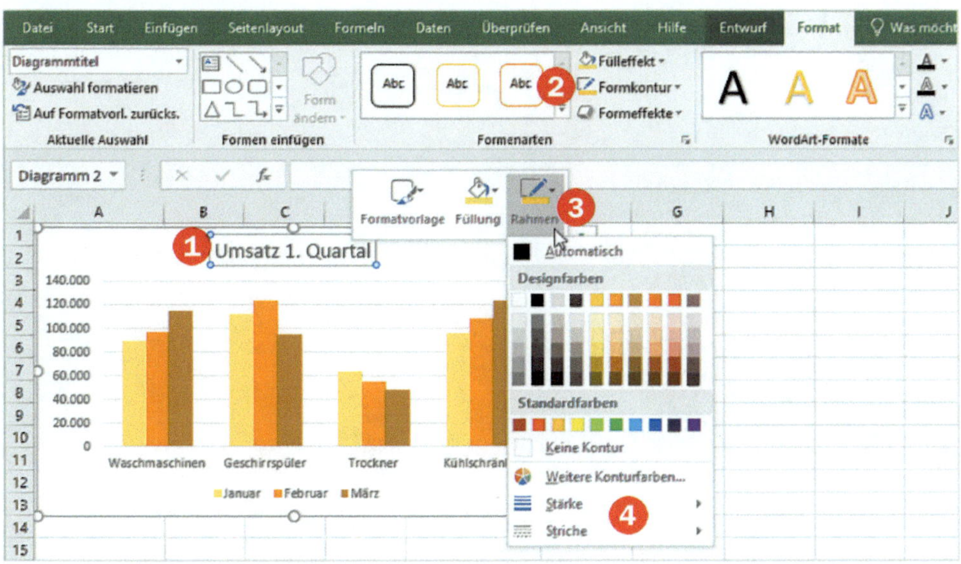

Schatten- und sonstige Effekte

Falls gewünscht, können Sie über die Schaltfläche *Formeffekte* beispielsweise einen Schatteneffekt zuweisen.

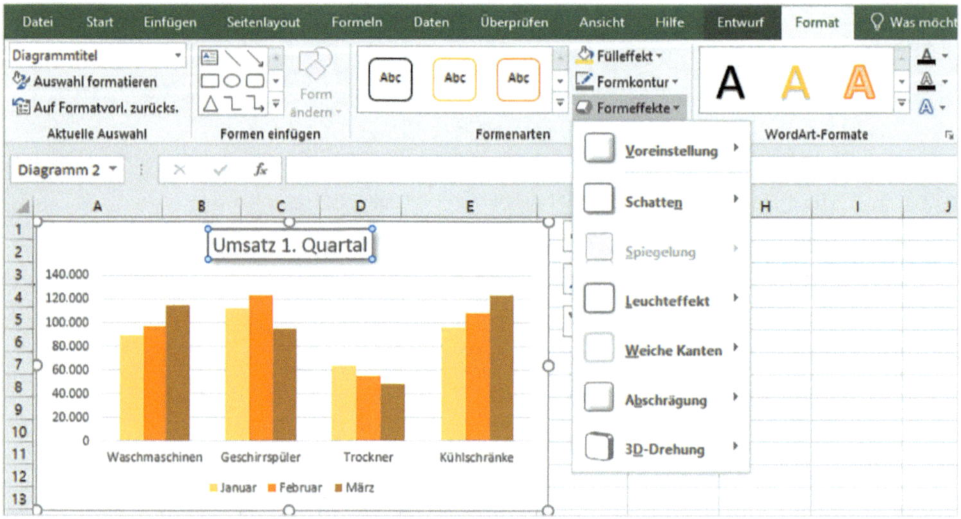

Verlaufseffekte, Musterfüllung und Bildfüllung

Über das Symbol *Fülleffekt* bzw. *Füllung* besteht auch die Möglichkeit, einen Verlaufseffekt oder ein Bild auszuwählen, z. B. als Hintergrund für das gesamte Diagramm (Auswahl *Diagrammbereich*) oder die Zeichnungsfläche. Als Beispiel im Bild unten ein Farbverlauf als Hintergrund des Diagrammbereichs.

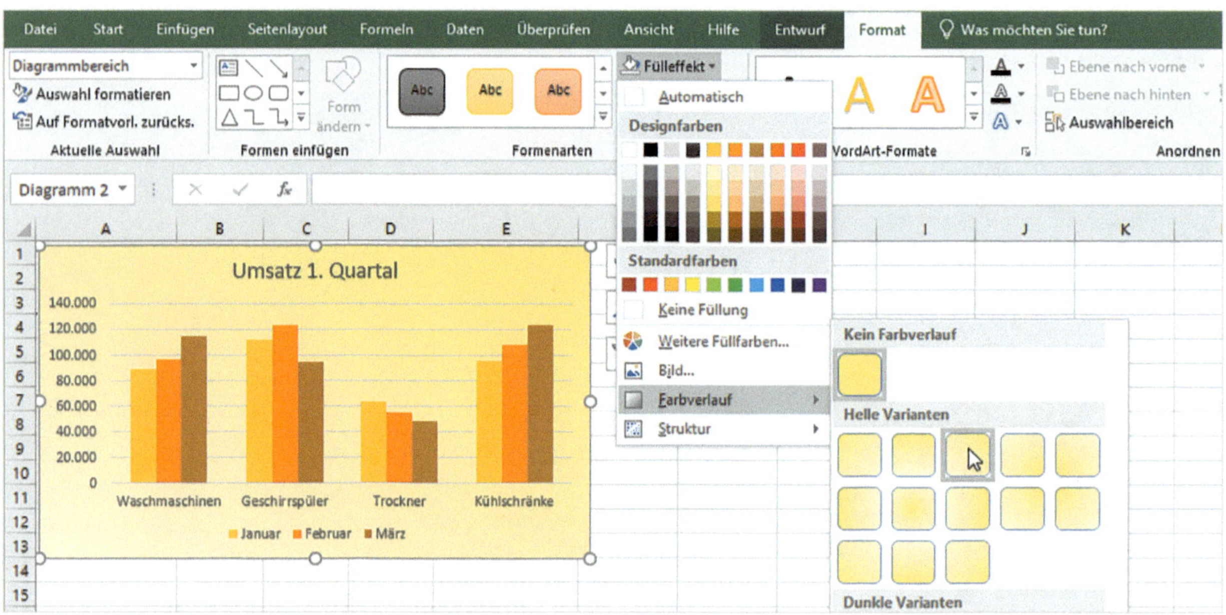

Musterfüllung

Zur besseren Unterscheidung von Datenreihen werden manchmal zusätzlich oder statt der Farben unterschiedliche Muster benötigt, z. B. beim Drucken in Graustufen.

1 In diesem Fall klicken Sie mit der rechten Maustaste in die zu formatierende Datenreihe und auf den Befehl *Datenreihen formatieren...*. Am rechten Rand des Excel-Fensters öffnet sich der Aufgabenbereich *Datenreihen formatieren* ❶.

2 Klicken Sie auf das Symbol *Füllung und Linie* ❷ und unterhalb auf den Pfeil *Füllung* ❸.

3 Aktivieren Sie die Option *Musterfüllung* ❹. Anschließend wählen Sie unterhalb ein Muster aus ❺. Unterhalb der Muster können Sie über Schaltflächen jeweils die Farbe für Vordergrund und Hintergrund festlegen.

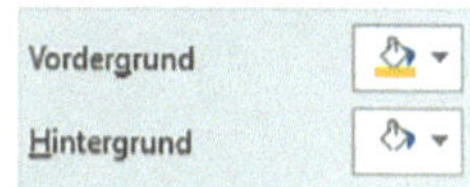

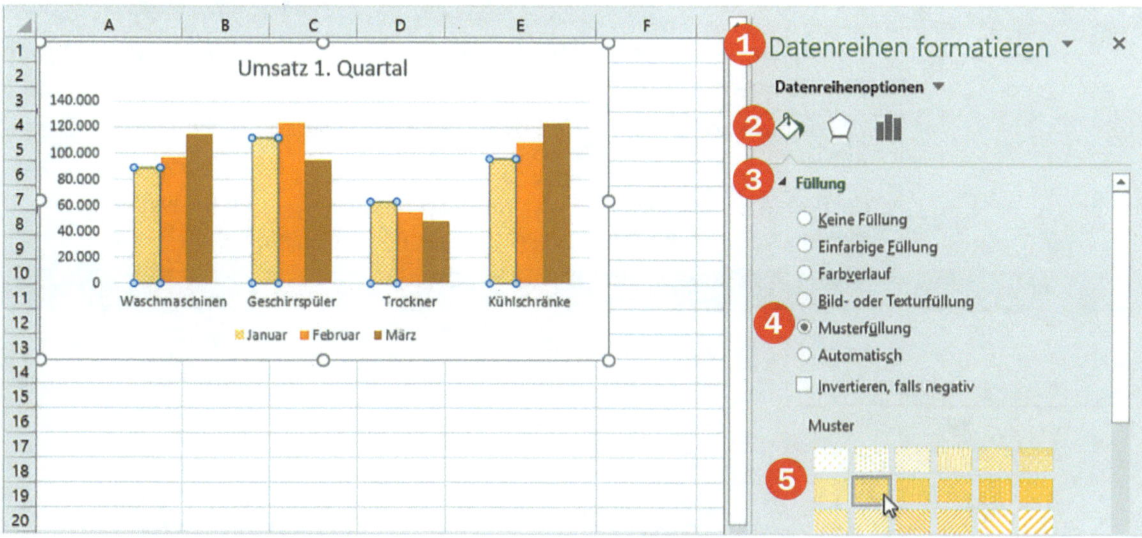

Bild als Diagrammhintergrund einfügen

Als Hintergrund für das Diagramm oder die Zeichnungsfläche kann auch ein Bild verwendet werden, allerdings sollten Sie bei der Auswahl des Bildes darauf achten, dass die Aussagefähigkeit des eigentlichen Diagramms dadurch nicht beeinträchtigt wird.

1 Dazu markieren Sie den Diagrammbereich oder die Zeichnungsfläche, klicken im Register *Format* auf *Fülleffekt* und wählen hier *Bild...*. Oder klicken Sie mit der rechten Maustaste auf den Bereich, dann auf das Symbol *Füllung* und anschließend auf *Bild...*.

2 Wählen Sie dann, woher Sie die Grafik beziehen möchten:

- Ist diese auf der Festplatte Ihres Computers gespeichert, so klicken Sie auf *Aus Datei*, wählen die gewünschte Datei und klicken auf die Schaltfläche *Einfügen*.
- Mit der Auswahl *Onlinebilder* öffnet sich der Suchdienst Bing mit einer Liste verschiedener Bildkategorien. Außerdem können Sie mit Eingabe eines Suchbegriffs nach Bildern suchen. **Achtung**: Bei der Verwendung von Bildern aus

dem Internet ist unbedingt das Urheberrecht zu beachten, darauf weist Sie auch ein entsprechender Link zusammen mit den Suchergebnissen hin.

Piktogramme, siehe Seite 329.

- Als dritte Möglichkeit steht Ihnen mit den Piktogrammen eine Sammlung verschiedener Symbole zur Verfügung, diese eignen sich allerdings nur bedingt als Hintergrund.

3 Wie im Bild unten, drängt sich meisten Fällen das Bild zu stark in der Vordergrund. Dem lässt sich mit etwas Transparenz abhelfen. Markieren Sie den Diagrammbereich, falls nicht bereits geschehen, und klicken Sie auf den kleinen Pfeil der Gruppe *Formenarten* ❶. Oder klicken Sie mit der rechten Maustaste in den Diagrammbereich und auf den Befehl *Diagrammbereich formatieren....*

4 Im Aufgabenbereich *Diagrammbereich formatieren* nehmen Sie nun die weiteren Einstellungen vor:

- *Füllung und Linie* ist bereits ausgewählt ❷ und unter *Füllung* ist die Option *Bild - oder Texturfüllung* aktiviert ❸.
- Unterhalb können Sie nun mithilfe eines Schiebereglers die Transparenz erhöhen ❹.
- Bei Bedarf können Sie auch hier unter *Bild einfügen aus* mit Klick auf die Schaltflächen *Datei...* oder *Online...* ein anderes Bild auswählen ❺.

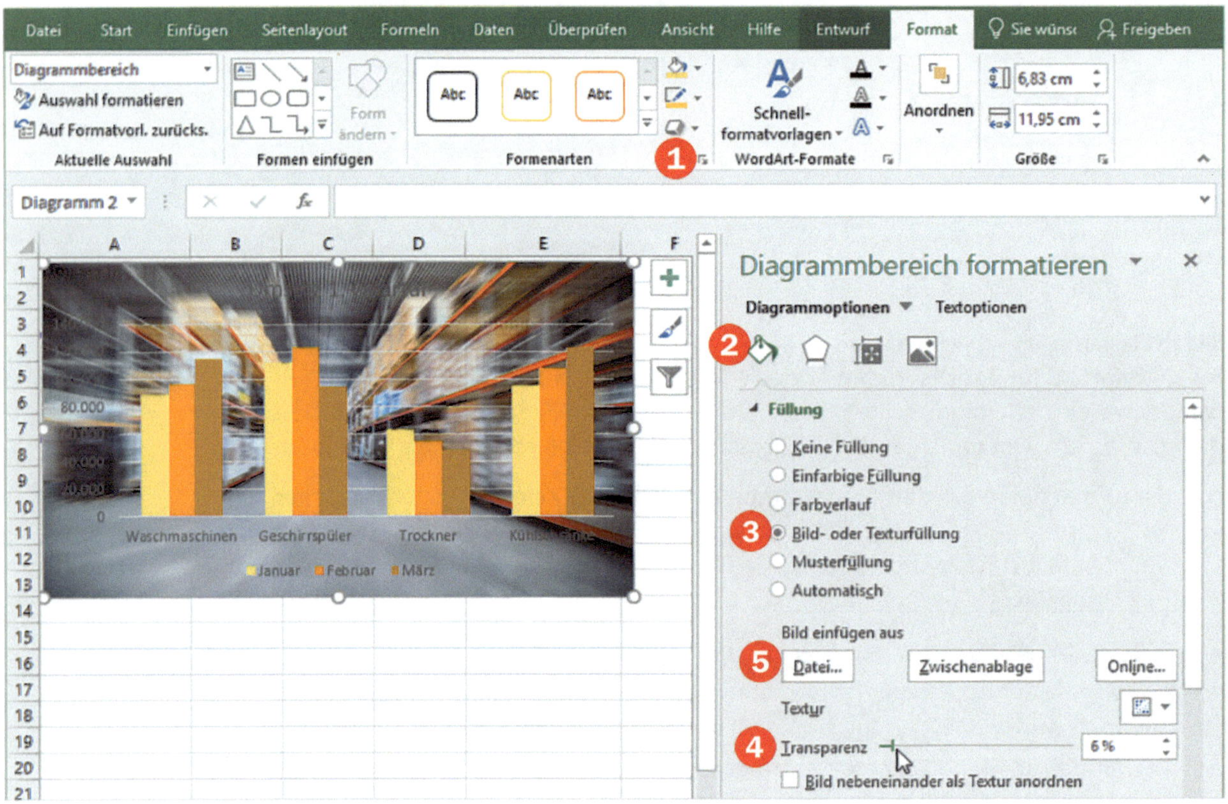

Schrift ändern

Bei der Formatierung von Diagrammbeschriftungen gehen Sie wie bei der Zellenformatierung vor: Markieren Sie das Element und verwenden im Register *Start* die Schaltflächen der Gruppen *Schriftart* und *Ausrichtung*. Auf diese Weise können Sie z. B. Schriftgröße und -farbe des Diagrammtitels, der Legende oder der Achsenbeschriftungen, im Bild unten der waagrechten (X-) Achse ändern.

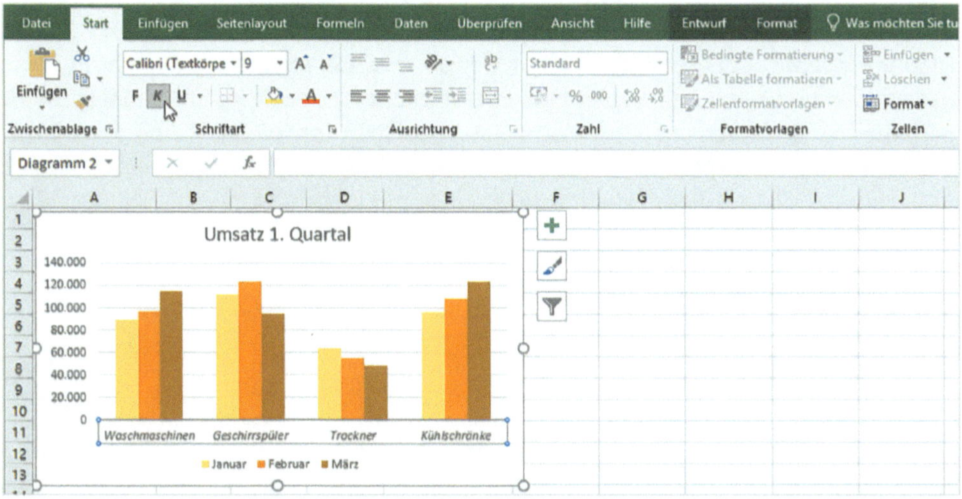

Beachten Sie, dass bei Säulendiagrammen die Beschriftung der waagrechten Achse automatisch diagonal oder vertikal gedreht wird, falls der Diagrammbereich zu klein ist. Als Abhilfe verkleinern Sie entweder die Schrift, vergrößern die Diagrammfläche oder wandeln Sie das Diagramm in ein Balkendiagramm um (siehe Seite 307).

Achtung: Wenn Sie die Schrift des Diagrammtitels vergrößern oder verkleinern, dann passt sich die Größe der Zeichnungsfläche automatisch entsprechend an, wie in der Abbildung unten. Es ist also in der Regel nicht erforderlich, einzelne Diagrammelemente durch Ziehen mit der Maus zu vergrößern bzw. verkleinern.

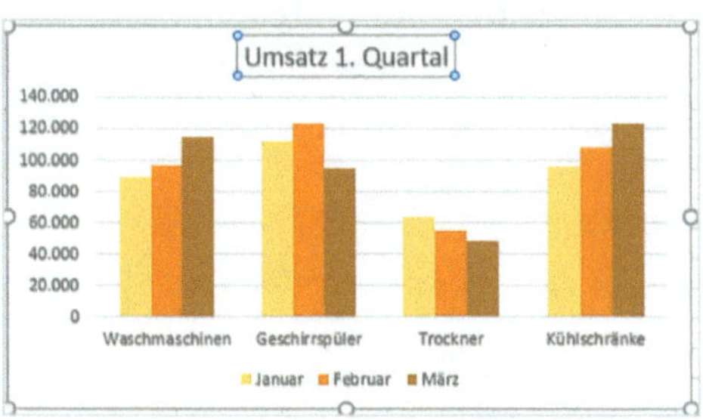

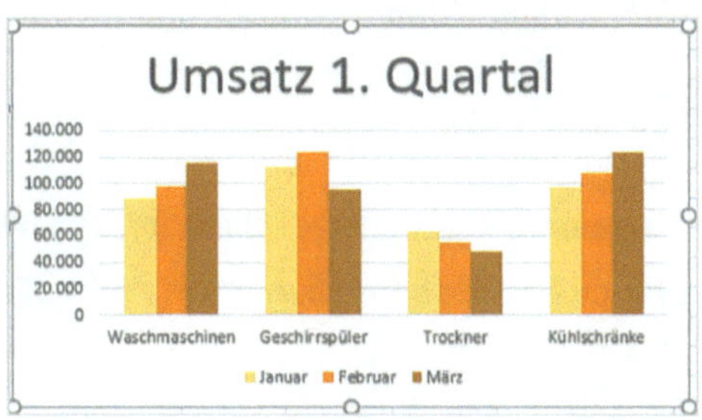

Beim Vergrößern oder Verkleinern der Schriftgröße passen sich die übrigen Diagrammelemente an.

11.4 Weitere Diagrammbearbeitungsmöglichkeiten

Größe und Position des Diagramms ändern

Diagramm verschieben

Ein Diagramm wird zunächst im selben Arbeitsblatt wie die Ausgangsdaten eingefügt und überlagert häufig sogar einen Teil der Tabelle. Zum Verschieben benutzen Sie den Diagrammbereich. Zeigen Sie mit der Maus an eine freie Stelle des Diagramms und nach kurzer Verzögerung erscheint ein kurzer Infotext zur ausgewählten Stelle, siehe Bild. Gleichzeitig erscheinen am Mauszeiger vier Richtungspfeile ❶ und Sie können mit gedrückter linker Maustaste das Diagramm an eine beliebige Stelle verschieben.

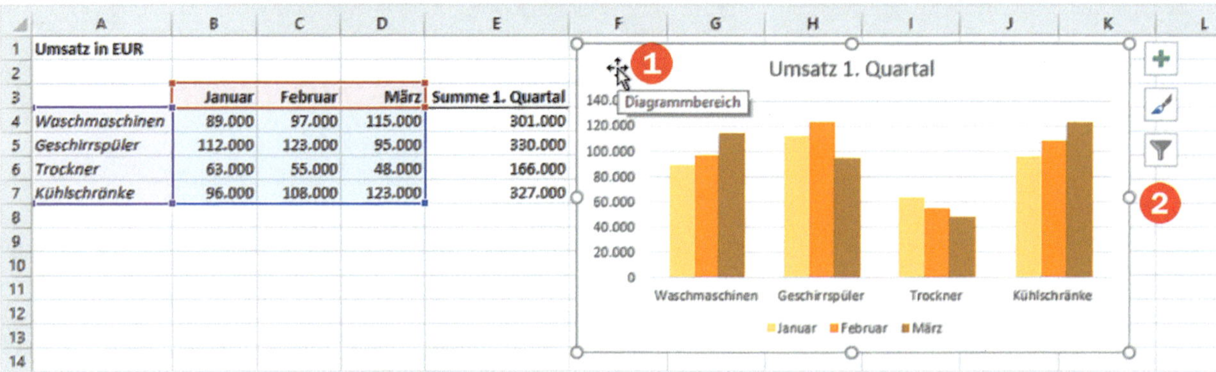

Achten Sie beim Verschieben unbedingt darauf, dass der *Diagrammbereich* ausgewählt ist! Andernfalls verschieben Sie möglicherweise innerhalb des Diagramms die Zeichnungsfläche oder ein anderes Element.

Diagrammgröße ändern

Zur Größenänderung des gesamten Diagramms zeigen Sie mit der Maus auf einen der Ziehpunkte in den Ecken oder in der Mitte jeder Seite des Diagrammrahmens ❷ (Bild oben), als Mauszeiger erscheint ein Doppelpfeil. Ziehen Sie nun das Diagramm mit gedrückter Maustaste in die gewünschte Größe.

Diagramm als gesondertes Blatt einfügen

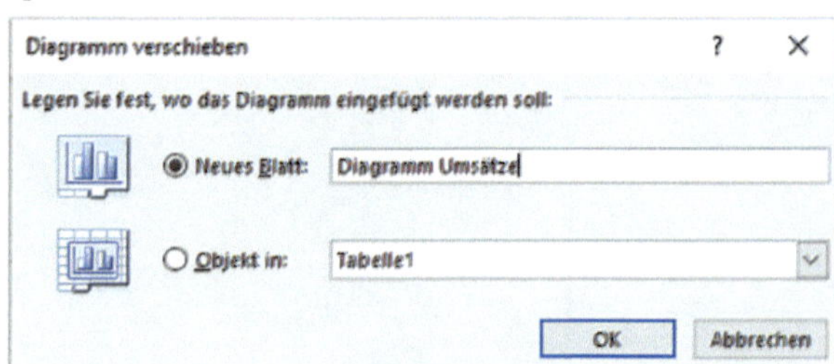

Um das markierte Diagramm in ein gesondertes Blatt der Arbeitsmappe zu verschieben, klicken Sie im Menüband, Register *Entwurf*, Gruppe *Ort*, auf *Diagramm verschieben*. Wählen Sie die Option *Neues Blatt* und geben Sie dem Blatt auch gleich einen Namen. Excel fügt ein so genanntes Diagrammblatt in die Arbeitsmappe ein, in dem das Diagramm das gesamte Blatt einnimmt. Ein Ändern der Diagrammgröße ist hier nicht möglich. Beim Drucken passt sich das Diagramm automatisch an des gewählte Papierformat, meist A4, an.

Die zweite Option *Als Objekt in* erlaubt das Verschieben des Diagramms in ein anderes, vorhandenes Arbeitsblatt der Arbeitsmappe. Benutzen Sie zur Auswahl den Dropdown-Pfeil.

Diagrammtyp nachträglich ändern

Wenn Sie den Diagrammtyp nachträglich ändern möchten, dann klicken Sie in das Diagramm und klicken im Register *Entwurf*, Gruppe *Typ*, auf die Schaltfläche *Diagrammtyp ändern*. Es öffnet sich das gleichnamige Fenster mit dem Register *Alle Diagramme*. Wählen Sie den gewünschten Typ und Untertyp aus und übernehmen Sie den geänderten Typ mit Klick auf *OK*. Alle bereits vorgenommenen Formatierungen bleiben erhalten.

Den Befehl *Diagrammtyp ändern...* erhalten Sie auch, wenn Sie mit der rechten Maustaste an eine beliebige Stelle des Diagramms klicken.

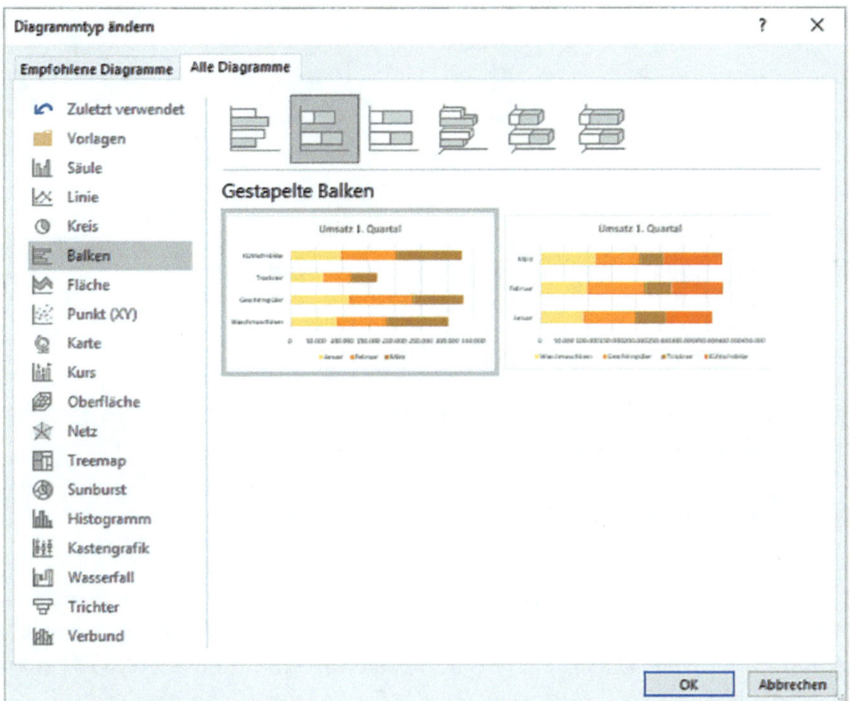

Diagramm und Diagrammelemente beschriften

Aussagekräftige Beschriftungen sind wichtiger Bestandteil jedes Diagramms. Die Beschriftungen der Achsen sowie der Legende werden von Excel in der Regel aus der Tabelle übernommen, weitere vordefinierte Beschriftungselemente lassen sich schnell hinzufügen. Für viele Beschriftungen stehen gleich mehrere Positionen zur Auswahl.

Schnelllayouts einsetzen

Eilige können auf ein Angebot verschiedener vorgefertigter Layouts zurückgreifen. Dazu klicken Sie im Register *Entwurf*, Gruppe *Diagrammlayouts*, auf die Schaltfläche *Schnelllayout*. Es öffnet sich ein Katalog verschiedener Layouts und Sie erhalten beim Zeigen im Diagramm eine Vorschau.

Die Datei ist als Download verfügbar:

Beispieldaten_Museumsbesucher.xlsx

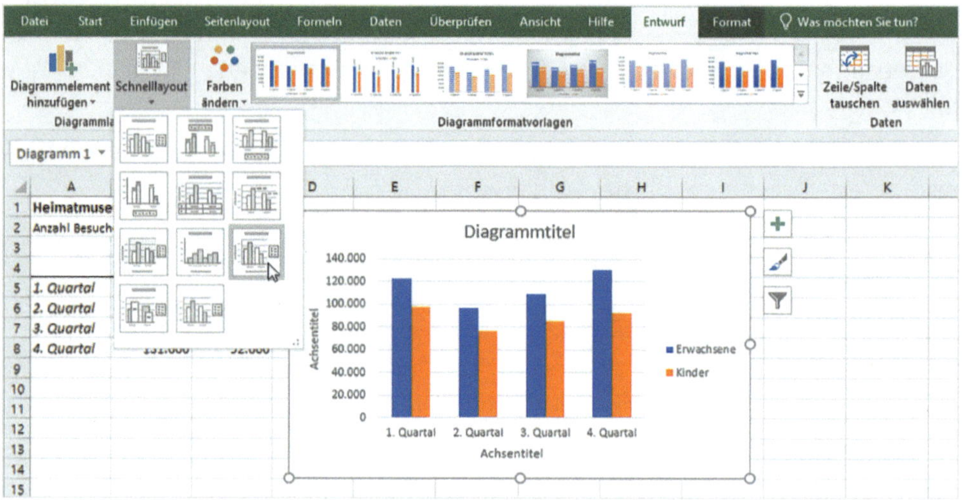

Leider bietet diese Methode wenig Flexibilität; sollte keine der Vorlagen Ihren Vorstellungen entsprechen, dann fügen Sie besser die benötigten Beschriftungselemente einzeln hinzu und wählen die gewünschte Position aus. Wie Sie dabei vorgehen, erfahren Sie gleich im nächsten Punkt.

Beschriftungselemente hinzufügen

Excel verfügt über einen umfangreichen Katalog von vordefinierten Diagrammbeschriftungen. Diese können auf zwei Wegen eingefügt werden, bei vorhandenen Beschriftungen können Sie auf diese Weise die Platzierung ändern. Neben Beschriftungselementen steuern Sie hier bei Säulen- und Balkendiagrammen auch die Anzeige von Gitternetzlinien in der Zeichnungsfläche oder fügen Trendlinien hinzu.

1 Klicken Sie im Register *Diagrammtools - Entwurf* auf die Schaltfläche *Diagrammelement hinzufügen*. Beim Zeigen auf die einzelnen Einträge erhalten Sie verschiedene Optionen zur Platzierung und sehen im Diagramm eine Vorschau. Im Bild unten als Beispiel Einfügen oder Positionieren eines Diagrammtitels.

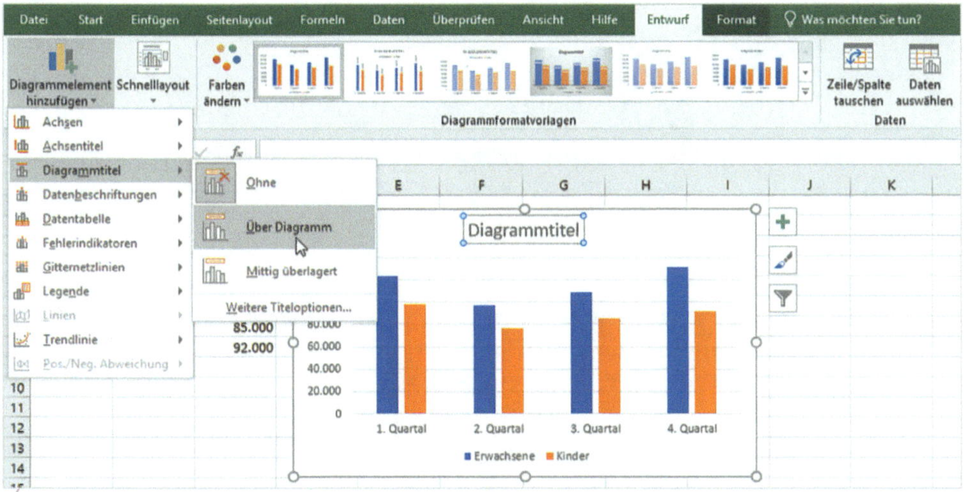

Häufig benötigen Sie in Diagrammen noch weitere Beschriftungsmöglichkeiten, z. B. zur Quellenangabe. Da diese von Excel nicht vorgesehen sind, müssen Sie ein Textfeld in den Diagrammbereich einfügen. Näheres dazu lesen Sie auf Seite 327.

- Dieselben Möglichkeiten sind auch über das Symbol *Diagrammelemente* [+] verfügbar, das an der rechten oberen Ecke des markierten Diagramms im Tabellenblatt erscheint. Mit einem Klick in das Kontrollkästchen (Häkchen) wird das ausgewählte Element an der Standardposition eingefügt bzw. wieder entfernt. Für weitere Optionen klicken Sie auf den nach rechts weisenden Pfeil. Als Beispiel im Bild unten das Hinzufügen eines horizontalen und vertikalen Achsentitels.

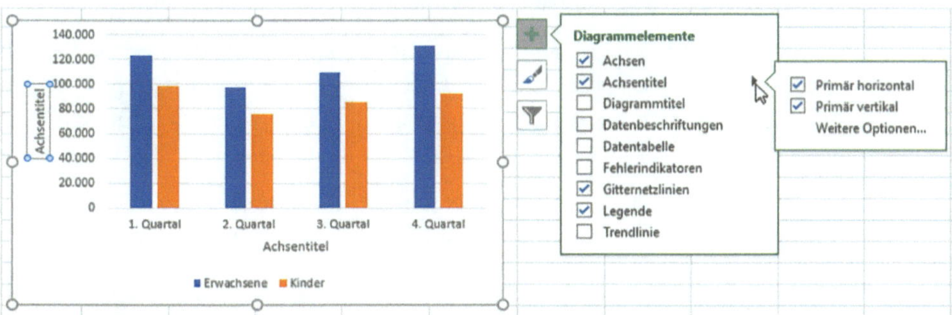

Mit Klick auf den Pfeil können Sie die Position bestimmen.

Text eingeben

Diagrammtitel und Achsentitel werden zunächst mit ihrer Bezeichnung im Diagramm eingefügt und gleichzeitig markiert ❶, Sie können also sofort den gewünschten Text eingeben. Sobald Sie mit der Texteingabe beginnen, erscheint der Text in der Bearbeitungsleiste ❷ und wird erst nach dem Drücken der Enter-Taste in das Diagramm übernommen. Auch nachträgliche Änderungen sind auf diese Weise möglich.

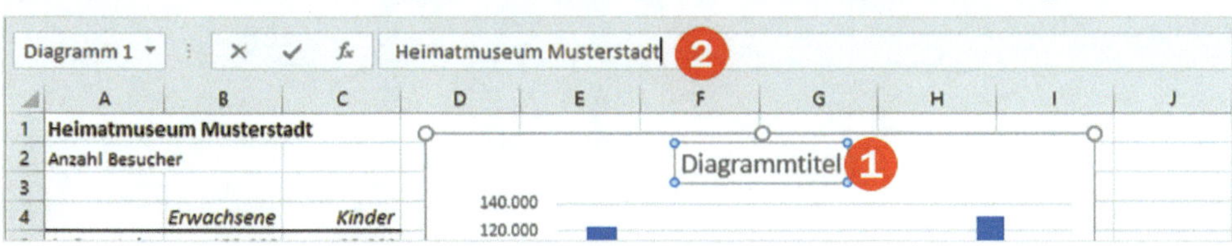

Sie möchten...	Vorgehensweise
Inhalt überschreiben	Markieren Sie das Beschriftungselement. Geben Sie in der Bearbeitungsleiste den neuen Text ein und übernehmen Sie Ihre Eingabe durch Drücken der Enter-Taste.
Inhalt korrigieren	Markieren Sie das Beschriftungselement. Klicken Sie anschließend im Diagramm in den Text, der Cursor erscheint und Sie können Ihre Korrekturen vornehmen.

Beschriftungselemente löschen

Nicht mehr benötigte Beschriftungselemente löschen Sie am einfachsten, indem Sie diese markieren und anschließend mit der Entf-Taste löschen. Oder klicken Sie auf die Schaltfläche *Diagrammelement einfügen* und wählen für dieses Element *Keine* aus.

Beispiel: Legende rechts und Diagrammtitel oberhalb

Um im unten abgebildeten Beispiel die Legende am rechten Rand des Diagramms zu platzieren, klicken Sie im Menüband, Register *Entwurf* auf *Diagrammelement hinzufügen* oder im Arbeitsblatt neben dem Diagramm auf das Symbol *Diagrammelemente* [+], zeigen auf *Legende* und klicken dann auf *Rechts*.

Für die Position des Diagrammtitels stehen folgende Möglichkeiten zu Auswahl:

- *Über Diagramm* bedeutet, der Titel wird oberhalb der Zeichnungsfläche zentriert und diese passt sich bei Änderungen der Schriftgröße des Titels automatisch an.
- Wählen Sie dagegen *Mittig überlagert*, so überlagert der Titel die Zeichnungsfläche und es erfolgt keine automatische Anpassung der Zeichnungsfläche. Diese Möglichkeit bietet sich an, wenn im Diagramm ausreichend Platz für den Titel vorhanden ist.
- In beiden Fällen kann anschließend der markierte Diagrammtitel mit der Maus verschoben und beliebig platziert werden.

Da in unserem Beispiel oberhalb der Legende genügend Platz zur Verfügung steht, wurde zunächst *Mittig überlagert* gewählt und dann der Diagrammtitel mit der Maus nach rechts verschoben. Falls erforderlich, kann in den Diagrammtitel mit der Enter-Taste ein Zeilenumbruch eingefügt werden.

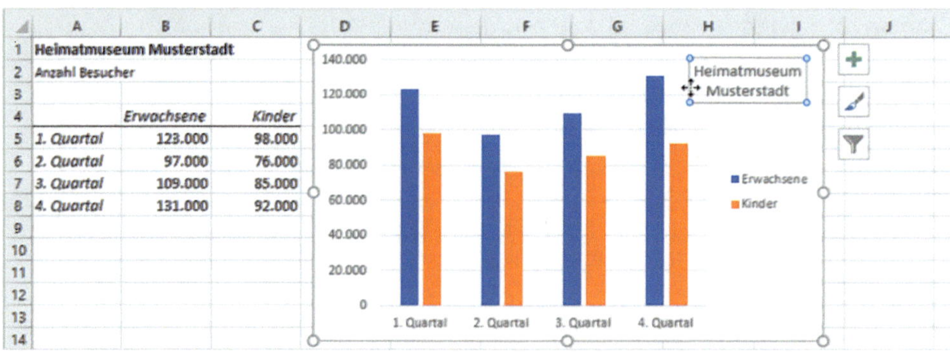

Achtung: Wenn Sie ein Beschriftungselement über die Schaltfläche oder das Symbol *Diagrammelemente* positionieren, dann passt sich die Zeichnungsfläche und damit das übrige Diagramm automatisch an. Nicht aber, wenn Sie das Element einfach mit der Maus verschieben.

Datenbeschriftungen einfügen

Wenn Sie zusätzlich die Werte im Diagramm anzeigen möchten, dann klicken Sie auf *Diagrammelement hinzufügen* und wählen *Datenbeschriftungen*. Die angebotenen Positionen sind abhängig vom Diagrammtyp, im Bild unten ein Säulendiagramm.

Achtung: Die abgebildeten Möglichkeiten sind ausschließlich für 2D-Säulen- und Balkendiagramme verfügbar. Bei 3D-Darstellung wird nur *Datenlegende* angeboten.

Die Datei ist als Download verfügbar:

Beispieldaten_Suessigkeiten.xlsx

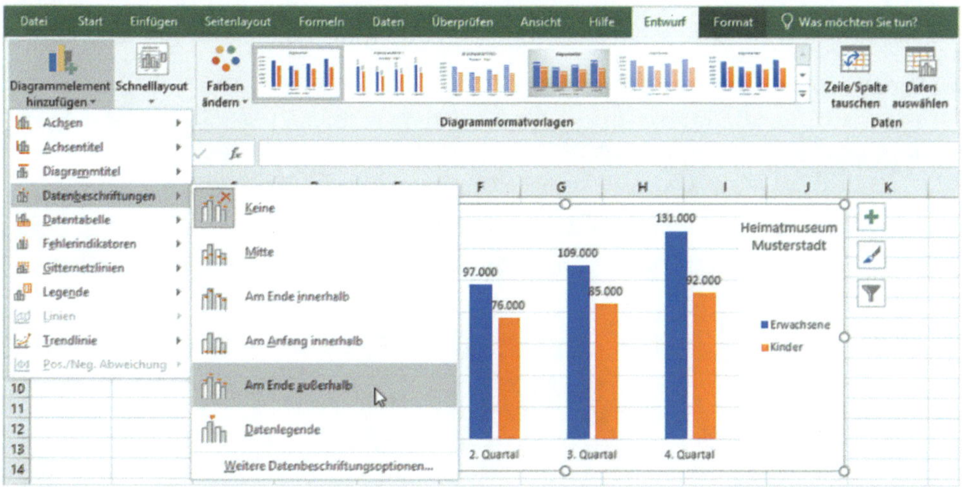

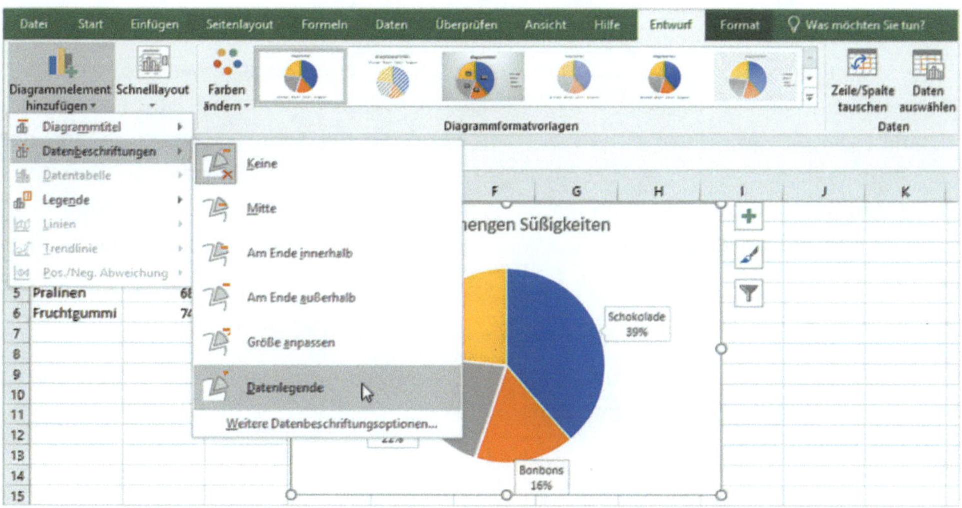

Für Kreisdiagramme stehen nicht nur mehrere Positionen der Datenbeschriftung zur Auswahl, sondern mit *Datenlegende* werden statt der Zahlen die prozentualen Anteile zusammen mit dem dazugehörigen Text angezeigt. Eine gesonderte Legende erübrigt sich in diesem Fall.

Tipp: Falls Sie die Gestaltung der Datenlegende als Sprechblasen als störend empfinden, so klicken Sie mit der rechten Maustaste auf eine beliebige Datenbeschriftung und wählen über das Symbol *Rahmen* bzw. *Formkontur Keine Kontur* aus.

Diagramm drucken

Wurde ein Diagramm als gesondertes Diagrammblatt in die Mappe eingefügt, dann passt Excel das Diagramm beim Drucken automatisch an eine Druckseite im ausgewählten Papierformat, standardmäßig A4, an. Weitere Druckeinstellungen, wie beispielsweise Kopf- und Fußzeile hinzufügen, erfolgen wie beim Druck von Tabellen.

Befindet sich ein Diagramm dagegen als Objekt zusammen mit der Tabelle in einem Arbeitsblatt, dann hängt die Druckausgabe von der aktuellen Markierung ab. Kontrollieren Sie daher unbedingt die Druckvorschau!

Beim Drucken von Diagrammen richtet sich Excel nach der Markierung:

- Sind das Diagramm oder ein beliebiges Diagrammelement markiert, dann wird ausschließlich das Diagramm gedruckt.
- Markieren Sie dagegen eine beliebige Zelle des Arbeitsblattes, dann druckt Excel das Diagramm zusammen mit den übrigen Daten.

Datenbereich ändern

Wenn nachträglich Werte oder Beschriftungen in der Ausgangstabelle geändert werden oder eine Formel neu berechnet wird, dann werden diese Änderungen automatisch im Diagramm übernommen. Werden dagegen der Tabelle weitere Zeilen oder Spalten hinzugefügt, so hat dies zunächst keine Auswirkungen auf das Diagramm. **Ausnahme**: wenn neue Zeilen und/oder Spalten zwischen vorhandenen Zeilen oder Spalten eingefügt werden, dann werden diese in der Regel auch sofort im Diagramm berücksichtigt.

Am einfachsten passen Sie den Datenbereich einer Datenreihe mit der Maus an:

1. Klicken Sie in den Diagrammbereich; in der dazugehörigen Tabelle werden die dazugehörigen Werte durch Rahmen hervorgehoben.
2. Zeigen Sie mit der Maus an einen der Eckpunkte, so erscheint als Mauszeiger ein Doppelpfeil ❶. Erweitern Sie nun den Datenbereich durch Ziehen nach unten ❷ bzw. rechts. Das Diagramm passt sich automatisch an ❸.

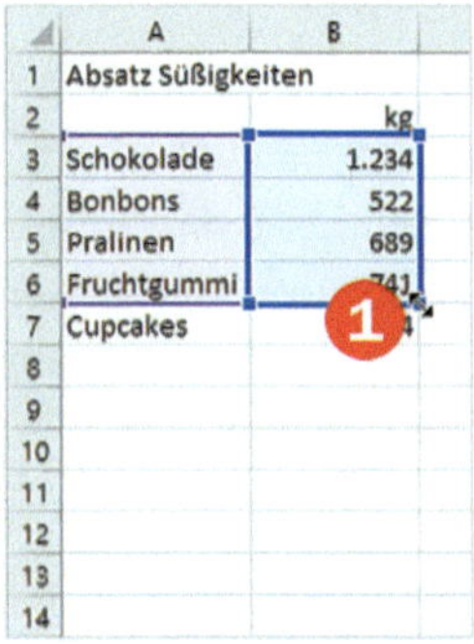

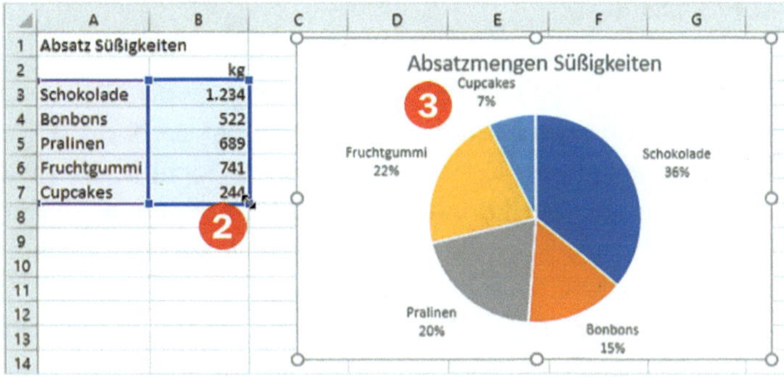

Umgekehrt können Sie mit dieser Methode natürlich auch Datenreihen aus dem Diagramm ausschließen. Als Alternative klicken Sie im Register *Entwurf* auf die Schaltfläche *Daten auswählen*. Das Dialogfenster *Datenquelle auswählen* wird geöffnet und Sie können weitere Datenreihen hinzufügen bzw. aus dem Diagramm entfernen. Wie Sie dabei vorgehen, wurde bereits zusammen mit der Diagrammerstellung beschrieben.

Siehe „Datenreihen bearbeiten/mit einem leeren Diagramm beginnen" auf Seite 292.

Diagramm filtern

Im Gegensatz zum Entfernen können Datenreihen mit dem Diagrammfilter schnell vorübergehend aus- und wieder eingeblendet werden. Markieren Sie das Diagramm und klicken Sie auf das Symbol *Diagrammfilter* ❶. Um ein Element auszublenden, entfernen Sie das Häkchen ❷, im Bild unten die Datenreihe Erwachsene, und klicken auf *Anwenden* ❸. Falls gewünscht, lassen sich auch einzelne Kategorien, in diesem Fall Quartale, ausblenden.

Die ausgeblendeten Datenreihen erscheinen zunächst ausgegraut. Erst nachdem Sie auf Anwenden geklickt haben, werden sie auch tatsächlich ausgeblendet.

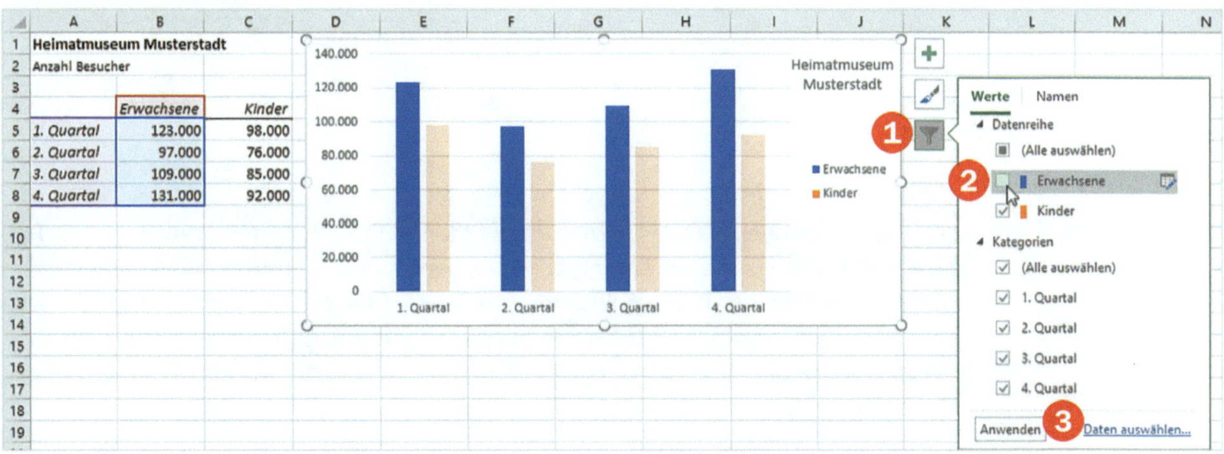

Filter aufheben

Um den Filter wieder aufzuheben, klicken Sie erneut auf *Diagrammfilter*, aktivieren entweder einzelne Kontrollkästchen oder gleich *(Alle auswählen)* und klicken wieder auf *Anwenden*.

Diagramme drehen

3D-Säulendiagramm mit rechtwinkligen Achsen

3D-Säulendiagramme werden meist mit einer Drehung, wie im Bild unten, eingefügt. Da diese Darstellung allerdings die Größen nicht korrekt wiedergibt und daher nur selten benötigt wird, können Sie ein 3D-Diagramm auch mit rechtwinkligen Achsen darstellen. Dazu klicken Sie mit der rechten Maustaste an eine beliebige Stelle des Diagrammbereichs und auf *3D-Drehung....* Im Aufgabenbereich *Diagramm formatieren* ❶ am rechten Rand des Excel-Fensters brauchen Sie anschließend nur unter *3D-Drehung* das Kontrollkästchen *Rechtwinklige Achsen* ❷ aktivieren.

Falls gewünscht, können Sie natürlich auch über die Felder *X-Drehung* und *Y-Drehung* und *Perspektive* das Diagramm beliebig drehen.

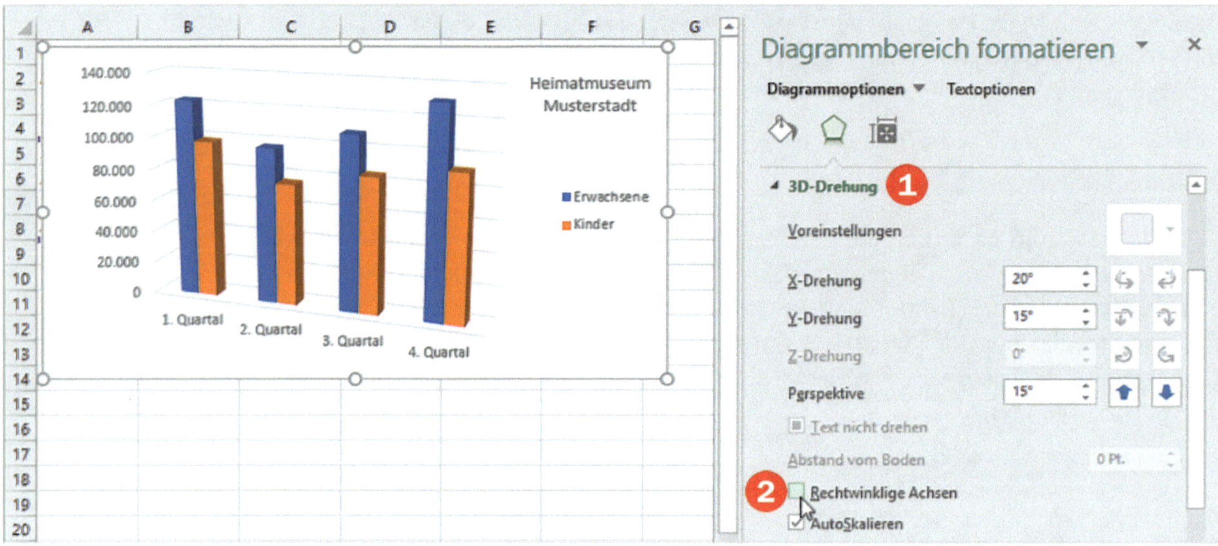

Kreisdiagramm drehen

Die Datenpunkte eines Kreisdiagramms werden automatisch entsprechend ihrer Reihenfolge in der Tabelle im Uhrzeigersinn angeordnet. Sie können die Anordnung im Diagramm entweder dadurch ändern, dass Sie die Werte in der Ausgangstabelle entsprechend sortieren oder durch Drehen des Diagramms. Durch Drehen können auch beispielsweise bei einer 3D-Darstellung kleinere Segmente in den Vordergrund gerückt werden. So gehen Sie vor:

1. Klicken Sie mit der rechten Maustaste in den Kreis und auf *Datenreihen formatieren*. Oder markieren Sie die gesamte Datenreihe und klicken auf den kleinen Pfeil ↘ der Gruppe *Formenarten* (Register *Format*).
2. Im Aufgabenbereich *Datenreihen formatieren* können Sie nun den Winkel des ersten Segments festlegen. Entweder mittels Schieberegler, wie im Bild unten, oder durch Eingabe eines exakten Winkels.

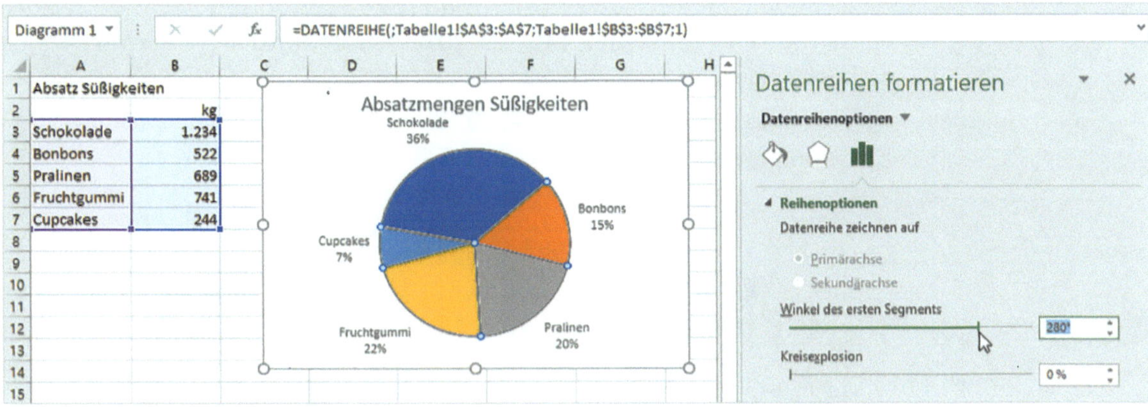

11.5 Besonderheiten einzelner Diagrammtypen

Kreisdiagramme

Da Kreisdiagramme nur eine einzige Datenreihe darstellen können, weicht auch die Vorgehensweise bei der Formatierung der Kreissegmente etwas von der zuvor beschriebenen Vorgehensweise ab.

- So hat es beispielsweise wenig Sinn, wie bei einem Säulen- oder Balkendiagramm, die gesamte Datenreihe mit einer einzigen Farbe zu versehen. In diesem Fall müssen Sie die Kreissegmente bzw. Datenpunkte nacheinander markieren und jeweils die Farbe einzeln ändern. Die Farben der Legende passen sich automatisch an.

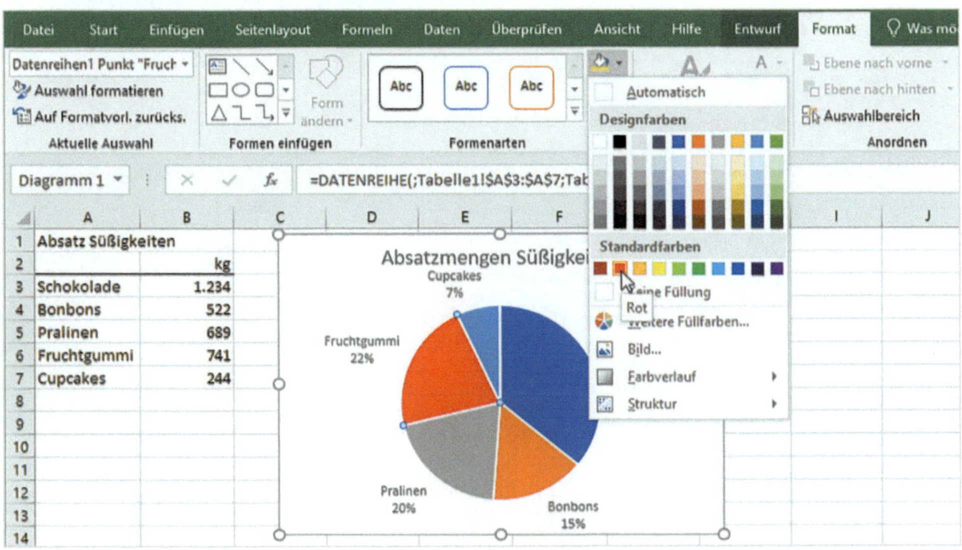

Denken Sie daran: Der erste Klick in den Kreis markiert die gesamte Datenreihe, der nächste gezielte Klick auf ein Kreissegment diesen einzelnen Datenpunkt!

- Einzelne Segmente eines Kreisdiagramms lassen sich auch durch Herausziehen optisch hervorheben. Markieren Sie dazu den Datenpunkt und ziehen Sie ihn mit gedrückter linker Maustaste etwas nach außen.

  Mit derselben Methode befördern Sie ein Kreissegment auch wieder zurück an die ursprüngliche Stelle.

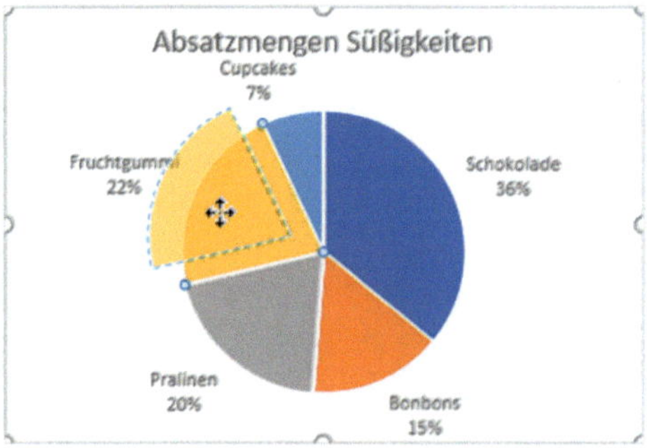

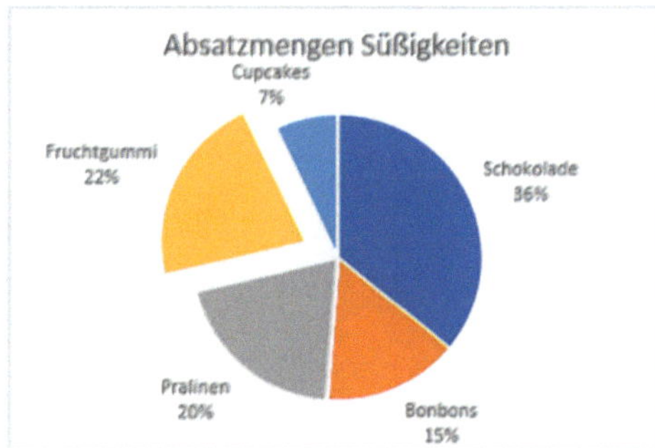

Säulen- und Balkendiagramme

Datenreihen sortieren

Alternativ erhalten Sie den Befehl zum Sortieren auch nach einem Rechtsklick auf eine Zelle der Spalte. Zeigen Sie auf *Sortieren* und wählen Sie eine Reihenfolge.

Mit Ausnahme von zeitlichen Abfolgen sind meist auf- oder absteigend sortierte Datenreihen wesentlich übersichtlicher. Die Reihenfolge der Säulen, Balken oder Kreissegmente richtet sich nach der Reihenfolge in der Tabelle. Das bedeutet, Sie müssen die Daten der Ausgangstabelle sortieren, wenn Sie eine sortierte Datenreihe benötigen. Dazu klicken Sie in der Ausgangstabelle auf eine beliebige Zelle der betreffenden Spalte, im Bild unten Summe über das 1. Quartal, und klicken im Register *Daten* ▶ *Sortieren und Filtern* auf die gewünschte Sortierfolge.

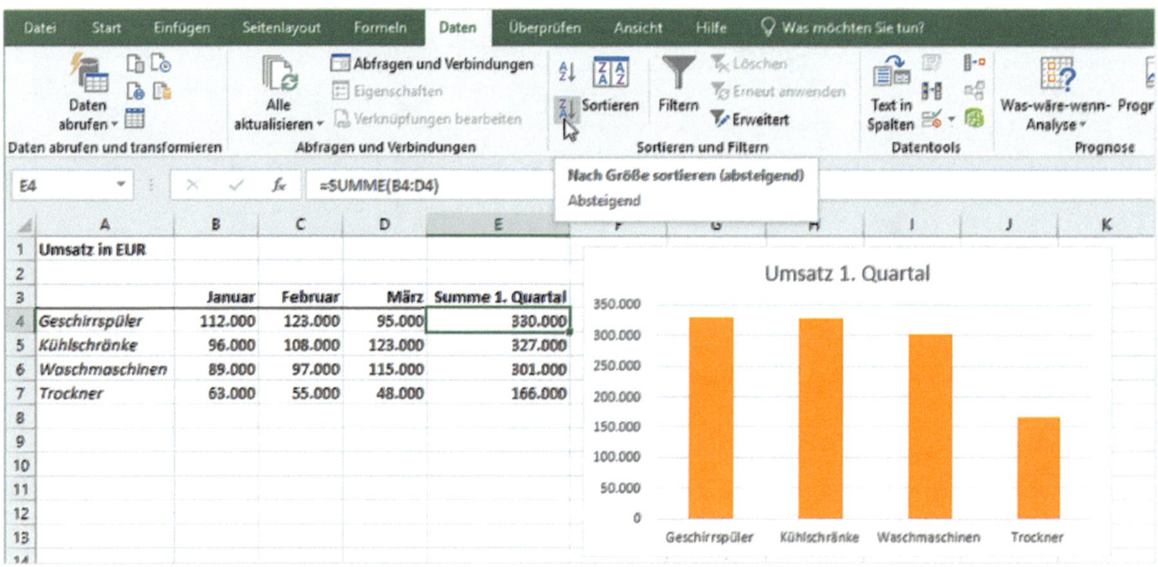

Beachten Sie beim Sortieren:

- Bei einem Säulendiagramm werden die Werte von links nach rechts angeordnet. Der erste Wert der Tabelle befindet sich also ganz links.
- Balkendiagramme ordnen dagegen die Werte von unten nach oben an. Sie müssen also aufsteigende Sortierung wählen, wenn sich der höchste Wert ganz oben im Diagramm befinden soll.

Abstände von Säulen und Balken ändern

Um die Abstände zwischen den Säulen oder Balken zu ändern, klicken Sie mit der rechten Maustaste auf die betreffende Datenreihe und auf *Datenreihen formatieren....* Klicken Sie im Aufgabenbereich *Datenreihen formatieren* auf das Symbol bzw. Register *Datenreihenoptionen* . Benutzen Sie dann beim Feld *Abstandsbreite* den Schieberegler oder im Feld daneben die kleinen Pfeile zum Vergrößern oder Verkleinern.

Die Abstandsbreite gibt das Verhältnis des Abstands zur Säulenbreite an, 100 % bedeutet daher, die Abstände entsprechen exakt der Säulenbreite und 50 %, wie im Bild unten, der halben Säulenbreite.

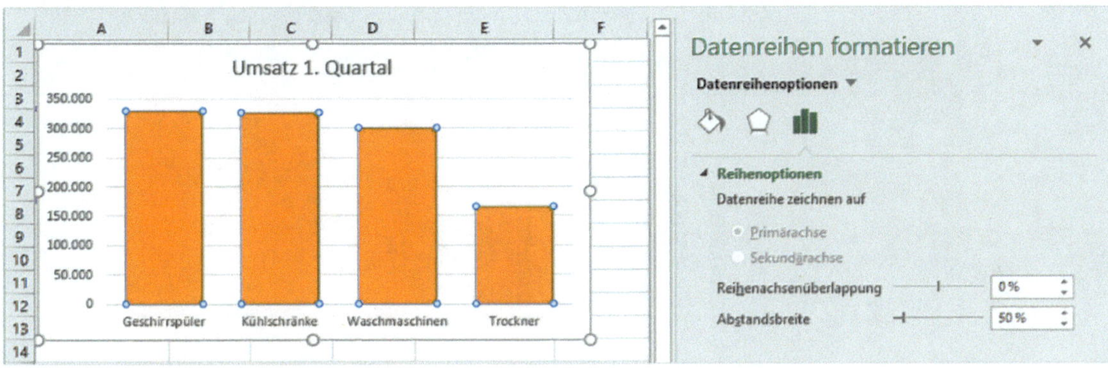

Schnittpunkt der X-Achse festlegen

Enthält ein Säulen- Linien- oder Flächendiagramm negative Werte, dann schneidet die waagrechte Achse trotzdem bei 0. Sie befindet sich damit innerhalb der Zeichnungsfläche und die Achsenbeschriftung überschneidet sich mit den Säulen oder Linien.

Die Datei ist als Download verfügbar:

Beispieldaten_Temperaturen.xlsx

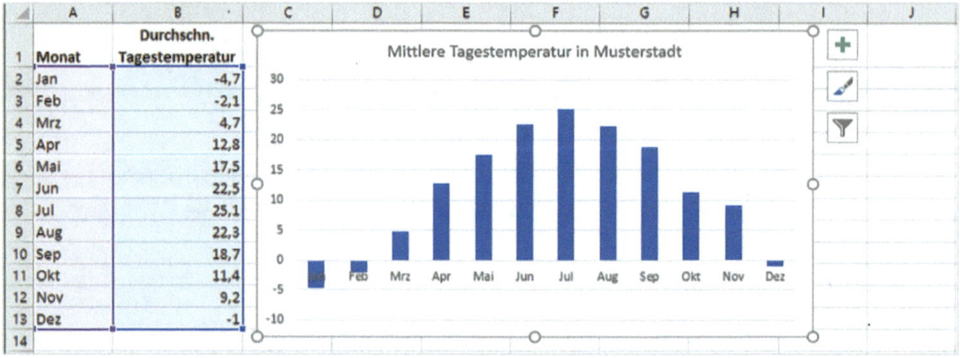

Um dies zu verhindern, können Sie entweder die X-Achse nach oben verlegen oder für den Schnittpunkt einen festen Wert vorgeben.

1 Dazu klicken Sie mit der rechten Maustaste auf die Größenachse (Y-Achse) und auf den Befehl *Achse formatieren...*. Der gleichnamige Aufgabenbereich öffnet sich mit dem Register *Achsenoptionen* ❶.

2 Wählen Sie dann unter *Horizontale Achse schneidet* ❷ entweder *Maximaler Achsenwert* (=oben) oder *Achsenwert* und geben im Feld daneben den Wert ein ❸.

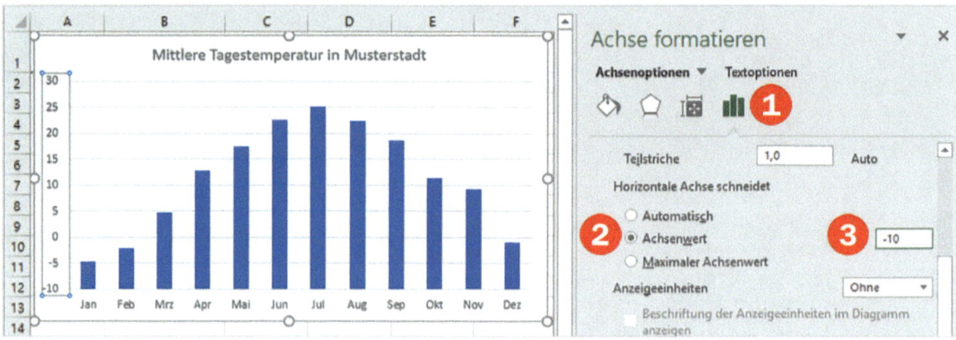

Achseneinteilung ändern

Standardmäßig wählt Excel für Diagramme mit einer Größenachse, z. B. Säulen-, Balken- oder Liniendiagramme, den Wertebereich und die Einteilung dieser Achse automatisch entsprechend der Ausgangsdaten. **Der Vorteil**: Auch bei nachträglichen Änderungen der Ausgangsdaten passt sich die Größenachse automatisch an.

Falls Sie trotzdem den Wertebereich und die Einteilung der Größenachse manuell festlegen möchten, dann gehen Sie so vor:

1 Klicken Sie mit der rechten Maustaste auf die Größenachse und auf den Befehl *Achse formatieren...* ❶ (Bild auf der nächsten Seite). Im gleichnamigen Aufgabenbereich wird das Register *Achsenoptionen* aktiviert ❷.

2 Im Abschnitt *Achsenoptionen* finden Sie unter *Grenzen* Felder, in die Sie Werte für Minimum, Maximum eingeben können ❸. Die Intervalle legen Sie unter *Einheiten* fest. Geben Sie die gewünschte Zahl im Feld *Hauptstriche* ein ❹, *Teilstri-*

che oder Hilfsintervalle müssen dagegen nur angegeben oder geändert werden, wenn sie im Diagramm erscheinen sollen.

Ist rechts von einem Wert *Auto* ❺ sichtbar, dann wird dieser Wert automatisch gewählt. Haben Sie dagegen manuell einen Wert eingegeben, so erscheint stattdessen die Schaltfläche *Zurücksetzen*, mit der Sie bei Bedarf den geänderten Wert wieder auf automatische Einteilung zurücksetzen können.

In der Standardeinstellung richtet sich das Zahlenformat der Größenachse nach dem Zahlenformat in der Tabelle. Alternativ könnten Sie also auch hier das Zahlenformat entsprechend ändern.

Tipp: Sehr große Zahlen können Sie zur besseren Lesbarkeit mithilfe des Auswahlfeldes *Anzeigeeinheiten* ❻ beispielsweise auf Tausende reduzieren. Die gewählte Anzeigeeinheit erscheint im Diagramm automatisch als zusätzliche Beschriftung an der Achse.

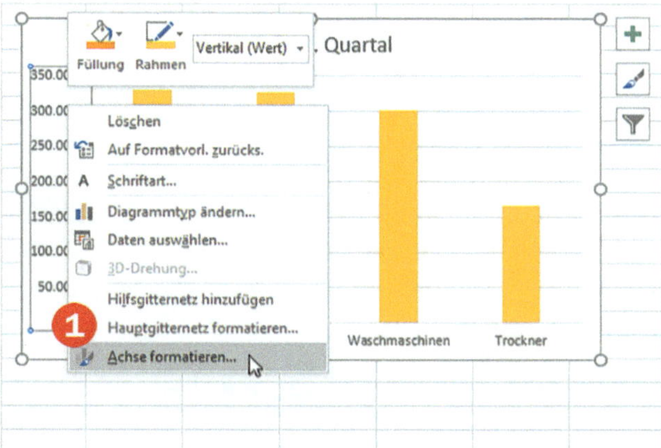

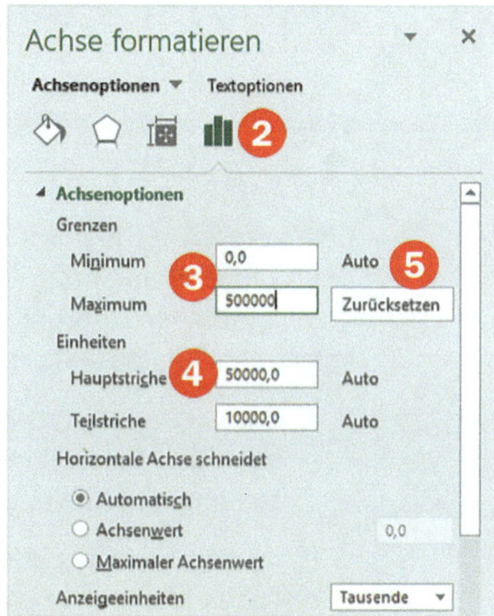

Beachten Sie, dass bei Angabe eines festen Minimums und/oder Maximums bei späteren Änderungen der Daten keine automatische Anpassung der Achsen erfolgt. Es können also auch Säulen oder Linien abgeschnitten werden.

Linien- und Flächendiagramme

Linien bis zur senkrechten Achse verlängern

Bei Linien- und Flächendiagrammen endet die Linie oder Fläche nicht bei der Größenachse sondern davor, wie im Bild unten. Der Grund: die Beschriftungen der waagrechten Achse befinden sich zwischen den Datenpunkten bzw. Teilstrichen dieser Achse. Daher schneidet auch die Größenachse zwischen den Teilstrichen.

Um dies zu ändern, klicken Sie mit der rechten Maustaste auf die waagrechte Achse und auf Achse *formatieren....* Wählen Sie dann im Register *Achsenoptionen* ❶ des Aufgabenbereichs unter *Achsenposition* die Option *Auf Teilstrichen* ❷.

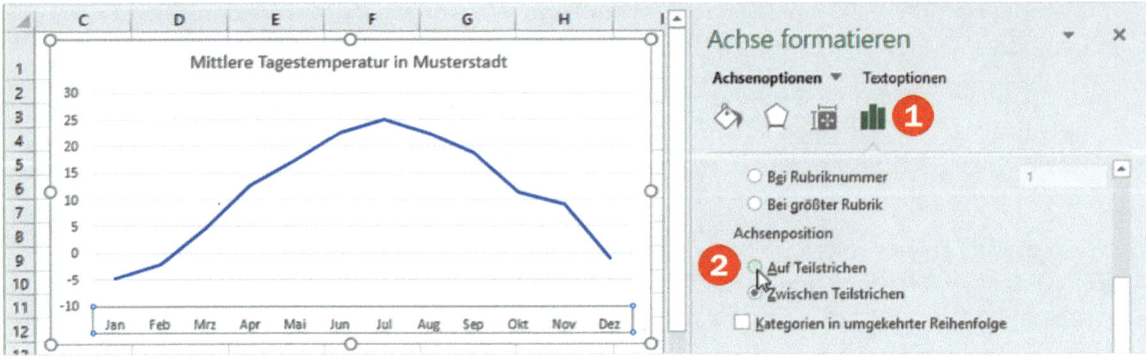

11.6 Datenreihen mit Sparklines visualisieren

Eine besondere Diagrammvariante sind die Sparklines. Dabei handelt es sich um Minidiagramme ohne Beschriftungen, die in einer einzigen Zelle Platz finden und schnell einen grafischen Überblick oder Vergleich, z. B. mehrerer Messwerte, erlauben. Im Beispiel unten dienen sie zum Temperaturvergleich.

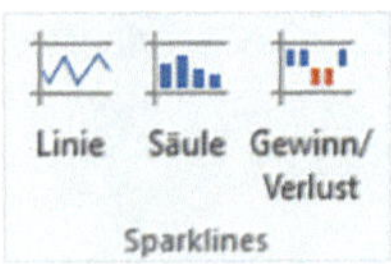

1 Zum Einfügen klicken Sie im Register *Einfügen*, Gruppe *Sparklines*, auf die gewünschte Darstellung. Excel bietet *Linien*, *Säulen* sowie *Gewinn/Verlust* zur Darstellung negativer Zahlen an. Für dieses Beispiel klicken Sie auf *Linie* ❶.

2 Klicken Sie in das Feld *Datenbereich* ❷ und markieren Sie dann in der Tabelle die Daten ❸ aus denen die Sparkline erstellt werden soll.

3 Klicken Sie in das Feld *Positionsbereich* ❹ und klicken Sie dann im Arbeitsblatt auf die Zelle, in die Sie die Sparkline einfügen möchten ❺.

4 Eventuell müssen Sie anschließend noch Spaltenbreite und Zeilenhöhe des Positionsbereichs anpassen.

Die Datei ist als Download verfügbar:

Beispieldaten_Sparklines.xlsx

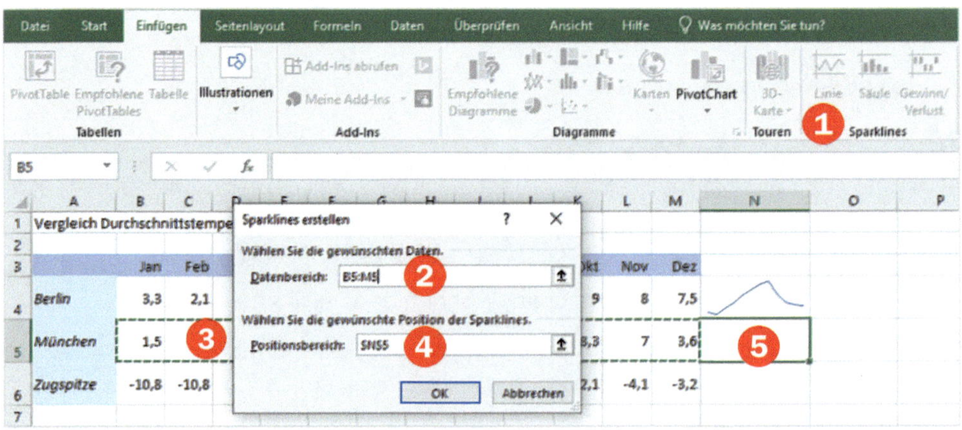

Sparklines für mehrere Datenreihen erstellen

- Falls Sie Sparklines gleich für mehrere Datenreihen bzw. in mehrere Zellen einfügen möchten, können Sie diese ebenfalls als Datenbereich angeben, im Bild unten B2:E3. Allerdings müssen Sie dann auch die entsprechende Anzahl Zellen als Positionsbereich festlegen, im Bild unten F2:F3.

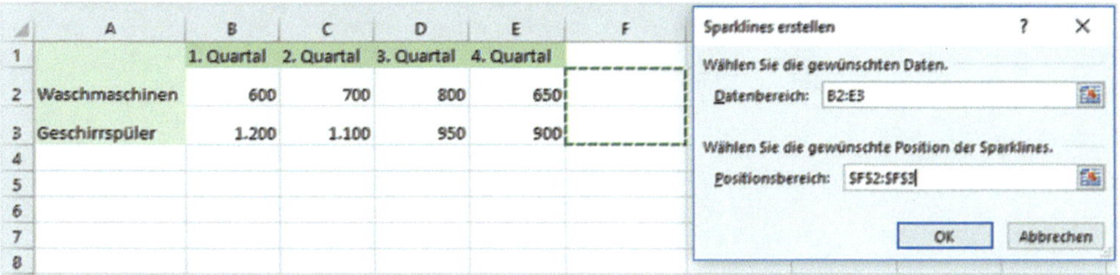

- Eine Alternative ist das Kopieren: Sparklines lassen sich mit der Maus wie Formeln in angrenzende Zellen kopieren.

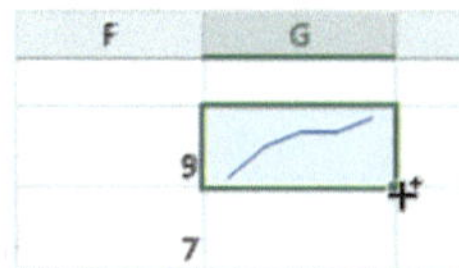

Sparkline löschen

Da Excel Sparklines wie Formate behandelt, müssen Sie zum Entfernen entsprechend vorgehen: Markieren Sie die Zelle oder die Zellen und klicken Sie im Menüband, Register *Sparklinetools-Entwurf* ▶ *Gruppieren*, auf die Schaltfläche *Löschen*. Alternativ können Sie auch die Schaltfläche *Löschen* und die Auswahl *Alle Löschen* im Register *Start* benutzen.

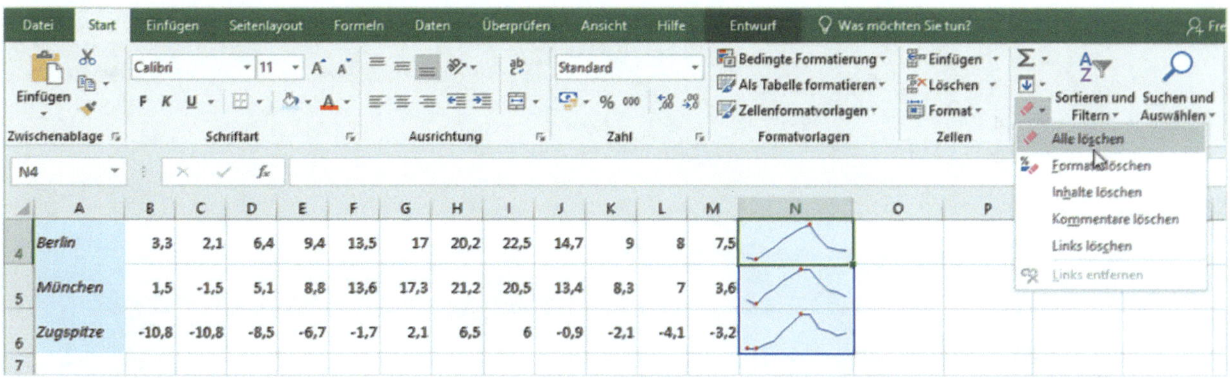

Sparklines formatieren

Sobald eine Zelle mit einer Sparkline markiert ist, stehen Ihnen im Register *Sparklinetools-Entwurf* verschiedene Werkzeuge zur weiteren Bearbeitung zur Verfügung.

Sie können beispielsweise über die Kontrollkästchen der Gruppe *Anzeigen* bestimmte Punkte hervorheben, im Bild unten den Tiefstwert (*Tiefpunkt*) und Höchstwert. Außerdem können Sie eine Sparklinefarbe wählen und bestimmten Datenpunkten über die Schaltfläche *Datenpunktfarbe* eine gesonderte Farbe zuweisen.

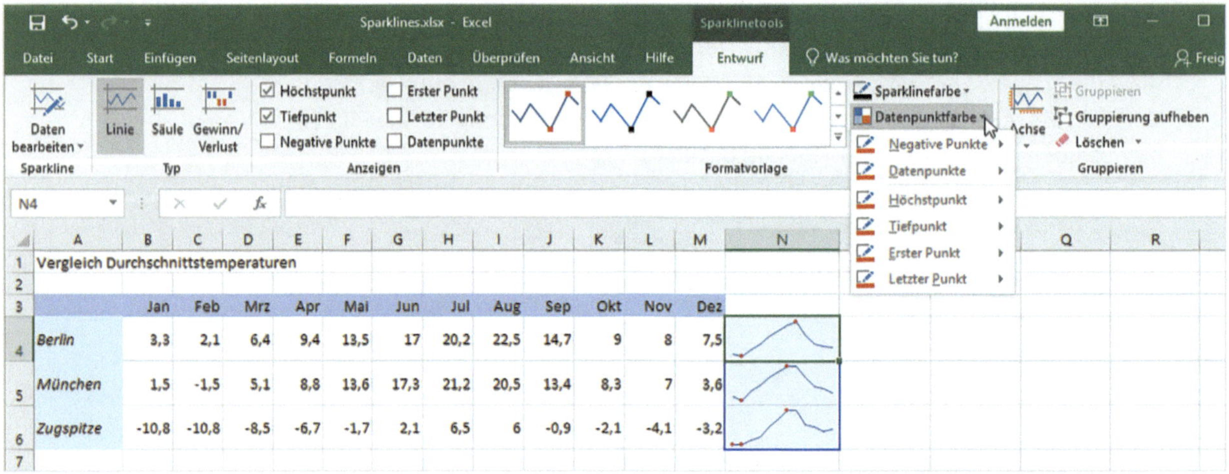

11.7 Grafiken und Formen verwenden

Im Gegensatz zu Word ist in Excel das Einfügen von Grafiken eher von nachgeordneter Bedeutung. Dennoch möchten Sie vielleicht ein Firmenlogo dem Tabellenblatt hinzufügen, mit einem Pfeil auf ein wichtiges Detail hinweisen oder mittels Textfeld weitere Informationen zu einem Diagramm hinzufügen. Sämtliche Möglichkeiten finden Sie im Register *Einfügen*, Gruppe *Illustrationen*.

> Sämtliche grafischen Objekte sind in Excel nicht an eine bestimmte Zelle gebunden, sondern können auf dem Tabellenblatt frei verschoben werden. Es spielt also keine Rolle, welche Zelle beim Einfügen gerade markiert ist.

Grafik einfügen und bearbeiten

- **Bilder aus Datei einfügen**
  Klicken Sie im Register *Einfügen* ▶ *Illustrationen* auf *Bilder*. Wählen Sie im nachfolgenden Fenster *Grafik einfügen* die gewünschte Bilddatei aus und klicken Sie auf die Schaltfläche *Einfügen*.

- **Bilder im Web suchen**
  Falls Sie stattdessen das Internet nach einem geeigneten Bild durchsuchen möchten, so klicken Sie auf *Onlinebilder*. Klicken Sie dann entweder auf eine der vorgeschlagenen Kategorien oder geben Sie einen Suchbegriff ein und starten die Suche mit der Eingabetaste.

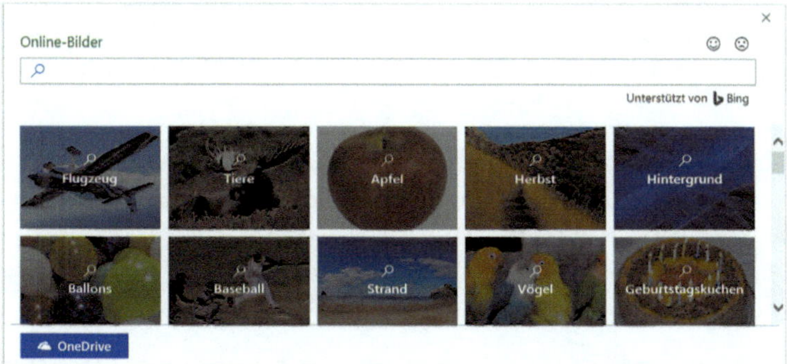

Hinweis: Bei der Verwendung von Bildern aus dem Web sollten Sie beachten, dass diese Bilder in der Regel dem Urheberrecht unterliegen. Näheres erfahren Sie über einen Link, sobald Sie eine Kategorie ausgewählt haben.

Das Bild wird in der Originalgröße in das Tabellenblatt eingefügt. Zusammen mit dem markierten Bild steht das kontextbezogene Register *Bildtools* - *Format* zur Verfügung. Hier erhalten Sie verschiedene Möglichkeiten zur weiteren Bearbeitung.

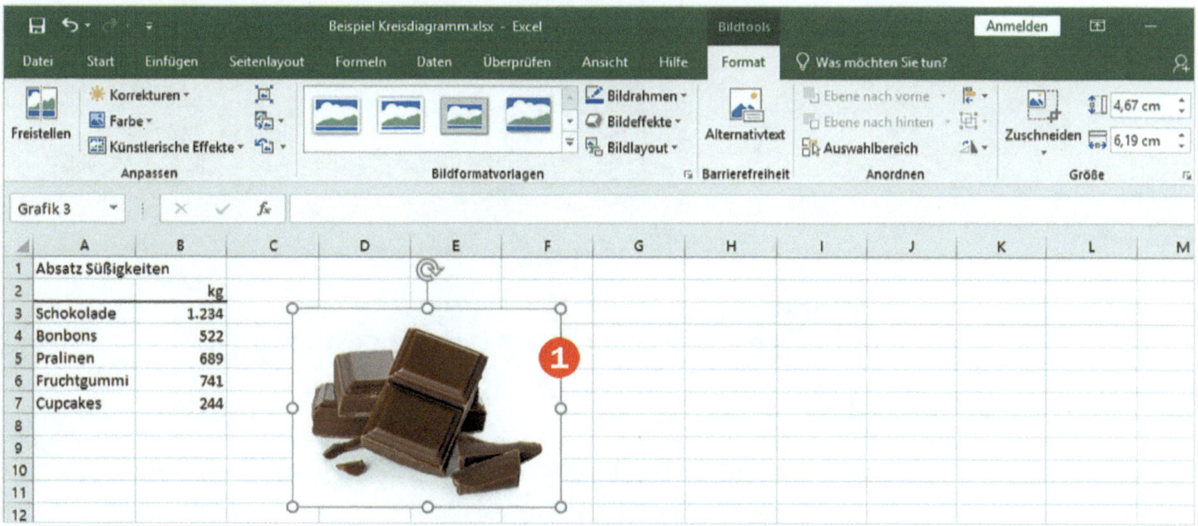

Grafik markieren und bearbeiten

Vor der weiteren Bearbeitung müssen Sie das Bild durch Anklicken markieren. Eine markierte Grafik erkennen Sie an den Markierungspunkten ❶.

- **Grafik verschieben**
  Zum Verschieben zeigen Sie auf eine beliebige Stelle innerhalb der Grafik. Am Mauszeiger werden vier Richtungspfeile ❷ sichtbar (Bild unten). Ziehen Sie die Grafik mit gedrückter linker Maustaste an die gewünschte Position.

- **Größe ändern**
  Zum Vergrößern oder Verkleinern zeigen Sie mit der Maus auf einen der Eckpunkte der markierten Grafik. Sobald als Mauszeiger ein Doppelpfeil ❸ sichtbar wird, können Sie mit gedrückter Maustaste die Grafik auf die gewünschte Größe ziehen. Über *Bildtools - Format* ▶ Gruppe *Größe* können Sie bei Bedarf auch exakte Maße für Höhe und Breite der Grafik festlegen.

  Achtung: Benutzen Sie zur Größenänderung mit der Maus ausschließlich die Eckpunkte, da das Bild sonst verzerrt wird!

- **Bild drehen**
  Grafiken können auch gedreht werden. Markieren Sie die Grafik und zeigen Sie mit der Maus auf den gebogenen Pfeil oberhalb ❹. Jetzt können Sie die Grafik durch Ziehen mit gedrückter linker Maustaste drehen.

- **Grafik löschen**
  Zum Löschen markieren Sie die Grafik und drücken die Entf-Taste.

Bild formatieren

Zur schnellen Formatierung der Grafik mit einem Rahmen-, Schatten- oder einer Spiegelungseffekt wählen Sie eine Vorlage ❶ im Register *Bildtools-Format* ▶ Gruppe *Bildformatvorlagen*. Klicken Sie auf die Schaltfläche *Weitere* ❷, um den gesamten Katalog auf einen Blick anzuzeigen.

Individuelle Formate können Sie über die Schaltflächen *Bildrahmen* (=Rahmenfarbe, Strichstärke und Strichart) und *Bildeffekte* zusammenstellen ❸.

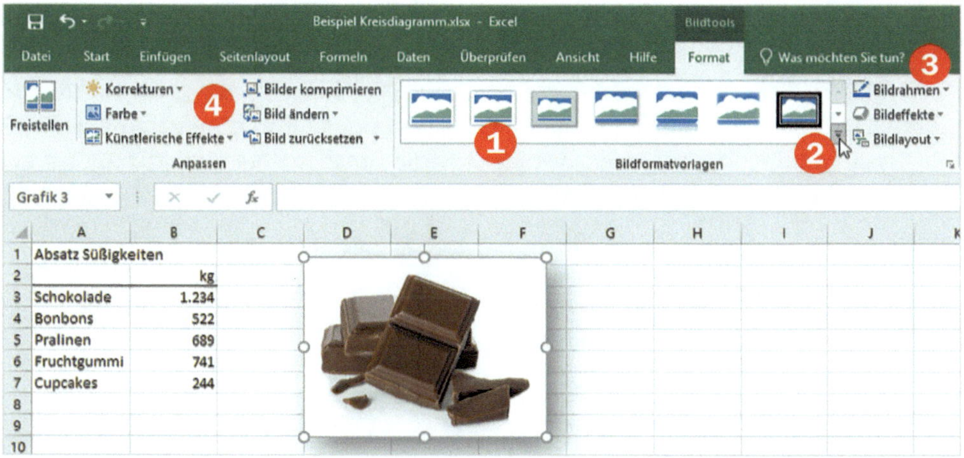

Über die Schaltflächen der Gruppe *Anpassen* ❹ können Sie Helligkeit, Kontrast und Farben der Grafik ändern. Als Beispiel im Bild unten die Möglichkeiten der Schaltfläche *Farbe*.

Bild zurücksetzen

Falls Ihnen das Ergebnis nicht zusagt, können Sie über die Schaltfläche *Bild zurücksetzen* bzw. mit Klick auf den Dropdown-Pfeil dieser Schaltfläche die Grafik wieder in den ursprünglichen Zustand zurückversetzen.

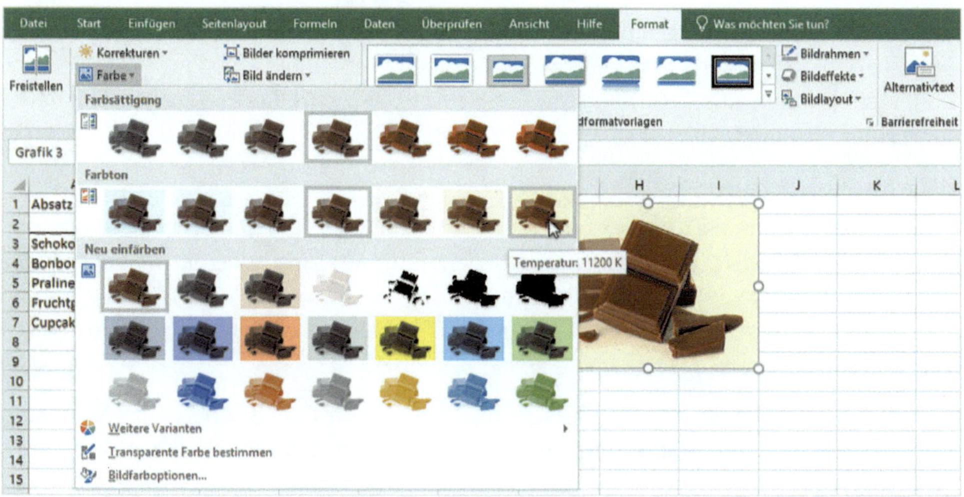

Über die Schaltfläche Farbe können Sie das Bild anders einfärben, wie im Bild rechts.

Formen einfügen

Mit der Schaltfläche *Formen* (Register *Einfügen*) lassen sich schnell vordefinierte Formen, wie Pfeile, Rechtecke oder geschweifte Klammern in ein Arbeitsblatt einfügen.

1 Wählen Sie mit einem Mausklick das gewünschte Element aus, z. B. Blockpfeil.

2 Klicken Sie nun mit der Maus im Arbeitsblatt an die Stelle, an der das Element eingefügt werden soll oder zeichnen Sie durch Ziehen mit gedrückter linker Maustaste das Element in der gewünschten Größe.

Tipp: Sollen beim Zeichnen mit der Maus die Originalproportionen erhalten bleiben, so halten Sie während des Ziehens die Umschalt-Taste gedrückt. Dies gilt auch für nachträgliche Größenänderungen.

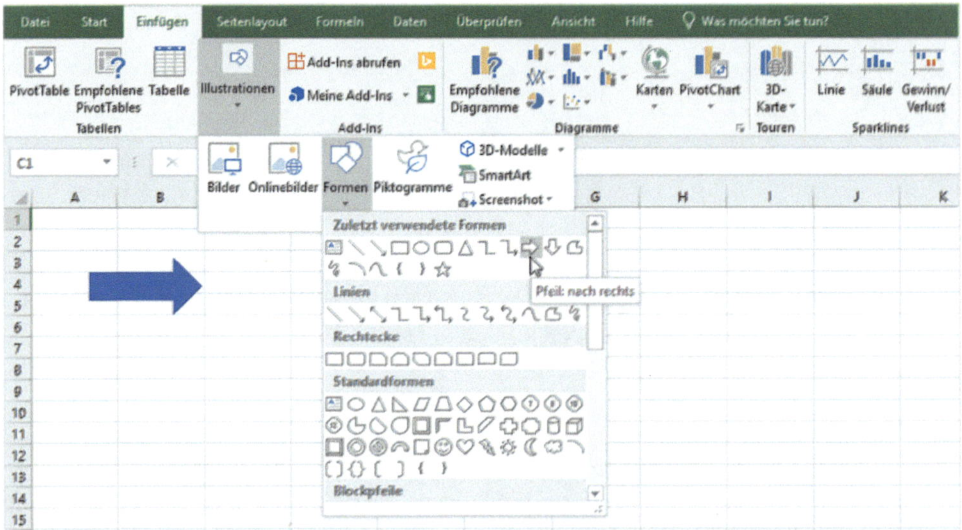

Formen lassen sich im Tabellenblatt anschließend auf die gleiche Weise wie Grafiken verschieben, vergrößern, verkleinern oder drehen. Sobald Sie eine Form markiert haben, stehen Ihnen mit dem Register *Zeichentools* - *Format* Werkzeuge zur Formatierung zur Verfügung.

- **Form formatieren**
  In der Gruppe *Formenarten* öffnen Sie mit Klick auf die Schaltfläche *Weitere* einen Katalog von Vorlagen zur schnellen Formatierung. Alternativ benutzen Sie die Schaltflächen *Fülleffekt*, *Formkontur* und *Formeffekte* ❶. Dieselben Vorlagen sowie die Symbole *Füllung* und *Rahmen* ❷ erhalten Sie auch nach einem Rechtsklick in die Form.

  Die Möglichkeiten der Schaltflächen *Fülleffekt*, *Formkontur* und *Formeffekte* sind identisch mit denen des Registers *Diagrammtools-Format*, siehe Seite 300.

Eine Form mit Text beschriften funktioniert auch, wenn Sie die Form markieren und dann einfach über die Tastatur den Text eingeben.

- **Form mit Text versehen**
  Jede Form kann außerdem mit Text versehen werden: Klicken Sie dazu mit der rechten Maustaste auf die Form und auf *Text bearbeiten* ❸. Der Cursor erscheint in der Form und Sie können nun Text eingeben.

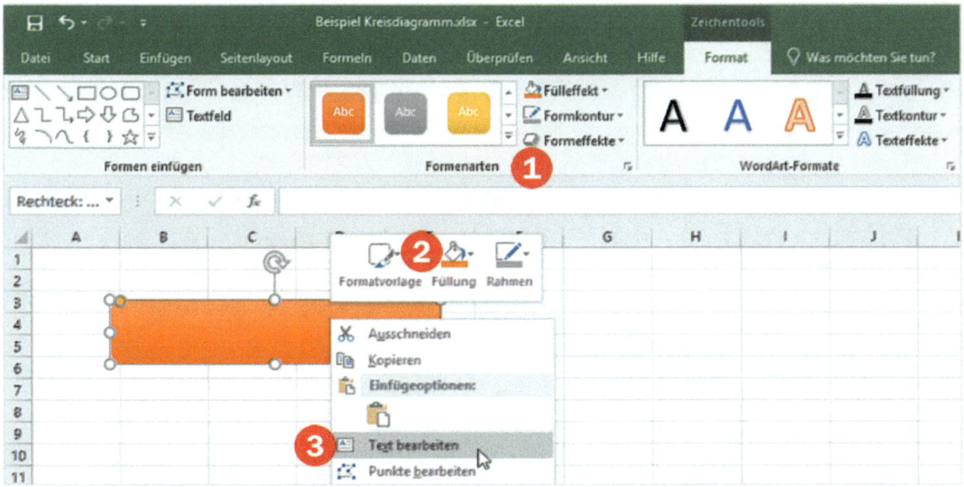

Form in Diagramm einfügen

Wenn Sie eine Form, z. B. Linie, Pfeil, Legende oder Textfeld (siehe weiter unten) in ein Diagramm einfügen möchten, dann sollten Sie darauf achten, dass die Form zu einem festen Bestandteil des Diagramms wird und beispielsweise beim Verschieben des Diagramms mit wandert
Dazu markieren Sie zuerst den Diagrammbereich und fügen dann die Form in das Diagramm entweder durch Zeichnen oder Klicken ein.

Textinformationen mit Textfeldern und Legenden einfügen

Wenn Sie im Arbeitsblatt längere Texte, z. B. Hinweise, Zusatzinformationen oder sonstige Bemerkungen unabhängig von der Zeilen- und Spaltenaufteilung einfügen möchten, dann verwenden Sie ein Textfeld.

Dazu klicken Sie im Register *Einfügen* ▶ *Illustrationen* auf *Formen* und hier auf *Textfeld* ❶. Zeichnen Sie anschließend mit der Maus im Arbeitsblatt ein Rechteck in der gewünschten Größe. Der Cursor erscheint im Textfeld und Sie können sofort Text eingeben ❷.

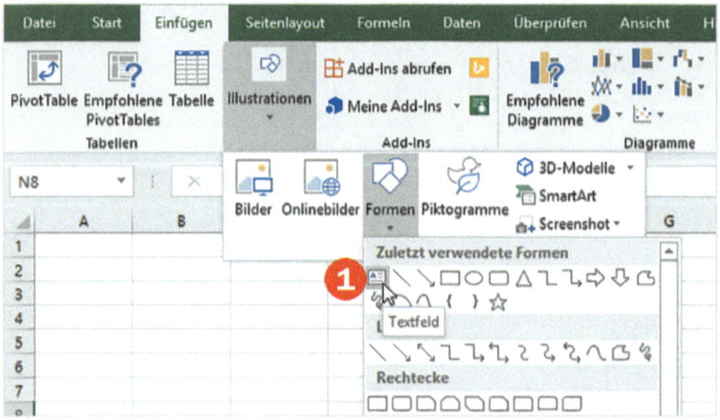

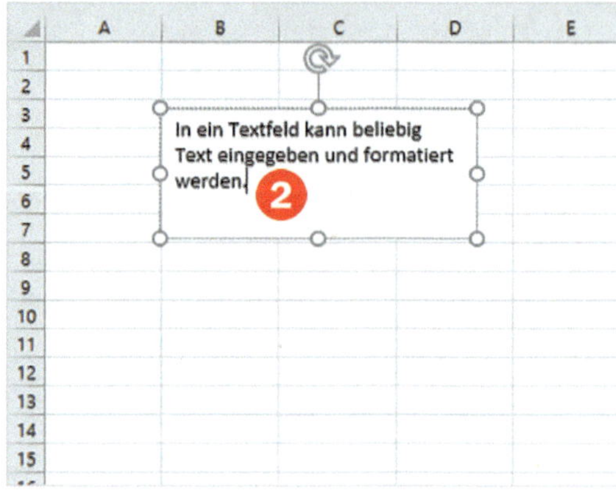

Der weitere Umgang mit Textfeldern, z. B. Verschieben, Größe ändern und sonstige Gestaltungsmöglichkeiten, unterscheidet sich nicht von den übrigen Formen.

Praktisch ist ein Textfeld auch, wenn Sie ein Diagramm durch eine zusätzliche Beschriftung, z. B. Quellenangabe ergänzen möchten. In diesem Fall müssen Sie, wie bereits oben beschrieben, vor dem Einfügen des Textfeldes den Diagrammbereich markieren.

Legenden

Der Formenkatalog umfasst auch mehrere Arten von Legenden, siehe Bild unten rechts. Bei diesen erscheint im Unterschied zu Textfeldern der Cursor erst nach einem Rechtsklick in die Legende und den Befehl *Text bearbeiten* ❶. Außerdem verfügen Legenden über einen zusätzlichen Ziehpunkt ❷, über den Sie die Spitze bzw. den Pfeil der Legende mit der Maus verschieben können.

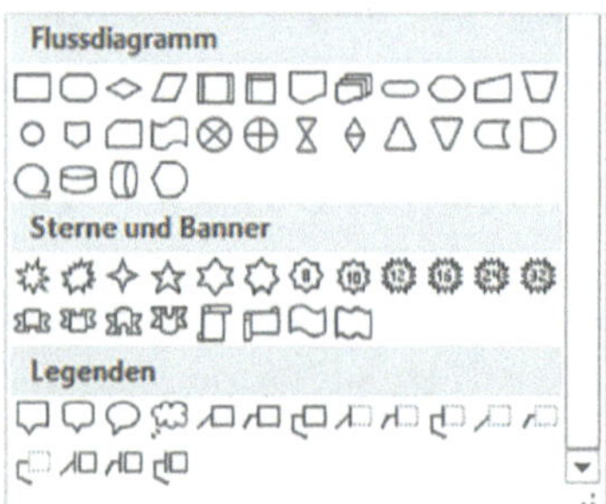

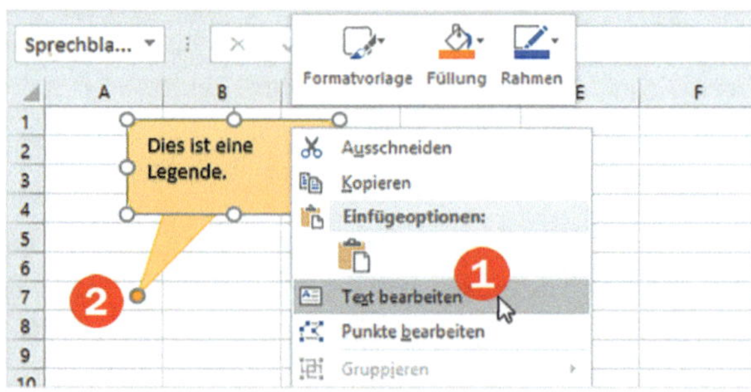

> Im Prinzip kann jede beliebige Form, also auch Pfeile, Dreiecke, Ellipsen usw. beschriftet werden. Im einfachsten Fall markieren Sie die Form und tippen einfach Ihren Text ein, Sie können jedoch auch den Weg über einen Rechtsklick und den Befehl *Text bearbeiten* wählen. Umgekehrt lässt sich ein Textfeld genau wie jede andere Form formatieren, z. B. mit einer Vorlage.

Piktogramme einfügen

Neu in Office 2019 und damit auch in Excel ist eine Sammlung von einfachen Grafiken, so genannten Piktogrammen, die sich wie Formen verwenden lassen.

1 Zum Einfügen klicken Sie im Register *Einfügen* ▶ *Illustrationen* auf *Piktogramme*.

2 Im nachfolgenden Fenster *Piktogramme einfügen* wählen Sie anschließend eine Kategorie ❶, z. B. *Fahrzeuge* wie im Bild unten. Klicken Sie dann auf das gewünschte Piktogramm ❷, dieses wird mit einem Häkchen versehen. Sie können nacheinander auch gleich mehrere durch Anklicken auswählen, falls gewünscht. Ein weiterer Klick entfernt das Häkchen wieder.

3 Klicken Sie auf *Einfügen* ❸.

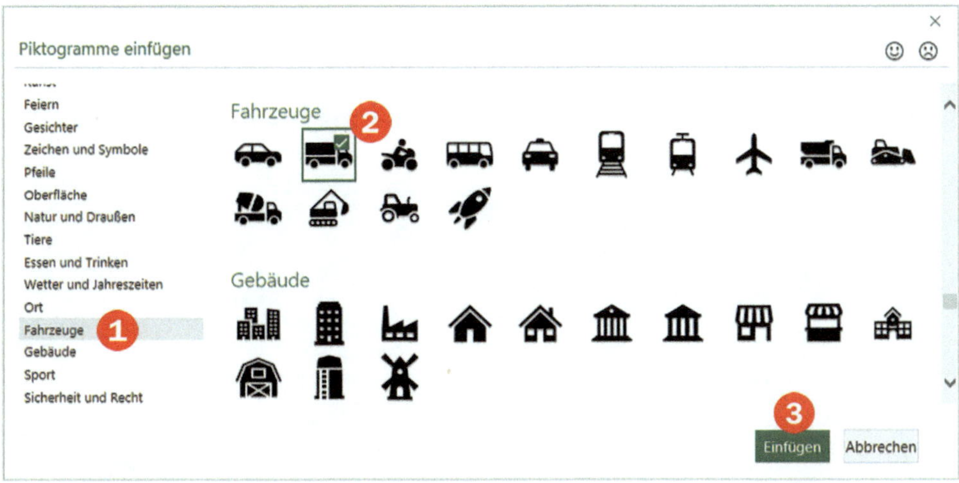

Zusammen mit dem markierten Piktogramm finden Sie im Menüband das Register *Grafiktools - Format*, das neben verschiedenen Formatvorlagen mit den Schaltflächen *Grafikfüllung*, *Grafikkontur* und *Grafikeffekte* dieselben Gestaltungsmöglichkeiten wie für Formen enthält. Die Positionierung und Größenänderung unterscheidet sich ebenfalls nicht von den übrigen Grafiken und Formen und wird daher an dieser Stelle nicht mehr beschrieben.

Beispiel Farbe ändern

Standardmäßig werden Piktogramme in schwarzer Farbe eingefügt. Zum Ändern markieren Sie das Piktogramm und klicken im Register *Grafiktools-Format* auf *Grafikfüllung*. Oder klicken Sie mit der rechten Maustaste auf das Piktogramm und wählen über die Schaltfläche *Füllung* eine andere Farbe.

Auch Schatten- und sonstige Effekte sind möglich, wie im Bild rechts.

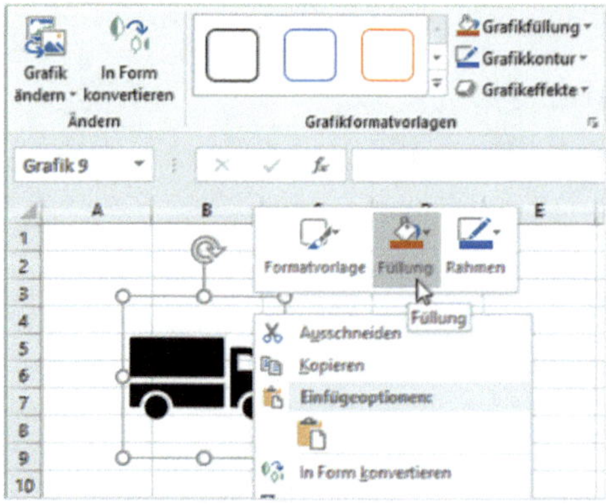

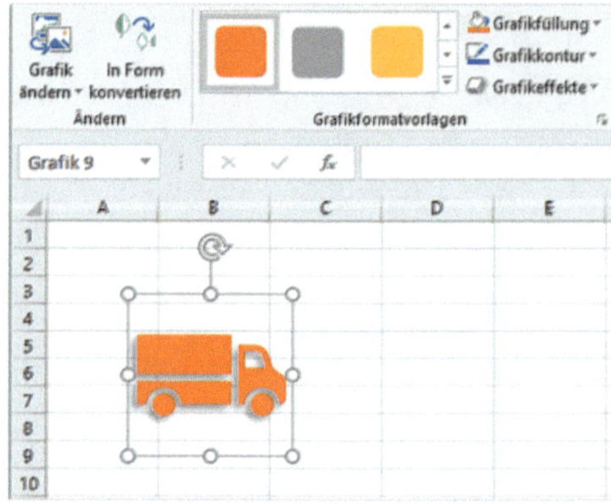

Tipp: Sämtliche Formate, wie z. B. die Füllfarbe beziehen sich standardmäßig auf das gesamte Piktogramm. Falls Sie einzelne Bestandteile gesondert behandeln möchten, dann klicken Sie im Register *Format* ▶ *Ändern* auf *In Form konvertieren*. Nach einer Rückfrage, ob Sie die Grafik in ein Zeichnungsobjekt umwandeln möchten, kann das Piktogramm per Rechtsklick und den Befehl *Gruppieren* ▶ *Gruppierung aufheben* in Formen zerlegt werden, die Sie nun einzeln markieren und formatieren können.

11.8 Übung

Die Übungen sind auch als Download verfügbar:

Übung_Dieagramme.xlsx

Aufgabe 1

Öffnen Sie im Ordner Kap_10_Diagramme die Excel-Arbeitsmappe Uebungsdaten. xlsx (siehe Downloaddateien) oder tippen Sie die unten abgebildete Tabelle ab. Berechnen Sie die Zahlen in Spalte F mit der Funktion Summe.

Verkaufsübersicht Gartenzubehör					
		Verkaufsbezirk			
Artikel-nummer	Artikelbezeichnung	Nord	Mitte	Süd	Gesamt
B-900	Gießkanne 10 l	1.600	1.200	1.550	4.350
B-956	Gummistiefel Gr. 36 -48	650	800	1.200	2.650
B-633	Spaten mit verstärktem Griff	320	300	210	830
B-341	Vogeltränke "Froschkönig"	220	95	180	495
B-333	Vogelfutter, Mischung "Piepmatz"	520	460	800	1.780
B-226	Gartenzwerg Alfred	1.100	175	900	2.175

Hinweis: Wenn Sie die Tabelle über die Tastatur eingeben, dann formatieren Sie die Zahlen mit Tausendertrennzeichen und ohne Dezimalstellen. Die übrige Gestaltung der Tabelle mit Farben und Rahmenlinien bleibt Ihnen überlassen.

Aufgabe 2

Erstellen Sie aus den Gesamtsummen in Spalte F und der Artikelnummer und Artikelbezeichnung ein Säulendiagramm nach dem unten abgebildeten Muster.

Hinweis: Die Achsenbeschriftung kann sich auch aus mehreren Spalten zusammensetzen und erscheint dann im Diagramm wie unten.

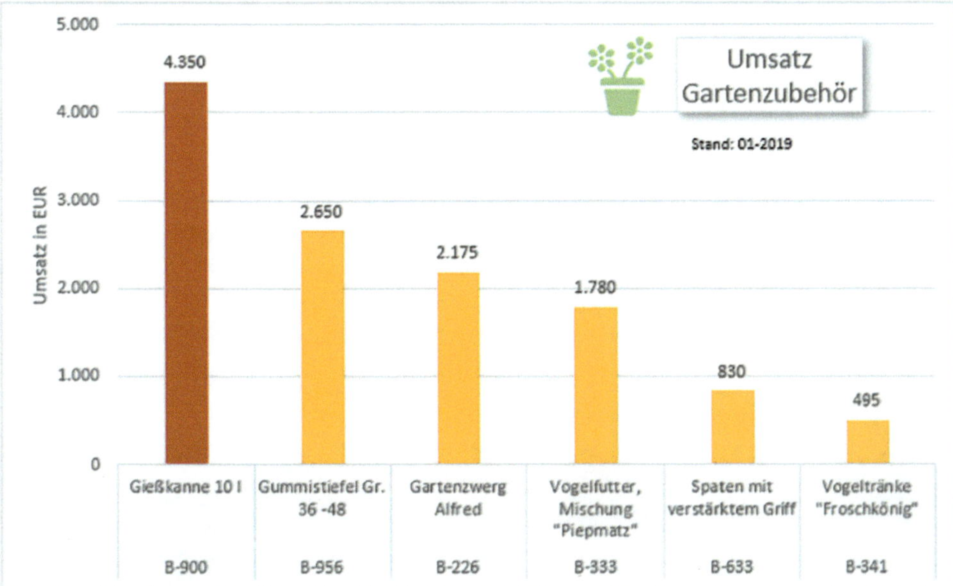

Beachten Sie folgende Vorgaben:

- Platzieren Sie das Diagramm unterhalb der Ausgangstabelle, es soll etwa dieselbe Breite haben.
- Ordnen Sie die Säulen von links nach rechts absteigend sortiert an. **Achtung**: da die Tabelle verbundene Zellen enthält, müssen Sie die Tabelle markieren und *Benutzerdefiniertes Sortieren* verwenden.
- Formatieren Sie die gesamte Datenreihe mit gelber Füllfarbe. Ausnahme: die Säule mit dem höchsten Umsatz (Gießkanne), diese erhält einen roten Farbton.
- Fügen Sie oberhalb der Säulen die Werte als Datenbeschriftung hinzu.
- Die Größenachse erhält die zusätzliche Beschriftung „Umsatz in EUR".
- Die Einteilung der Größenachse soll in 1.000er Schritten erfolgen.
- Platzieren und gestalten Sie den Diagrammtitel mit Rahmen und Schatteneffekt ähnlich der Abbildung.
- Fügen Sie unterhalb des Diagrammtitels den Text „Stand: 01-2019" ein.
- Fügen Sie links vom Diagrammtitel ein passendes Piktogramm in grüner Farbe hinzu.

- Kontrollieren Sie Tabelle und Diagramm in der Druckvorschau: Beide sollten zusammen auf eine einzige A4-Seite im Querformat passen.

Aufgabe 3

Kopieren Sie die Ausgangstabelle in ein neues Arbeitsblatt. Erstellen Sie hier ein gestapeltes 3D-Balkendiagramm aus der Artikelbezeichnung und den Umsätzen der Verkaufsbezirke wie im Bild unten.

- Ordnen Sie die Balken des Diagramms von oben nach unten absteigend an.
- Formatieren Sie die Datenreihen und den Diagrammhintergrund ähnlich der Abbildung. Wenn Sie möchten, können Sie als Diagrammhintergrund auch einen Farbverlauf oder ein Bild verwenden.

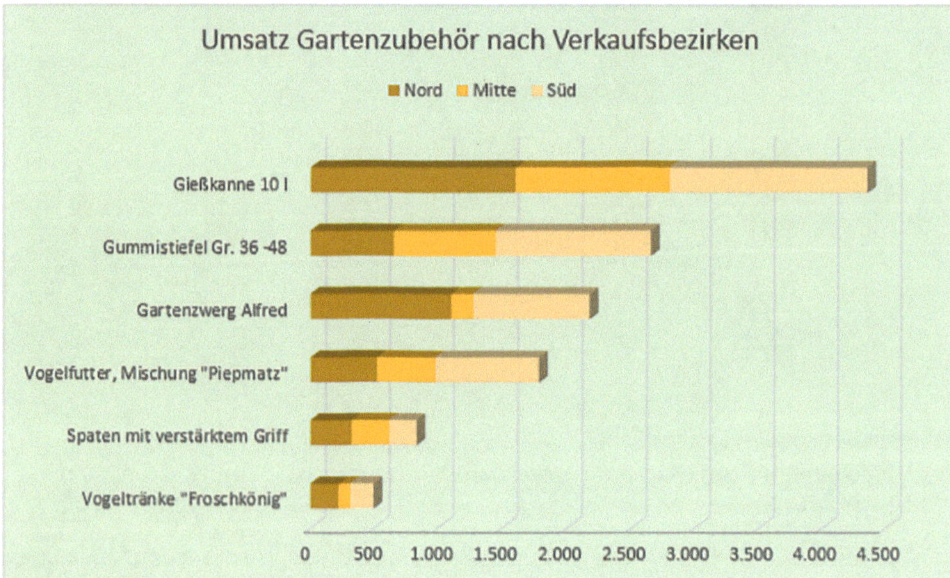

Fügen Sie im aktuellen Arbeitsblatt an die Ausgangstabelle in Zeile 10 bzw. in der nächsten leeren Zeile den Artikel B-450 (siehe Bild) hinzu und sorgen Sie dafür, dass auch dieser im Diagramm erscheint.

7	B-226	Gartenzwerg Alfred	1.100	175	900	2.175
8	B-956	Gummistiefel Gr. 36 -48	650	800	1.200	2.650
9	B-900	Gießkanne 10 l	1.600	1.200	1.550	4.350
10	B-450	Gartenschlauch rot, 10 m	180	250	300	730
11						

12 Vorlagen erstellen, Mappen gemeinsam bearbeiten

In diesem Kapitel lernen Sie...

- Vorlagen für Arbeitsmappen zu erstellen
- Arbeitsblätter zu schützen
- Kommentare einzufügen
- Arbeitsmappen freizugeben
- wie Sie gemeinsam an einer Excel-Datei arbeiten können

Das sollten Sie bereits wissen

- Daten in Tabellen eingeben
- Zellen formatieren
- Berechnungen mit Formeln und Funktionen

12.1 So erstellen Sie eine individuelle Vorlage

Was sind Vorlagen?

Sollten Sie immer wieder Arbeitsmappen desselben Aufbaus benötigen, dann ist es von Vorteil eine benutzerdefinierte Vorlage zu erstellen. Vorlagen sind vergleichbar mit Vordrucken, die Sie beliebig oft verwenden können. Vorlagen können nicht nur Text und Formatierungen, sondern auch Formeln und Funktionen enthalten. Die von Microsoft zur Verfügung gestellten Vorlagen haben Sie bereits im Kap. 1 kennengelernt.

Vorlagen bilden einen gesonderten Dateityp mit der Dateinamenerweiterung .xltx bzw. .xltm für Vorlagen mit Makros und geben die Standardeinstellungen für neue Arbeitsmappen vor. Sie speichern allgemeine Einstellungen wie Ausrichtung und Seitenränder, steuern über Designs das Aussehen des Textes und die angebotenen Farben und enthalten vor allem bereits Standardinhalte, wie Text und notwendige Formeln für Berechnungen. Vorlagen können fertig gestaltete Tabellen enthalten in die nur noch die neuen Werte eingegeben werden. Benutzerdefinierte Vorlagen leisten immer dann gute Dienste, wenn durch die Vorgabe von Standardinhalten, die Tipparbeit und die Eingabe von Formeln reduziert werden kann. Neue Arbeitsmappen, die auf der Basis einer Vorlage erstellt wurden, können beliebig geändert und gespeichert werden. Die Vorlage selbst wird dadurch nicht verändert.

Vorüberlegungen

So starten Sie:

- Gibt es eine Excel-Vorlage, die zu meinen Vorgaben passt und die ich nach entsprechenden Änderungen verwenden könnte?
- Ist bereits eine Excel-Arbeitsmappe vorhanden, die viele der benötigten Komponenten enthält,? In diesem Fall sollten Sie die Arbeitsmappe kopieren und entsprechend ändern. Falls nicht ...
- Beginnen Sie mit einer leeren Arbeitsmappe.

Beachten Sie folgende Schritte bzw. beantworten Sie für sich folgende Fragen.

- Welche Eingaben und Formatierungen werden benötigt?
  - Haben alle Zellen das richtige Format, z. B. Buchhaltung, Datum etc.?
  - Sind alle Spalten ausreichend breit? So vermeiden Sie, dass Sie später ständig die Spaltenbreite verändern müssen.
  - Sollen die Informationen später auch gedruckt werden? Passt der Text auf eine Druckseite? Ist es sinnvoll einen Druckbereich festzulegen?
  - Ist es sinnvoll, Kopf- und Fußzeilen mit Informationen zu füllen, z. B. Seitenzahl, Name der Person, die das Dokument erstellt hat etc. ?

- Wenn in der Vorlage auch gerechnet wird, geben Sie einige Beispielwerte zu den hinterlegten Formeln ein und testen Sie diese. Vergessen Sie aber später nicht, die Testzahlen wieder zu entfernen.
- Löschen Sie alle nicht benötigten Elemente, z. B. leere Tabellenblätter.
- Unter Umständen ist es sinnvoll, einzelne Zellen vor Veränderungen zu schützen. In welchen Zellen muss die Eingabe möglich sein und welche Zellen müssen geschützt werden, z. B. Formeln? Dazu lesen Sie gleich mehr in Kapitel 12.2.

Geben Sie nur Text ein, der später in jeder Arbeitsmappe erscheinen soll.

Vorlage Rechnungsvordruck - Inhalte zusammenstellen

Als Beispiel wird im folgenden ein einfacher Rechnungsvordruck gestaltet.

1. Beginnen Sie mit einer leeren Arbeitsmappe und geben Sie die einzelnen Informationen ein. Achten Sie dabei auf Schriftgröße, Ausrichtung der Zellinhalte, ggf. ist die Verwendung von Rahmenlinien nützlich und geben Sie den einzelnen Zellen die korrekten Zahlenformate: Die Zellen in den Spalten *Einzelpreis* und *Gesamt* wurden mit dem Format *Buchhaltung* formatiert. Die Spalte Anzahl erhält das Format Zahl und wird ohne Nachkommastellen angezeigt.
2. Auf den ersten Blick ist es verlockend, das aktuelle Datum in E4 mit der Funktion HEUTE automatisch anzuzeigen. Jedoch zeigt diese Funktion auch beim späteren Öffnen einer fertigen und gespeicherten Rechnung das aktuelle und nicht das Rechnungsdatum an. Aus diesem Grund ist es besser, die Zelle nur mit dem passenden Datumsformat zu hinterlegen und das Datum später händisch einzugeben.
3. **Gesamtpreise in Spalte E berechnen:** Damit der Gesamtpreis später beim Ausfüllen der Rechnung automatisch berechnet wird, wurde die Formel in der Spalte *Gesamt* bereits vorab in den Bereich E9 bis E19 kopiert. Leider hat die einfache Formel C8*D8 einen kleinen Schönheitsfehler zur Folge: Wenn Einzelpreis und Anzahl fehlen, dann wird das Formelergebnis mit 0,00 oder - € angezeigt. Wenn Sie dies verhindern und in diesem Fall die Zelle leer lassen möchten, dann verwenden Sie zur Berechnung des Gesamtpreises die Funktion WENN.

   Die zusätzliche Funktion ISTLEER prüft, ob die angegebene Zelle (D8) leer ist und liefert das Ergebnis WAHR, wenn dies zutrifft. In diesem Fall soll die Zelle leer bleiben; dies wird durch Eingabe von aufeinanderfolgenden Anführungszeichen erreicht. Die zweite Prüfung führt, sofern der Inhalt der Zelle D8>0 ist, die Multiplikation von Einzelpreis mit Anzahl durch. Die Funktion in E8 lautet, wie unten abgebildet und kann im nächsten Schritt bis Zelle E19 kopiert werden.

   ```
   =WENN(ISTLEER(D8);"";C8*D8)
   ```

4 Vergessen Sie nicht die Formeln für Zwischensumme =SUMME(E8:E19), Mehrwertsteuer =E20*C21 und Rechnungsbetrag =E20+E21 einzugeben.

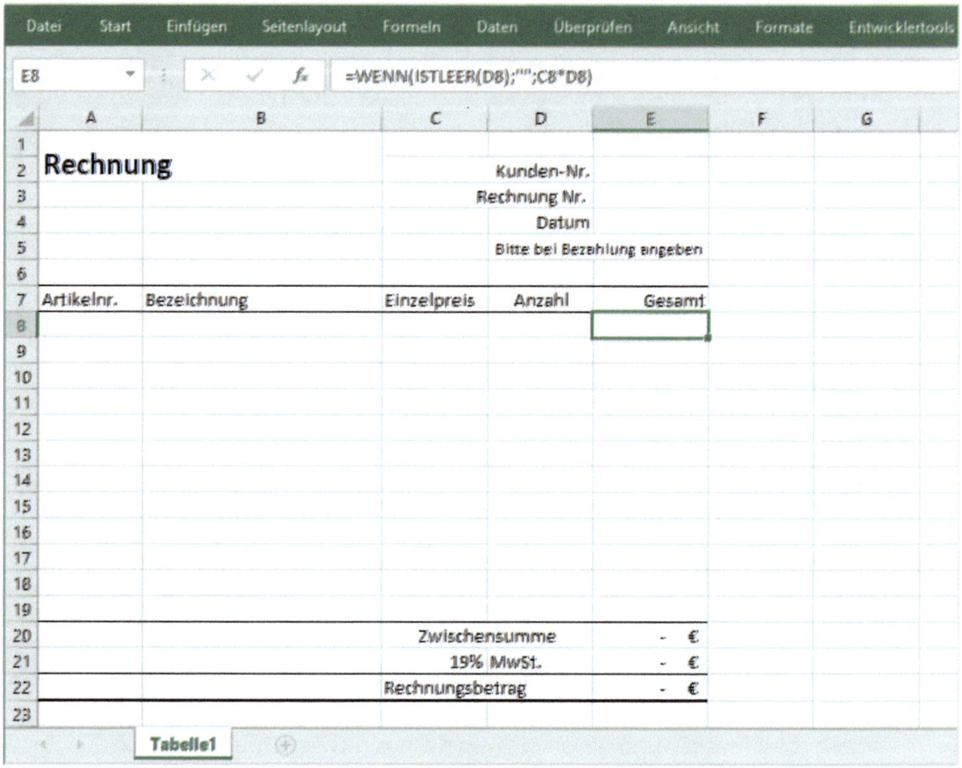

Zum Abschluss wird die Datei gespeichert oder es können zuvor noch einige Zellen vor Veränderungen geschützt werden.

Vorlage speichern

Dateien, die als Vorlagen gespeichert werden, bieten den Vorteil, dass auf der Grundlage der Vorlage eine neue Datei erstellt wird, mit den gleichen Inhalten. Veränderungen in der neuen Datei haben keine Auswirkungen auf die Vorlage.

Zur Speicherung einer Vorlage wählen Sie *Datei* ▶ *Speichern unter* ▶ *Dieser PC* und klicken Sie auf *Durchsuchen*. Das Dialogfenster *Speichern unter* wird angezeigt. Geben Sie einen Dateinamen ein und wählen Sie bei *Dateityp* eine der folgenden Option :

- Excel-Vorlagen werden als eigener Dateityp gespeichert. Wählen Sie *Excel-Vorlage (*.xltx)*
- Falls die Vorlage Makros enthält, muss der Dateityp *.xlsm* gewählt werden.
- Wenn die Vorlage mit Excel 2003 oder einer älteren Version verwendet werden soll, dann müssen Sie *Excel 97-2003-Vorlage* auswählen.

Vorlagen werden automatisch in einem eigenen Ordner mit dem Namen *Benutzerdefinierte Office-Vorlagen* auf der Festplatte gespeichert. Der Name und genaue Ort des Ordners sind abhängig vom jeweiligen Betriebssystem.

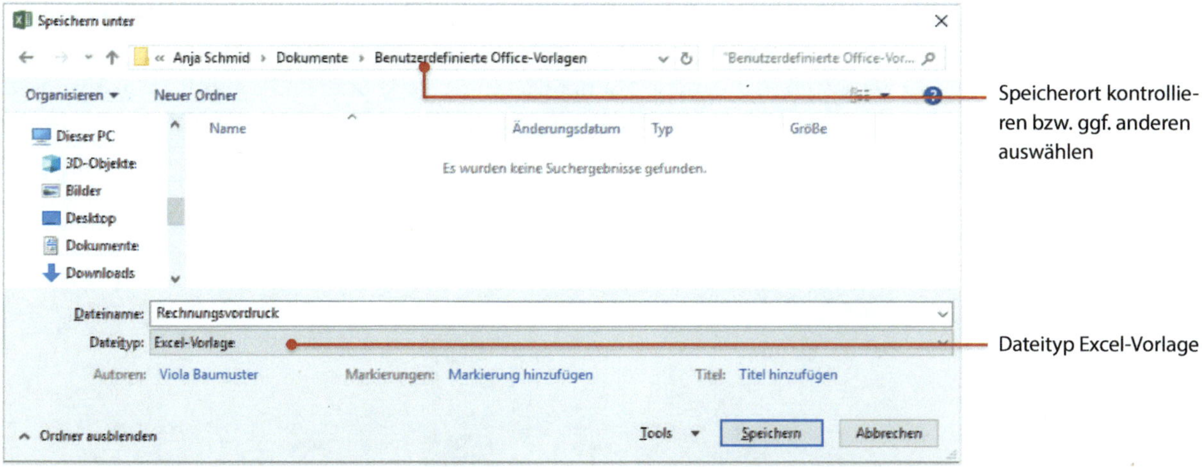

Der Ordner *Benutzerdefinierte Office-Vorlagen* wurde bei der Installation von Microsoft Office automatisch erstellt und befindet sich unter Windows 10 im Ordner *Dokumente*. Alle Microsoft Office Anwendungen speichern die Vorlagen in diesem Ordner.

Eine Vorlage kann natürlich auch an anderen Orten gespeichert werden, z. B. in einem freigegebenen Ordner, der von mehreren Personen in einem Netzwerk verwendet werden kann. Dadurch ergeben sich nur Unterschiede beim Erstellen einer neuen Arbeitsmappe auf Grundlage dieser Vorlage.

Standardspeicherort für Vorlagen ändern

Der Ordner *Benutzerdefinierte Office-Vorlagen* ist gleichzeitig der Standardordner für Ihre selbst erstellten Vorlagen. Falls Sie einen anderen Standardspeicherort für Ihre Vorlagen dauerhaft festlegen wollen, wählen Sie *Datei* ▶ *Optionen* ▶ *Speichern* und tragen einen anderen Pfad bei *Speicherort für persönliche Vorlagen* ein.

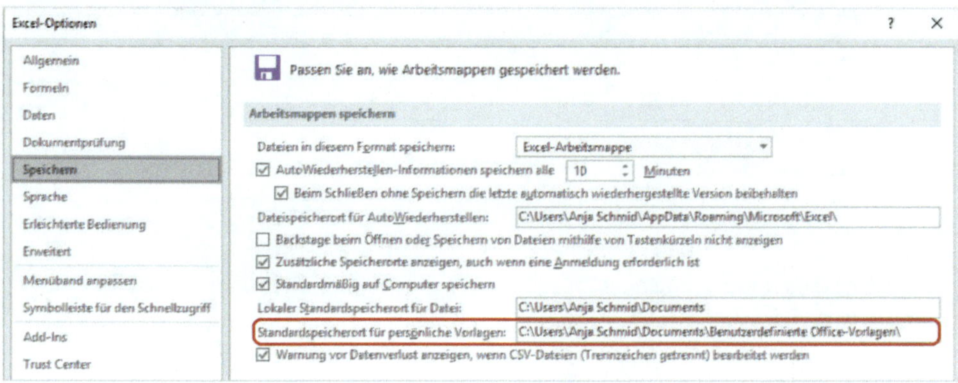

Benutzerdefinierte Vorlage verwenden

Wo Sie Ihre benutzerdefinierten Vorlagen finden und wie Sie diese zur Erstellung einer neuen Arbeitsmappe verwenden, hängt vom Speicherort der Vorlage ab.

- Wenn die Vorlage im Ordner *Benutzerdefinierte Vorlagen* gespeichert wurde, dann steht die Vorlage auf der Excel-Startseite oder im Register *Datei*, Abschnitt *Neu* unter *PERSÖNLICH* zur Verfügung. Klicken Sie einfach auf die gewünschte Vorlage.

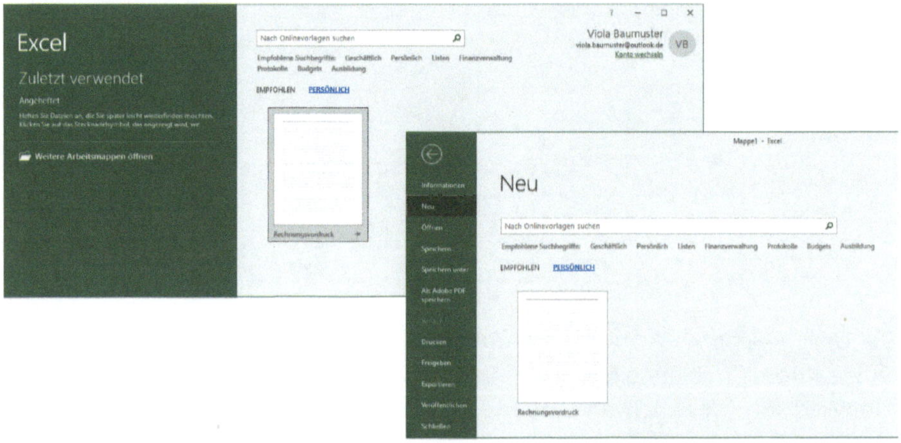

- Wenn Ihre Vorlage in einem anderen Ordner gespeichert wurde, beispielsweise auf einem, für die Mitarbeiter eines Unternehmens zugänglichen Server, dann erscheint diese Vorlage **nicht** im Bereich *PERSÖNLICH*.

  In diesem Fall zeigen Sie den Speicherort im Datei-Explorer von Windows an. Es genügt ein Doppelklick auf die Datei, um eine neue Arbeitsmappe auf Basis der Vorlage zu erstellen. Hier unterscheiden sich Vorlagen durch ihr Symbol von normalen Excel-Arbeitsmappen. Die Vorlage selbst wird auf Doppelklick nicht geöffnet.

In beiden Fällen wird eine Kopie der Vorlage erzeugt und geöffnet. Diese muss anschließend wie eine normale Excel-Arbeitsmappe gespeichert werden.

Excel-Vorlage nachträglich ändern

Nachträgliche Änderungen an der Excel-Vorlage können jederzeit vorgenommen werden. Wie Sie oben gesehen haben, erzeugt allerdings im Datei-Explorer ein Doppelklick auf eine Vorlage lediglich eine Kopie. Um die Vorlage im Original zu öffnen, verwenden Sie eine der beiden folgenden Methoden:

- Aus Excel heraus klicken Sie im Register *Datei* auf *Öffnen* und dann auf *Durchsuchen*. Wählen Sie dann den Speicherort, z. B. *Dokumente/ Benutzerdefinierte Office-Vorlagen* ❶, markieren Sie die Vorlage und klicken Sie auf *Öffnen* ❷. Standardmäßig zeigt das *Öffnen*-Dialogfenster alle Excel-Dateitypen an, also auch Vorlagen. Sollte dies einmal nicht der Fall sein, so klicken Sie auf den Pfeil ❸ und wählen *Alle Excel-Dateien* aus.

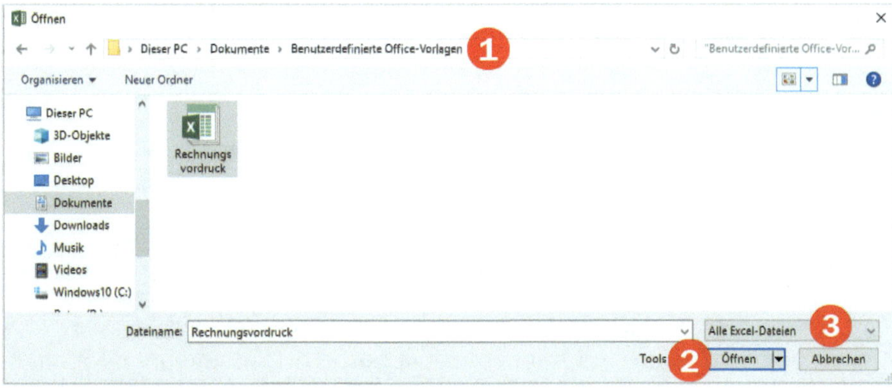

- Wenn Sie die Vorlage stattdessen im Datei-Explorer öffnen möchten, dann navigieren Sie ebenfalls zum Speicherort der Vorlage, klicken mit der rechten Maustaste auf die Datei und wählen im Kontextmenü *Öffnen* aus.

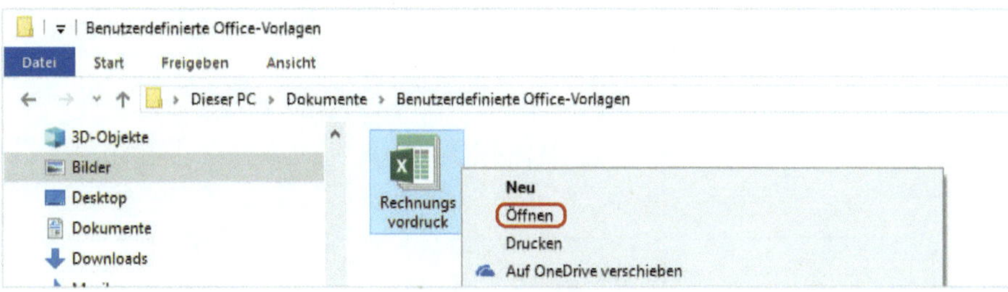

12.2 Tabellenblätter und Arbeitsmappen schützen

Inhalte des Tabellenblatts vor Veränderung schützen

Wie Sie eine Arbeitsmappe vor unbefugtem Öffnen mit einem Kennwort schützen, haben Sie bereits auf Seite 68 erfahren.

Inhalte von Arbeitsmappen oder Excel-Vorlagen können vor versehentlichem Löschen oder Überschreiben geschützt werden. Das ist vor allem dann praktisch, wenn Sie die Vorlage anderen Personen zur Verfügung stellen und verhindern möchten, dass diese aus Unkenntnis des Aufbaus der Arbeitsmappe wichtige Inhalte, z. B. Formeln verändern oder versehentlich löschen. Dazu schützen Sie das Tabellenblatt.

Aber Achtung, in einem geschützten Tabellenblatt sind alle Zellen gesperrt, es sind also keine Eingaben oder Änderungen möglich. In den meisten Fällen ist allerdings eine Eingabe in bestimmten Zellen erforderlich. Von diesen Zellen müssen Sie zuerst die Sperrung entfernen, bevor Sie das Blatt schützen.

Sperrung von Zellen entfernen

Im ersten Schritt müssen Sie die Sperrung von denjenigen Zellen entfernen, in denen später eine Eingabe erforderlich ist. Für das Beispiel der Rechnungsvorlage sind dies die Zellen E2 bis E4 und A8 bis D19.

1 Markieren Sie diese Zellen im Tabellenblatt ❶.

2 Klicken Sie im Register *Start* ▶ Gruppe *Zellen* ▶ *Format* auf *Zelle sperren* ❷. Die markierten Zellen sind standardmäßig gesperrt, dies erkennen Sie am hervorgehobenen Schlosssymbol ❸. Durch Anklicken von *Zelle sperren* heben Sie die Sperrung für den markierten Bereich auf.

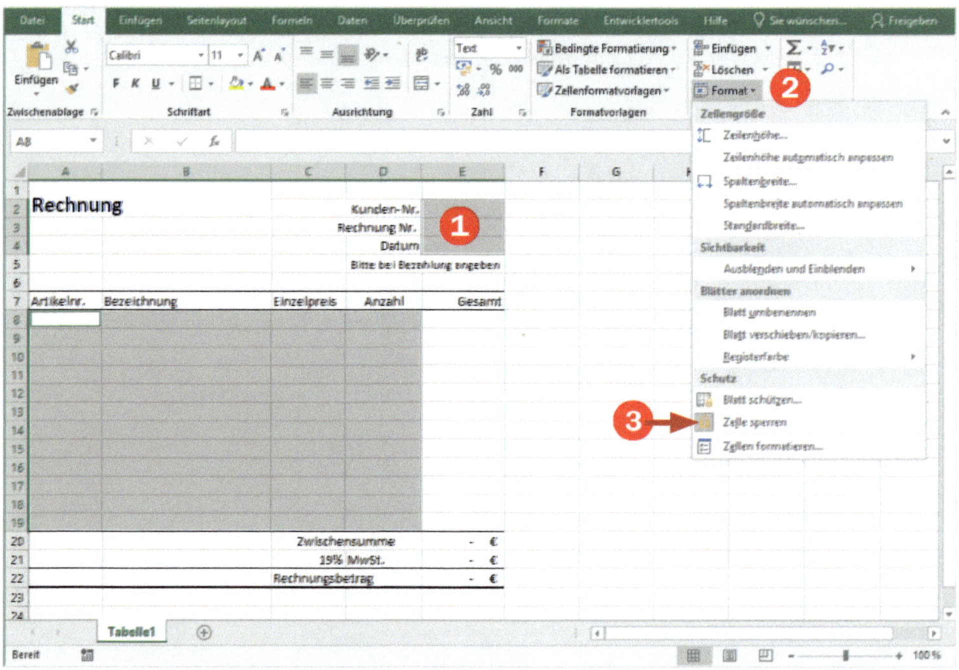

Tabellenblatt schützen

1 Jetzt können Sie das Tabellenblatt schützen: Klicken Sie im Register *Überprüfen*, Gruppe *Änderungen* auf die Schaltfläche *Blatt schützen*.

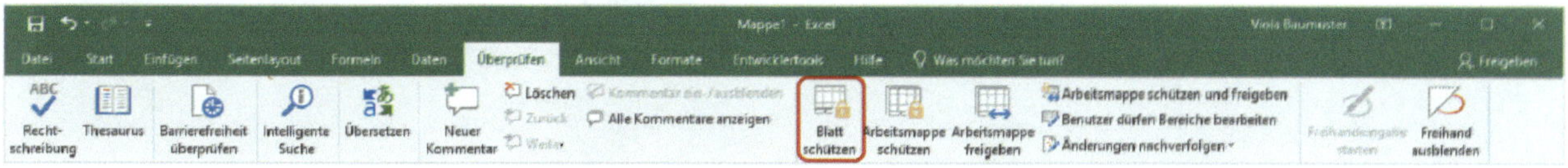

2 Es öffnet sich das gleichnamige Fenster. Achten Sie darauf, dass das Kontrollkästchen *Arbeitsblatt und Inhalte gesperrter Zellen schützen* aktiviert ist.

3 **Kennwort**
Wenn Sie ein Kennwort (optional) vereinbaren, dann ist ein Aufheben des Schutzes nur nach Kennworteingabe möglich. So stellen Sie sicher, dass Personen, denen Sie die Mappe zur Verfügung stellen, nicht einfach den Blattschutz aufheben. Beim Festlegen muss das Kennwort zweimal eingetippt werden.

4 **Zulässige Aktionen**
Falls erforderlich, können Sie über Kontrollkästchen genauer definieren, welche Aktionen von Benutzern des Blattes ausgeführt werden dürfen. *Gesperrte Zellen auswählen* und *Nicht gesperrte Zellen auswählen* sind in der Voreinstellung bereits aktiviert.

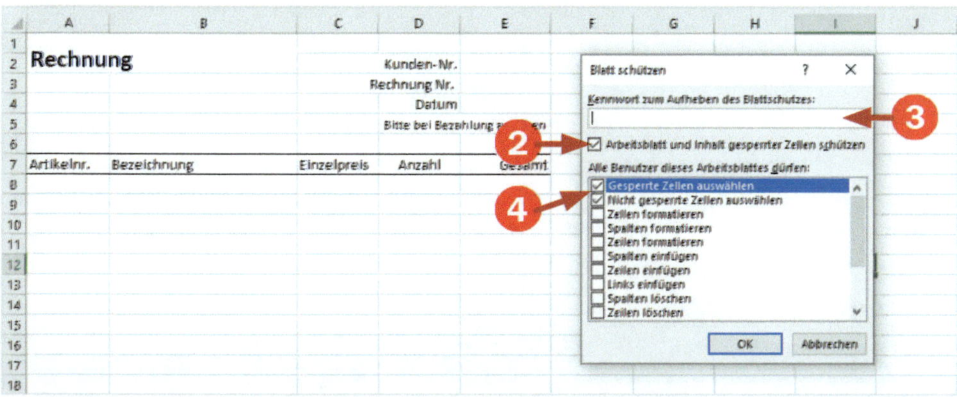

Die Option *Nicht gesperrte Zellen auswählen* muss aktiviert sein, sonst kann nichts ins Tabellenblatt eingegeben werden. Ist *Gesperrte Zellen auswählen* aktiviert, dann können auch diese Zellen in der Arbeitsmappe markiert werden. Enthält die Zelle eine Formel, so wird sie in der Bearbeitungsleiste angezeigt. Natürlich kann der Inhalt einer geschützten Zelle nicht entfernt oder überschrieben werden. Beim Versuch erhalten Sie eine Fehlermeldung (Abbildung nächste Seite). Ist die Option *Gesperrte Zellen auswählen* nicht aktiviert, können die Zellen nicht markiert werden. Der Benutzer muss dann auf die Richtigkeit der Formeln und Funktionen vertrauen, da er sie nicht betrachten kann.

Wenn Sie keine weiteren Aktionen durch Anklicken erlauben, dann können im geschützten Zustand keine Spalten/ Zeilen hinzugefügt oder gelöscht werden und keinerlei Formatierungsänderungen vorgenommen werden, z. B. Nachkommastellen vereinbaren oder Buchhaltungsformat festlegen. Hier ist dann der Ersteller gefragt, genau zu prüfen, ob die Tabelle alle notwendigen Formate enthält.

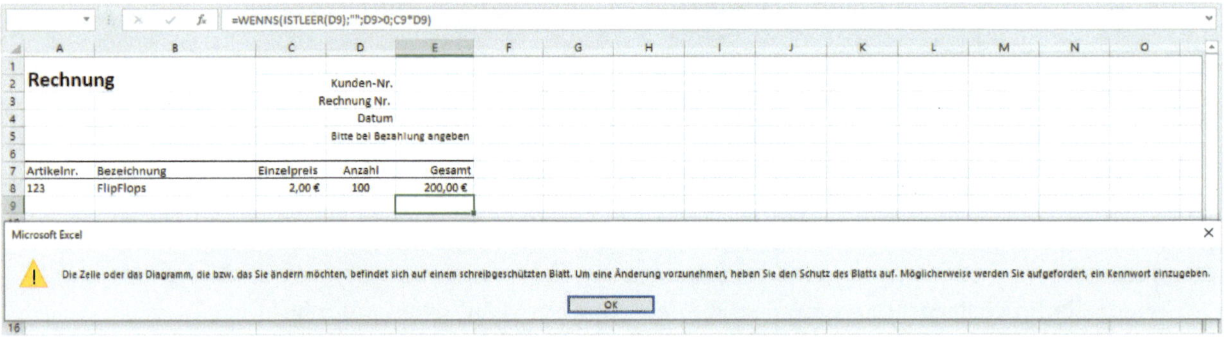

Tipp: Wenn Sie bei der Eingabe in geschützten Arbeitsblättern die Tab-Taste verwenden, so markiert Excel automatisch die nächste nicht gesperrte Zelle.

Achtung: Inhalte nicht gesperrter Zellen können im geschützten Tabellenblatt selbstverständlich gelöscht werden. Allerdings sollten Sie keine Formate löschen, da sonst die Zelle gesperrt wird und keine Eingabe mehr möglich ist. Hintergrund ist, dass die Sperrung von Zellen eine Zellformatierung ist, die durch die Löschung wieder auf die Standardeinstellung, nämlich auf „gesperrt", zurückgestellt wird.

Blattschutz aufheben

Falls Sie doch einmal Änderungen am geschützten Teil des Dokuments vornehmen möchten, müssen Sie zunächst den Blattschutz aufheben. Dazu klicken Sie im Register *Überprüfen* ▶ Gruppe *Änderungen* auf die Schaltfläche *Blattschutz aufheben* und geben ggf. das Kennwort ein.

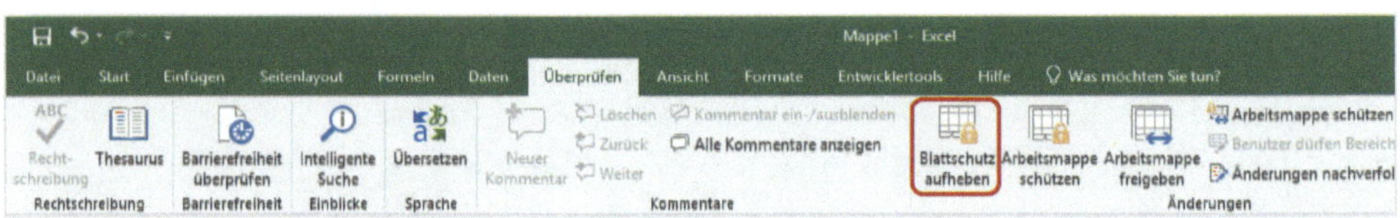

Achtung: Wie der Name schon sagt, bezieht sich der Blattschutz immer auf ein bestimmtes Tabellenblatt. Sind in einer Arbeitsmappe mehrere Tabellenblätter vorhanden, gilt der Blattschutz nicht automatisch für alle. Zum Aufheben des Schutzes, muss das Tabellenblatt angezeigt werden, für welches ein Schutz vereinbart wurde.

Struktur der Arbeitsmappe schützen

Im vorherigen Abschnitt haben Sie gesehen, wie Sie Zellen eines Tabellenblatts schützen. In so geschützten Arbeitsmappen können Nutzer allerdings immer noch neue Tabellenblätter einfügen, vorhandene löschen, verschieben oder ausgeblendete Tabellenblätter wieder einblenden und dort Veränderungen vornehmen. Wenn Sie verhindern möchten, dass andere Nutzer Veränderungen an Anzahl und Anzeige von Tabellenblättern durchführen, dann gehen Sie so vor:

Legen Sie gegebenenfalls, wie oben beschrieben, den Blattschutz für einzelne Zellen fest. Blenden Sie die Tabellenblätter aus, die andere Nutzer nicht verwenden sollen und löschen Sie nicht benötigte Tabellenblätter.

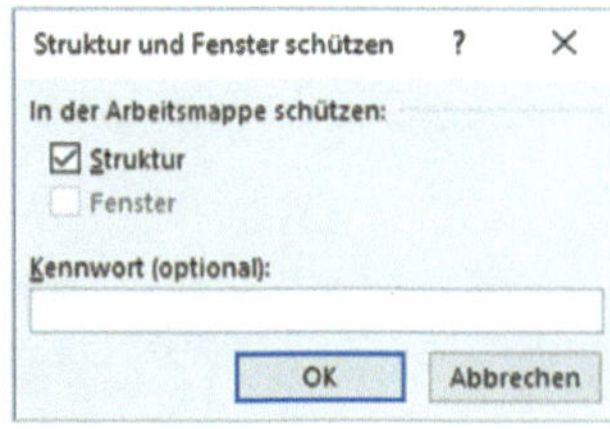

Gesamte Arbeitsmappe schützen

Wählen Sie Register *Überprüfen* ▸ Gruppe *Änderungen* ▸ *Arbeitsmappe schützen*. Im folgenden Fenster muss bei *Struktur* ein Häkchen gesetzt sein. Geben Sie dann ein Kennwort ein, klicken Sie auf *Ok* und wiederholen Sie das Kennwort.

Schutz wieder aufheben

Zum Aufheben des Schutzes öffnen Sie die Arbeitsmappe und wählen im Register *Überprüfen* ▸ Gruppe Änderungen ▸ Arbeitsmappe schützen. Geben Sie das Kennwort ein.

Merken Sie sich das Kennwort gut oder speichern Sie eine Kopie der Datei ohne Schutz auf der lokalen Festplatte. Auch als Autor der Datei können Sie ohne Kennwort den Schutz nicht umgehen.

Welcher Schutz liegt auf der Arbeitsmappe?

Wenn Sie schnell erfahren möchten, wie die Arbeitsmappe geschützt ist, öffnen Sie diese und wählen im Register *Datei* den Bereich *Informationen* aus. Unter *Arbeitsmappe schützen* sehen Sie, welcher Schutz festgelegt wurde. Hier können Sie auch durch Anklicken von *Schutz aufheben* und Eingabe des Kennworts (falls hinterlegt) den Schutz der Arbeitsmappe aufheben.

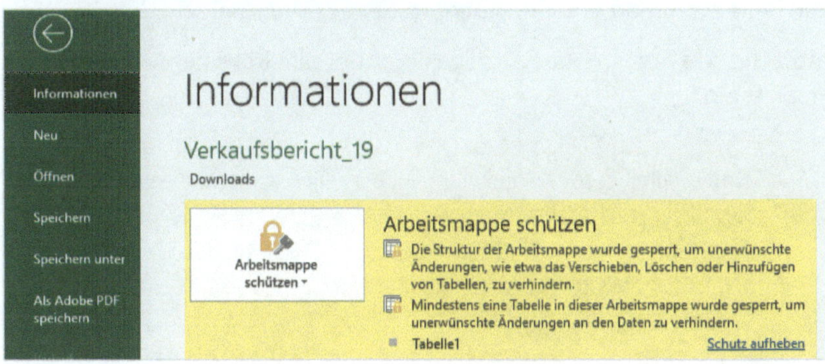

In diesem Beispiel ist sowohl ein Schutz der Arbeitsmappe als auch ein Blattschutz vereinbart worden. Der Blattschutz wurde für das Tabellenblatt mit dem Namen Tabelle1 festgelegt. Durch Anklicken von Schutz aufheben und ggf. Eingabe des Kennworts kann der Blattschutz aufgehoben werden.

12.3 Kommentare hinzufügen

Mit Kommentaren helfen Sie sich und anderen Bearbeitern bestimmte Rechenschritte besser nachvollziehen zu können, an Ausnahmen zu erinnern oder Kollegen, die ebenfalls mit der Mappe arbeiten, Hilfestellungen zu geben. Eine weitere wichtige Verwendungsmöglichkeit kommt Kommentaren bei der Überprüfung von Tabellen zu. Der Kontrolleur kann Verbesserungsvorschläge via Kommentar für Zellen hinterlegen. Alle Befehle zur Verwaltung von Kommentaren finden Sie im Register *Überprüfen*, Gruppe *Kommentare*.

Kommentar hinzufügen und ändern

Um eine Zelle mit einem Kommentar zu versehen, markieren Sie die Zelle und klicken im Register *Überprüfen* auf die Schaltfläche *Neuer Kommentar*. Geben Sie anschließend Ihren Text ein. Kommentare werden automatisch mit Ihrem Benutzernamen versehen. Wenn Sie nach der Eingabe auf eine andere Zelle klicken, wird der Kommentar standardmäßig ausgeblendet.

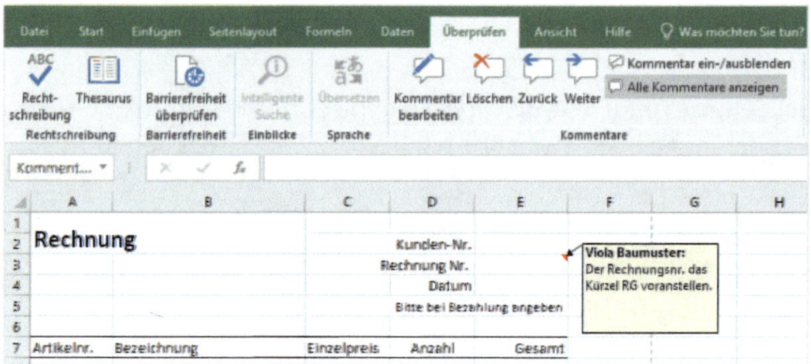

Zellen mit Kommentaren erkennen Sie am roten Dreieck in der oberen rechten Ecke. Der dazugehörige Kommentar erscheint automatisch, sobald Sie mit der Maus auf die Zelle zeigen oder klicken.

- Die Schaltflächen *Vorheriger/ Nächster* verwenden Sie, um innerhalb der Arbeitsmappe den nächsten, bzw. vorherigen Kommentar anzuzeigen.
- Mit der Schaltfläche *Kommentar ein-/ausblenden* können Sie den Kommentar der markierten Zelle dauerhaft ein- und auch wieder ausblenden.
- Die Schaltfläche *Alle Kommentare anzeigen* blendet alle Kommentare dauerhaft im Arbeitsblatt ein.

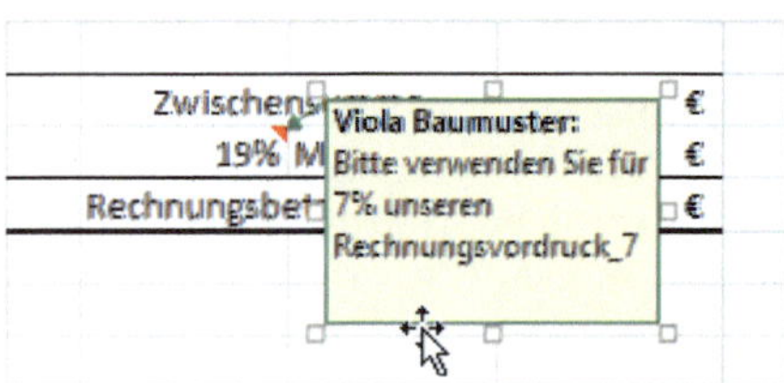

Tipp: Sollten durch Kommentare andere Zellen verdeckt werden, klicken Sie auf die Schaltfläche *Kommentar bearbeiten*. Zeigen Sie auf den Rahmen, bis der Mauszeiger mit Richtungspfeilen sichtbar wird. Nun können Sie mit gedrückter Maustaste den Kommentar verschieben sowie vergrößern und verkleinern.

Kommentare löschen und bearbeiten

Bereits vorhandene Kommentare ändern Sie, indem Sie die Zelle markieren und auf die Schaltfläche *Kommentar bearbeiten* klicken, zum Löschen verwenden Sie die Schaltfläche *Löschen*.

Kommentare drucken

Standardmäßig werden Kommentare nicht mit der Arbeitsmappe gedruckt. Für das hier verwendete Beispiel einer Rechnung ist das von Vorteil. Diese wird an Kunden verschickt und sollte deshalb keine Kommentare enthalten. Auch im PDF erscheinen keine Kommentare.

Kommentare können allerdings optional mit dem Arbeitsblatt ausgedruckt werden. Um diese Einstellung festzulegen, klicken Sie im Register *Seitenlayout* ▶ Gruppe *Seite einrichten* auf *Drucktitel*. Wählen Sie im Dropdown-Menü bei *Kommentare* aus, wie diese auf dem Ausdruck erscheinen sollen.

Achtung: Wenn Sie die Option *Wie auf dem Blatt angezeigt* wählen, dann müssen die Kommentare auf dem Tabellenblatt dauerhaft eingeblendet sein! Klicken Sie dazu im Register Überprüfen auf die Schaltfläche *Alle Kommentare anzeigen*.

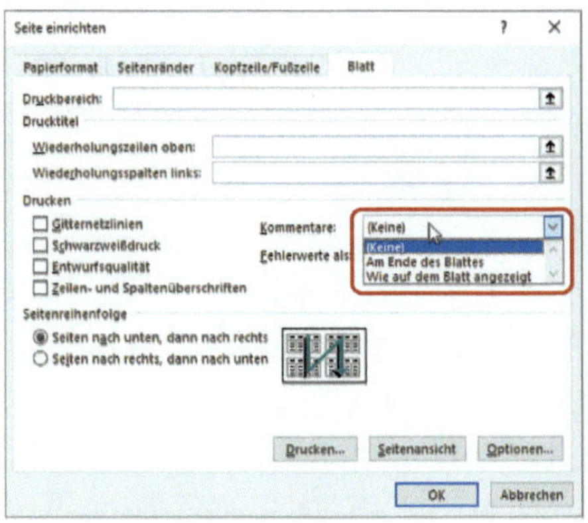

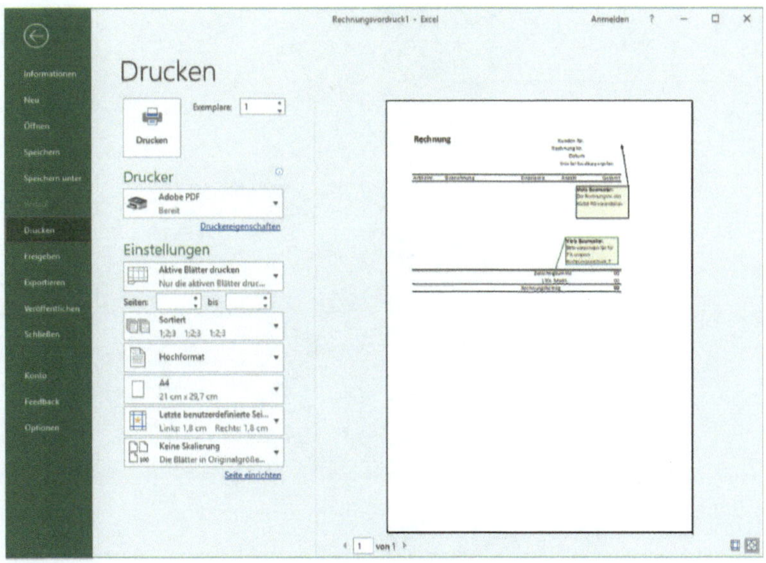

12.4 Arbeitsmappe weitergeben und gemeinsam bearbeiten

Oft ist es sinnvoll, bestimmte Inhalte auch Kollegen, Freunden oder einem anderen Vereinsmitglied zur Verfügung zu stellen. Hier erfahren Sie, wie Sie eine Arbeitsmappe via E-Mail versenden oder zur gemeinsamen Bearbeitung über den Cloud-Speicher OneDrive freigeben.

Datei per E-Mail senden

Wählen Sie Register *Datei* ▶ *Freigeben* ▶ *E-Mail*. Klicken Sie dann auf eine der folgenden Optionen.

- *Als PDF senden*: Die Excel-Arbeitsmappe wird in ein PDF umgewandelt. Die Datei kann dann auf jedem PC mit einem PDF-Reader (z. B. Adobe Reader) geöffnet, der Inhalt aber nicht ohne weiteres verändert werden.
- *Als Anlage senden*: Jeder Empfänger erhält eine Kopie der Excel-Arbeitsmappe im Anhang der E-Mail und kann diese bearbeiten, sofern Excel auf seinem Rechner installiert ist.

  In beiden Fällen wird anschließend das Standard E-Mail Programm, z. B. Outlook mit der angefügten Datei geöffnet und es müssen nur noch die Empfängeradressen eingetragen werden.

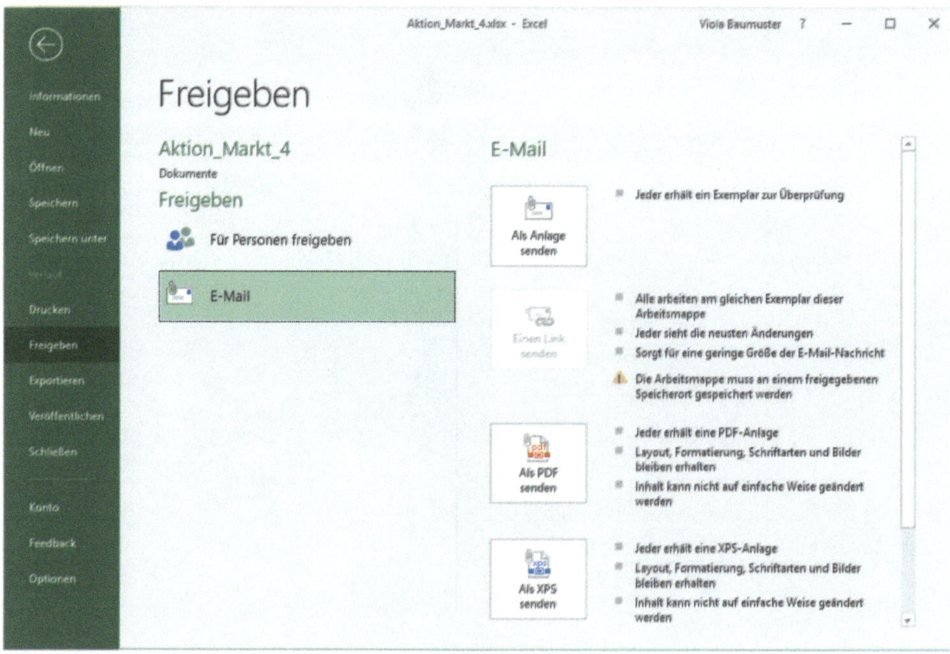

Geschützte Ansicht des E-Mail-Anhangs

Wenn Sie einen E-Mail-Anhang mit Doppelklick öffnen oder zunächst speichern und dann öffnen, wird die Arbeitsmappe aufgrund der Sicherheitseinstellungen in der geschützten Ansicht angezeigt, d.h. Sie können die Inhalte zwar betrachten aber nicht ändern oder ausdrucken.

Excel erkennt die Anlage als potenziell unsicher. Um eine Übertragung von Schadsoftware auf Ihren Rechner zu verhindern, wird die Arbeitsmappe in der geschützten Ansicht geöffnet. Mit einem Klick auf die Schaltfläche *Bearbeitung aktivieren* verlassen Sie die geschützte Ansicht und können die Arbeitsmappe bearbeiten.

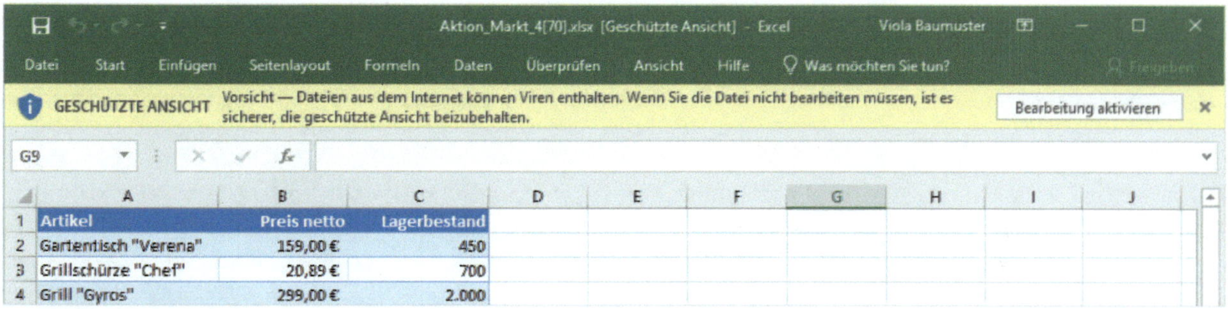

Excel-Datei auf einem Netzlaufwerk zur Verfügung stellen

In Unternehmen erfolgt die Datenspeicherung in der Regel nicht auf der lokalen Festplatte sondern auf einem oder mehreren Netzlaufwerk(en). Netzlaufwerke können nur dem einzelnen Benutzer zur Verfügung stehen, von der ganzen Abteilung oder allen Mitarbeitern verwendet werden. Durch Netzlaufwerke ist es möglich, Dateien einfach gemeinsam zu nutzen.

Allerdings kann eine Excel-Datei nicht von mehreren Benutzern gleichzeitig verwendet werden. Der erste Benutzer, der die Datei geöffnet hat, sperrt diese für alle anderen. Versucht ein weiterer Benutzer die Datei zu öffnen, dann erhält er folgende Meldung.

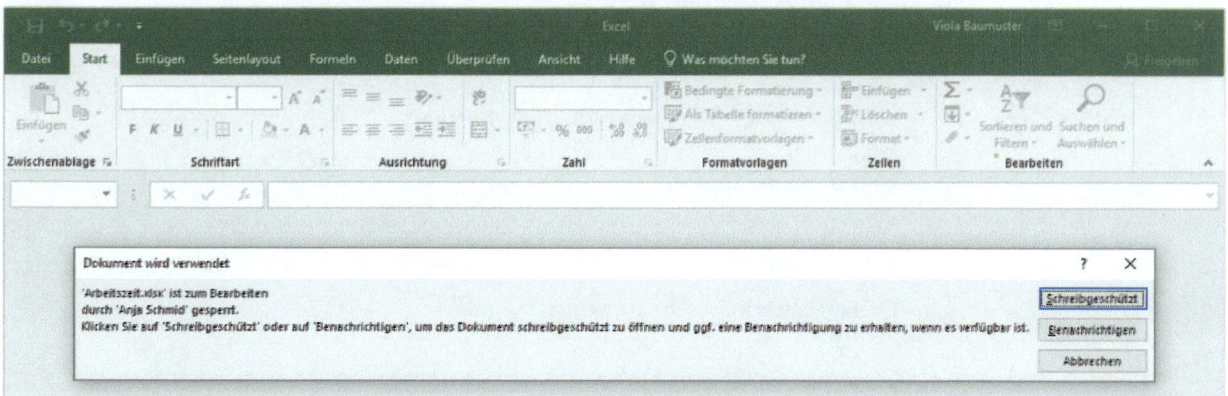

- Durch Anklicken von *Schreibgeschützt* öffnen Sie eine schreibgeschützte Kopie der Excel-Arbeitsmappe. Das ist nützlich, wenn Sie der Datei eine Information entnehmen möchten. Veränderungen, die Sie vornehmen, können allerdings nicht in der Originaldatei gespeichert werden. Wenn Sie das möchten, sollten Sie die nächste Option wählen.
- Durch Anklicken von *Benachrichtigen* wird die Datei zunächst schreibgeschützt geöffnet. Sie erhalten eine Mitteilung sobald der andere Benutzer die Datei schließt. Klicken Sie dann auf die Schaltfläche *Lese-/Schreibzugriff*. Der Inhalt der Datei wird jetzt angezeigt mit allen Veränderungen des vorherigen Benutzers. Nun können Sie Ihre Änderungen vornehmen und speichern.

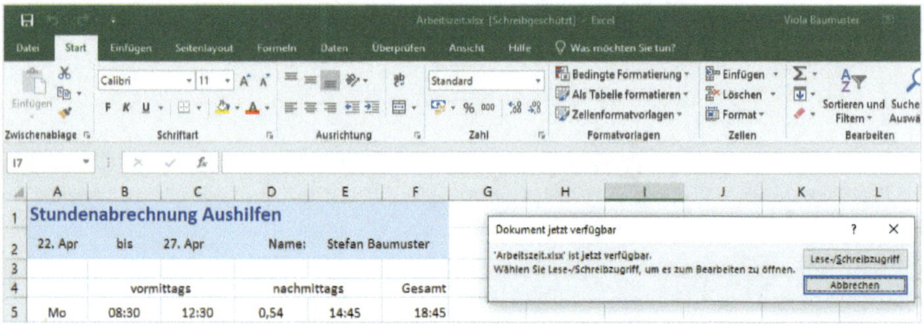

Arbeitsmappe in der Cloud freigeben

OneDrive siehe Kapitel 2

Falls kein gemeinsames Netzlaufwerk zur Verfügung steht, können Sie eine Datei für andere auch über die Microsoft Cloud OneDrive oder über SharePoint Online weitergeben und zur Bearbeitung freigeben. Zur Verwendung von OneDrive müssen Sie mit einem Microsoft-Konto angemeldet sein. Die Freigabe kann entweder über einen Freigabelink, der beliebig weitergegeben werden kann oder durch Versenden einer Einladung per E-Mail erfolgen. Die Arbeitsmappe, die freigegeben werden soll, muss auf One-Drive gespeichert werden.

Freigabe via E-Mail versenden

Alternativ können Sie auch auf *Freigeben* rechts oben im Excel-Fenster klicken.

- Öffnen Sie die Arbeitsmappe, die Sie freigeben möchten. Wählen Sie *Datei* ▶ *Freigeben*.

  Falls das Dokument noch nicht in der Cloud gespeichert wurde, klicken Sie auf *In der Cloud speichern* ❶ und wählen einen Speicherort auf OneDrive aus. Klicken Sie dann auf *Speichern*. Wählen Sie dann erneut *Datei* ▶ *Freigeben*.
- Klicken Sie auf *Für Personen freigeben* ❷.

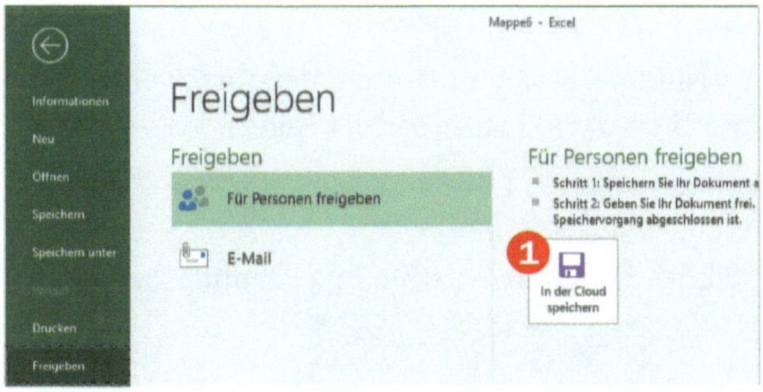

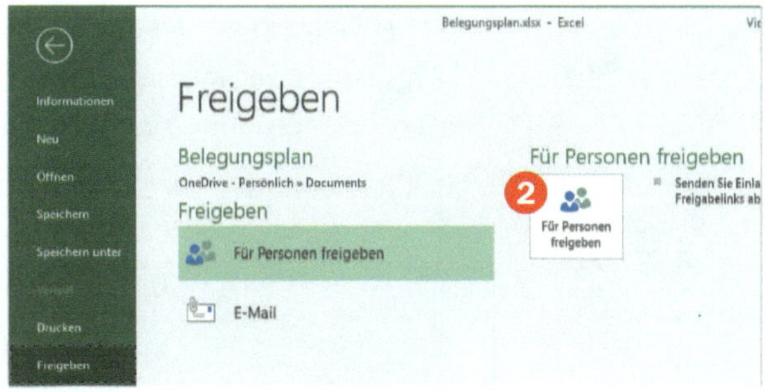

- Damit verlassen Sie den Backstage-Bereich. Die weiteren Einstellungen nehmen Sie im Aufgabenbereich an der rechten Seite des Excel-Fenster vor:
  - Geben Sie im Feld *Personen einladen* ❸ die E-Mail-Adressen der Person(en) ein, mehrere E-Mail-Adressen trennen Sie durch Semikolon (;).
  - Im Feld darunter entscheiden Sie, ob die Person die Datei nur betrachten darf - *Kann anzeigen*, oder ob die Person auch Änderungen an den Inhalten vornehmen darf - *Kann bearbeiten*.
  - Wenn Sie möchten, können Sie noch eine kurze Erklärung beifügen und klicken dann auf *Freigeben*.
- Falls Sie eine weitere Person mit anderer Berechtigung einladen möchten, wiederholen Sie den Vorgang. Nachdem Sie die Freigabe-E-Mail(s) versendet haben, wird die eingeladene Person ❹ bzw. werden die eingeladenen Personen im Aufgabenbereich mit ihren jeweiligen Berechtigungen aufgeführt.
- Bestimmen Sie nun im Dropdown-Menü bei *Änderungen automatisch teilen* ❺, ob Änderungen an der Excel-Arbeitsmappe, die die eingeladenen Personen vornehmen, sofort für die anderen sichtbar sind (Auswahl: *Immer*), Änderungen erst von Ihnen genehmigt werden müssen (Auswahl: *Mich fragen*) oder ob die Änderungen nicht geteilt werden (Auswahl: *Nie*).

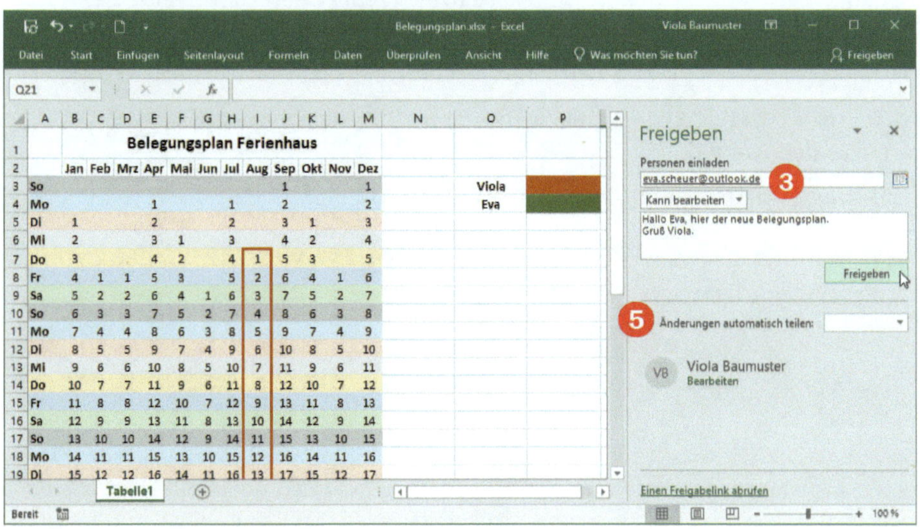

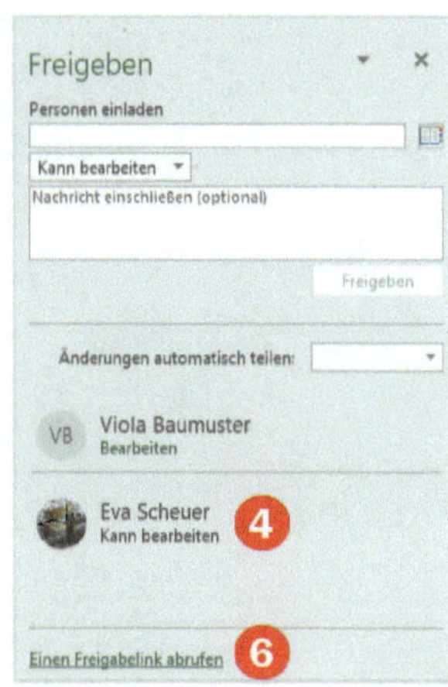

Freigabelink erzeugen und weitergeben

Falls derartige Einladungen nicht von Ihrem E-Mail-Programm unterstützt werden, können Sie alternativ einen Freigabelink abrufen und diesen selbst in eine E-Mail kopieren.

▶ Klicken Sie im Excel-Fenster rechts oben auf *Freigeben*, um ggf. den Aufgabenbereich erneut anzuzeigen. Wählen Sie dann unten *Einen Freigabelink abrufen* ❻ (siehe Bild vorherige Seite). Klicken Sie auf eine der beiden Schaltflächen.

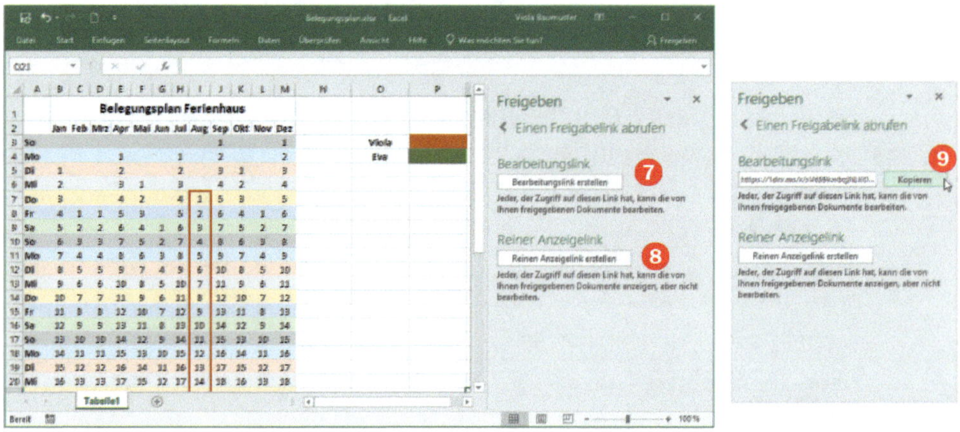

- Ein *Bearbeitungslink* ❼ erlaubt die Änderung der Datei.
- Mit einem *Anzeigelink* ❽ kann der Inhalt nur betrachtet werden.

▶ Nun kann durch Anklicken von *Kopieren* ❾ der Link in die Zwischenablage kopiert und dann in eine E-Mail eingefügt werden.

Freigaben ändern und aufheben

Öffnen Sie die Arbeitsmappe (nicht vergessen, die freigegebene Datei wurde in einem Ordner auf OneDrive gespeichert) und klicken Sie rechts oben zur Anzeige des Aufgabenbereichs auf *Freigeben*. Wenn Sie nur einen Freigabelink versendet haben, kann die Person hier nicht namentlich aufgeführt werden.

Um den Freigabestatus zu verändern klicken Sie mit der rechten Maustaste auf die Person bzw. den Freigabelink.

▶ Ein Freigabelink kann nur deaktiviert ❿ werden.

▶ Ein eingeladener Benutzer ⓫ kann entfernt bzw. dessen Berechtigung verändert werden.

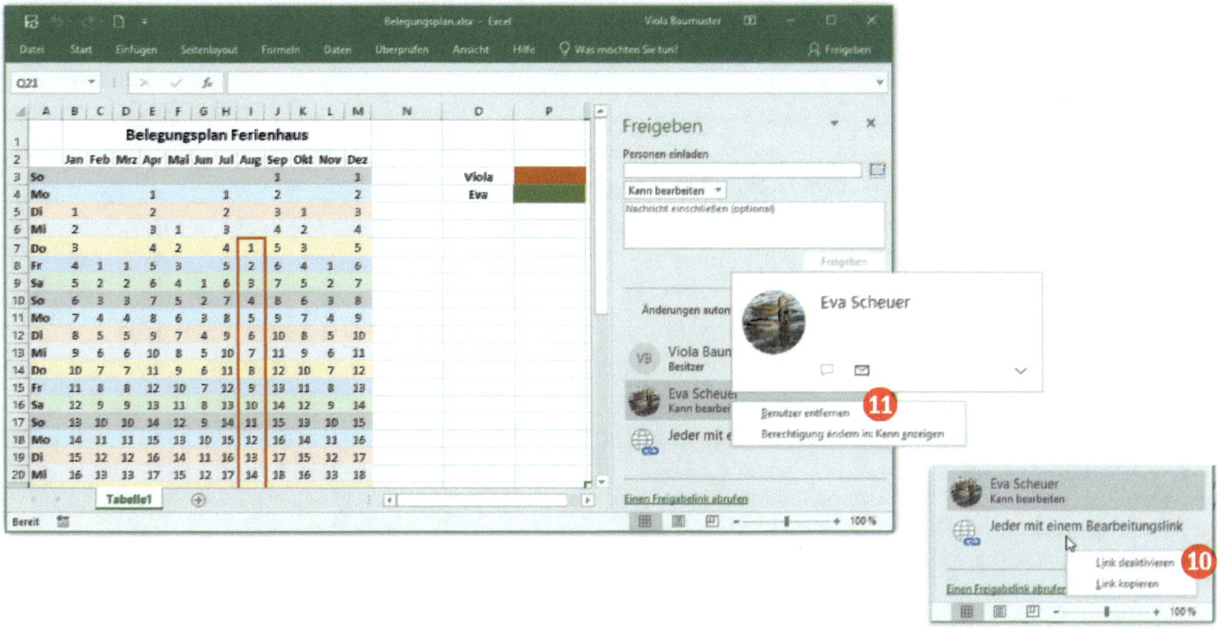

Freigegebene Arbeitsmappen bearbeiten

Personen, die eine Freigabe für die Arbeitsmappe erhalten haben, müssen jetzt nur noch in der E-Mail auf *Öffnen* oder auf die freigegebene Datei klicken.

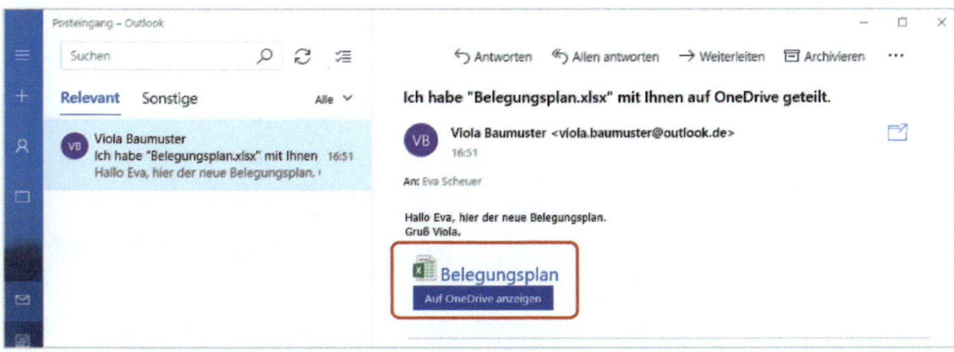

In beiden Fällen wird der Inhalt der Datei unter Verwendung von Excel Online im Browser als geschützte Arbeitsmappe angezeigt. Klicken Sie auf *Arbeitsmappe bearbeiten*, um Änderungen am Excel-Tabellenblatt vorzunehmen.

Eine Excel Arbeitsmappe kann zwar von mehreren Personen gemeinsam, aber nicht gleichzeitig bearbeitet werden. Wenn der Besitzer oder ein Bearbeiter die Datei geöffnet hat, können die übrigen nur eine schreibgeschützte Kopie betrachten - eine Bearbeitung ist nicht möglich.

In diesem Fall erhalten Sie beim Öffnen eine entsprechende Meldung. Wenn Sie die Option *Eine Benachrichtigung erhalten, wenn die Serverdatei verfügbar ist* aktivieren, erhalten Sie automatisch eine Benachrichtigung, sobald die Datei bearbeitet werden kann.

Wo finde ich die freigegebenen Arbeitsmappen?

Wenn mit Ihnen eine Arbeitsmappe geteilt wurde, Sie also nicht der Besitzer der Arbeitsmappe sind, zeigen Sie OneDrive in Ihrem Browser an. Dazu rufen Sie die Seite www.onedrive.de in Microsoft Edge oder einem anderen Browser auf und melden sich sich mit den Benutzerinformationen Ihres Microsoft-Kontos an. Wählen Sie dann links den Ordner *Geteilt* aus. Hier finden Sie alle Dateien, die Sie mit anderen Personen geteilt haben oder die mit Ihnen geteilt wurden.

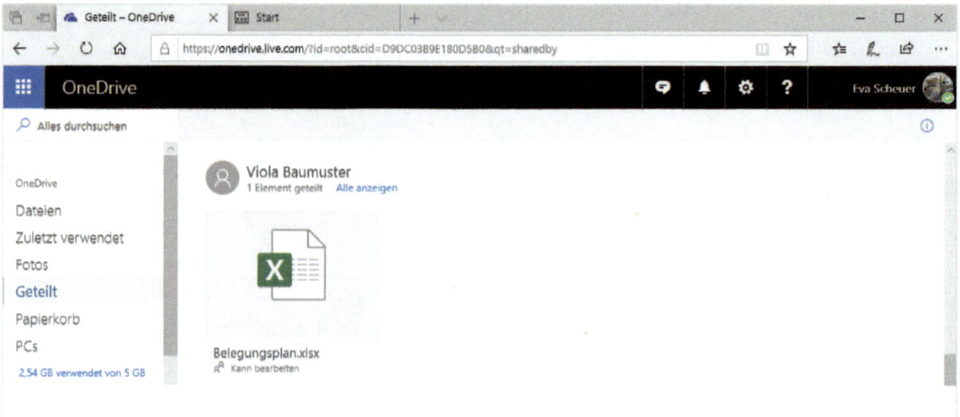

12.5 Übung

Die Übungen sind auch als Download verfügbar:

Übung_Vorlage.xlsx

Aufgabe

- Erstellen Sie in einer neuen Arbeitsmappe ein Formular für ein Kassenbuch nach dem unten abgebildeten Muster.
- Die Zahlen in den Spalten C und D erhalten das Format Währung mit zwei Dezimalstellen, ebenso die Summen.
- Gestalten Sie das Blatt mit Farben, Linien und Schriften nach Ihren Vorstellungen und geben Sie alle erforderlichen Formeln ein.
- Die Formel zur Berechnung des Saldos sollte so eingegeben werden, dass Sie die Formel auch im leeren Kassenbuch in alle Zeilen kopieren können, eine Berechnung

aber erst dann erfolgt, wenn eine Einnahme oder Ausgabe eingegeben wurde. Testen Sie mit beliebigen Zahlenwerten.

- Ändern Sie das Formular so, dass nur noch in den Zellen ohne Füllfarbe eine Eingabe möglich ist.
- Löschen Sie anschließend alle nicht benötigten Daten und Arbeitsblätter und schützen Sie das Arbeitsblatt ohne Kennwortangabe.
- Zuletzt speichern Sie das Formular als Vorlage ab.

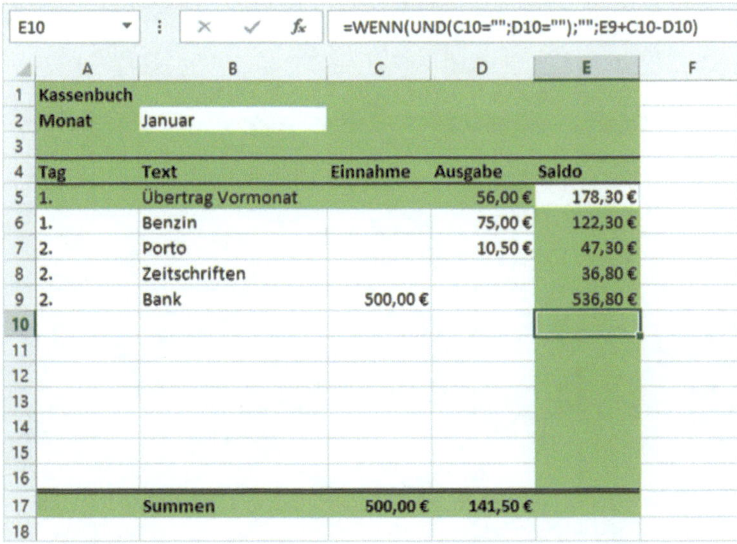

E10 =WENN(UND(C10="";D10="");"";E9+C10-D10)

	A	B	C	D	E	F
1	Kassenbuch					
2	Monat	Januar				
3						
4	Tag	Text	Einnahme	Ausgabe	Saldo	
5	1.	Übertrag Vormonat		56,00 €	178,30 €	
6	1.	Benzin		75,00 €	122,30 €	
7	2.	Porto		10,50 €	47,30 €	
8	2.	Zeitschriften			36,80 €	
9	2.	Bank	500,00 €		536,80 €	
10						
11						
12						
13						
14						
15						
16						
17		Summen	500,00 €	141,50 €		
18						

12

Tastenkombinationen

Allgemein

Eine Bildschirmseite nach oben bzw. unten	Bild-Auf bzw. Bild-Ab
Eine Bildschirmseite nach rechts bzw. links	Alt + Bild-Ab bzw. Bild-Auf
Wiederholen des letzten Arbeitsschrittes (nicht bei Formeleingabe und -bearbeitung!)	F4
Wechsel zwischen Arbeitsblatt, Menüband, Aufgabenbereich und Statusleiste	F6
Wechsel zwischen Arbeitsblatt, Menüband, Aufgabenbereich und Statusleiste (in umgekehrter Reihenfolge)	Alt + F6
Erweitern oder Reduzieren des Menübands	Strg + F1
Kontextmenü zur markierten Zelle anzeigen	Umschalt + F10

Arbeitsmappen verwalten

Neue Arbeitsmappe	Strg + N
Arbeitsmappe öffnen	Strg + O
Arbeitsmappe speichern	Strg + S
Arbeitsmappe schließen	Strg + W oder Strg + F4
Arbeitsmappe drucken (Register DATEI - Drucken)	Strg + P
Anwendung beenden / Fenster schließen	Alt + F4
Fenster maximieren bzw Wiederherstellen der vorherigen Größe	Strg + F10

Daten eingeben

Eingabe in Zelle abschließen (Zelle unterhalb wird markiert)	Enter
Eingabe in Zelle abschließen (Zelle oberhalb wird markiert)	Umschalt + Enter
Eingabe in Zelle abschließen (Zelle rechts wird markiert)	Tab (Tabulator-Taste)
Eingabe in Zelle abschließen (Zelle links wird markiert)	Umschalt + Tab (Tabulator-Taste)
Eingabe in Zelle abbrechen	Esc
Neue Zeile in Zelle beginnen	Alt + Enter
Eingabe in den gesamten markierten Zellbereich übernehmen	Strg + Umschalt + Enter
Aktuelles Datum einfügen	Strg + . (Punkt)
Aktuelle Uhrzeit einfügen	Strg + Umschalt + **:** (Dppelpunkt)
Markierte Zelle bearbeiten (Cursor erscheint in der Zelle)	F2
Bearbeiten-Modus: Cursor an den Anfang	Pos1
Bearbeiten-Modus: Cursor an das Ende	Ende
Löschen eines Zeichens links vom Cursor oder des gesamten Zelleninhaltes (wenn markiert)	RÜCKSCHRITT
Löschen eines Zeichens rechts vom Cursor oder des Zelleninhaltes (wenn markiert)	ENTF

Navigation im Tabellenblatt

Navigieren zum jeweiligen Rand des Datenbereichs	Strg + Pfeiltaste
Durchführung eines Bildlaufs, um die aktive Zelle anzuzeigen	Strg + Rückschritt

Nächste Zelle rechts / links markieren	Nach-Rechts / Nach-Links
Nächste Zelle oben / unten markieren	Nach-Oben / Nach-Unten
Markierung nach rechts / links erweitern	Umschalt + Nach-Rechts / Umschalt + Nach-Links
Markierung nach oben / unten erweitern	Umschalt + Nach-Oben / Umschalt + Nach-Unten
Erste Zelle in Zeile markieren	Pos1
Erste Zelle im Arbeitsblatt (A1) markieren	Strg + Pos1
Letzte Zelle (in zusammenhängendem Tabellenbereich) markieren	Strg + Ende
Zellen einfügen (Dialogfenster) anzeigen	Strg + + (Pluszeichen)
Zellen löschen (Dialogfenster) anzeigen	Strg + - (Minuszeichen)
Neues Arbeitsblatt einfügen	Umschalt + F11
Zum nächsten / vorherigen Arbeitsblatt	Strg + Bild-Ab / Strg + Bild-Auf
Auswahl aktives und nächstes Arbeitsblatt	Umschalt + Strg + Bild-Ab
Auswahl aktives und vorheriges Arbeitsblatt	Umschalt + Strg + Bild-Auf
Dialogfenster *Gehe zu* öffnen	F5
Suchen im Dialogfenster *Suchen und Ersetzen* öffnen	Strg + F
Ersetzen im Dialogfenster *Suchen und Ersetzen* öffnen	Strg + H
Weitersuchen (ohne Dialogfenster *Suchen und Ersetzen*)	F4
Aktuelle Spalte ausblenden	Strg + 8 (nicht Ziffernblock)

Aktuelle Spalte einblenden	Strg + Umschalt + 8
Aktuelle Zeile ausblenden	Strg + 9 (nicht Ziffernblock)
Aktuelle Zeile einblenden	Strg + Umschalt + 9
Auswählen nicht gesperrter Zellen in einem geschützen Tabellenblatt	Tab
Kontextmenü zur markierten Zelle anzeigen	Umschalt + F10

Zellbereiche markieren

Erste Zelle in Zeile markieren	Pos1
Gesamtes Arbeitsblatt markieren (Wenn eine Zelle innerhalb eines Datenblocks markiert ist, dann zweimal Strg + A)	Strg + A
Aktuelle Spalte markieren	Strg + Leertaste
Aktuelle Zeile markieren	Umschalt + Leertaste

Zellinhalte verschieben und kopieren

Kopieren des markierten Textes oder Objekts	Strg + C
Ausschneiden des markierten Textes oder Objekts	Strg + X
Einfügen aus Zwischenablage (Text oder Objekt)	Strg + V
Rückgängigmachen der letzten Aktion	Strg + Z
Wiederholen der letzten Aktion	Strg + Y oder F4

Formeleingabe

Dialogfenster *Funktion einfügen* öffnen	Umschalt + F3
Zwischen relativen, festen (absoluten) und gemischten Zellbezügen wechseln (Cursor befindet sich in der Formel unmittelbar in oder nach einem Zellbezug)	F4
Auto-Summenformel eingeben (SUMME-Funktion)	Alt + Umschalt + =
Kopieren eines Wertes aus der Zelle über der aktiven Zelle	Strg + Umschalt + , (Komma)
Kopieren einer Formel aus der Zelle über der aktiven Zelle	Strg + , (Komma)
Namen für Formel, Zelle oder markierten Bereich eingeben (*Namens-Manager* wird geöffnet)	Strg + F3
Bereichsnamen aus markierten Beschriftungen übernehmen (öffnet das Dialogfenster *Namen aus Auswahl erstellen*)	Strg + Umschalt + F3
Das Fenster *Funktionsargumente* öffnen. Der Cursor muss sich in der Formel unmittelbar hinter dem Funktionsnamen befinden!	Strg + A
Nach Eingabe des Funktionsnamens Klammern und Funktionsargumente einfügen. Der Cursor muss sich in der Formel unmittelbar hinter dem Funktionsnamen befinden!	Strg + Umschalt + A
Formeln anstelle der Ergebnisse im Tabellenblatt anzeigen	Alt + M O (Tasten nacheinander betätigen!)
Neu berechnen (gesamte Arbeitsmappe)	F9
Neu berechnen (aktuelles Arbeitsblatt)	Umschalt + F9

Zellen formatieren

Dialogfenster *Zellen formatieren* öffnen	Strg + 1 (nicht im Ziffernblock)
Mit 2 Dezimalstellen formatieren (einschl. Tausenderzeichen)	Strg + Umschalt + !
Währungsformat zuweisen	Strg + Umschalt + $
Prozentformat (ohne Dezimalstellen)	Strg + Umschalt + %
Exponentialschreibweise	Strg + Umschalt + "

Standardzahlenformat	Strg + Umschalt + &
Zahl als Datum formatieren (TT. MMM JJ)	Strg + #
Zahl mit Datum und Uhrzeit formatieren	Strg + °
Fett	Strg + Umschalt + F
Kursiv	Strg + Umschalt + K
Unterstrichen	Strg + Umschalt + U
Durchgestrichen	Strg + 5 (nicht im Ziffernblock!)
Äußere Rahmenlinie um markierten Bereich	Strg + Umschalt + - (Bindestrich)
Alle Rahmenlinien des markierten Bereichs löschen	Strg + Umschalt + >
Neuen Kommentar einfügen bzw. Kommentar bearbeiten	Umschalt + F2

Glossar

Absolute Zellbezüge	Absolute oder feste Zellbezüge benötigen Sie in Formeln, wenn Sie verhindern wollen, dass beim Kopieren der Formel der Zellbezug automatisch angepasst wird. Absolute Zellbezüge sind durch das $ Zeichen vor der Spalten- und/oder Zeilenangabe gekennzeichnet. Mit der Funktionstaste F4 können Sie schnell relative Zellbezüge in absolute Zellbezüge umwandeln.
Arbeitsmappe	Eine Excel-Datei bezeichnet man auch als Arbeitsmappe. Sie enthält einzelne Arbeitsblätter, die Tabellen. Arbeitsblätter können bei Bedarf hinzugefügt oder gelöscht werden. Alle Arbeitsblätter einer Mappe werden unter einem gemeinsamen Dateinamen mit der Erweiterung .xlsx gespeichert.
Argumente	Als Argumente bezeichnet man notwendige Angaben für die Berechnung mit Excel-Funktionen. Argumente können Zellbezüge, Bereichsangaben, Text, Zahlen, Formeln oder Funktionen sein. Texte als Argumente müssen in Anführungszeichen („") eingeschlossen werden.
AutoAusfüllen	Das Kästchen AutoAusfüllen befindet sich in der unteren, rechten Ecke des Markierungsrahmens. Damit können entweder Formeln in angrenzende Zellen kopiert, oder Reihen ausgefüllt werden.
Bearbeiten-Modus	Während der Eingabe oder nachträglichen Bearbeitung eines Zellinhalts befindet sich Excel im Bearbeiten-Modus. Sie müssen erst die Eingabe abschließen, damit Sie mit der weiteren Tabellenbearbeitung fortfahren können.
Blitzvorschau	Die Blitzvorschau erlaubt das Trennen von Inhalten, die sich in einer einzigen Spalte befinden, zum Beispiel Vorname und Nachname. Sie ist verfügbar über die Auto-Ausfülloptionen, die nach dem Ausfüllen von Reihen im Tabellenblatt erscheinen. Ebenso können damit auch Inhalte aus zwei Spalten zusammengefügt werden.
Datenbank	Datenbanken speichern und verwalten Daten in strukturierter Form als Tabelle. Die Zeilen einer Datenbank bezeichnet man als Datensätze, die Spalten als Datenfelder.
Datenfeld	In einer Datenbank speichert eine Spalte immer die gleichen Informationen, beispielsweise den Namen. Jede Spalte benötigt in der ersten Zeile einer Tabelle einen eindeutigen Namen und wird als Datenfeld bezeichnet.
Datenpunkt	In einem Diagramm bezeichnet man einen einzelnen Wert innerhalb einer Datenreihe als Datenpunkt.
Datenredundanz	Mehrfachspeicherung von Daten.

Datenreihe	Ein Diagramm stellt immer mehrere Werte aus einer Tabelle dar. Diese Werte bezeichnet man auch als Datenreihe. Eine Datenreihe kann entweder aus den Zeilen oder den Spalten der Tabelle gebildet werden.
Datensatz	In einer Datenbank stellt ein Datensatz ein vollständiges Element einer Tabelle dar. Speichert eine Datenbank beispielsweise Kunden, so wird für jeden Kunden ein Datensatz gebildet. Ein Datensatz entspricht gleichzeitig einer Zeile der Datenbank-Tabelle.
Dropdown-Pfeil	Kleine, nach unten weisende Dreiecke, die auf Mausklick eine Auswahl von Optionen oder Befehlen anzeigen, auch als Auswahlpfeil bezeichnet.
Druckbereich	Der Druckbereich legt denjenigen Ausschnitt eines Arbeitsblattes fest, der auf dem Ausdruck erscheinen soll. Standardmäßig legt Excel den Druckbereich so fest, dass alle Inhalte gedruckt werden.
Druckvorschau	Die Druckvorschau zeigt eine Excel-Tabelle so, wie sie später gedruckt wird. Damit können Sie Tabellen vor dem Drucken kontrollieren. In dieser Ansicht können Sie Seitenränder, sowie die Spaltenbreiten ggf. anpassen.
Duplikate	Als Duplikate werden in Datenbanken mehrfach vorkommende, identische Datensätze bezeichnet.
Editieren	Als Editieren bezeichnet man die nachträgliche Bearbeitung von Zellinhalten, entweder in der Bearbeitungsleiste oder mit Doppelklick auf die Zelle.
Fixieren	Überschriftzeilen und Spaltenbeschriftungen können in großen Tabellen zur besseren Übersicht fixiert werden. Damit bleiben auch beim Scrollen die Überschriften immer im Fenster sichtbar.
Funktion	Funktionen sind in Excel vordefinierte Formeln, einschließlich dem Gleichheitszeichen (=). Sie werden für komplexe Berechnungen eingesetzt und erfordern nur noch die Eingabe der Funktionsargumente.
Funktionen verschachteln	In einer Funktion können als Argumente auch weitere Formeln oder Funktionen verwendet werden.
Gemischte Zellbezüge	Gemischte Zellbezüge setzen sich zusammen aus einem relativen Bezug und einem absoluten Bezug. So bedeutet beispielsweise $A5 einen absoluten Spaltenbezug und einen relativen Zeilenbezug.
Gruppieren	Sie können mehrere Arbeitsblätter markieren und zu einer Gruppe zusammenfassen. Dazu klicken Sie mit gedrückter Umschalt-Taste auf die Blattregister. Die Bearbeitung und Eingabe erfolgt in allen gruppierten Blättern gleichzeitig.

Kommentare	Kommentare bieten eine Möglichkeit, Zellen mit zusätzlicher Beschriftung zu versehen. Sie erscheinen nur dann, wenn Sie die Maus über die Zelle bewegen.
Kompatibilitätsmodus	Excel-Arbeitsmappen, die mit Excel 2003 oder älter gespeichert wurden, werden von Excel 2019 im Kompatibilitätsmodus geöffnet. In diesem Modus stehen nicht alle Möglichkeiten von Excel 2019 zur Verfügung.
Matrix	Excel bezeichnet einen Tabellenbereich aus mehreren Zeilen und Spalten auch als Matrix.
Mehrfachmarkierung	Nicht zusammenhängende Zellbereiche mit gedrückter Strg-Taste markieren. Dazu markieren Sie den ersten Zellbereich. Drücken Sie dann die Strg-Taste der Tastatur und halten Sie die Taste gedrückt, während Sie weitere Zellbereiche markieren.
Mustervorlage	Eine Mustervorlage verwenden Sie in Excel als Vorlage für neue Arbeitsmappen, sie werden als eigener Dateityp gespeichert. Im Windows-Explorer wird mit Doppelklick auf eine Mustervorlage automatisch eine Kopie dieser Vorlage geöffnet.
Namen	Anstelle der Verwendung von absoluten bzw. festen Zellbezügen können Sie für Zellen oder Zellbereiche auch Namen vergeben.
Namenfeld	Das Namenfeld befindet sich am linken Rand der Bearbeitungsleiste und zeigt entweder die Adresse oder den Namen der markierten Zelle an.
OneDrive	Unter der Bezeichnung OneDrive (früher SkyDrive) steht in Verbindung mit einem Microsoft-Konto kostenloser Speicherplatz in der Cloud im Umfang von 7 GB (Standard) zur Verfügung. Vorteil: Sie haben von jedem PC aus Zugriff auf die hier gespeicherten Daten, vorausgesetzt Sie sind mit dem Konto angemeldet.
PDF	Portable Document Format, ein Dateiformat in dem alle Formatierungen beibehalten werden und das unabhängig vom Betriebssystem auf jedem Computer gelesen werden kann. Voraussetzung ist ein Leseprogramm, beispielsweise der kostenlose Adobe Reader. Nachträgliche Änderungen können dagegen nicht ohne weiteres vorgenommen werden.
Platzhalterzeichen	Zum Filtern in Tabellen können Sie die Zeichen * und ? als Platzhalter verwenden. * steht für beliebig viele Zeichen, ? für genau 1 Zeichen.
Register	Das Menüband von Excel fasst Befehlsschaltflächen für verschiedene Aufgaben in Gruppen zusammen. Jede Gruppe kann schnell über Register (vergleichbar einer Kartei) durch Anklicken mit der Maus aufgerufen werden.
Relative Zellbezüge	Relative Zellbezüge in Formeln werden beim Kopieren automatisch angepasst.

Runden	Beim Formatieren einer Zahl mit einer bestimmten Anzahl Nachkommastellen wird kaufmännisch gerundet. Dies betrifft aber nur die Anzeige, für weitere Berechnungen werden alle Dezimalstellen verwendet. Um eine Zahl dauerhaft mit einer festen Anzahl Dezimalstellen zu versehen, müssen Sie die Funktion RUNDEN verwenden.
Seitenumbruch	Ein Seitenumbruch, der Wechsel zwischen zwei Druckseiten wird automatisch eingefügt, wenn Sie eine Tabelle drucken oder in der Druckvorschau kontrollieren. In der Ansicht Seitenumbruchvorschau können Sie einen Umbruch verschieben.
Skalierung	Mit der Skalierung können Sie eine Excel-Tabelle beim Drucken verkleinern oder vergrößern, um sie an eine Druckseite anzupassen.
Spaltenkopf	Der Bereich der Spaltennummerierung am oberen Rand eines Tabellenblattes wird auch als Spaltenkopf bezeichnet.
Sparklines	Sparklines sind Minidiagramme ohne Beschriftungselemente, die in eine Zelle eingefügt werden können. Sie lassen sich wie Formeln kopieren.
Statusleiste	Die Statusleiste befindet sich am unteren Rand des Excel-Fensters und zeigt den aktuellen Bearbeitungsstatus zusammen mit weiteren Informationen, z. B. Summe über den markierten Zellbereich an.
XLSX	Office 2019 verwendet seit der Version 2007 als Dateiformat das Office Open XML Format. Dieses Format benötigt weniger Speicherplatz und erleichtert die Anpassung an externe Datenquellen. Das XML-basierte Dateiformat erkennen Sie an der Dateinamenserweiterung .xlsx (im Gegensatz zum früheren Dateiformat .xls).
XML	Extensible Markup Language, eine Auszeichnungssprache zur Darstellung hierarchisch strukturierter Daten in Form von Textdateien.
Zwischenablage	Die Zwischenablage speichert ausgeschnittene oder kopierte Elemente.

Stichwortverzeichnis

Symbole

A

B

D

E

F

G

H

I

K

L

M

N

O

P

Q

R